U0649102

黑龙江省"十四五"职业教育规划教材

高职交通运输与土建类专业系列教材

高等职业教育新形态一体化教材

高速铁路轨道工程施工与维护

王国博　张　丽　主　编

程国祥　李楠楠　副主编

李昌宁　主　审

人民交通出版社股份有限公司
北　京

内 容 提 要

本书系统地阐述了高速铁路无砟轨道工程施工技术。在介绍高速铁路轨道工程基础知识的基础上,重点阐述了CRTS Ⅰ型板式无砟轨道、CRTS Ⅱ型板式无砟轨道、CRTS Ⅲ型板式无砟轨道、双块式无砟轨道、无砟轨道道岔、无缝线路铺设等施工内容,并对高铁路轨道养护维修的相关知识进行了介绍。本书根据现行高速铁路轨道工程相关规程、标准编写,引入了高铁行业最新施工技术,概念清晰,内容丰富,具有较强的实践性。

本书可作为高等职业院校铁道工程技术、高速铁路施工与维护等铁道类专业的教学用书,也可作为高速铁路轨道工程施工技术人员的培训和学习用书。

图书在版编目(CIP)数据

高速铁路轨道工程施工与维护 / 王国博, 张丽主编
. — 北京 : 人民交通出版社股份有限公司, 2024.1(2025.2 重印)
ISBN 978-7-114-19003-2

Ⅰ.①高… Ⅱ.①王…②张… Ⅲ.①高速铁路—轨道(铁路)—工程施工②高速铁路—轨道(铁路)—维修 Ⅳ.①U238

中国国家版本馆 CIP 数据核字(2023)第 183811 号

Gaosu Tielu Guidao Gongcheng Shigong yu Weihu

书　　名:	高速铁路轨道工程施工与维护
著 作 者:	王国博　张　丽
责任编辑:	李　娜
责任校对:	孙国靖　卢　弦
责任印制:	张　凯
出版发行:	人民交通出版社股份有限公司
地　　址:	(100011)北京市朝阳区安定门外外馆斜街 3 号
网　　址:	http://www.ccpcl.com.cn
销售电话:	(010)85285911
总 经 销:	人民交通出版社股份有限公司发行部
经　　销:	各地新华书店
印　　刷:	北京印匠彩色印刷有限公司
开　　本:	787×1092　1/16
印　　张:	30
字　　数:	713 千
版　　次:	2024 年 1 月　第 1 版
印　　次:	2025 年 2 月　第 2 次印刷
书　　号:	ISBN 978-7-114-19003-2
定　　价:	55.00 元

(有印刷、装订质量问题的图书,由本公司负责调换)

前言 | Prefoce

　　党的十八大以来,我国高速铁路建设日新月异,取得了举世瞩目的成就。我国已成为目前世界上高铁运营里程最长、在建规模最大、高速列车运行数量最多、商业运营速度最高、高铁技术体系最全、运营场景和管理经验最丰富的国家,为世界高铁发展树立了新标杆。我国高速铁路主要采用无砟轨道结构,新技术、新工艺、新设备、新材料广泛应用。本书结合高速铁路轨道设计和施工的相关技术标准、最新规范、规章制度、技术文件,以及养护和维修的技术要求,根据现场施工生产实际情况,对高速铁路道工程施工进行了系统阐述。

　　《高速铁路轨道工程施工与维护》课程是高职院校高速铁路施工与维护专业开设的专业核心课程,是培养专业核心能力、专业核心竞争力的重要支撑。本教材根据高职院校培养高素质技术技能人才的目标,围绕高速铁路轨道工程施工与维护相关职业岗位能力需求,组织教材内容。教材在阐述专业内容的同时有机融入党的二十大精神、"两路"精神、青藏铁路精神、大国工匠等元素,将轨道工程专业知识、岗位技能和正确价值观的培养有机结合。

　　本书是黑龙江省"十四五"职业教育规划教材,是黑龙江省第二轮高水平高职学校和专业群建设项目成果之一,由哈尔滨铁道职业技术学院王国博和天津铁道职业技术学院张丽任主编,天津铁道职业技术学院程国祥和哈尔滨铁道职业技术学院李楠楠任副主编,天津铁道职业技术学院张紫菱和哈尔滨铁道职业技术学院于航参与编写,全书由中铁一局集团有限公司副总工程师李昌宁任主审。具体编写分工如下:项目一、项目五由王国博编写;项目二由李楠楠编写;项目三中任务一～任务三由于航编写;项目四由张紫菱编写;项目六由程国祥编写;项目三中任务四～任务七,项目七、项目八由张丽编写;全书由王国博负责统稿。

　　本书在编写过程中,得到了中铁一局、中铁三局、中铁九局、中铁上海局等集团有限公司、哈尔滨铁道职业技术学院、天津铁道职业技术学院的大力支持,同时参考、引用了相关研究成果和文献资料,在此向有关单位及相关作者表示衷心的感谢!

　　我国高速铁路轨道工程技术发展迅速,由于编者水平和能力有限,书中难免存在疏漏和不妥之处,敬请广大读者批评指正,以便日后对本书进行修正,使之不断完善。

编　者
2023 年 7 月

教材配套资源说明

　　本教材配套了丰富的教学资源,通过多种知识呈现形式,为教学组织和教学实施服务,有效激发学生的学习兴趣和积极性。具体资源类型包括三维动画、视频、图片、案例、习题、三维交互等,通过扫描书中二维码即可观看学习。

　　对于三维交互资源,学习者可通过登录"立体书城"App 或"立体书城"小程序,扫描下表中的二维码进行操作学习。

扫一扫·下载软件	扫一扫·观看使用说明	扫一扫·小程序

三维交互资源

序号	资源名称	二维码
1	轨道结构	
2	道岔结构	
3	CRTS Ⅰ 型板式无砟轨道结构	
4	CRTS Ⅱ 型板式无砟轨道结构	
5	CRTS Ⅲ 型板式无砟轨道结构	
6	双块式无砟轨道结构	
7	弹条Ⅳ型扣件	

序号	资源名称	二维码
8	弹条V型扣件	
9	直列式 SFC 型扣件	
10	错列式 SFC 型扣件	
11	FC 型扣件	
12	W300-1 型扣件	
13	WJ-7 型扣件	
14	WJ-8 型扣件	
15	CRTS Ⅲ型板式无砟轨道精调	
16	双块式无砟轨道精调	

目录 | Contents

交通强国,铁路先行

高速铁路轨道工程认知

【项目描述】

轨道是铁路线路的组成部分,由钢轨、配件、扣件、道岔及轨下基础等组成。轨道作为一个整体性工程结构,起着列车运行的导向作用,直接承受机车车辆及其荷载的巨大压力。在列车运行的动力作用下,它的各个组成部分必须具有足够的强度和稳定性,保证列车按照规定的速度,安全、平稳和不间断地运行。本项目主要介绍铁路线路平面和纵断面组成,路基、桥隧、轨道的组成和分类,以及铁路限界的有关规定和工务作业的基本知识。本项目主要认识高速铁路、轨道结构、道岔构造、轨道几何形位等基本知识。

【学习目标】

知识目标

(1)理解高速铁路的定义和技术优势。

(2)熟悉有砟轨道结构组成和特点。

(3)熟悉无砟轨道结构类型和特点。

(4)掌握 CRTS Ⅰ、Ⅱ、Ⅲ型板式无砟轨道结构组成。

(5)掌握双块式无砟轨道结构组成。

(6)熟悉高速道岔的分类、技术特点和使用条件。

(7)掌握客专、CN、CZ 系列道岔的基本构造。

(8)掌握高速铁路轨道几何形位。

能力目标

(1)能够说出什么是高速铁路及其技术优势。

(2)能够在现场识别高速铁路有砟轨道结构组成。

(3)能够说出无砟轨道结构特点和我国常用无砟轨道结构类型。

（4）能够在现场或模型识别不同类型无砟轨道结构组成。

（5）能够说出不同高速道岔的技术特点和使用条件。

（6）能够在现场或模型识别不同高速道岔结构构造。

（7）能够说出轨道几何形位的基本概念。

（8）能够在现场指出轨道几何形位的具体项目。

素养目标

（1）以京沪高速铁路为引入案例，了解我国高铁技术的先进性，培养学生的民族自豪感。

（2）通过石太高速铁路的介绍，了解我国有砟轨道结构的特点，培养学生的创新精神。

（3）通过我国高速铁路的发展历程的学习，培养学生不畏艰难、勇于奋斗的精神。

（4）通过《新时代交通强国铁路先行规划纲要》的介绍，培养学生使命感和责任感。

【学习导航】

高速铁路轨道工程认知

任务一 认识高速铁路

◆ 任务引入

京沪高速铁路(简称京沪高铁)线路全长1318km,途经北京、天津、河北、山东、安徽、江苏、上海等四省三市,设北京南、天津西、沧州西、济南西、蚌埠南、南京南、上海虹桥等24个车站,如图1-1所示。京沪高铁是世界上一次性建成里程最长、技术标准最高的350km/h高速铁路。京沪高速铁路构建了中国高铁标准体系与技术体系,支撑了中国高速铁路的快速发展,打造了技术先进、安全可靠、性价比高的中国高铁品牌,以京沪高速铁路为代表的高铁已成为中国的一张亮丽名片。

a) 运行中的列车   b) 北京南站

图1-1 京沪高速铁路

▲ 任务描述

高速铁路是一类重要的交通基础设施,是交通运输现代化的重要标志,也是一个国家工业化水平的重要体现。通过本任务学习,认识高速铁路,并结合京沪高铁能够说出高速铁路的技术经济优势。

◇ 相关知识

一 高速铁路的定义

高速铁路,顾名思义就是速度高的铁路。怎么才叫速度高呢?

国际铁路联盟(UIC)认为高速铁路的定义相当广泛,包含高速铁路领域下的众多系统。高速铁路是指组成这一"系统"的所有元素的组合,包括:基础设施(新线设计速度250km/h以上,提速线路速度200km/h甚至220km/h)、高速动车组和运营条件。1985年,联合国欧洲经济委员会在日内瓦签署的《国际铁路干线协议》规定:新建客货运列车混用型高速铁路时速为250km以上,新建客运列车专用型高速铁路时速为350km以上。当前各国新建的高速铁路,大多把最高速度定位在250~350km/h。

2013年实施的《铁路主要技术政策》(铁道部令第34号)将高速铁路定义为:"新建设计开行250km/h(含预留)及以上动车组列车,初期运营速度不小于200km/h的客运专线铁路。"《铁路工程基本术语标准》(GB/T 50262—2013)与之相同,高速铁路是指"设计速度250km/h(含预留)及以上动车组列车,初期运营速度不小于200km/h的客运专线铁路"。这个定义的要点是设计速度不低于 250km/h 及客专性,既兼顾技术标准,又强调功能定位,规定为高速型客专即高速客运专线的铁路,是客专配高速、高速行客专。从这个定义看,2003 年投入运营的秦沈客运专线是我国第一条高速铁路。

2014 年《铁路技术管理规程》(高速铁路部分)总则中规定:"高速铁路部分,适用于 200km/h 及以上铁路和 200km/h 以下仅运行动车组的铁路。"《铁路技术管理规程》(高速铁路部分)不仅包括《铁路主要技术政策》(中华人民共和国铁道部令第 34 号)和现行《铁路工程基本术语标准》(GB/T 50262)定义的高速铁路,还包括设计速度 200km/h 的客货共线铁路、200km/h 的客运专线铁路、200km/h 以下仅运行动车组的铁路。因为 200km/h 客货共线铁路、200km/h 客运专线铁路、200km/h 以下仅运行动车组的铁路都要配备 CTCS-2/CTCS-3 级列控系统,动车组列车的行车组织方式与高速铁路基本相同,信号设备配置和显示意义与高速铁路基本相同。

客运专线铁路是指仅运行旅客列车的铁路。当客运专线的运营速度在 200km/h 及以上,其性质是属于高速铁路范畴的,而若从专门运输旅客的角度讲,高速铁路也可称为客运专线。

二 高速铁路的技术经济优势

高速铁路技术是当代世界铁路的一项重大技术成就,是高新技术在铁路上的集中反映,是解决大量旅客快速运送问题的最有效途径,已成为世界各国铁路普遍发展的趋势。

1. 运营速度快

列车运行速度快是高速铁路最主要的标志,也是其最显著的优势,速度是高速铁路技术的核心。动车组列车运行速度可达 300km/h 及以上,超过小汽车速度 2 倍以上,可达飞机速度的 $1/3 \sim 1/2$。除最高运营速度外,旅客更关心的是旅行速度,因为旅行速度直接决定了旅客全程的旅行时间。高速铁路在运距 $150 \sim 1200$km 范围内能节约旅客总旅行时间。

2. 运输能力大

运输能力大是高速铁路主要技术优势之一。高速铁路运用了先进的通信信号和列车运行控制技术,可以采用高密度、公交化的开行方式,具有非常大的运输能力。列车间隔越小,运行密度越大,为旅客提供的服务频率越高,旅客等待乘车的时间就越短,能吸引更多的客流。列车密度主要取决于最小行车间隔时间,高速铁路列车最小行车间隔时间可以达到 3min。若列车开行间隔约为 3min,16 节编组每列载客人数按 1000 人计算,每天可开行高速列车 400 列,可输送旅客 40 万人次。

3. 安全性高

安全始终是人们出行选择交通方式的首要因素。高速铁路采用了先进的列车运行控制系统,能保证前后两列车有必要的安全距离,防止列车追尾及正面冲撞事故。高速铁路普遍采用线路全封闭,且有完善的安全保障体系,包括固定设施和移动设备的监测和诊断系统、科学的养护维修制度、先进的列车控制系统、自然灾害预警预报系统等,这一系列措施能够有效地防止人为过失、设备故障等引起的各类事故。遇有天气不稳定等环境变化,自动控制系统能随时调整,使列车限速运行,列车防护系统会让附近的列车自动停车。除由一系列现代化的先进技术设备构成的安全监控系统外,在运输组织中对涉及安全的各个环节有一套十分严密的管理制度,有关的操作人员必须事先进行岗位培训,持证上岗。先进的技术设备及其安全保障系统只能起到防止事故的作用,而严密的管理才能减少和消灭事故。

4. 正点率高

正点率是高速铁路系统设备可靠性和运输组织水平的综合反映,也是运输服务质量的核心。只有列车始发、运行和终到正点,旅客才能有效安排自己的时间,所以旅客十分看重正点率。正点率是与其他交通运输方式竞争的重要手段。如能在列车正点率方面对旅客有所承诺,不但在市场竞争中赢得旅客,同时也能强化自身的管理工作。

5. 能源消耗低

能耗高低是评价交通运输方式优劣的重要经济技术指标之一。高速铁路列车的能耗约为汽车、飞机的1/5。汽车、飞机均使用不可再生的一次能源(石油),而高速铁路使用二次能源(电力)。随着水电、太阳能、风能和核电的发展,高速铁路在能源消耗方面的优势更加突出。另外,高速铁路车站采用太阳能光伏发电、地缘热泵等新能源技术,这也是在当今石油资源紧张的情况下,世界各国选择发展高速铁路的重要原因之一。

6. 受气候影响小

高速铁路的安全保障系统不但保证了高速列车运行安全,也使铁路运输全天候的优势得到了更充分的发挥。除可危及行车安全的自然灾害外,几乎不受大气和气候条件的影响,可以做到按列车运行图安全行车。即使在大风情况下,高速列车也无须停运,只要减速运行就可以了。特别是在浓雾、暴雨和冰雪较为严重的自然灾害条件下,飞机机场和高速公路均关闭停运,高速铁路没有那么敏感,可采取高速列车减速的方式继续组织运营。

7. 绿色环保

节能环保是高速铁路的一大优势。交通运输对环境的污染主要是废气和噪声,高速铁路采用电力牵引,消除了粉尘、煤烟和其他废气污染。根据中国国家铁路集团的统计,在节能方面,中国高铁人均百公里能耗为飞机的18%和大客车的50%左右,可见高速铁路具有明显优势。为减弱噪声污染,有时在铁路沿线两侧会修建隔声墙。

8. 占地少

交通运输,尤其是陆地上交通运输,由于要修建道路和停车场,需要占用大量的土地,而且大部分是耕地。双线高速铁路路基面宽9.6~14m,而4车道的高速公路路基面宽达26m。双线铁路连同两侧排水沟用地在内,每千米用地约70亩(1亩=666.67m²,余同);四车道的高速公路每千米用地105亩。高速铁路占地只有四车道的高速公路的2/3,而每小时可完成的运量却是四车道高速公路的4倍以上。

9. 服务质量高

高质量服务必须要有完善的客运服务系统作保证。客运服务系统是指直接面向旅客,为其在旅行过程中提供方便、周到的服务而设置的设施及系统。高速铁路动车组车内宽敞明亮、设施先进、装备齐全、乘坐舒适,旅客在途中可使用的活动空间远远大于汽车和飞机,甚至可以提供会议、娱乐、观光等条件。高速列车运行平稳、座位宽敞、设施先进、装备齐全,而且其减振性好,具有良好的隔声效果,可以为乘客提供一个安静、舒适的乘车环境。

三　我国高速铁路的发展历程

我国高铁从无到有、从探索到突破、从制造到创造、从追赶到引领的历史性跨越，走过了极不平凡的创新发展历程，大体可以划分为以下 4 个阶段。

（一）技术积累阶段（1990—2002 年）

中国高铁在这个时期主要是坚持原始创新，在夯实技术理论基础、积累试验运营经验及探索国产高铁研制三个方面开展工作，为以后高铁发展奠定基础。

1. 六次大提速

改革开放后，快速发展的经济使得各大铁路干线满负荷运行，货物积压，人流拥挤，经济发展受到制约。到了 1990 年，我国开始对高铁技术进行研究和工程实践。1990 年 12 月完成了《京沪高速铁路线路方案构想报告》。1997—2007 年，中国铁路在既有铁路先后实施了六次大提速。通过区间半径的改造，路、桥、隧的加固和改造，提速道岔的更换以及列车提速系统装备、客运设施、跨线设施和相关检修设施的提升，在京沪、京哈、京广、京九、陇海、兰新、沪昆、广深、胶济等主要干线上成功实施了第六次大面积提速调图。提速后的既有线列车最高运营速度达到了 200km/h，部分区间达到了 250km/h，标志着中国铁路迈入了高速化运行的时代。

2. 典型铁路建设

1999 年 8 月秦沈客运专线正式开工建设，2003 年 10 月开通运营，全线总长 404.6km，如图 1-2 所示。为探索和积累实践经验，验证有关科研成果，铁路主管部门共进行了 3 次综合试验。"神舟号"内燃动车组试验最高速度 210km/h；"先锋号"电力动车组试验最高速度 210km/h；"中华之星"电力动车组试验最高速度 210km/h，如图 1-3 所示。秦沈客运专线作为我国第一条客运专线在设计上兼顾了高、中速列车混跑模式，不仅可以跑动车，也能跑普通列车，这为既有线分流提供了可能，从而有效减轻了既有线的压力。秦沈客专从勘测设计到施工，都代表了当时中国铁路最新的设计理念，它采用了大量新技术和新工艺，具有运行速度高、技术含量高、质量要求高的特点。

图 1-2　秦沈客运专线　　　　　　　　图 1-3　"中华之星"电力动车组

秦沈客运专线的成功建成，构筑了中国首条快速、安全和舒适的客运通道，彻底解决了进出山海关运输能力紧张的局面，开创了中国铁路运输客货分流的新模式；加强了对 200km/h 及以上铁路的关键技术的认识和实践，积累了设计、施工、制造和调试的经验，提高了线桥工程建造技术水平，初步拥有了成套装备制造和综合系统集成的能力，对我国后来大规模的高速铁路建设进行了先行探索,并为其提供了丰厚的技术积累和坚实的人才基础。同时,秦沈客运专线的建成通车推动了中国铁路行业的技术进步,提高了中国铁路的建设和制造水平,缩短了与世界先进高铁技术水平的差距,从而为后来兴建高速铁路打下坚实的技术基础。秦沈客运专线是我国自主设计建造的第一条客运专线,是中国第一条真正意义上的高速铁路,在中国铁路的发展历史上具有里程碑式的意义。

(二)积极推进阶段(2002—2012 年)

以 2002 年秦沈客专建设及"中华之星"在试验中创造 321.5km/h 新纪录为标志,我国高铁技术的探索和试验取得了系列成果。从 2004 年开始,中国高速铁路开启了引进消化吸收再创新之路,最核心的就是引进国外的高速动车组研发制造技术。在 3~4 年的时间里,中国铁路装备制造企业在早期动车组研制基础上,通过引进国外先进技术,加强消化吸收,较快地掌握了高速动车组大部分关键技术,基本形成了中国 200~250km/h"和谐号"动车组技术标准体系及 300~350km/h 的高速列车制造技术,实现了动车组国内制造。

1. 路网规划

高速动车组技术引进后,铁路部门开始实施我国高速铁路大建设计划。在铁路主管部门的推动下,国务院于 2004 年 1 月 7 日审议通过了《中长期铁路网规划》,提出规划建设"四横四纵"铁路快速客运通道,确定 2020 年我国铁路营业里程达到 10 万 km,建设客运专线 1.2 万 km 以上。这是我国铁路历史上第一个中长期发展规划。

根据我国交通运输系统综合建设的要求,以及国民经济发展的新趋势和新要求,国家适时为我国中长期铁路网规划作了必要调整。国务院又于 2008 年 10 月发布了《中长期铁路网规划(2008 年调整)》,将 2020 年全国铁路营业里程规划目标由 10 万 km 调整到 12 万 km,将客运专线建设调整从 1.2 万 km 调整到 1.6 万 km 以上,确定中国高铁发展以"四纵四横"为代表的快速客运网络,包括 200km/h 的城际轨道交通和客货混跑快速铁路,形成快速便捷的铁路客运通道,特别是"四纵四横"的宏大发展工程,开启了我国高铁建设发展的新篇章。

2. 典型铁路建设

2008 年 8 月 1 日,我国第一条 350km/h 的高速铁路——京津城际铁路正式投入运营。京津城际铁路连接北京市和天津市,是《中长期铁路网规划》中的第一个开通运营的城际客运系统,也是《中长期铁路网规划》中环渤海地区城际轨道交通网的重要组成部分,更是中国大陆第一条设计速度 350km/h 的高标准高速铁路。CRH3 在试验中创下了 394.3km/h 的世界运营列车最高速度纪录。京津城际铁路是中国第一条具有完全自主知识产权、世界一流水平的高速铁路,为我国培养出了一批高速铁路发展和建设的人才队伍,在高速动车组、线路基础、通信信号、牵引供电、调度指挥、旅客服务等领域初步建成了高铁技术体系,为后续庞大的高速铁路网建设提供了宝贵经验。

2011 年 6 月 30 日,全线正式通车的京沪高铁,是当时中国开通运营的站点最密集、站间距最小、行车密度最高的高速铁路。京沪高速铁路正线全长 1318km,设计最高速度 380km/h,初期运营速度 300km/h,全线采用无砟轨道技术,首次铺设 CRTS Ⅱ 型轨道板,是当时世界上一次建成路线最长、技术标准最高的高速铁路,开启了中国铁路高速新时代。

(三)自主提升阶段(2012—2017年)

1. 中国标准动车组

自2012年开始,我国就开始研发350km/h中国标准动车组。中国标准动车组于2015年6月30日正式下线,速度为350km/h,具有完全自主知识产权。标准动车组的下线,为我国高铁技术全面自主化、标准化打下坚实基础,标志着中国高速列车进入了正向研发时代。2016年7月15日,两列标准动车组"蓝海豚"和"金凤凰"在郑徐高铁上分别以420km/h交会和重联运行,成功完成世界最高速度的动车组交会试验,验证了标准动车组整体技术性能十分可靠。2017年6月25日,中国标准动车组列车"蓝海豚"和"金凤凰"被命名为"复兴号",如图1-4所示。

a) CR400AF-Z 动车组   b) CR400BF 动车组

图1-4 中国标准动车组列车

"复兴号"高速动车组是按中国标准构建的自主技术平台,其问世标志着我国摆脱了高铁核心技术受制于人的局面,是我国走向世界的王牌,是自主创新的典型。中国铁路已经掌握了设计、制造适应各种运行需求的不同速度等级的高速动车组列车成套技术,具备极强的系统集成、适应修改、综合解决并完成本土化的自主创新能力,最终形成自主技术标准与设计,完成从"中国制造"向"中国创造"的转身。这标志着我国高铁由制造向创造、由追赶向引领迈出了坚实的步伐。"复兴号"动车组开启了中国铁路新时代。

2. 路网规划

《中长期铁路网规划(2016年修编)》指出,到2025年,铁路网规模达到17.5万km左右,其中高速铁路3.8万km左右,在"四纵四横"高速铁路的基础上,增加客流支撑、标准适宜、发展需要的高速铁路,部分利用200km/h铁路,形成以"八纵八横"主通道为骨架、区域连接线衔接、城际铁路补充的高速铁路网。

(四)智能化阶段(2017年至今)

铁路的智能化将是大势所趋,从2017年开始,我国铁路智能化建设进入了飞速发展阶段。以京张、京雄铁路为代表开展智能铁路建设;以感知技术、信息技术为主,开展智能化服务、智能化运输组织等工作;以自动驾驶、故障自诊断、自决策技术为主,开展智能动车组的研制工作。

2019年1月2日,中国铁道科学研究院在高速列车采用列车自动控制系统(Automatic Train Control,ATO)是高速铁路智能化的重要标志,对保持中国高速铁路列控技术的国际先进水平有重要的意义。"复兴号"在世界上首次实现时速350km自动驾驶功能,成为中国高铁自主创新的又一重大标志性成果。

1. 铁路建设

2019 年 12 月 30 日,正式开通运营的京张高速铁路采用无人驾驶技术,全程实现有人值守下的自动驾驶,如图 1-5 所示。列车按照地面调度中心预先规划的精准运行计划,能自动控制发车、加速、减速、停车。列车的安全监控系统是"随车医生",2000 多个监测点对列车状态实时监控,列车运行中自感知、对故障自诊断、导向安全自决策。京张高铁也是中国第一条采用自主研发的北斗卫星导航系统、设计速度 350km/h 的智能化高速铁路,也是世界上第一条最高设计速度 350km/h 的高寒、大风沙高速铁路。

图 1-5 京张高速铁路

2020 年 12 月 27 日,京雄城际铁路全线开通,如图 1-6 所示。京雄城际铁路全长 91km,设 6 座车站,是雄安新区第一个开工建设的重大交通基础设施项目,应用了物联网、大数据、云计算等前沿科技,智能化设计多达 71 项。首次实现从设计、施工到运营三维数字化智能管理,树立了世界智能高铁的新标杆。

图 1-6 京雄城际铁路

2. 路网规划

2020 年 8 月 13 日,中国国家铁路集团有限公司发布《新时代交通强国铁路先行规划纲要》,明确提出了我国铁路发展建设目标。从 2021 年到 21 世纪中叶,分两个阶段目标推进。

到 2035 年,将率先建成服务安全优质、保障坚强有力、实力国际领先的现代化铁路强国。基础设施规模质量、技术装备和科技创新能力、服务品质和产品供给水平世界领先;运输安全水平、经营管理水平、现代治理能力位居世界前列;绿色环保优势和综合交通骨干地位、服务保障和支撑引领作用、国际竞争力和影响力全面增强。

(1)现代化铁路网率先建成。铁路网内外互联互通、区际多路畅通、省会高效连通、地市快速通达、县域基本覆盖、枢纽衔接顺畅,网络设施智慧升级,有效供给能力充沛。全国铁路网 20 万 km 左右,其中高铁 7 万 km 左右。20 万人口以上城市实现铁路覆盖,其中 50 万人口以上城市高铁通达。

(2)创新引领技术自主先进。铁路自主创新能力和产业链现代化水平全面提升,铁路科技创新体系健全完善,关键核心技术装备自主可控、先进适用、安全高效,智能高铁率先建成,智慧铁路加快实现。

(3)运输服务供给品质一流。高效率的全程服务体系和高品质的产品供给体系更加完善,全国 1、2、3 小时高铁出行圈和全国 1、2、3 天快货物流圈全面形成,人享其行、物畅其流,安全优质、人民满意。

(4)铁路运输安全持续稳定。人防、物防、技防"三位一体"的安全保障体系健全有力,本质安全水平、安全预防及管控能力、应急处置及救援能力全面提升,高铁和旅客列车安全得到可靠保障,铁路交通事故率、死亡率大幅降低。

(5)运营效率效益更加优良。运输效率、资源配置效率、资本运营效率持续提升,市场规模、经营发展质量不断跃升,主要运输经济指标保持世界领先,主要经营效益指标位居世界前列,国铁资本做强做优做大,国铁集团成为世界一流企业。

(6)铁路治理体系健全高效。党对铁路的全面领导坚强有力,铁路管理体制机制更加健全,制度更加完备,人才队伍精良,市场环境优良,发展活力增强,国铁企业的行业主体作用突出,治理体系和治理能力实现现代化。

(7)绿色骨干优势充分发挥。铁路与其他交通运输方式实现深度融合、优势互补,铁路比较优势更好发挥,铁路的客货运输市场份额持续提升,在现代综合交通运输体系中的骨干作用和地位明显增强。

(8)支撑引领作用全面增强。铁路服务经济社会发展的作用更加显著,应对突发事件及自然灾害、完成急难险重任务、服务重大战略、维护国家安全的能力全面提升,铁路成为社会主义现代化建设的重要支撑。

(9)国际竞争力影响力跃升。中欧班列成为具有国际影响力的世界知名铁路物流品牌,中国成为全球铁路科技创新高地,铁路走出去的产业链和价值链向中高端聚集,中国铁路国际竞争力和影响力显著提升。

到 2050 年,全面建成更高水平的现代化铁路强国,全面服务和保障社会主义现代化强国建设。铁路服务供给和经营发展、支撑保障和先行引领、安全水平和现代治理能力迈上更高水平;智慧化和绿色化水平、科技创新能力和产业链水平、国际竞争力和影响力保持领先,制度优势更加突出。形成辐射功能强大的现代铁路产业体系,建成具有全球竞争力的世界一流铁路企业。中国铁路成为社会主义现代化强国和中华民族伟大复兴的重要标志和组成部分,成为世界铁路发展的重要推动者和全球铁路规则制定的重要参与者。

四 国外高速铁路发展概况

根据 2023 年 3 月第十一届世界高铁大会数据,全球高速铁路长度 59000km。亚太地区超 44400km,排名第一;其次是欧洲,12000km;中东排名第三,1500km;北美和非洲分别为 735km 和 186km。

(一)世界高速铁路的发展阶段

1. 初期阶段(1964—1990 年)

1964 年 10 月 1 日,日本东海道新干线开通营业。东海道新干线起点东京,经名古屋、京都等地至新大阪,全长 515.4km,运营速度高达 210km/h,它的建成通车标志着世界高速铁路新纪元的到来。随后法国、意大利、德国纷纷修建高速铁路。1972 年继东海道新干线之后,日本又修建了山阳、东北和上越新干线;法国修建了东南 TGV 线、大西洋 TGV 线;意大利修建了罗马至佛罗伦萨。这是高速铁路的第一次建设浪潮。

日本东海道新干线和法国 TGV 东南线的运营,在技术、商业、财政以及社会效益上都获得了极大的成功。东海道新干线在财务收支上已经成为主要支柱,法国 TGV 东南线也在运营 10 年的期限里完全收回了投资。高速铁路建设推动了沿线地区经济的均衡发展,促进了房地产、工业机械、钢铁等相关产业的发展,降低了交通运输对环境的影响程度,铁路市场份额大幅度回升,企业经济效益明显好转。

2. 第二阶段(1990—1998 年)

日本和法国在高速铁路建设取得的成就影响了很多国家,德国、意大利、西班牙、比利时、荷兰、瑞典、英国等欧洲大部分发达国家,大规模修建本国或跨国界高速铁路,逐步形成了欧洲高速铁路网络。这次高速铁路的建设高潮,不仅是铁路行业提高内部企业效益的需要,更是国家能源、环境、交通政策的需要。

日本、法国、德国等对高速铁路网进行了全面规划。日本于 1970 年颁布《全国新干线铁道整备法》,并对全国的高速铁路网进行了规划,日本高速路网的建设开始向全国普及发展。1986 年意大利政府批准了交通运输发展规划纲要,修建横连东西、纵贯南北、长达 1230km 的"T"形高速铁路网。德国于 1991 年 4 月批准了联邦铁路公司改建、新建铁路计划,包括 13 个项目,其中新建高速铁路 4 项。法国 1992 年公布全国高速铁路网的规划,20 年内新建高速铁路总里程 4700km。

1991 年,欧洲议会批准了泛欧高速铁路网的规划,该规划提出在各国边境地区实施 15 个关键项目,这将有助于各个国家独立高速线之间的联网。1994 年,英吉利海峡隧道将法国与英国连接在一起,开创了第一条高速铁路国际联结线。从巴黎开出的"欧洲之星"又将英国、法国、比利时连接在一起。欧洲国家大规模修建本国或跨国界高速铁路,逐步形成了欧洲高速铁路网络。

1990 年 9 月瑞典开通了 X2000 摆式列车,1992 年西班牙引进法国和德国的技术建成了长 471km 的马德里至塞维利亚高速铁路。为赶超日本,法国和德国先后开展高速铁路试验。1981 年法国 TGV 最高试验速度达到 380km/h,1988 年西德 ICE 达 406.9km/h,1990 年法国的 TGV 又创造了 515.3km/h 的世界纪录。欧洲国家高速铁路技术的进展反过来又"刺激"了日本,使之加强了技术研究和新型车辆的开发,山阳新干线和东海道新干线的运行速度分别提高到现在的 275km/h 和 300km/h。

3. 第三阶段(1990 年至今)

1998 年 10 月在德国柏林召开了第三次世界高速铁路大会,将当前高速铁路的发展定为世界高速铁路发展的第三次高潮这次建设高潮涉及亚洲、北美、大洋洲以及整个欧洲,形成了世界交通运输业的一场革命性的转型升级。自 1992 年以来,俄罗斯、韩国、中国、澳大利亚、英国、荷兰等国家先后开始了高速铁路新线的建设。据不完全统计,为了配合欧洲高速铁路网的建设,东部和中部欧洲的捷克、匈牙利、波兰、奥地利、希腊以及罗马尼亚等国家正对干线铁路进行改造,全面提速。亚洲(韩国、中国)、北美洲(美国)、大洋洲(澳大利亚)也都掀起了建设高速铁路的新热潮。

(二)国外高速铁路轨道概况

1. 日本高速铁路

日本最初建设的东海道新干线轨道结构主要为有砟轨道,采用 3T 型、4T 型预应力混凝土轨枕。20 世纪 60 年代中期日本开始研发板式无砟轨道,在山阳新干线(大阪—冈山段)试铺了 8km。近年来,日本新干线无砟轨道的比例逐年提高,目前已建成无砟轨道总里程达 2700km 以上,新干线应用无砟轨道有 1600km 以上。日本应用于高速铁路的板式轨道结构主要有 A 型、框架式、减振 G 型及 RA 型四种,如图 1-7 所示。

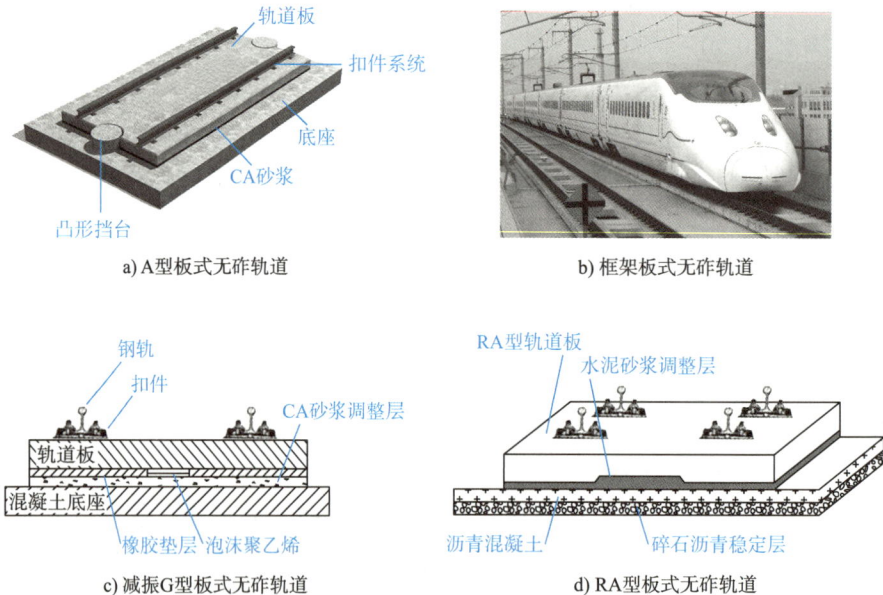

a) A型板式无砟轨道

b) 框架板式无砟轨道

c) 减振G型板式无砟轨道

d) RA型板式无砟轨道

图 1-7　日本板式无砟轨道

A 型为平面大板结构,无砟轨道由上到下依次为钢轨、扣件、单元式轨道板、CA 砂浆和底座板。由于 CA 砂浆为低弹模砂浆,能够提供的对轨道板的纵横向约束较小,且轨道板为单元结构,单块轨道板下砂浆面积有限,CA 砂浆所提供的纵横向约束更加不足,因此轨道板的纵横向约束需通过板端位置处连接于底座板上的凸形挡台提供。同时,凸形挡台与轨道板间采用树脂层填充,缓解单元板在温度荷载下的伸缩对凸形挡台受力的影响。在后期施工时,直接弱化 CA 砂浆与轨道板、底座板间的黏结约束,采用袋装法进行

CA 砂装施工,框架板式无砟轨道在原有 A 型平面大板的基础上,将预制轨道板精简为框架式结构保留板端部的凸形挡台限位,其支承能力与原有大板相当,但轨道板预制混凝土使用量明显降低,且由于板内通风性良好,由垂向温度梯度所引起的翘曲变形有明显减小。但框架板式轨道在实际使用过程中暴露了一定问题,如板中空腔效应加剧了行车过程中的振动噪声,板内积水、积雪也对砂浆层耐久性有较大的影响。

减振 G 型板式无砟轨道在 A 型板的基础上,在轨道板与浆层间设置聚乙烯泡沫和橡胶垫层,提高轨道板弹性。RA 型板式无砟轨道在路基上使用,是在标准 A 型板的基础上将轨道板纵向长度降低为 1.15m,以应对路基不均沉降对无砟轨道所造成的影响。

2. 德国高速铁路

德国早期高速铁路多采用有砟轨道结构形式,在运营中发现随着列车运营速度的提高,道砟粉化现象明显,维修工作量明显增加,运营成本随之增加。早在 1968 年联邦德国便开始研究试铺无砟轨道,在 1972 年联邦德国 Rheda 车站试铺了长枕埋入式无砟轨道,这就是雷达系列的最早结构。德国多家企业参与研发了上百种无砟轨道形式,但最终批准通过的仅有十几种,其中得到大范围推广应用的有博格板式无砟轨道、雷达 2000 型无砟轨道、旭普林双块式无砟轨道。

(1)博格板式无砟轨道

1959 年,联邦德国在希埃恩坦隧道和汉斯塔堡隧道第一次试铺了板式无砟轨道。1967 年,在班堡—福尔海之间又试铺了长 5.17m、宽 2.4m、厚 0.18m 的轨道板。1996 年德国马克斯·博格公司开始研制博格板式无砟轨道。博格轨道板是一种横向预应力轨道板,为 C45 或 C55 钢纤维混凝土,纵向接头由螺栓连接。博格板式无砟轨道在厂内对单块轨道板进行预制并施加横向预应力,对承轨槽进行精细的数控打磨,以达到更高的出厂精度。施工时先浇筑支承层或底座板,底座板浇筑完成后放置轨道板并进行粗调和精调,以确保轨道板几何形位,然后在轨道板上预留注孔位置对轨道板与底座板间水泥乳化沥青砂浆层进行灌注,砂浆层起到找平与支承作用。博格板式无砟轨道如图 1-8 所示。博格板与其他预制板式无砟轨道结构最大的区别在于板间纵连在砂浆层浇筑完成后,利用板间纵向螺杆和夹紧装置将轨道板进行纵连,纵连完成后对板间接缝浇筑混凝土进行封闭,从而形成全线纵连无砟轨道结构。

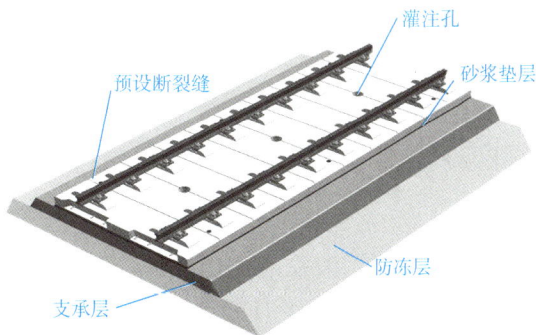

图 1-8 博格板式无砟轨道

由于博格板在桥梁、路基、隧道均为纵连结构,但桥上、路基上及隧道内支承层与底座的尺寸及材料的差异,在整体环境温度差异下会产生温度力不平衡,因此在路桥过渡段或桥隧过渡段等位置需设置锚固体系来约束无砟轨道的温度变形。为了消除桥梁在温度下的收缩变形对无砟轨道的影响,博格板在桥上设置滑动层,使得桥梁的纵向伸缩不会传递至无砟轨道上,设置隔离层区域无砟轨道的横向稳定性则由轨道板侧边的限位挡台来提供。

（2）雷达型无砟轨道

雷达型无砟轨道最早应用于德国比勒菲尔德至哈姆的一段试验线上。其最初设计方案为由一根整体式轨枕嵌入混凝土道床板,在道床板下铺设支承层。整体式轨枕为场内预制,在支承层施工完成后,通过精调设备将轨枕架设于支承层上方,道床板现场浇筑,浇筑完成后整体式轨枕位置固定,方可撤除轨枕固定装置。在运营中发现预制轨枕与现浇道床板间存在新老混凝土接触面裂缝进水等问题,为了使轨枕与道床更好地结合,在20世纪90年代末,德国开发了雷达2000型无砟轨道（图1-9）,取消了整根轨枕的设计,改为选用两个轨枕块,轨枕块底部用三角形钢筋桁架连接起来。三角形钢筋桁架与道床纵横向钢筋连接,从而使轨枕和道床具有较好的整体性,达到了加强新老混凝土接触的目的。两个轨枕块代替整根轨枕也降低了施工运输成本,轨道结构高度由原来的650mm降低至472mm,轨道经济性乃至整体线路的经济性也得到了较大程度的提高。

（3）旭普林无砟轨道

1974年,联邦德国开发了旭普林无砟轨道,在科隆—法兰克福高速铁路上成功铺设了21km。旭普林型无砟轨道结构形式与雷达2000型无砟轨道结构组成基本类似,其预留钢桁架在轨枕块内部,轨枕块下方有裸露钢筋,采用的施工工艺不同。旭普林无砟轨道采用专用施工成套设备,用固定架替代钢轨支撑架,将轨排振动压入预先浇筑的混凝土中,其施工机械化程度高,如图1-10所示。

图1-9　雷达2000型无砟轨道　　　　　　图1-10　旭普林无砟轨道施工

3. 法国高速铁路

法国高速铁路以有砟轨道为主,一般采用由UIC60钢轨、双块式混凝土枕、NABLA弹性扣件组成的有砟轨道。法国在高速铁路有砟轨道结构方面积累了丰富的经验。在1981年开通的巴黎—里昂TGV东南客运专线速度270km/h,尽管轴重较小,但是平均通过总重4000万t,约每两年就要进行一次线路修理,另外还需对钢轨定期打磨,以消除因列车高速运行时道砟旋流造成的钢轨踏面缺陷。线路通过总重达到2.5亿~3.0亿t后开始对道床道砟进行更新。

⚠ 任务实施

项目名称	项目一 高速铁路轨道工程认知	任务名称	任务一 认识高速铁路
专业班级		姓名	学习小组

【专业知识认知】(30 分)

1. 现行《铁路工程基本术语标准》(GB/T 50262)与 2014 年《铁路技术管理规程》(高速铁路部分)关于高速铁路的定义有何不同?(10 分)

2. 高速铁路有哪些技术经济优势?(10 分)

3. 简述我国高速铁路的发展历程。(10 分)

【能力素质训练】(60 分)

1. 结合我国京沪高铁、哈大高铁说说高速铁路的具体技术经济优势。(20 分)

2. 收集京张铁路和京张高铁相关资料,谈谈对我国铁路发展的认识。(20 分)

3. 从京张铁路到京张高铁,谈谈收获和体会。(20 分)

【工作总结】(10 分)

学员自评		组长评价	

指导老师评价:

任务二　认识有砟轨道结构

◇ 任务引入

石太高速铁路于2005年6月11日开工建设,2009年4月1日正式开通运营,如图1-11所示。石太高速铁路起自石家庄,经盂县、阳泉,至太原,全长189.93km,设8座车站,设计速度250km/h。全线桥梁总数87座,共计33453.63m,占正线长度17.61%;全线隧道34座,累计长度114316m,占总线路长度的60.19%,最长的隧道为太行山右线隧道,长度27848m。其余路基占总线路长度的22.2%。除石板山隧道、黑水坪大桥、南梁隧道、孤山大桥、太行山隧道段铺设板式无砟道外,其余地段均采用有砟道结构,占正线线路长度的75%。高速铁路有砟轨道结构组成是本任务的重点内容。

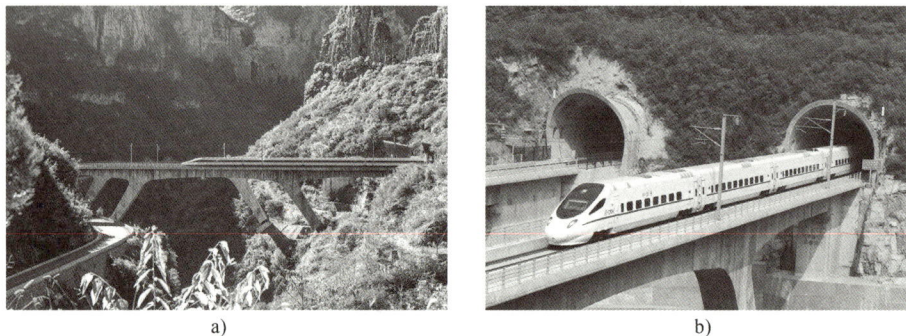

a)　　　　　　　　　　　　　　　b)

图1-11　石太高速铁路

▲ 任务描述

结合石太高速铁路,分析有砟轨道结构的优缺点,掌握有砟轨道结构组成及其技术标准,能够在现场指出有砟轨道结构的组成部件及其使用条件。

◎ 相关知识

有砟轨道结构

高速铁路轨道结构从总体上分为两大类。一类是以碎石道床、轨枕为基础的有砟轨道;另一类是以混凝土或沥青混合料为基础的无砟轨道。国内外运营实践表明,两类轨道结构均能适应高速运输的要求,但由于两类轨道结构在技术经济性方面的差异,各国均根据自己的国情、铁路的特点合理选用,以取得最佳的技术经济效益。

有砟轨道是各国高速铁路轨道结构的主要形式之一。世界上第一条高速铁路(日本东海道新干线)就采用了有砟轨道,且日本在随后修建的山阳、上越、东北、北陆、九州等新干线上也部分采用了有砟轨道结构。德国在汉诺威—维尔茨堡、曼海姆—斯图加特、汉堡—柏林等多条新建线路上采用了有砟轨道,在既有线改建的高速铁路上基本保留了原有的有砟轨道,并且明确规定在高速铁路桥上、路基沉降不可预测地段等采用有砟轨道。法国是以有砟轨道为主的高速铁路国家,尤其是在东部线上,其运营速度达到320km/h,试验速度达到574.8km/h,并仍能保障列车安全平稳的运行。

我国是当前世界上高速铁路运营里程最长、在建规模最大的国家。其中,由既有线改造形成的高速铁路几乎全部采用了有砟轨道结构,新建线路在200km/h 的铁路也主要采用有砟轨道,如温福线、福厦线、石太线等,在300km/h 及以上的高速铁路也在部分地段采用了有砟轨道线路,尤其是在长大桥梁、高架车站、地下存在采空区、有深厚软黏土等特殊地段一般都采用有砟轨道结构。

一 有砟轨道结构的特点

1. 有砟轨道结构的主要优势

(1)造价相对较低、使用本地建筑材料。

(2)结构渗透系数高、透水性好。

(3)设计施工简单。

(4)养护维修工作方便,特别是针对高速铁路高密度运行,节省养护维修时间,提高运行效率。

2. 有砟轨道结构的主要缺点

(1)道砟劣化和脏污,需要经常对线路进行检查,对轨道结构进行养护维修。

(2)轨道养护维修时会造成线路交通中断。

(3)道砟粉碎后,破碎道砟和路基土上涌,堵塞道床空隙,降低道床渗透系数。

(4)尤其在饱和软土路基地段,路基层黏土和淤泥颗粒在荷载作用下进入道砟层表面,造成翻浆冒泥。

(5)下部结构相对厚重,需要更加坚固的桥梁结构。

(6)高速铁路运行造成粉尘排放。

(7)列车高速运行造成飞砟问题。

二 有砟轨道结构组成

高速铁路有砟轨道由钢轨、轨枕、有砟道床、扣件、道岔等组成。

(一) 钢轨

钢轨是轨道最重要的组成部件。钢轨的功用是为车轮提供连续、平顺和阻力最小的滚动表面,引导机车车辆前进;直接承受车轮的巨大压力,并将其分布传递到轨枕;在电气化铁道或自动闭塞区段,兼作轨道电路之用。

1. 钢轨类型

铁路所用钢轨的类型通常以单位长度的质量(kg/m)来表示,在轴重大、运量大和速度高的重要线路上采用质量大的钢轨,在一般次要线路上使用的钢轨质量相对要小一些。我国铁路所使用的钢轨重量有75kg/m、60kg/m、50kg/m 及43kg/m。高速铁路由于线路半径较大、列车轴重较轻,基本上采用60kg/m 的钢轨。

目前我国钢轨标准定尺长度包括12.5m、25m、50m 和100m 四种规格,其中50m 和100m 的长定尺钢轨主要用于铺设无缝线路。随着无缝线路在各种类型铁路中的广泛应用,钢轨定尺长度越长,则钢轨焊接接头越少,线路的平顺性越高,所以长定尺钢轨的生产和使用已经成为趋势。我国用于新建高速铁路的长定尺钢轨长度为100m;现场换轨也已经实现100m、500m定尺钢轨换轨作业。在长钢轨的生产、制造、运输方面,我国率先开发全长尺寸波动自动控制系统,通过对钢轨断面进行实时监测,控制钢轨全长尺寸的波动在0.3mm内,使生产出的钢轨具有更高的强度和更平滑的表面。百米长钢轨通过高精度焊接形成500m长钢轨,利用多台门式起重机同步智能操作,运往现场进行跨区间无缝线路铺设。

2. 钢轨断面

钢轨在承受垂向力作用下主要发生弯曲。从构件截面的力学特性可知,工字形截面的构件具有较好的抗弯曲性能,因此一般将钢轨截面设计成工字形,如图1-12所示。

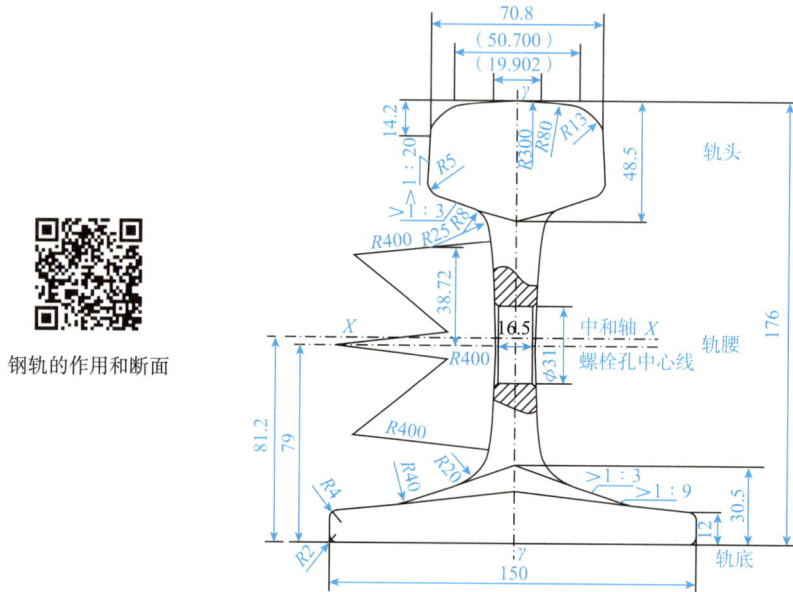

钢轨的作用和断面

图1-12 60钢轨断面图(尺寸单位:mm)

钢轨截面由轨头、轨腰及轨底三部分组成,相互之间用圆弧连接,以便安装钢轨接头夹板和减少截面突变引起应力集中。钢轨的四个主要尺寸是钢轨高度、轨头宽度、轨腰厚度及轨底宽度。现行《钢轨　第1部分: 43kg/m～75kg/m钢轨》(TB/T 2344.1)规定钢轨的断面、端面、长度及螺栓孔尺寸的极限偏差应符合表1-1的规定。

尺寸极限偏差　　　　　　　　　　　　　　　　　　　　　　　　　　　　表1-1

项目	极限偏差		项目		极限偏差	
	≥200km/h	<200km/h			≥200km/h	<200km/h
钢轨高度(H)	±0.6	±0.6	轨底凹入		≤0.3	≤0.4
轨头宽度(WH)	±0.5	±0.5	断面斜度(垂直、水平方向)		≤0.6	≤0.8
轨冠饱满度[b](C)	+0.6 / −0.3	+0.6 / −0.5	螺栓孔直径		±0.7	±0.8
断面不对称[a](As)	±1.2	±1.2	螺栓孔位置		±0.7	±0.8
接头夹板安装面高度(HF)	+0.6 / −0.5	+0.6 / −0.5	螺栓孔直径和位置的综合偏差($T_{d/s}$)		2.0	2.0
轨腰厚度(WT)	+1.0 / −0.5	+1.0 / −0.5	长度（环境温度20℃时）	无孔钢轨 ≤25m钢轨	±10	
轨底宽度(WF)	±1.0	+1.0 / −1.5		>25m钢轨	±30	
轨底边缘厚度[d](TF)	+0.75 / −0.5	+0.75 / −0.5		有孔钢轨 ≤25m钢轨	±6	

3. 高速铁路对钢轨的要求

为保证高速铁路的高可靠性和高平顺性,要求钢轨具有更好的安全使用性能、更好的几何尺寸精度和平直度。高安全性不仅体现在钢质洁净、表面无缺陷、较低的残余拉应力、优良的韧塑性及焊接性能,还要求质量稳定可靠、便于生产。高速铁路钢轨还要求脱碳层厚度小,通过钢轨的预打磨消除轮轨作用面的脱碳层,使轨面的组织和硬度均匀一致,以防止和减少在使用中产生波磨。

为达到高速铁路钢轨性能指标要求,我国高速铁路钢轨生产采用"精炼""精轧""精整""质量自动检测""长尺化"五大技术,即采用炉外精炼、真空脱气,大方坯连铸等先进技术进行钢轨钢的精炼,以保证钢轨钢的洁净度;采用包括步进式加热炉加热、多道次高压水除磷、万能轧机轧钢等精轧技术,保证钢轨的几何尺寸精度;采用热预弯、平立复合矫直、四面液压补矫等精整技术,使钢轨具有高的平直度;采用长尺矫直冷锯定尺工艺,利用热轧头尾余量切除矫直盲区和过渡区,使整支钢轨尺寸高度一致,提高钢轨整体的平顺性,同时大幅度减少钢轨焊接接头。通过精检,对钢轨内部质量进行超声波探伤、对表面质量进行涡流探伤,对钢轨平直度和几何尺寸精度进行在线自动检测,保证出厂钢轨的内在和外观质量。

4. 高速铁路钢轨的主要技术指标

(1)内部纯净度

钢轨材质内部高洁净有利于提高其疲劳性能和安全使用性能,是高速铁路对钢轨的最基本要求,具体指标如下:严格控制钢中的有害元素,如 P、S 含量以及气体含量,要求 P 含量≤0.025%,S 含量≤0.025%;[H]含量≤2.5×10^{-4}%,[O]含量≤0.02%。

为了有效减少钢中的氧化铝夹杂物,要求采用无铝脱氧,钢中铝含量≤0.004%,并严格控制钢中的残留元素。

严格控制钢中夹杂物含量,要求 A 类夹杂物 A 级≤2 级、B 级≤2.5 级,B 类、C 类和 D 类夹杂物 A 级≤1 级、B 级≤1.5 级。

(2)表面缺陷

为保证钢轨安全使用,减少表面接触疲劳伤损,延长钢轨的使用寿命,钢轨表面应无原始缺陷。高速铁路要求严格控制钢轨表面缺陷,要求在热状态下形成的钢轨表面缺陷深度,走行面部位不大于 0.35mm,钢轨其他部位不大于 0.5mm;在冷状态下形成的钢轨表面缺陷深度,钢轨走行面和轨底下表面不大于 0.3mm,钢轨其他部位不大于 0.5mm。

(3)脱破层深度

钢轨表面脱碳会造成表面硬度降低,耐磨、耐剥离性能下降,导致波状磨损等表面伤损过早出现,因此,高速铁路在轨道精调后正式开通运行前要利用打磨列车对钢轨进行打磨。一般要求高速铁路钢轨的轨头表面脱碳层深度(近似全脱碳深度)应不大于 0.5mm。若正常的钢坯加热制度达不到此要求,则应对加热前的连铸钢坯顶面(轧制后为轨头顶面)涂刷防脱碳涂料。

(4)残余拉应力

钢轨轨底残余拉应力对钢轨的使用有很大影响,残余拉应力的存在将增加钢轨发生脆断的危险以及降低钢轨疲劳寿命。钢轨底部最大纵向残余拉应力应不大于 250MPa。

(5)断裂韧性和疲劳裂纹扩展速率

一般钢轨标准采用断后伸长率 A 来衡量钢轨的塑性,而对韧性指标没有明确的要求。

我国高速铁路钢轨技术标准对钢轨断裂韧性疲劳裂纹扩展速率等初性指标作出了如下规定：

在试验温度 $-20℃$ 下测得的断裂韧性 K_{1C} 的最小值及平均值应分别不小于 $26MPa \cdot m^{1/2}$ 和 $29MPa \cdot m^{1/2}$。

疲劳裂纹扩展速率（da/dN），当 $K = 10MPa \cdot m^{1/2}$ 时，$da/dN \leqslant 17m/Gc$；当 $\Delta K = 13.5MPa \cdot m^{1/2}$ 时，$da/dN \leqslant 55m/Gc$。

（6）几何尺寸精度和平直度

钢轨几何尺寸高精度、高平直度是高速铁路轨道高平顺性的重要保证。现行《高速铁路用钢轨》(TB/T 3276)对钢轨的几何尺寸公差以及钢轨端部和本体的平直度、扭曲等作出了明确规定。

（7）钢轨的强度和伸长率

钢轨的强度和伸长率是钢轨的重要指标。对于 U71MnG 和 U75VG 钢轨，其最低抗拉强度分别大于等于 880MPa 和 980MPa，伸长率大于等于 10%，其中 U71MnG 钢轨的实际伸长率可达 12% 以上。

5. 高速铁路钢轨选用

正线铁路宜采用长定尺，60N 廓形钢轨。200km/h 及以上的铁路和 200km/h 以下仅运行动车组列车的铁路应选用 U71MnG 钢轨，200km/h 兼顾货运铁路应选用 U75VG 钢轨。

在曲线半径小于或等于 2800m 的正线以及曲线半径小于或等于 1200m 的动车组走行线、联络线、站线应选用同材质的在线热处理钢轨；200km/h 及以上的铁路和 200km/h 以下仅运行动车组列车的铁路应选用 U71Mn 或 U71MnG 在线热处理钢轨；200km/h 兼顾货运铁路应选用 U75V 或 U75VG 在线热处理钢轨；大修、维修换轨时，可根据钢轨的磨耗情况，选用强度等级更高的在线热处理钢轨。

（二）轨枕

轨枕是轨道结构的重要部件。它承受来自钢轨的各种作用力，并弹性地将作用力传布于道床，同时有效地保持轨道的轨距、方向和位置。世界高速铁路有砟轨道正线全部采用混凝土枕。我国高速铁路要求全部采用混凝土枕。混凝土枕的主要优点是：纵横向阻力大，能提供足够的稳定性，可以满足高速铁路的要求；轨枕承载能力可以根据不同的高速运行条件进行设计，使之满足长期使用的耐久性要求；混凝土枕及其钢轨扣件的性能完全能够满足无缝线路的需要，且寿命长、维修工作量小。

1. 轨枕类型

高速铁路混凝土枕类型可分为整体式和双块式，根据实践经验，均能满足高速运行的技术要求。为了适应高速铁路轨道承载和线路养护维修的技术要求，一般都采用强化型的轨枕结构，即比既有线的轨枕更为优化，包括增加预应力配筋和截面高度来提高关键截面的承载强度，增大截面尺寸和轨枕长度等优化外形的设计来提高轨道的纵、横向稳定性。高速铁路上的轨枕必须满足相应的承载要求，在不同运营条件下长期使用的耐久性，轨道框架要有足够的纵、横向稳定性，确保运行的安全性和养护维修的合理性。

高速铁路有砟轨道混凝土轨枕主要有Ⅲc、Ⅲb、Ⅲk 型混凝土枕和Ⅲqc 型桥枕。其中Ⅲc 型混凝土枕和Ⅲqc 型桥枕分别是在Ⅲa 型混凝土枕和Ⅲqa 型桥枕的基础之上通过改变与扣件的接口而成，由原来基本轨与扣件接口的预留孔改为预埋套管，其余混凝土强度等级、形式尺寸和配筋不变,结构承载能力也保持不变。Ⅲc型混凝土枕截面如图1-13所示,Ⅲqc型桥枕截面如图1-14所示。与弹条Ⅳ型扣件配套的Ⅲb型混凝土枕截面及配筋如图1-15所示。为配套FC扣件系统,我国高速铁路有砟轨道上还使用了Ⅲk型混凝土枕。Ⅲk型混凝土枕与我国Ⅲb型混凝土枕相比,预埋件不同,外形尺寸稍有差别,混凝土强度等级、预应力钢筋布置、承载能力等一致,截面及配筋如图1-16所示。

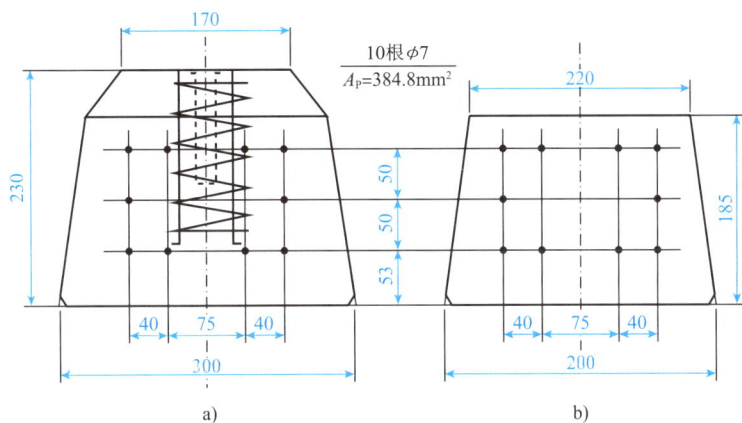

图1-13　Ⅲc型混凝土枕截面尺寸及配筋(尺寸单位:mm)

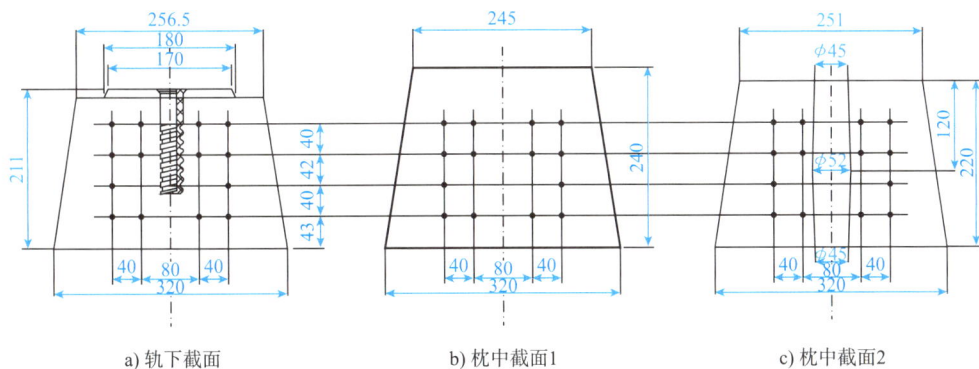

a) 轨下截面　　　　b) 枕中截面1　　　　c) 枕中截面2

图1-14　Ⅲqc型桥枕截面尺寸及配筋(尺寸单位:mm)

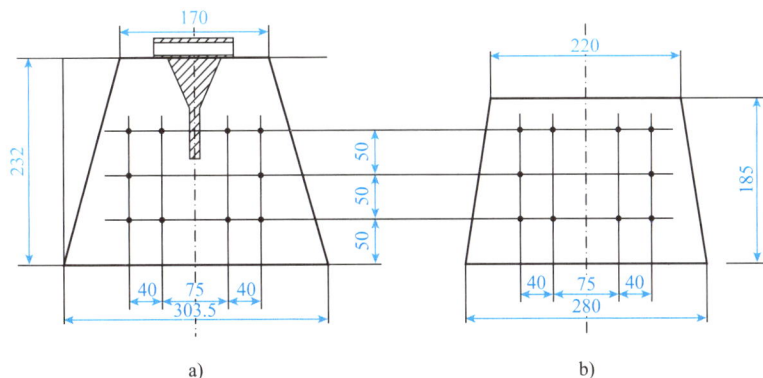

图1-15　Ⅲb型混凝土枕截面尺寸及配筋(尺寸单位:mm)

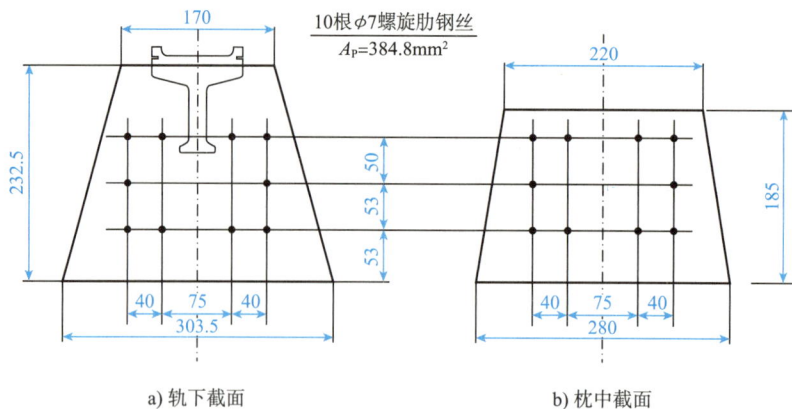

a) 轨下截面   b) 枕中截面

图 1-16 Ⅲk 型混凝土枕截面尺寸及配筋(尺寸单位:mm)

2. 高速铁路轨枕与普通轨枕的差异

高速铁路混凝土枕与普通轨枕主要设计参数差异见表 1-2。

高速铁路混凝土枕与普通轨枕的主要设计参数及差异   表 1-2

项目		单位	Ⅲqc 型桥枕	Ⅲqa 型桥枕	Ⅲc 型桥枕	Ⅲa 型桥枕
主要相同项	轨枕长度	mm	2600	2600	2600	2600
	轨下截面高度	mm	211	211	230	230
	配筋	—	14ϕ7mm	14ϕ7mm	10ϕ7mm	10ϕ7mm
	轨枕重量	kg	422	422	360	360
主要不同项	与扣件接口	—	预埋套管	预留孔	预埋套管	预留孔
	基本轨两承轨槽外侧底脚间距离	mm	$1817.5^{+1.0}_{-1.5}$	1818 ± 3.0	$1817.5^{+1.0}_{-1.5}$	1818 ± 3.0
	图号	—	专线 3452	专线 3348-I	专线 3451	专线 3393

高速铁路轨枕不仅在扣件接口技术上与普通线路轨枕不同,制造和验收依据的技术条件与普通线路轨枕也有所不同,主要体现在以下几方面:

(1)原材料:增加了对水泥比表面积为 300~350m²/kg 的要求;碎石的粒径由原来 5~25mm 连续级配改为 5~20mm 连续级配。

(2)耐久性:混凝土的抗冻等级由"不应低于 F250;使用于最冷月平均气温低于 −3℃ 区域的轨枕,不应低于 F300"提高到全部"应满足 F300 的要求"。

(3)型式尺寸:轨枕各部尺寸偏差和外观质量等多方面的要求要更加严格,主要体现在"两承轨槽外侧底脚间距离、同一承轨槽底脚间距离、距承轨槽面 120mm 深处套管偏离中心线距离、轨底坡、两承轨台之间的相对扭曲、端部预应力钢丝在混凝土内的露筋"。

(4)出厂检验:增加了扣件预埋件抗拔力检验。

3. 岔枕

高速铁路有砟岔枕的断面尺寸、混凝土强度等级、岔枕结构力学检验荷载等方面与普速铁路60kg/m钢轨道岔用混凝土岔枕完全相同。不同之处是预埋套管在岔枕上的分布不同，预应力钢丝也由 14ϕ7mm 的螺旋肋钢丝改为 16ϕ7mm 的螺旋肋钢丝。箍筋除特殊说明外，在枕长的分布间距为170mm。型式尺寸及预应力配筋如图1-17所示。

在制造和验收技术要求方面，高速铁路有砟岔枕与普速铁路60kg/m钢轨道岔用混土岔枕基本相同。不同之处主要在各部尺寸偏差和外观质量要求方面，表现在"枕长、承轨面宽度、套管距离、120mm处套管歪斜、铁垫板下承轨面表面缺陷（气孔、粘皮、麻面等）、混凝土断面上部三分之一的各表面缺陷（气孔、粘皮、麻面等）、端部破损和掉角"等方面要求更加严格。

图1-17 岔枕断面型式尺寸及配筋 （尺寸单位：mm）

4. 钢轨伸缩调节器混凝土枕

高速铁路有砟轨道钢轨伸缩调节器混凝土轨枕长2600mm、底宽300mm、高220mm。混凝土强度等级为C60，预应力钢丝为16ϕ7mm的螺旋肋预应力钢丝，与扣件连接采用预埋套管，如图1-18所示。按轨枕在钢轨伸缩调节器不同的部位分为A型和B型两种，分别对应不同的套管间距。A型枕 a 为558mm，b 为940mm；B型枕 a 为382mm，b 为1132.5mm。

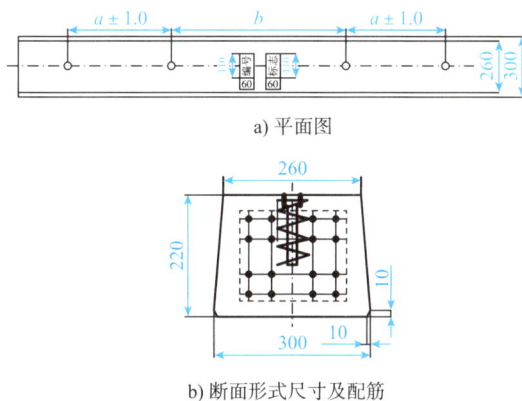

a) 平面图

b) 断面形式尺寸及配筋

图1-18 钢轨伸缩调节器混凝土枕断面型式尺寸及配筋（尺寸单位：mm）

（三）道床

道床是轨道结构的重要组成部分，必须具有足够的强度、刚度和抗剪能力，以保持整体性和稳定性。道床承受轨枕传递的各种力的作用，对轨枕荷载有良好的扩散能力，从而使轨枕荷载通过道床的扩散，达到基床表面的容许应力在限度之内。道床在轨道的纵向和横向具有均匀而足够的弹性，以保证行车的平顺。道床是轨排的弹性基础，应能减缓和吸收轮轨间的冲击和振动。道床结构在运营过程中，残余变形的积累速率必须在容许限度之内。有砟道床应具有良好的排水性能。

我国高速铁路规定有砟道床采用特级碎石道砟。特级道砟是指材质达到特级，按照特级级配和相关质量要求生产的道砟，并要求道砟上道前进行水洗。对于设计时速200km的客运专线应采用特级碎石道砟，如无特级砟源时，应采用一级材质、特级级配加水洗工艺生产的碎石道砟。

高速铁路全部铺设跨区间无缝线路,道床肩宽对保持无缝线路稳定性有着重要的作用。根据国内外对道床宽度与横向阻力关系的试验结果以及多年的实践经验,当道床肩宽由500mm再增加时,道床横向阻力增加已不明显,因此,规定道床肩宽不小于500mm。但堆高砟肩,却能继续增加道床横向阻力,所以,要求无缝线路的道床两侧砟肩按速度等级不同分别堆高100~150mm,以进一步提高道床的横向阻力。

道床的合理厚度,不仅起到扩散、分布荷载的作用,还可以增加轨道的弹性,延缓道砟颗粒的破碎和粉化,隔离振动和减少噪声。随着行车速度的提高和轴重的降低,后者显得更为重要。高速铁路基床表层具有优良的材料级配和压实密度,兼有道床垫砟、防冻和路基保护层的作用。因此,有砟轨道采用单层道床。另根据计算,道床厚度采用350mm时,自轨枕传到路基顶面应力小于0.2MPa,小于基床产生累积变形效应荷载限值,路基基床不会因重复荷载作用产生累积塑性变形。

道床边坡坡度,我国普速铁路采用1:1.75,使用效果良好。因此,高速铁路正线上的道床边坡也采用1:1.75。

为保持轨道的稳定性,提高道床纵横向阻力,轨枕盒内和两端均应有饱满的道砟,Ⅲ型混凝土枕中部道床顶面与轨枕顶面平齐。同时为防止出现飞砟现象及道床表面水分锈蚀钢轨和扣件,避免影响轨道电路正常工作,规定允许速度为200~250km/h(不含)时,轨底处道床顶面应低于轨枕承轨面30~40mm,允许速度为250(含)~350km/h时轨底处道床顶面应低于轨枕承轨面40~50mm。

正线路基地段有砟道床断面如图1-19所示。

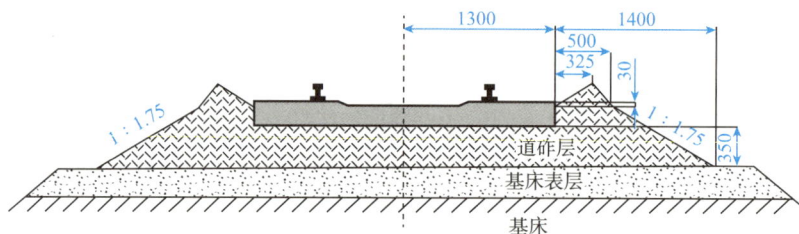

图1-19 路基地段道床断面图(尺寸单位:mm)

(四)扣件

扣件系统是轨道的关键部件之一,起着牢固约束钢轨保持轨道框架稳定的作用,为列车行驶提供安全保障。同时,扣件还具有提供线路弹性和绝缘、调整钢轨位置保持线路平顺性的重要功能。

1.扣件的分类

按与道床的联结方式可分为分开式弹性扣件和不分开式弹性扣件两类。分开式弹性扣件通常为带铁垫板的扣件,钢轨由扣压件紧固于铁垫板上,铁垫板通过锚固螺栓与预先埋设于混凝土轨枕或混凝土整体道床的绝缘套管配合或其他方式直接紧固在基础上,钢轨高低调整量大,并且由于轨下和铁垫板下均设弹性垫层提供弹性,减振效果较好,但零部件较多,维修工作量相对较大。不分开式弹性扣件将钢轨直接联结于混凝土轨枕或混凝土整体道床,零部件少,但钢轨高低调整量较小,紧固件的工作条件复杂,一般仅靠轨下弹性垫层提供弹性。

按承受水平力的方式可分为有挡肩扣件和无挡肩扣件。采用有挡肩扣件的混凝土轨枕或混凝土整体道床上需设承轨槽,由钢轨传来的轮轨横向荷载主要由混凝土承轨槽挡肩承受,横向承载能力较大,这种方式扣件零部件承受横向力较小,如采用分开式扣件,钢轨高低调整量更大。采用无挡肩扣件的混凝土轨枕或混凝土整体道床上不设承轨槽,由钢轨传来的横向荷载主要由埋设挡肩或紧固铁垫板的锚固螺栓承受和摩擦力克服,承载能力相对较小,由于不设挡肩,特别适合无砟轨道尤其是板式轨道使用。如采用分开式扣件,钢轨高低调整量较大。

2. 有砟轨道扣件

高速铁路有砟轨道主要采用弹条Ⅳ型、弹条Ⅴ型及FC型三种类型扣件,弹条Ⅳ型和FC型扣件为无挡肩扣件,弹条Ⅴ型扣件为有挡肩扣件。

(1)弹条Ⅳ型扣件

弹条Ⅳ型扣件由弹条、绝缘轨距块、橡胶垫板及预埋铁座组成。弹条Ⅳ型扣件的联结与组装如图1-20所示。

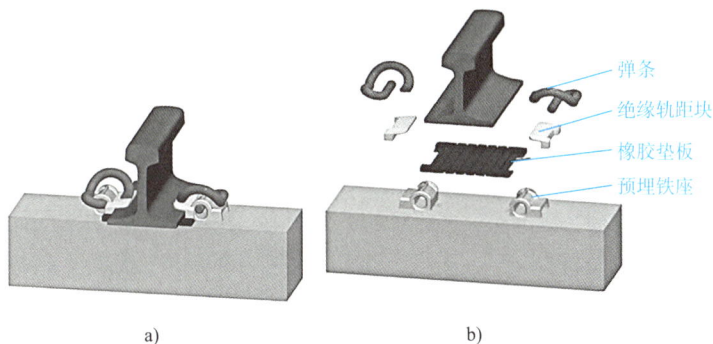

图1-20　弹条Ⅳ型扣件联结与组装示意图

弹条分为C4、JA及JB型三种。一般地段安装C4型弹条,钢轨接头处安装JA和JB型弹条。JA型弹条与7号、8号、9号接头绝缘轨距块配用,JB型弹条与10号、11号、12号、13号接头绝缘轨距块配用。

绝缘轨距块分一般地段使用的轨距块G4和钢轨接头处使用的轨距块G4J两种,每种轨距块又各有7个规格,即7号、8号、9号、10号、11号、12号和13号。标准轨距时采用9号和11号。

每组扣件(安装在一股钢轨一个节点上的扣件)零部件明细清单见表1-3。

每组扣件零部件明细清单　　　　　　　　　　　　　　　　表1-3

序号	名称	型号	数量	材料
1	弹条	C4(JA、JB)	2	60Si2MnA
2	预埋铁座	TZ4	2	QT450-10
3	绝缘轨距块	G4(G4J)	2	玻璃纤维增强聚酰胺66
4	橡胶垫板	RP4	1	天然或合成橡胶

25

配套Ⅲb型混凝土枕接口：配套Ⅲb型混凝土枕中预埋铁座的埋设位置和精度如图1-21所示，轨枕承轨面设1∶40轨底坡。

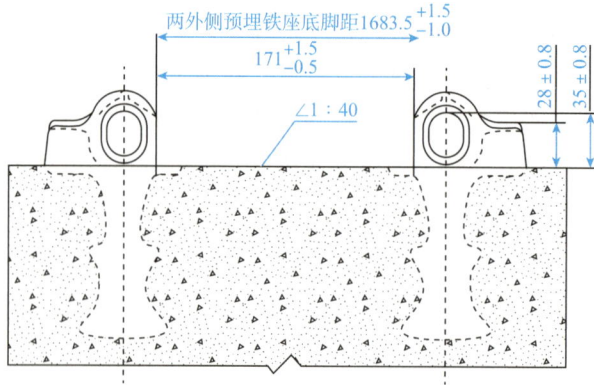

图1-21　弹条Ⅳ型扣件配套Ⅲb型混凝土枕接口(尺寸单位：mm)

（2）弹条Ⅴ型扣件

弹条Ⅴ型扣件由螺旋道钉、平垫圈、弹条、轨距挡板、轨下垫板和预埋套管组成。弹条Ⅴ型扣件的联结与组装如图1-22所示。

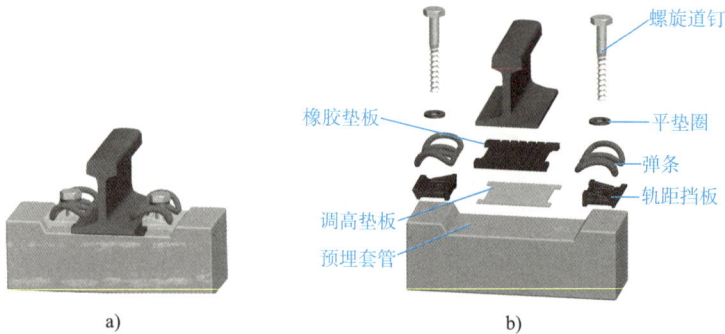

图1-22　弹条Ⅴ型扣件的联结与组装示意图

弹条分W2型和X3型两种，一般地段采用W2型，小阻力地段采用X3型，根据具体线路条件及无缝线路设计对钢轨纵向阻力的要求选用其中一种。此外，符合现行《弹条Ⅰ型扣件》(TB/T 1495)规定的A型弹条可用于钢轨接头处。轨下垫板分橡胶垫板和复合垫板两种，一般地段采用橡胶垫板，小阻力地段采用复合垫板。轨距挡板分七种型号，即2号、3号、4号、5号、6号、7号、8号。标准轨距时采用4号和6号。调高垫板按厚度分为1mm、2mm、5mm和8mm四种，放置于轨下垫板与轨枕承轨面之间。每组扣件零部件明细清单见表1-4。

每组扣件零部件明细清单　　　　　　　　　　　　　表1-4

序号	名称	型号	数量	材料
1	螺旋道钉	S1	2	优质碳素结构钢、合金结构钢或冷镦钢
2	平垫圈	TB/T 1495	2	不低于Q235-A性能的材料
3	弹条	W2/X3	2	60Si2MnA
4	轨距挡板	G5	2	玻璃纤维增强聚酰胺66

序号	名称		型号	数量	材料
5	轨下垫板	橡胶垫板	RP5	1	天然或合成橡胶
		复合垫板	CRP5		天然或合成橡胶、不锈钢板
6	预埋套管		D1	2	玻璃纤维增强聚酰胺66
7	调高垫板		TD5	n	聚乙烯

注:数量 n 根据实际使用情况确定。

配套Ⅲc型轨枕接口:配套Ⅲc型轨枕承轨槽的型式尺寸、预埋套管的埋设位置和精度如图1-23所示,轨枕承轨面设1:40轨底坡,预埋套管顶面低于承轨面0~1mm。

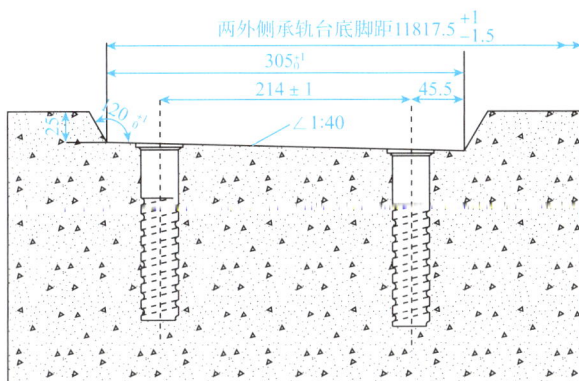

图1-23　弹条Ⅴ型扣件配套Ⅲc型轨枕接口(尺寸单位:mm)

(3)FC型扣件

FC型扣件由预埋底座、橡胶垫板、弹条、绝缘帽和轨距挡板组成。FC型扣件联结与组装如图1-24所示。

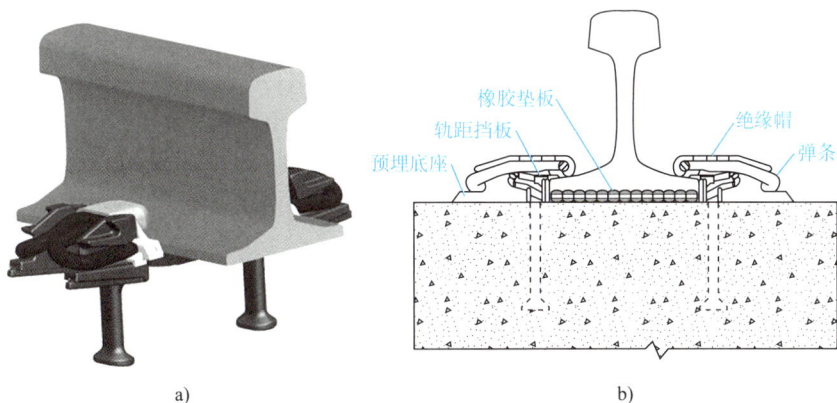

图1-24　FC型扣件联结与组装示意图

弹条分8889型、12071型和8287型三种。一般地段安装8889型弹条(配用8494型绝缘帽),钢轨接头处安装8287型弹条(不安装绝缘帽),小阻力地段安装12071型弹条(配用12133型绝缘帽)。轨距挡块共有八种规格,厚度分别为7mm、8mm、9mm、10mm、11mm、12mm、13mm、14mm,标准轨距时采用10mm和11mm厚度规格。在钢轨接头处需使用覆盖板和绝缘套。

每组扣件零部件明细清单见表1-5。

序号	名称	型号	数量	材料
1	弹条	8889/12071/8287	2	弹簧钢
2	绝缘帽	8494/12133	2	聚酰胺66
3	轨距块	—	2	聚酰胺66
4	预埋底座	8888	2	ISO1083/JS/500-7/S
5	橡胶垫板	12623	1	天然橡胶

配套Ⅲk型混凝土枕接口：配套Ⅲk型混凝土枕中预埋铁座的埋设位置和精度如图1-25所示，轨枕承轨面设1:40轨底坡。

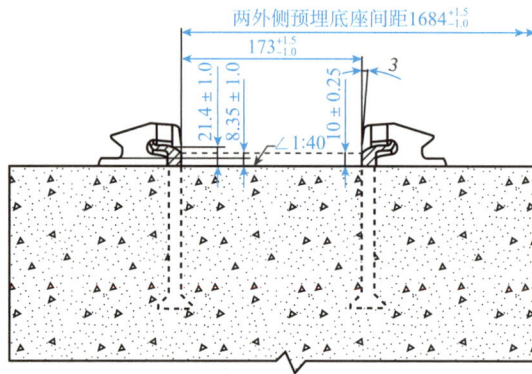

图1-25　FC型扣件配套Ⅲk型轨枕接口(尺寸单位:mm)

(五)钢轨伸缩调节器

钢轨伸缩调节器又称温度调节器，是一种调节钢轨伸缩的设备，常用在大跨度钢梁桥上、桥头和无缝线路需调节钢轨伸缩量地段，如图1-26所示。钢轨伸缩调节器由基本轨、尖轨、扣件、轨撑、铁垫板、弹性垫板、轨枕或轨道板等部件组成，可协调桥梁与无缝线路纵向位移，自动释放无缝线路温度应力。长大桥梁在温度荷载作用下伸缩位移较大，由于梁轨相互作用的影响，钢轨或桥墩将受到较大力的作用。为避免轨道或桥梁结构破坏，保证结构的稳定性，须在无缝线路上设置钢轨伸缩调节器，以改善桥梁和轨道的运营状态。

钢轨伸缩调节器

图1-26　钢轨伸缩调节器

1.轨道伸缩调节器分类

钢轨伸缩调节器主要有以下几种分类方式:

(1)按运行速度:分为 250km/h 高速铁路有砟轨道(兼顾货运)钢轨伸缩调节器和 350km/h 高速铁路无砟轨道钢轨伸缩调节器两种类型。

(2)按伸缩方向:分为单向调节器和双向调节器两种类型,如图 1-27、图 1-28 所示。

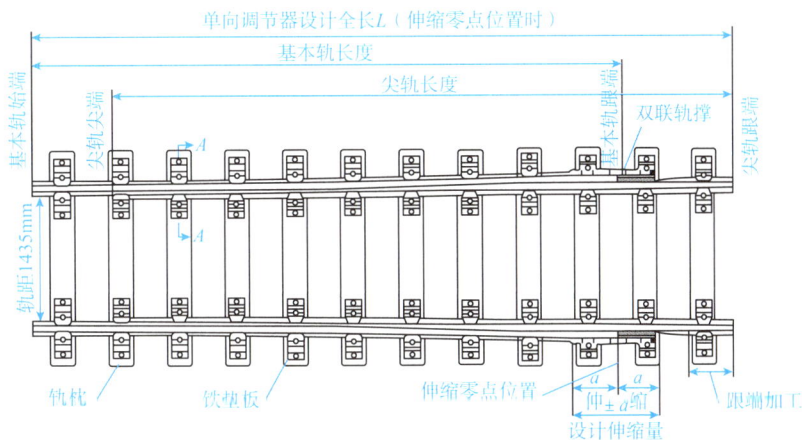

图 1-27　单向调节器示意图

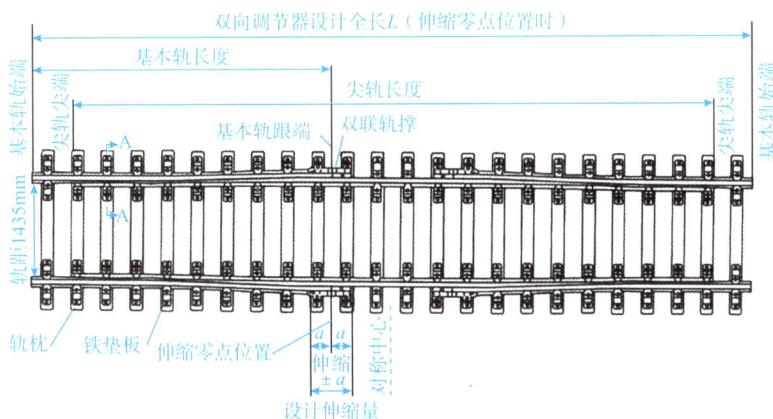

图 1-28　双向调节器示意图

(3)按轨下基础结构:可分为无砟轨道用和有砟轨道用两种类型。

(4)按尖轨与基本轨平面形式:可分为直线型、折线型和曲线型三种类型,如图 1-29～图 1-31 所示。

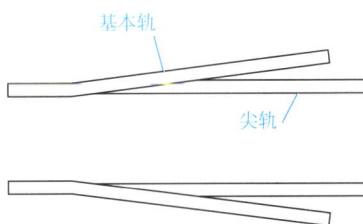

图 1-29　直线型钢轨伸缩调节器示意图

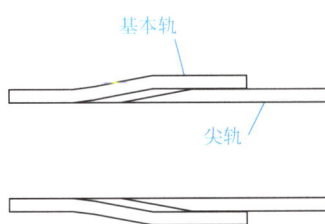

图 1-30　折线型钢轨伸缩调节器示意图

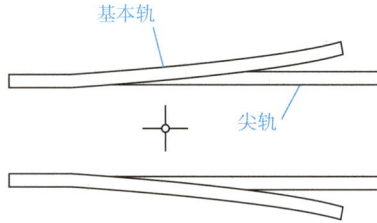

图 1-31 曲线型钢轨伸缩调节器示意图

2. 钢轨伸缩调节器的设置

钢轨伸缩调节器尖轨与基本轨间存在结构不平顺的问题,铺设钢轨伸缩调节器会对行车舒适性产生不利影响。另一方面,钢轨伸缩调节器是轨道结构的薄弱环节,在运营过程中,养护、维修作业量大,因此桥上无缝线路设计尽量减少钢轨伸缩调节器的设置。钢轨伸缩调节器由于其固有的结构特性,轨线不连续,结构不平顺,如果再与曲线叠加,制造工艺将更加复杂,运营中轨道几何形位难以保证,养护维修工作量大。因此规定钢轨伸缩调节器应设置在直线地段。

一般情况下,钢轨伸缩调节器的设置应经轨道和桥梁结构检算后确定。年最大轨温幅度大于等于90℃的地区,混凝土箱梁桥温度跨度大于等于120m、钢梁桥(非明桥面)温度跨度大于等于90m时,考虑设置钢轨伸缩调节器;年最大轨温幅度小于90℃的地区,混凝土箱梁桥温度跨度大于等于180m、钢梁桥(非明桥面)温度跨度大于等于160m时,考虑设置钢轨伸缩调节器。

钢轨伸缩调节器宜设置在直线地段,困难条件下可设置在曲线地段。钢轨伸缩调节器不应设置在不同轨下构筑物和轨道结构过渡段范围内。钢轨伸缩调节器基本轨始端和尖轨跟端焊接接头距离梁缝、钢梁横梁、支座中心不应小于2m。

3. 钢轨伸缩调节器伸缩预留量

伸缩预留量应考虑温度变化产生的梁体、钢轨伸缩量,列车活载作用于桥梁而引起的梁体、钢轨纵向位移,以及牵引力(制动力)作用于轨道可能产生的爬行量。

无缝线路设计锁定轨温范围内铺设钢轨伸缩调节器时,其伸缩预留量应按设计伸缩量的1/2计。

钢轨伸缩调节器不在无缝线路设计锁定轨温范围内铺设时,其伸缩预留量可按下式计算:

$$\Delta l = \frac{a}{2} + \alpha l_s (T - T_s) \tag{1-1}$$

式中:Δl——铺设钢轨伸缩调节器时,基本轨伸缩预留量(m);

a——钢轨伸缩调节器设计伸缩量(m);

α——钢轨线膨胀系数,取 $1.18 \times 10^{-5}/℃$;

l_s——无缝线路伸缩区长度(m);

T——铺设钢轨伸缩调节器时的钢轨温度(℃);

T_s——施工锁定轨温(℃)。

项目名称	项目一　高速铁路轨道工程认知		任务名称	任务二　认识有砟轨道结构	
专业班级		姓名		学习小组	

【专业知识认知】（30 分）

1.高速铁路有砟轨道结构有哪些优缺点？（10 分）

2.高速铁铁路有砟轨道结构由哪几部分组成及其作用是什么？（10 分）

3.说出高速铁路轨枕的类型及其适用条件。（10 分）

【能力素质训练】（60 分）

1.结合《高速铁路用钢轨》（TB/T 3276—2011），分析不同速度高速铁路应如何选用钢轨。（20 分）

2.区分高速铁路混凝土枕轨枕和普通轨枕的差异。（20 分）

3.在现场或结合图纸指出不同扣件的组成。（20 分）

【工作总结】（10 分）

学员自评		组长评价	

指导老师评价：

任务三 认识无砟轨道结构

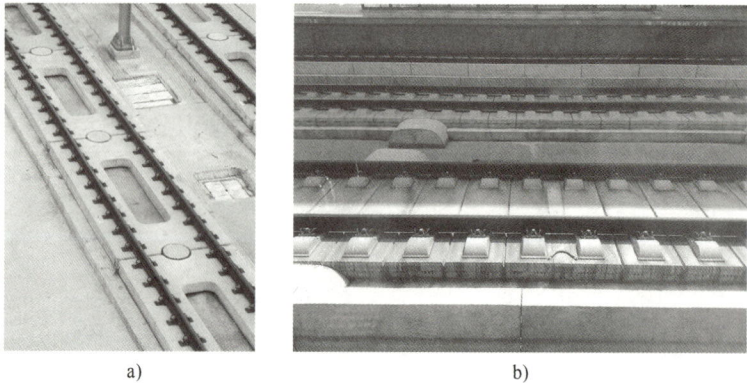

◇ 任务引入

京沪高速铁路于 2008 年 4 月正式开工建设,2011 年 6 月全线通车,最高时速达 350km,为满足快速、平稳、安全运行的需要,全线除黄河、长江大桥外全部采用无砟轨道结构形式。全线主要采用 CRTS Ⅱ 型板式轨道,共铺设轨道板 40 多万块,由沿线 16 个预制场生产。在施工过程中我国自主研发了长 120m(42 块)的轨道板生产线,创新采用了以硅酸盐水泥、普通砂石料与掺合料、非缓凝减水剂的混凝土材料体系为核心的成套技术,保证了 24h 一个生产循环,形成了稳定可靠的制备技术和轨道板铺设成套技术,如图 1-32 所示。我国无砟轨道结构有哪些类型?京沪高速铁路为什么选择无砟轨道结构呢?

a)   b)

图 1-32 轨道板施工

▲ 任务描述

无砟轨道是我国高速铁路采用的一种主要结构形式,设计时速 300km 及以上线路多采用无砟轨道结构。通过本任务学习掌握无砟轨道结构的特点,能够区分无砟轨道结构类型及其组成。

◇ 相关知识

无砟轨道是以混凝土或沥青混合料等整体结构取代散粒体碎石道床面形成的轨道结构形式,如图 1-33 所示。

无砟轨道结构

a)   b)

图 1-33 无砟轨道结构

一 无砟轨道结构的特点

相对于有砟轨道,无砟轨道具有以下优点:

(1)轨道动态平顺性高。轨道弹性主要由扣件系统的弹性垫层提供,列车荷载作用下钢轨各支点的弹性变形较均匀,有利于提高高速列车运行平稳性。

(2)提供较大的线路纵、横向阻力,稳定性高,无砟轨道结构较大的线路横向阻力为无缝线路长钢轨的施工铺设提供了便利,为运营期高速铁路无缝线路的稳定性提供了可靠保障。

(3)自重轻,结构高度低。自重轻可减小桥梁的二期恒载,结构高度低,可一定程度上改善隧道的通风条件。

(4)耐久性好,服务期长,全寿命周期成本较低,无砟轨道的道床主体结构的工程材料主要为钢筋混凝土,设计考虑高速列车荷载的疲劳作用、所处环境类别及所用工程材料的耐久性等因素,结构使用年限一般按 60 年设计,综合考虑工程初期投资和运营期的维修成本,全寿命周期成本较低。

(5)线路维修工作量大幅减少,维修作业条件改善,最大限度地减少养护维修工作是无砟轨道结构的研发初衷。无砟道床施工精确定位和钢轨精调完成后,轨道几何形位可长久保持,避免了有砟道床的捣固、清筛作业,轨道几何的调整作业也大幅减少。

(6)避免优质道砟资源的过度使用和高速条件下的道砟飞溅。随着国家对环保要求的不断提高,道砟资源的开采和优质道砟资源的短缺问题日益凸显,另外,列车高速运行条件下,有砟轨道的道砟飞溅问题仍需深入研究。

无砟轨道在工程应用过程中也暴露出一些不足,主要表现在以下几方面:

(1)无砟轨道线路的综合工程投资较大。无砟轨道结构一般为有砟轨道的 1.5 ~ 2.0 倍。无砟轨道对路基、桥梁、隧道等线下基础工程的变形适应能力较小,钢轨的高低和左右位置主要靠扣件系统调整,为保证轨道的高平顺性和稳定性,无砟轨道对线下基础工程提出了严格的变形控制标准要求,由此使得基础处理措施的综合工程投资较大。

(2)运营维护的专业性要求高,轨道结构失效修复较困难。无砟轨道钢筋混凝土裂缝结构层间的离缝及渗浆、伸缩缝及水泥沥青砂浆调整层破损等伤损维修作业的专业性强,对修补工艺、设备、材料及维修人员的技术要求较高,相比有砟轨道,由基础下沉或上拱变形超限引起的轨道几何形位调整的整治作业难度较大,占用天窗时间多,特殊情况下的无砟轨道结构失效修复较困难。

(3)振动噪声较大,无砟轨道的弹性主要由扣件系统提供,当线路通过环境敏感区段时,无砟轨道结构需要采取特殊的减振措施。无砟轨道的道床面相对碎石道床平滑,轮轨噪声相比较大。

二 无砟轨道结构类型

根据无砟道床主体结构建造方式的不同,目前世界高速铁路应用的无砟轨道总体上分为预制板式和现浇混凝土式两大类。

1.预制板式无砟轨道

预制板式无砟轨道的道床混凝土结构为工厂预制,道床结构一般由预制轨道板、充填层、现浇支承基础三大部分构成。现浇支承基础为钢筋混凝土底座或支承层,现场浇筑成型,为保证轨道板的均匀支承,预制轨道板与下部基础之间须充填一定厚度的砂浆或混凝土层。为便于轨道板的标准化设计和制造,曲线超高均在混凝土底座或路基基床表层上设置。施工时,先施工下部支承基础,再铺设轨道板、灌注砂浆充填层,最后铺设和精调钢轨。

预制板式无砟轨道具有以下优点:道床主体结构工厂化制造,混凝土振捣、养护等条件好,质量易于控制,耐久性好;现场浇筑混凝土量少,预制件现场组装,施工工效高;可维护性较强;外观质量好。但与现浇混凝土式无砟轨道相比,因轨道板的制造、运输和砂浆充填层的设置等,其建设成本相对较高。我国高速铁路 CRTS I、II、III 型板式无砟轨道和道岔区板式无砟轨道均属此类。

2. 现浇混凝土式无砟轨道

现浇混凝土式无砟轨道的道床混凝土结构现场浇筑成型,道床结构一般由道床板(有或无轨枕)、支承基础(底座或支承层)构成。施工时先利用工具轨和支撑架架设轨排,精细调整并固定钢轨高低和左右位置,再立模浇筑混凝土,最后精调轨道状态。

与预制板式无砟轨道相比,现浇混凝土式无砟轨道的建造方法较为简便,建设成本相对较低,但受气候环境、养护条件等多种因素影响,道床混凝土裂纹控制难度较大,可维护性不强。我国高速铁路采用的 CRTS I、II 型双块式无砟轨道以及在普速铁路隧道地段应用的弹性支承块式无砟轨道属此类。

三 CRTS I 型板式无砟轨道

CRTS I 型板式无砟轨道是在现场浇筑的钢筋混凝土底座上铺装预制轨道板,通过水泥乳化沥青砂浆进行调整,并适应 ZPW-2000 轨道电路的单元板式无砟轨道结构形式。CRTS I 型板式无砟轨道由钢轨、扣件系统、预制轨道板、水泥乳化沥青砂浆充填层、钢筋混凝土底座、凸形挡台及其周围填充树脂等部分组成,其在路基、桥梁和隧道等不同线下基础的结构组成基本相同。沪宁、广珠、哈大、石太、成绵乐、宁安等线路采用 CRTS I 型板式无砟轨道。

CRTS I 型板式
无砟轨道结构

(一) 结构组成

1. 扣件系统

CRTS I 型板式无砟轨道配套采用左右、高低位置调整能力较强的弹性分开式扣件系统,如图 1-34 所示。主要作用是保持轨距,提供轨道弹性,调整轨道几何形位,满足轨道绝缘性能要求,调整线路纵向阻力。

2. 预制轨道板

轨道板是 CRTS I 型板式无砟轨道的直接承力结构,根据不同环境条件,轨道板结构类型分为预应力整体式(P)、预应力框架式(PF)和普通混凝土框架式(RF)三种。主要作用是安装定位钢轨和扣件;承受荷载,并将竖向荷载传递至砂浆层和底座,水平荷载传递至凸形挡台;提供轨道电路和综合接地的接口。

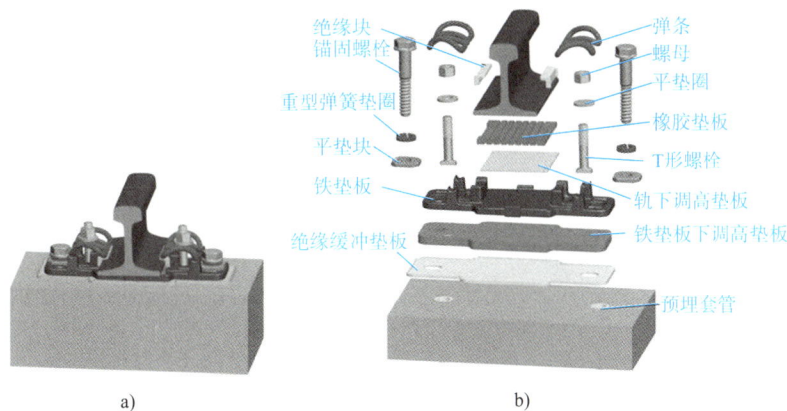

图1-34 WJ-7型扣件系统示意图

标准轨道板长度为4962mm,宽度为2400mm,厚度不小于190mm。轨道板两端设半圆形缺口,半径宜为300mm,如图1-35、图1-36所示。每块轨道板8个扣件节点,节点间距629mm。预应力轨道板混凝土强度等级为C60,为不允许开裂的部分预应力钢筋混凝土结构;普通框架板混凝土强度等级为C50,轨道板允许裂纹宽度限制0.2mm。

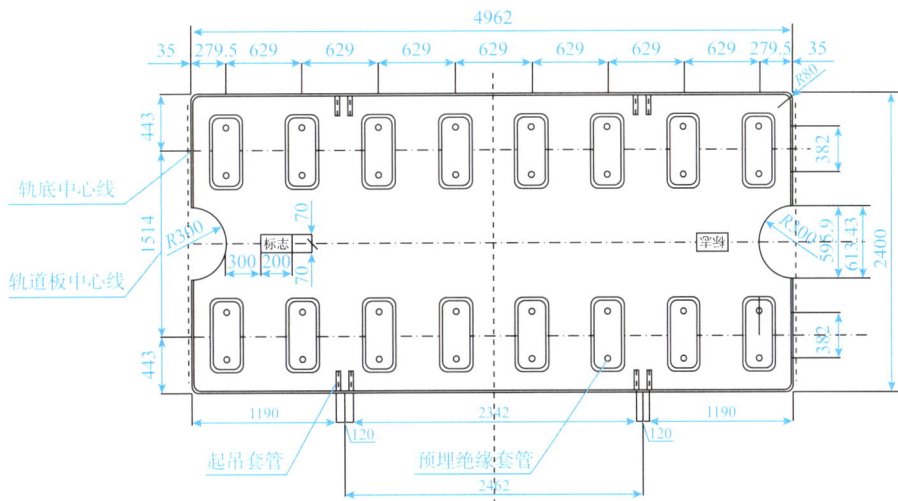

图1-35 整体式轨道板(带20mm后承轨台)(尺寸单位:mm)

3.凸形挡台及其周围填充树脂

凸形挡台是CRTS I型板式无砟轨道的限位结构,设置于底座两端中部位置,主要作用是轨道板的纵、横向限位,承受水平荷载并传递至底座及下部基础。凸形挡台周围填充树脂主要是充填轨道板与凸形挡台的间隙,缓和水平荷载对凸形挡台的冲击,协调轨道板的温度变形。

4.水泥乳化沥青砂浆充填层

CRTS I型板式无砟轨道采用弹性模量较低的水泥乳化沥青砂浆,采用袋装法施工工艺。主要作用是施工调整,保证轨道板均匀支承,承受并传递荷载,协调轨道板温度翘曲变形。

35

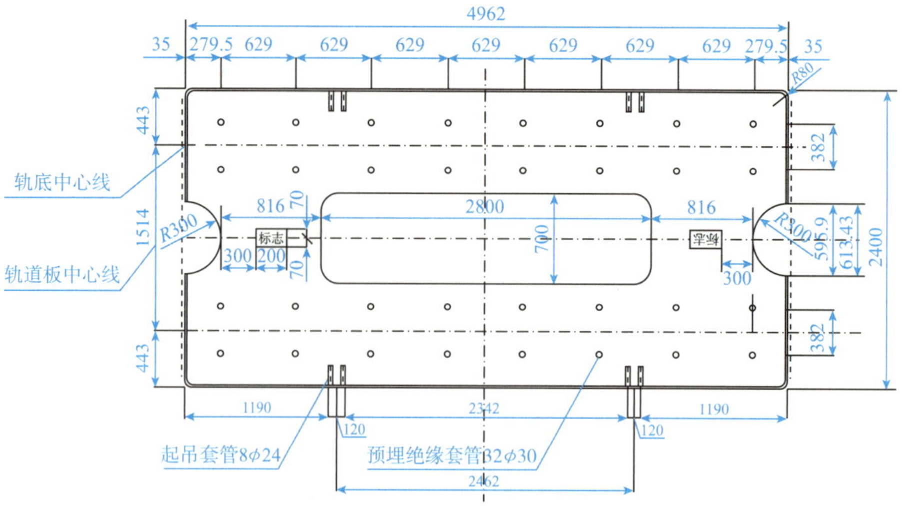

图 1-36 框架式轨道板(带 20mm 后承轨台)(尺寸单位:mm)

5. 钢筋混凝土底座

底座为分段设置的钢筋混凝土结构,主要功能为承受荷载,并将其传递至线下基础,固定凸形挡台,为曲线超高的设置提供条件。

(二)轨道结构

1. 路基地段轨道结构

路基上轨道结构高度为 787mm。水泥乳化沥青砂浆充填层设计厚度为 50mm。底座在基床表层上分段设置,每 2~4 块轨道板长度设置 20mm 伸缩缝,并绕过凸形挡台;线路两侧及线间路基表面以沥青混凝土或 C25 素混凝土封闭;线间排水应优先结合线路纵坡、桥涵等线路条件具体设计,当采用集水井方式时,集水井设置间隔应根据汇水面积和当地气象条件计算确定。无砟轨道底座伸缩缝及底座与线下结构间接缝用嵌缝材料填充。路基地段轨道结构横断面如图 1-37 所示。

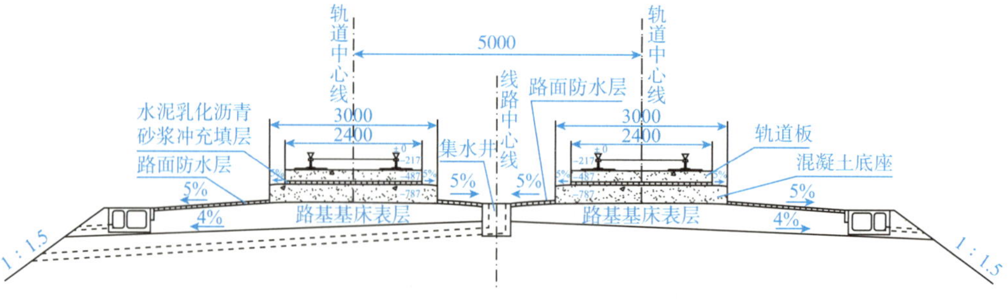

图 1-37 路基地段轨道结构横断面示意(尺寸单位:mm)

2. 桥梁地段轨道结构

桥上轨道结构高度为 687mm;砂浆充填层设计厚度为 50mm;混凝土底座在梁面构筑,桥上混凝土底座分段设置,对应每块轨道板长度设置 20m 伸缩缝,且与板缝间隔对齐。

桥上轨道结构高度为 687mm;砂浆充填层设计厚度为 50mm;混凝土底座在梁面构效,桥上混凝土底座分段设置,对应每块轨道板长度设置 20mm 伸缩缝,且与板缝间隔对齐。底座范围内梁面不设防水层和保护层,底座 2.6m 范围内的梁面在梁场预制时进行拉毛处理,梁体预埋套管植筋或预埋钢筋与底座连接;底座范围外的梁面防水层、保护层设计参照桥梁设计图。桥面采用三向排水方式。桥梁地段轨道结构横断面如图 1-38 所示。

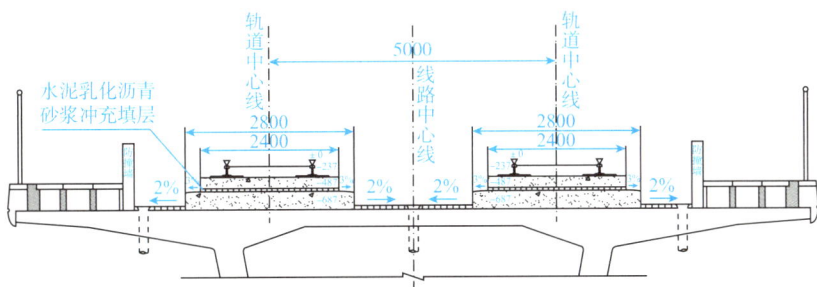

图 1-38 桥梁地段轨道结构横断面示意图(尺寸单位:mm)

3.隧道地段轨道结构

隧道内轨道结构高度为 687mm(无仰拱 845mm);砂浆充填层设计厚度为 50mm;底座在隧道基底上分段设置,每 2 块板单元设置 20mm 伸缩缝,伸缩缝与板缝间隔对齐且绕过凸形挡台,混凝土底座遇沉降缝应断开,洞口底座伸缩缝与下部基础对应;隧道基底表面在铺设底座前应进行拉毛或凿毛处理;洞口 100m 范围内基底与底座间设置连接钢筋;线间排水见隧道专业设计图纸。隧道地段轨道结构横断面如图 1-39、图 1-40 所示。

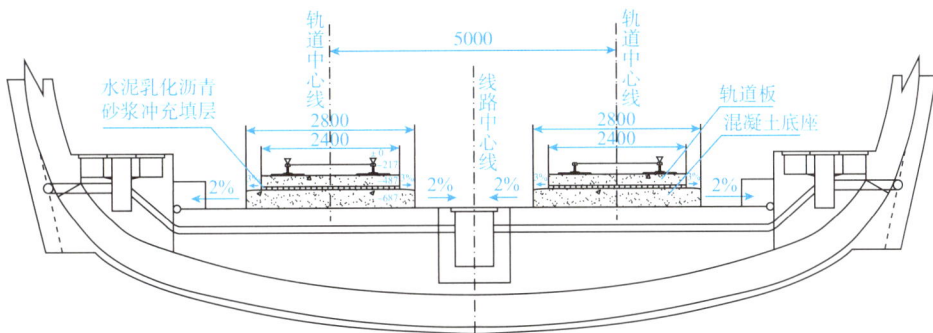

图 1-39 有仰拱隧道地段轨道结构横断面示意图(尺寸单位:mm)

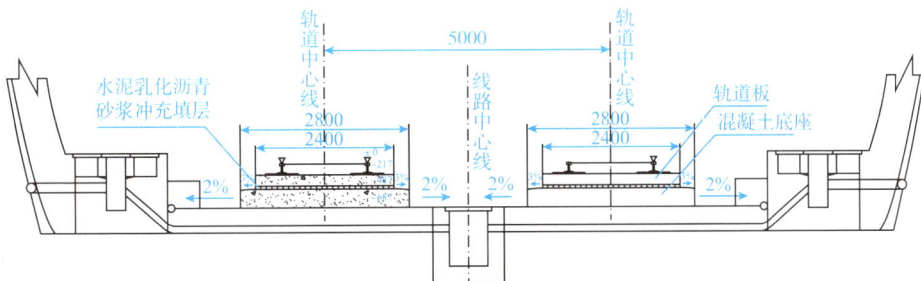

图 1-40 无仰拱隧道地段轨道结构横断面示意图(尺寸单位:mm)

四 CRTS Ⅱ型板式无砟轨道

CRTS Ⅱ型板式
无砟轨道结构

CRTS Ⅱ型板式无砟轨道是在现场摊铺的混凝土支承层或现场浇筑的钢筋混凝土底座上铺装预制轨道板,通过水泥乳化沥青砂浆进行调整,并适应 ZPW-2000 轨道电路要求的纵连板式无砟轨道结构形式。CRTS Ⅱ型板式无砟轨道主要由钢轨、扣件系统、预制轨道板、水泥乳化沥青砂浆充填层及支承层等部分组成。京津、京沪、津秦、京石、石武、合蚌、沪杭、杭甬等高速铁路采用 CRTS Ⅱ型板式无砟轨道。

(一)结构组成

1. 扣件系统

CRTS Ⅱ型板式无砟轨道采用有挡肩扣件,一般采用 WJ-8 型扣件。WJ-8 型扣件由螺旋道钉、平垫圈、弹条、绝缘块、轨距挡板、轨下垫板(分橡胶垫板和复合垫板)、铁垫板、铁垫板下弹性垫板和预埋套管组成,钢轨高低调整时采用调高垫板(分轨下微调垫板和铁垫板下调高垫板),如图 1-41 所示。

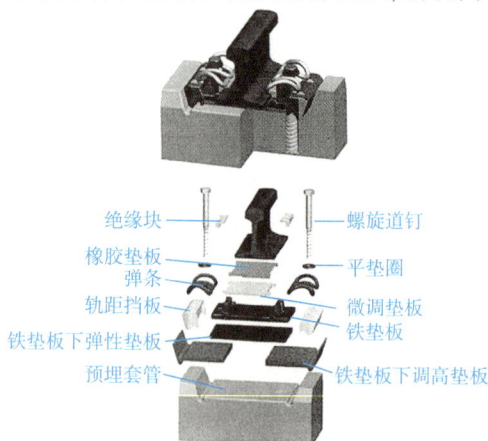

绝缘块 —— 螺旋道钉
橡胶垫板 —— 平垫圈
弹条
轨距挡板 —— 微调垫板
铁垫板下弹性垫板 —— 铁垫板
预埋套管 —— 铁垫板下调高垫板

图 1-41 WJ-8 型扣件系统示意图

2. 预制轨道板

轨道板在工厂内预制成端部带张拉钢筋的平板结构,现场铺设时轨道板板端通过张拉锁件将轨道板张拉螺纹筋连接,然后板缝浇筑混凝土,形成纵连结构,可为列车运行提供平顺的下部支承基础。一般地段采用标准轨道板,对于线路起终点、与岔区相接地段及与其他类型轨道相接地段设置特殊板,按照布板设计,对于不能按标准板布设的一般区段,根据区段长度设置补偿板。

标准轨道板长 6450mm、宽 2550mm、厚 200mm,轨道板上设承轨台,为有挡肩结构。采用弹性扣件,扣件节点间距为 650mm,每块轨道板设置 20 组。顶面设置深度为 38mm 的预裂缝,相邻预裂缝间距为 0.65m。横向设置 60 根直径 10mm 的预应力筋,沿轨道板中性轴以下 10mm 布置;纵向通过 6 根 20mm 精轧螺纹钢筋连接成整体。轨道板与支承层获底座板间填充 30mm 厚的水泥乳化沥青砂浆调整层。轨道板结构如图 1-42 ~ 图 1-44 所示。

3. 水泥乳化沥青砂浆充填层

水泥乳化沥青砂浆充填层是 CRTS Ⅱ型轨道板和支承层或底座板间的连接层,主要起填充、支撑、承力和传力的作用,并可为轨道提供一定的刚度和弹韧性,是承受列车冲击的重要减振层。CRTS Ⅱ型板式无砟轨道水泥乳化沥青砂浆充填层采用封边灌注工艺施工。

4. 支承层和底座板

路基上支承层采用水硬性混合料或低塑性混凝土材料,每隔 2.5 ~ 5m 进行切缝处理,切缝深度≥10cm。桥梁上底座板采用纵向连续的钢筋混凝土结构。

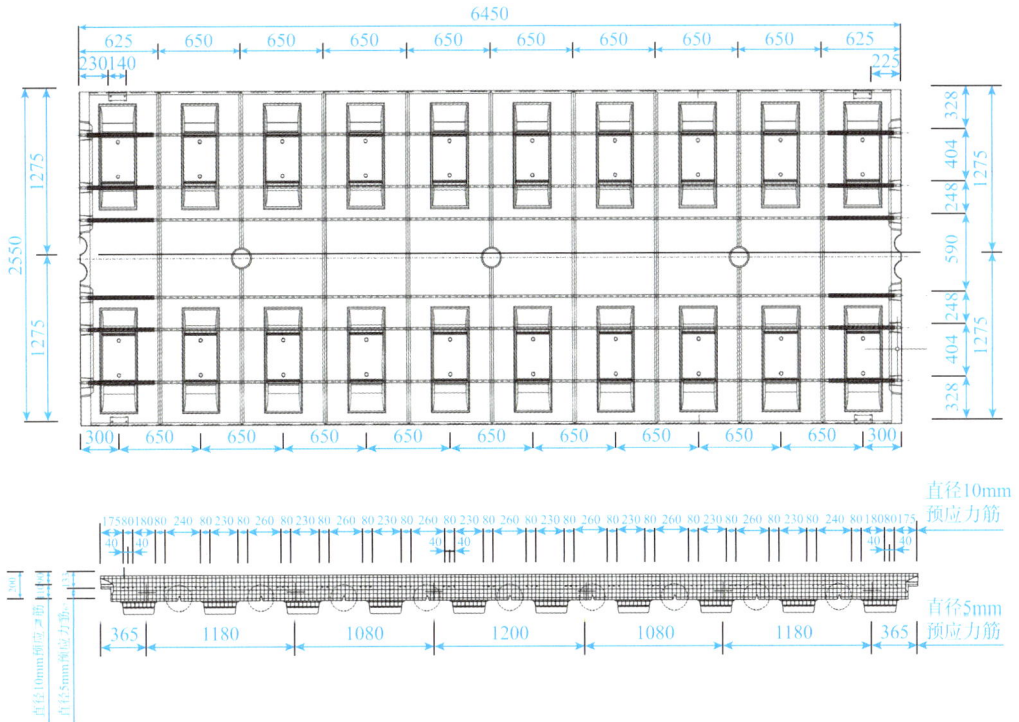

图 1-42 标准轨道板结构(尺寸单位:mm)

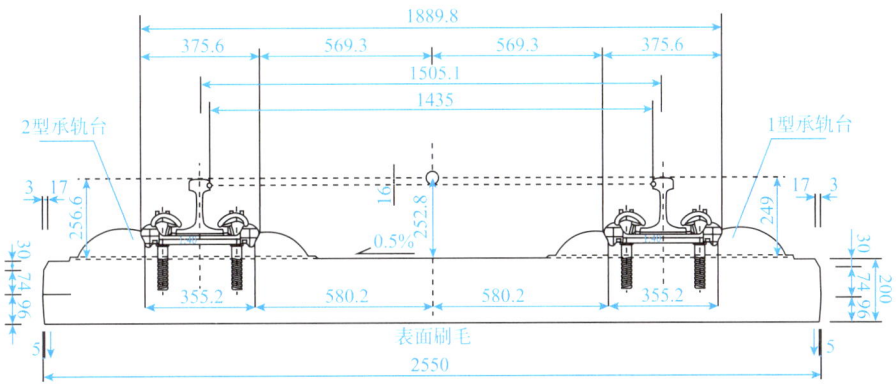

图 1-43 标准轨道板横断面(尺寸单位:mm)

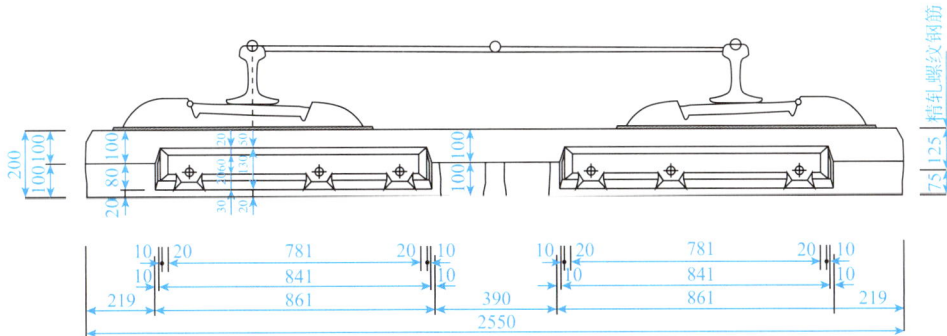

图 1-44 轨道板端部正视(尺寸单位:mm)

(二) 路基地段 CRTS Ⅱ 型板式无砟轨道

路基地段 CRTS Ⅱ 型板式无砟轨道主要由钢轨、扣件系统、预制轨道板、水泥乳化沥青砂浆充填层及支承层等部分组成。轨道结构横断面如图 1-45、图 1-46 所示。

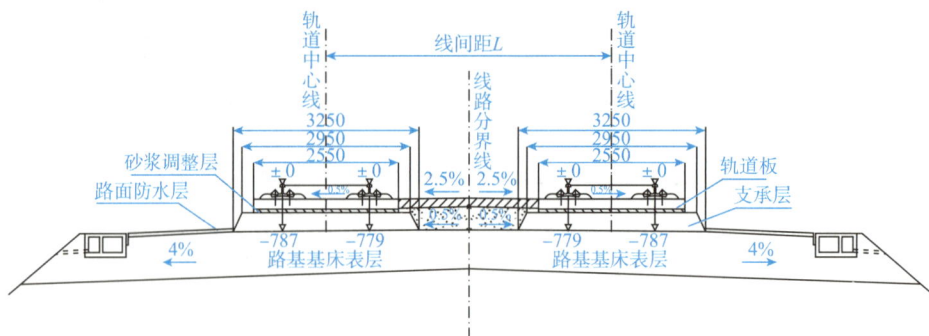

图 1-45　直线地段 CRTS Ⅱ 型板式无砟轨道横断面(尺寸单位:mm)

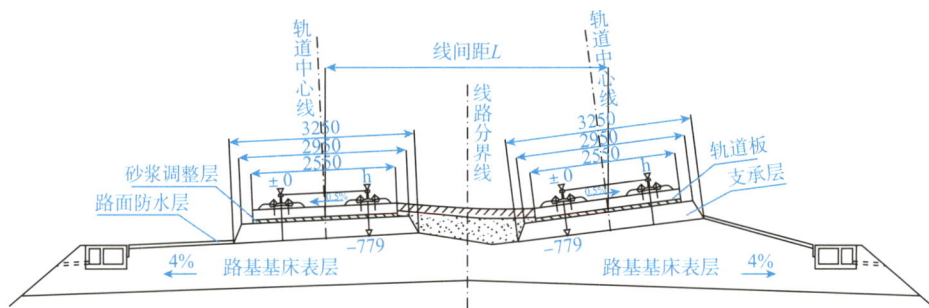

图 1-46　曲线地段 CRTS Ⅱ 型板式无砟轨道横断面(尺寸单位:mm)

轨道结构高度(内轨轨顶面至支承层底面)为 779mm；轨道板宽度为 2500mm，厚度为 200mm，标准轨道板长度为 6450mm，异型轨道板(补偿板)长度根据具体铺设段落，通过布板软件计算确定；水泥乳化沥青砂浆充填层厚度为 30mm；支承层顶面宽度为 2950mm，底面宽度为 3250mm，厚度为 300mm；线间 C25 混凝土封闭层最小厚度为 150mm。左右线间支承层间填筑级配碎石，其顶面采用 C25 混凝土封闭；当采用水硬性材料支承层时，轨道外侧支承层表面采用聚氨酯封缝胶进行表面防水处理；直线地段利用线间 C25 混凝土封层上的人字坡向线路两侧排水，曲线地段利用线间集水井进行排水。

路基地段 CRTS Ⅱ 型板式无砟轨道横断面细部如图 1-47、图 1-48 所示。

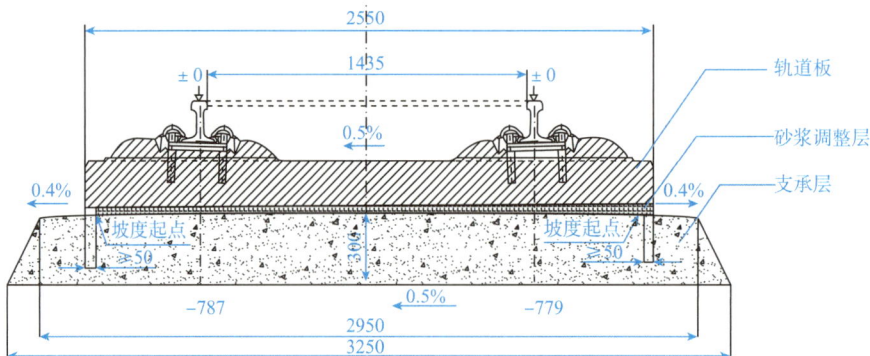

图 1-47　直线地段 CRTS Ⅱ 型板式无砟轨道横断面细部(尺寸单位:mm)

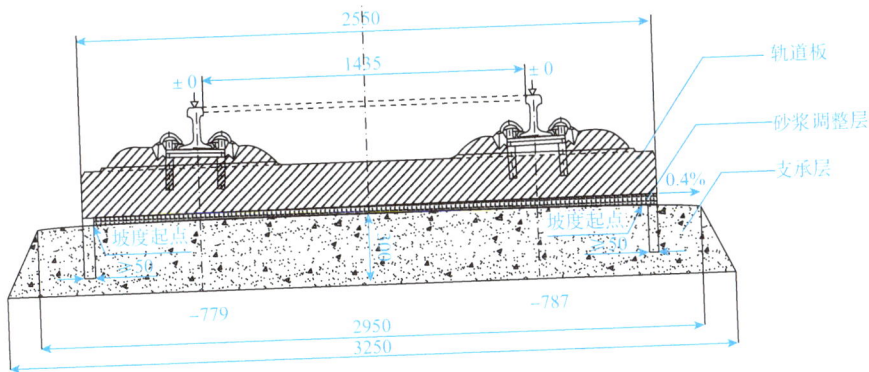

图1-48 曲线地段 CRTS Ⅱ 型板式无砟轨道横断面细部(尺寸单位:mm)

(三) 桥梁地段 CRTS Ⅱ 型板式无砟轨道

桥梁地段 CRTS Ⅱ 型板式无砟轨道主要由钢轨、扣件系统、预制轨道板、砂浆充填层、连续底座板、滑动层、侧向挡块等部分组成。一般情况下,每孔梁固定支座上方设置剪力齿槽,梁缝处设置高强度挤塑板,后台路基上设置摩擦板、端刺及过渡板等结构。轨道结构断面如图1-49、图1-50所示。

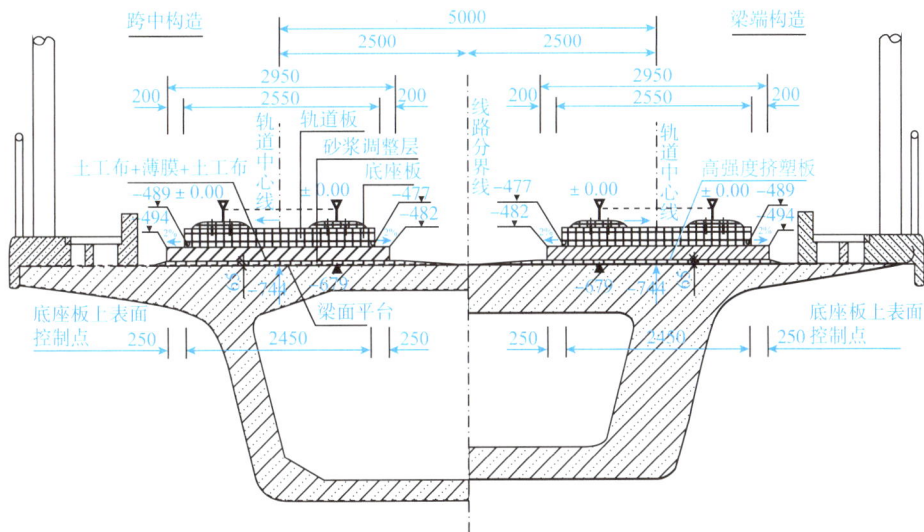

图1-49 桥上直线地段 CRTS Ⅱ 型板式无砟轨道横断面(尺寸单位:mm)

轨道结构高度:直线地段为679mm;曲线超高175mm地段轨道结构高度为751mm;其余超高地段,轨道结构高度按线性内插计算确定。轨道板宽度为2550mm,厚度为200mm,标准轨道板长度为6450mm,异型轨道板(补偿板)长度根据具体铺设段落,通过布板软件计算确定。底座宽度为2950mm,直线地段平均厚度为200mm,曲线地段根据超高设计情况计算确定,最大厚度约500mm,最小厚度约180mm,全桥纵向连续铺设,如图1-51所示。标准摩擦板长度为50/60m,宽度为9m,厚度为0.4m,如图1-52所示。

一般地段采用标准倒"T"形端刺,如图1-53所示,上部结构沿线路纵向厚度为1m,沿线路横向宽度为9m,高度为2.75m;下部结构沿线路纵向为8m,沿线路横向为9m,厚度为1m。也可采用Ⅱ形端刺。

41

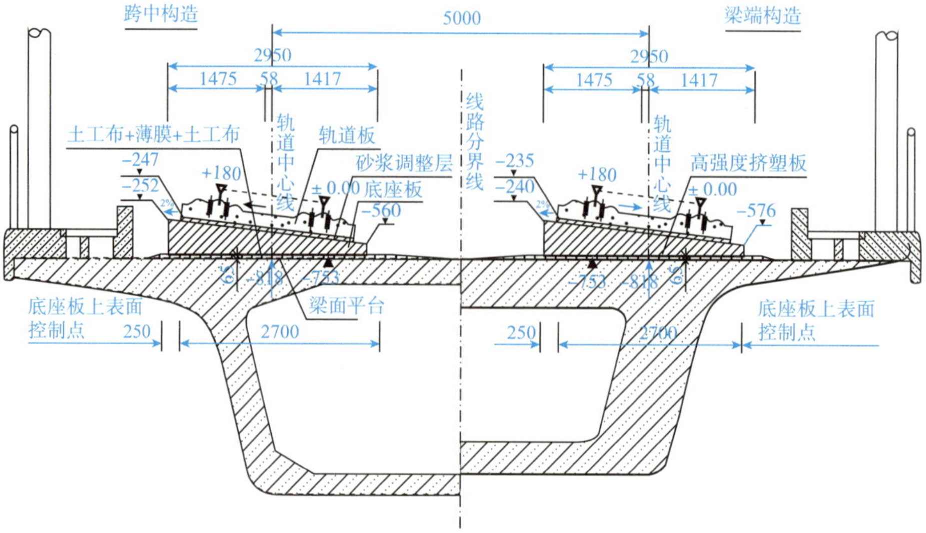

图 1-50　桥上曲线地段 CRTS Ⅱ 型板式无砟轨道横断面(尺寸单位:mm)

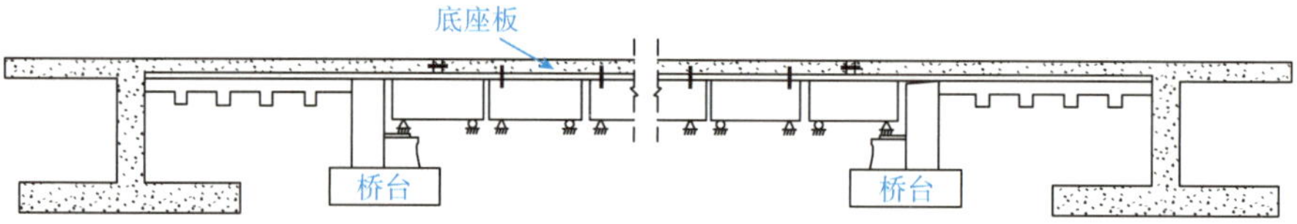

图 1-51　底座板纵向布置图

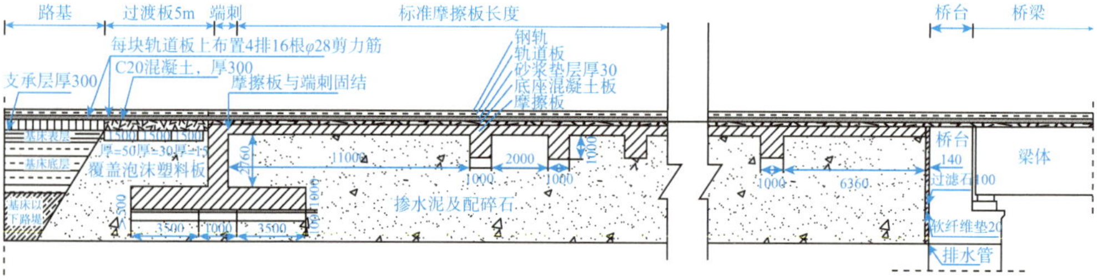

图 1-52　台后锚固体系示意图(尺寸单位:mm)

　　侧向挡块与底座板间设置弹性限位板进行传力,弹性限位板相关技术条件应符合《客运专线铁路 CRTS Ⅱ 型板式无砟轨道弹性限位板暂行技术条件》(科技基〔2009〕135号)的规定,侧向挡块原设计为方形,为改善高速运行动车组与侧向挡块之间的空气动力学效应,减少动车组运行空气阻力对侧向挡块外观,按流线型进行优化设计,优化设计后的侧向挡块也更加美观,如图 1-54 所示。

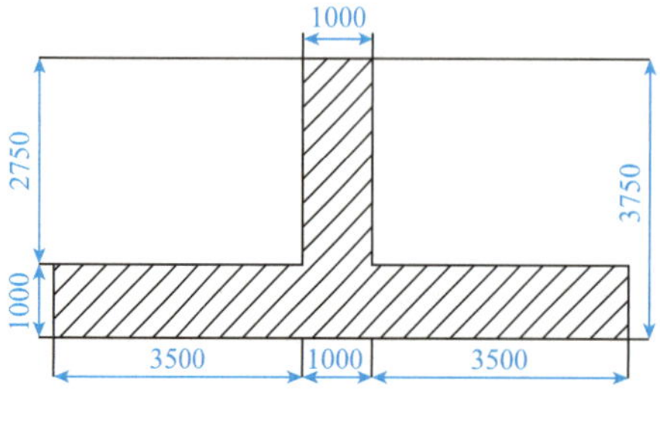

图 1-53　标准端刺结构尺寸(尺寸单位:mm)

图 1-54　侧向挡块

(四)隧道地段 CRTS Ⅱ 型板式无砟轨道

隧道地段 CRTS Ⅱ 型板轨道主要由钢轨、扣件系统、预制轨道板、砂浆充填层及混凝土支撑层等部分组成。如图 1-55、图 1-56 所示。

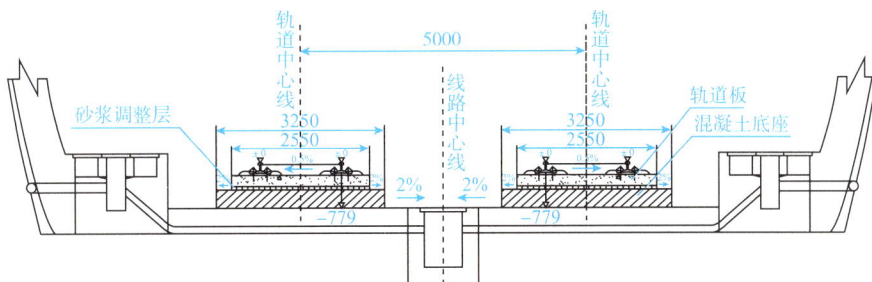

图 1-55　隧道直线地段 CRTS Ⅱ 型板式无砟轨道横断面(尺寸单位:mm)

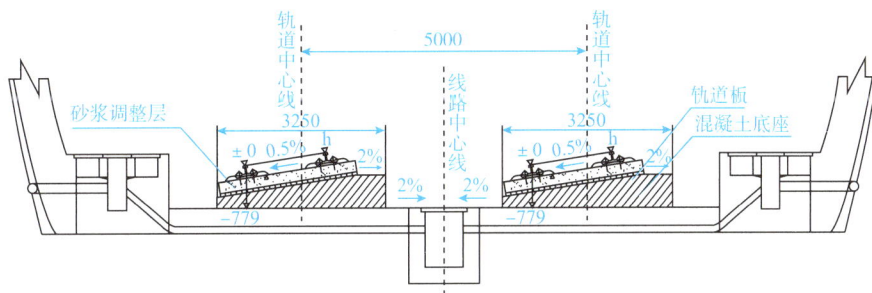

图 1-56　隧道区线地段 CRTS Ⅱ 型板式无砟轨道横断面(尺寸单位:mm)

隧道内轨道结构高度为 779m(内轨轨顶面至支承层底面),曲线超高在轨道结构混凝土支承层上设置,混凝土支承层宽 3.25m,曲线内轨轨下厚 30mm。轨道板、砂浆充填层与路基地段 CRTS Ⅱ 型板式无砟轨道相同。混凝土支撑层范围内的轨道结构需要进行拉毛处理。

五　CRTS Ⅲ 型板式无砟轨道

CRTS Ⅲ 型板式无砟轨道是在现场浇筑的钢筋混凝土底座上铺装带挡肩的预制轨道板,通过自密实混凝土进行调整,并适应 ZPW-2000 轨道电路的单元板式无砟轨道结构形式,是我国自主研发的高速铁路无砟轨道结构。路基、桥梁、隧道地段 CRTS Ⅲ 型板式无砟轨道结构均由钢轨、弹性扣件、轨道板、自密实混凝土、隔离层、弹性缓冲垫层以及具有限位结构的钢筋混凝土底座等部分组成。成灌、盘营、沈丹、郑徐等线路采用了 CRTS Ⅲ 型板式无砟轨道。

CRTS Ⅲ 型板式无砟轨道结构

(一)结构组成

1.扣件系统

CRTS Ⅲ 型板式无砟轨道采用有挡肩扣件,一般采用 WJ-8B 型扣件系统,如图 1-57 所示。WJ-8B 型扣件采用 B 类弹性垫板(静刚度为 20 ~ 30kN/mm),适应最高速度为350km/h 的客运专线运营条件。

图 1-57　WJ-8B 型扣件系统示意图

2. 轨道板

轨道板为带挡肩的双向预应力结构，混凝土强度等级为 C60，宽度 2500mm，厚度 210mm。标准轨道板根据长度不同分为 P5600、P4925 和 P4856 三种，对应长度分别为 5600mm、4925mm 和 4856mm。轨道板下设门型钢筋，自密实混凝土灌注后，通过门型钢筋使轨道板和自密实混凝土层连接成为一体，形成"复合板"结构。

基于 24m 和 32m 简支梁桥上轨道板布置方案、控件间距和轨道板合理厚度，高速铁路 CRTS Ⅲ 型板式无砟轨道不同线下基础上轨道板形式尺寸不同。

32m 简支梁桥：主型板 5600mm × 2500mm × 210mm，扣件间距 630mm，扣件间距 630mm；梁端板 4925mm × 2500mm × 210mm，扣件间距 630mm。

24m 简支梁桥：4856mm × 2500m × 210mm，扣件间距 617mm。

路基和隧道区段：5600mm × 2500m × 210mm，扣件间距 630mm。

P5600 型、P4925 型及 P4856 型轨道板型式尺寸如图 1-58 ~ 图 1-60 所示。轨道板预应力钢筋采用公称直径 13mm 的预应力钢棒，其抗拉强度不低于 1420MPa，屈服强度不低于 1280MPa；普通钢筋采用直径 12mm 的 HRB400 级热轧带肋钢筋，纵向普通钢筋、箍筋、架立筋以及门型钢筋采用环氧树脂涂层钢筋。

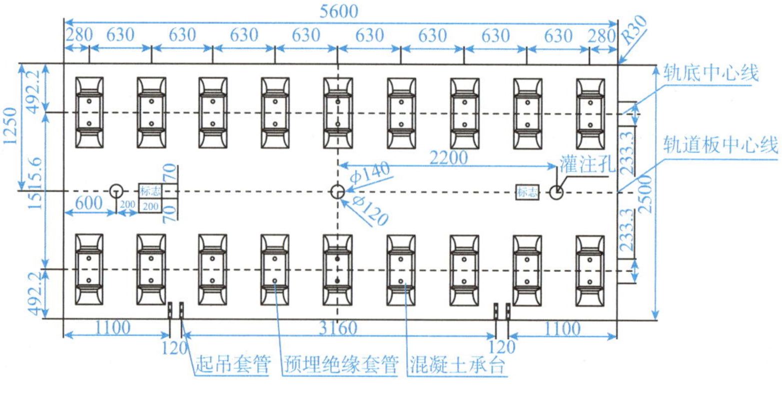

图 1-58　P5600 型轨道板形式尺寸（尺寸单位：mm）

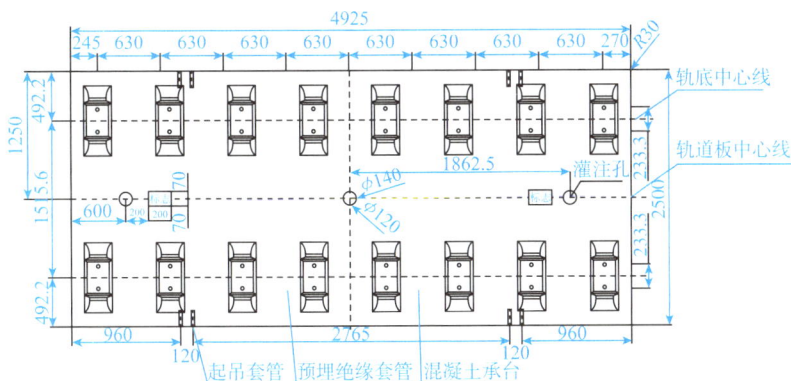

图 1-59 P4925 型轨道板形式尺寸(尺寸单位:mm)

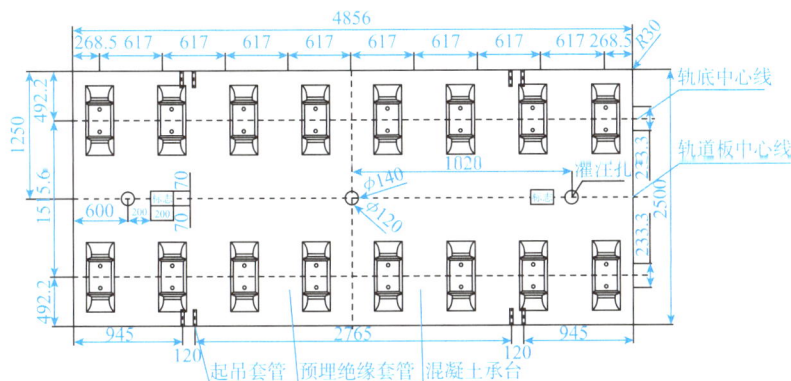

图 1-60 P4856 型轨道板形式尺寸(尺寸单位:mm)

3. 自密实混凝土层

自密实混凝土层长度和宽度同轨道板,厚 100mm,采用混凝土强度等级 C40,配置单层 CRB550 级冷轧带肋钢筋焊网。对应每块轨道板范围自密实混凝土层设置两个凸台,与底座上设置的凹槽相互结合。

自密实混凝土是一种具有显著特色的高性能混凝土。为使拌合物达到"自充填""自密实",拌合物必须同时具备良好的流动性(充填性)、间隙通过性、抗离析性和黏聚性等性能。自密实混凝土材料与 CRIS Ⅰ 型板式无砟轨道结构和 CRTS Ⅱ 型板式无砟轨道结构砂浆层不同,其与轨道板紧密黏结形成一复合结构,起到传递上层列车动荷载的重要作用;CRTS Ⅱ 型无砟轨道自密实混凝土层位于带门型筋的轨道板和土工布隔离层之间,该范围内底座上还设有两个限位凹槽。

4. 隔离层

自密实混凝土层与底座间设置 4mm 或 2mm 厚的土工布隔离层。除凸台四周外,隔离层应覆盖自密实混凝土层范围,以实现自密实混凝土层与底座间的良好隔离。除底座凹槽处外,每块轨道板下的自密实混凝土层范围内的隔离层按一整块设置。

5. 底座

底座为钢筋混凝土结构,采用 C40 混凝土,底座内配置双层 CRB550 级冷轧带肋钢筋焊网获设置普通钢筋。对应自密实混凝土凸台位置设置凹槽。底座凹槽周围设置防裂钢筋。

45

6. 限位结构

轨道板与自密实混凝土通过门型连接筋成为复合板结构,自密实混凝土层设置凸台,底座对应凸台位置设置凹槽,通过凸台、凹槽咬合进行轨道限位。

凹槽周围设弹性缓冲垫层及泡沫隔离材料。线路纵向采用 A1 型弹性垫板,尺寸为 900mm×60mm×8mm;线路横向采用 A2 型弹性垫板,尺寸为 600mm×60mm×8mm。如图 1-61、图 1-62 所示。

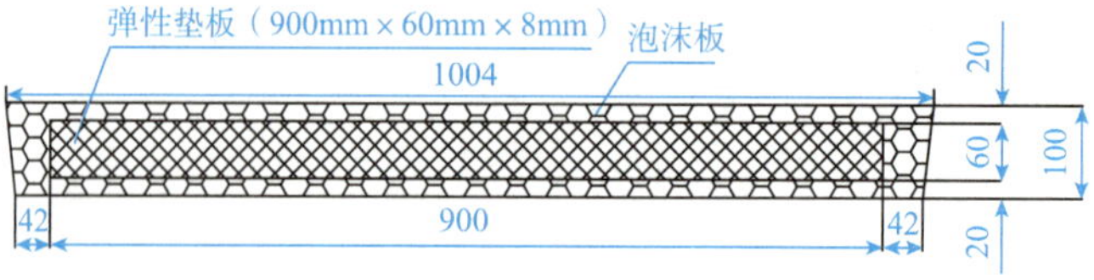

图 1-61 A1 型弹性垫板尺寸(尺寸单位:mm)

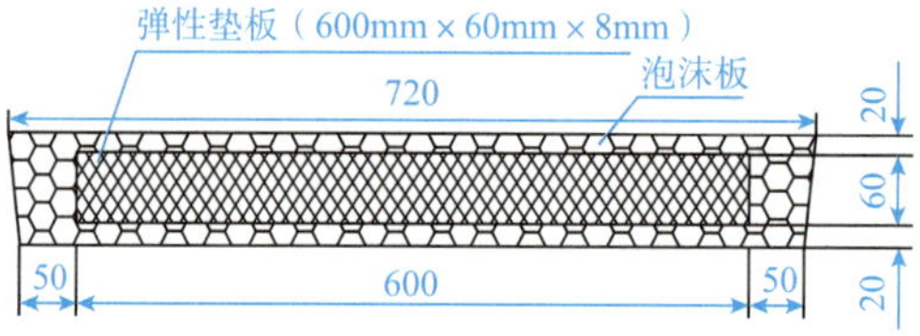

图 1-62 A2 型弹性垫板尺寸(尺寸单位:mm)

弹性缓冲层原材料采用三元乙丙橡胶,不得采用其他胶种和再生胶。弹性缓冲垫层应满足结构受力、变形和材料耐久性的要求。弹性缓冲层应确保与底座凹槽混凝土的密贴,防止其余混凝土之间鼓起。弹性缓冲层及泡沫板应采用胶黏剂固定于凹槽四周,泡沫板与土工布及弹性垫板间采用胶带密贴,避免产生缝隙。

(二)轨道结构

1. 路基地段

路基地段轨道结构高度为 842mm,如图 1-63 所示。每 2~4 块轨道板范围对应底座为一个单元,单元间设置 20mm 伸缩缝,伸缩缝处设传力杆并填充聚乙烯泡沫塑料板,顶部采用聚氨酯材料密封,如图 1-64 所示。底座宽度为 3100mm,直线地段底座厚度为 280mm,曲线地段根据具体超高确定。

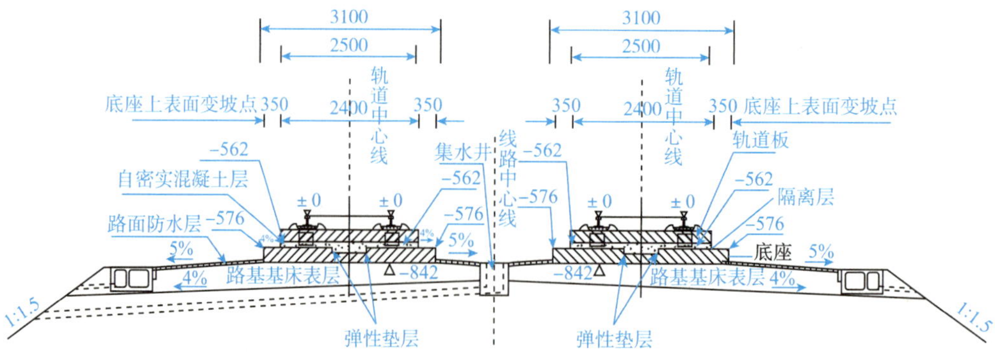

图 1-63 路基直线地段轨道结构横断面示意图(尺寸单位:mm)

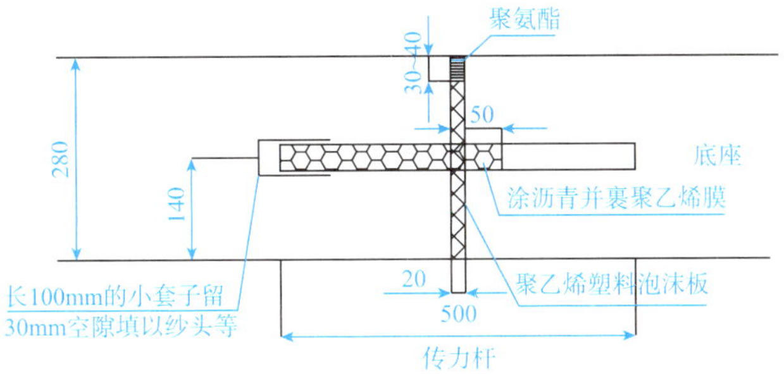

图1-64　底座伸缩缝细部(尺寸单位:mm)

2. 桥梁地段

桥梁地段轨道结构高度为742mm,如图1-65所示。对应每块轨道板下底座为一个单元,相邻底座单元间设置20mm的伸缩缝,伸缩缝处填充聚乙烯泡沫塑料板,并采用聚氨酯材料密封。桥梁地段底座宽度为2900mm,直线地段底座厚度为180mm,曲线地段根据具体高程确定。如图1-66所示。

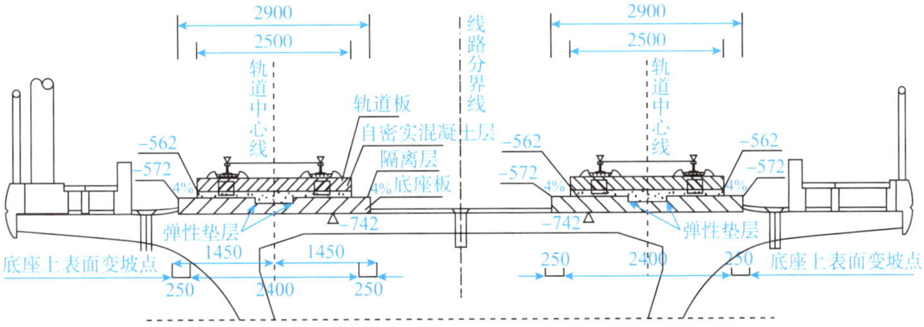

图1-65　桥梁直线地段轨道结构横断面示意图(尺寸单位:mm)

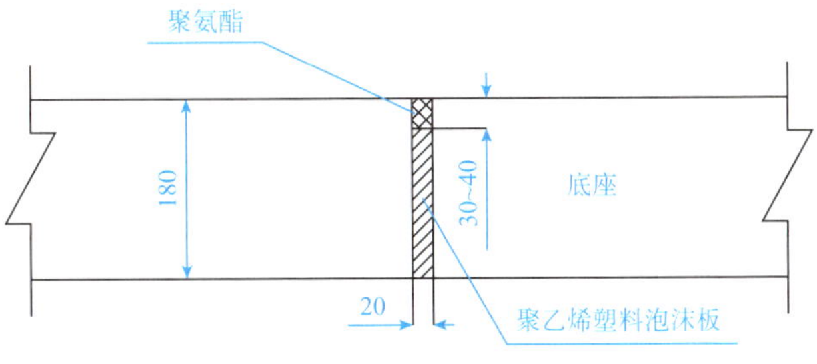

图1-66　底座伸缩缝细部(尺寸单位:mm)

3. 隧道地段

隧道地段轨道结构高度为742mm,如图1-67、图1-68所示。每3~4块轨道板下底座为一个单元,相邻底座单元间设置20mm宽的伸缩缝,伸缩缝处填充聚乙烯泡沫塑料板,并采用聚氨酯材料密封。隧道地段底座宽度为2900mm,直线地段底座厚度为180mm,曲线地段根据具体超高确定。

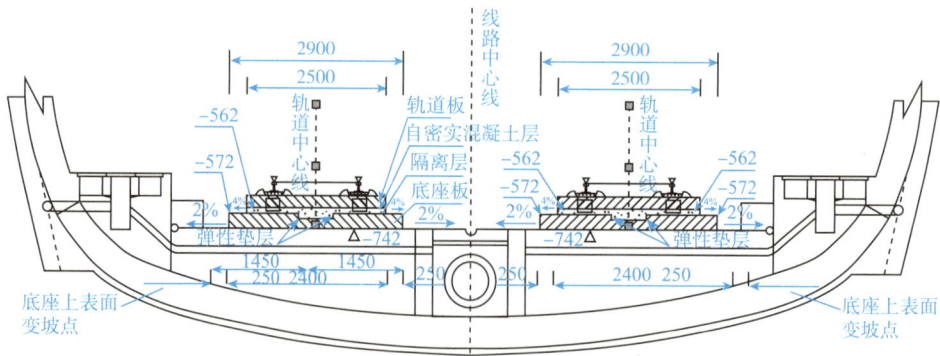

图1-67　隧道有仰拱直线地段轨道结构横断面示意图(尺寸单位:mm)

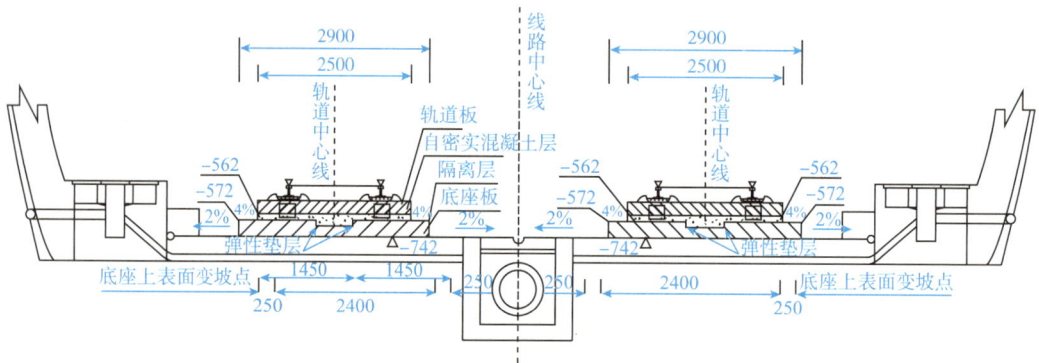

图1-68　隧道无仰拱直线地段轨道结构横断面示意图(尺寸单位:mm)

六　双块式无砟轨道

双块式无砟轨道是将预制的双块式轨枕组装成轨排,以现场浇筑混凝土的方式将轨枕浇筑到钢筋混凝土道床内,并适应轨道电路的无砟轨道结构形式。武广、沪汉蓉、杭深、向莆、合福、成渝等线路采用了双块式无砟轨道。双块式无砟轨道如图1-69所示。

双块式无砟轨道结构

图1-69　双块式无砟轨道

(一)结构组成

双块式无砟轨道主要由钢轨、扣件系统、双块式轨枕、钢筋混凝土道床板、抗剪凸台及周围弹性缓冲垫层、钢筋混凝土底座/水硬性支承层等部分组成。

1.扣件系统

双块式无砟轨道可以配套采用有挡肩扣件和无挡肩扣件,其作用主要是保持轨距,为轨道提供弹性,调整轨道几何形位,满足轨道绝缘性能要求,调整线路纵向阻力。扣件系统如图 1-70 所示。

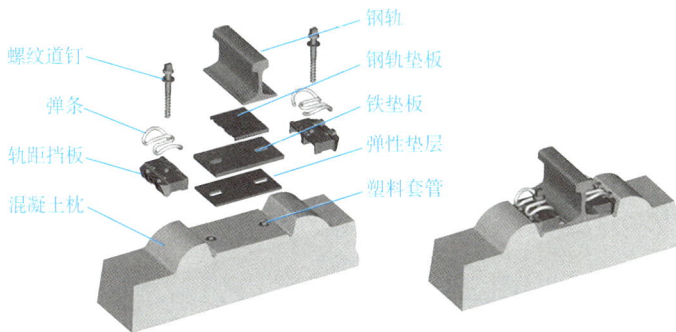

图 1-70　扣件系统

2.双块式轨枕

双块式轨枕根据应用扣件类型分为 SK-1 型和 SK-2 型两种。其主要作用是钢轨和扣件的安装定位;承受荷载,并将荷载传递给道床板。

3.钢筋混凝土道床板

钢筋混凝土道床板在路基和隧道内为纵向连续结构,在桥梁地段为纵向不连续的单元结构。道床板是双块式无砟轨道最主要的承载部件,其主要作用是固定双块式轨枕;承受荷载,并将荷载传递给板下结构;提供轨道系统与轨道电路和综合接地的接口。

4.抗剪凸台及周围弹性缓冲垫板

抗剪凸台是双块式无砟轨道的限位结构,在道床板的中部一般设置两个抗剪凸台,其主要作用是轨道板的纵、横向限位,承受水平荷载并传递至底座及下部结构。抗剪凸台周围弹性缓冲垫层,其主要作用是缓和水平荷载对抗剪凸台的冲击。

5.钢筋混凝土底座及水硬性支承层

双块式无砟轨道在桥梁地段,道床板下为单元结构的钢筋混凝土底座,其主要作用为承受荷载,并将其传递给桥梁结构,固定抗剪凸台,为曲线超高的设置提供条件。双块式无砟轨道在路基地段,道床板下一般铺设水硬性支承层,其主要作用为承受荷载,并将其传递给线下基础。双块式无砟轨道在隧道地段,其道床板直接浇筑在隧道仰拱回填层或者隧道底板上。

(二)轨道结构

1.路基上双块式无砟轨道结构

直线路基上轨道结构高度为 815mm。双块式轨枕采用与扣件相匹配的 SK-1 或 SK-2 型轨枕,轨枕间距一般取 650mm,不宜小于 600mm。道床板采用连续浇筑,宽度为 2800mm,厚度为 260mm,道床板内钢筋采用连续铺设,双层配筋。在路基基床表层铺设水硬性支承层,困难条件下可采用 C15 混凝土支承层,支承层底面宽度为 3400mm,厚度为 300mm,支承层两侧设置 3∶1 的斜坡;支承层应连续摊铺并每隔不大于 5m 设一深度约

49

105mm 的横向伸缩假缝;支承层浇筑完成后应在其道床板宽度内的表面进行拉毛。

为了加强道床板端部的稳定性,在轨枕正下方设置了两端梁锚固,并与道床板浇筑成为一个整体。同时,在路基上连续道床板的起(终)点至第二个端梁向道床板中部方向20m 范围内,道床板下设置钢筋混凝土底座。两个端梁之间以及第二个端梁至道床板中部方向 20m 范围内的钢筋混凝土底座与道床板之间采用门型钢筋进行联结。

路基地段双块式无砟轨道排水设计可采用线间设置集水井或线间填充级配碎石的方式,在直线地段的道床板需在道床板表面设置横向排水坡,避免道床板表面积水。同时,为了保证表面积水不进入路基基床表层,道床板侧面与封闭层间的纵向缝必须采用硅酮胶、聚氨酯等进行封闭。

直线路基地段双块式无砟轨道横断面如图 1-71 所示。

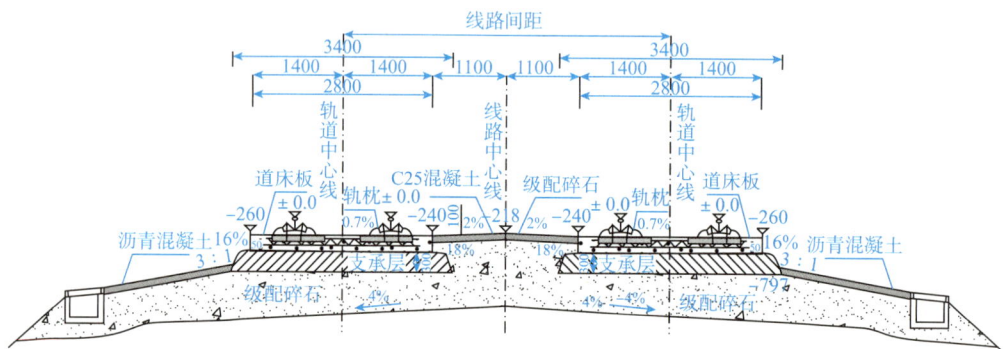

图 1-71 直线路基地段双块式无砟轨道横面(尺寸单位:mm)

路基上曲线段的超高在路基面上实现,曲线超高在缓和曲线范围内直线内插。

2. 桥梁地段双块式无砟轨道结构

直线桥上轨道结构高度为725mm。双块式轨枕采用与扣件相匹配的 SK-1 或 SK-2 型轨枕,轨枕间距一般取 650mm,不宜小于 600mm。道床板采用分块浇筑,宽度为 2800mm,厚度为 260mm,长度一般为 5000 ~ 7000mm,道床板采用双层配筋。桥上双块式无砟轨道混凝土底座直接浇筑在桥面上,并与桥面用预埋连接钢筋或预埋套管连接,桥上混凝土底座采用分块式结构,底座长度和宽度与道床板相同,高度为 210mm。道床板与底座之间设置聚丙烯土工布隔离层。

桥梁地段双块式无砟轨道采用桥梁两侧设泄水孔的两列排水方式。泄水孔的纵向位置位于道床板板缝对应位置。在直线地段的道床板需在道床板表面设置横向排水坡,以避免道床板表面积水。直线桥梁地段双块式无砟轨道横断面如图 1-72 所示。

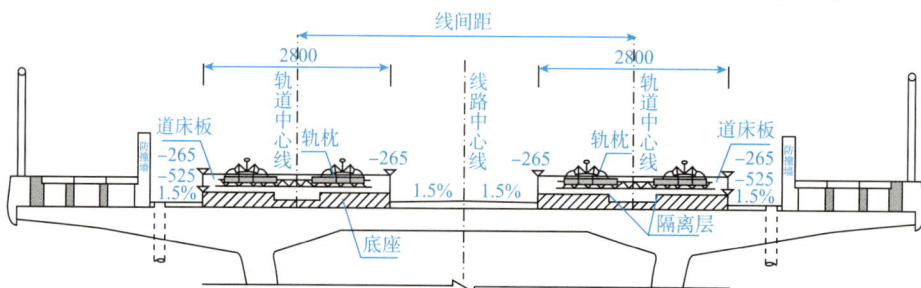

图 1-72 直线桥梁地段双块式无砟轨道横断面(尺寸单位:mm)

3.隧道内双块式无砟轨道结构

直线隧道内轨道结构高度为 515mm。双块式轨枕采用与扣件相匹配的 SK-1 或 SK-2 型轨枕,轨枕间距一般取 650mm,不宜小于 600mm。隧道内道床板采用连续浇筑,宽度为 2800mm,厚度为 260mm,隧道内的道床板根据道床板在隧道中的位置分两种配筋方式,即距隧道洞口 200m 范围内的结构配筋和距隧道洞口大于 200m 范围内的结构配筋,对于岩溶隧道,全隧道道床板一般按照距隧道洞口 200m 范围内的结构配筋。隧道内连续道床板直接浇筑在隧道仰拱回填层或隧道钢筋混凝土底座上,仰拱回填层或钢筋混凝土底座板表面需要进行拉毛处理,并在隧道进出口距离连续浇筑道床板端部 15m 范围内,道床板与隧道仰拱回填层或钢筋混凝土底板间采用预埋钢筋或者销钉连接。

隧道内曲线超高设置在道床板上,采用抬高外轨的方式。隧道内双块式无砟轨道一般采用线间设排水沟槽,线路两侧设线路纵坡的排水方式。在直线地段的道床板需在道床板表面设置横向排水坡,以避免道床板表面积水。

直线隧道地段双块式无砟轨道横断面如图 1-73、图 1-74 所示。

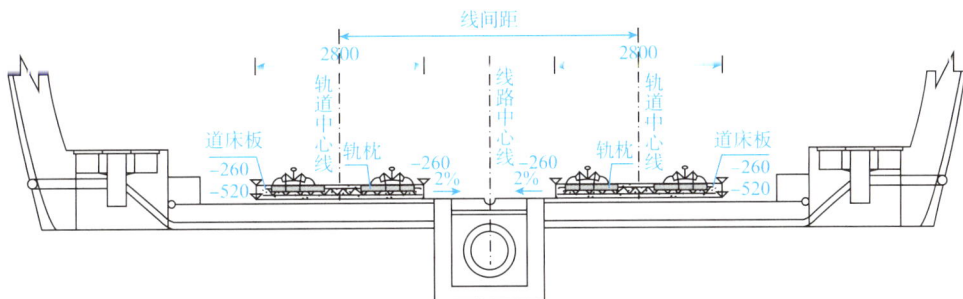

图 1-73　直线无仰拱隧道地段双块式无砟轨道横断面(尺寸单位:mm)

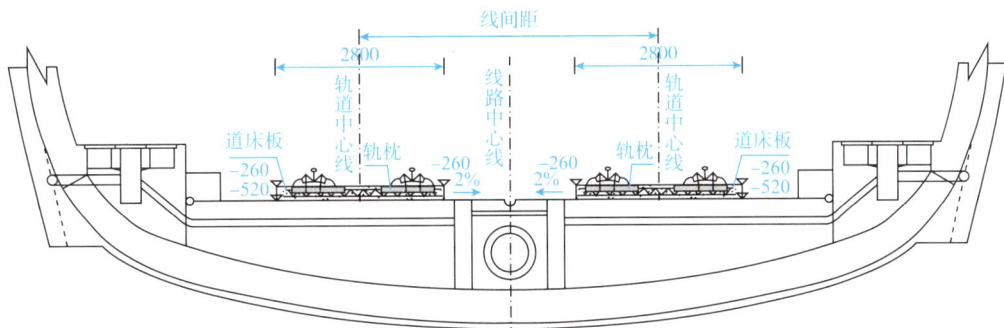

图 1-74　直线有仰拱隧道地段双块式无砟轨道横断面(尺寸单位:mm)

七　弹性支承块式无砟轨道

弹性支承块式无砟轨道是将预制的弹性支承块(混凝土支承块、橡胶套靴、块下垫板),以现场浇筑混凝土方式浇入钢筋混凝土道床内,并适应谐振式轨道电路的无砟轨道结构形式,如图 1-75 所示。弹性支承块式无砟轨道是目前普遍采用的无砟轨道结构形式之一。1999 年,我国在西康线秦岭隧道Ⅰ、Ⅱ线(长度为 18.5km)内采用了弹性支承块式无砟轨道,使用状况良好。2004 年,在兰新铁路乌鞘岭隧道(长 20.05km,两单线隧道)内采用了弹性支承块式无砟轨道结构。弹性支承块式无砟轨道适用于客货共线铁路、重载铁路隧道地段。

弹性支承块式无砟轨道由钢轨、扣件系统、钢筋混凝土支承块、橡胶套靴、块下垫板、道床板等部分组成,如图 1-76 所示。

图 1-75　弹性支承块式无砟轨道

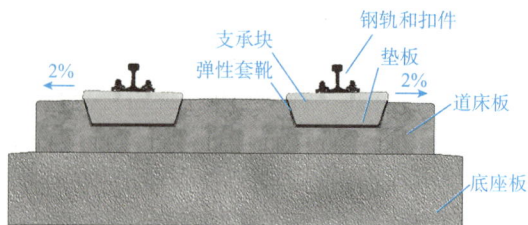

图 1-76　弹性支承块式无砟轨道结构组成

(一)结构组成

1.扣件系统

弹性支承块式无砟轨道多采用弹条Ⅶ型扣件。弹条Ⅶ型扣件由 T 形螺栓、平垫圈、螺母、弹条、轨距挡板、绝缘轨距块、轨下垫板和预埋铁座组成,此外,为了钢轨高低位置调整需要,还包括轨下调高垫板和轨距挡板下调高垫板,如图 1-77 所示。

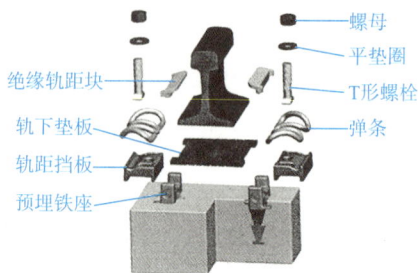

图 1-77　弹条Ⅶ型扣件示意图

2.钢筋混凝土支承块

弹性支承块混凝土强度等级不应低于 C50,在块体内采用预埋铁座的方式与扣件系统连接,承轨面设 1∶40 轨底坡,支承块主要型式尺寸为 680mm×290mm×230mm,如图 1-78 所示。

3.橡胶套靴和块下垫板

橡胶套靴的作用是包裹支承块和块下垫板,套靴将轨枕与周围道床有效隔离,避免了刚性连接,同时为轨道提供适宜的纵横向弹性,如图 1-79 所示。块下垫板分为微孔型和沟槽型,提供竖向弹性。橡胶套靴和块下应采用三元乙丙橡胶作为主要成分,不应使用再生胶。

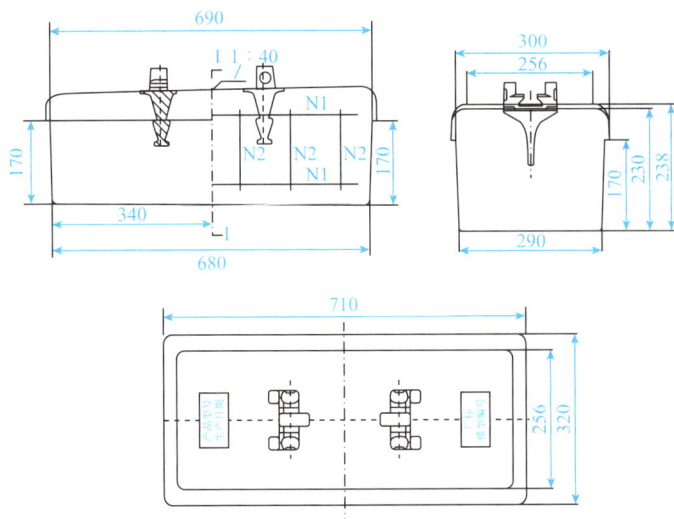

图 1-78 支承块尺寸(尺寸单位:mm)

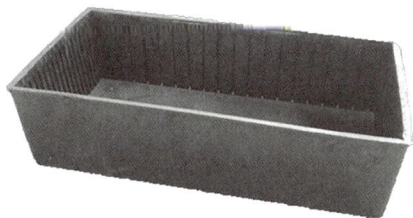

图 1-79 橡胶套靴

4.道床板

道床板根据工程地质、环境条件等具体情况,可采用分块式钢筋混凝土结构,也可采用纵向连续式钢筋混凝土结构。道床板混凝土强度等级不应低于 C40。

(二)轨道结构

道床板直接在隧道仰拱回填层(有仰拱隧道)或底板(无仰拱隧道)上构筑,并应在隧道变形缝处断开。在道床板宽度范围内,仰拱回填层或底板表面应进行拉毛或凿毛处理。曲线超高宜在道床板上设置。直线隧道地段弹性支承块式无砟轨道横断面如图 1-80 所示。

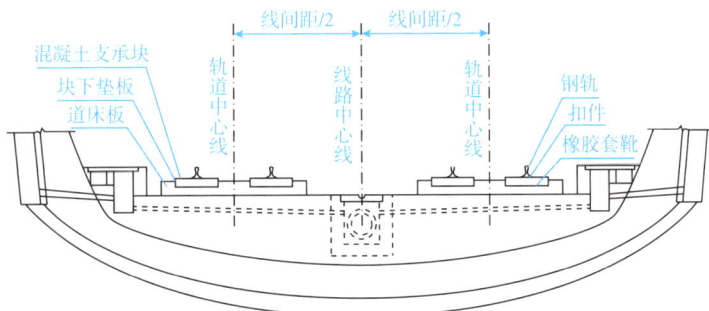

图 1-80 弹性支承块式无砟轨道横断面示意图

⚠ **任务实施**

项目名称	项目一　高速铁路轨道工程认知		任务名称	任务三　认识无砟轨道结构
专业班级		姓名		学习小组

【专业知识认知】(30分)

1.高速铁路无砟轨道结构的特点是什么？（10分）

2.无砟轨道的结构类型及其特点是什么？（10分）

3.说出我国高速铁路常用的无砟轨道形式。（10分）

【能力素质训练】(60分)

1.结合CRTS Ⅰ型板式无砟轨道图纸和模型,识别轨道结构组成和具体尺寸。（15分）

2.结合CRTS Ⅱ型板式无砟轨道图纸和模型,识别轨道结构组成和具体尺寸。（15分）

3.结合CRTS Ⅲ型板式无砟轨道图纸和模型,识别轨道结构组成和具体尺寸。（15分）

4.结合双块式无砟轨道图纸和模型,识别轨道结构组成和具体尺寸。（15分）

【工作总结】(10分)

学员自评			组长评价	

指导老师评价:

任务四　认识高速道岔构造

◇ 任务引入

轨道设备的质量直接影响着高速铁路运行的安全性与舒适性,其中高速道岔尤为关键。京沪高速铁路建设中采用了 60kg/m 钢轨 42 号单开道岔,直向和侧向允许通过速度分别为 350km/h 和 160km/h,为其高速运行提供了重要保障。高速道岔有哪些类型,如何选用呢?

▲ 任务描述

高速道岔是高速铁路轨道结构的关键,其结构与状态对列车运行安全和运行品质具有重大影响。通过本任务的学习,熟悉高速道岔的分类;掌握高速道岔的技术特点和使用条件;认识不同技术系列道岔的组成。

◇ 相关知识

高速道岔是指适用于 200km/h 上的铁路和 200km/h 以下仅运行动车组列车的铁路且直向容许通过速度不小于 250km/h 的道岔。高速道岔由钢轨、扣件系统、岔枕及有砟道床或无砟轨道等轨下基础、转换设备、监测系统、融雪装置、道岔前后轨道刚度过渡段等部分组成。高速道岔主要用于连接正线与到发线、两正线间的渡线及正线与联络线等。

高速道岔通常按钢轨类型、直向容许通过速度、轨下基础及道岔号码来命名,如 60kg/m 钢轨时速 350km 无砟轨道 18 号单开道岔。高速道岔应具有高安全性、高可靠性和较高的旅客乘坐舒适度,使得高速道岔具有较高的技术含量和技术难度,其设计、制造、组装、铺设和养护维修也与普速道岔有较大的区别。

一 高速道岔的分类

高速道岔的分类方法有很多,主要有以下几种:

(1)按技术系列:可分为客专线系列(我国自主研发)、CN 系列(德国技术)和 CZ 系列(法国技术)。

(2)按直向容许通过速度:可分为 250km/h、350km/h 两种类型。

(3)按侧向容许通过速度:可分为 80km/h、120km/h、160km/h、220km/h 四种类型。

(4)按道岔功能:可分为正线道岔、渡线道岔及联络线道岔三种类型。其中正线道岔位于车站咽喉区,实现列车由正线进出到发线的功能;渡线道岔位于车站咽喉区外,实现列车在上下行线间换线运行的功能;联络线道岔也位于车站咽喉区外,实现列车在两条高速线间换线运行的功能。其中,正线道岔侧向容许通过速度为 80km/h,渡线道岔侧向容许通过速度为 80~160km/h,联络线道岔侧向容许通过速度为 120~220km/h。

(5)按轨下基础类型:可分为有砟道岔及无砟道岔两种类型。有砟道岔采用预应力混凝土岔枕;无砟道岔的轨下基础又分为埋入式混凝土岔枕和道岔板两种类型,但道岔钢轨件是相同的。

(6)按道岔号码:可分为 18 号、30 号、42 号、62 号等,法国与德国的侧向高速道岔在不同线间距线路中铺设时可为非整数号码,如 39.173 号。

(7)按辙叉类型:可分为可动心轨辙叉及固定型辙叉,我国高速道岔全部为可动心轨辙叉,其他国家 250km/h 的高速道岔也有采用固定型辙叉的情况。

(8)按轨底坡大小:可分为 1:40 轨底坡和 1:20 轨底坡两种类型,我国和德国高速道岔轨底坡为 1:40,法国高速道岔轨底坡为 1:20。

二 高速道岔技术特点和使用条件

(一)技术特点

高速道岔种类较为单一,以单开道岔为主,只有 60kg/m 一个轨型。道岔号码较大,一般在 18 号及以上,最大为 62 号;城际铁路可以采用 12 号。道岔要具有高平顺性、高可靠性,保证列车运行平稳、舒适。采用 50m 及以上的长定尺轨,减少道岔内的钢轨焊接接头。辙叉采用可动心轨辙叉。道岔应适用于跨区间无缝线路。电务转换采用外锁闭装置。采用全硫化铁垫板,在岔区实现轨道刚度均匀化。轨下基础采用混凝土长岔枕或道岔板,并与道床相匹配。道岔应具备安装融雪装置的条件。道岔具有较高的制造、组装、铺设精度。

(二)使用条件

道岔直向容许通过速度:客车 350km/h;客车 250km/h,货车 120km/h。列车轴重:350km/h 客运专线客车轴重小于等于 170kN(+10%);250km/h 客运专线客车轴重小于等于 170kN(+10%),货车轴重小于等于 230kN(+10%)。线间距最高速度 350km/h 线路为 5m,最高速度 250km/h 线路为 4.6m。年最大轨温差为 100℃。

三 客专线系列高速道岔

客专线系列高速道岔是国内自主研发的高速道岔,充分吸收了国外高速道岔的先进技术和国内提速道岔的使用经验,研制了系列化的高速道岔产品,满足了国内高速铁路建设需要,形成了我国高速道岔设计、制造、铺设等系列技术标准。

目前世界上最先进的
高铁最大号道岔

客专线系列高速道岔按号码分为 12 号、18 号、42 号和 62 号(其中 18 号道岔按速度分为 250km/h 和 350km/h 两种);按轨下基础类型分为有砟道岔和无砟道岔,无砟道岔采用混凝土岔枕和道岔板基础时,道岔基本相同。62 号道岔目前只在哈大线长春西站铺设了两组无砟道岔。

客专线系列高速道岔共有 9 个型号,见表 1-6,其中时速 250km 无砟道岔、时速 350km 有砟道岔和 62 号道岔目前使用较少。

客专线系列高速道岔型号 表 1-6

道岔号数	容许通过速度(km/h)		轨下基础类型		备注
	直向	侧向	有砟	无砟	
12	250	50	√	√	主要用于城际铁路
18	250	80	√	√	兼顾货运线路铁路
	350		√	√	
42	350	160	√	√	
62	350	220		√	铺于长春西站

（一）平面线形和主要尺寸

高速道岔的平面线形有圆曲线、复曲线、变半径曲线等多种。在有条件的情况下应尽量采用圆曲线线形，以方便制造和养护维修。

1. 客专线 12 号道岔

客专线 12 号道岔采用单圆曲线线形，导曲线半径为 350m，导曲线理论起点与基本轨相离 12mm，如图 1-81 所示。

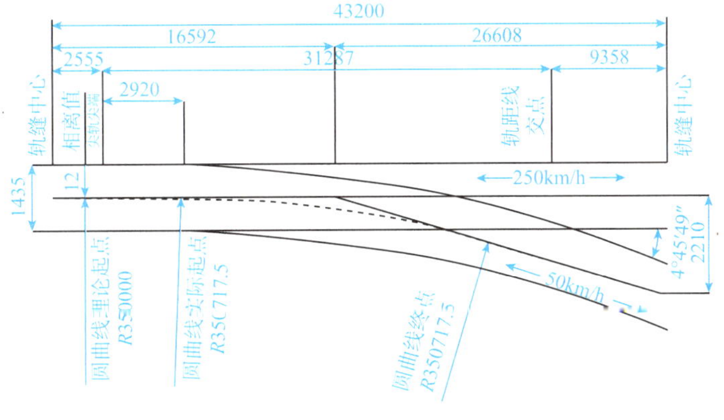

图 1-81　客专线 12 号道岔平面线形及主要尺寸（尺寸单位：mm）

2. 客专线 18 号道岔

客专线 18 号道岔采用单圆曲线线形，导曲线半径为 1100m，如图 1-82 所示。道岔采用我国特有的相离式平面线形设计，相离值为 12mm，改善了动车组侧向过岔时的运行条件，有利于延长曲尖轨的使用寿命。

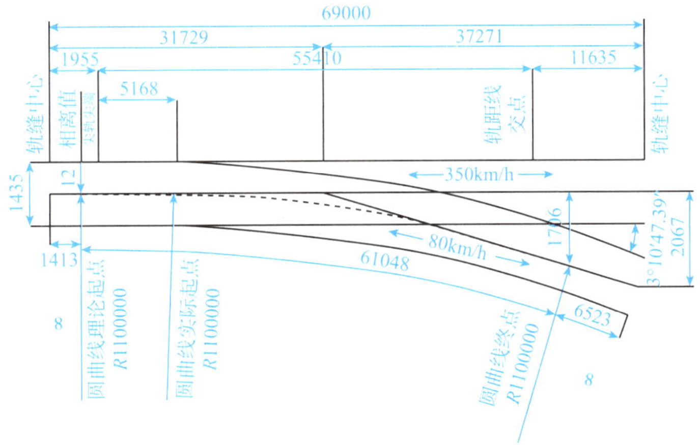

图 1-82　客专线 18 号道岔平面线形及主要尺寸（尺寸单位：mm）

3. 客专线 42 号道岔

对于侧向通过速度较高的大号码道岔，当用于渡线时，由于两反向曲线间夹直线长度较短，为避免列车通过圆直点和直圆点时产生的冲击振动叠加，一般采用"圆曲线 + 缓和曲线"的组合平面线形。缓和曲线一般采用三次抛物线（或放射螺旋线），其优点是列车

57

通过时未被平衡的离心加速度增量是常量。客专线42号道岔即采用"圆曲线+缓和曲线"线形,前部为半径5000m圆曲线,后部为缓和曲线,如图1-83所示。

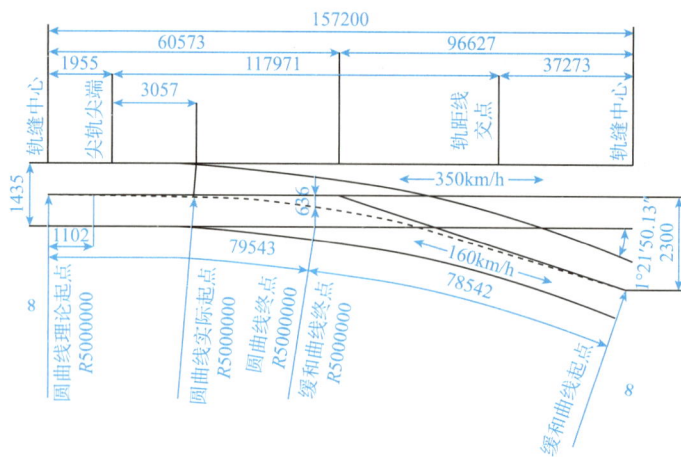

图1-83　客专线42号道岔平面线形及主要尺寸(尺寸单位:mm)

4. 客专线62号道岔

客专线62号道岔也采用"圆曲线+缓和曲线"线形,前部为半径8200m的圆曲线,后部为缓和曲线,如图1-84所示。

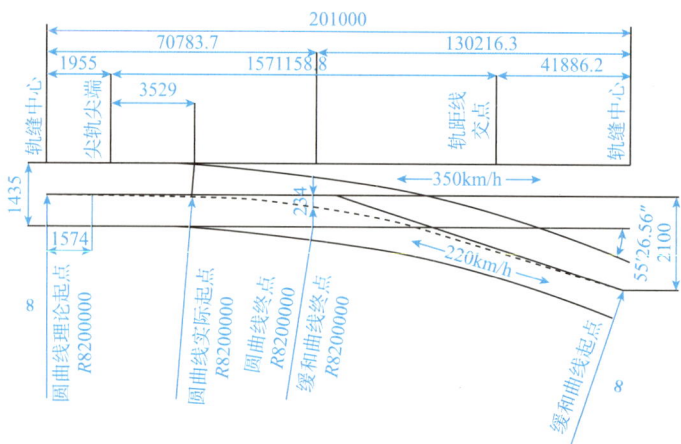

图1-84　客专线62号道岔平面线形及主要尺寸(尺寸单位:mm)

5. 客专线系列道岔主要尺寸

客专线系列高速道岔主要尺寸见表1-7。

客专线系列高速道岔主要尺寸　　　　　　　　　　　表1-7

道岔号数	道岔总长(m)	前长(m)	后长(m)	辙叉角度	道岔结构高度(m)	
					有砟	无砟
12	43.2	16.592	26.608	4°45′49″	448	419
18	69.0	31.729	37.271	3°10′47.39″		
42	157.2	60.573	97.627	1°21′50.13″		
62	201.0	70.7837	130.2163	55′26.56″		

注:有砟道岔结构高度为轨顶至枕底的高度,无砟道岔结构高度为轨顶至岔枕钢筋底部的高度。

(二)道岔结构

道岔按平面布置可以分为转辙器、导曲线、可动心轨辙叉及岔后连接四部分;按不同的零部件可以分为尖轨-基本轨组件、可动心轨辙叉、配轨及零部件等。道岔的结构组成与普速可动心轨辙叉单开道岔基本相同。

1. 钢轨件

道岔基本轨、导轨、叉跟尖轨用60kg/m钢轨制造。尖轨、心轨用60AT2钢轨制造,钢轨断面尺寸如图1-85所示;尖轨、长心轨跟端锻压成60kg/m钢轨断面,成型段长度为450mm,过渡段长度为150mm,如图1-86所示。18号道岔侧线设置护轨,采用33kg/m槽型钢制造,侧面工作边做淬火处理。42号、62号道岔直向和侧向均不设置护轨。钢轨件材质应与线路钢轨相同。时速250km高速道岔轨头顶面做淬火处理,时速350km高速道岔钢轨件不做淬火处理。心轨采用60AT2钢轨组合结构。道岔内钢轨均采用焊接接头,绝缘接头采用胶接绝缘。绝缘接头均设置在道岔侧股。配轨长度均按预留8mm轨缝计算,以便于厂内组装。现场焊接时,可按需要长度钢切。道岔内各钢轨件均预留轨道电路连接线安装孔。

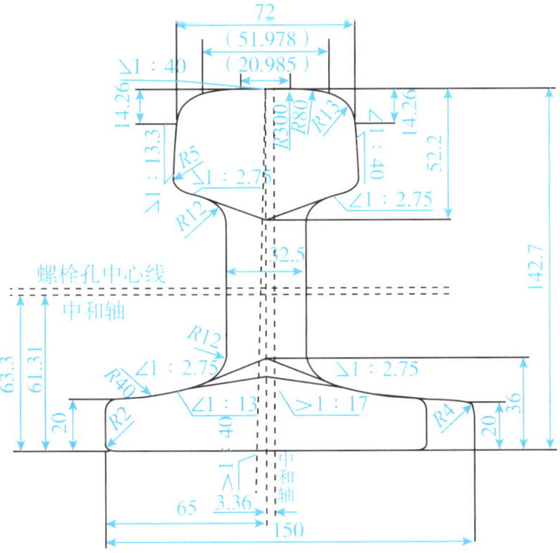

图1-85 60AT2钢轨断面尺寸(尺寸单位:mm)

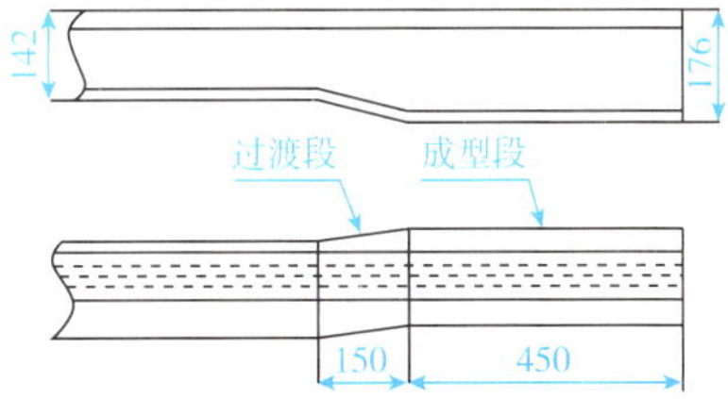

图1-86 尖轨跟端成型段和过渡段(尺寸单位:mm)

2. 尖轨跟端传力结构

高速道岔均为无缝道岔,需承受区间线路钢轨传递来的温度力,会引起尖轨、心轨尖端的伸缩。由于道岔结构的限制,必须控制尖轨尖端伸缩位移在一定限度以内,因此尖轨跟端需设置传力机构,用以控制尖轨跟端处钢轨的位移。

道岔尖轨跟端的传力结构有间隔铁(图1-87)、限位器(图1-88)及只用扣件固定三种方式。限位器和间隔铁均采用铸钢并进行机加工,侧面与轨腰全断面接触,用高强度螺栓与钢轨联结。其结构形式与普速单开道岔用限位器、间隔铁基本相同。12号道岔采用一组限位器或间隔铁,18号、42号和62号道岔采用两组限位器或间隔铁。

3. 可动心轨辙叉翼轨

高速道岔普遍采用长翼轨方式,翼轨前部承受列车荷载,后部与心轨联结,以传递温度力。翼轨用60TY1钢轨翼轨,采用机加工的方式制造,前端加工成60kg/m钢轨断面与导曲线钢轨连接。断面尺寸如图 1-89 所示。轧制的 60TY1 钢轨定尺长度一般为 22m,而 42 号、62 号道岔的翼轨长度分别为 27.45m 和 36.45m,这两种道岔的翼轨采用 60TY1 钢轨与 60kg/m 钢轨厂内焊接而成。

图 1-87　尖轨跟端限间隔铁

图 1-88　尖轨跟端限位器

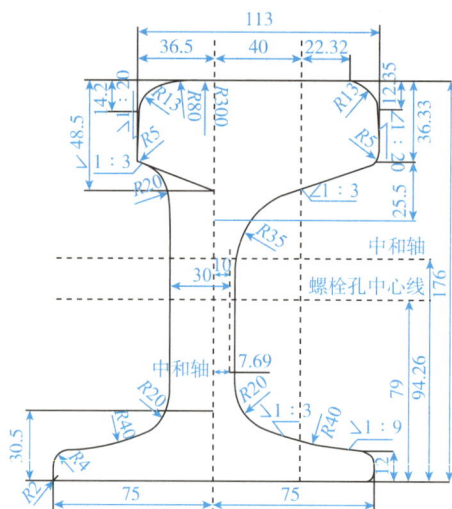

图 1-89　60TY1 钢轨断面(尺寸单位:mm)

4.心轨结构

心轨采用 60AT2 钢轨组合结构,长短心轨间用间隔铁和螺栓联结,如图 1-90 所示。长心轨前端需进行机加工,以方便与转换设备的连接,其结构示意如图 1-91 所示。后端需锻压成 60kg/m 钢轨断面,与线路钢轨连接。

图 1-90　60AT2 钢轨组合式心轨

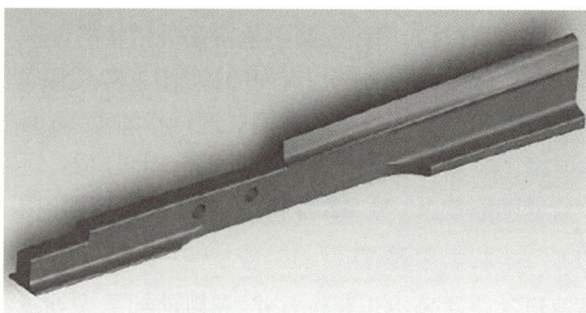

图 1-91　心轨前端结构示意

时速 350km 的高速道岔心轨前端采用水平藏尖结构,如图 1-92 所示。其目的是加宽心轨实际尖端的轨头宽度,减小心轨尖端的降低值,使轮载快速由翼轨过渡到心轨,提高列车过岔时的平稳性。为此,需要对翼轨轨头工作边进行机加工。对心轨尖端进行补充刨切处理,以保证心轨第一牵引点处有 4mm 以下间隙时心轨尖端仍处于轨距线以内,使车轮不致撞击心轨尖端。18 号道岔心轨尖端补充刨切示意如图 1-93 所示。

图 1-92　水平藏尖结构

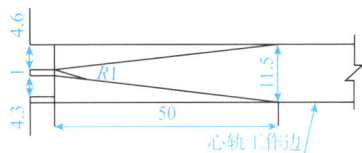

图 1-93　18 号道岔心轨尖端补充刨切示意图(尺寸单位:cm)

18 号道岔短心轨跟端采用斜接头,与叉跟尖轨拼接,如图 1-94 所示。42 号、62 号道岔心轨采用双肢弹性可弯结构,取消了叉跟尖轨,简化了心轨的结构,有利于提高道岔的侧向通过速度,如图 1-95 所示。

图 1-94　短心轨根端斜接头结构

图 1-95　双肢弹性可弯心轨

尖轨、心轨的跳动不仅影响列车运行的平稳,也加剧道岔零部件的磨损,为此采用顶铁扣压尖轨或心轨轨底、在翼轨上设置防跳卡铁及将心轨前端伸到间隔铁下三种措施,控制尖轨和心轨的跳动,如图 1-96 ~ 图 1-98 所示。

5. 翼轨跟端与心轨或叉跟尖轨的联结

翼轨跟端与心轨或叉跟尖轨间采用 2 个大间隔铁联结,并在间隔铁与钢轨轨腰之间胶接,可有效阻止翼轨与心轨或叉跟尖轨根尖轨间的相对移动,如图 1-99 所示。对于 42 号、62 号道岔,在叉后两心轨间,增设两个间隔铁,并与大垫板相连,增强了心轨的稳定性。

图 1-96　防跳顶铁

图 1-97　翼轨上的防跳卡铁

图 1-98　心轨前端防跳结构

图 1-99　翼轨跟端结构

6. 护轨

18 号道岔侧线设置护轨,采用 33kg/m 槽形钢制造,护轨垫板内侧采用弹性夹扣压基本轨,如图 1-100 所示。

a) 护轨

b) 护轨弹性扣压

图 1-100　护轨及护轨弹性扣压

7. 扣件系统

扣件系统采用带铁垫板的弹性分开式结构,如图 1-101 所示。铁垫板上部采用有螺栓扣件系统,铁垫板为整体硫化弹性垫板。铁座与钢轨轨底间设轨距块,可用于调整和保持轨距。钢轨与铁垫板间设轨下橡胶垫板,主要起缓冲作用;铁垫板与混凝土岔枕间设聚乙烯调高垫片,主要起调高作用。铁垫板与混凝土岔枕内预埋套管间采用螺栓联结;垫板螺栓通过盖板扣压铁垫板,盖板上附有弹性较好的橡胶垫圈,既不对铁垫板产生较大压力,也可防止垫板倾翻。复合定位套与螺栓间设缓冲调距块,既缓冲铁垫板对螺栓的横向冲击,又可调整铁垫板的位置从而调整轨距,调整级别为1mm。扣件系统零部件数量见表1-8。

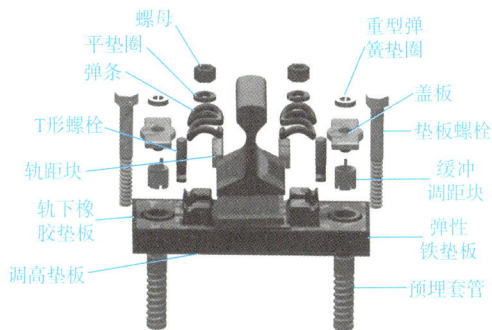

图 1-101　扣件系统

扣件零部件数量(每组扣件用量)　　　　　　　　　　表 1-8

序号	名称	数量	材料	质量或体积
1	M24×60mmT 形螺栓	2	Q235-A	0.72kg
2	螺母 M24	2	Q235-A	0.224kg
3	平垫圈	2	Q235-A	0.138kg
4	Ⅱ型弹条	2	60Si2CrA	0.96kg
5	轨距块	2	ZG230-450	0.642kg
6	轨下胶垫	1	橡胶	143cm³
7	垫板螺栓	2	Q235-A	2.42kg
8	ϕ30mm 重型弹簧垫圈	2	65Mn 或 60Si2Mn	0.09kg
9	盖板	2	TQT450-10	1.84kg
10	缓冲调距块	2	玻璃纤维增强聚酰胺 66	48cm³
11	弹性铁垫板	1	组合件	25kg
12	调高垫板	1	聚乙烯	—
13	预埋套管	2	玻璃纤维增强聚酰胺 66	0.26kg

扣压件初始扣压力不小于10kN。防爬阻力大于10kN。疲劳试验后,性能指标变化钢轨纵向阻力≤20%、垫板刚度≤25%、扣压力≤20%。两走行轨间绝缘电阻应大于1×10³Ω(干态)。预埋件抗拔力>100kN。单股钢轨作用地段扣件节点刚度有砟道岔为50kN/mm,无砟道岔为25kN/mm。高低调整量,有砟道岔为0~10mm,无砟道岔为-4~+26mm。轨距调整量为-8~+4mm,调整级别为1mm。

通过调整轨距块可实现-2~+4mm的轨距调整,加以缓冲调距块的调边使用可实现-8~+4mm的轨距调整,一般地段轨距调整无须备件。不同轨距时轨距块和缓冲调距块配置见表1-9。

一般地段轨距调整配置(mm)　　　　表1-9

单股钢轨位置	钢轨内侧			钢轨外侧		
	缓冲调距块		轨距块	轨距块	缓冲调距块	
	外侧	内侧			内侧	外侧
+2	6	9	12	9	6	9
+1	6	9	11	10	6	9
0	6	9	10	11	6	9
−1	6	9	9	12	6	9
−2	9	6	11	10	9	6
−3	9	6	10	11	9	6
−4	9	6	9	12	9	6

对于滑床板和护轨垫板,由于钢轨一侧为滑床台,只能采用移动滑床板和护轨垫板的方式进行轨距调整,可通过更换不同号码的缓冲调距块实现。滑床板和护轨垫板处轨距调整配置见表1-10。

滑床板和护轨垫板处轨距调整配置(mm)　　　　表1-10

单股钢轨位置	钢轨内侧		钢轨外侧	
	缓冲调距块		缓冲调距块	
	外侧	内侧	内侧	外侧
+2	4	11	4	11
+1	5	10	5	10
0	6	9	6	9
−1	7	8	7	8
−2	8	7	8	7
−3	9	6	9	6
−4	10	5	10	5

四 CN 系列高速道岔

CN 系列高速道岔按号码分为 18 号、39.173 号、42 号和 50 号(其中 39.173 号只在京津城际铁路铺设了 2 组,50 号只在京广高速铁路武广区段铺设了 8 组),按轨下基础类型分为有砟道岔和无砟道岔。无砟道岔轨下基础也分为混凝土岔枕和道岔板两种,但道岔相同。CN 系列高速道岔如图 1-102 所示。

CN 系列高速道岔共有 7 个型号,见表 1-11。其中 39.173 号、50 号道岔目前限于线路大修使用。

图 1-102　CN 系列高速道岔

CN 系列高速道岔型号　　　　　　　　　　表 1-11

道岔号数	容许通过速度(km/h)		轨下基础类型		备注
	直向	侧向	有砟	无砟	
18	250	80	√		兼顾货运线路铁路
	350		√	√	
39.173	350	160		√	限于线路大修使用
42	350	160	√	√	
50	350	220		√	限于线路大修使用

(一)平面线形和主要尺寸

1.18 号道岔

18 号道岔采用半径 R 为 1100m 的圆曲线平面线形,如图 1-103 所示。

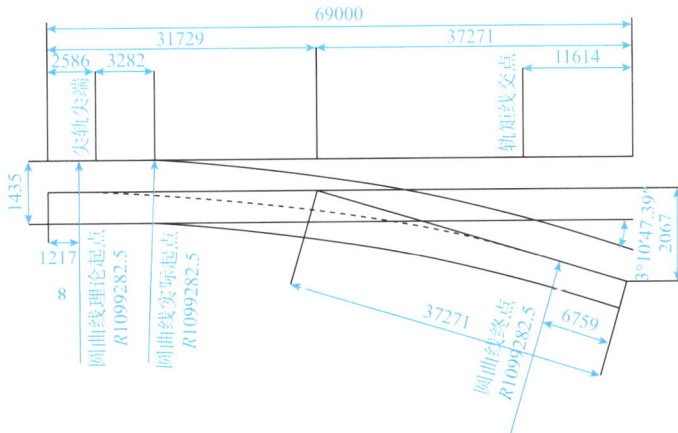

图 1-103　CN18 号道岔平面线形及主要尺寸(尺寸单位:mm)

2. 42 号道岔

CN 系列 42 号道岔采用"缓和曲线 + 圆曲线 + 缓和曲线"线形,如图 1-104 所示。道岔前部为一段缓和曲线,半径从 10119m 渐变至 4100m,长度为 37.735m;中部为圆曲线,半径为 4100m;后部为缓和曲线,半径由 4100m 变化至无穷大。为使道岔后长与客专线 42 号道岔后长一致,缓和曲线后连接一段直线。

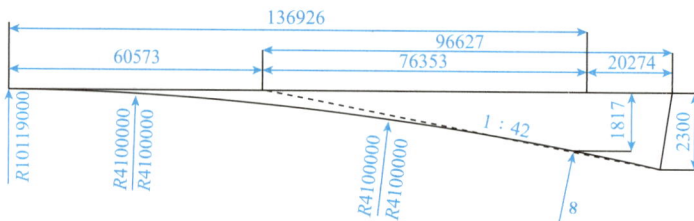

图 1-104　CN42 号道岔平面线形及主要尺寸(尺寸单位:mm)

3. 50 号道岔

CN 系列 50 号道岔采用"缓和曲线 + 圆曲线 + 缓和曲线"线形,如图 1-105 所示。道岔前部为一段缓和曲线,半径从 17000m 渐变至 7300m,长度为 63.312m;中部为圆曲线,半径为 7300m,长度为 67.049;后部为缓和曲线,半径由 7300m 变化至无穷大,长度为 49.731m。

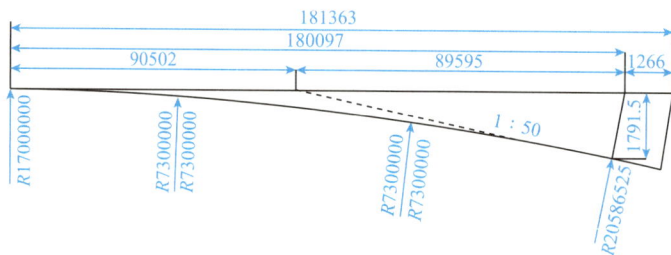

图 1-105　CN50 号道岔平面线形及主要尺寸(尺寸单位:mm)

4. CN 系列高速道岔主要尺寸

CN 系列高速道岔主要尺寸见表 1-12。

表 1-12

CN 系列高速道岔主要尺寸

道岔号数	道岔总长(m)	前长(m)	后长(m)	辙叉角度	道岔结构高度(m)	
					有砟	无砟
18	69.0	31.729	37.271	3°10′47.39″	434(250km/h)	
					460(350km/h)	
39.173	136.945	62.862	74.083	1°27′52.34″		423
42	136.926(可延长至157.2)	60.573	76.373	1°21′50.13″	460	
50	181.363	90.502	90.861	1°08′44.75″		

注:有砟道岔结构高度为轨顶至枕底的高度,无砟道岔为轨顶至岔机钢筋底部的高度。

(二) 道岔结构

1. 钢轨件

CN 系列高铁道岔基本轨、翼轨采用 60kg/m 钢轨,材质为 R350HT,叉跟轨前段用 60E1F1 钢轨制造;尖轨采用 60AT3 钢轨(图 1-106)制造,跟端锻压成 60kg/m 钢轨断面,成型段长度为 450~600mm,过渡段长度为 150mm,锻压段不设轨底坡,与导曲线钢轨直接焊接。道岔直、侧线均不设置护轨。心轨为组合式,前部为与钢轨同材质的锻造三角块,后端焊接 60kg/m 钢轨的长短心轨。

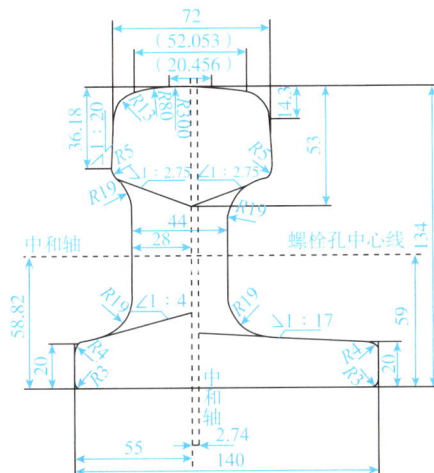

图 1-106 60AT3 钢轨断面尺寸(尺寸单位:mm)

2. 尖轨跟端传力结构

尖轨跟端设置限位器结构,18 号道岔设 1 个限位器,42 号道岔设 4 个限位器,如图 1-107 所示。限位器子母块间的间隙为 7mm。

图 1-107 限位器

3. 可动心轨辙叉翼轨

翼轨采用普通钢轨制造,在心轨一动附近需要抬高,具体见翼轨抬高值部分。18 号、42 号道岔转换杆件从翼轨轨底通过,翼轨轨底内侧需进行机加工,如图 1-108 所示。39.173 号道岔心轨的牵引杆件穿过翼轨轨腰的长圆孔。

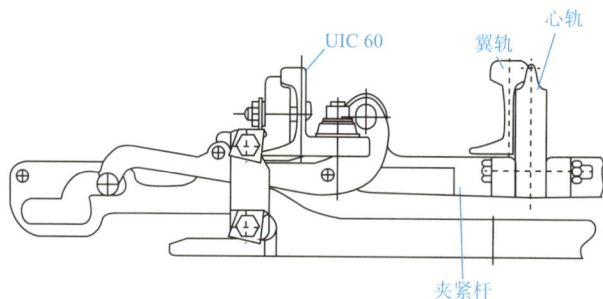

图 1-108　18 号、42 号道岔牵引方式

4. 心轨结构

心轨前部为整体锻造式,采用与钢轨同材质的锻造三角块,后部焊接 60kg/m 钢轨作为长短心轨,如图 1-109 所示。

5. 翼轨跟端结构

翼轨跟端均通过间隔铁与心轨或叉跟轨联结,大号码道岔心轨拼接分开点后为间隔铁式顶铁,再往后一直到固定点为内轨撑。辙叉跟端下部为很长的大垫板,心轨与心轨、翼轨与心轨间采用长大间隔铁通过螺栓和大垫板联结,同时还有横向螺栓联结,如图 1-110 所示。

图 1-109　心轨

图 1-110　道岔翼轨跟端结构

6. 扣件系统

弹性扣压件主要采用 SKL12 弹条,扣压力为 12kN,扣件与钢轨间不调距,钢轨轨底倚靠铁垫板上外边的凸肋,如图 1-111 所示。安装时弹条中环部分与轨底表面的间隙为 0.1～1.0mm,弹条紧固扭矩为 180～200N·m。

弹性基板支座通过硫化在肋形基板中的弹性橡胶提供弹性。规定尺寸的弹性元件,在每个支撑点上可以具有相同的弹簧刚度,而与基板的尺寸无关。在基板上的硫化橡胶垫可以实现动态荷载的减振。无砟道岔扣件的标准刚度为 17.5kN/mm,厚度为 50mm,除转撤器区域内锻制基板尺寸不规则外,其他焊接基板宽度为 176mm,长度范围为 610～1330mm,以 80mm 进级。

图 1-111　扣件系统

250km/h 有砟道岔扣件的标准刚度为 30kN/mm，厚度分为 32mm、37mm 及 38mm 三种规格，除转撤器区域内锻制基板尺寸不规则外，其他焊接基板宽度为 176mm，长度范围为 620～1200mm 不等。

350km/h 有砟道岔与无砟道岔采用相同的弹性基板，扣件的标准刚度为 17.5kN/mm，岔枕螺栓紧固扭矩为 300N·m，道岔前后设置过渡段。

五 CZ 系列高速道岔

CZ 系列高速道岔按号码分为 18 号和 41 号；按轨下基础类型分为有砟道岔和无砟道岔两种，没有采用道岔板基础的道岔。CZ 系列高速道岔目前共有 4 个型号，见表 1-13。CZ 系列高速道岔主要用于合宁线、合武线及郑西线，目前限于线路大修使用。

CZ 系列高速道岔型号 表 1-13

道岔号数	容许通过速度(km/h)		轨下基础类型		备注
	直向	侧向	有砟	无砟	
18	350	80	√	√	限于线路大修使用
41	350	160	√	√	限于线路大修使用

(一) 平面线形和主要尺寸

1. 18 号道岔的平面线形

18 号道岔采用单圆曲线的平面线形，导曲线半径为 1100m，主要尺寸与客专线 18 号道岔基本相同，如图 1-112 所示。

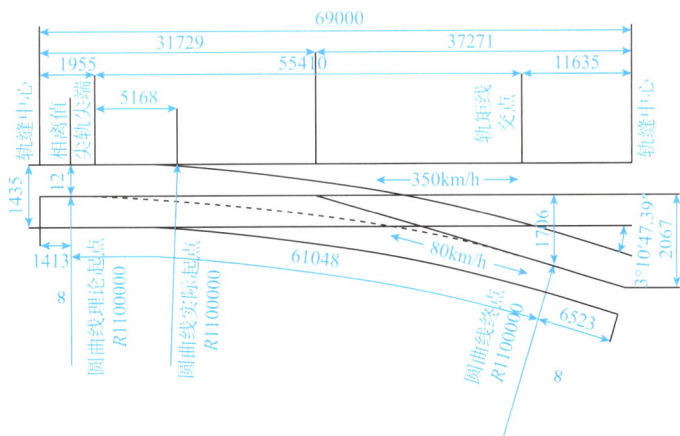

图 1-112 CZ 系列 18 号道岔平面线形及主要尺寸(尺寸单位:mm)

2. 41 号道岔的平面线形

41 号道岔采用"圆曲线 + 缓和曲线"的平面线形，前部为半径 4500m 的圆曲线，后部为缓和曲线，如图 1-113 所示。

3. CZ 系列高速道岔主要尺寸

CZ 系列高速道岔主要尺寸见表 1-14。

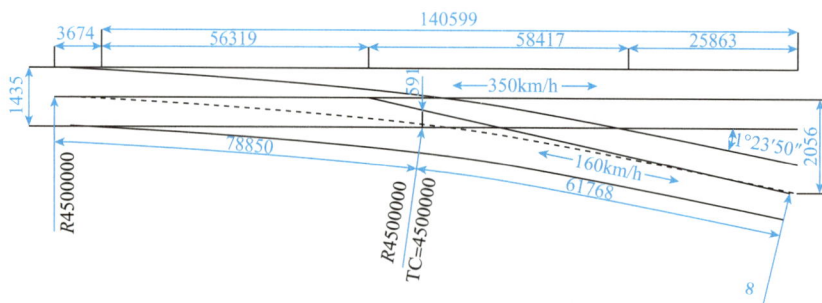

图 1-113　CZ 系列 41 号道岔平面线形及主要尺寸(尺寸单位:mm)

CZ 系列高速道岔主要尺寸　　　　　　　　　表 1-14

道岔号数	道岔总长（m）	前长（m）	后长（m）	辙叉角度	道岔结构高度(m)	
					有砟	无砟
18	69.0	31.729	37.271	3°10′47.39″	431	408
41	140.599	56.319	84.280	1°23′50″		

(二)道岔结构

1.钢轨件

CZ 系列高铁道岔基本轨、翼轨采用 60kg/m 钢轨;尖轨采用 60AT2 钢轨制造,跟端锻压成 60kg/m 钢轨断面,成型段长度为 450mm,过渡段长度为 150mm。18 号道侧线设置护轨,护轨采用 33kg/m 护轨用槽型钢制造,侧面工作边做淬火处理;41 号道岔直向、侧向均不设置护轨。心轨采用 60AT2 钢轨拼接。

2.尖轨跟端传力结构

CZ 系列的尖轨跟端不设任何传力结构,只用扣件固定。

3.可动心轨辙叉翼轨

翼轨由前端的 60kg/m 钢轨、中间部位的高锰钢铸造翼轨(摇篮)和后端的 A74 或 60TY1 钢轨焊接而成,稳定性好,方便转换锁闭装置的安装,如图 1-114 所示。心轨第一牵引点转换杆件从底部伸出,牵引心轨。另有两个 U 形托,托住心轨并在滑床台上滑动。

图 1-114　高锰钢整铸翼轨

4. 心轨结构

CZ 系列的心轨均采用 60 AT2 钢轨组合结构,心轨前端采用水平藏尖结构。

5. 翼轨跟端结构

长、短心轨及叉跟尖轨采用 60 AT2 钢轨制造,18 号道岔短心轨后端为滑动端,短心轨尖端嵌入长心轨,心轨跟端锻压加工为 60kg/m 钢轨标准断面。长、短心轨采用哈克螺栓联结,保证其整体稳定性,如图 1-115 所示。心轨跟端采用长间隔铁和高强度螺栓与长翼轨后端联结,并通过在螺栓孔内安装弹性销使各螺栓受力均匀,如图 1-116 所示。

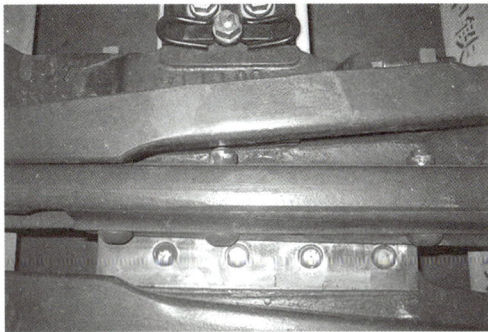

图 1-115 长心轨连接   图 1-116 翼轨跟端连接

6. 护轨

18 号道岔侧线设置护轨,护轨采用 33kg/m 槽形钢制造,护轨垫板内侧采用弹性夹扣压基本轨,如图 1-117 所示。

7. 扣件系统

(1)有砟道岔扣件系统

有砟道岔扣件系统采用 Vossloh 扣件,SKL12、SKL24 型弹条扣压,为分开式扣件系统,如图 1-118 所示。整个有砟道岔扣件系统置于铸造垫板上,由岔枕上的四个螺纹道钉固定,所有的铁垫板都具有横向和竖向的调节功能。各种类型的滑床板、平垫板和护轨垫板采用高强度耐低温球墨铸铁制造;挡肩与轨底间不设置轨距块,采用偏心绝缘套来实现 4mm 的调整。

图 1-117 护轨及护轨垫板   图 1-118 Vossloh 扣件

有砟道岔扣件轨距调整量为 −8 ~ 8mm,调高量为 0 ~ 10mm。AT 弹条扣压力约 12kN;拉伸强度为 1380MPa ± 35MPa;断面收缩率大于等于 6%;屈服强度为 1250MPa ±

30MPa;低温(−20℃)冲击大于等于9J;硬度为HRC42~HRC45。SKL弹条紧固扭矩为180~200N·m;方头螺钉紧固扭矩为300~320N·m。扣件系统动态刚度为150kN/mm±30kN/mm(荷载20~95kN),通过不同部位轨下或板下橡胶垫板刚度的变化保证岔区刚度均匀一致。

（2）无砟道岔扣件系统

无砟道岔采用Vosloh300W扣件,如图1-119所示。扣件系统主要由弹条、轨距块、轨下垫层、铁垫板、弹性垫层、调高垫板、支撑板和轨距调整片组成。扣件系统的刚度通过弹性垫层实现,调高通过板下调高垫板来调整,轨距的调整通过不同厚度轨距调整片实现。

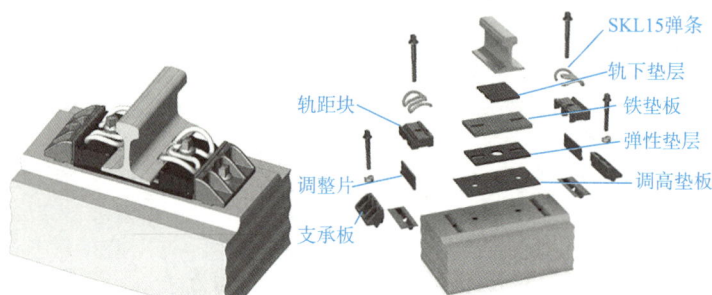

图1-119　300W扣件系统组成示意图

无砟道岔扣件通过更换不同规格的调整片实现−8~4mm的轨距调整。设计调整片钢轨工作边一侧厚度为10mm,非工作边一侧厚度为9mm。不同钢轨调整量时的调整片配置见表1-15。调高量为−4~22mm,通过不同规格(厚度为6mm、5mm、3mm、2mm)的调高垫板或组合调高。SKL15弹条扣压力为18kN。SKL弹条在轨底的纵向阻力大于9kN。对于标准扣件,2个SKL15弹条,纵向阻力为12~14kN。对于1个SKL15弹条和1个AT弹性夹的组合扣件,纵向阻力为10~14kN。按照EN13146-4进行重复荷载试验,采用ZW104标准轨垫(静刚度为22.5kN/mm),疲劳试验采用的荷载为88kN,角度为31°,500万次。扣件刚度:静态(垫层)为20~25kN/mm;动态(组装)为35~45kN/mm。扣件系统的绝缘电阻为20.47kΩ。

单股钢轨位置调整时调整片配置(mm) 表1-15

单股钢轨调整量	工作边一侧调整片厚度	非工作边一侧调整片厚度
−4	6	13
−3	7	12
−2	8	11
−1	9	10
0	10	9
1	11	8
2	12	7

项目名称	项目一　高速铁路轨道工程认知		任务名称	任务四　认识高速道岔构造	
专业班级			姓名		学习小组

【专业知识认知】(30 分)

1.高速道岔的分类有哪些？（10 分）

2.高速铁道的特点是什么？（10 分）

3.说出高速道岔的使用条件。（10 分）

【能力素质训练】(60 分)

1.能够画出客专线系列高速道岔平面线形和主要尺寸。（15 分）

2.能够在现场或结合图纸说出客专线系列高速道岔结构组成。（15 分）

3.能够说出 CN 系列高速道岔型号及其使用条件。（15 分）

4. 能够说出 CZ 系列高速道岔型号及其使用条件。（15 分）

【工作总结】(10 分)

学员自评		组长评价	
指导老师评价：			

任务五 认识轨道几何形位

◇ 任务引入

京沪高速铁路时速 350km,对轨道平顺性提出了更高要求。高平顺性的铁路轨道是高速列车平稳、安全运行的根本保证,对轨道平顺性的要求随运营速度呈几何指数增长,具有持久稳定的高平顺性轨道结构是高速铁路区别于一般铁路的主要标志。在高速铁路建设与运营维护过程中,主要通过控制轨道几何形位来实现轨道平顺性。

▲ 任务描述

为了确保行车安全,轨道除了应具有合理的组成外,还应保持良好的轨道几何形位。通过本任务的学习,掌握轨道几何形位的基本概念;在现场能够正确指出轨距、水平、轨向、高低、轨底坡等项目,并指出高速铁路规范要求容许偏差值。

◇ 相关知识

轨道几何形位是指轨道各部分的几何形状、相对位置及基本尺寸。为确保行车安全,轨道的两股钢轨之间应保持一定的距离;两股钢轨顶面应保持一定的相对高度;在小半径曲线地段,曲线轨距应考虑适当加宽,从而保证机车车辆能够顺利通过曲线。

轨道几何形位

一 轨距

轨距是钢轨头部踏面下 16mm 范围内两股钢轨工作边之间的最小距离,如图 1-120 所示。轨距可用道尺(也称轨距尺)、轨检小车等进行静态测量,也可使用轨检车进行动态检测。

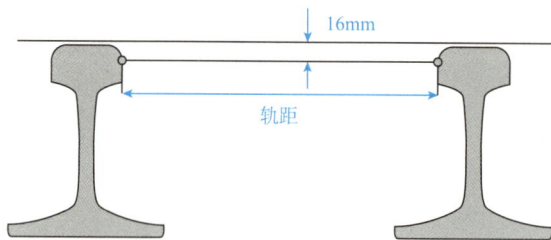

图 1-120 轨距示意图

铁路轨距可分为标准轨距、宽轨距及窄轨距三种。标准轨距为 1435mm,大于 1435mm 者为宽轨距,小于 1435mm 者为窄轨距。目前世界上高速铁路轨距普遍采用标准轨距,个别采用宽轨距,如俄罗斯"莫斯科—喀山"高速铁路采用 1520mm 宽轨距。

现行《高速铁路设计规范》(TB 10621)规定的轨距静态容许偏差见表 1-16,对于有砟轨道和无砟轨道的轨距容许偏差值有所差异。轨距变化应和缓平顺,如果在短距离内轨距有显著变化,即使不超过轨距容许误差,也会使机车车辆发生剧烈摇摆,因此限制轨距变更率对保证行车平稳非常重要。我国高速铁路轨距变化率容许偏差为 1/1500。

序号	项目	容许偏差	备注
1	轨距	有砟轨道 ±2mm 无砟轨道 ±1mm	相对于标准轨距 1435mm
		1/1500	变化率
2	轨向	2mm	弦长 10m
		2mm/(5 或 8a)m 10mm/(150 或 240a)m	基线长(30 或 48a)m 基线长(300 或 480a)m
3	高低	2mm	弦长 10m
		2mm/(5 或 8a)m 10mm/(150 或 240a)m	基线长(30 或 48a)m 基线长(300 或 480a)m
4	水平	2mm	不包含曲线、缓和曲线上的超高
5	扭曲	2mm	基线长 3m 包含缓和曲线上由于超高顺坡所造成的扭曲量
6	与设计高程偏差	10mm	站台处的轨面高程不应低于设计值
7	与设计中线偏差	10mm	

注:1. 轨向、高低栏中的 a 为无砟轨道扣件节点间距。

2. 容许偏差列中括弧内为矢距法检测测点间距。

3. 备注列中括弧内为基线长,其中含 a 表达式适用于无砟轨道,与其对应的具体数值适用于有砟轨道。

为使机车车辆能在线路上两股钢轨间顺利滚动,轨距应略大于轮对宽度,当轮对的一个车轮轮缘紧贴钢轨作用边时,另一个车轮轮缘与钢轨作用边之间就留有一定的空隙,此空隙称为游间。轮对和钢轨的相对位置如图 1-121 所示。

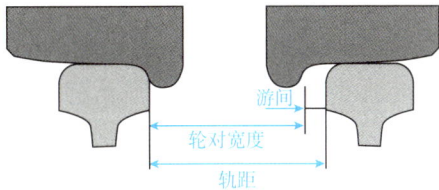

图 1-121 轮对与钢轨相对位置

在直线地段:

$$S = q + \delta \qquad (1-2)$$

式中:S——轨距,mm;

q——轮对宽度,mm;

δ——游间,mm。

设 S_0 为标准轨距,q_0 为正常轮对宽度,则正常游间 δ_0 为:

$$\delta_0 = S_0 - q_0$$

设 S_{max} 和 S_{min} 分别为最大及最小轨距,q_{max} 和 q_{min} 分别为最大及最小轮对宽度,则最大和最小游间分别为:

$$\delta_{max} = S_{max} - q_{min}$$

$$\delta_{min} = S_{min} - q_{max}$$

游间 δ 对列车运行的平稳性和轨道的稳定性有重要的影响。δ 值既不能过大,也不能过小。如果 δ 过大,会造成列车运行的较大摇晃,影响轨道的稳定性,危及行车安全;如果 δ 过小,会增加行车阻力和轮轨磨耗,严重时轮对有可能被钢轨卡住、挤翻钢轨或导致爬轨事故,危及行车安全。为了提高列车运行的平稳性和线路的稳定性,较少轮轨磨耗和动能损失,确保行车安全,游间 δ 值应限制在一个合理的范围内。

二 水平

(一)直线水平

在线路同一断面处左、右两股钢轨踏面的高度差,简称"水平",如图 1-122 所示。为保持列车平稳运行和两股钢轨均匀受力,直线轨道两股钢轨顶面应保持在同一水平面。水平可用道尺、轨检小车等静态方式测量,也可使用轨检车进行动态检测。

轨道上实际存在两种性质不同的钢轨水平偏差,其对行车的危害程度也不相同。一种偏差称为水平差,是指在一段规定的距离内,一股钢轨的顶面始终比另一股高,且高差值超过容许偏差值;另一种称为三角坑(或称扭曲),如图 1-123 所示,是指在一定基长的距离内,先是左股钢轨高于右股,后是右股高于左股,高差值超过容许偏差值,而且两个最大水平误差点之间的距离小于一定值,我国高速铁路检测三角坑的基线长(基长)为 3m。

图 1-122 水平示意图

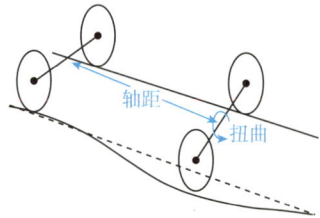

图 1-123 三角坑示意图

一般情况下,超过容许的水平差,只是引起车辆摇晃和两股钢轨的不均匀受力,并导致钢轨的不均匀磨耗。三角坑将使同一转向架的四个车轮中,只有三个正常压紧钢轨,另一个形成减载或悬空。如果出现较大的横向力,就可能使悬浮的车轮轮缘贴紧钢轨,在最不利条件下甚至可能爬上钢轨,引起脱轨事故。因此,一旦发现三角坑,必须立即消除。三角坑是轨道管理中一个重要的指标。

(二)外轨超高

机车车辆在曲线上运行时,由于离心力的作用使曲线外轨承受了较大的挤压力,不仅加速外轨的磨耗,而且使旅客感到不舒适,严重时还会导致翻车。因此通常要将曲线上的外轨适当抬高,使机车车辆向内倾斜,从而平衡离心力。外轨比内轨高出的部分叫作超高,如图 1-124 所示。在设置外轨超高时,主要有外轨提高法和线路中心高度不变法两种方法。目前使用较多的是外轨提高法,即保持内轨高程不变而只抬高外轨。线路中心高度不变法是内外轨分别各降低和抬高超高值一半而保证线路中心高程不变的方法。

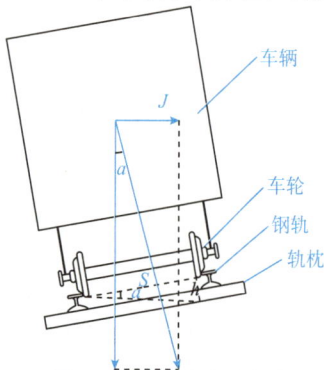

图 1-124 外轨超高示意图

曲线的外轨超高量可用下式计算:

$$h = \frac{11.8 v^2}{R} \tag{1-3}$$

式中：h——外轨超高，mm；

v——列车平均运行速度，km/h；

R——曲线半径，m。

列车速度是影响曲线超高设置的关键因素，曲线超高设置要同时兼顾不同速度列车的舒适性要求，还要考虑曲线左右股钢轨偏载造成的钢轨不均匀磨耗。新建高速铁路曲线超高应根据通过曲线的最高、最低列车速度，优先考虑本线直通列车的旅客舒适性要求，兼顾低于本线运行速度的跨线列车和中间站进出站列车的旅客舒适度要求。现行《铁路轨道设计规范》(TB 10082)规定，曲线最大、最小设计超高值应符合表1-17的规定。

曲线最大、最小设计超高值　　　　表1-17

项目		最大值(mm)	最小值(mm)
无砟轨道		175	15
有砟轨道	一般情况	150	
	客货共线铁路单线地段	125	

外轨超高是从缓和曲线的起点开始逐渐增加，到圆曲线起点时超高应达到规定的值。在曲线地段，由于设置超高而加厚了外轨下的道床，因而道床坡脚向外延长，为了保持路肩的应有宽度，所以路基也必须在外侧相应地加宽。

最大允许未被平衡超高由通过曲线时的旅客舒适度、通过曲线时离心力及风力等使车辆向外倾覆的安全性及养护维修的要求决定。高速铁路未被平衡超高考虑旅客乘坐舒适度要求分为优秀、良好、一般三个等级。综合国内外对旅客乘车舒适度、行车安全和运营情况的调查和试验研究结果，我国高速铁路曲线欠超高、过超高允许值见表1-18。

高速铁路曲线欠超高、过超高允许值(mm)　　　　表1-18

铁路等级	欠超高			过超高		
	优秀	良好	一般	优秀	良好	一般
高速铁路	40	60	90	40	60	90

三　轨向

轨向是指钢轨内侧轨距点沿轨道延长方向的横向凹凸不平顺。在机车车辆运行过程中，直线地段的轨道往往不是一条理想的直线，而是由许多波浪形"曲线"组合而成的线段，如图1-125所示。直线不直、曲线方向不良，必然会引起列车的蛇行运动。对高速铁路来说，轨道方向对行车的平稳性更为重要。相对轨距来说，轨向往往是行车稳定性的控制因素，只要方向偏差保持在允许范围之内，轨距变化对车辆振动的影响就不会很大。无缝线路地段，若轨道方向不良，在高温季节，一定条件下会引起胀轨跑道，严重威胁行车安全。为确保行车的平稳和安全，需要定期检查轨向，并及时整正，使之恢复到设计位置上来。轨向可用弦线、轨检小车和轨检车测得。我国高速铁路有关轨向的规定见表 1-16。

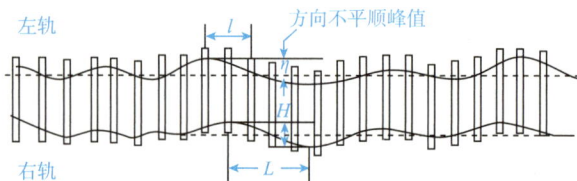

图 1-125　轨向示意图

四　高低

高低是指钢轨顶面沿延长方向的垂向凹凸不平顺。新铺或刚大维修过的线路,经过一段时间列车运营后,由于路基下沉道床捣固不实、扣件松动、轨枕失效、钢轨不均匀磨耗等原因,钢轨将产生不均匀下沉,轨面会出现高低不平,轨底与垫板、垫板与轨枕或轨枕与道床顶面间也会出现间隙;当间隙超过 2mm 时,称作吊板或暗坑。

轨道高低不平顺与轨道结构及部件类型、运营条件以及下部基础状态有关。轨道高低不平顺,会引起轮轨间的振动和冲击,产生附加动力。这种动力作用加速了道床变形,进而扩大了不平顺,加剧了轮轨的动力作用,形成恶性循环。轨道高低可用弦线、轨检小车和轨检车测得。我国高速铁路有关高低的规定见表 1-16。

五　轨底坡

为了使机车车辆轮对在线路两股钢轨上运行灵活平稳,并且能顺利地通过直线、曲线和道岔,由于车轮踏面均有一定的锥度,要实现车轮踏面与钢轨顶面匹配,使钢轨轴心受力,钢轨就要有一个向内的倾斜度,这就要求钢轨和轨道平面之间形成一定横向坡度,即轨底坡。钢轨设置轨底坡的目的是使轮轨接触点集中于轨顶中部,提高钢轨的横向稳定能力,避免或减小钢轨偏载,减轻轨头不均匀磨耗和轨头塑性变形,延长钢轨使用寿命。

由于车轮踏面与钢轨顶面主要接触部分是 1:20 的斜坡,理论上轨底坡的大小应与车轮踏面的斜度匹配,即 1:20。在机车车辆的动力作用下,轨道会不同程度的发生弹性挤开、轨枕挠曲和弹性压缩、垫板与轨枕不密贴、扣件的扣压力不足等现象,实际轨底坡与原设计轨底坡有较大的出入。另外,车轮踏面经过一段时间的磨耗后,原来 1:20 的斜面变为接近 1:40 的坡度。直线地段的轨底坡以 1:40 为合适,因此目前我国铁路直线地段的轨底坡为 1:40。

根据不同的轨下支承条件,轨底坡一般设置在铁垫板、轨枕或轨道板的承轨槽上。在复杂的列车动荷载作用下,轨道各部件将产生不同程度的弹性和塑性变形,静态条件下设置的 1:40 轨底坡在列车动荷载作用下不一定保持 1:40。轨底坡设置是否正确,可根据钢轨顶面上被车轮磨出的光带位置来判定。如光带偏离轨顶中心向内,说明轨底坡不足;如光带偏离轨顶中心向外,说明轨底坡过大;如光带居中,说明轨底坡合适。轨道养护工作中,可根据光带位置调整轨底坡的大小。

六 轨道不平顺

轨道几何形位偏差过大,会引起轨道的不平顺,从而影响行车安全、行车速度和舒适性。从波长的角度看,不平顺可分为长波不平顺、中波不平顺及短波不平顺。波长2m 以下的为短波不平顺,引起短波不平顺的原因主要有钢轨波浪形磨耗、焊接接头不平或轨面擦伤、轨枕间距等,短波不平顺会导致轮轨动力增大,噪声增加,行车速度愈高,冲击愈大,运营成本增加;波长 2~30m 的为中波不平顺,主要由新钢轨轨身不平顺、轨道结构的高低、轨向、扭曲、水平、轨距,以及接头、焊缝处道床沉降形成的周期性高低不平顺等因素引起,可加剧轮轨动作用力和噪声,使安全、平稳、舒适性等受到影响,同时运营成本增加;波长 30m 至上百米的为长波不平顺,主要由路基、道床不均匀沉降,中跨桥梁挠曲变形,桥梁、隧道头尾刚度差异等引起,可导致快速、高速列车的振动和舒适性降低。

从方向的角度看,轨道不平顺也可分为垂向不平顺、横向不平顺、复合不平顺以及曲线头尾几何偏差等。垂向不平顺主要由高低、水平、三角坑和钢轨表面不平顺引起;横向不平顺主要由方向和轨距偏差引起;复合不平顺同时存在横向和垂向的不平顺。

从动、静态的角度看,轨道不平顺可分为动态不平顺和静态不平顺。动态不平顺是指由于轨下基础弹性不均匀,如扣件失效、轨枕支承失效、路基不均匀以及桥梁与路基、桥与桥台、路基与隧道等过渡段的弹性不均匀所造成的不平顺。动态不平顺是用轨检车测得的在列车车轮荷载作用下才能完全显现出来的完整的轨道不平顺,能真实反映轨道状态。静态不平顺是指由于轮轨接触面不平顺、不连续(接头、道岔)及轨道和基础的永久变形而造成的不平顺,无轮载作用时,可用人工或轻型测量小车测得。

从出现的周期角度看,有离散性不平顺、周期性不平顺及随机性不平顺,由道岔、低接头、钢轨上的个别擦伤,线路上的个别坑洼等引起的不平顺,属于离散性不平顺;由有缝轨道的接头和焊接长钢轨的焊缝以及钢轨波形磨损、轨枕的间隙效应等形成的不平顺属于周期性不平顺;而实际轨道存在的不平顺是无法用一项或几项确定性的函数来描述的,其波长和幅值都是需用统计特征值描述的随机变量,即随机性不平顺。

提高轨道的平顺性必须在轨道的设计、轨道部件加工、铺设和养护维修等各个环节中严格把关。要保证路基的坚固、稳定,控制工后沉降等不均匀沉降,提高桥梁刚度、控制动挠度。对于有砟轨道可采用硬质、耐磨的道砟材料,分层压实以提高摊铺质量。在铺轨前的各个环节中控制轨道初始不平顺,提高钢轨的平直度和打磨质量,避免轮轨接触面上的短波不平顺。提高轨道结构连续性,消灭钢轨接头。道岔区钢轨断面、轨枕长度、轨道刚度都有变化,应注重提高道岔结构的平顺性。提高轨道弹性的均匀性,处理好线路和桥梁、隧道的过渡段,处理好有砟轨道与无砟轨道的过渡段,减小桥梁的动挠度。提高轨道铺设精度,采用高精度设备施工,一次铺成跨区间无缝线路,采用高精度大型养护维修机械和轨道状态检查设备,防止由于路基、道床、轨下胶垫弹性不均匀所引起的长波不平顺。

项目名称	项目一 高速铁路轨道工程认知		任务名称	任务五 认识轨道几何形位	
专业班级		姓名		学习小组	

【专业知识认知】(30分)

1. 什么是轨道几何形位？(10分)

2. 轨道不平顺的分类及其特点是什么？(10分)

3. 为什么要设置轨底坡？(10分)

【能力素质训练】(60分)

1. 能够现场识别轨距，并能查阅现行《高速铁路设计规范》(TB 10621)，指出轨距的允许偏差。(15分)

2. 能够现场识别水平，并能查阅《高速铁路设计规范》，指出水平的允许偏差。(15分)

3. 能够现场识别轨向，并能查阅《高速铁路设计规范》，指出轨向的允许偏差。(15分)

4. 能够现场识别高低，并能查阅《高速铁路设计规范》，指出高低的允许偏差。(15分)

【工作总结】(10分)

学员自评		组长评价	

指导老师评价：

![巩固与练习]

一、填空题

1. 根据《铁路工程基本术语标准》(GB/T 50262—2013)，高速铁路是指"设计速度_____ km/h(含预留)及以上动车组列车,初期运营速度不小于_____ km/h 的客运专线铁路"。

2. _____是我国第一条时速 350km 的高速铁路。

3.《_____》明确提出,到 2050 年,全面建成更高水平的现代化铁路强国,全面服务和保障社会主义现代化强国建设。

4. 高速铁路轨道结构从总体上分为_____和_____两大类。

5. 高速铁路有砟轨道由_____、_____、_____、_____等组成。

6. 钢轨截面由_____、_____和_____三部分组成。

7. 高速铁路混凝土枕类型可分为_____和_____。

8. CRTS Ⅰ 型板式无砟轨道由钢轨、扣件系统、_____、_____、_____、凸形挡台及其周围填充树脂等部分组成。

9. 桥梁地段 CRTS Ⅱ 型板式无砟轨道主要由钢轨、扣件系统、预制轨道板、砂浆充填层、_____、_____、_____等部分组成。

10. CRTS Ⅲ 型板式无砟轨道标准轨道板根据长度不同分为_____、_____和_____三种。

11. 高速道岔通常按_____、_____、_____及_____来命名。

12. 高速道岔按平面布置可以分为_____、_____、_____及_____四部分。

13. _____是指钢轨顶面沿延长方向的垂向凹凸不平顺。

二、选择题

1. (　　)是我国自主设计建造的第一条客运专线。
　　A. 京沪高铁　　　　　　　　　　B. 秦沈客运专线
　　C. 郑西客运专线　　　　　　　　D. 京津城际铁路

2. 高速铁路一般采用(　　)的钢轨。
　　A. 75kg/m　　　B. 60kg/m　　　C. 50kg/m　　　D. 43kg/m

3. 我国用于新建高速铁路的长定尺钢轨长度为(　　)。
　　A. 12.5m　　　B. 25m　　　C. 50m　　　D. 100m

4. 下列(　　)不是钢轨的主要尺寸。
　　A. 钢轨高度　　　B. 轨头宽度　　　C. 钢轨长度　　　D. 轨底宽度

5. 钢轨几何尺寸高精度、高平直度是高速铁路轨道(　　)的重要保证。
　　A. 高平顺性　　　B. 高安全性　　　C. 高可靠性　　　D. 高稳定性

6. 高速铁路正线上的道床边坡坡度为(　　)。
　　A. 1∶0.75　　　B. 1∶1.00　　　C. 1∶1.75　　　D. 1∶2.00

7. 一般路基地段 CRTS Ⅲ 型板式无砟轨道结构高度为(　　)。
　　A. 642mm　　　B. 742mm　　　C. 842mm　　　D. 942mm

8. 双块式无砟轨道(　　)。

    A. 必须采用有挡肩扣件

    B. 必须采用无挡肩扣件

    C. 只能采用专用扣件

    D. 可以配套采用有挡肩扣件和无挡肩扣件

9. (　　)是双块式无砟轨道的限位结构。

    A. 抗剪凸台　　　　　B. 道床板　　　　　C. 底座　　　　　D. 支承层

10. 高速道岔直向容许通过速度不小于(　　)。

    A. 200km/h　　　　B. 250km/h　　　　C. 300km/h　　　　D. 350km/h

11. 客专线系列高速道岔共有(　　)个型号。

    A. 5　　　　　　　　B. 6　　　　　　　　C. 8　　　　　　　　D. 9

12. 高速道岔在有条件的情况下应尽量采用(　　)线形,以方便制造和养护维修。

    A. 圆曲线　　　　　B. 复曲线　　　　　C. 变半径曲线　　　　D. 螺旋线

13. 轨距是钢轨头部踏面下(　　)范围内两股钢轨工作边之间的最小距离。

    A. 6mm　　　　　　B. 8mm　　　　　　C. 16mm　　　　　　D. 20mm

三、判断题

1. 列车运行速度快是高速铁路最主要的标志,也是其最显著的优势。(　　)

2. 钢轨定尺长度越长,则钢轨焊接接头越少,线路的平顺性越高。(　　)

3. 200km/h 及以上的铁路和 200km/h 以下仅运行动车组列车的铁路应选用 U75VG 钢轨。(　　)

4. 高速铁路有砟轨道正线可采用木枕。(　　)

5. CRTS Ⅰ 型板式无砟轨道配套采用左右,高低位置调整能力较强的弹性分开式扣件系统。(　　)

6. 钢筋混凝土底座是 CRTS Ⅰ 型板式无砟轨道的直接承力结构。(　　)

7. CRTS Ⅱ 型板式无砟轨道轨道板为无砟挡肩结构。(　　)

8. CRTS Ⅲ 型板式无砟轨道轨道板采用有挡肩扣件。(　　)

9. 自密实混凝土是一种具有显著特色的高性能混凝土。(　　)

10. 轨道几何形位是指轨道各部分的几何形状、相对位置和基本尺寸。(　　)

11. 在线路同一断面处左、右两股钢轨踏面的高度差,简称"扭曲"。(　　)

12. 轨道几何形位偏差过大,会引起轨道的不平顺,从而影响行车安全、行车速度和舒适性。(　　)

四、简答题

1. 高速铁路的技术经济优势有哪些?

2. 有砟轨道结构的主要优势是什么?

3. 有砟轨道结构的主要缺点是什么?

4. 钢轨的作用是什么?

5. 扣件的作用是什么?

6. 无砟轨道的优点是什么?

7. 什么是 CRTSⅢ型板式无砟轨道？

8. 简述高速道岔的组成及其使用条件。

9. 什么是游间？

10. 减少轨道不平顺的措施有哪些？

CRTS I 型板式无砟轨道施工

【项目描述】

CRTS I 型板式无砟轨道为单元板式无砟轨道，是无砟轨道的主要形式之一，先后在京沪高铁、沪宁城际、哈大高铁等工程中应用。本项目主要介绍 CRTS I 型板式无砟轨道的施工准备、轨道板预制、混凝土底座及凸形挡台施工、轨道板铺设、水泥乳化沥青砂浆充填层施工等内容。

【学习目标】

知识目标

(1) 了解 CRTS I 型板式无砟轨道施工准备工作。

(2) 熟悉 CRTS I 型轨道板对原材料的技术要求。

(3) 熟悉 CRTS I 型轨道板预应力施加作业过程。

(4) 掌握 CRTS I 型板式无砟轨道混凝土底座施工注意事项。

(5) 掌握 CRTS I 型轨道板铺设工艺和轨道板精调作业过程。

(6) 掌握 CRTS I 型板式无砟轨道水泥乳化沥青砂浆配合比确定。

能力目标

(1) 能够绘制 CRTS I 型板式无砟道床施工工艺流程图。

(2) 能够绘制 CRTS I 型轨道板预制工艺流程图。

(3) 能够绘制 CRTS I 型轨道板铺设工艺流程图。

(4) 能够对 CRTS I 型轨道板进行质量检验，并能判断是否符合验收标准。

(5) 能够对 CRTS I 型板式无砟轨道底座和凸形挡台进行质量检验，并能判断是否符合验收标准。

(6) 能够对 CRTS I 型轨道板进行精测，指导作业班组进行精调作业。

(7)能够对水泥乳化沥青砂浆充填层施工进行质量检验。

素养目标

(1)通过CRTS I 型板式无砟轨道施工学习,培养学生严谨细致的工作作风。

(2)通过沪宁高速铁路的引入案例,培养学生应对复杂问题的探索创新精神。

(3)通过高寒地区哈大高速铁路的介绍,引导学生对交通强国战略的理解。

(4)通过哈齐高速铁路带动沿途旅游的介绍,引导学生树立"绿水青山就是金山银山"的理念。

【学习导航】

CRTS I 型板式无砟轨道施工

任务一　施 工 准 备

◆ 任务引入

沪宁城际铁路正线由上海站至南京站,全长301km,设计速度350/h,如图2-1所示。沪宁城际铁路缓解了沪宁间"瓶颈"的运输压力,推进了长三角区域经济一体化进程。沪宁城际铁路是中国第一条全线采用CRTS I 型轨道板铺设的无砟城际铁路,CRTS I 型板式无砟轨道在施工前需要做哪些准备工作呢?

沪宁城际铁路开创的"三个第一"

图2-1　沪宁城际铁路

▲ 任务描述

查阅沪宁城际铁路CRTS I 板式无砟轨道的相关资料,通过本任务学习,熟悉CRTS I 型板式无砟轨道的施工方法,能够说出施工文件核对和施工调查的主要内容,并确定物流组织方案。

◇ 相关知识

① 施工准备

(一)施工调查

施工前,应熟悉经批准的施工设计文件,收集与无砟轨道工程施工有关的线下工程竣工资料、施工记录及变更设计文件,并复核。

施工调查主要包括下列内容:

(1)调查沿线交通、水源、电源、原材料、劳动力资源等情况。

(2)收集沿线水文气象资料及环境等有关情况。

(3)落实钢轨、轨道板、轨枕、道岔、扣配件等主要材料来源及供货途径及存放场地。

(4)核查沿线的各种电力、通信线路和临时建筑物等建筑限界,调查大型铺轨机械通过地段的限界情况。

（5）了解可作为钢轨铺设基地和停留工程列车的条件。选择进料通道和卸料、存料场地。

（6）调查与既有线接轨点及相邻车站情况，如线路标准、客货流量、车站股道数量等情况。

（7）了解与轨道工程有关的线下工程及接口工程施工进度，分析和编制轨道工程进度计划。

施工调查结束后，施工单位应根据施工调查结果及时编制施工调查报告，作为编制实施性施工组织设计的依据。

（二）施工技术文件核对

施工前应根据施工内容获取相关施工技术文件（包括设计及变更文件）。施工文件包括标准设计图纸，施工质量验收标准，CPⅠ、CPⅡ平面及高程控制网成果资料，线下工程沉降变形分析评估报告，线路中桩表，水准点表，线路高程及中线竣工测量资料，相关施工记录等。设计文件包括线路平面图、线路纵断面图、车站平面布置图、线路诸表、无砟轨道设计图、无缝线路设计图表、设计说明、变更设计和其他相关专业设计图等。

施工单位开工前，应对批准的施工图进行现场核对，核对无误后方可使用。应熟悉与轨道施工相关的施工设计文件，变更设计文件，并与相关专业设计文件进行对接。

核对中发现的问题应及时以书面形式递交建设、设计和监理单位进行解决，由设计单位以书面形式回复。

（三）线下工程交接

轨道工程施工前应由建设单位组织相关单位对线下工程变形观测资料进行分析评估，并提出无砟轨道铺设条件评估报告。轨道施工单位应确认轨道铺设条件评估已完成，线下工程工后沉降变形符合设计要求后方可进行轨道工程施工。

轨道工程施工前应与线下工程进行工序交接，并及时复测，确认基础面和相关结构工程质量符合设计及相关标准要求。轨道工程与线下工程工序交接应在轨道工程施工1个月前进行，并应成立专门的线路交接小组。线下单位应向轨道施工单位提交线下构筑物竣工测量资料、测量标志和与轨道工程有关的变更设计、线下工程施工质量检验合格报告等资料。线路交接前，线下工程路基上接触网基础、桥上防撞墙及隧道内电缆槽边墙应施工完成，并检验合格，具备埋设轨道控制网CPⅢ点的条件。

轨道施工前应接收线下工程竣工测量资料、中线桩和路面（含路基面、桥面和隧道仰拱填充层顶面）高程、平整度及几何尺寸等，复核线路中线和路面高程。当发现同设计不符时，应及时联系有关单位解决。

路基工程：基床表层级配碎石压实质量应符合设计要求；路基面中线、高程、宽度、平整度及横向排水坡度应符合设计要求。

桥梁工程：桥面中线、高程、宽度、平整度、相邻梁端顶面相对高差、排水坡、预埋件位置等应符合设计要求，其施工允许偏差应符合相关标准规定。连续梁梁面高程按不大于3m一个断面加密测量；桥面拉毛质量、伸缩缝应符合设计要求。

隧道工程:隧道底板及仰拱填充层表面高程、宽度、平整度、拉毛质量和横向排水坡应符合设计要求,其施工允许偏差应符合相关标准的规定。坡面应平顺,确保排水畅通、不积水;隧道中线允许偏差应符合相关标准规定。

(四)四电工程接口衔接

轨道工程施工应加强与站后四电工程及线下工程施工的联系,协调好工程接口,合理安排施工顺序,确保各专业工程施工顺利进行。

轨道工程与四电专业接口衔接主要包括:无砟轨道施工前,综合接地位置应与桥梁综合接地、接网支柱基础和贯通地线对应位置进行确认;铺轨、铺岔时,胶接绝缘接头、电气绝缘枕、电容枕等位应与四电专业现场核对。道岔提报供应前,应与信号专业共同确认道岔直曲股的绝缘。

在轨道工程施工中,应严格按接口施工图设计要求,控制管理各阶段相关接口施工。轨道施工单位应统筹考虑相关专业接口工程的施工。"四电"等后续工程的施工方案应经建设单位批准后实施,施工过程中应采取有效防护措施,避免对道床产生破坏、扰动和污染。

轨道结构与信号系统及综合接地系统的接口施工应符合设计要求。轨道道床漏泄电阻、无砟道床绝缘处理及综合接地应符合设计要求及相关技术文件的规定。

施工单位应做好长钢轨道床等的成品保护。建设单位应组织信号、供电等专业人员确认钢轨钻孔位置、大小及数量。道岔钢轨应在道岔生产厂内钻孔;其他钢轨应在无缝线路放散锁定后钻孔,钻孔应按规定倒棱。

(五)轨道施工控制网测设

轨道控制网CPⅢ测设建立前,建设单位应组织勘察设计单位和轨道施工单位对CPⅠ、CPⅡ平面及高程控制网进行复测,控制网的复测应采用与原控制网测量相同的精度等级和测量方法,复测成果与原测成果的较差应符合相关规定。

CPⅢ建网前,应对CPⅡ控制网、二等水准点进行同精度加密。桥梁和路基段CPⅡ加密点一般采用线上加密,桥梁段应布设在桥梁固定端的固定支座上方防撞墙顶上,路基段设置在辅助立柱上,隧道段布设在隧道电缆槽边墙顶上。

轨道控制网CPⅢ点应沿线路设置于路基两侧的接触网杆基础辅助立柱上(非拉线侧)或独立基础上、桥梁固定支座端的防撞墙顶面、隧道边墙或排水沟上。CPⅢ点沿线路走向成对布设,纵向间距宜为60m,最大纵向间距不宜超过70m,跨度超过80m连续梁在跨中增设1对CPⅢ点,同一对CPⅢ控制点的纵向里程差不宜大于1m。各CPⅢ控制点应大致等高,其位置一般应高于轨面0.3m。CPⅢ点的预埋件应埋设稳固。当预埋件垂直埋设于接触网基础或独立基础顶面时应保证其铅垂;当横向埋设时宜使预埋件大致水平。同一条铁路应采用同一种CPⅢ标志及相配套的棱镜组件。

轨道控制网CPⅢ平面网的外业观测,应采用自由测站边角交会的测量方法。观测时,宜从区段的一端依次观测至区段的另一端。CPⅢ网可根据施工需要分段测量,分段测量的测段长度不宜小于4km。测段间应重复观测不少于6对CPⅢ点作为分段重叠观测区域,以便进行测段衔接,每一独立测段首尾必须封闭,区段接头不应位于连续梁或车站范围内。CPⅢ平面网观测的自由测站间距宜为120m,每一测站应观测6对CPⅢ控制点,全站仪前后方各3对CPⅢ点,自由测站到CPⅢ点的最远观测距离不应大于180m;每个CPⅢ控制点应有3个方向和3个距离交会。当遇施工干扰时,可按60m间距设站,每一测站应观测4对CPⅢ控制点,每个CPⅢ控制点应有4个方向和4个距离交会。

轨道控制网CPⅢ高程网的外业观测,可采用单程或往返精密水准测量的方法进行。CPⅢ点与上一级水准点的联测应采用独立往返精密水准测量的方法进行。当采用单程观测时,每相邻4个CPⅢ点之间应构成水准闭合环。当桥面与地面间高差大于3m,线路水准基点高程直接传递到桥面CPⅢ控制点困难时,宜采用不量仪器高和棱镜高的中间设站光电测距三角高程法传递。其测量技术要求应符合现行《高速铁路工程测量规范》(TB 10601—2009)的相关规定。

二 CRTS Ⅰ型板式无砟道床施工方法

CRTS Ⅰ型板式板式轨道自下而上施工,所有施工误差最终都会积累到轨面上。无砟轨道的高平顺性最终体现在轨道工程上,而高平顺性的轨道又取决于路基、桥涵和隧道等线下工程的高质量、高稳定的实现。在稳固的线下工程设施的基础上,为构筑高精度、高质量的板式轨道,其关键技术是控制好各道工序的施工控制测量,做到精心施工、精细作业。CRTS Ⅰ型板式无砟轨道施工工艺流程如图2-2所示。

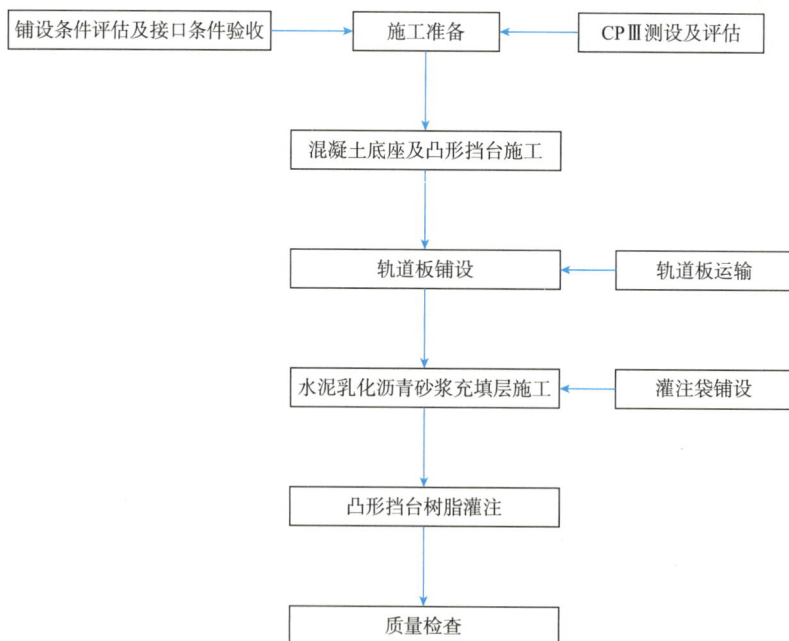

图2-2 CRTS Ⅰ型板式无砟轨道施工工艺流程

CRTS Ⅰ型板式无砟道床施工应配备混凝土搅拌站、混凝土运输车、混凝土输送泵、钢筋加工设备、轨道板运输车、门式起重机(汽车起重机)、水泥乳化沥青砂浆车及灌注设备、轨道板精调系统、检测测量仪器等主要施工装备。

⚠ 任务实施

项目名称	项目二　CRTS I 型板式无砟轨道施工		任务名称		任务一　施工准备
专业班级		姓名		学习小组	

【专业知识认知】(30 分)

1.轨道工程施工调查的内容有哪些？(10 分)

2.施工文件包括哪些？(10 分)

3.轨道工程与四电专业接口衔接主要包括哪些内容？(10 分)

【能力素质训练】(60 分)

1.能够说出轨道施工对线下工程的要求。(20 分)

2.能够说出轨道施工控制网测设的主要内容。(20 分)

3.能够绘制 CRTS I 型板式无砟道床施工工艺流程图。(20 分)

【工作总结】(10 分)

学员自评		组长评价	

指导老师评价：

任务二 CRTSⅠ型轨道板预制

◆ 任务引入

哈大高速铁路是我国高寒地区客流量最大、最繁忙、运行里程最长的高速铁路,是世界首条高寒高铁,如图 2-3 所示。哈大高速铁路线路全长 921km,设计速度 350km/h,列车运营速度 300km/h,采用防开裂的双向预应力 CRTSⅠ型板式无砟轨道结构,适应高寒地区的轨道板是如何预制的呢?

图 2-3 哈大高速铁路

▲ 任务描述

查阅哈大高铁板式无砟轨道相关资料。通过本任务学习,熟悉轨道板原材料技术要求;掌握轨道板预制工艺流程;掌握主要施工方法和过程控制标准,能够对轨道板进行质量检测。

一 轨道板预制工艺流程

CRTSⅠ型板式无砟轨道板生产采用分阶段流水作业,模板相对固定,钢筋网安装、套管安装、预应力钢筋布设、混凝土浇筑及振动、蒸汽养护、脱模等工序都在同一台位上进行。轨道板预制工艺流程如图 2-4 所示。

二 原材料技术要求

(一)混凝土

混凝土应满足设计要求的强度、弹性模量,并具有预防碱集料反应性能。根据环境类别及侵袭作用等级,混凝土应具有抗冻性、抗渗性等,技术要求符合现行《铁路混凝土工程施工质量验收标准》(TB 10424)。

(1)水泥。水泥应采用强度等级不低于 42.5 的硅酸盐水泥或普通硅酸盐水泥,不应使用早强型水泥。水泥碱含量不应大于0.60%，三氧化硫含量不应大于3.0%，其他技术要求应符合现行《铁路混凝土》（TB/T 3275）的规定。

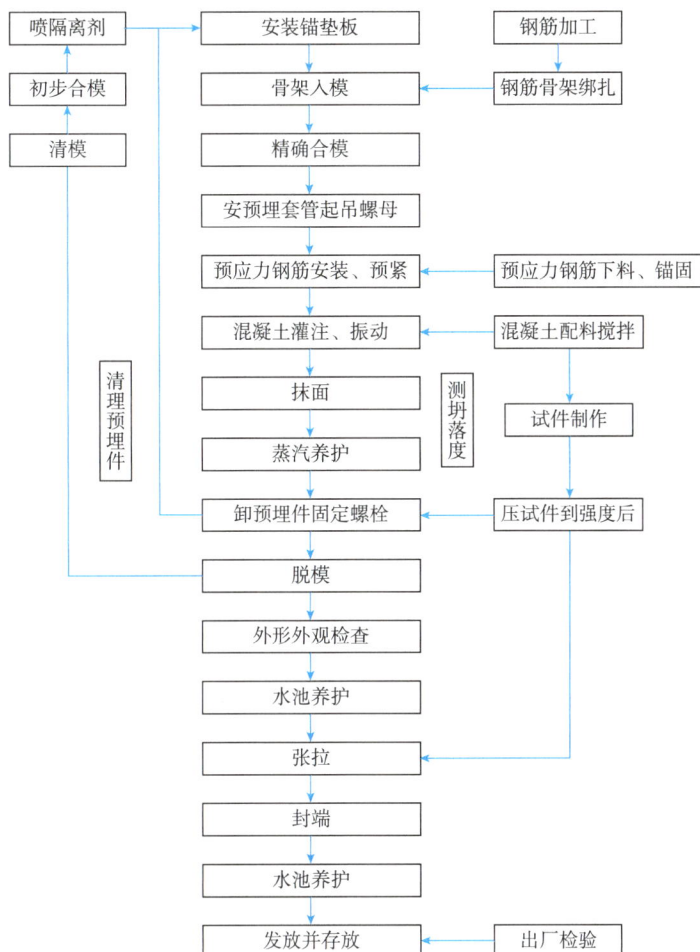

图2-4　轨道板预制工艺流程图

（2）粗集料应采用5～20mm连续级配碎石，不应使用卵碎石；细集料应采用天然中粗河砂，含泥量按质量计不应大于1.5%。不应使用具有碱—碳酸盐反应活性或砂浆棒膨胀率（快速法）大于或等于0.20%的碱—硅酸反应活性的集料。其他技术要求应符合现行《铁路混凝土》（TB/T 3275）的规定。

（3）拌和水、减水剂和引气剂应符合现行《铁路混凝土》（TB/T 3275）的规定。

（4）矿物掺合料采用复合掺合料时，其性能应满足表2-1的要求；采用粉煤灰、磨细矿渣粉等时，其性能应符合现行《铁路混凝土》（TB/T 3275）的相关规定。

复合掺合料性能　　　　　　　　　　　　　　　表2-1

序号	项目	技术要求
1	氯离子含量	≤0.06%
2	烧失量	≤4.0%
3	三氧化硫含量	≤3.0%
4	含水率	≤1.0%

序号	项目		技术要求
5	需水量比		≤105%
6	游离氧化钙含量		≤1.0%
7	氧化镁含量		≤14%
8	活性指数	1d	≥125%
		28d	≥100%

(二)钢材

每批钢筋进场应附生产厂家提供的质量合格证和材质单,每捆钢筋均应有标牌。钢筋在使用前,应对其外观质量进行检查,当发现表面有裂纹、弯折、损伤、颗粒状或片状老锈等缺陷时,必须及时反馈并进行处理。

(1)预应力体系由护套包裹的无黏结预应力钢棒、锚垫板、锚固螺母和螺旋筋四部分组成。为保证其整体性能,预应力体系应配套提供。

预应力筋采用低松弛预应力钢棒,其抗拉强度不应低于1420MPa,屈服强度不应低于1280MPa,断裂延伸率不应低于8%($l_0=100mm$),断面收缩率不应低于50%。预应力钢棒表面不应有划伤或其他瑕疵,其他性能应符合现行《预应力混凝土用钢棒》(GB/T 5223.3)的相关规定。

预应力钢棒无黏结方式应采用钢棒在线涂油、热挤塑连续成型工艺,其制作工艺、涂包质量应符合现行《无粘结预应力混凝土结构技术规程》(JGJ 92)和《无粘结预应力钢绞线》(JG/T 161)的规定;不应采用后穿护套成型工艺。

(2)锚具。预应力筋锚固采用螺栓锚固体系,锚固螺母及锚垫板应符合设计要求,应采用45号优质碳素钢,其性能应符合现行《优质碳素结构钢》(GB/T 699)的规定。锚固螺母应进行调质热处理,不应产生裂纹、过烧和脱碳,表面硬度不应小于225HB,热处理工艺应保证零件工作表面的硬度及金相组织均匀一致。

(3)非预应力钢筋。HPB300级热轧光圆钢筋性能应符合现行《钢筋混凝土用钢 第1部分:热轧光圆钢筋》(GB 1499.1)的规定,HPB400级热轧带肋钢筋性能应符合现行《钢筋混凝土用钢 第2部分:热轧带肋钢筋》(GB 1499.2)的规定;螺旋筋采用低碳钢冷拔钢丝,其性能应符合现行《一般用途低碳钢丝》(YB/T 5294)的规定;环氧涂层钢筋进场时,应进行全面检查,其质量应符合现行《环氧树脂涂层钢筋》(JG/T 502)的规定,且其环氧涂层的绝缘电阻值应大于5MΩ。

(4)扣件预理套管和起吊套管应符合相关技术要求。

(5)水泥、粗集料、细集料、矿物掺合料及外加剂等的存储和使用应符合现行《铁路混凝土》(TB/T 3275)的规定。钢材的存储和使用应符合现行《铁路混凝土工程施工质量验收标准》(TB 10424)的规定。

三 模具清理检修

模具应具有足够的强度、刚度和稳定性,并保证轨道板各部形状、尺寸及预埋件的准确位置。模具极限偏差为轨道板成品极限偏差的1/2。

（一）模具清理及喷涂脱模剂

为保证轨道板混凝土外观质量、强度和耐久性，在混凝土灌筑入模前，必须将模具清理干净，并喷涂脱模剂。

1. 模具清理

轨道板脱模后，用铲刀清理模板上的混凝土残渣等其他附着物，尤其针对模具锚穴体、预埋套管定位轴、凸形挡台处、铭牌处和板缝处等结构表面复杂的部位，将浮渣清除干净，确保模具表面清洁，如图 2-5 所示。检查凸形挡台与底板间、端模与底板间、侧模与底板间、侧模与端模间的缝隙是否密封完好。如有问题，用橡胶条或硅树脂重新做密封处理。

图 2-5　模具清理

2. 喷涂脱模剂

模具清理干净后，将脱模剂均匀地喷涂在模具的表面；模具表面不允许有脱模剂积聚现象，也不允许有漏喷脱模剂现象；对模具锚穴体、预埋套管定位轴、铭牌处、板缝处和端部等结构表面复杂的部位，用刷子再涂抹一层脱模剂。

（二）模具检修

模具检修分为随时检修和定期检修。

（1）随时检修。通过对轨道板的检验，发现模具存在的问题，及时修理解决，并做好检验和维修记录。不合格模具暂停使用。

（2）定期检修。在开始批量生产前，由质量检验人员依据轨道板模具图对模具关键部位进行全频次检验；在批量生产后、每次生产前，检查外观和平整度，且每月进行一次全检，发现问题及时修理解决，并做好检验和维修记录。

四　钢筋绑扎入模

钢筋按批次、牌号、规格分别存放，堆放场地宜硬化处理，应平整、干燥，钢筋存放的地面应垫高不低于 15cm。

（一）钢筋下料

根据施工图纸尺寸计算下料长度。下料时应根据钢筋编号和供料尺寸的长短，统筹排料,一般先断长料、后断短料,以减少损耗。

钢筋配料计算完毕,应填写配料表,同时每一编号的钢筋应制作一块料牌。配料表上分别注明钢筋形状、尺寸、编号、数量以及钢筋级别、直径。配料表作为钢筋加工的依据,料牌则系于已加工好的钢筋上。

钢筋下料过程中,如发现钢筋有裂纹和脆断,应立即停止工作并及时向主管技术人员反映,妥善处理。

(二)钢筋弯曲加工

工艺流程:准备→画线→试弯→成批弯曲→纵向钢筋涂层→堆放。

钢筋在弯曲成型前,首先需熟悉要进行弯曲加工钢筋的规格、形状和各部分尺寸,以便确定弯曲操作步骤和准备机具等。根据配料表上标明的形状、尺寸,用石笔或粉笔将弯曲点位置画出。画线尺寸应根据不同弯曲角度和钢筋直径扣除钢筋弯曲调整值,画线应在工作台上进行。第一根钢筋弯曲成型后,应与配料表上标明的形状尺寸进行复核,并校对钢筋的弯曲顺序、画线、所定的弯曲标志、板距等是否合适,经过调整并符合要求后再成批生产。

钢筋弯制过程中如发现钢筋脆断、过硬、回弹或焊接处开裂等现象要及时反馈,找出原因及时处理。成型后的钢筋要求形状正确,平面上没有凹曲现象,在弯曲点处不得有裂纹。钢筋加工成型后,按编号分类、分批存放整齐,设置标志牌,并做好防护。

热轧带肋钢筋的末端,当设计要求采用直角形弯钩时,其弯曲直径 d 不得小于钢筋直径的 5 倍,钩端应留有不小于钢筋直径 3 倍的直线段。

环氧涂层钢筋在运输及绑扎过程中不得损坏涂层。弯曲时应在弯曲机机心轴和挡板处辅以橡胶垫层。

(三)钢筋绝缘处理

采用先进行绝缘涂层后加工钢筋施工工艺,涂层加工完成后包裹存放,防止损坏,如图 2-6 所示。为保证绝缘性能完全达标,绑扎时在交点位置垫一层电工黄蜡管。采用绝缘绑扎线进行绑扎,如图 2-7 所示。

图 2-6　涂层钢筋摆放　　　　图 2-7　钢筋绝缘绑扎

(四)钢筋绑扎

钢筋骨架在专用台架上进行,必须保证钢筋骨架的正确位置,各钢筋偏差在标准允许范围内。在骨架下方绑扎好塑料垫块,保证保护层厚度,安排专人对骨架进行绝缘性能检测。摆、绑钢筋顺序:底面横向钢筋→纵向钢筋→圆弧钢筋→纵向端头箍筋→顶面横向钢筋→箍筋的架立筋(由外向里绑)→绑箍筋接头→垫块。钢筋骨架绑扎及存放如图2-8、图2-9所示。

图2-8　钢筋骨架绑扎

图2-9　钢筋骨架存放

轨道板钢筋绑扎应符合下列规定:

(1)箍筋与主筋垂直交点逐点绑扎。箍筋与筋交点可采用梅花形跳绑。箍筋弯折处与架立筋交点逐点绑扎,钢筋筋接头叠合处逐点绑扎。

(2)绑扣形式以不易松脱为准。绑点如有松脱,应紧扣或重绑。

(3)垫块应呈梅花形交错布置,设置数量为4块/m²。钢筋骨架易变形处可适当增加垫块数量。

(4)绑扎铁线采用绝缘型铁线,其线尾应扭向骨架内。骨架不得有油污及扭曲。按照设计要求对钢筋网进行绝缘检测,并做好记录。

(5)钢筋绑扎应牢固,骨架要有足够的刚度,保护层垫块放置要牢固,使其在浇筑混凝土过程中不致松动。

(6)钢筋骨架绑扎完后,必须经班组自检、互检,符合标准后,经专检人员验收合格,填写好记录,专检签字后方可进入下一道工序。

(五)钢筋骨架入模

先安装好预埋套管和起吊套管,再将模具清理干净,均匀喷涂脱模剂,保证预埋件与模具连接牢固,确保混凝土振捣时不变位。通过平板运输车将钢筋骨架从钢筋车间运至生产车间,利用桥式起重机吊装专用吊具将钢筋网片小心地逐一吊装至各模具内。

五 预应力钢筋安装

安装前对预应力钢筋进行检查:禁止使用有锈斑或有损坏的预应力钢筋;钢筋上不允许有油脂和其他脏物,如有须及时清除。

依据轨道板施工图规定的预应力钢筋数量和位置,分别将纵向及横向预应力钢筋安装到位。安装时,注意其固定端和张拉端应与锚穴体一一对应,同时用专用扳手将锚垫板与锚穴体牢固地锁紧。避免预应力钢筋出现弯曲、下绕现象。预应力钢筋位置极限偏差控制在±1mm以内。

螺旋钢筋安装前,先将锚垫板和螺旋筋一端焊连,确保螺旋筋中心轴线为水平状态。安装时,上、下层螺旋筋不得接触,以免影响轨道板绝缘性能。预应力钢筋安装到位后,将预埋套管及起吊套管处的螺旋钢筋安装牢固。

六　混凝土施工

混凝土应根据设计强度等级、耐久性等要求和原材料品质以及施工工艺等进行配合比设计。混凝土配合比应通过计算、试配、试件检测后经调整确定。配制成的混凝土应能满足设计强度等级、耐久性指标和施工工艺等要求。

(一) 混凝土浇筑

浇筑前要检查配件等是否全部安放齐全、牢固和准确,检查箍筋、螺旋筋安放是否正确;检测钢筋骨架的绝缘性能,电阻值不应小于2MΩ;检查底部振动器及平板振动器是否完好,并做好记录,检查人员签字认可后方可进入下道工序。

混凝土浇筑时模板温度应为5~35℃,混凝土入模温度应为5~30℃。每套钢模配置底振动器和平板振动器,浇筑采取一端向另一端延伸的办法。混凝土浇筑分两层连续进行,每一层100mm厚。严禁浇筑间隔时间超过混凝土初凝时间。

混凝土灌注时,下料斗距模型高度以1m左右为宜。下料应均匀、适度,并注意施工安全。在布料过程中,随着混凝土的浇筑,依次开动底面振动器。当底振力不足时上部再采用插入式振动棒进行振动,每个振动棒隔0.2m左右插入一次,深度应至模型底部,每次振动30s左右。振动棒操作应浅插轻捣、快插慢拔。倾斜插入混凝土内,不能与钢模垂直接触,避免且接触钢筋和预埋件。以混凝土表面不再冒气泡、表面泛浆且无显著下沉为准。振动时不要撞动各种配件。

最后用平板振动器沿模型长度方向振动,以确保模型边角和预埋件周边的混凝土密实。将混凝土表面赶压密实和整平,至表面泛浆和无石子裸露为准。混凝土灌注如图2-10所示。

图2-10　混凝土灌注

(二) 混凝土抹面

振动完后,用抹子进行抹面,抹面时以侧模内腹板顶面为基准,将超高及多余混凝土铲去。抹面应光滑,表面不可出现波浪现象,在夏季抹面完后应及时对混凝土表面进行覆盖,避免混凝土快速失水造成干裂,并在初凝前进行二次抹面。混凝土表面抹光后,在混凝土终凝前严禁踩踏。

(三)混凝土养护

轨道板采用蒸汽养护时,应采用自动温控设备进行温度调节。蒸汽养护分为静置、升温、恒温、降温四个阶段;混凝土浇筑后在 5 ~ 30℃的环境中静置 3h 以上方可升温,升温速度不应大于 15℃/h,恒温时蒸汽养护温度不宜大于 45℃,降温速度不应大于 10℃/h;轨道板采用自然养护时,应在振动成型后,立即进行覆盖保温、保湿养护,开始养护的环境温度不应大于 35℃。

轨道板采用蒸汽养护或自然养护时,板内芯部混凝土温度不应大于 55℃;脱模时,轨道板芯部混凝土与表面混凝土之间、表面混凝土与环境之间的温差均不应大于 15℃。蒸汽养护如图 2-11 所示。

图 2-11 蒸汽养护

(四)轨道板脱模

混凝土脱模强度不应低于 45MPa。轨道板脱模应利用起吊套管,在确认预埋件与模板的固定装置脱离后,水平缓慢起吊轨道板。

轨道板脱模后,先张拉、封锚再水中养护,脱模至水中养护的时间间隔不宜大于 8h,并应保持轨道板湿润。轨道板在水中养护时,不应小于 3d,且保湿总时间不应少于 10d。养护期间,养护水温不应低于 10℃,轨道板表面温度与养护水温之差不应大于 10℃。

七 预应力施加

混凝土强度不低于 45MPa,弹性模量不低于 3.35×10^4 MPa,方可施加预应力。预应力施加时应采用自动张拉设备。进行张拉力控制的测力传感器精度不应低于 0.5 级,位移传感器精度不应低于 0.1mm。

张拉程序:锚穴清理→安装张拉杆 →安装千斤顶(旋转套对准螺母锚具)并摇晃千斤顶对中→旋紧张拉杆工具螺母→千斤顶进油至 10% σ_k(记录油缸伸长值)→张拉控制应力 100% σ_k(持荷 2min 记录油缸的伸长值)→用旋转手柄锁紧锚固螺母→千斤顶回油至零→旋松退出张拉杆工具螺母→退出千斤顶→旋松并退出张拉杆。张拉设备如图 2-12 所示。

图 2-12　轨道板张拉设备

1. 轨道板预应力施加规定

（1）预应力施加应采用双控，以测力传感器读数为主，以预应力钢棒伸长值作校核，单端实测伸长值与设计伸长值之差不应大于 1mm，实测伸长值应以设计张拉力的 20% 作为测量初始点。预应力施加应均匀，加载速率不应大于 4kN/s，至设计张拉力时应持荷 1min。

（2）横向预应力钢棒应单端张拉，固定端预应力钢棒螺纹外露量应控制在 8～10mm；纵向预应力钢棒应两端同步张拉，并控制两端预应力钢棒螺纹外露量基本一致。

（3）预应力施加应按设计要求顺序进行，并锁紧锚固螺母；张拉力极限偏差为 ±1.0%，张拉记录应由张拉设备自动生成。

（4）轨道板张拉完成后，应在板侧面标识"张拉完成"标记。

2. 封锚

张拉完成后的轨道板，在 24h 后预应力钢绞线无回缩，即可进行封锚。用切割机将预应力钢筋切割至规定长度，凿毛锚穴混凝土采用 42.5 级水泥、筛除 5mm 以上颗粒的细集料以及能提高砂浆韧性的聚醋酸乙烯类聚合物乳液等配制，水泥用量不宜小于 800kg/m³，灰砂比不应小于 0.50，水灰比不宜大于 0.18，聚合物用量（按折固量计）不应小于胶凝材料的 2%。采用强制式搅拌机拌制，搅拌机转速不宜小于 180r/min。

封锚砂浆性能及施工应符合下列规定：

（1）封锚砂浆填压前，应采用所选用水泥、集料、掺合料、聚合物等原材料制作砂浆抗渗性能、收缩性能试件各一组进行性能检测。封锚砂浆性能应满足表 2-2 的要求。

封锚砂浆性能检验要求

表 2-2

序号	项目		性能要求	检验频率
1	抗压强度	1d	≥40MPa	1 次/工班
		7d	≥50MPa	1 次/工班
		28d	≥60MPa	1 次/工班
2	抗折强度	1d	≥5MPa	1 次/工班
		7d	≥7MPa	1 次/工班
		28d	≥9MPa	1 次/工班
3	抗渗性能		≥20MPa	第一次封锚时
4	收缩率		≤0.02%	第一次封锚时
5	氯离子总含量		不应大于胶凝材料总量的 0.06%	第一次封锚时

（2）封锚砂浆填压前，应对锚穴进行清理，不应有油污、浮浆（尘）、杂物和积水，并均匀喷涂能够提高黏结强度的界面剂。

（3）封锚砂浆填压时，环境温度应为 5～35℃。不应在阳光直射、雨、雪和大风环境进行封锚作业。

（4）封锚砂浆应分层填压。采用空气锤对砂浆进行振捣，频率不小于1000Hz，振捣力不小于30N，振捣次数不应少于 3 次，每次不应少于 20s。

（5）封锚砂浆填压过程中，可对砂浆进行二次搅拌，不应二次加水。

（6）封锚砂浆填压完毕后应立即在砂浆表面喷涂养护剂。

（7）封锚砂浆填压完毕至轨道板水养的时间间隔应根据封锚材料进行工艺性试验，一般不宜小于 2h。

八 质量检验

轨道板检验分为型式检验和出厂检验。

1. 型式检验

有下列情况之一者，应进行型式检验：

（1）正式投产前；
（2）材料、工艺有重大变更时；
（3）连续生产两年时；
（4）停产 6 个月及以上又恢复生产时。

2. 出厂检验

出厂检验项目应包括轨道板外形尺寸和外观质量、混凝土抗压强度和弹性模量、封锚砂浆抗压强度和抗折强度、扣件预埋套管抗拔力及轨道板绝缘性能。

（1）轨道板外形尺寸极限偏差及外观质量应符合表 2-3、表 2-4 的规定。

轨道板主要尺寸极限偏差及外观质量要求　　　　　　　　　　　　表 2-3

序号	检查项目		极限偏差	每批检查数量（出厂检验）	检验相别
1	长度		±3.0mm	10 块	C
2	宽度		±3.0mm	10 块	C
3	厚度		$^{+3}_{0}$mm	10 块	C
4	预埋套管	中心位置距板中心线	±1.0mm	全检	B1
		单排预埋套管横向极限偏差	±1.0mm	全检	B1
		保持轨距的两套管中心距	±1.5mm	全检	B1
		保持同一铁垫板位置的两相邻套管中心距	±1.0mm	全检	B1
		歪斜（距顶面 120mm 处偏离中心线距离）	2.0mm	全检	B2
		凸起高度	$^{0}_{-1.0}$mm	全检	B2
5	预埋套管处承轨面垂向极限偏差		±1.0mm	全检	B1

序号	检查项目		极限偏差	每批检查数量 (出厂检验)	检验相别
6	板底面 平整度	普通型轨道板	5.0mm	10块	B2
		减振型轨道板	2.0mm	全检	B2
7	其他预埋件位置及垂直歪斜		±3.0mm	10块	C
8	标记线(板中心线)位置		±1.0mm	10块	B2
9	半圆形缺口直径		±3.0mm	10块	C

轨道板外观质量及检验要求 表2-4

序号	检验项目	技术要求	每批检查数量 (出厂检验)	检验项别
1	肉眼可见裂纹(预应力轨道板)	无	全检	A
2	承轨部位表面缺陷(气孔、掉皮、麻面等)	长度≤10mm 深度≤2mm	全检	B2
3	锚穴部位表面缺陷(裂纹、脱层、起壳等)	无	全检	C
4	其他部位表面缺陷(气孔、粘皮、麻面等)	长度≤30mm 深度≤3mm	全检	C
5	轨道板四周棱角破损	长度≤50mm 深度≤15mm	全检	C
6	预埋套管内混凝土淤块	无	全检	A
7	轨道板露筋	无	全检	A

(2)施加预应力时及28d混凝土抗压强度和弹性模量的检验应满足如下规定:混凝土浇筑过程中,以不超过10块轨道板为一组,每组以最后一块轨道板取样制作3组混凝土抗压强度试件,用于轨道板脱模和28d抗压强度的检测;每隔7d取样制作2组混凝土弹性模量试件,用于张拉前混凝土弹性模量和28d混凝土弹性模量的检测;试件应与轨道板相同条件下振动成型和养护,28d试件应在脱模后进行标准养护。

(3)封锚砂浆抗压和抗折强度检验数量见表2-3。1d、7d及28d抗压强度和抗折强度试件应在封锚砂浆填压过程中取样制作,试件应采用与封锚砂浆相同的成型条件,脱模后应进行标准养护。

(4)预埋套管抗拔力试验每批抽检1块轨道板,抽取3个套管进行试验。

(5)轨道板的绝缘性能为每批检验10块。

九 标志和储运

轨道板顶面应按设计位置压出永久性标志:轨道板型号、轨道板编号、制造厂名、制造年份和轨道板中心线。制造厂应对每10块轨道板附质量合格证明书,证明书中应包括制造厂名称、规格、轨道板编号、检验结果、制造日期、质量检验部门印记。

轨道板储运应符合下列规定：

(1)轨道板存放基础应坚固平整,宜设置硬化台座,台座承载力满足沉降要求,避免出现不均匀沉降。在存放期间,应定期检测基础的变形情况。

(2)轨道板存放时应与施工顺序相一致。存放以横向垂直立放为原则,并采取防倾倒措施。相邻轨道板间应放置一定厚度的木块或其他垫层进行隔离,以保护承轨台和板面不受损坏。如图 2-13 所示。

图 2-13　轨道板存放

(3)轨道板沿线临时存放(不大于 7d)时可平放,平放时轨道板表面朝上,堆放层数不应超过 4 层,层间净空不宜小于 20mm,承垫物的位置应符合设计要求且上下对齐,设计无要求时,支垫物位置应设置在起吊套管处。

(4)轨道板存放和运输时,应在预埋套管、起吊套管和接地端子等处安装相应的防护装置。

(5)轨道板装卸时应利用轨道板上的起吊装置,使用专用吊具水平缓慢起吊,四角的起吊螺母应均匀受力,不得碰、撞、摔。

(6)轨道板装车层数应根据设备承载能力确定,不应超过 4 层。轨道板运输平车四周应加设轨道板固定装置。轨道板装载顺序应根据轨道板铺设图或轨道板调用单确定。如图 2-14 所示。

a)　　　　　　　　　　　　　　　　b)

图 2-14　轨道板吊装及运输

(7)运输前应确认装车平稳,捆绑牢固,不得采用三点支撑,严防冲击。

(8)运输道路应平整、压实,上道出入口坡度不宜太大。

⚠ 任务实施

项目名称	项目二　CRTS Ⅰ 型板式无砟轨道施工	任务名称	任务二　CRTS Ⅰ 型轨道板预制
专业班级		姓名	学习小组

【专业知识认知】(30 分)

1.CRTS Ⅰ 型轨道板对原材料的技术要求有哪些？（10 分）

2.CRTS Ⅰ 型轨道板钢筋绑扎应符合哪些规定？（10 分）

3.CRTS Ⅰ 型轨道板储运过程中应符合哪些规定？（10 分）

【能力素质训练】(60 分)

1.能够绘制 CRTS Ⅰ 型轨道板预制施工工艺流程图。（20 分）

2.能够结合现场说出 CRTS Ⅰ 型轨道板混凝土浇筑注意事项，并指导作业班组施工作业。（20 分）

3.能够结合现场对 CRTS Ⅰ 型轨道板外形尺寸和外观质量进行检验，并判断是否符合验收标准。（20 分）

【工作总结】(10 分)

学员自评		组长评价	

指导老师评价：

任务三 混凝土底座及凸形挡台施工

◈ 任务引入

哈齐高速铁路是中国"八纵八横"高速铁路网主通道之一"绥满通道"的重要组成部分,是黑龙江省第一条省内城际间高速铁路,带动了沿途各地旅游经济发展(大庆湿地、杜尔伯特草原、美丽的鹤城等),助力龙江山青、水清,与"金山银山"相辅相成。哈齐高速铁路全长282km,设计速度300km/h,采用CRTS I 型板式无砟轨道结构,底座是位于轨道结构最下部的钢筋混凝土结构,为板式无砟轨道的基础找平层及曲线地段超高设置的调整层,同时起到将上部结构的应力进行分散的作用。混凝土底座是如何进行施工的呢?

▲ 任务描述

通过本任务学习,熟悉混凝土底座及凸形挡台施工工艺流程、钢筋及模板工程及伸缩缝填缝施工工艺流程,掌握混凝土底座和凸形挡台质量控制指标,能够对混凝土底座和凸形挡台进行质量检验。

◇ 相关知识

一 施工工艺流程

混凝土底座及凸形挡台施工工艺流程如图2-15所示。

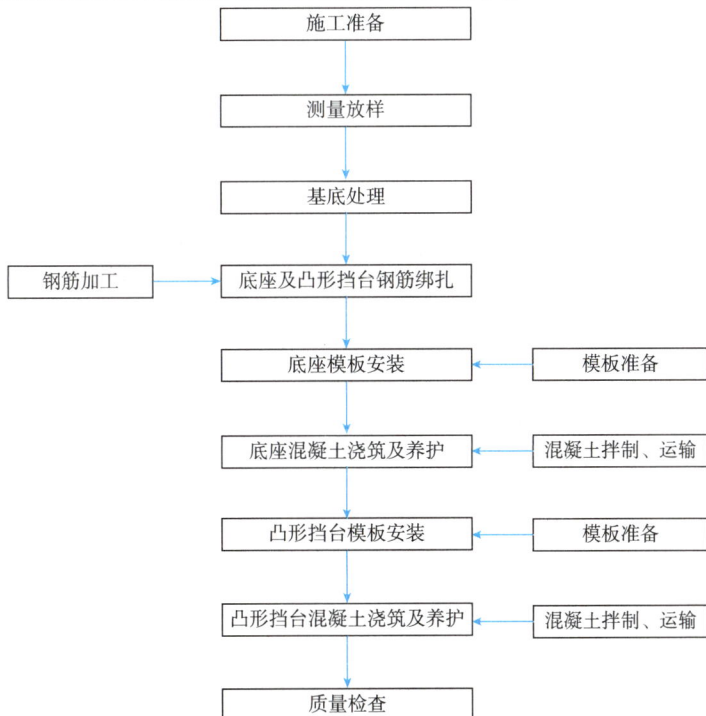

图2-15 混凝土底座及凸形挡台施工工艺流程

二 施工准备

（1）底座施工前应清理基础面杂物，检查基础面预埋件状态，复测基础面中线、高程、平整度。

（2）梁面及隧道仰拱回填层表面应按设计进行拉毛或凿毛处理，浮渣、碎片、油渍应清除干净，无积水。

（3）根据 CPⅢ 控制点采用全站仪自由设站进行底座及凸形挡台中心点平面位置放样，放样方法、精度要求应符合现行《高速铁路工程测量规范》（TB 10601）的规定。

三 钢筋绑扎及模板安装

（一）钢筋绑扎

钢筋应在加工厂集中加工，底座钢筋网根据现场情况可采用现场绑扎成型，也可采用在加工厂分段绑扎钢筋网片，运输到工地现场组装连接成整体的方案。现场组装后的钢筋如图 2-16 所示。钢筋网片分段绑扎、运输、现场组装成型应符合下列规定：

（1）钢筋网片绑扎宜采用专用台架或胎具进行，以保证钢筋安装精度。

（2）钢筋网片的吊装应采用专用吊具进行，确保吊装过程中钢筋网片不松动、不变形。

（3）钢筋网片的运输车辆长度应与钢筋网片长度匹配。

（4）安放钢筋网片应先粗放、后精调，根据测量标记点平面位置及高程调平、调直后再进行钢筋网片的连接。

（5）钢筋网片连接顺序应事先设计好，防止钢筋安装不到位或安装困难，重点控制钢筋间距，控制在 ±20mm。

图 2-16　座钢筋骨架

当梁面预埋套筒时，应在梁体预埋套筒旋入连接钢筋，连接钢筋拧入预埋套筒的深度应符合设计要求。当预埋套筒被堵塞、失效或预埋套筒位置与钢筋网片位置冲突时，需在预埋套筒周围植入连接钢筋，植筋的材料、数量、位置和深度应满足设计要求。过轨管线等预埋件应按设计要求埋设，并固定牢靠。

(二)模板安装

底座应采用钢模施工,模板的材质和结构设计等应符合相关规范的要求。按设计位置与高程支立底座模板,模板安装必须稳固牢靠,接缝应严密不漏浆,如图 2-17 所示。曲线地段模板高度应满足设计要求,混凝土底座中线位置应考虑向外的偏移量。安装时应按设计要求埋设好过轨管线等预埋件,预埋件位置、尺寸应符合设计要求。模板安装精度满足表 2-5 的要求。

图 2-17 底座模板安装

底座混凝土边模精确定位的允许偏差

表 2-5

序号	检测项目	允许偏差(mm)	检验质量
1	顶面高程	-3,0	每 5m 检查 1 处
2	宽度	±3	每 5m 检查 3 处
3	中线位置	±2	每 5m 检查 3 处
4	伸缩缝位置	5	每一条伸缩缝检查一次

四 底座混凝土施工

混凝土原材料、配合比设计、施工应符合规定。混凝土强度等级应符合设计要求。混凝土的坍落度控制在 160 ~ 200mm,自由落差不能大于 1m。当工地最高气温高于 30℃时,采取夏期施工措施,混凝土的入模温度不宜超过 30℃。浇筑时由一端向另一端推进,一次成型,中间不留施工缝。混凝土浇筑采用插入式振捣器振捣,振捣时要快插慢拔,由于结构较薄,每一棒的捣固时间控制在 15 ~ 20s,防止过振。捣固密实的标准为混凝土面停止下沉,无较大气泡冒出,表面平坦泛浆为止。插棒间距为振捣棒直径的 10 倍,切忌振捣棒触碰模板和振捣钢筋,最后采用提浆振动梁进行混凝土面整平。超高地段底座板施工,混凝土摊铺整平过程中须用人工不断补充超高范围混凝土,最后用平板振动器来回两遍振实压平。混凝土浇筑期间,设专人检查支撑、模板等稳固情况,当发现模板高程变化、松动变形,应该及时处理。防止出现混凝土表面蜂窝麻面、漏浆跑模、钢筋跑位等现象。

底座板浇筑混凝土后应安设电子水准仪实时测量收面高程,高程控制在 -5 ~

+3mm。初整平作业后，用铝合金标尺（长3m）进行二次收光抹面，如图2-18所示。初整平后2~3h后即可采用拉毛器进行拉毛。拉毛时，拉槽垂直于混凝土板块边缘，槽深控制在1~1.5mm内，同时在拉毛操作过程中，速度均匀，中间不宜停顿。拉毛后如槽型不理想可抹平稍后再拉，拉完后个别槽有局部翻砂、露石现象的，可用同样直径的铁丝和毛刷进行修整。底座两边20cm按要求收光，并设3%的排水坡，中间按要求拉毛处理。

图2-18 收光抹面

五 凸形挡台施工

底座混凝土拆模24h后，方可进行凸形挡台施工。施工前应精确测定凸形挡台位置，检查凸形挡台钢筋状态，并对底座表面凸形挡台范围内混凝土进行凿毛处理。

（一）钢筋绑扎

对凸形挡台与底座的连接钢筋进行修正，绑扎凸形挡台钢筋。凸形挡台钢筋的加工和绑扎可按底座钢筋的相关条款执行。凸形挡台钢筋绑扎如图2-19、图2-20所示。

图2-19 半圆形凸形挡台钢筋

图2-20 圆形凸形挡台钢筋

（二）凸形挡台钢模精确定位

安装凸形挡台模板时，要调节模板顶面高程至设计位置，用全站仪在线路一侧设站，安放凸形挡台钢模标架和球棱镜。测量钢模标架支臂上的棱镜，获取凸台超高调整量，调整凸台钢模超高。测量标架中心棱镜获取凸台中心的平面位置和高程调整量，调整凸台钢模，如图2-21所示。模板采用锚固钢筋固定，如图2-22所示。

图 2-21　凸形挡台模板固定

图 2-22　凸形挡台钢模板精确定位

（三）混凝土施工

混凝土浇筑施工前,应在凸形挡台周围铺垫一层塑料薄膜(或其他材料),以免施工时污染底座。施工时采用漏斗配合灌注混凝土,以防止混凝土进入凸形挡台周边缝隙之中。捣固采用小型振捣棒,振捣时应特别注意避免与模具接触。混凝土收面时应专门抹平并保证顶面高程误差 0 ~ +5mm(与轨道板面齐平或略高)。曲线段凸形挡台混凝土应严格控制坍落度,防止凸形挡台混凝土顶面发生"自流平"现象。混凝土浇筑完成后及时进行养护,养护时间不少于 7d。

六　伸缩缝填缝施工

底座伸缩缝位置应符合设计要求,伸缩缝宜与底座中心线垂直、缝壁上下垂直、缝宽一致。

(1)伸缩缝填缝施工工艺流程如图 2-23 所示。

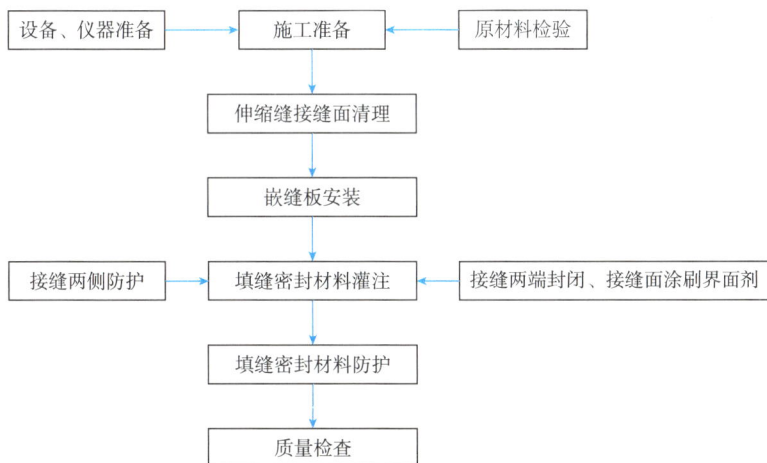

```
设备、仪器准备 ───▶ 施工准备 ◀─── 原材料检验
                      │
                      ▼
              伸缩缝接缝面清理
                      │
                      ▼
                 嵌缝板安装
                      │
                      ▼
接缝两侧防护 ───▶ 填缝密封材料灌注 ◀─── 接缝两端封闭、接缝面涂刷界面剂
                      │
                      ▼
              填缝密封材料防护
                      │
                      ▼
                 质量检查
```

图 2-23　伸缩缝填缝施工工艺流程

(2)伸缩缝填缝施工时,注意以下问题:

①伸缩缝填缝原材料材质、品种、规格、性能、运输及储存应符合现行《铁路无砟轨道嵌缝材料》(Q/CR 601)的规定。

109

②雨雪天不得进行嵌缝材料的施工。

③伸缩缝接缝混凝土表面应平整、密实，无起皮、起砂、松散脱落现象。填缝施工前应清理接缝内表面，接缝内应干燥、清洁，无灰尘、杂物或残余脱模剂等。

④嵌缝板尺寸应符合设计要求。嵌缝板应平整，宽度均匀，切面顺直。嵌缝板安装时，应达到接缝的底部，确保嵌入深度符合设计规定，嵌缝板接缝应密贴。

（3）填缝密封材料灌注应符合下列规定：

①填缝密封材料灌注前，应对接缝两端进行封闭处理，防止填缝密封材料流失。同时，在接缝两侧均匀涂刷界面剂，待界面剂表干30min以后方可灌注填缝密封材料。

②灌注前，应对接缝两侧底座表面进行防护，防止底座污染。

③硅酮填缝密封材料的施工温度宜为 − 10 ~ 40℃；聚氨酯填缝密封材料的施工温度宜为 5 ~ 35℃。灌注填缝密封材料应采用专门施工机具。灌注时，灌注口应靠近接缝处，缓慢、均匀、连续灌注，避免产生气泡。填缝密封材料应与接缝界面黏结牢固，无开裂、脱落等缺陷。

④曲线段接缝，应从高处分段灌注，使填缝密封材料顺序流向低处。

填缝密封材料灌注完毕至实干前，应采取有效防护措施防止雨水、杂质落入，并避免下一步工序对填缝密封材料的损坏。填缝密封材料实干后方可拆除接缝两端的模具。灌注过程中遇雨时，应立即停工，已灌注部位应进行覆盖。

嵌填完成的填缝密封材料表面应平滑，缝边应顺直，无凹凸不平现象。密封材料应与接缝界面黏结牢固，无开裂、脱落等缺陷。密封材料表面宽度不得小于接缝宽度，最宽不得超过接缝宽度10mm。施工完成后如有起泡、起皱、剥落、离缝等现象，应清除后重新施工。

七 质量检验

底座外形尺寸允许偏差及检验数量应符合表2-6的规定。凸形挡台外形尺寸允许偏差应符合表2-7的规定。

底座外形尺寸允许偏差 表2-6

序号	检验项目	允许偏差	检验数量
1	顶面高程	±5mm	每5m检查1处
2	宽度	±10mm	每5m检查3处
3	厚度	±10%设计厚度	每5m检查3处
4	中线位置	3mm	每5m检查3处
5	平整度	10mm/3m	每5m检查1处
6	伸缩缝位置	10mm	每条伸缩缝检查一次
7	伸缩缝宽度	±5mm	每条伸缩缝检查一次
8	底座外侧排水坡	− 1% ~ 3%	每个底座(或每5m)检查1处

凸形挡台外形尺寸允许偏差 表2-7

序号	项目	允许偏差（mm）	序号	项目	允许偏差（mm）
1	圆形挡台的直径	±3	4	挡台中心间距	±5
2	半圆形挡台的半径	±2	5	顶面高程	0，+5
3	中线位置	3			

⚠ 任务实施

项目名称	项目二　CRTS I 型板式无砟轨道施工		任务名称	**任务三**　混凝土底座及凸型挡台施工	
专业班级		姓名		学习小组	

【专业知识认知】(30分)

1.混凝土底座施工前的准备工作有哪些？（10分）

2.混凝土底座的钢筋及模板安装应符合哪些规定？（10分）

3.混凝土底座伸缩缝填缝施工应注意哪些问题？（10分）

【能力素质训练】(60分)

1.能够绘制混凝土底座及凸形挡台施工工艺流程图。（20分）

2.能够绘制混凝土底座伸缩缝填缝施工工艺流程图。（20分）

3.结合现场能对底座及凸形挡台外形尺寸进行检查,并判断是符合验收标准。（20分）

【工作总结】(10分)

学员自评		组长评价	

指导老师评价：

任务四　轨道板铺设

◆ 任务引入

　　哈大高速铁路是我国在东北严寒地区首次应用 CRTS Ⅰ型板式无砟轨道结构,全线主要采用 P4962、P3685、P4856 和 P4856A 四种标准轨道板,根据地段类型、桥梁类型、长度进行布置,如 32m 梁上采用 P3685 + 5 块 P4962 + P3685,24m 梁上采用 P4856A + 3 块 P4856 + P4856A,5.5m 桥台采用 P5500 型轨道板。轨道板是如何铺设的呢?

▲ 任务描述

　　通过本任务学习,了解轨道板粗铺的主要设备,熟悉轨道板铺设工艺流程及相关规定,掌握轨道板精调作业方法,能够对轨道板铺设精度进行检测。

◇ 相关知识

一 轨道板铺设工艺流程

　　轨道板铺设前,应复测底座、凸形挡台平面位置及高程,并将底座表面清理干净,保证无残渣、积水等。符合要求后方可进行轨道板铺设。轨道板铺设工艺流程如图 2-24 所示。

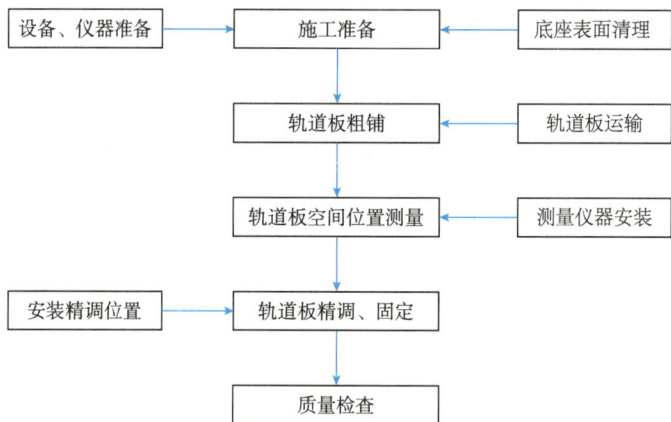

图 2-24　轨道板铺设工艺流程图

二 轨道板粗铺

(一) 粗铺作业

　　轨道板进入铺设现场前,应核对轨道板型号,确认轨道板状态,轨道板外观应无裂纹、破损及缺棱掉角。轨道板吊装采用专用门式起重机,轨道板吊装时首先将门式起重机移至相应墩位,然后使用门式起重机将桥下轨道板运输车上的轨道板用专用吊具吊起。

　　轨道板起吊至铺板位置后,施工人员扶稳轨道板缓慢下落,把轨道板放在预先对称放置的支撑垫木上,支撑垫木尺寸为 50mm × 50mm × 300mm,如图 2-25 所示。用专用撬棍在轨道板放下时辅助调整轨道板位置,使轨道板两侧与混凝土底座上的纵向墨线位置大致重合,保证轨道板中心线与两凸形挡台中心连线基本吻合且与两个凸形挡台的间距基本一致。量测凸形挡台保护层是否大于 30mm,可利用多向精调爪进行纵向微调,使凸形挡台两侧保护层均匀。为了使凸形挡台成品不受损坏,铺板前在凸形挡台上套上 2.5cm 厚橡胶垫做成的防护橡胶套,对凸形挡台成品起到很好的保护作用,还可保证凸形挡台与轨道板有适当间距。轨道板平面定位允许偏差纵向不应大于 10mm,横向不应大于 5mm。

图 2-25　轨道板粗铺

(二) 作业要点

(1)底座板清理:在轨道板铺设前,对轨道板进行彻底清理,清除表面杂物、粉尘、尖锐碎石等,防止水泥乳化沥青砂浆灌注时扎破灌注袋。

(2)凸形挡台保护层及相邻板缝间距:轨道板铺设时应尺量轨道板圆弧与凸形挡台台间隙,最小不能小于 2cm,同时应满足相邻轨道板第一排预埋套管中心间距,即扣件间距最大值不得大于 650mm,最小不得小于 620mm。其他异形轨道板板缝应满足 −10mm、+20mm 的误差设计要求。

(3)轨道板铺板位置:轨道板上桥铺设时,应核对板型是否对应,接地端子是否朝向线路外侧。现场技术人员或工班长每天下午应将第二天的板型计划报轨道板场,轨道板场根据计划供应相应轨道板,同时在预制生产时组织好线路左、右两侧具有相同规格的轨道板及其接地端子反向的板型和数量。

(4)曲线地段铺设轨道板时,将轨道板向曲线外侧移动正矢的 1/2,如图 2-26 所示。曲线地段高程调整时,应四点兼顾,遵循"高点降低、低点升高"的调整原则。

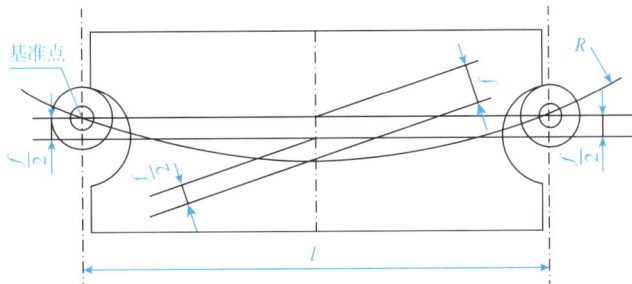

图 2-26　曲线地段铺设轨道板调整

113

三 轨道板精调

（一）精调准备

轨道板粗铺到位后，在安装精调支座（精调爪）前应对精调爪外形质量进行检验，精调爪与轨道板密贴面不得出现毛刺，带毛刺的精调爪必须处理后再使用。同时还要检查防上浮预埋螺杆位置及抗拔力是否满足标准要求。技术人员应该对轨道板的粗铺进行检查，包括凸形挡台与轨道板间间距、板与板的纵向平顺性等。

安装精调支座（简称"精调爪"）时，先检查预埋支座套管内有无杂物、碎屑；若有，须予以清理。拧紧支座螺栓时，扭紧力应大小合适，并保证支座侧面与轨道板侧面密贴。每一块板安装四个精调支座，安装妥当之后转动竖向调节螺杆，使轨道板慢慢升起，取出粗放轨道板时安放的垫木条，并确认轨道板下无任何杂物、颗粒物。

（二）轨道板精调

轨道板粗铺就位后，在板上安装标架或螺栓孔定位适配器，如图 2-27 所示。

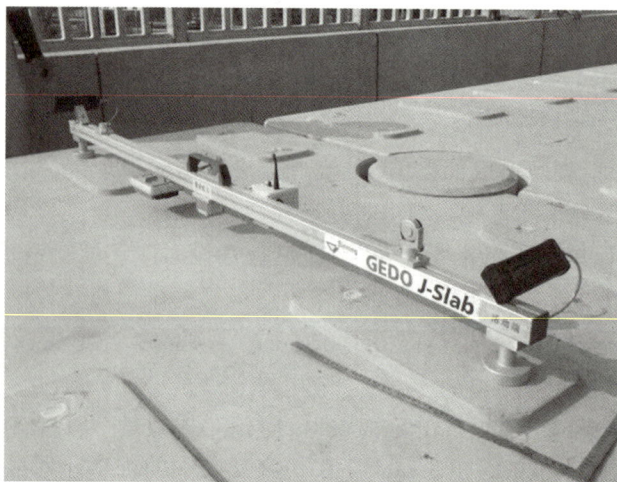

图 2-27　安装标架

（1）精调设站：用已设程序控制的全站仪测量放置在标架或适配器上的棱镜，通过后方交会法设站，照准 8 个 CPⅢ 后视棱镜，建站精度为 0.7mm，精调前利用标准标架对精调 1、2、3 标架进行检校，满足 1mm 精度要求。

（2）精调作业：设站完成后应对上一块轨道板进行搭接符合测量，用轨道板专用调整机具对轨道板进行调整，如图 2-28 所示。误差满足 2mm，即可精调下一块轨道板。先调整高程，后调整横向位置，操作人员根据 PDA 数据或精调员喊口号等方式进行轨道板调整，一般调整 2~3 次即可到位。相邻两板高程误差应满足 ±1mm，板平面轴线误差 2mm，安装 L 形压板装置，最终完整测量。

精调过程中，应采用水平靠尺对已完成精调的轨道板进行复核，测量板端间隙，高差小于 1mm 为合格，可进行下一块轨道板精调。

图2-28 轨道板的调整

精调后,在轨道板上放置"禁止踩踏"等警示牌,必要时拉上警示线,应尽量减小踩踏、碰撞对精调结果的影响。

(3)操作要领.精调应做到"一靠二测三同步"。一靠,即利用1m靠尺靠在已经精调完成的两块轨道板上,看是否超过允许高差;二测,测轨道板是否低于凸台1cm,测轨道板与底座板之间的厚度是否满足设计要求;三同步,精调中,高程同步调整,平面位置左、右两侧同步调整,精调后压板装置同步安装。这样不仅可以提高精调效率,而且也可以降低压板过程对精调成果的影响。

为确保精调仪器保持良好精度状态,测量人员必须爱护测量仪器,作业时应采用遮阳篷(伞)遮挡,仪器三脚架支腿应在凸形挡台的圆台上安放稳固,移动精调标架时必须轻拿轻放。收工时,及时将仪器、标架按照取出时的箱子编号放好,临时存放在作业现场时,必须有遮阳措施,并有专人看管。

(三)压板作业

轨道板在精确调整后,应及时安装扣压装置,如图2-29、图2-30 所示,确保水泥乳化沥青砂浆灌注时轨道板不发生上浮和纵、横向移位。

图2-29 轨道板固定

安装轨道板扣压装置

图 2-30　安装轨道板扣压装置

(四)精调作业要求

(1)轨道板精调施工应以 CPⅢ 控制点为依据,全站仪自由设站应符合现行《高速铁路工程测量规范》(TB 10601)的规定。

(2)一个测站精调长度宜为 6～10 块轨道板。换站后应对上一测站精调的最后一块轨道板进行检测。

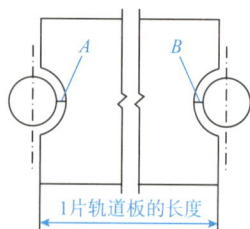

图 2-31　轨道板与凸形挡台前后的调整精度

(3)轨道板与底座的间隙不应小于 40mm,不应大于 60mm。

(4)轨道板与凸形挡台的间隙不得小于 30mm,且不应大于 50mm。轨道板与凸形挡台前后的调整精度应满足图 2-31 所示 A、B 的位置关系,$|A-B| \leqslant 5mm$。

(5)雨雪及大雾天气不宜进行露天精调作业,大风和日照强烈时,应采取避风遮光措施。轨道板精调宜选择在阴天无风或日落 2h 后进行,也可在日出前气象条件稳定的时段进行。

四　质量检验

轨道板精调控制允许偏差应符合表 2-8 的规定。

轨道板精调控制允许偏差　　　　　　　　　　　　　　表 2-8

序号	项目	允许偏差(mm)		检验数量
1	中线位置	2		每板检查 3 处(两端和中部)
2	测点处承轨面高程	±1		全部检查
3	相邻轨道板接缝处承轨面相对横向偏差	±1	不允许连续 3 块以上轨道板出现通向偏差	全部检查
4	相邻轨道板接缝处承轨面相对高差	±1		全部检查

注:1.序号 3,面向里程增加方向,相邻轨道板接缝处承轨面相对横向偏差偏向左侧的横向偏差为正(＋)、偏向右侧的横向偏差为负(－)。

　　2.序号 4,面向里程增加方向,相邻轨道板接缝处承轨面相对高差,前块轨道板承轨面高程减后块轨道板承轨面高程,按计算结果标记正负高差。

⚠ 任务实施

项目名称	项目二　CRTS I 型板式无砟轨道施工		任务名称		任务四　轨道板铺设	
专业班级		姓名		学习小组		

【专业知识认知】(30 分)

1. 简述 CRTS I 型轨道板粗铺作业要点。(10 分)

2. 简述 CRTS I 型轨道板精调操作要领。(10 分)

3. 简述 CRTS I 型轨道板精调作业要求。(10 分)

【能力素质训练】(60 分)

1. 能够绘制 CRTS I 型轨道板铺设工艺流程图。(20 分)

2. 能够结合现场对 CRTS I 型轨道板进行精调作业。(20 分)

3. 能够结合现场对 CRTS I 型轨道板铺设精度进行检测,并判断是符合验收标准。(20 分)

【工作总结】(10 分)

学员自评		组长评价	

指导老师评价:

117

任务五　水泥乳化沥青砂浆充填层施工

◆ 任务引入

水泥乳化沥青砂浆层作为轨道板和混凝土底座之间的垫层,主要起到填充、支撑、承力、传力的作用,并可为轨道提供适当的刚度和弹韧性。水泥乳化沥青砂浆的性能直接影响到轨道结构耐久性和养护维修成本,在施工中必须引起重视。

▲ 任务描述

查阅哈齐客运专线资料,通过本任务学习,熟悉水泥乳化沥青砂浆充填层施工工艺流程;熟悉凸形挡台树脂灌注工艺流程;对水泥乳化沥青砂浆灌注后的轨道板位置进行检验。

◇ 相关知识

一　水泥乳化沥青砂浆充填层施工工艺流程

水泥乳化沥青砂浆原材料、技术性能应符合现行《高速铁路 CRTS Ⅰ 型板式无砟轨道用水泥乳化沥青砂浆》(Q/CR 469)的规定,进场材料应按相关规定检验合格后方可使用。

砂浆充填层施工前,应对轨道板的安装质量、底座与轨道板间的间隙高度、凸形挡台与轨道板间的间隙宽度等进行复检,轨道板形位应符合标准要求。施工工艺流程如图2-32所示。

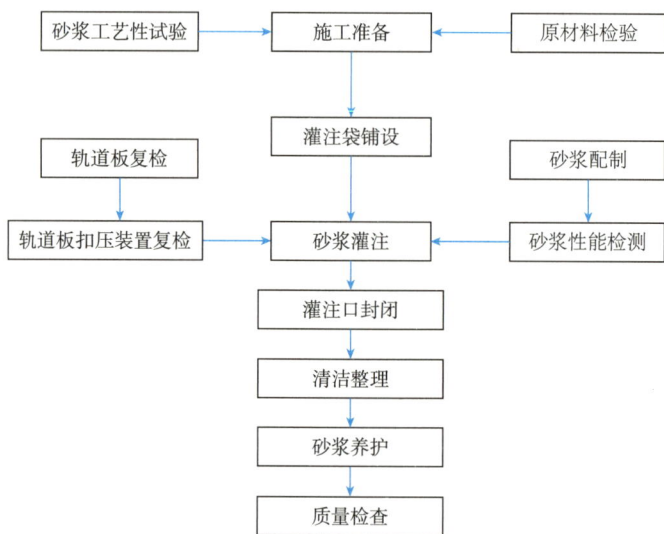

图2-32　水泥乳化沥青砂浆充填层施工工艺流程

二　水泥乳化沥青配合比

水泥乳化沥青砂浆配合比分理论配合比、初始配合比、基本配合比、施工配合比,其配合比选定应符合下列规定:

（1）无砟轨道施工前，施工单位在理论配合比的基础上根据水泥乳化沥青砂浆原材料特性、气候条件、施工组织及工艺要求等影响因素进行试验，确定砂浆初始配合比。

（2）砂浆充填层施工前，采用初始配合比进行工艺性灌注、揭板试验，并经型式检验验证确定砂浆基本配合比、拌制工艺参数、灌注工艺参数等。

（3）施工前应在基本配合比的基础上，根据砂浆拌制设备性能、现场施工气温条件、原材料含水率等指标，通过试拌、拌合物测试，确定砂浆的施工配合比。施工配合比应在基本配合比允许范围内。

（4）每台水泥乳化沥青砂浆车在每条线正式投入使用前均应做适应性试验。

三　砂浆灌注

（一）砂浆灌注袋铺设

灌注袋应按高速铁路 CRTS Ⅰ 型板式无砟轨道水泥乳化沥青砂浆和凸台树脂用灌注袋相关标准的规定进行进场检验，符合要求后方可使用。砂浆灌注袋尺寸应根据板下水泥乳化沥青砂浆灌注高度及轨道板型号选择，使水泥乳化沥青砂浆的灌注达到轨道板的底面。

砂浆灌注袋铺放前，应清理底座混凝土表面，底座表面应无杂物、积水。灌注袋应平整地铺设在混凝土底座上，应平展、无褶皱，灌注袋的 U 形边切线应与轨道板边缘平齐，铺设允许偏差应小于 10mm。直线地段灌注口朝轨道外侧，曲线地段灌注口均朝曲线内侧。

灌注袋铺设完成后，使用胶带等进行固定，防止移动。外轨超高区段，应在轨道板曲线内侧面设置壁板，防止因水泥乳化沥青砂浆的流动压力导致灌注袋从轨道板的侧面突出。砂浆灌注袋铺设如图 2-33 所示。

图 2-33　砂浆灌注袋铺设

（二）砂浆现场拌制

水泥乳化沥青砂浆应采用水泥乳化沥青砂浆车进行拌制灌注施工。砂浆拌制前应检查水泥乳化沥青砂浆车计量、投料、搅拌、电器等系统状态。施工中应每周对计量器具进行校核。各种原材料称量最大允许偏差应符合相关标准规定。

水泥乳化沥青砂浆搅拌时的材料投入顺序、搅拌时间及搅拌速度等参数应根据工艺性试验确定。每罐拌制完成后,应按相关标准检验砂浆的温度、流动度、含气量等指标,合格后方可进行砂浆灌注。

高温或低温下进行水泥乳化沥青砂浆拌制时,应采取相应措施控制材料温度。

(三)砂浆灌注

轨道板状态调整好后,应及时灌注水泥乳化沥青砂浆。如间隔时间较长,应对轨道板进行覆盖、防晒。当环境温度变化超过15℃,或受外力使轨道板位置发生变化时,应重新检查和调整轨道板。

砂浆灌注

灌注前,应对轨道板的空间位置、灌注袋的铺设质量及轨道板扣压装置状态等进行复检,确认轨道板形位符合标准要求、扣压装置牢固可靠后,方可进行灌注施工。应在轨道板表面铺设塑料薄膜,防止轨道板受到污染。

每块轨道板下面的砂浆应一次灌注完成,曲线或坡道地段,砂浆应由低向高的方向进行灌注。砂浆宜匀速、连续注入,防止产生气泡当板边砂浆灌注厚度达到施工控制值,且完全覆盖轨道板底面后,结束灌注。水泥乳化沥青砂浆的灌注应充分饱满。灌注过程中,应监测轨道板顶面高程,不得踩踏轨道板,防止轨道板受力偏斜。施工中应按《高速铁路CRTS Ⅰ型板式无砟轨道用水泥乳化沥青砂浆》(Q/CR 469—2015)规定的检验项目、频次和方法进行砂浆性能指标检验,并制作砂浆性能试验试件。

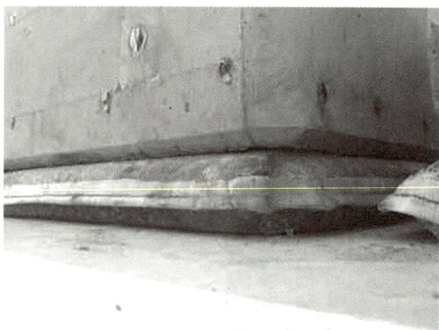

图2-34 砂浆填充层灌注饱满

灌注结束后,在水泥乳化沥青砂浆凝固之前,将灌注口内的砂浆挤入灌注袋,直至灌注袋边角填充饱满。灌注口内的砂浆不够时,应补充挤入。具体的挤浆时间和挤浆次数由气温、砂浆凝固情况和砂浆边角饱满度确定。如图2-34所示。挤入结束后,用U形夹具封住灌注口的根部。

雨天不宜进行灌注作业。灌注作业过程中如出现降雨,应停止施工,并对尚未硬化的充填层砂浆采取防水措施。砂浆充填层施工环境温度应在5~35℃范围内。当天最低气温低于-5℃时,全天不得进行砂浆灌注。

(四)砂浆养护

砂浆灌注完成后,一般采用自然养护。当日最低气温在0℃以下时,应对新灌注的砂浆采取适当的保温措施。砂浆层强度达到0.1MPa以上后,撤除轨道板扣压装置,并切断灌注口,切口应整齐并按要求将灌注口封闭。砂浆灌注完成后7d以上或抗压强度达到0.7MPa以上后,轨道板上方可承重。

(五)注意事项

(1)砂浆充填层施工中,应采取相应安全保护措施避免人体直接接触砂浆,产生的污水及废料应集中妥善处理,不得随意排放或丢弃。

(2)水泥乳化沥青砂浆灌注后,应与轨道板密贴,轨道板边角悬空应小于50mm。同时,应对轨道板空间状态进行复测,测量应依据轨道控制网 CPⅢ采用全站仪自由设站和精调标架进行。充填层砂浆灌注后轨道板位置允许偏差应符合表2-9的规定。

砂浆灌注后轨道板位置允许偏差 表 2-9

序号	项目	允许偏差（mm）	
1	中线位置	3	
2	测点处承轨面高程	1.5	
3	相邻轨道板接缝处承轨面相对横向偏差	±1.5	不允许连续 3 块以上轨道板出现同向偏差
4	相邻轨道板接缝处承轨面相对高差	±1.5(2)	

注:1. 序号3,面向里程增加方向,相邻轨道板接缝处承轨面相对横向偏差,偏向左侧的横向偏差为正(+)、偏向右侧的横向偏差为负(−)。

　　2. 序号4,面向里程增加方向,相邻轨道板接缝处承轨面相对高差,前块轨道板承轨面高程减后块轨道板承轨面高程,按计算结果标记正负高差。

　　3. 相邻轨道板接缝处承轨面相对高差一栏中,括号外数字为直线地段的允许偏差值,括号内数字为曲线地段的允许偏差值。

四　凸形挡台树脂灌注

（一）树脂灌注工艺流程

凸形挡台树脂采用灌注袋灌注,灌注工艺流程如图 2-35 所示。

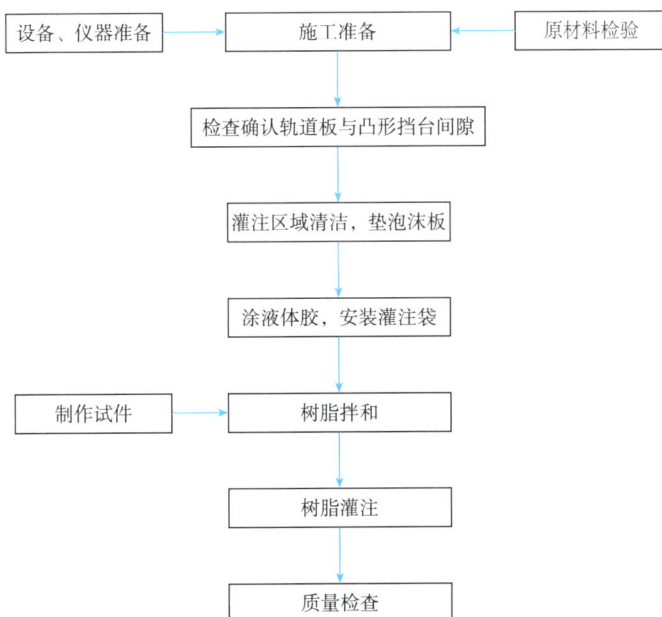

图 2-35　凸形挡台树脂灌注工艺流程

（二）树脂灌注

施工前,应检查凸形挡台与轨道板间的间距是否符合设计要求。施工温度应控制在

5~40℃,雨雪天禁止作业。清理凸形挡台的灌注部位,露出混凝土底座,灌注部位应干燥。选择相应型号的灌注袋,将泡沫塑料塞入灌注袋底部的衬孔内,再塞入凸形挡台与轨道板间的缝隙中。将灌注袋的两侧面分别与轨道板凹面和凸形挡台侧面粘接,应避免出现褶皱,切除灌注袋多余部分。在凸形挡台四周应采用防污染措施。

填充树脂在现场制备时,首先将 A 组分充分搅拌,然后按照配比要求,将 A 组分和 B 组分混合,采用手持搅拌器或专用搅拌设备充分搅拌,搅拌过程中应尽量避免空气混入。树脂材料一次的拌和量应根据树脂材料的可工作时间确定,应按施工配合比准确计量树脂材料用量。搅拌后的树脂材料应在有效工作时间内注入树脂袋。一个凸形挡台树脂应一次灌注完成。凸形挡台树脂灌注如图 2-36 所示。

a)   b)

图 2-36   凸形挡台树脂灌注

凸形挡台树脂灌注

灌注时,将搅拌均匀的树脂混合液连续注入灌注袋内,直线段灌注至轨道板倒角下端位置,曲线段灌注至曲线外侧轨道板倒角下端位置。灌注过程中应按验收实施细则留样。

灌注完毕后,用细木棒等工具深入到树脂内部,贴近轨道板或凸形挡台侧面刮擦,防止灌注袋产生褶皱扭曲及空气滞留现象。曲线段树脂固化后,应切除多余的树脂。

凸形挡台树脂施工完毕后,应对灌注完的树脂采取防护措施,防止雨水或杂质落入。

(三)注意事项

(1)灌注树脂应在轨道板下水泥乳化沥青砂浆灌注 24h 并清洁、整理完毕后进行。

(2)树脂材料灌注前,应再次检查并确认凸形挡台与轨道板间的间距符合设计要求,清理灌注区域,灌注区域应干燥、清洁。

(3)树脂灌注袋安装应平展、无褶皱,凸形挡台及其周围轨道板表面应铺设塑料防护垫,防止轨道板和凸形挡台受到污染。

(4)树脂应缓慢连续注入,尽量保持低位进行灌注、防止带入空气,保证灌注密实。

(5)灌注后,凸形挡台填充树脂宜低于轨道板顶面 5~10mm,树脂表面应平整、美观。

(6)树脂灌注完毕,若遇恶劣天气,应对树脂采取覆盖措施,防止雨水或杂质落入树脂内。

(7)凸形挡台填充树脂施工过程中,施工人员应戴橡胶手套防护眼镜等防护用品,并应禁止烟火。

⚠ 任务实施

项目名称	项目二 CRTS I 型板式无砟轨道施工		任务名称	任务五 水泥乳化沥青砂浆充填层施工
专业班级		姓名		学习小组

【专业知识认知】（30 分）

1. 水泥乳化沥青砂浆配合比选定应符合哪些规定？（10 分）

2. 简述水泥乳化沥青砂浆灌注施工。（10 分）

3. 凸形挡台树脂灌注应注意哪些事项？（10 分）

【能力素质训练】（60 分）

1. 能够绘制水泥乳化沥青砂浆充填层施工工艺流程图。（20 分）

2. 能够结合现场对水泥乳化沥青砂浆灌注后的轨道板位置进行检验。（20 分）

3. 能够绘制凸形挡台树脂灌注工艺流程图。（20 分）

【工作总结】（10 分）

学员自评		组长评价	

指导老师评价：

项目二

CRTS I 型板式无砟轨道施工

123

巩固与练习

一、填空题

1. 根据CPⅢ控制点采用_____进行底座及凸形挡台中心点平面位置放样,放样方法、精度要求应符合现行《高速铁路工程测量规范》(TB 10601)的规定。

2. 轨道施工控制网测设,各CPⅢ控制点应大致等高,其位置一般应高于轨面_____m。

3. 水泥应采用强度等级不低于_____的硅酸盐水泥或普通硅酸盐水泥,不应使用_____型水泥。

4. 轨道板粗调时,曲线地段高程调整应四点兼顾,遵循_____、_____的调整原则。

5. 轨道板精调作业设站完成后应对上一块轨道板进行搭接符合测量,用轨道板专用调整机具对轨道板进行调整。误差满足_____,即可精调下一块轨道板。

6. 水泥乳化沥青砂浆配合比分理论配合比、_____、基本配合比、_____。

7. 凸形挡台钢模精确定位时,全站仪在线路一侧设站,安放_____和_____。

8. 轨道板与底座的间隙不应小于_____,不应大于_____。

9. 预应力体系由护套包裹的_____、锚垫板、锚固螺母和_____四部分组成。

二、选择题

1. 轨道板预制原材料技术要求规定粗集料应采用( )连续级配碎石,不应使用卵碎石。

    A. 5~20mm   B. 10~25mm   C. 5~30mm   D. 10~30mm

2. 预应力轨道板混凝土强度等级为( ),为不允许开裂的部分预应力钢筋混凝土结构。

    A. C45   B. C50   C. C60   D. C65

3. 凸形挡台钢筋与底座预埋钢筋相连凸形挡台周围填充树脂厚度为( ),不应小于( )。

    A. 40mm;30mm   B. 40mm;40mm   C. 50mm;30mm   D. 50mm;40mm

4. 一个测站精调长度宜为( )块轨道板。换站后应对上一测站精调的最后一块轨道板进行检测。

    A. 5~9   B. 6~9   C. 5~10   D. 6~10

5. 轨道板与凸形挡台的间隙不得小于( ),且不应大于( )。

    A. 30mm;40mm   B. 30mm;50mm   C. 40mm;40mm   D. 40mm;50mm

6. 当日最低气温在( )以下时,应对新灌注的水泥乳化沥青砂浆采取适当的保温措施。

    A. 0℃   B. -5℃   C. -10℃   D. -15℃

7. 凸形挡台树脂施工温度应在( )之间,不应在雨雪天作业。

    A. 5~30℃   B. 10~30℃   C. 5~40℃   D. 10~40℃

8. 轨道板在水中养护时,不应小于( )且保湿总时间不应少于( )。

    A. 3d;9d   B. 3d;10d   C. 4d;9d   D. 4d;10d

9. 底座混凝土拆模( )后,方可进行凸形挡台施工。

    A. 8h   B. 12h   C. 24h   D. 36h

10. 轨道板粗铺时的平面定位允许偏差纵向不应大于( ),横向不应大于( )。

    A. 5mm;5mm   B. 5mm;10mm   C. 10mm;5mm   D. 10mm;10mm

三、判断题

1. 轨道控制网CPⅢ高程网的外业观测,可采用单程或往返精密水准测量的方法进行。( )

2. 轨道板内钢筋弯曲加工工艺流程:准备→画线→成批弯曲→纵向钢筋涂层→堆放。( )

3. 轨道板采用蒸汽养护或自然养护时,板内芯部混凝土温度不应大于55℃;脱模时,轨道板芯部混凝土与表面混凝土之间、表面混凝土与环境之间的温差均不应大于15℃。( )

4. 轨道工程施工应加强与站后四电工程及线下工程施工的联系,协调好工程接口,合理安排施工顺序,确保各专业工程施工顺利进行。( )

5. 水泥乳化沥青砂浆灌注后,应与轨道板密贴,轨道板边角悬空应小于50mm。( )

6. 轨道板精调操作要领:精调应做到"一靠二测三同步"。( )

7. 砂浆灌注袋应平整地铺设在混凝土底座上,应平展、无褶皱,灌注袋的U形边切线应与轨道板边缘平齐,铺设允许偏差应小于15mm。( )

8. 填充树脂应在现场配制,采用灌注袋灌注。( )

9. 混凝土浇筑时模板温度应为5~30℃,混凝土入模温度应为5~35℃。( )

10. 混凝土底座安放钢筋网片时应先粗放、后精调,根据测量标记点平面位置及高程调平、调直后再进行钢筋网片的连接。( )

四、简答题

1. 简述CRTS Ⅰ型板式无砟轨道施工工艺流程。

2. 水泥乳化沥青砂浆配合比选定应符合哪些规定?

3. 简述轨道板预制工艺流程图。

4. 简述混凝土底座及凸形挡台施工工艺流程。

5. 简述底座伸缩缝填缝施工工艺流程。

6. 简述轨道板铺设工艺流程。

7. 简述水泥乳化沥青砂浆充填层施工工艺流程。

8. 简述凸形挡台树脂灌注工艺流程。

9. 轨道板钢筋绑扎应符合哪些规定?

10. 轨道板精调作业有哪些要求?

结合实际，开拓进取

项目三

CRTS Ⅱ 型板式无砟轨道施工

【项目描述】

2005 年,我国系统引进了德国博格板式无砟轨道设计、制造、施工、养护维修及工装、工艺等成套技术。通过引进、消化、吸收、再创新,在京津城际铁路进行了工程实践,研制了我国 CRTS Ⅱ 型板式无砟轨道系统。提出了长桥上无砟轨道设计新方案,桥台后设置纵向锚固体系承担桥梁传来的纵向力;梁面上铺设"两布一膜"滑动层减小桥梁受温度影响引起伸缩对轨道结构的影响;设置高强度挤塑板减小列车作用下梁端发生转角对无砟轨道结构的影响;设置剪力齿槽和锚固销钉将轨道板承受的纵向力能够传递给桥梁墩台;实现了桥上无砟轨道结构在梁跨内及跨梁缝连续铺设,形成了中国特色的 CRTS Ⅱ 型板式无砟轨道系统。本项目主要介绍 CRTS Ⅱ 型板式无砟轨道施工准备、轨道板预制、路基段支撑层施工、桥梁段底座板施工、轨道板铺设、水泥乳化沥青砂浆填充层施工、轨道板纵向链接及侧向挡块施工等。

【学习目标】

知识目标

(1) 了解 CRTS Ⅱ 型板式无砟轨道施工设备。

(2) 熟悉 CRTS Ⅱ 型板式无砟轨道施工单元划分的依据。

(3) 熟悉 CRTS Ⅱ 型板式无砟轨道基面验收标准。

(4) 熟悉 CRTS Ⅱ 型轨道板场建厂原则。

(5) 掌握路基段支承层施工方法和施工注意事项,熟悉规范要求。

(6) 掌握桥梁段底座板施工方法和施工注意事项,熟悉规范要求。

(7) 掌握轨道板铺设施工方法和质量控制要点,熟悉规范要求。

(8) 掌握水泥乳化沥青砂浆充填层施工方法和验收标准。

（9）掌握轨道纵向连接施工注意事项。

能力目标

（1）能够绘制 CRTS Ⅱ 型板式无砟轨道施工工艺流程图。

（2）能够绘制路基段支承层和底座板施工工艺流程图。

（3）能够绘制 CRTS Ⅱ 型轨道板铺设施工工艺流程图。

（4）能够绘制水泥乳化沥青砂浆充填层施工工艺流程图。

（5）能够对 CRTS Ⅱ 型轨道板外形尺寸和外观质量进行检查，并能判断是否符合验收要求。

（6）能够对混凝土支承层和底座板的施工质量进行检查，并能判断是否符合规范要求。

（7）能够根据实际项目情况和规范要求指导现场作业队伍进行粗铺和精调作业。

素养目标

（1）通过京广高速铁路的案例，培养学生勇于探索、追求卓越的大国工匠精神。

（2）通过京津城际高速铁路的案例，培养学生"安全优质、兴路强国"的铁路精神。

（3）通过京沪高速铁路的介绍，激励学生厚植"强国志、报国行"的远大志向。

（4）通过介绍沪昆高铁对贫困地区的带动作用，培养学生"交通强国铁路先行"的历史使命。

【学习导航】

CRTS Ⅱ 型板式无砟轨道施工

任务一　施 工 准 备

◆ 任务引入

京津城际铁路是我国修建的首条设计速度 350km/h 的客运专线,是我国铁路跨越式发展的标志性和示范性工程,是 2008 北京奥运会的配套工程之一,如图 3-1 所示。工程建设实现了"三个一流",即一流的施工技术、一流的技术装备、一流的运营管理。京津城际铁路采用 CRTSⅡ型板式无砟轨道系统,具有轨道结构稳定性高、刚度均匀、结构耐久性强、维修工作量少等突出特点。在 CRTSⅡ型板式无砟轨道施工前需要做好哪些准备工作呢?

钢轨
轨道板
扣件
自密实混凝土层
土工布隔离层
钢筋混凝土底层

a)　　　　　　　　　　　　　　　　b)

图 3-1　京津城际铁路

▲ 任务描述

查阅 CRTSⅡ型板式无砟轨道相关资料,通过本任务学习,掌握 CRTSⅡ型板式无砟轨道施工工艺流程,能够说出基面验收、技术准备和施工准备的主要内容,并根据现场实际情况确定轨道板运输存放方案。

◇ 相关知识

CRTSⅡ型板式无砟轨道的最大特点是一种纵连式结构,每个区间段所有的轨道板纵连为一个整体,轨道板不容易发生翘曲;另一个显著特点是充分考虑了环境温度对无砟轨道的影响,通过设计滑动层来消除梁体自由伸缩对无砟轨道的影响,又通过对底座板施加预应力,使得底座板热胀冷缩造成的影响降至最低。

CRTSⅡ型板式无砟轨道的应用

一 施工工艺流程

CRTSⅡ型板式无砟轨道施工工艺流程如图 3-2 所示。

二 基面验收

(一) 路基面及隧道基底验收

完成并通过沉降观测及 CPⅢ评估,并对路基顶面、隧道基底表面平整度、高程进行复测验收,满足要求后可进行支承层施工。

129

```
铺设条件评估及接口条件验收 → 施工准备 → CPⅢ测设及评估
                              ↓
                        台后锚固结构施工
                              ↓
路基(隧道)支承层施工     桥上滑动层、高强度挤塑板施工
                              ↓
                        桥上混凝土底座施工
                              ↓
         轨道板铺设 ← 轨道板运输
              ↓
   水泥乳化沥青砂浆灌注 ← 砂浆拌制、检测
              ↓
       轨道板纵向连接
              ↓
       轨道板锚固连接
              ↓
        侧向挡块施工
              ↓
         质量检查
```

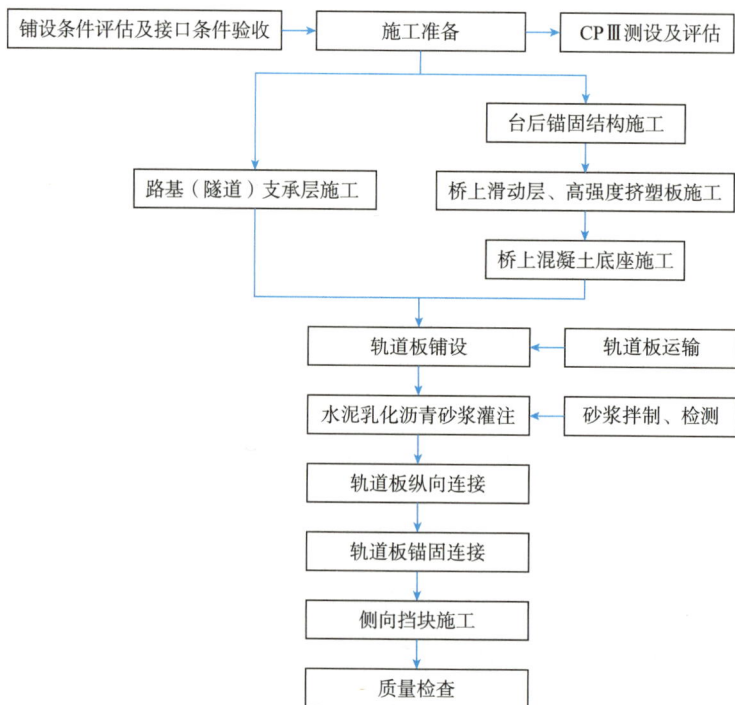

图 3-2　CRTS Ⅱ 型板式无砟轨道施工工艺流程

　　路基上和隧道内的支承层施工前,除路基基床表层、隧道基底表面满足支承层施工要求外,还需完成与之相关的排水、沟槽及其他下穿等基础工程施工。路基部分左右两侧设置电缆槽,当基床表层填筑完成后,采用专用机械开槽或人工开槽,砌筑预制电缆槽及路肩预制件。隧道内除两侧设置的电缆槽、排水沟施工外,还有线间及线路外侧的集水井和纵向明沟施工。

(二)桥面验收

　　为了保证无砟轨道各部结构的技术条件,施工前应对桥面施工质量进行验收和技术评估。验收内容主要包括桥梁平面位置、桥面高程、桥面平整度、相邻梁端高差及梁端平整度、防水层质量、桥面预埋件(包括梁端剪力筋、侧向挡块预埋筋)、剪力齿槽几何尺寸的规范性、桥面清洁度、桥面排水坡等。

桥上 CRTS Ⅱ 型板式
无砟轨道结构

1.桥面高程

　　梁端 1.5m 以外部分的桥面高程允许误差 ±7mm,梁端 1.5m 范围内不允许出现正误差。使用精测网进行复核检查。对不能满足要求的应进行打磨和采用聚合物砂浆填充处理。

2.桥面平整度

　　桥面平整度要求 3mm/4m。使用 4m 靠尺测量(每次重叠 1m),每桥面分四条线(每底座板中心左右各 0.5m 处)测量检查。对不能满足 3mm/4m 要求,但在 8mm/4m 范围内的,可用 1m 尺复测检查,应满足 2mm/1m 要求。对仍不能满足要求的,对梁面进行整修处理。桥面平整度检查如图 3-3 所示。

3.相邻梁端高差

　　相邻梁端高差不大于 10mm。采用 0.5m 水平尺进行检查(在底座板范围内对观感较

差处进行量测）。对大于 10mm 处应进行专门处理,或一侧梁端采取落梁措施或较低一端用特殊砂浆修补。相邻梁端高差检查如图 3-4 所示。

图 3-3　桥面平整度检查

图 3-4　相邻梁端高差检查

4. 梁端梁面平整度

梁端 1.5m 范围的平整度要求为 2mm/1m。不能满足要求时,打磨处理,直至符合要求。

5. 防水层

防水层不允许存在破损及空鼓现象。防水层空鼓检查可采用拖拽铁链的方法进行。检查时沿桥面纵、横向拖拽铁链,以拖拽时桥面发出的空鼓声音初步确定空鼓范围,用记号笔画出范围。破损及空鼓的防水层部位必须整修。

6. 桥面预埋件

预埋件平面、高程位置要准确。对不能满足无砟轨道施工要求的,视情况按相关规范要求进行处理。

7. 剪力齿槽几何状态

根据实际情况,按设计尺寸修凿并清理干净,齿槽内应修理方正并凿出新面,确保底座板混凝土与其结合良好。

8. 桥面清洁度和排水坡

桥面不能有油渍污染,否则应在底座板施工前清洗干净。

桥面排水坡构造应符合设计要求。对排水坡存在误差的桥面,应保证设计的汇水、排水能力,不允许存在反向排水坡,特别是两线中间部位。对可能造成排水系统紊乱的桥面应打磨整修处理。

9. 伸缩缝状态的检查确认

主要检查伸缩缝安装是否到位且牢靠,并对缝内积存物进行彻底清理。

三　技术准备

(一) 技术培训

施工前根据施工区段划分和施工组织安排,按专业和施工工序对技术人员和作业人员进行技术培训,使参建人员熟练掌握操作工艺和技巧,掌握技术标准,确保施工正常进行。

(二)试验准备

试验工作主要有原材料的报验、现场混凝土的试验、水泥沥青砂浆的试验、配料站的试验等工作。每个作业面的试验人员至少需要配置混凝土试验员 2 人,水泥沥青砂浆试验员 4 人,配料站 1 人。

(三)观测评估

无砟轨道施工前,必须严格按照观测方案和频率对桥墩和路基进行观测,对桥梁进行徐变观测,及时向评估单位提供详尽的观测数据资料,由建设单位组织相关单位进行评估,符合要求后,确定无砟轨道的铺设时间。

(四)编制施工计划

无砟轨道是一个技术密集、工序繁杂的系统工程,施工前应根据本单位施工管区长度、施工能力、资源配置和施工工期要求,进行无砟轨道施工段划分和施工平面设计,合理安排施工工序和资源配置,确定施工流向和先后顺序,做到均衡有序、按步施工,确保在规定的时间内完成无砟轨道的铺设施工。

四 施工准备

(一)施工面设计布置

无砟轨道施工前应根据施工管段的具体情况进行施工平面设计。平面设计方案依据总工期计划、桥面验收移交进展情况、施工管段划分及资源配置等因素确定。主要内容包括确定底座板施工单元段划分、临时端刺设置、常规区和后浇带位置以及各灌注段先后施工顺序。

1.底座板施工单元段划分

底座板施工单元划分应统一筹划,应根据设计要求进行施工单元划分设计,形成布置图。每个施工单元以 3 ~ 5km 为宜。桥面底座板施工段划分如图 3-5、图 3-6 所示。

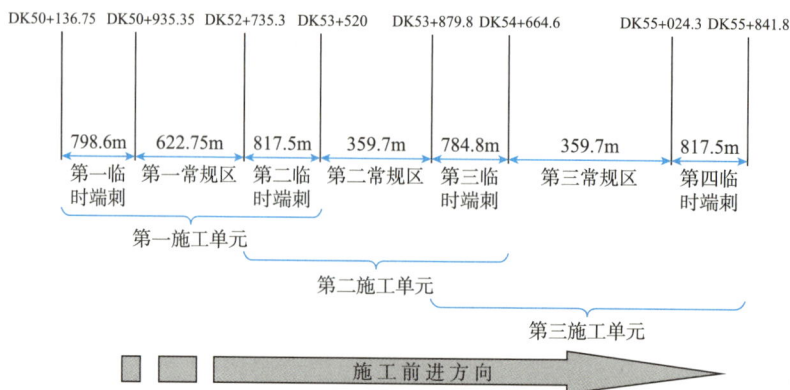

图 3-5　底座板施工段划分

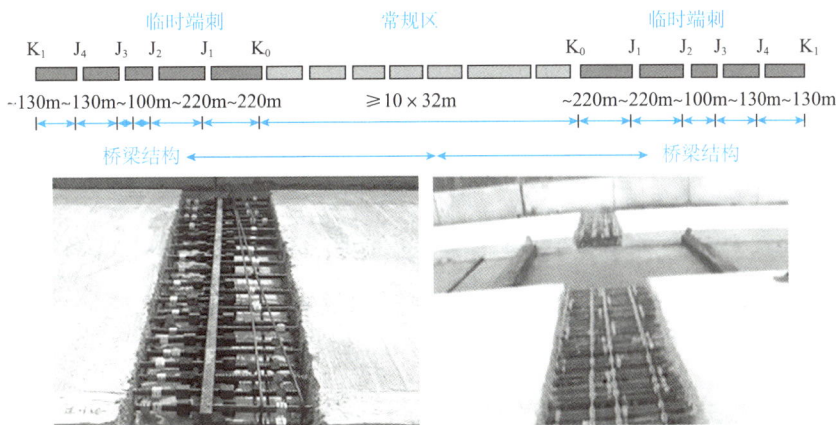

图 3-6　施工单元划分

2. 临时端刺布设

左右线临时端刺起点位置应相应错开两孔梁以上,避免桥墩承受由于底座板温差引起的较大水平力,临时端刺区的选择尽量避开连续梁,以免进行特殊设计。

3. 后浇带(BL1)布设

简支梁上的后浇带(BL1)一般设在梁跨中间,后浇带缝与轨道板缝不能重合,连续梁上的底座板两固定连接区间必须设置 1 个后浇带,后浇带与任一固定连接处的距离不大于 75m。

4. 混凝土底座板灌注段的划分

简支梁上常规区底座板每次灌注长度最少为 1 孔,一般以 3～4 孔较为适宜。临时端刺区底座板混凝土浇筑应分段完成。分段时,按 LP1～LP5 规定长度分段(LP1、LP2 为 220m,LP3 为 100m,LP4、LP5 为 130m)。连续梁范围底座板的最小浇筑长度 = 连续梁前的两个浇筑段 + 连续梁长度 + 连续梁后两个浇筑段(整个浇筑段混凝土施工应在 24h 内完成)。

(二)设备配备

无砟轨道施工前,应根据施工段落划分情况和施工工期要求,配备相应的工装设备。按时组织上场,在相应的地段进行组装、调试,所有施工设备必须处于正常运行和完好状态。待工作面提供后,立即展开施工。

1. 沿线分散存板时的设备

在城郊居民不太密集和郊外施工便道可以全程贯通的地段,轨道板可以采用沿线分组存放、分散吊装上桥的办法施工。每个工作面需配备的设备有:

(1)轮胎式全液压悬臂门架式起重机 1 台,主要负责从桥下将轨道板提升上桥进行安装就位。

(2)汽车起重机 1 台,负责轨道板灌浆吊运水泥沥青砂浆中转罐,在混凝土底座板施工中,用于吊装底座板钢筋网片(长 14.5m)的专用设备。

(3)水泥沥青砂浆搅拌车 1 台、中转罐 2 个,用于水泥沥青砂浆的搅拌和垂直运输。

(4)轨道板精调千斤顶 240 套。

(5)轨道板精调测量系统 2 套。本系统是针对 CRTS Ⅱ 型板式无砟轨道施工时安装轨道板而专门研制的精确测量定位系统,分为两部分。硬件部分包括:全自动全站仪(测量机器人)、定向棱镜、测量标架、温度传感器、倾角传感器、工控机和数据传输电台等;软件包括:中英文 SPPS 系统软件。

(6)钢筋加工、焊接、运输设备,用于底座板钢筋加工安装。

(7)混凝土罐车 3 台、臂架式泵车 1 台,用于底座板混凝土浇筑。

(8)30kW、15kW 发动机各 1 台。

2. 分点集中存板时的设备

在城内建筑密集、不能沿线平行修建便道的地段,可分段选点,将该段落的轨道板集中存放。铺板时再运至集中提升站将板提升上桥。

分点集中存板配备设备有:25t 汽车起重机 1 台;轮胎式可变跨门式起重机 1 台;双向轮胎式轨道板运输车 4 台;水泥沥青砂浆车 1 台;3.5t 叉车 2 台;精调测量系统 2 套;轨道板精调千斤顶 240 套;30kW、15kW 发动机各 1 台。

(三) 现场准备

1. 钢筋加工场

底座混凝土钢筋加工分跨梁缝钢筋、后浇带钢筋及普通钢筋笼三部分。跨梁缝钢筋、后浇带钢筋一般在桥下制作,在桥上绑扎和连接,普通钢筋笼制作采用桥下集中预制,在桥上安装。钢筋加工场应根据现场条件在便道旁边布置,一般每 3km 布置一处。

2. 水泥沥青砂浆供应站

根据需要沿线布设水泥沥青砂浆原材料供应站,一般每隔 10km 设一处。其功能为:

(1)为移动式水泥沥青砂浆搅拌车进行干料、液料的补充;

(2)清洗搅拌车;

(3)对搅拌车进行必要的检修和维护保养。

供应站组成包括:干粉存储及加料系统,乳化沥青罐及泵送系统,外加剂、消泡剂存储及泵送系统,供水系统,电控系统。

3. 上桥通道

为了方便上桥施工,结合永久紧急疏散通道,沿线路方向,每隔 2km 修建上人通道一座,上人通道由钢管或型钢制作,要稳定牢固,确保上下人员的安全。通道宽度不小于100cm,踏步高度不大于 20cm,踏步宽度不小于 25cm,每段爬梯设有休息平台。通道四周挂网封闭,通道入口安装门扇和锁,并有专人看管。

4. 施工便道

无砟轨道施工期间,行驶或停留在施工便道上的机械、车辆较多,如水泥沥青砂浆搅拌车、混凝土罐车、混凝土泵车、大型起重机及钢筋笼运输台车等,因此在有条件的情况下应设一条沿线的贯通便道。

桥梁轨道板临时存放在施工便道和线路之间,为便于悬臂门式起重机垂直提升,轨道板外侧距桥梁翼缘约 50cm,路基轨道板可集中存放。存放轨道板的地基要求平整密实,垫放枕木,摆放整齐。同时加强轨道板存放点的排水措施,防止雨天积水,地基下沉,轨道板倾斜。

5. 混凝土拌和站

无砟轨道底座板施工时,需要大量的混凝土供应,可根据条件就近布设大型混凝土拌和站,也可使用商品混凝土。

6. 材料组织

主要材料均采用招标确定供货单位,由供料单位直接配送,并采用现场仓储和租库储备相结合,降低工程成本。

7. 钢材

根据管段内的工程分布情况和施工组织方案要求,在沿线建设钢筋加工厂集中加工、制作绑轧钢筋笼(或成型钢筋),用平车将钢筋笼(或成型钢筋)运输至作业现场临时存放,施工时用起重机起吊至工位安装。

8. 胶凝材料

沿线混凝土拌和站,水泥、粉煤灰、矿粉采用散装罐车注入拌和站储料罐,砂石料采用普通拖挂车运输至拌和站,成品混凝土用混凝土罐车运至工地,采用混凝土泵或臂架式泵车泵送入模施工。供应厂家负责将材料运输至拌和站。

9. 水泥沥青砂浆材料

沿线建设供料站集中存储干料、乳化沥青、消泡剂、外加剂,采用运料车将原材料运送至施工现场,加入水泥沥青砂浆搅拌车中,砂浆车搅拌后施工。供应厂家负责将材料运输至供料站,设专车在供料站间应急调拨材料,预防供应紧张。

10. 其他铺板用材料

土工布和滑动层薄膜订货时考虑宽度施工余量(比线路宽10cm),所有材料生产厂家均通过技术认证。供应厂家负责运输工作。

11. 轨道板运输存放

(1)方案一

位于城市郊区或施工便道与铁路平行地段,采用按照轨道板编号与桥跨对应,沿线分散存放,吊装上桥。为了保证规定的施工节点工期,轨道板在制板厂预制、打磨并安装好扣件,用拖车运至工地,按照轨道板的设计铺设位置,按号对应相应桥跨沿线路分组存放,对用于站场范围内的轨道板采用集中存放。轨道板现场存放如图3-7所示。

a)轨道板沿线存放   b)轨道板集中存放

图3-7 轨道板现场存放

轨道板铺设时,利用汽车起重机配以运板车二次倒运轨道板,起重机粗铺安装就位。

(2)方案二

对于城市内繁华地段,建筑物密集或跨越高速公路等交通要道不便于修建便道的地段,选择固定地点集中存放,用运板车配以大吨位汽车起重机提升上桥,再用双向运板车运至铺设地点,用轮胎式门式起重机吊装就位。

(3)方案三

在板场存板压力不大、工期不紧的情况下,可选择直接将轨道板从板场运至施工现场。

⚠ **任务实施**

项目名称	项目三　CRTS Ⅱ 型板式无砟轨道施工	任务名称	任务一　施工准备
专业班级		姓名	学习小组

【专业知识认知】(30 分)

1. CRTS Ⅱ 型板式无砟轨道施工设备有哪些？（10 分）

2. 说出 CRTS Ⅱ 型板式无砟轨道施工单元划分的依据。（10 分）

3. 桥面验收的工作内容有哪些？（10 分）

【能力素质训练】(60 分)

1. 能够绘制 CRTS Ⅱ 型板式无砟轨道施工工艺流程。（20 分）

2. 能够说出施工准备工作内容。（20 分）

3. 能根据线路位置和周围道路情况选择轨道板运输存放方案。（20 分）

【工作总结】(10 分)

学员自评		组长评价	

指导老师评价：

任务二　轨道板预制

◆ 任务引入

沪杭高铁全线运营长度158.8km,设计速度350km/h,是我国"八纵八横"高速铁路主通的组成部分,如图3-8所示。全线采用CRTS Ⅱ型板式无砟轨,道铺设轨道板46178块。轨道板是如何生产的呢?

图3-8　沪杭高铁

▲ 任务描述

根据CRTS Ⅱ型轨道板图纸,通过本任务学习,熟悉CRTS Ⅱ型轨道板预制施工工艺流程,掌握施工注意事项,能够CRTS Ⅱ型轨道板进行质量检验,并能判断是否符合验收标准。

◇ 相关知识

一　轨道板场建厂

轨道板场建设遵循"经济实用、相对独立、便于管理、方便施工、安全环保"的原则进行合理规划、科学布置,同时按照"工厂化生产、流水线施工、标准化作业"的标准进行建设。原则上以60～80km双线铁路设置一个轨道板场为宜,承担20000余块轨道板的生产任务。选址应该原材料供应方便、道路畅通、运距合理、水电方便、不扰民、环保,可选择在有车站的城市市郊,有效利用城市的交通设施。选定位置后就要结合工期及业主要求考虑场地规划和规模,详细计算时间、效率、投入、回报、回收之间的比例关系。

选址时要多选几次进行对比,除可利用的土地资源外,必须按照相应的国家法律、行业标准确保"四通一平"。通路、通水、通电、通信,场地平整。要以建设一流的现代化工厂为目标,做好评估资料,并交由投资方审核。CRTS Ⅱ型轨道板场根据征地情况考虑土地复耕方案,如果征用的不开发的农用田,需要储存占地面积上30cm厚的复耕土,以备后期场地还原。

轨道板场应主要设置办公生活区、混凝土拌和区、钢筋加工区、生产车间、毛坯板存放区、打磨车间、成品板存放区以及生产功能区,共八个区。八个区域应物流畅通、相互照应,主要连接段落为砂石料运输通道、混凝土运输通道、钢筋运输通道、毛坯板出车间通道、翻转机位置、打磨通道、成品板运输线、装运线。模块的组合要考虑供水、供电、供暖、供气系统,排污系统的设置。

137

二 施工工艺流程

CRTS Ⅱ型轨道板的生产采用全套的机械化设备,尤其数控磨床,是集电、气、液压、测量、计算、输入、输出为一身的全自动化设备。轨道板采用倒置、整体张拉、连续灌注、集中养护、数控打磨的方式生产。施工工艺流程如图 3-9 所示。生产过程中,张拉工序和打磨工序应列为特殊过程监控,特殊过程必须由专业技术人员全程跟踪,做好现场监控记录。每次对控制数据进行计算、对比、检查、分析、调整。

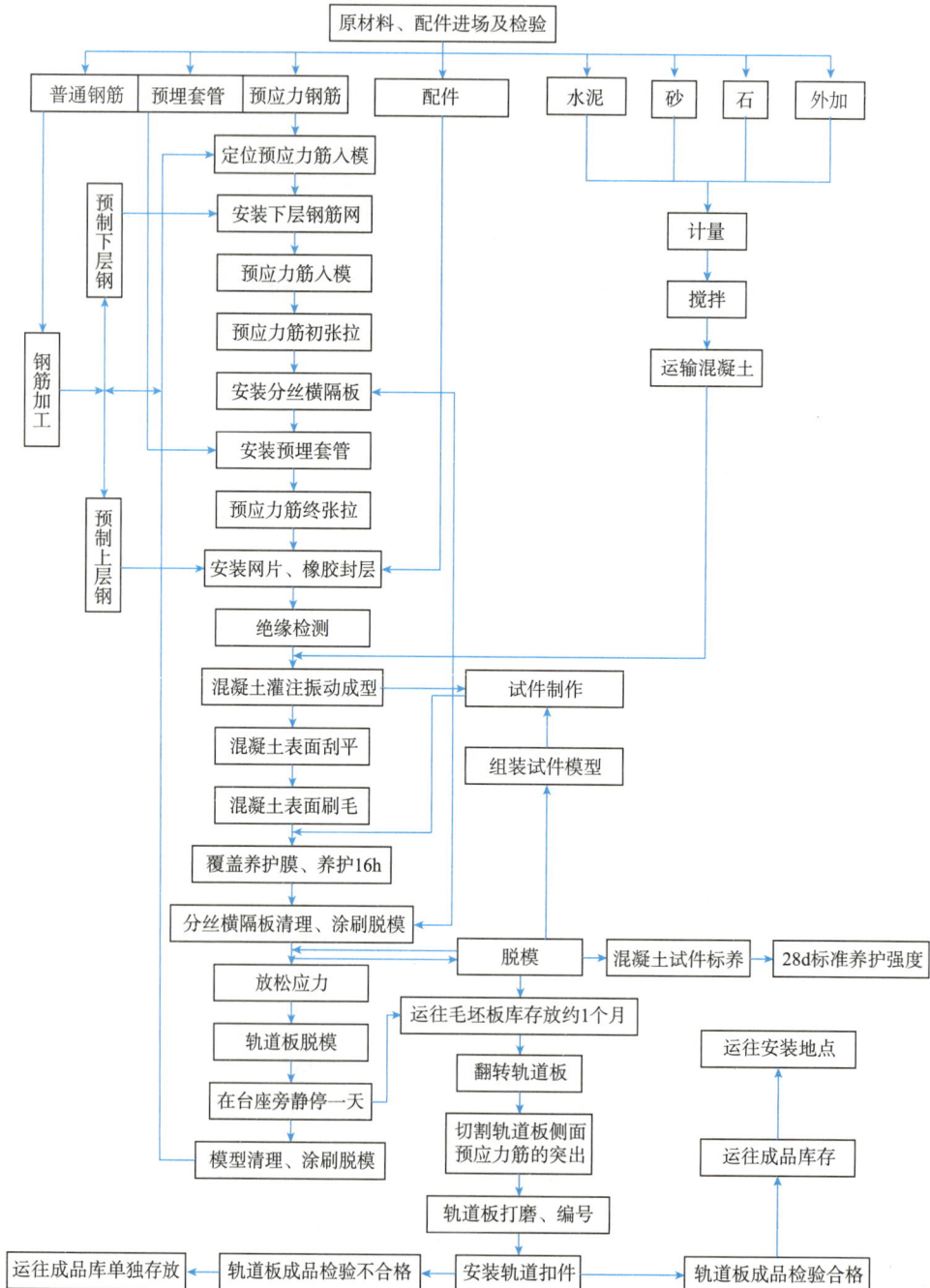

图 3-9 CRTS Ⅱ型轨道板预制施工工艺流程图

(一)模具安装

CRTS Ⅱ 型轨道板预制模具一般采用预成型的钢部件制成,由下部结构及承轨台预埋件、套管和其他预埋件组成,如图 3-10 所示。设有中间挡板,该板在安装预应力筋后插入。模具进场后由质管部对每块模具的外观质量、外形尺寸及数量进行检测,并检查合格证等附件材料。如检验不合格或资料不齐全不得接受。

图 3-10　CRTS Ⅱ 型轨道板预制模具

CRTS Ⅱ 型轨道板模具在安装过程中要注意以下几个问题:

(1)轨道板模具的支撑下要设置阻尼橡胶垫,以保证先张轨道板在放张后切割预应力时模型产生整体侧移后可以复原,局部不会变形。

(2)轨道板模具上的分丝隔板属于侧模的一部分,预应力筋的位置是靠张拉横梁来控制的。在分丝隔板的加工应该在现场根据预应力筋在模型上通过的位置制作。

(3)轨道板模具上安装承轨槽的方框不仅背面要达到平整度 0.15mm 的要求,正面也要达到此要求。此项工作可以检测模型在安装前是否还能够保证安装精度、局部是否发生了变形。

(4)承轨槽定位销的锥度应和模型上定位孔的锥度匹配,可通过定位孔位置的准确来保证承轨槽的直线度。

(5)套管固定物的安装必须依靠弹簧垫片、固定物的直径应略小于套管标准直径0.5mm,印花必须有效,防止套管转动或上浮。套管固定物既能保证套管的垂直度、直线度,又能保证安装的套管不上浮,脱模时无较大的阻力而影响承轨槽外形。

(二)模具检测

模具经安装完成检验合格后方投入使用,在使用过程中对模具进行检验,检查分日常检查和定期检查两部分,并将检查结果记录在模具检查记录表中。

1.日常检查

在模具使用过程中,每次脱模完成后必须进行日常检查,日常检查包括模具的平整度、外观、倒角成型槽口、标识牌、定位销松紧、模具各定位连接件完好情况、振动器支架完好情况,退模装置和起板装置完好情况。模具的外观质量主要检查模板表面清渣、脱模剂

图 3-11　模具检查

涂刷质量,扣件预埋绝缘套管预留孔处是否有杂物、变形,承轨台位置定位装置凹槽内混凝土是否清理干净,模板四壁是否清渣彻底,各个配件表面是否存在裂纹和破损现象。如图 3-11 所示。

2. 定期检查

在开始生产前和每使用 20 次后,均应对模板进行检验。检查选用全站仪、电子水准仪、特殊工装、游标卡尺、球形棱镜、钢板尺等仪器工装,检查主要内容有:模具长度、宽度、厚度、承轴槽细部尺度、平整度及模具间高度偏差等进行检查。

采用数字水准仪测出张拉钢丝钳口高程、模具边沿的高程和首块模具承轨台的高程。模具调整参考面的确定要根据模具边沿与张拉钢丝钳口的高程差以及模具所有承轨台的高程确定,参考面建在多个承轨台高程检测值之间。非首块模具参考面的确定是指在改变了检测仪器支架的情况后,模具参考面的确定。采用数字水准仪测出基准点的数值以及上块调整模具的承轨台高程,通过与上次测量数据的比较确定出这次模具调整的参考面。

通过数字水准仪分别测出模具上承轨台的高程。测量的承轨台有 8 个,分别是每列上的 1、4、7、10 承轨台,具体的测量位置是在靠近模具支腿一侧的承轨台角。根据承轨台的测量值以及模具调整参考面确定各个支腿调整的方向以及调整的量。通过扳手转动支撑钢板上的调节螺栓,改变支腿的高低。调整时,要求对四个调整螺栓调整相同的量,保证支撑钢板在一个平面上。调整后,对模具重新进行测量、调整,直到同一列承轨台的高程精度达到 ±0.3mm。

模具尺寸对轨道板形状、尺寸及预埋件位置有很大的影响,其尺寸允许误差及检测工具见表 3-1。

模具尺寸允许误差及检查工具　　　　表 3-1

检查项目		标准值	允许误差	检查工具
框架变形	四边翘曲(mm)	—	±0.5	棱镜 + 全站仪 + 软件
	四边旁弯(mm)	—	±1.0	钢绳 + 板尺或塞尺
	整体扭曲(mm)	—	±1.0	球棱镜 + 全站仪 + 软件
底板	定位孔之间距离(mm)	650/820	±0.1	游标卡尺
	平整度(mm)	—	±2.0	平尺(1m) + 塞尺
	承轨槽的平整度(mm)	—	纵向 ±0.3 横向 ±0.15	刀口尺 + 塞尺
承轨槽	钳口距离(mm)	373	±0.1,−0.5	专用工装 + 游标卡尺
	承轨面与钳口面夹角(°)	110	±0.5	角度尺
	承轨面坡度	1:40	1:37 ~ 1:43	专业工装 + 球棱镜 + 全站仪 + 软件
	套管定位距离(mm)	233.3	±0.1	游标卡尺
组装后一套模具	宽度(mm)	2550	±5.0	钢尺
	长度(mm)	6450	±5.0	钢尺
	厚度(mm)	200	0,+5.0	钢尺

检查项目		标准值	允许误差	检查工具
组装后一套模具	预埋套管直线度(mm)	—	±1.0	螺栓桩套筒+球棱镜+全站仪+软件
	承轨台承轨槽平整度(1 列)(mm)	—	±0.3	专业工装+球棱镜+全站仪+软件
	承轨槽直线度(mm)	—	±0.3	专业工装+球棱镜+全站仪+软件
	承轨槽间外钳口距离(mm)	1887.1	±0.3	专业工装+球棱镜+全站仪+软件
	精轧螺纹钢筋定位孔间的距离(mm)	404/248	±3.0	钢尺
组装后一个台座的模具	模具之间的高度偏差(mm)	—	<1.0	电子水准仪+软件
	挡板表面到模具底板的垂直距离(mm)	104	±1.0	深度尺
	相邻模具之间的距离(mm)	50	±2.0	游标卡尺
	张拉中心到模具底板的距离(mm)	110	±2.0	电子水准仪

(三)模具日常清理

在混凝土浇筑前,必须将模具清理干净,并均匀喷涂脱模剂,模具清理工具流程为:清理模具表面残留混凝土块和杂物→清理橡胶端模→工业吸尘器附模具表面混凝土块及杂物→喷涂脱模剂。如图 3-12、图 3-13 所示。

图 3-12　模具日常清理

图 3-13　喷涂脱模剂

1. 清理模具表面混凝土残留

轨道板脱模至 4 套模具时,人工采用刮刀和抹布对模具大板表面残留的混凝土进行清理,清理时注意将承轴槽、预埋套管定位轴、预裂缝钢条和模具端部等构件表面杂物清理干净,并将清理的杂物清理成堆,以便工业吸尘器吸附。在清理过程中,1 人先用抹布将模具上的 6 个气源孔四周擦拭干净,再用圆形胶布封堵。防止因漏浆造成气源管堵塞,质检员负责限产验收。

2. 橡胶端模清理

轨道板脱模后,将橡胶端模拆除后放在对应位置,2 人使用刮刀和抹布将残留的混凝土块清理干净,并将清理的杂物整理成堆。

3. 用工业吸尘器吸出模具的残渣

模具内混凝土块清理至 6~7 套模具时,3 人采用工业吸尘器,将模具内所用杂物吸附,对吸附完成的模具由车间质检员逐一检查,确保模具表面彻底清理干净,不留死角。

4.喷涂脱模剂

应挑选质量合格的脱模剂,并在施工前进行喷涂试验和配比试验,直到满足工艺要求后,方可批量采购,现场试验显示,根据气温的变化,脱模剂配制按体积比宜控制在脱模剂:水 =1:3(冬天)~1:6(夏季)。对字模、注浆椎体、承轴槽钳口、欲裂缝底脚、模具的四边等不易被喷洒到的地方,采用抹布涂抹;其他部位均匀采用无气喷涂机进行喷涂,喷涂时要求不得有汇聚和漏喷现象。

四 钢筋施工

(一)钢筋网片加工、检验及存放

1.绝缘热缩管加工

热缩管安装在专用胎具上进行,将绝缘热缩管穿入 20mm 精轧螺纹钢筋和 16mm 接地热轧带肋钢筋上并进行加热。加热时,喷火枪与绝缘热缩管保持 10~15cm 的距离,沿要热缩的套管上(或下)反复、快速移动,移动速度控制在 1m/s,直至热缩管处钢筋螺纹痕迹露出 1~2mm、热缩管颜色不发黄为止,热缩工序即告完成,如图 3-14 所示。绝缘热缩管加热时,从中间往两侧依次加热,对加热中损坏的热缩管及时进行更换,绝缘热缩管位置严格按照图纸要求控制,热缩后其位置偏差不超过 ±5mm。

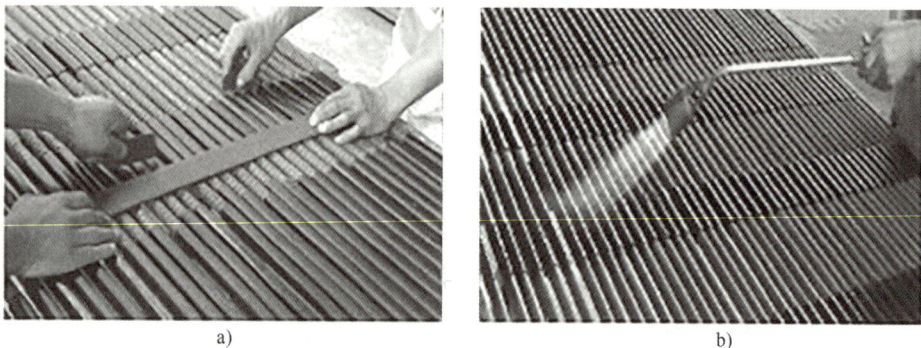

a)   b)

图 3-14　绝缘热缩管加工

2.接地端子及接地扁钢焊接

接地端子及接地扁钢焊接在专用的下层钢筋绑扎胎具上进行,焊接采用二氧化碳气体保护焊。接地端子焊接前对焊接平面位置及间距做出明确标示,确保接地端子焊接位置满足要求,接地端子焊接采用单面焊,焊缝长度大于 100mm。

接地扁钢预先放入下层钢筋绑扎胎具中,将 φ16mm 接地钢筋放入固定卡槽中,使用二氧化碳气体保护焊将接地钢筋与接地扁钢焊接,采用双面满焊。

3.下层钢筋网片绑扎

下层钢筋网片绑扎在专用胎具上进行绑扎,将 φ16mm 接地钢筋和 φ8mm 钢筋放置在绑扎胎具纵向定位凹槽中,再将环氧树脂涂层钢筋放入横向定位凹槽中,纵、横向钢筋通过绝缘垫片、绝缘热缩管进行绝缘,并采用绝缘绑扎进行绑扎,绑扎丝长度为 260mm,绑扣形式以不易轻松脱落为准,按"八"字形绑扎,绑点如有松脱,应紧扣或重绑,扎丝尾扭向环氧树脂涂层钢筋侧,绑丝尾端不得紧靠螺纹钢筋侧及侵入保护层。

4. 上层钢筋网片绑扎

上层钢筋网片绑扎在专用胎具上进行,将 6 根 ϕ20mm 精轧螺纹钢放入胎具卡槽中,再将 ϕ8mm 环氧树脂涂层钢筋横向放入卡槽中,采用绝缘垫片对交叉点进行绝缘处理,使用绝缘绑扎丝进行绑扎,绑扎完成后再将 ϕ8mm 纵向螺纹钢放至卡槽中进行绑扎。绑扣形式及要求与下层钢筋网片相同。

5. 质量检查

质量检查内容:钢筋下料长度、接地端子焊接位置及焊接质量、绝缘热缩管加工位置及质量、钢筋绑扎位置及质量、钢筋网片绝缘性能。钢筋切断刀口水平,两端头无弯曲,下料长度允许误差符合表 3-2 的要求。绝缘热缩管按设计要求布设,其间距允许偏差为 ±5mm。

普通钢筋下料长度允许误差　　　　　　　　　表 3-2

序号	项目	允许误差(mm)
1	直径 8mm 的螺纹钢筋	±10
2	直径 16mm 的螺纹钢筋	±10
3	直径 20mm 的螺纹钢筋	0,−10

6. 绝缘检测及存放

钢筋网片绑扎完成后采用 500V 兆欧表对网片进行绝缘检测,检测前对电阻仪进行调零处理,检测时用一支笔夹连纵向钢筋,以纵向钢筋作为测量的基准钢筋,另一支笔夹依次与横向钢筋相接触,检测每根横向钢筋与相连的纵向钢筋间电阻值。若电阻值大于 2MΩ 时,则绝缘电阻检测合格,否则需查明原因并进行处理,直至电阻值符合要求。采用专用吊具将检测合格的钢筋网片吊放至车间指定的存放托盘上存放,为方便生产线使用,上、下层钢筋网片每垛存放 27 层,并分别做好标识。在吊装过程中平稳操作,保持上下层钢筋网片的稳定,避免可能造成网片钢筋移位的任何操作。

(二) 钢筋网片及预应力钢筋安装

1. 工艺流程

钢筋网片安装程序:钢筋网片吊运至预制车间→ϕ5mm 预应力钢筋安装→安装下层钢筋网片→ϕ10mm 预应力钢筋安装→预应力钢筋张拉至 20%→安装分丝隔板及预埋套管→预应力钢筋张拉至 100%→安装上层钢筋网片→绝缘监测。

2. 钢筋网片吊运

以每条生产线为单位,用 16t 桁吊将钢筋网片吊运至制版现场,吊运过程中要轻吊、轻放,注意吊点位置,禁止采用可能造成网片中的钢筋移位的任何操作进行吊装。

3. ϕ5mm 预应力钢筋安装

人工将 6 根 ϕ5mm 预应力钢筋安放在模具 V 形槽中,每根预应力钢筋两端安装专业工具锚,先将预应力钢筋一段采用锚具固定在横梁上,使其外露长度控制在 10~20mm,拉紧后将另一端固定至相对横梁上,其外露长度不小于 40mm。

4. 下层钢筋网片安装

在安装完 ϕ5mm 预应力钢筋后,人工配合 2 台桁吊安装下层钢筋网片,钢筋网片采用 6 点起吊方式,吊钩挂于 ϕ16mm 接地钢筋上。起吊中禁止吊钩与绝缘热缩管相碰撞。下层钢筋网片入模后,先检查接地管子安装位置及高程,然后检查接地钢筋与 ϕ5mm 预应力钢筋交叉点绝缘热缩管是否完好无损,再检查下层网片保护层厚度。

5. ϕ10mm 预应力钢筋安装

下层钢筋网安装完成后,人工按每 3 根一批的方式分 20 次将 ϕ10mm 预应力钢筋放入模具中,先将预应力钢筋一端采用锚具在横梁上,使其外露长度控制在 30mm,拉紧在固定另一端至相对横梁上,其外露长度不小于 30mm。每根预应力钢筋两端固定位置正确,禁止钢筋交叉扭曲。安装完成后用 2 个用压梁将锚固在张拉横梁上的预应力刚劲压紧固定,防止其滑落。

6. 预应力钢筋张拉

在张拉前,再次检查预应力钢筋外露长度及允许偏差是否满足要求,不满足要求的立即进行调整,合格后方可预应力钢筋初张拉。初张拉时,启动自动张拉系统,在控制系统中输入单侧张拉伸长量 35mm,初张拉完成时,临时关闭张拉系统并安装分丝隔板。张拉过程中四个千斤顶必须同时张拉。

7. 安装分丝隔板与预埋套管

将清理干净、脱模剂涂刷完成的分丝隔板放置在托盘上,通过多功能小车运输至台座的中央,通过 2 台桁吊依次安装分丝隔板时,用桁吊吊起隔板并插入两套模型之间,确认安装位置准确及连接紧密后,拧紧锁紧装置,将分丝隔板和模型固定在一起。喷洒脱模剂第 9 套模具时,且经质检员检查合格后,采用 4 人安装预埋套管,2 人将预埋套管放置模具内,2 人采用橡胶锤锤击固定预埋套管。在预埋套管安装过程中,要求所有人员按照规定的操作程序作业,尤其预埋套管固定人员,采用橡胶锤对预埋套管匀速加力 2 次,要求预埋套管安装人员必须固定、不得变动。

8. 预应力钢筋终张拉

分丝隔板安装完毕后,将预应力钢筋从设计值的 20% 张拉至设计值,之后关闭张拉系统,如图 3-15 所示。预应力钢筋终张拉采用双控,以张拉力为主控,预应力钢筋伸长值做校核,张拉完毕后,按照工业控制机上显示数据,如实填写预应力钢筋张拉记录表格,计算实际张拉力及伸长值与设计张拉力和伸长量进行对比,确保实际张拉力,伸长值与设计值偏差不得超过 5%。张拉过程中,始终保持同端千斤顶活塞伸长值间偏差不大于 2mm,异端千斤顶活塞伸长值间偏差不大于 4mm。在正常生产过程中,每半个月采用 4 个单根预应力张拉力器对单根预应力钢筋张拉力进行校验,实测单根预应力钢筋的张拉机与设计张拉机偏差不得超过 15%,张拉设备整体标定,有效期一年。

9. 上层钢筋网片安装

在预应力钢筋终张拉完成后,人工配合桁吊将检测合格的上层钢筋网片吊入模具中。在上层钢筋网片安装过程中,严格控制 ϕ20mm 精轧螺纹钢筋插入橡胶端模的长度,避免 ϕ20mm 精轧螺纹钢筋与模具接触,造成钢筋网片整体绝缘不合格。

图 3-15 张拉系统

10. 保护层调整及绝缘检测

钢筋安装完成后,对钢筋的保护层厚度、安装位置偏差、绝缘电阻等进行检查,钢筋入模后保护层厚度允许偏差 ±5mm 定位预应力钢筋间,上层钢筋网片为 $\phi20mm$ 精轧螺纹钢筋间的绝缘电阻。对检测不合格的钢筋,必须按设计要求进行绝缘处理,确保下层钢筋网片与 $\phi5mm$ 定位预应力钢筋间、上层钢筋网片与 $\phi10mm$ 预应力钢筋间绝缘电阻值不小于 $2M\Omega$。

五 混凝土施工

(一) 混凝土浇筑

1. 配合比

轨道板混凝土配合比选定是保证轨道板质量的关键环节,因此,混凝土配合比应根据原料品质、混凝土设计强度等级、混凝土耐久性、施工工艺等进行选择。混凝土配合比应通过试验确定,混凝土胶凝材料用量不应大于 $480kg/m^2$,水胶比不应大于 0.32,混凝土含气量应为 2% ~ 4%。混凝土配合比初步选定后,做力学性能试验并按耐久性的要求对选定配合比制作混凝土抗裂、耐蚀、抗冻、电通量、集料反应性等的试件,待达到试件龄期后进行耐久性检验。

2. 混凝土拌制前准备

(1)混凝土拌制前,对所有机械设备、工具、需用材料和计量系统进行认真检查,确保混凝土的拌制和浇筑正常连续进行。

(2)在拌和站电子自动计量系统使用过程中,各种计量装置经质量监督检定管理所定期鉴定,半个月进行 1 次站内自校(拌和站自己标定),采用砝码校正。拌和机经大修后,需重新标定后才能投入使用,正式称量前必须对计量设备进行检查确认。

(3)混凝土配料前按试验室提供的施工配合比设定称量系统,拌制过程中,严格按照施工配合比进行称量,并在计算机上保存记录。配料误差:水、水泥、掺合料、减水剂为±1%,砂、石为±2%。

3. 混凝土拌制

(1)在混凝土拌制过程中,由于集料含水不均匀或由于天气变化等因素,引起集料含水率的变化,正常情况下,要求每班对料含水率每班抽测一次,雨天要随时进行抽检,并根据实测含水率检及时调整施工配合比。

(2)投料顺序

混凝土搅拌时的投料顺序为:先投集料,再投水泥、掺合料、水和外加剂,搅拌180s后下料。

(3)搅拌罐清理

搅拌机拌和的混凝土要严格按施工配合比配料,在下盘材料装入前,搅拌机内的拌合料要全部卸清。搅拌设备停用时间不能超过20min。否则,必须将搅拌筒彻底清洗后才能重新拌和混凝土。

(4)设备运行

在混凝土拌制过程中,先启动搅拌设备,待搅拌设备运转正常后,进行混凝土拌和。严禁设备带负荷启动或超负荷搅拌。

4. 混凝土的运输

混凝土运输采用混凝土料罐、柴油车及双钩桁吊运输,其工作流程如下:

(1)采用混凝土柴油运输车将料斗运到拌和站,并使承接混凝土的料斗处于拌和站出料口下方。

(2)打开拌和站出料闸门,使混凝土自由泄落到吊斗内,直至装满。加设串筒保证混凝土的自由落差小于1m。

(3)开动运输车到生产线桁吊作业范围内。

(4)桁吊运行至混凝土运输车上方,打开闸门,将混凝土倾卸到布料机料斗中,混凝土运输作业即告完成。

(5)将起重机运行到布料机上方,打开闸门,将混凝土倾卸到布料机料斗中,混凝土运输作业即告完成。

(6)混凝土运输过程中,要保持平稳性,运到浇筑地点时不分层、不离析,严禁向混凝土内加水。

5. 混凝土浇筑

(1)混凝土工作性能试验

混凝土在浇筑前,应及时进行坍落度和含气量的试验,头三盘每盘检测,过程中随机抽检2次混凝土坍落度和含气量。搅拌工作全部完毕后,将搅拌机及全部混凝土容器清洗干净。

(2)混凝土温度控制

混凝土入模温度控制在5~30℃,模板温度控制在5~35℃。冬季搅拌时采用加热的预热方法调整拌合物入模温度,水的加热温度控制在50~60℃。

(3)混凝土坍落度及含气量

混凝土坍落度损失由试验室在现场试验确定,混凝土浇筑时根据检测结果适当地调整坍落度,但不得超出配合比坍落度设计值,混凝土入模时含气量控制在2%~4%。

(4)混凝土浇筑

机械准备:将布料机运行到需浇筑混凝土的模具正上方。

混凝土入模:混凝土采用高频转换器控制附着式高频振动器进行振捣,混凝土卸入储料斗后,开启下料仓门,同时走行布料机小车,将混凝土均匀布入模具。一般分两次布料,第一次布料75%,第二次布料25%。通过控制仓门开启大小,掌握混凝土出料速度,同时注意小车的行车速度。浇筑第一块轨道板混凝土时,试验人员应先测混凝土的坍落度、含气量及入模温度;发现问题,及时采取措施处理。

混凝土振捣:在第一层混凝土布料完成后,开始振捣,直至第二层布料结束后停止,振动的标准为混凝土表面液化泛浆、不冒气泡、混凝土不再下沉为准。如在第二层布料时,布料机料斗内混凝土卸完,则停止振捣,待混凝土运至现场后开始振捣。

刮平:放下整平板,布料机向前运行,将混凝土表面刮平,并将多余的混凝土刮到相邻的模具内。刮平后再进行一次振捣,直至混凝土表面液化泛浆后,气泡不持续涌出为准。

定位块安装、刷毛:在混凝土初凝之前,按设计要求在轨道板的相应位置安装定位块;压入混凝土中的定位块位置和数量应符合设计要求,距模具端230mm,位置允许偏差0、-3mm。定位块安装完毕后,移动刷毛机到模具分丝板上,控制拉毛深度在1~2mm,一次对轨道板进行刷毛作业。

温度传感器安装:在最后一块轨道板刷毛完成后,在板内预埋一个温度传感器,作为轨道板混凝土同条件养护温度控制的采集点。

拆除分丝隔板:在每块轨道板混凝土浇筑完成3~4h后,拆除分丝横隔板,在分丝隔板拆除前,松开分丝隔板锁紧螺栓,将分丝隔板两端采用专用工具撬松,采用桁吊将分丝横隔板取出。在拆除分丝横隔板时,必须控制拆除时段,否则会造成轨道板两侧坍塌或调角。

覆盖养护:在混凝土刷毛完毕后覆盖塑料养护模,分丝横隔板拆除后,再覆盖专用养护膜。

收尾工作:浇筑完毕,将电源切断,对搅拌机及全部混凝土容器冲刷干净;清洗混凝土输料斗及混凝土布料机;对拌和站及车间场地清理干净,所有工具均按要求摆放整齐。

试件制作:每个台座最后一块轨道板浇筑成型过程中,取样制作3组混凝土抗压强度试件,用于混凝土脱模抗压强度和28d抗压强度检测。每隔15d制作1组28d混凝土弹性模量试件。28d试件制作完成后采用同步养护,脱模后再进行标准养护。

(二)混凝土养护

1.跟踪养护

在每条生产线浇筑完成后,立刻将温度传感器插入最后一块轨道板,测试轨道板芯部温度。利用温控系统自动控制,在同条件养护过程中,轨道板芯部温度与轨道板试块温度保持联动(以轨道板芯部温度为主)。当轨道板芯部温度高于试块温度时,试块通过养护水加热,确保与轨道板芯部温度一致。每个台座设置6个养护跟踪点,具体布置见表3-3。

養护跟踪点布置一览表 表3-3

跟踪点编号	代表部位	传感器位置
1	轨道板	每台座最后一块轨道板芯部
2	试块	养护水箱中试块芯部
3	模具1	3号-75、2号-48、1号-21
4	模具2	3号-61、2号-34、1号-7
5	水域	养护水箱水域内
6	环境	养护水箱外侧环境中

2. 冬夏季养护措施

（1）冬季轨道板混凝土浇筑完成后，采用热循环供温。混凝土养分为静置、升温、恒温、降温四个阶段。

静置阶段：静止时间约3h，混凝土温度应保持在5~35℃。

升温阶段：升温速度不大于10℃/h。

恒温阶段：恒温时板内芯部混凝土温度不应超过55℃，最高温度的持续时间不宜超过60℃。

降温阶段：降温速度不应大于10℃/h。

（2）夏季厂房内的温度很高，最高可达到40℃左右。另外，覆膜及模具两侧的平台将模具底部的温度封闭，温度不断升高，从而很难保证轨道板最高芯部温度控制在55℃以下。根据现场实际情况，采取轴流风机的降温措施，并及时掀起模具两侧的平台，保证通风质量。同时，根据温控系统数据调节送风的时间，保证混凝土的养护质量。

3. 保温

在轨道板浇筑完毕后，应及时启动覆膜机对轨道板混凝土表面进行覆盖养护，覆盖养护材料为PVC篷布。采用人工将覆盖后由褶皱处的篷布拉平，确保轨道板混凝土表面覆盖严实，以防水分蒸发。当混凝土同步养护试件强度达到49MPa时，方可撤除覆盖层，进行放张和切割预应力钢筋，开始毛坯板脱模作业。毛坯板脱模或放在静置台座上时，为了避免温差裂纹，应立即采用覆盖材料保温、保湿，如图3-16所示。

图3-16 覆盖养护

六 预应力筋放张及轨道板脱模

(一)预应力筋放张

1. 预应力筋放张

预应力钢筋放张时,混凝土抗压强度不得低于设计强度的80%,且不应低于48MPa。预应力筋采用整体放张方式,在放张过程中要保证4台千斤顶动作同步。预应力钢筋放张时,先逆时针拧动千斤顶环形螺母,卸下支撑环,启动张拉设备,使千斤顶油缸回缩。当预应力钢筋切断后,张拉油缸回到初始位置。

2. 预应力筋切割

预应力钢丝采用特制的切割小车进行切割,为避免粉尘散入空气影响人体健康,切割小车应配备专用工业吸尘器。

人工推动切割小车沿装在横梁上的线性导轨缓慢走行至作业位置,将2根锁拴插入横梁和端梁上的定位孔内,锁定切割小车。在预应力钢筋切割前,先用大剪剪断ϕ5mm预应力钢筋,然后接通吸尘器电源和切割小车侧面电源,再放下切割锯片。切割时,要派专人配合,将吸尘器软管摆顺,并采用冷水对切割锯片降温。

为最大程度地降低预应力对模具的伤害,减少模具校正次数,在预应力钢筋切割时,先切断在张拉台座1/2处模具间的预应力筋,再切断在张拉台座1/4和3/4处模具间的预应力筋,最后切断其余模具间的预应力筋,不允许在带应力情况下切割。切割完成后关闭吸尘器、水源和切割小车电源,提起切割锯片,松开制动锁栓,移动切割小车至下一作业部位。

(二)轨道板脱模

1. 轨道板脱模

轨道板脱模采取桁吊配合真空吊具,压缩空气辅助的方法进行,其具体脱模作业如下:

(1)吊具准备

启动双梁式起重机真空吊具放置点,将吊钩与真空吊具挂好后,移动桁吊至脱模地点。

(2)吊具就位

用桁吊将真空吊具放置在具备脱模条件的毛坯板上,其中4个吸盘在毛坯板上处于对称位置,5个千斤顶对应到模具上的5个支撑点处。

(3)产生真空

启动真空泵,使吸盘牢固地吸在毛坯板上,待4块吸盘的知识灯变为绿灯时,即可开始脱模作业。

(4)校平横梁

开启液压油缸后,将油缸以低压力伸出,使横梁自行校平。

(5)脱模作业

脱模作业需设置在模具下面的压缩空气装置配合。全部打开压缩空气阀门,同时启动油缸提升功能,待将毛坯板提出模具约30cm距离后,脱模作业即告完成。

（6）移板作业

桥式起重机将毛坯板提升至一定高度后，用人工辅助，将毛坯板沿水平面顺向旋转90°，再运行桁吊到静置台座上方。

（7）落板

将机械式摇臂推向垂直状态，运行桥式起重机，调整轨道板位置，在人工辅助下，使轨道板沿摇臂放到存板台上。在存板台上放置第二层轨道板时，应提前按设计位置摆放垫木，每组临时支墩最多存放3层毛坯板。毛坯板每层间安放4个垫木，垫木要上下对齐，垫木的规格尺寸为150mm×150mm×150mm，垫木高度允许偏差±2mm。

（8）解除真空

将毛坯板放在临时支墩上，经检查位置无误后，即可解除真空，移走吊具，开始下一循环作业。

（9）注意事项

吊具在升降时，混凝土轨道板下不得有人停留。轨道板起吊后禁止下方穿行、停留和作业。不得将轨道板悬置半空，无人照管。不管出于何种原因，不得触摸正在运行的吊具。当升机构运行时，不得使用快速挡抵达"行程末端"区域。当设备行驶或起吊时，不得突然改变方向。桁吊吊板运行时，轨道板不得摇摆。起吊和运行时，没有采取必要的预防措施，不得对设备进行操作；真空吊具在行走时，不得随意调整桁吊的起吊高度。

七 毛坯板运输存放

（一）毛坯板运输

1. 覆膜及运输出厂

轨道板脱模后立即进行覆盖养护，当轨道板表面温度与周围环境温差不大于15℃时，方可撤掉覆盖物运至毛坯存放区存放。

2. 电瓶车就位

开动电瓶车到出板台位，通过限位装置，使4个液压油缸与存板台支柱对齐。顶起位置为轨道板第2列与第8列预裂缝中心两侧。

3. 顶板作业

开启液压装置把静置台座轨道板顶起，确保能通过纵向运输通道，并将毛坯板放置在横向板中转支墩上。

4. 运板

当轨道板表面温度与室外环境温差不大于15℃时，方可撤掉覆盖物将轨。道板运出厂房存放。采用横向运板小车，将横向出板中转支墩上的毛坯板运至毛坯板存放区，采用门式起重机并按顺序存放。

（二）毛坯板存放

1. 吊装准备

毛坯板存放区采用门式起重机配合抓钩式吊具，首先门式起重机移至毛坯板上方对准后,缓缓落下,人工拉动吊具上的锁紧装置,使吊具处于缩进状态。4 个吊点位置为毛坯板的第 3 列与第 8 列城轨台中心线两侧。

2. 摆放垫木

将 4 块垫木按设计位置精确摆放在存板基础上,垫木的纤维与支撑受力方向一致,垫木的外形尺寸为 150mm×150mm×150mm,垫木的允许偏差为 ±2mm。

3. 存板

启动门式起重机,运行至存板地点,小心降落毛坯板,并对准 4 个存放支点的位置后,将毛坯板小心放置在摆放好的垫木上,根据存板台做设计,每个毛坯板存放基础可存放 12 块毛坯板。在存放期间,应定期对毛坯板存放台座进行一次检测,检测内容包括:垫木的支撑情况,存板基础地基沉降情况,板垛垂直状态的保持等。如发现异常情况,应及时采取措施。毛坯板存放时间不应少于 28d,每垛毛坯板不超过 12 层。

4. 轨道板养护

在每块轨道板上覆盖 1 层毛垫布(夏季使用),用于提高洒水养护的功效,具体要求是自然养护时,混凝土表面用垫布覆盖。养护用水与搅拌混凝土用水相同,洒水次数以保持混凝土表面允分潮湿为准。

八 轨道板打磨及扣件安装

(一)轨道板打磨

1. 翻转轨道板

(1)用门式起重机配合多功能吊具将毛坯板运送到翻转机上。

(2)启动翻转机,将翻转装置下降到极限位置,并打开金锁装置。

(3)用门式起重机将毛坯板放在翻转框架上,打开多功能吊具锁紧装置,并将多功能吊具调离翻转机。如图 3-17 所示。

(4)启动翻转机液压装置,将毛坯板夹紧。

(5)将翻转装置升到极限位置,并翻转 180°。

(6)将翻转装置下降到极限位置后,解开翻转机锁紧装置。

(7)用滚轮运输线将轨道板运送到打磨工位。

图 3-17 翻转机

2. 轨道板预应力钢筋余头切割

在毛坯板运进打磨工位前,对毛坯板两侧预应力钢筋余头进行切割。切改完成后进入磨床进行打磨。

3. 轨道板打磨

轨道板打磨由数控磨床完成,工作过程中需要滚轮运输线、污水处理系统、空气压缩机、稳压器等设备协同运行。正常情况下,轨道板打磨时间约 15min。打磨轨道板时,污水处理、供水、供电、供气和滚轮运输线等系统应保持正常运行。

轨道板打磨的主要工作程序如下：

（1）数据输入：将设计单位提交的线路设计加料输入打磨机床计算机控制系统，包括线路几何、轨道几何、轨道板编号等，这些数据经设计单位处理后，成为不可编辑的文件，直接拷贝即可。

（2）固定轨道板：滚轮运输线将轨道板运送到打磨工位，通过设置在轨道板下的 4 个油缸将轨道板顶起并进行找平调整，用磨床 6 个支点将轨道板调整至无约束状态，并从侧面将轨道板夹紧固定。

（3）生成子程序：通过扫描轨道板的承轨台，计算出板平面相对于加工该块轨道板的数控子程序。

（4）轨道板打磨：数据给定值，打磨机的两个刀架将对轨道板进行打磨，直至满足成品板质检标准。如图 3-18 所示。

图 3-18　轨道板打磨

（5）质量检测：打磨完成后，系统将自动扫描轨道板的所有承轨台，并与给定数据比较，合格后，系统将自动分组存储轨道板的最终数据。

（6）标码识别：轨道板经打磨、检验合格后，在顶面按设计规定的位置铣刻布板设计中的轨道板编号。轨道板编号由字母和多位数字组成，按顺序增加。第一个字母为"L"或"R"，表示轨道板安装位置为左线或右线，其后数字为顺序号码，表示轨道板的安装地点。

（7）清洗出板：用固定在机床架梁冲洗装置冲洗轨道板。之后松开夹紧油缸，将轨道板放到滚轮托架线上，运往扣件安装工位。在移动过程中，对轨道板进行一次粗略的干燥。

（8）形成记录：应对每块轨道板形成记录，并注明各自编号。记录的内容包括：轨道板的几何尺寸、编号、毛坯板的制造日期和预制所用模具编号等。

（二）扣件安装

成品板经滚轮运输线运输至扣件装配区，扣件装配前，先采用工业吸尘器对存满水和混凝土粉末的螺栓孔清洁并吹干。用定量油脂加注机将油脂注入预埋套管内，每个套管内注入 21g ± 1g 油脂。扣件安装时依次安装弹性垫板、底板、轨垫、轨距挡板、弹条、轨枕螺栓等装入承轨台上，采用气动扭矩扳手依次将摆好的螺杆扭紧，不得使用锤子锤击。如图 3-19 所示。

a)　　　　　　　　　　　　　　b)

图 3-19　油脂加注及扣件装配

轨道板外形尺寸极限偏差应符合表3-4的规定,外观质量应符合表3-5的规定。

轨道板外形尺寸极限偏差及检验要求　　　　　　　　　　　　表3-4

序号	检验项目		极限偏差（mm）	每批检查数量（出厂检验）	检查项别
1	长度		±5.0	10块	C
2	宽度		±5.0	10块	C
3	厚度		+5.0/−2.0	全检	B
4	精轧螺纹钢筋外露长度		±5.0	全检	C
5	预应力筋丝位		±3.0	全检	A
6	成品板承轨台	1~20个承轨台拱高实际高差与标准高差的偏差（10个承轨台测量基础上,测量长度为5.85m）	±1.0	1块	A
		1~20个承轨台拱高实际高差与标准高差的偏差（3个承轨台测量基础上,测量长度为1.3m）	±0.5	1块	A
		承轨台直线度实际偏差与理论偏差之差（10个承轨台测量基础上,测量长度为5.85m）	±0.3	1块	A
		单个承轨台钳口间距	±0.5	1块	A
		承轨面与钳口面夹角	±1.0°	1块	A
		轨底坡	±0.1°	1块	A
		承轨台之间钳口间距	±1.0	1块	A
7	预埋套管	距承轨面120mm深处偏离中心线距离	2.0	1块	B

注:A类项别单项项点合格率不小于95%;B类项别单项项点合格率不小于90%;C类项别总项点合格率不小于90%。

轨道板外观质量及检验要求　　　　　　　　　　　　表3-5

序号	检查项目	质量要求	检查项别
1	肉眼可见裂纹	除个别预裂缝允许出现宽度小于0.2mm的非贯通裂纹外,其他部位不允许	A
2	承轨部位的表面缺陷	气孔、粘皮、麻面等缺陷的深度≤2mm、长度≤20mm	A
3	上边缘的破损或混凝土掉角	深度≤5mm;面积≤50cm³	C
4	底面边缘破损或混凝土掉角	长度≤15mm	C
5	可见范围内的泌水深度	深度≤5mm	B
6	预埋套管内混凝土淤块	无	C
7	轨道板外观	表面颜色一致,无油污	C
8	精轧螺纹钢筋端部	完整	A
9	调高预埋件、预埋套管的数量	齐全	B
10	接地端子与轨道板表面	平齐	B
11	轨道板编号	齐全	A

⚠ **任务实施**

项目名称	项目三　CRTSⅡ型板式无砟轨道施工	任务名称	任务二　轨道板预制
专业班级		姓名		学习小组	

【专业知识认知】(30分)

1. CRTSⅡ型轨道板场建厂原则是什么?(10分)

2. CRTSⅡ型轨道板钢筋施工的工作主要包括哪些内容?(10分)

3. CRTSⅡ型轨道板混凝土灌注施工作业主要包括哪些内容?(10分)

【能力素质训练】(60分)

1. 能够绘制CRTSⅡ型轨道板预制施工工艺流程图。(15分)

2. 能够对CRTSⅡ型轨道板预制模具进行检查,并能判断是否符合相关要求。(15分)

3. 能够对预制好的CRTSⅡ型轨道板外形尺寸进行检验,并能够判断是否符合验收标准。(15分)

4. 能够对预制好的CRTSⅡ型轨道板外观质量进行检验,并能够判断是否符合验收标准。(15分)

【工作总结】(10分)

学员自评		组长评价	
指导老师评价:			

任务三 支承层施工

🔷 任务引入

津秦高速铁路是环渤海区域的重要铁路，是国家中长期铁路网规划中的一部分，北连接京哈铁路、哈大高速铁路，西接京津城际铁路，南接京沪高铁，形成贯通东北、华北、华东地区的一条快速客运通道。津秦高速铁路采用了 CRTS II 型板式无砟轨道结构，路基段如图 3-20 所示，其支撑层是如何施工的呢？

路基内 CRTS II 型板式无砟轨道

图 3-20 津秦高速铁路路基段轨道结构

▲ 任务描述

查阅津秦高速铁路路基段支撑层施工资料，通过本任务学习，掌握支承层施工方法和施工工艺流程；能够对实际的施工项目进行技术交底；对施工的支撑层能够进行质量检验，并能判断是否符合验收标准。

◈ 相关知识

一 施工工艺流程

支承层施工宜采用滑模摊铺机进行，对于长度较短、外形不规则、有大量预埋件或在支承层上设置超高的地段，也可采用模筑法施工。长大路基地段支承层应采用滑摊铺机施工。采用滑模摊铺法或摊铺碾压法施工时，支承层材料应采用水硬性混合料。采用模筑法施工时，支承层材料应采用低塑性混凝土。

支承层施工工艺流程如图 3-21、图 3-22 所示。

二 施工准备

(一) CP III 控制网和永久控制点测设

CP III 控制网和永久控制点测设工艺同桥上无砟轨道。不同的是，路基上的永久控制

155

点利用现有接触网支柱基础,在进行接触网基础承台施工时,将预制完成的永久控制点钢筋混凝土立柱预埋,在预埋完成以后,在立柱顶部往下 10cm 位置进行钻孔,埋入螺栓(朝线路内侧轨道方向),作为施工无砟轨道时的后视棱镜的临时安放点。待接触支柱施工完毕后,再将控制点重新放到接触网柱上。

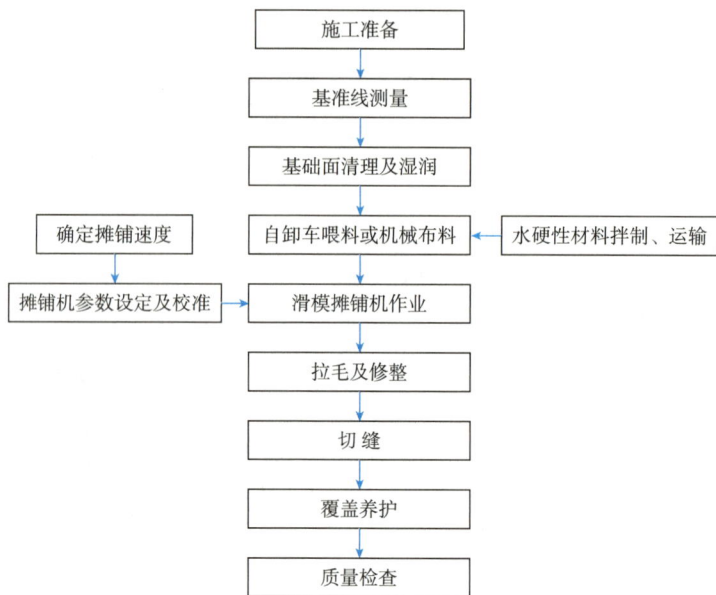

图 3-21　滑模摊铺法施工工艺流程

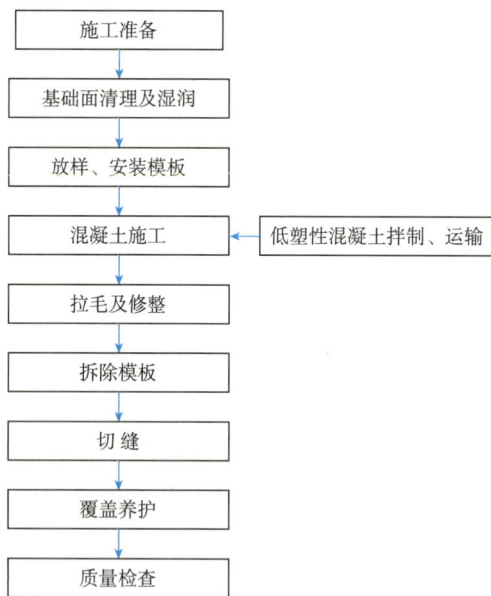

图 3-22　模筑法施工工艺流程图

钢筋混凝土预埋支柱采用内置钢筋笼的方法以加固支柱,全长 120cm,埋入接触网基础内 30cm,外露 90cm,钢筋混凝土立柱采用圆柱体,直径 20cm。

(二)路基沉降评估、检查

在路基沉降评估结果满足要求后,才可以进行水硬性混凝土支承层的施工。在施工混凝土之前,应该对路基进行检查。具有潜在检查过程中将具有潜在缺陷的区域的位置标识出来缺陷的区域可能包括:过渡段沉降的区域;路堤中有裂缝的区域;路堤两侧面碎屑材料滑落的区域;疏松、柔软、泥泞的路堤区域;在路堤上积水的区域;受损、有孔洞的路堤区域。将有缺陷的区域进行修补后,对混凝土支承层组织施工。

(三)测量放线

利用 CPⅢ 平面控制网和永久控制点用全站仪对混凝土支承层的设计位置进行测量放线。所用全站仪精度不应低于($2''$,$2mm + 2ppm$),水准仪精度不应低于 $3mm/km$。在测量放线过程中为摊铺机测设固定的定向导线,便于控制摊铺机方向和摊铺平面高度。

路基基床表层施工完,在直线上每 50m,曲线于 ZH、HY、QZ、YH、HZ 五大点及每 20m 为一检测断面,在实际中线位置两侧 130cm 处设 P_1、P_2 点(图 3-23),并测出 P_1、P_2 点实际高程,实际 x、y 坐标并计算出理论 x、y 坐标列表比较。以便支承层立模。

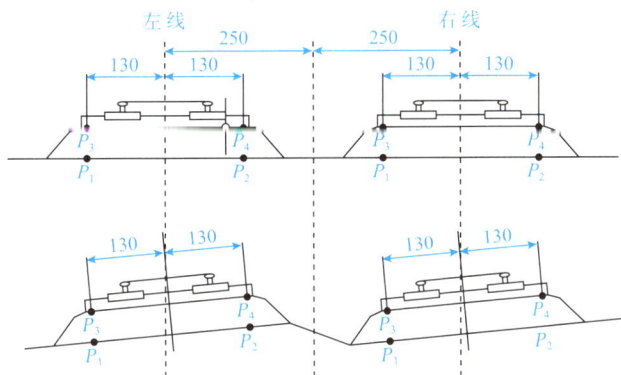

图 3-23 支承层测点布置图(尺寸单位:cm)

在支承层施工完,在直线每 25m,曲线于 ZH、HY、QZ、YH、HZ 五大点及每 10m 为一检测断面,在支承层实际中线两侧各 130cm,设 P_3、P_4 点,并测出 P_3、P_4 实际高程,实际 x、y 坐标,并与计算出的理论高程及理论坐标进行比较,以便进行道床板的施工。

三 支承层施工

支承层正式施工前,应进行工艺性试验,检测支承层各项指标,验证配合比、机械性能及工艺参数。根据试验情况,调整施工配合比及各种工艺参数。

雨雪天气时,不应进行支承层施工。冬期或夏期施工时应采取相应施工措施。支承层施工前,应将支承层范围内的基础面清理干净并适度湿润,但不得有积水。

(一)混凝土拌和

水硬性混合料或低塑性混凝土应由拌和站集中生产。混合料拌制前,应测定集料的含水率,并按测定结果及时调整施工配合比。每班检测 2 次含水率,雨天应增加含水率检测次数。集料的含水率宜小于 6%。混合料制备应严格控制原材料的计量精度,原材料每盘称量允许偏差:水泥、矿物掺合料、外加剂和水为 ±1%,集料为 ±2%。在拌制过程中,不得使用表面沾染尘土和局部曝晒过热的集料。混合料搅拌时间应由工艺试验确定,全部材料投入搅拌机后最短搅拌时间不宜小于 2min。拌合物应均匀,色泽一致。有生料、成团现象的非匀质拌合物不应用于支承层施工。

(二)滑模摊铺机施工

摊铺前,依据CPⅢ控制点测设摊铺机走行引导线,间距不应大于10m。首次摊铺时,应根据工艺性试验结果,结合现场情况对摊铺位置、几何参数和机架水平度进行调整和校准,宜采用钉桩或基准线法校准滑模摊铺机挤压底板高程和侧模前进方向,调整水平传感器立柱高度和滑模摊铺机机架前后、左右的水平度,往返校核1~2遍后,方可开始摊铺。摊铺开始3~5m后,应对支承层高程、边缘厚度、中线、横坡坡度等进行复核测量。滑模摊铺应匀速、不间断进行,如图3-24所示。每个工作班或者施工段摊铺完毕后,应及时清除尾段松散混合料。

图3-24　摊铺机施工

混合料宜采用自卸货车运输,每次使用前后应将自卸货车清扫干净,运输过程中应进行覆盖,卸料长度不宜超过10m。混合料应在水泥初凝时间的4/5之前使用。在摊铺过程中应加强检查,以降低或杜绝混凝土离析的发生。在摊铺和压实后,仍要继续进行检查,以保证能够迅速地发现任何产生离析的区域。如有必要,可立即将其切割并予以更换。若发现有轻微离析的区域,用与混凝土同强度等级的水泥砂浆修补。若发生大面积离析现象,分析原因,制定改进措施;在混凝土刚铺筑尚未产生强度时,可方便且快捷地切割并更换有缺陷的混凝土支承层;但如果混凝土已凝固硬化,则再切割和更换有缺陷的混凝土支承层,既不容易也不快捷。

混合料应采用人工配合机械进行均匀布料。布料长度应综合考虑卸料时间、布料时间、摊铺时间确定,宜超前摊铺机5m。当料斗清空后,摊铺机停机,卸空的自卸车开走;接着,另一辆载有混凝土拌合物的自卸车倒车至摊铺机旁,将混凝土拌合物卸到摊铺机料斗中,使摊铺机连续摊铺。在将混凝土拌合物卸到摊铺机料斗时,应对运送到现场的混凝土拌合物取样。取样的位置必须进行记录,以便日后追溯查询。在取样过程中,技术员必须保证取样时是安全的,摊铺机操作人员也知道正在进行取样。

(三)模筑法施工

1.放样、安装模板

支承层施工前,应根据CPⅢ控制点按5~10m间距测放支承层模板放样点,为模板定位提供基准。并定出模板顶面安装线和支承层顶面高程,用于控制模板高度和支承层顶面高程。

根据测量放样的支承层外边线支立模板,模板与模板之间通过螺栓进行连接,连接处粘贴双面胶。利用水平尺、钢板尺等测量工具对初步支立完成的模板进行调整。可在放好的每个模板线控制点旁靠近模板内侧部位植入长短两根φ12mm钢筋,长钢筋露出路基面350~400mm,短钢筋露出路基面50mm左右。然后测量短钢筋顶部高程,并以此计算标出支承层顶面高程位置,并将数据记录详尽清晰,作为模板高程控制的依据。

利用距离支承层外边线150mm的模板控制线进行模板线形的调整。每块模板必须测量至少首尾各两个点,保证其距离模板控制线的距离为150mm,从而保证模板内侧刚好位于模板边线上,同时利用水平尺调整模板垂直度。对调整好的模板高程及线形进行复核,对达不到要求的位置作进一步调整。

利用焊接于模板上的三角撑对模板进行加固,模板调至设计高程后,在三角撑后的套筒内植入钢筋头进行固定。也可在模板高程及线形调整到位后,利用点焊将三角撑焊接于钢筋头上进行模板加固。如图3-25所示。

图3-25 三角撑加固

2. 混凝土施工

对已安装模板的路基段顶面进行洒水湿润,使其保温2h以上,并不得积水。混凝土浇筑前,对模板中线位置、顶面高程及模板内侧宽度进行复核检查,检查无误后方可进行混凝土施工。混凝土浇筑应从低侧向高侧进行布料,摊铺时严禁抛掷混凝土,防止离析。混凝土浇筑时,先人工大致摊平,再用5cm插入式振捣器振捣,振捣器作业时应遵循"快进慢出"的原则,每插入一次的振捣时间为20~30s,不宜过振。对每一振动部位,必须振动到该部位混凝土密实为止,密实的标志是混凝土停止下沉,不再冒出气泡,表面呈现平坦、泛浆。最后采用振动梁进行混凝土面振捣并提浆整平。

混凝土的浇筑应连续进行,如因故必须间断时,其间断时间应小于混凝土的初凝时间或能重塑的时间。浇筑混凝土期间,应设专人检查模板支撑稳固情况,当发现有松动、变形、移位时,应及时处理。

测量人员应在混凝土浇筑期间应进行实时监控,严格控制好支承层混凝土的表面高程。在曲线超高地段的支承层施工时,混凝土摊铺过程中须用人工不断补充超高范围混凝土,最后用振动梁来回两遍整平振实。

四 拉毛及修整

在支撑层表面整平后,采用35cm专用抹子在支承层顶面两侧边缘20cm宽范围内,两侧抹出4%的排水坡,其变坡点为轨道板外边缘对应位置。起坡点用墨线弹出,以此控制放坡位置,对于直线段和不同超高的曲线段,放坡具体高度应由技术人员根据具体情况准确计算确定。

找坡完成后,支承层混凝土表面采用长柄塑料刷横向拉毛。拉毛应合理掌握时机,以初凝后、终凝前、采用手指按有轻微手纹时为宜。拉毛选择好拉毛工具,刷毛的硬度、长度及操作手的用力方向、大小均需多次试验,确保拉毛纹理深度1~2mm,拉毛过程中应配备洗毛刷的设施,现场操作时根据情况对毛刷进行清洗,保证拉毛效果。

在找坡、拉毛完成后,对支承层混凝土两侧各35cm范围内进行抹光,形成横向排水坡,排水坡表面要求平整光滑,线形顺直美观。

五 支承层切缝

为了控制混凝土支承层中裂缝的形成,应在混凝土支承层的新铺筑混凝土尚未产生强度时用切割机进行切割。当采用滑模摊铺法施工时,应在混凝土终凝后至12h内进行横向切缝;采用模筑法施工时,应在混凝土终凝后至24h内进行横向切缝。横向切缝间距宜为5m,每个工作班结束时的施工缝宜设置在切缝处附近;当施工缝间距不足5m时,应在施工缝处进行横向切缝。横向切缝宽度宜为3~5mm,缝深不应小于支承层厚度的1/3。横向切缝完成后应及时采用沥青胶或塑胶类等弹性材料进行灌封。

六 覆盖养护

支承层摊铺或浇筑完成后应喷涂养护剂或洒水并覆盖进行保湿养护,养护时间不应少于7d。当气温低于0℃时,应采取保温措施。

由于混凝土支承层的含水率相对较低,在对混凝土支承层进行养护的过程中必须进行严格的控制,以保证水硬性材料能够完全水化并与集料完全黏结。若未能严格控制养护,将会导致混凝土支承层不牢固、表面起灰、不合格,甚至可能需要将其全部拆除。

七 质量检验

支承层施工完成后的检验项目和检验频率应符合表3-6的规定。

支承层的检验要求

表3-6

序号	检验项目	检测频率
1	压实系数	每500m或施工段检验一次(3个点)
2	芯样抗压强度	每500m或施工段检验一次(3个试件)
3	中线位置	每50m检测一次
4	厚度	每50m检测一次
5	宽度	每50m检测一次
6	顶面高程	每50m检测一次
7	表面平整度	每50m检测一次
8	排水坡宽度	每50m检测一次
9	切缝	全检
10	非水坡外观质量	每50m检测一次
11	表面质量	全检

支承层压实系数不应小于0.98。28d单个芯样抗压强度不应小于6MPa,28d单组芯样抗压强度不应小于8MPa。支承层表面应平整、颜色均匀,不应有疏松及缺棱掉角等缺陷,道床板或轨道板宽度范围内的支承层表面应进行拉毛处理,拉毛纹路应均匀、清晰、整齐。支承层外形尺寸允许偏差应符合表3-7的规定。

承层外形尺寸允许偏差

表3-7

序号	检验项目	允许偏差(mm)
1	厚度	±20
2	中线位置	10
3	宽度	+15,0
4	顶面高程	+5,-15
5	平整度	10/3m
6	两侧排水坡宽度	+15,0
7	两侧排水坡坡度	-1%~+3%

⚠ 任务实施

项目名称	项目三　CRTSⅡ型板式无砟轨道施工		任务名称	任务三　支承层施工
专业班级		姓名		学习小组	

【专业知识认知】(30分)

1. 支撑层施工应如何进行测量放样？(10分)

2. 滑膜摊铺机施工作业的主要内容有哪些？(10分)

3. 混凝土支撑层切缝施工的注意事项有哪些？(10分)

【能力素质训练】(60分)

1. 能够绘制滑模摊铺法施工工艺流程图。(20分)

2. 能够绘制模筑法施工工艺流程图。(20分)

3. 在铁道综合演练场，能够对支撑层进行质量检验，并能判断施工是否符合规范要求。(20分)

【工作总结】(10分)

学员自评		组长评价	

指导老师评价：

任务四 底座板施工

◆ 任务引入

京津城际铁路正线全长120km,正线桥梁占线路长度87%,正线最小曲线半径7000m,最大坡度12‰,线间距5m,是我国首次采用CRTSⅡ型板式无砟轨道结构的客运专线,为中国高铁领跑世界提供了技术积累和宝贵经验。如图3-26所示。京津城际桥梁长度占线路总长度的87%,桥梁段底座板施工在轨道结构施工中占有较大比重,在底座板施工中应注意哪些问题呢?

图3-26 京津城际

▲ 任务描述

底座板是桥梁上CRTSⅡ型板式无砟轨道结构的主要受力构件,是CRTSⅡ型板式无砟轨道设计、施工的重点。查阅京津城际桥梁段底座板施工相关资料,通过本任务学习,能够绘制滑动层及高强度挤塑板、底座板、台后锚固施工工艺流程;能够结合现场实际情况进行技术交底;能够进行质量检验。

◇ 相关知识

桥梁上底座板施工主要包括滑动层及高强度挤塑板施工、混凝土底座板施工和台后锚固结构施工。

一 滑动层及高强度挤塑板施工

(一)施工工艺流程

桥上滑动层及高强度挤塑板施工工艺流程如图3-27所示。

(二)桥面验收

滑动层铺设前首先检查桥面,核对梁面高程、平整度,检查梁面防水层质量。无砟轨道范围内的桥面高程允许偏差为 -20~0mm,对不能满足要

滑动层的设置

求的部位应进行打磨,并采用聚合物砂浆填充处理。相邻梁端高差不应大于10mm。梁端1.45m范围内梁面平整度允许偏差为2mm/1m,桥面底座板范围内平整度允许偏差为3mm/4m。梁端1.45m范围内凹槽深度的允许偏差为±2mm。梁端剪力齿槽深度不得小于设计深度要求。桥面预埋件高程、平面位置应准确。防水层不应有破损及空鼓现象。桥面排水坡应符合设计要求,确保汇水、排水能力,不得有反向排水坡。

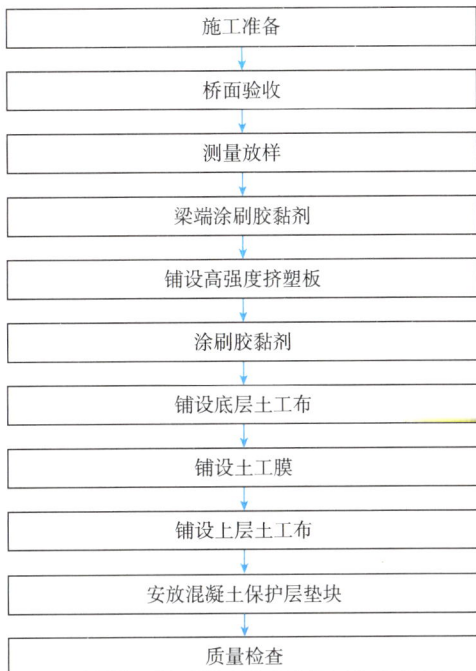

```
┌─────────────────────┐
│      施工准备        │
└─────────────────────┘
           ↓
┌─────────────────────┐
│      桥面验收        │
└─────────────────────┘
           ↓
┌─────────────────────┐
│      测量放样        │
└─────────────────────┘
           ↓
┌─────────────────────┐
│    梁端涂刷胶黏剂     │
└─────────────────────┘
           ↓
┌─────────────────────┐
│   铺设高强度挤塑板    │
└─────────────────────┘
           ↓
┌─────────────────────┐
│     涂刷胶黏剂        │
└─────────────────────┘
           ↓
┌─────────────────────┐
│   铺设底层土工布      │
└─────────────────────┘
           ↓
┌─────────────────────┐
│     铺设土工膜        │
└─────────────────────┘
           ↓
┌─────────────────────┐
│   铺设上层土工布      │
└─────────────────────┘
           ↓
┌─────────────────────┐
│  安放混凝土保护层垫块  │
└─────────────────────┘
           ↓
┌─────────────────────┐
│      质量检查        │
└─────────────────────┘
```

图3-27 桥上滑动层及高强度挤塑板施工工艺流程图

检查验收合格后,对桥面进行清洗,保证桥面清洁,表面无残留的细小石子、砂粒等杂质。铺设前要进行彻底清扫或用高压水枪冲洗梁面,确保滑动层铺设范围内无尖锐异物、浮灰、油污等,且梁面不得有起砂、起皮现象,以免损伤滑动层或影响黏结效果。

(三)测量放样

滑动层、高强度挤塑板施工控制点依据CPIII测设,根据控制点弹出墨线,确定滑动层、高强度挤塑板铺设位置。在底座板2.95m范围两侧及中间各弹出宽30cm的黏合剂涂刷带,如图3-28所示。每孔箱梁上滑动层的铺设范围为剪力齿槽外的整个底座板底区域。

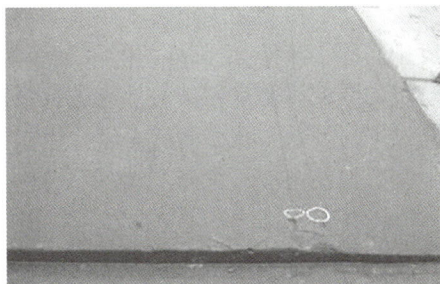

图3-28 滑动层的铺设宽度线

(四)高强度挤塑板铺设

高强度挤塑板设于梁面凹槽、桥台顶、无覆土框构桥面及过渡板处,用以减小轨道系统由梁端转角带来的附加力。一般在梁缝两端各1.45m范围设置一层宽2.95m、厚5cm的高强度挤塑板,高强度挤塑板材质为挤塑聚苯乙烯泡沫塑料板,高强度挤塑板规格尺寸应按桥面拼接需要加工为定尺规格,高强度挤塑板横向可采用搭接方式。挤塑板与桥面通过聚氨酯胶合剂粘贴。如图3-29所示。高强挤塑板不能受损,一旦挤塑板受损,必须整块更换。

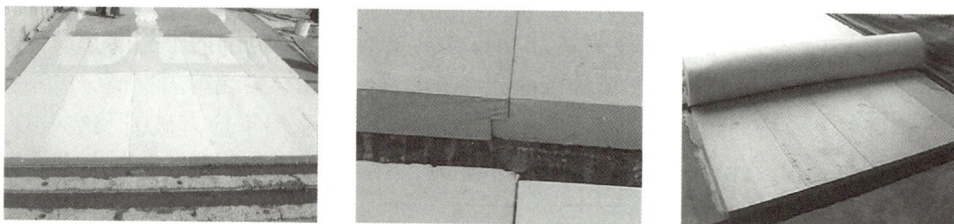

图 3-29　高强度挤塑板

铺设时在梁缝处应断开,并与梁端平齐。为确保拼接后的板缝密贴不留空隙,先在整个铺设范围涂刷胶水,两侧范围胶水可刷厚,防止出现离缝,然后将泡沫板根据所测放的位置准确粘贴,最后采取承重预压,防止挤塑板翘起及变形,并用木锤(或橡皮锤)轻敲,听见无空鼓的声音,保证密贴,如图 3-30 所示。如发现泡沫板破损,进行更换,重新铺设。安装后的高强度挤塑板间不得有缝隙,与其下的接触面应满粘胶黏剂,不得有缝隙。顶面与桥梁加高平台上表面的高度允许偏差应满足 0 ~ 2mm 的要求,如有问题必须处理。

硬泡沫塑料板的
铺设

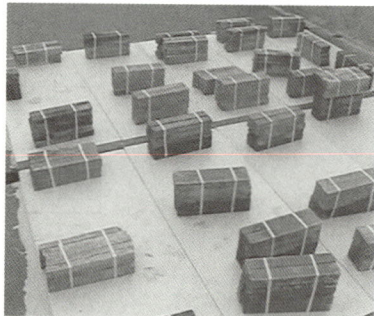

图 3-30　高强挤塑板预压示意图

(五)滑动层施工

滑动层自下至上由土工布 + 塑料薄膜 + 土工布组成,简称"两布一膜"。铺设前桥面应用高压水清洗,清除残留附着突起物,防水层表面不得残留石子或砂粒之类可能破坏滑动层的颗粒。防水层破裂处应进行修补。梁上滑动层应从剪力齿槽边缘连续整块铺设,跨过梁缝到下一孔梁的剪力齿槽边缘为止。滑动层的首尾断头采用黏结或将下层土工布上翻叠加在上层土工布上,避免杂物进入滑动层。

1. 涂刷黏结剂

在底座板范围内沿线路纵向两侧及中间各涂刷 30cm 宽的黏结剂涂刷带,及时将下

图 3-31　涂刷黏结剂

层土工布粘贴在桥梁防水层上,桥梁梁缝区域粘贴在高强度挤塑板上,如图 3-31 所示。黏结剂需在涂刷线范围内涂刷均匀、一致,厚度控制在 0.5mm左右,要求在土工布的铺设时随涂随铺,不可一次涂刷过长(一般控制在 5m 以内)。在梁端剪力齿槽及土工布对接处,应在梁缝、剪力齿槽及土工布对接缝的两侧(横桥向)各涂刷一

道 30cm 宽的黏结剂。

2. 滑动层铺设

滑动层铺设应宽出底座板两侧不小于 5cm，无破损，否则不得使用。将第一层土工布粘贴在桥梁防水层上，在梁缝处断开。底层土工布可对接，中间薄膜可熔接，上层土工布可搭接，不许对接，如图 3-32 所示。

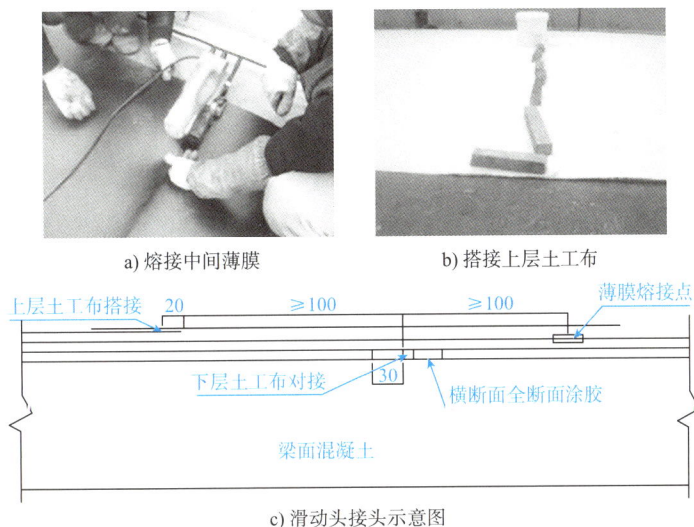

a) 熔接中间薄膜

b) 搭接上层土工布

c) 滑动头接头示意图

图 3-32　滑动层铺设(尺寸单位:mm)

将底层土工布放置在已涂刷黏合剂的梁面起点上慢慢展开，并用刮尺在土工布上刮压几遍，使其与梁面黏结牢固，严禁有起鼓、起泡等现象。土工布纵向无接头。底层土工布铺设时可对接，不允许搭接，接缝区域要与梁面全面积黏结。分块对接时，每块土工布最小长度不小于 5m，在梁缝宽度范围内，底层土工布应断开。

将土工膜在下层土工布上展开并刮平，不得起皱，其接缝采用热熔焊机熔接，熔接时应避免损坏下层已铺土工布。接缝处理必须符合设计及规范要求，接缝处与下层土工布的接缝应错开至少 1m。

在土工膜上摊铺上层土工布，上层土工布应连续整块铺设。梁缝部位上层土工布顶面应按设计要求铺设镀锌钢板条，钢板条在梁缝中心线对称放置，保证前后梁端有至少 5cm 的搭接宽度，作为梁缝处底座板混凝土支撑，确保底座板混凝土浇筑时梁缝处滑动层不出现凹陷。

滑动层铺设应平整无褶皱、无破损。土工布毛面紧贴混凝土，光面紧贴塑料薄膜。中间土工膜及上层土工布铺设时，两端可采用张拉机具辅助张拉，确保铺设平整。滑动层平整度(起拱度)应按 10mm/1m 进行控制。

滑动层铺设完成后，及时采取措施防止滑动层移位、褶皱，滑动层上不得行车。在滑动层顶面摆放底座板条形混凝土垫块，以保证底座钢筋的保护层厚度，同时防止滑动层卷材被风刮起，如图 3-33 所示。

图 3-33　土工布铺设

165

3.土工布对接

下层土工布可对接,接缝区域30cm范围内应与桥梁表面全面积粘贴。土工膜对接应采用熔接方式。上层土工布可搭接,搭接长度不小于20cm。各层之间接头的距离不得小于1m,且不得设在高强度挤塑板范围内。土工布、塑料薄膜搭接位置相互错开大于1m。

二 底座板施工

(一)施工工艺流程

桥上底座板施工工艺流程如图3-34所示。

底座板铺设

```
                    施工准备
                       ↓
                    滑动层验收
                       ↓
   连接器安装 ←    钢筋绑扎    → 埋设温差电偶
                       ↓
                    模板安装
                       ↓
                底座板混凝土浇筑
                       ↓
   后浇带连接 ←    混凝土养护
                       ↓
                    轨道板铺设
                       ↓
   ┌ ─ ─ ─ ─ ─ ─ ─ ─ ─ ─ ─ ─ ─ ─ ┐
   |              铺设长钢轨              |
   |                 ↓                 |
   |              侧向挡块施工              |
   └ ─ ─ ─ ─ ─ ─ ─ ─ ─ ─ ─ ─ ─ ─ ┘
                       ↓
                    检查验收
```

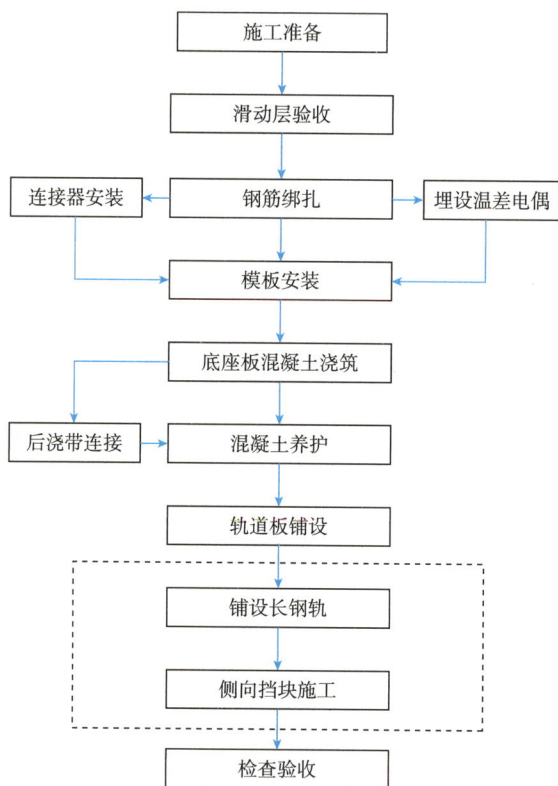

图3-34 桥上底座板施工工艺流程

(二)钢筋加工及安装

钢筋在场内集中加工制作,根据钢筋设计图纸,放出大样,底座板钢筋采用搭接连接,以15m的非标定尺钢筋为主,其他钢筋下料要按照要求采用钢筋切断机。钢筋进行弯曲时,必须进行试弯合格才可以批量弯曲成形。钢筋的弯曲直径小于20mm的,钩筋弯曲直径等于4倍的钢筋直径;直径大于等20mm的,钩筋弯曲直径等于7倍钢筋直径。半成品加工好后,应分类堆放,并经技术、质检检查合格后挂牌标识,并将其覆盖好,不得裸露,以防止生锈。为了避免钢筋受弯曲时产生脆性破坏,钢筋笼的绑扎应至少在0℃以上的温度进行。

1. 钢筋调直

采用钢筋调直截断机作业,其工艺流程为:备料→调直机调直→截断→码放→检查合格→转入下道工序。

2. 钢筋截断

采用钢筋截断机作业,其工艺流程为:备料→划线(固定挡板)→试断→成批切断→钢筋堆放。

(1)备料

钢筋裁切应有下料单,备料时将同规格钢筋,根据不同长度进行长短搭配,一般应先断长料、后断短料,以尽量减少短头。

(2)划线(固定挡板)

划线时应避免用短尺量长度,避免累计误差。在切断机和工作台相对固定的情况下,可在工作台上设置可固定断料的活动挡板,下料时以切断机的固定刀口作为起始线,活动挡板作为末端。

(3)切断

钢筋切断机固定刀片与冲切刀片间应有 1~2mm 的间隙,刀刃应磨成一定的角度。将要切断钢筋的长度用石笔标志在工作台上,沿标志固定挡板,将钢筋端头顶齐,如有弯折部分,应先将弯折部分切断再顶齐。钢筋端头要顶到活动挡板,将钢筋落入切断机切断,为防止差错,应先试断一根,检查合格后,再成批切断。

3. 钢筋的弯曲成型

(1)工艺流程:准备→划线→试弯→成批弯曲→堆放。

(2)准备:钢筋在弯曲成型前,首先须熟悉要进行弯曲加工钢筋的规格、形状和各部分尺寸,特别注意超高地段;以便确定弯曲操作步骤和尺寸等。

(3)划线:根据钢筋表上标明的尺寸,用粉笔将各弯曲点位置在工作台上划出。图纸所注尺寸系指钢筋轴线间中心距离。

4. 钢筋绑扎

底座钢筋绑扎由于受工期、场地、钢筋运输等的限制,可考虑在钢筋加工场内集中加工,根据分节绑扎成型后吊装上桥,也可直接在现场进行绑扎。混凝土底座板钢筋绑扎或吊装前,应检查确认滑动层无破损,且将条形垫块按梅花状布置,并保证垫块接触面积不小于底座面积的 18.5%,防止滑动层过度受压而破损。

由于不是每跨梁中间均设后浇带钢板连接器,钢筋绑扎前需根据设定好的后浇带钢板位置分出不同的钢筋绑扎类型(长度、超高),并按照技术交底给定的纵向钢筋搭接长度及调剂段纵向钢筋长度进行现场绑扎。绑扎顺序从下层到上层。

两节钢筋笼间纵向钢筋接头面积百分率不应大于 50%,且相邻钢筋搭接接头中心距离不小于 1.3 倍的设计搭接长度,搭接长度按照纵向钢筋的直径确定,φ16 为 1.05m,φ20 为 1.32m,φ25 为 1.64m。钢筋下料采用定长切断机保证下料长度准确统一,钢筋在自制的绑扎胎具上进行绑扎,钢筋笼的绑扎应稳固,缺扣、松扣的数量不得超过应绑扎数量的 5%。钢筋笼绑扎验收后编号存放,采用平板运输车运至工地,门式起重机多点吊装上桥安装,搭接区域人工桥上绑扎,每施工段的钢筋绑扎好后,应检查不小于10处的钢筋间距及钢筋保护层厚度。要求钢筋间距偏差控制在 -20 ~ 20mm 内,保护层偏差控制在 0 ~ 5mm 内。钢筋骨架侧面与模板间保护层垫块在模板支立后安放,并及时调整钢筋位置,保证保护层厚度满足设计要求。

5. 剪力齿槽内剪力钉锚固

梁端剪力齿槽处,由钢板和带螺纹的钢筋焊接的剪力钉应与梁体预埋套筒配套。剪力钉的长度应根据底座板设计高度(包括曲线外侧超高)及现场预埋套筒实际情况确定,且安装后的剪力钉宜低于底座板顶层钢筋 20 ~ 50mm。剪力齿槽内剪力钉,分为梁内和底座板内两部分。桥内部分(含套筒)在梁场制作时预埋在箱梁顶板的齿槽内;底座板内部分在底座板施工时旋入梁顶预埋套筒内。先对剪力齿槽的顶面、两侧面和底面进行凿毛处理并清理干净。凿毛采用小型电动凿子进行,凿毛时要注意要避开预埋套筒,凿毛深度为 5 ~ 10mm,以露出新鲜混凝土面为宜。随后进行预埋套筒清理,采取人工逐一清理的方式,用细铁丝逐个把杂物从套筒中清理出来,然后填塞黄油。剪力钉制作长度应根据底座板超高设置及现场预埋套筒高低情况"量身定做",以避免安装后过高或过低,影响剪力钉受力,安装后保证锚固钢板伸入底座板大于 1/2 底座板厚度。安装时采用扭力板手配合加工的夹具(图3-35),确保拧紧力矩不小于 300N·m,同时保证剪力钉拧入套筒内长度大于 1.5 倍的锚固筋直径即 42mm。每片梁按照剪力钉的编号,逐一对扭矩、拧入套筒长度和锚固钢板伸入底座板长度进行验收和记录。

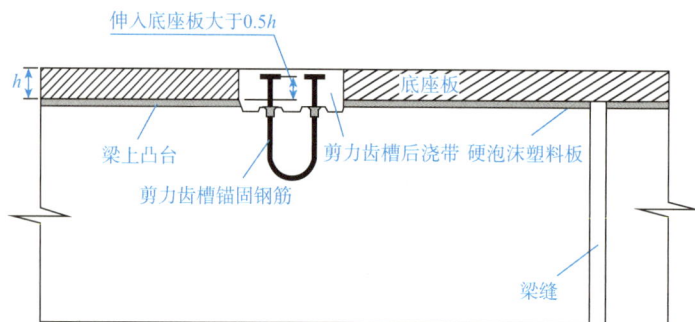

图3-35 剪力齿槽剪力钉示意图

(三)钢板连接器安装

钢板连接器在桥下制作,安装时分两部分吊装上桥,与连接钢板焊接的钢筋在桥下与钢板提前焊接好,整体吊装上桥,安放到位后,再安装用螺母锁定的精轧螺纹钢筋,如图3-36所示。钢板连接器焊接时,应对焊接方式、焊条、焊接参数等进行适用性验证,并制作焊接试件送检。焊缝高度应符合设计要求,焊缝表面不得有肉眼可见裂纹,钢筋不得有灼伤痕迹,焊渣应清理干净。板连接器应在两侧钢筋笼安装时同步安装,并置于后浇带中间位置,纵向位置允许偏差 ±50mm,后浇带接缝应与轨道板宽接缝错开布置。钢板连接器安装过程中应使其中线与底座板中线重合,钢板分别与梁面及线路中线垂直,钢板与桥面的垂直度允许偏差 10mm,钢板底部应按设计要求支垫,定位后的钢板不得与滑动层直接接触。就位后的钢板连接器精轧螺纹筋应与钢板垂直,所有锚固端螺母与钢板密贴,且精轧螺纹钢筋外露长度不应小于 20mm,但也不宜过长。

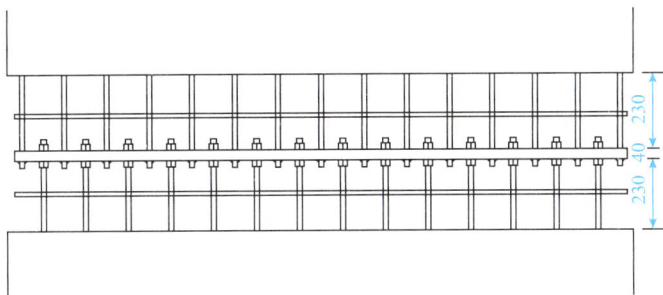

图 3-36　后浇带钢板连接器示意(尺寸单位:mm)

连接器钢板焊接时易产生较大挠度,造成精轧螺纹钢筋螺母安装后与钢板不密贴,满足不了准确控制张拉力的要求,在焊接过程中可以采取以下控制措施:

(1)焊接顺序控制

自中间向两侧对称进行,梅花形跳槽法焊接,保证温度应力平均,减少焊接热量集合。单块连接器钢板焊接顺序如图 3-37 所示。由于焊缝高度为 15mm,为防止温度聚集,禁止一次焊接至设计焊缝高度,需要按照此顺序反复进行几遍,方能够达到设计焊缝高度。

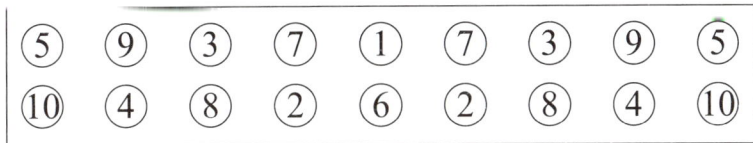

图 3-37　单块连接器钢板焊接顺序

(2)焊接间隔时间控制

一样在 5~6 块连接器钢板之间进行流水焊接作业,且必须连续进行。在常温 15℃情况下,同一焊点两次间隔焊接时间一般控制在 15min,且不超过 30min。环境温度较高时可以适当延长 10~20min,环境温度较低时则相反。

(3)预留反向挠度排除温度变形

采用上述两种方法不能完全排除焊接温度变形,必须采用固定支架和夹具,在外力作用下形成 60mm 反向挠度,以抵消残余的温度变形,如图 3-38 所示。

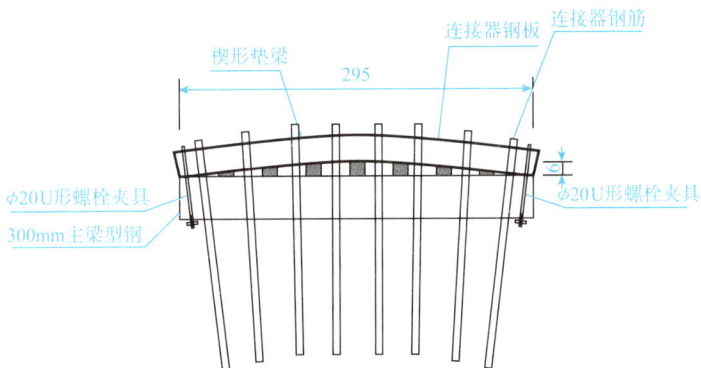

图 3-38　预留反向挠度示意图(尺寸单位:mm)

(四)温差电偶埋设

底座板混凝土浇筑前,在每个浇筑段距离后浇带约 1/3 浇筑段长位置处,在底座板横断面的中心位置钢筋笼内安装温差电偶,用于底座板张拉连接时测量底座板芯部温度,温差电偶安装数量为每两个相邻的钢板连接器之间至少 1 个,施工过程中应加强对温差电偶的保护。如图 3-39 所示。

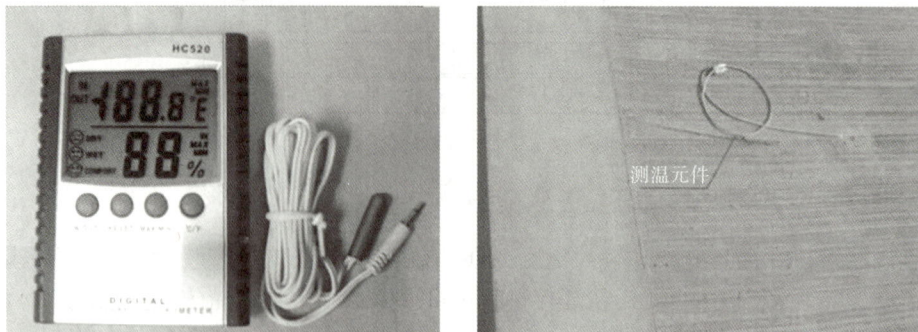

图 3-39　温差电偶

(五) 底座板模板制作及安装

混凝土底座板模板采用槽钢及角钢组合可调式专用钢模,并满足普通地段和曲线超高地段的模板拼装需要。一般情况下,一个工作面底座模板配置数量以满足一个施工段落左右线的底座板同时浇筑为宜。

侧模安装前,应弹出模板线形控制线,安装时根据控制线对模板的平面位置进行控制,模板中线位置允许偏差 5mm,每 5m 检查 3 处。模板按线形安装就位后,每块模板端部采用松紧、长度可调拉钩将内侧两条模板相互拉紧,防止模板向内侧或外侧倾斜。需特别注意的是:侧向挡块处须采用整块模板,不应存在模板接缝。

后浇带处端模安装可根据钢筋位置尺寸加工镂空模板,镂空模板可用薄钢板分上下两层加工后对接成整块模板。确保端模与侧模垂直;后浇带宽度满足设计要求:钢板连接器后浇带宽 50cm,剪力齿槽后浇带宽 66cm;模板缝隙填塞密实,严防漏浆。

模板顶面高程通过模板调节螺栓升高或降低来实现,模板高度数据由测量人员对施工队进行书面技术交底,高度调整测量工具采用高度可调的卡尺。

模板高度调整到位后,即可对模板进行加固,线路中间两条模板利用可调节对撑杆呈剪力状相互支撑,每节模板设置两道对撑杆。防撞墙模板加固则直接支撑在防撞墙上,模板加固好后,测量人员用水准仪对模板顶面高程进行复测。顶面高程允许偏差 ±3mm,若不能满足此要求,应对模板高度进行二次调整。

(六) 底座板混凝土施工

底座板混凝土施工前,应清理底座模板内杂物,检查确认钢筋、后浇带钢板连接器、剪力钉、模板状态及绝缘性能,所有钢板连接器螺母全部松开,距钢板不小于 30mm,并确保精轧螺纹钢与钢板垂直。

1. 底座板混凝土浇筑

底座板混凝土浇筑时,先浇筑常规区和暂时端刺区混凝土。简支梁上常规区底座板每次灌注长度最少为 1 孔,一般宜为 3~5 孔。连续梁底座板的最小浇筑长度应延伸到连续梁范围外的一定长度。若连续梁范围内底座板不能一次施工完成,可在连续梁上设置后浇带。临时端刺区底座板应分段施工完成,后浇带连接需根据临时端刺和常规区设置情况,按照设计顺序进行。后浇带的种类、名称等应在现场后浇带位置附近进行明确标识。

底座板混凝土由拌和站集中搅拌，混凝土罐车运到工地，再由泵车泵送入模。混凝土的坍落度控制在 16~20cm 之间，自由落差不能大于 1m。当工地昼夜平均气温连续 3d 低于 5℃或最低气温低于 -3℃时，应采取冬季施工措施，混凝土的入模温度不低于 5℃；当工地最高气温高于 30℃时，应采取夏季施工措施，混凝土的入模温度不宜超过 30℃。

混凝土浇筑由一道后浇带(钢板连接器后浇带或剪力齿槽后浇带)向另一相邻后浇带(钢板连接器后浇带或剪力齿槽后浇带)推进，一次成型，中间不留施工缝。混凝土浇筑时，先用人工大致摊平，再用 5cm 插入式振捣器振捣，振捣时要快插慢拔，由于结构较薄，每一棒的捣固时间控制在 15~20s，防止过振。捣固密实的标准为混凝土面停止下沉、无较大气泡冒出、表面平整泛浆为止。插棒间距为振捣棒直径的 10 倍，切忌振捣棒触碰模板和振捣钢筋，最后采用提浆振动梁进行混凝土面振捣并提浆整平。

浇筑过程中，模型班要专人检查模板，发现螺栓、支撑等松动应及时拧紧和打牢。发现漏浆应及时堵严，钢筋如有移位，钢筋班组须及时调整保证位置正确。

用木抹子在底座板顶面两侧边缘 25cm 宽范围内，抹出 2%的反向排水坡。中部 2.45m 范围内 5‰的流水坡可靠底座两侧模板的高差形成，不需特别收抹。在曲线超高地段底座板施工时，混凝土摊铺过程中须用人工不断补充超高范围混凝土，最后用振动梁来回两遍整平振实。

对轨道板铺设范围内的底座板顶面进行拉毛，拉毛深度一般控制在 1~2mm。拉毛时间以手指按压混凝土表面刚好不沾手时为佳。拉毛采用尼龙刷，保证拉毛细密、均匀，且深度基本一致，如图 3-40 所示。

2. 后浇带混凝土浇筑

后浇带混凝土浇筑前对现浇混凝土进行全断面凿毛，并用水对现浇混凝土面进行润湿，同时还须采用高压风吹净杂物。后浇带混凝土在底座板纵向连接后按顺序进行浇筑。混凝土的浇筑可根据现场实际情况，选用汽车泵或汽车起重机施工。在钢板连接器后浇带、剪力齿槽后浇带浇筑前，必须再次检查螺母与钢板是否密贴，螺母必须以至少 450N·m 的扭矩拧紧到钢板上。

3. 混凝土养护

混凝土的养护须紧跟底座板施工，养护时间一样不少于 7 昼夜。环境温度高于 5℃时应洒水养护，以能一直保持底座混凝土面潮湿为宜。为保持水分，也可覆盖土工布后再洒水，再在上面覆盖一层塑料薄膜防止水分散失，如图 3-41 所示。当昼夜平均气温低于 5℃或最低气温低于 0℃时，应按冬期施工处理。浇筑完的混凝土连续 3d 不低于 +10℃，或抗压强度已经达到 5MPa 时方可受冻。

图 3-40 拉毛效果图   图 3-41 底座板养护图

底座混凝土强度达到 20MPa 后,按设计要求进行后浇带钢筋连接和混凝土浇筑。

(七)底座板连接施工

底座板施工单元内有若干个钢板连接器后浇带,用于底座板的纵向张拉连接。张拉连接的目的是消除底座混凝土因温度及徐变产生的应力,使完成张拉连接后的底座板处于"零应力"状态。底座板的合龙温度由设计单位在设计文件中根据线路所处地理位置给定。如华北地区底座板的合龙温度为 25℃±5℃。当底座混凝土测定温度低于合龙温度时,必须张拉纵连;当底座混凝土测定温度在合龙温度范围内时,只需按顺序连接钢板连接器,而不需张拉;当底座混凝土测定温度高于合龙温度时,则不能进行连接作业。

张拉连接前,需进行分段长度测量和底座板温测量,相邻底座板温不一致时,按两底座板长度及底座板温加权计算。计算各段对应于合龙温度下限值时的张拉值,按钢板连接器的编号和里程位置(或梁跨编号)制出张拉明细表。检测底座混凝土强度,以确定可张拉连接的时间。

1. 张拉行程的确定

(1)第一个施工单元(如第 i 段)内的张拉行程(W_i)按下式计算:

$$W_i = \alpha(T_0 - T_{i1})L_i \tag{3-1}$$

式中:W_i——第 i 段中连接器的张拉行程(mm);

α——混凝土温度膨胀系数(1/K),取值 $\alpha = 10^{-5}$;

T_0——合龙温度下限值(K);

T_{i1}——第 i 段纵连时测得的温度(K);

L_i——第 i 段作用长度,取第 i 个连接器前、后底座板长度各一半之和(mm)。

(2)与下一个施工单元(如第 j 段)纵连时,两个单元段之间有一个共用临时端刺。张拉行程计算公式如下:

$$W_{ij} = \alpha(T_0 - T_{ij2})L_{ij} - U_{ij} \tag{3-2}$$

式中:W_{ij}——第 j 段中连接器的张拉行程(mm);

T_{ij2}——第 j 段与第 i 段纵连时测得的温度(K);

L_{ij}——第 j 段作用长度,取第 j 个连接器前、后底座板长度各一半之和(mm);

U_{ij}——第 j 段与第 i 段共临时端刺区在常规区底座板加载后的变形值(mm)。

$$U_{ij} = (L_{ij} - L_i) - \alpha(T_{ij2} - T_{i1})L_i \tag{3-3}$$

和下一个施工单元纵向连接时,再一次测量共用临时端刺中 LP2 到 LP5 的温度和长度,将测得的数据与第 i 段纵连前常规区不加载时测得的温度和长度进行对比,算出临时端刺区在底座板受载时的变形值。在计算张拉行程时,减去这个变形值。

2. 横向固定

当底座板位于曲线段时,为了防止在纵连或由于温度变化等原因引起混凝土底座板与滑动层之间发生横向位移,在底座两侧对称安装临时侧向挡块,临时侧向挡块应满足设计要求,如图 3-42 所示。

图 3-42　临时侧向挡块

3. 临时端刺与常规区第一次纵连

(1)底座板温度小于合龙温度情况下进行的纵连,如图 3-43 所示。连接当天,从临时端刺的自由端开始,依次拧紧 J4 到 J1 钢板连接器后浇带的所有锚固螺母(不施加预应力)。首先,张拉常规区中靠近临时端刺的前 2 个钢板连接器后浇带(BL1),张拉到规定距离后,再把锁紧螺母以 450N·m 的扭矩拧到连接器上;其次,张拉临时端刺与常规区之间的钢板连接器后浇带 K0;再张拉钢板连接器后浇带 J1 和 J2,其余常规区钢板连接器后浇带的纵连可与之同时进行;最后,张拉钢板连接器后浇带 J3,为了保证使临时端刺自由端到钢板连接器后浇带 J3 区段的摩擦力起作用,钢板连接器后浇带 J3 为钢板连接器后浇带 J2 张拉行程的 1/3。

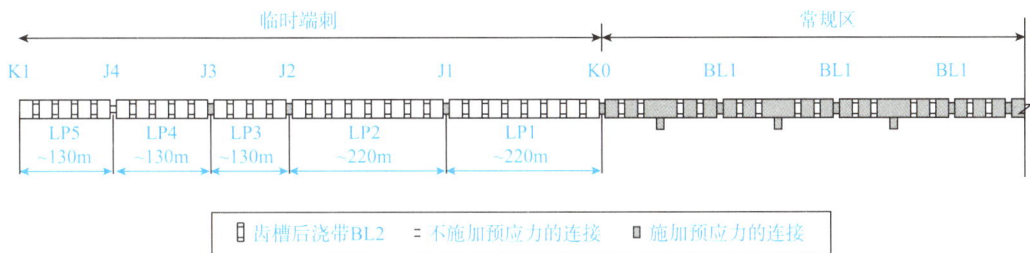

图 3-43　临时端刺与常规区第一次纵连示意图

(2)底座板温度满足合龙温度范围情况下进行的纵连。钢板连接器后浇带的锚固螺母不需要进行张拉,只需要先把连接器外侧锚固螺母拧紧到钢板上,然后把钢板内侧锚固螺母也拧紧。在拧紧过程中,扭力扳手的扭矩应不小于 450N·m。从临时端刺的自由端开始,依次拧紧 J4 到 J1 钢板连接器后浇带中所有锚固螺母。接着拧紧 K0 的锚固螺母,并从 K0 开始把常规区所有钢板连接器后浇带的锚固螺母拧紧。施工至此,常规区与临时端刺已经纵连完成。

如果常规区另一端也与临时端刺相连时,另一端的纵连顺序一样,常规区钢板连接器后浇带从底座板左右两端边缘向中心对称连接。一个施工单元内的底座张拉连接完成后,宜对该施工单元中的常规区进行加载,如将轨道板粗铺或临时存放到底座板上。

4. 临时端刺与下一施工单元的纵连

(1)底座板温度小于合龙温度情况下进行的纵连,如图 3-44 所示。由于临时端刺区

173

域的混凝土浇筑段已经纵连,因此只需要根据构件温度,先张拉新建常规区靠近既有临时端刺区一侧的前 2 个钢板连接器后浇带的锚固螺母;再根据相应的张拉行程张拉临时端刺与常规区之间钢板连接器后浇带 K1;接着张拉钢板连接器后浇带 J4 和 J3,新施工段其余钢板连接器的连接与 J4 和 J3 同时进行。

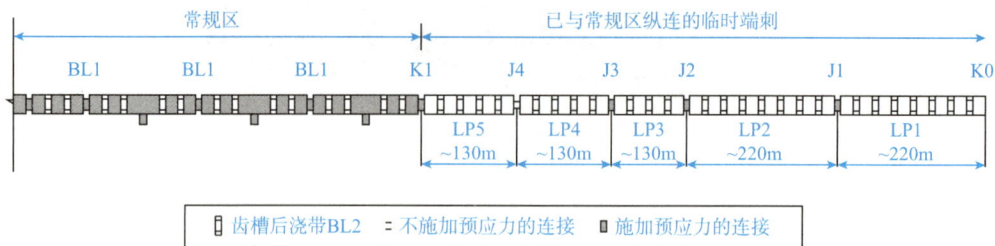

图 3-44　临时端刺与下一施工单元的纵连示意图

(2)底座板温度满足合龙温度范围情况下进行的纵连。连接 K1,并从 K1 开始把常规区的所有钢板连接器后浇带锚固螺母拧紧。纵连应该在 24h 内完成。

混凝土底座板测温和张拉应在 24h 内完成,钢板连接器后浇带浇筑应在 24h 内完成,从张拉到混凝土浇筑结束不应超过 48h。

(八)质量检验

底座混凝土结构应密实、表面平整,无露筋、蜂窝、孔洞、疏松、裂纹、麻面和缺棱掉角等外观缺陷,外观尺寸符合设计要求。混凝土底座外形尺寸允许偏差及检验方法应符合表 3-8 的规定。

混凝土底座外形尺寸允许偏差及检验方法　　　　　　　　　表 3-8

序号	检验项目	允许偏差(mm)	检验方法
1	中线位置	10	全站仪
2	宽度	+15,0	尺量
3	顶面高程	±5	水准仪
4	平整度	10/3m	4m 直尺

三　台后锚固施工

(一)施工工艺流程

台后锚固结构施工包括台后端刺、摩擦板、过渡板的施工,施工工艺流程如图 3-45 所示。

(二)端刺施工

1. 端刺开挖

根据端刺基础开挖边线沿端刺纵向按 1:2 坡度下挖,采用坡度尺控制边坡坡度,全站仪进行检查。端刺基础采用挖掘机进行开挖,人工配合进行修坡。开挖至端刺设计高程以上20cm,剩余部分采用人工挖除,以保证底部原填筑土不被扰动破坏。挖方运至指定地点。

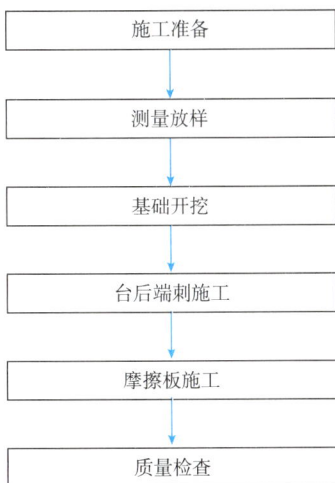

图3-45　台后锚固结构施工工艺流程

2.端刺施工

（1）端刺基础施工

端刺施工宜与台后路基填筑同步施工,也可以后期开挖施工。端刺基础开挖至设计高程以下10cm,在端刺底座板范围施工10cm厚的C20混凝土垫层,垫层混凝土达到一定强度后,在其上绑扎端刺基础钢筋并立模,注意端刺基础内综合接地的设置及焊接必须满足设计及相关标准要求,然后浇筑端刺底板混凝土(C30),并预留端刺竖墙纵向钢筋。端刺基础模板可采用钢模或竹胶板,以PVC管穿钢筋作为拉杆,模板外侧钎入钢筋作为支撑,保持模板体系的稳定。端刺基础模板支模如图3-46所示。

摩擦板、端刺的设置

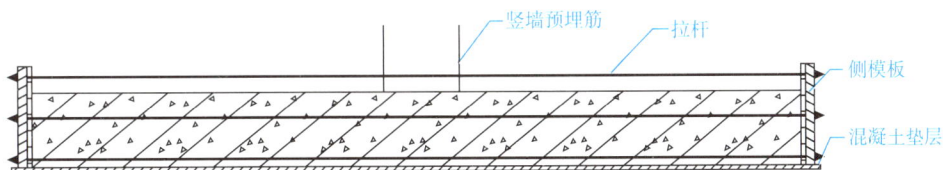

图3-46　端刺基础模板示意图

（2）端刺竖墙施工

端刺基础混凝土浇筑完成并达到一定强度后施工端刺竖墙(图3-47)。端刺竖墙施工前,应对结合面进行凿毛处理。端刺竖墙钢筋绑扎时,先布置架立钢筋,保证钢筋网安装完成后位置准确,人工绑扎成形,钢筋接头所在截面按设计图和规范要求错开布置。竖墙预埋钢筋的高程应严格控制,以保证端刺竖墙钢筋后期与摩擦板钢筋相连。钢筋与模板之间采用混凝土垫块支垫,垫块的强度不低于本体混凝土的设计强度,满足保护层要求。

端刺竖墙周围搭设脚手架和施工操作平台。竖墙模板支立一定要稳固,必须保证混凝土浇筑时,模板不产生爆裂或产生过大的变形。竖墙模板可采用钢管配合方木对其进行支撑加固,同时采用PVC管穿钢筋作为拉杆。

175

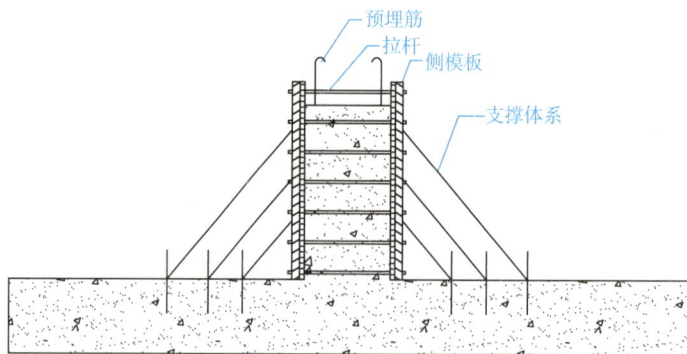

图 3-47　端刺竖墙施工示意图

检测钢筋笼位置并固定,符合要求后方可浇筑端刺竖墙混凝土。竖墙混凝土浇筑时应分层振捣密实,每层厚度为 30 ~ 40cm。混凝土浇筑完毕,应再次检测端刺与摩擦板的连接钢筋,确保钢筋保护层厚度符合相关技术要求。

(3)端刺区域回填

竖墙混凝土拆模并达到 75% 设计强度后,再分层填筑路基至摩擦板底高程。为防止路基填筑中振动对端刺结构造成破坏,以下部位在填筑时采用小型冲击夯夯填:在填筑底板侧边时,周围 1.5m;在填筑竖墙侧边时,底板顶填土小于 1m,竖墙周围 2m。

(4)外形尺寸

端刺外形尺寸允许偏差和检验数量及方法应符合表 3-9 的规定。

端刺外形尺寸允许偏差和检验数量及方法　　　　　　　表 3-9

序号	检验项目	允许偏差(mm)	检验数量及方法
1	中线位置	10	尺量每边不少于 2 处
2	顶面高程	±20	测量 2 处
3	截面尺寸	+20,0	尺量不少于 3 处

(三)摩擦板施工

1. 摩擦板齿部开挖

填筑的水泥级配碎石终凝后进行摩擦板齿部开挖,如图 3-48 所示。摩擦板齿部开挖时,由于水泥级配碎石已有较高强度,需采用液压破碎锤配合液压反铲开挖。直接从路基顶面按照设计要求和放样结果开挖至设计高程,开挖过程中要确保齿部轮廓线以外水泥级配碎石不被机械破坏和扰动,开挖开口线控制在白灰线以内,剩余部分采用人工修整,开挖弃土运至指定地点。

2. 摩擦板钢筋绑扎

摩擦板齿部开挖完成后,按照配筋图绑扎锯齿部分钢筋,该部分钢筋绑扎完成后直接绑扎其余部分钢筋。钢筋绑扎完成后,安放加高平台钢筋网片,网片采用厂制定尺定做,网片搭接长度及焊接要求应满足《钢筋焊接网混凝土结构技术规程》(JGJ 114—2014)相关规定。如图 3-49 所示。

图 3-48　摩擦板齿部开挖　　　　　　　　图 3-49　齿部钢筋绑扎

钢筋绑扎安装时,位置可适当调整,以避免与侧向挡块预埋钢筋相碰,与排水管、积水井相交的横向钢筋,根据实际情况将钢筋截断,同时确保混凝土保护层厚度满足要求。

3. 预埋件埋设

预埋件主要是摩擦板施工范围内有线间排水系统预埋管路、综合接地和侧向挡块预埋件。

摩擦板施工前,先预埋排水管,当位置重叠时应将排水管位置适当调整,避免侵占端刺和摩擦板齿部的位置。排水管在路基的出露位置对准拱形骨架护坡主骨架,防止排出的积水冲刷路基边坡。当排水管与路基边坡排水系统连接困难时,增设排水管引入排水系统。线间排水井进口采用定型模板并可靠加固,排水管地漏及篦子后期安装。排水管施工结束后应及时堵塞,以防杂物进入。

综合接地的钢筋和接地端子与摩擦板、端刺钢筋同时安装。

侧向挡块预埋件根据摩擦板段的线形并参照桥梁预埋件图纸进行施工。设置侧向挡块预埋套筒时,应首先在摩擦板上准确确定左右线轨道中心线,再根据预埋套筒与轨道中线的几何位置关系准确设置。侧向挡块预埋件安装平面位置偏差控制在 5mm。

4. 模板安装

摩擦板侧模一般采用组合钢模拼装,模板采用外撑加固方式,在路基面上钎入钢筋地锚,在模板上口、底部与地锚根部设置钢管或粗钢筋进行水平、斜撑加固。模板内侧应平整、无残余物,表面均匀涂刷脱模剂。模板间采用 U 形扣件连接。模板接缝处采用双面胶连接密实,以防漏浆,立模完成后,检查模板垂直度及平面、高程位置,对偏差部位进行校正。

摩擦板端部模板在有钢筋穿过的位置应预留空洞。需填充硬泡沫塑料板,泡沫板的顶面距离摩擦板顶面 5cm 范围采用聚氨酯密封胶进行密封。

5. 混凝土浇筑

混凝土拌制采用拌和站集中拌制。采用混凝土罐车运输,经泵送或滑槽入仓。摩擦板混凝土应一次浇筑完成,不留施工缝。混凝土浇筑时,先浇筑摩擦板下的锯齿部分,再浇筑其余部分,采用振捣器分层振捣。摩擦板表面应抹平,排水坡度应符合设计要求。

混凝土采用插入式振捣器捣实,插入位置的间距应是振捣棒的 10 倍,插入下层 10 ~ 20cm。插入位置与模板保持 10cm 的间距,防止碰撞模板、钢筋及预埋件。

混凝土浇筑过程中设专人看护检查模板、支架等工作情况,出现变形、移位或沉陷,立即校正、加固,处理好后方可继续浇筑。保持均匀下料和入仓强度,随时检查预埋件是否移位,发现移位及时校正。

6.混凝土养护及拆模

混凝土浇筑完毕后,及时采用保湿措施对混凝土进行养护。当新浇混凝土达到设计高程后,先将混凝土面抹平,待有一定强度后立刻用土工布对其进行覆盖,并及时采用喷雾洒水等措施对混凝土进行保湿养护。当混凝土采用带模养护方式养护时,保证模板接缝处混凝土不失水开裂。湿润养护时间应不低于7d。

侧模应在混凝土强度能保证其表面及棱角不因拆模而受损坏,且内外温差不大于20℃时,方可拆除;拆模后,迅速覆盖养护布对混凝土进行后期养护,养护时间不少于规定。

摩擦板混凝土表面凿毛施工应采用专用工具进行。预裂缝按设计位置采用切缝工具施工,并避开侧向挡块设计位置,切缝完成后应按设计将切缝用弹性材料灌注处理。

7.外形尺寸

摩擦板外形尺寸允许偏差和检验数量及方法应符合表3-10的规定。

端刺外形尺寸允许偏差和检验数量及方法　　表3-10

序号	检验项目	允许偏差(mm)	检验数量及方法
1	中线位置	10	尺量每边不少于2处
2	顶面高程	±20	测量2处
3	截面尺寸	−5,+20	尺量不少于3处
4	平整度	10/3m	3m靠尺和塞尺不少于3处

(四)过渡板施工

摩擦板混凝土浇筑完成以后,在进行底座板施工前,完成滑动层铺设施工,过渡板即可与底座板、摩擦板、端刺进行连接施工。接头部位要凿毛处理,露出100%的混凝土新鲜面。

过渡板施工前,在过渡板范围的级配碎石上按设计要求施工台阶状素混凝土垫层,并对混凝土表面进行打磨处理,保证达到2mm/1m的平整度要求。然后安装挤塑板,从距端刺竖墙边50cm位置向路基方向依次铺放三块高强度挤塑板,高强挤塑板的规格、铺设方式及位置应符合设计要求,并确保高强度挤塑板与底面接触严密。

挤塑板安装完成以后,开始进行过渡板接头处钢筋的连接,并与摩擦板上的钢筋连接成一体。钢筋绑扎完成后,即可以与底座板同时浇筑混凝土。过渡板浇筑时,注意振捣棒不能破坏底层的挤塑板。

摩擦板与路基分界点两侧的轨道板分别与过渡板、支承层通过剪力筋连接。按照设计位置钻孔施工,其位置允许误差为±10mm。剪力筋成孔直径35mm,孔深390mm,剪力筋长340mm。

过渡板外形尺寸允许偏差和检验数量及方法也应符合表3-10的规定。

⚠ 任务实施

项目名称	项目三　CRTS Ⅱ型板式无砟轨道施工	任务名称	任务四　底座板施工
专业班级		姓名　　　　　学习小组	

【专业知识认知】（30分）

1.滑动层铺设前桥面验收检查项目有哪些？（10分）

2.钢板连接器钢板焊接时为避免产生过大挠度,可以采取哪些措施？（10分）

3.简述台后锚固施工顺序。（10分）

【能力素质训练】（60分）

1.能够绘制桥上滑动层及高强度挤塑板施工工艺流程图。（20分）

2.能够对施工完的底座板进行质量检验,并判断是否符合规范要求。（20分）

3.能够说出底座板纵连施工顺序,并能根据施工具体情况确定张拉行程。（20分）

【工作总结】（10分）

学员自评		组长评价	

指导老师评价：

CRTS Ⅱ型板式无砟轨道施工

179

任务五　轨道板铺设

◆ 任务引入

　　沪昆高速铁路是我国"八纵八横"高速铁路主通道之一,是中国东西向线路里程最长、经过省份最多的高速铁路,线路全长2252km,设计速度350km/h。沪昆高速铁路穿越秦巴、武陵和六盘水山区等贫困地区,带动大山深处的农民走出山区,寻求新发展,促进长江以南,东、中、西部地区经济互联互补,推动区域经济协调发展。沪昆高速铁路由沪杭段、杭长段和长昆段三段组成,分段进行施工建设。杭长段全长933km,采用了CRTS Ⅱ型板无砟轨道结构,如图3-50所示。列车高速行驶与轨道的平顺性是分不开的,轨道板空间位置的精准对轨道的平顺性影响很大,轨道板施工中的精度控制是关键。如何判定轨道板的位置是否精准呢?

图3-50　沪昆高速铁路杭长段

▲ 任务描述

　　CRTS Ⅱ型轨道板相互之间通过纵向精轧螺纹钢筋连接,较好地解决了板端变形问题,提高了行车舒适度,通过高精度的测量和精调系统,轨道板铺设后即可获得高精度的轨道几何,最大限度地降低铺轨精调工作,大幅度提高了综合施工进度。通过本任务学习,掌握轨道板铺设施工工艺流程;能够说出CRTS Ⅱ型轨道板粗铺的过程;能够进行轨道板精调作业;能够对轨道板铺设进行质量检验,并判断是否符合验收标准。

◇ 相关知识

　　轨道板铺设是将预制好的CRTS Ⅱ型轨道板,通过测量安放在指定承轨槽上精调标架棱镜的三维坐标,计算出轨道板实测坐标与设计计算坐标之间的偏差值,调整安装在轨道板下的精调千斤顶,使轨道板位置达到设计要求的过程。CRTS Ⅱ型轨道板铺设的要求高体现在位置、几何尺寸、时间、温度等方面,因此,轨道板铺设要求精度非常高、工序控制严格。

一　施工工艺流程

　　轨道板铺设工艺流程如图3-51所示。

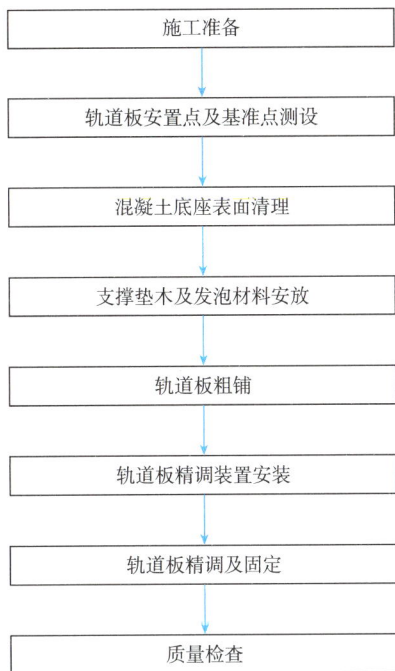

图 3-51　轨道板铺设工艺流程

二　施工准备

（一）底座板（支承层）检查、清理

轨道板铺设前应对底座板（支承层）支承层进行验收，强度达到设计强度的 75% 后，方可进行轨道板铺设。对凸凹不平或破损的部位必须进行整修，符合验收标准后才能进行铺板工作。严格检查混凝土底座板（支承层）的顶面高程，对超标地段应进行处理，以确保轨道板精调后水泥乳化沥青砂浆厚度满足要求。

清理底座板（支承层）粗大残留污物，然后用射水全面地清洗混凝土表面。清洗轨道板，清理灌浆孔。

（二）轨道板运输及临时存放

为保证轨道板运输平稳，宜采取 30t 以上的载重汽车运输。轨道板装车时，最下层垫块采用螺栓或铁靴固定在汽车上，车厢四周钢质立柱外包软垫层，纵向立柱横向用钢绳等拉紧，并把轨道板和车厢横向捆绑成整体，防止因支点移位而改变轨道板受力。轨道板运输时宜按照 3 层码放。为避免轨道板在运输途中损坏，同时减轻对施工便道的影响，成品板装载每车最多 6 块，分为前、后两垛，垛间支垫木板防止碰撞。当车厢长度小于 13.5m 时，禁止后垛悬空装车，禁止取消后部定位立柱。运输状态与存放时应保持一致，3 点支撑，设置 4 个垫块，以保护承轨台不被损坏，并且上下粘贴防滑橡胶垫，以减少轨道板之间的相对滑动。垫块必须上下层对齐，同层三点平齐。轨道板装车、卸车时，现场应有指挥人员，并使用专用吊具。装卸过程轻拿轻放，严禁碰、撞、摔。

轨道板临时存放时,要求地面平整、基础坚固、支点承载力满足临时存板安全质量要求。桥边临时存放时,应位于施工便道桥墩一侧。32m 梁共 10 块板,分 2 垛,每垛 5 块码放,相邻两孔梁集中、连续放置,轨道板沿线路纵向排列,垛间距 50 ~ 70cm,轨道板放置时的外侧边缘与箱梁边缘间距保持在 230 ~ 360cm,以便轨道板上桥吊装时能够利用悬臂门式起重机一次完成。遇特殊地段,可结合现场实际,合理选址,可多孔梁集中存放。

三 轨道板安置点及基准点测设

轨道板安置点及基准点坐标采用施工布板软件计算,使用的全站仪精度不应低于测角 1″、测距 1mm + 2ppm,水准仪精度不应低于 0.5mm/km,现场放样精度应控制在 5mm 以内,并对照布板图现场标注每块轨道板的编号,弹出轨道板安装边线等。安置点和基准点沿线路纵向设置在每个板缝中央且接近轴线位置,宜每隔 6.5m 布置一对,分别位于板缝处中线两侧各 100mm 处。曲线地段轨道板安置点设在曲线外侧,基准点设于内侧;直线地段宜置于线路中线同一侧。

轨道基准点及安置点放样应在底座板张拉连接后进行,轨道板基准点应用专用金属标志以植筋方法铅垂固定于混凝土底座板或支承层表面,如图 3-52 所示。

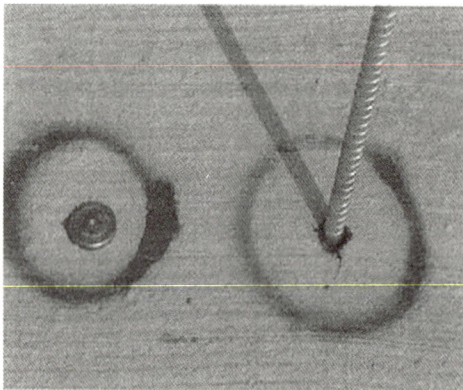

图 3-52 轨道基准点和定位锥锚杆

基准点的平面测量宜在铺设轨道板之前测量,高程测量应在轨道板粗铺后进行测量,宜安排在温度变化不大、无风的时间段进行。基准点平面测量采用基准点和 CPⅢ点进行多测回联测。平面测量测站应尽量靠近待测点连线,左、右线基准网分开测量。基准点测量按组进行,全站仪不用倒镜,视线方向与测量运动方向相反。每站至少 3 个测回,测量 11 ~ 16 个基准点,并与上一站至少搭接 5 个基准点。应用同一个地面三角架和小棱镜测量,当后视 CPⅢ棱镜与小棱镜不一样时要注意棱镜常数变换。

基准点高程测量采用基准点和 CPⅢ点进行联测。基准点高程测量采用电子水准仪,测量基准点必须用铟瓦水准尺适配座,水准路线长一般不小于 300m,按照精密水准要求进行往返测量,采用每测段起点和终点处 CPⅢ点作为约束点平差,其余 CPⅢ点作为检核。

将相关的 CPⅢ点坐标文件直接导入布板软件的数据库,软件读取实测平面坐标和高程原始记录数据,利用软件进行平差计算,计算结果超限时应重新测量。基准网平差后相邻基准点之间的平面相对精度不应大于0.2mm,高程相对精度不应大于0.1mm。

以轨道板安置点为圆心在支承层或底座表面画圆圈作为轨道板粗铺控制基准。也可在轨道板安置点安装用于轨道板粗铺定位的定位锥,定位锥安装前应清理支承层或底座板表面,然后钻孔植筋,钻孔孔径为20mm,钻孔深度在直线及超高≤45mm的线路上为15cm,在超高>45mm的线路上为20cm。用合成树脂胶泥胶固定锚杆,固定锚杆采用顺向螺纹的精轧螺纹钢筋制作,锚固深度宜为10~15cm,如图3-52所示。

四 支承垫木及发泡材料安放

在底座板表面放置6块30mm×30mm×350mm支承方木条,用于临时支承轨道板,方木条应摆放在板两端及板中部两侧。在轨道板精调装置位置板底粘接发泡材料制成的模制件,用于灌浆时保护精调装置。

五 轨道板粗铺

铺设前对轨道板先进行检验,外观应无破损、无裂纹,纵向连接螺纹钢筋无弯曲,扣件完整,预埋件齐全,合格后方可上线铺设。铺设前仔细核对轨道板编号对应的线路里程一致,并对其表面进行清洗,应无尘土、无油污,并清理疏通灌浆孔。轨道板根据布板图和安装顺序依次铺板。

(一)路基及隧道轨道板铺设

路基段轨道板铺设时,从离坡道最远处开始铺设,运板车由路基坡道开上路基,运到铺设点后,在确认轨道板编号与布板数据相符后,由门式起重机将车上的轨道板起吊安装。运板车在路基上掉头从另一条线路的支撑层开下路基继续运板。

(二)桥梁轨道板铺设

桥梁段轨道板吊装采用悬臂门式起重机施工,直接将存在施工便道上的轨道板吊上桥进行铺设,如图3-53所示。跨河跨道等困难部位的轨道板安装,先由悬臂门式起重机将轨道板从存板处吊起,慢慢行走至安装点,然后将轨道板粗铺就位,如图3-54所示。轨道板粗铺的铺设方向同各施工段底座板施工方向一致。

图3-53 轨道板吊装上桥

图 3-54　轨道板就位安装

轨道板铺放时通过定位圆锥(定位圆圈)定位,轨道板铺设时应紧靠圆锥体(定位圆圈),侧面对齐支承层或底座上的安装边线,置于支承方木条上,铺放后的轨道板板端半圆与定位圆锥(定位圆圈)的相对平面位置偏差应小于 5mm。轨道板铺设时必须对号入座,防止发生轨道板位置、方向铺设错误。轨道板运输吊装过程中采取相应措施保证每块轨道板的完整,避免板的撞击损伤、掉角、裂纹、裂缝等现象。

(三)轨道板粗调

轨道板铺设就位后,按设计在轨道板两侧已放置泡沫块的位置安装精调装置。安装在轨道板两端的精调装置,可竖向和横向调节,安装在轨道板中部的精调装置,可竖向调节。精调装置在安装前应将精调螺母置于最大调程的 1/2 处。精调装置将轨道板支承起来后取出支承垫木,粗调轨道板。

轨道板四个角处的精调爪必须安装在定位垫块下方,并确保精调爪的爪钩与铁质定位块的凸起可靠结合。支垫好精调爪后,利用水平尺检查轨道板与前后板的高差,检查轨道板竖向向下的调整余地。若存在有可能影响轨道板下调的局部凸起,必须移开轨道板,对底座板局部进行打磨处理。轨道板下方与底座板间距控制在 25mm 左右。

粗调轨道板高程时,要保证四个精调爪受力基本均匀。调整精调爪螺杆时,操作工人的动作应协调。粗调后,灌注砂浆所需要的压紧、封边装置全部就位。

六　轨道板精调

粗铺轨道板完成后,精调前需对粗铺质量进行验收。验收检查轨道板横向、纵向铺设精度,精调千斤顶支点齿槽是否完好,精调千斤顶是否调节到中间位置,轨道板是否合格。

轨道板的精调测量应采用专业轨道板精调测量系统,轨道板精调测量系统的自动全站仪、精调标架和专用软件等应配套。测量仪器精度应满足相关规定。精调施工前,应对测量标架检校,数据文件确认无误后方可开始精调施工。轨道板精调测量系统全站仪设站和后视棱镜安装应使用强制对中三脚座,全站仪的定向,应使用轨道板基准点和已调好的相邻轨道板的两个棱镜。

CRTS Ⅱ 型轨道板精调案例

(一)精调设站

通过后方交会法设站,照准 8 个 CPⅢ 后视棱镜,建站精度为 0.7mm。精调前利用标准标架对精调 1、2、3、4 标架进行检校,如图 3-55 所示,应满足 1mm 的精度要求。

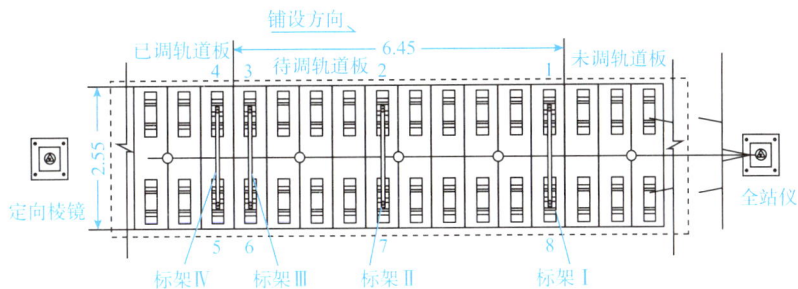

图 3-55　精调设站示意图

(二) 精调作业

设站完成后,应对上一块轨道进行搭接符合测量,误差不超过 2mm,即可精调下一块轨道板。先调整高程,后调整横向位置,操作人员根据 PDA 数据或精调员喊口号等方式进行轨道板调整,一般调整 2~3 次即可到位。调整好轨道板后,宜立即压紧并复测。复测的精调误差符合表 3-11 的要求时,可进行下一块板的精调。

精调过程中应进行记录。记录内容包括:轨道板类型和板号、观测员、各精调时间的温度、精调日期(含时间)、天气说明、调控点的位置差(理论 - 实际值)、轨道基准点和定向点上的最终误差。

为防止轨道板精调后扰动和砂浆灌注时轨道板上浮或侧移,轨道板精调定位后应及时安装扣压装置,对板的两端中部及板的两侧中部同时进行扣压。

轨道板精调后应采取防护措施,在轨道板上放置"禁止踩踏"警示牌、警示线等,严禁踩踏和撞击轨道板,尽量减小对精调结果的影响,并及时灌注水泥乳化沥青砂浆充填层。如果轨道板放置时间过长,或环境温度变化超过 15℃,或受到使轨道板位置发生变化的外部条件影响时,必须进行复测和必要的调整,确认满足要求后,方能进行水泥乳化沥青砂浆充填层灌注施工。

每套精调系统第一段精调完成后,在砂浆灌注前应进行复测并计算分析轨道板精度是否符合要求,避免精调测量系统的系统误差。

七 质量检验

轨道板边角和承轨台破损及掉块不应超过相关标准的规定;扣件应完整、预埋件无损坏,纵向连接精轧螺纹钢筋端部应完整、无弯曲。轨道板平面定位纵向不应大于 10mm。轨道板精调定位允许偏差应符合表 3-11 的规定。

轨道板精调定位允许偏差　　　　　　　　　　　　　　　　　表 3-11

序号	检验项目	允许偏差 (mm)	
1	高程	±0.5	
2	中线	0.5	
3	相邻轨道板接缝处承轨台顶面平面位置相对偏差	±0.3	不允许连续 3 块以上轨道板出现同向偏差
4	相邻轨道板接缝处承轨台顶面相对高差	±0.3	

注:1. 序号 3,以面向里程增加方向,相邻轨道板接缝处承轨面相对横向偏差,偏向左侧的横向偏差为正(+)、偏向右侧的横向偏差为负(-)。

2. 序号 4,面向里程增加方向,相邻轨道板接缝处承轨面相对高差,前块轨道板承轨面高程减后块轨道板承轨面高程,按计算结果标记正负高差。

项目名称	项目三　CRTS Ⅱ 型板式无砟轨道施工	任务名称	任务五　轨道板铺设
专业班级		姓名	学习小组

【专业知识认知】(30 分)

1.轨道板安置点及基准点如何测设？（10 分）

2.简述 CRTS Ⅱ 型轨道板粗铺的过程。（10 分）

3.简述 CRTS Ⅱ 型轨道板精调作业步骤。（10 分）

【能力素质训练】(60 分)

1.能够正确绘制轨道板铺设施工工艺流程。（20 分）

2.在高铁实训室,能够对轨道板进行精调作业。（20 分）

3.能够对轨道板铺设进行质量检验,并判断是否符合验收标准。（20 分）

【工作总结】(10 分)

学员自评		组长评价	

指导老师评价：

任务六 水泥乳化沥青砂浆充填层施工

◇ 任务引入

京广高速铁路全长 2298km,设计速度 350km/h,是"八纵八横"高速铁路主通道之一"京哈—京港澳通道"的重要组成部分。如图 3-56 所示。截至 2022 年 12 月,京广高速铁路全线累计发送旅客 16.9 亿人次,是中国客运量最大、列车数量最多、运输最为繁忙的高速铁路。京广高速铁路在建设中开创了 CA 砂浆原材料基准样比对试验管理技术,掌握了 CA 砂浆灌注和有效控制 CA 砂浆离缝施工技术,优化了无砟轨道宽窄接缝、侧向挡块设计和施工技术,建成了世界上第一条在山区和长大隧道中修建 CRTS Ⅱ 型板式无砟轨道,标志着中国已掌握了在山区和长大隧道内修建 CRTS Ⅱ 型板式无砟轨道等成套关键技术。水泥乳化沥青砂浆是如何灌注的呢?

图 3-56 京广高速铁路

▲ 任务描述

水泥乳化沥青砂浆灌注施工工艺是 CRTS Ⅱ 型轨道板的质量控制重点,该工艺施工技术性强、难度大。通过本任务学习,熟悉水泥乳化沥青砂浆灌注施工工艺流程,能够根据具体项目情况进行水泥乳化沥青灌注施工技术交底;能够对水泥乳化沥青砂浆灌注质量进行检验。

◈ 相关知识

水泥乳化沥青砂浆以乳化沥青和水泥这两种性质差异很大的材料作为结合料,其刚度和强度比普通沥青混凝土高,但是比水泥混凝土低。其特点在于刚柔并济,以柔性为主,兼具刚性。水泥乳化沥青砂浆填充于轨道板与混凝土底座之间,作用是支承轨道板、缓冲高速列车荷载与减振等作用,其性能的好坏对板式无砟轨道结构的平顺性、耐久性和列车运行的舒适性与安全性以及运营维护成本等有着重大影响。

水泥乳化沥青砂浆调整层

一 施工工艺流程

水泥乳化沥青砂浆灌注施工工艺流程如图 3-57 所示。

```
                    ┌──────────────────┐
                    │     施工准备      │
                    └────────┬─────────┘
                             ↓
                    ┌──────────────────────┐
                    │ 轨道板形位及扣压装置复检 │
                    └────────┬─────────────┘
                             ↓
                    ┌──────────────────┐
                    │    轨道板封边     │
                    └────────┬─────────┘
                             ↓
            ┌─────────────────────┐      ┌──────────────────┐
            │ 水泥乳化沥青砂浆拌制  │←─────│  原材料储备及运输  │
            └────────┬────────────┘      └──────────────────┘
                     ↓
            ┌─────────────────────┐      ┌──────────────────┐
            │ 水泥乳化沥青砂浆灌注  │←─────│ 水泥乳化沥青砂浆运输 │
            └────────┬────────────┘      └──────────────────┘
                     ↓
            ┌─────────────────────┐      ┌──────────────────┐
            │ 水泥乳化沥青砂浆养护  │─────→│  侧向封边材料拆除  │
            └────────┬────────────┘      └──────────────────┘
                     ↓
            ┌──────────────────────┐
            │ 轨道板精调及扣压装置拆除 │
            └────────┬─────────────┘
                     ↓
            ┌──────────────────┐
            │    质量检查       │
            └──────────────────┘
```

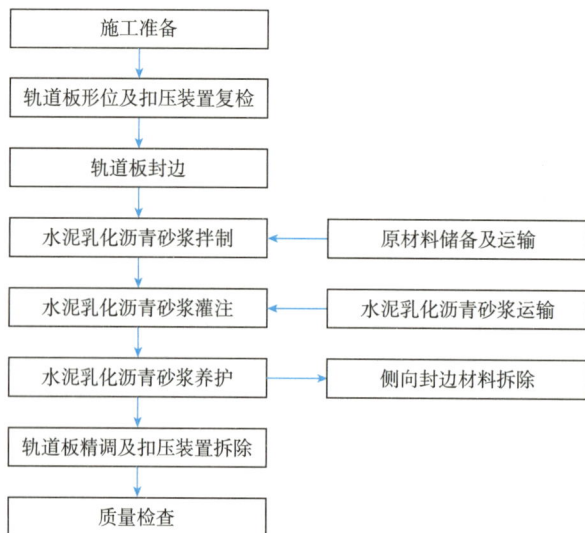

图 3-57　水泥乳化沥青砂浆灌注施工工艺流程

二　施工准备

(一)作业准备

(1)水泥乳化沥青砂浆灌注施工前,技术人应对施工图纸及相关通用图纸和规范进行认真阅读、熟悉,掌握梁面处理的设计要求验收标准,制定施工作业方案、安全保障措施、提出应急预案。对施工人员进行技术交底,对参加施工作业人员进行岗前技术、安全培训和考核,合格后持证上岗。

(2)CPⅢ控制网已经建立并通过评估,轨道板精调已完成。

(3)场外试验段揭板试验已完成,并通过监理单位、咨询单位建设单位验收。

(4)原材料储存满足规范要求,并报监理单位验收合格。

(二)原材料储存

(1)一般沿线每隔10km左右建立一个原材料供应站。

(2)原材料进厂后,应及时建立原材料管理台账。台账的内容包括进货日期、材料名称、品种、规格、数量、生产单位、生产日期、质量证明书编号、复验报告编号、使用区段里程等。管理台账应填写正确、真实、项目齐全。

(3)原材料的储存应按品种、生产厂家分别储存,不同品种、不同生产厂家的原材料不得混装、混堆。

(4)聚合物乳液、引气剂、铝粉等应遮光储存,避免阳光直射,防潮、防雨淋。

(5)原材料在储存和使用过程中,其温度应严格控制在限界温度范围内。乳化沥青、聚合物乳液、干料的进场、储存、使用温度控制在 5~35℃;未作明确要求的,其适宜的温度以保证原材料的质量和砂浆的温度要求为前提。环境温度低于5℃时或大于35℃,应对原材料采取必要的控温措施。

(6)乳化沥青现场储罐的容量宜为现场施工 3d 以上的用量,并结合乳化沥青的运输情况来确定。储罐应配备温控、搅拌、装卸、温度测量及存量显示装置，装卸装置宜采用污水泵、隔膜泵。乳化沥青应定期进行搅拌，每天不少于 1 次，每次不少于 10min，不应采用回流方式代替搅拌。向搅拌车加料前应搅拌一次，乳化沥青的储存时间不宜大于 90d。

（7）聚合物乳液储存应防晒、防包装破裂，开封后应尽快使用。

（8）干料储存罐应设有防离析、保温、隔热等装置，应防潮、防雨。袋装干料的储存应采取相应的防水、防潮措施。储存期不应超过 45d。

（三）水泥乳化沥青砂浆配合比

水泥乳化沥青砂浆配合比分为理论配合比、初始配合比、基本配合比和施工配合比，按以下步骤确定施工配合比：

（1）理论配合比。通过计算、试配、调整等步骤选定，水泥用量宜在 $310 \sim 390 \text{kg/m}^3$ 之间。水灰比不宜大于 0.90。乳化沥青（含聚合物乳液）与水泥的比值不应小于 1.40。

（2）初始配合比。在选定理论配合比的基础上，施工单位综合考虑原材料、作业环境等因素，通过室内配合比试验，确定初始配合比，其性能指标符合相关技术条件要求的配合比。

（3）基本配合比。采用初始配合比进行工艺性试验，通过工艺性试验、性能测试和揭板检查等，并经建设单位指定委托试验室的常规检验和型式检验验证，确定基本配合比。

（4）施工配合比。砂浆灌注施工前，现场试验人员在基本配合比的基础上，通过拌合物性能试验确定的，不超过基本配合比允许范围，确定直接用于砂浆拌制的配合比。

三 轨道板及扣压装置复检

板下充填层砂浆施工前，应对轨道板的安装质量、支承层或底座板与轨道板间的间隙高度及扣压装置状态等进行复检，确认轨道板形位符合标准要求、扣压装置牢固可靠后，方可进行灌注施工。

为了保证在灌浆时轨道板不浮起，应安装扣压装置。扣压装置由槽钢、钢板、锚固在底座板中的锚杆和翼形螺母构成。直线段，在轨道板上安装 6 个压紧装置，板端、中部各设置 1 个"一"字形固定装置，板的中间两侧各设置 2 个"L"形固定装置，利用圆锥体锚杆和翼形螺母固定；曲线段，在轨道板上安装 8 个压紧装置，板端、中部各设置 1 个"一"字形固定装置，板的中间两侧各设置 3 个"L"形固定装置（对称布置在中部精调爪的两侧）利用圆锥体锚杆和翼形螺母固定。扣压装置如图 3-58 所示。

a)   b)

图 3-58　扣压装置

四 轨道板封边

轨道板精调完成且安装扣压装置后,应对轨道板进行封边。封边前将板下灰尘吹除干净,同时对轨道板进行预湿。

(一)喷雾预湿

轨道板精调完成对支承层(底座)混凝土和轨道板底面进行喷雾预湿,但不得在混凝土表面形成明水、积水。预湿前将轨道板下灰尘吹除干净,对轨道板封边范围进行预湿。预湿采用高压雾化水枪进行,如图 3-59 所示。预湿后及时将灌注孔和观察孔覆盖,防止水分散失。

在夏季施工时,预湿后应及时封闭,灌注砂浆前 10 ~ 20min 再检查一次轨道板下方的支承层或底座板表面状况,查看其表面是否有积水和湿润不彻底等现象。如有积水则采取强力风枪将积水吹出,如图 3-60 所示。如有润湿不彻底须进行二次喷雾润湿,润湿完成后的 12h 时间内,及时进行水泥乳化沥青砂浆充填层灌注。

图 3-59　板底雾化采用的高压喷枪

图 3-60　高压风清除明水

(二)轨道板封边

两侧封边材料应满足稳定性及密封性要求,同时应保证拆封后外观整洁,并按要求预留排气孔,排气孔应紧贴轨道板底向上留出。如图 3-61 所示。端部采用稠度较大的水泥乳化沥青砂浆或力学性能相近的材料封边,高度应高于轨道板底面至少 2cm。如图 3-62 所示。轨道基准点及定位锥处采用同直径的钢管封堵,以保证抹缝、灌浆时不被覆盖。封边材料不得侵入轨道板与支承层或底座的间隙。封边材料施工完成后,应达到密封性条件后方可灌注水泥乳化沥青砂浆。

图 3-61　两侧封边设置

图 3-62　端部封边设置

五　水泥乳化沥青砂浆拌制

水泥乳化沥青砂浆应采用水泥乳化沥青砂浆车进行拌制。设备及计量系统经校核后方可使用,正常使用时每周应对设备及计量器具校核一次。

(1)砂浆车各系统检测调试。对移动式水泥沥青砂浆车的各系统进行检查是否正常,如果不正常,应立即检修、调试到正常状态。

(2)确定砂浆施工配合比参数。在砂浆车各系统运转正常后,根据砂浆施工配合比及轨道板与其铺设基层间的间隙厚度,计算确定每次砂浆拌制量和各种原材料的每次投入量,并将这些配比参数输入砂浆车的控制操作系统。每盘砂浆拌制量灌注一块轨道板。

(3)确定拌制工艺参数。根据既定的搅拌程序和参数,确定投料顺序、设定各阶段的搅拌速度与搅拌时间等拌制工艺参数,并将这些参数输入砂浆车的控制操作系统。

(4)回流储箱内的乳化沥青。开启乳化沥青回流装置,对储箱内的乳化沥青进行回流,以保证储箱内的乳化沥青均匀一致,回流时间可视储箱内乳化沥青储存时间、储存量和回流速度而定,至少应使储箱内乳化沥青全部流出与流进一次。

(5)砂浆搅拌。检查显示屏上显示的各参数,确认准确无误后,启动砂浆车的运行按钮,砂浆车将按照输入的各参数和既定程序,自动投料拌制砂浆。炎热季节或低温下进行水泥乳化沥青砂浆拌制时,应采取相应措施控制材料温度。

(6)砂浆质量检测。砂浆拌制均匀后,开启搅拌电机对砂浆继续低速搅拌。肉眼观察砂浆的匀质性,拌和好的水泥乳化沥青砂浆现场要检测的指标主要有流动度、扩展度、含气量,要做的试件主要有膨胀率试件、抗压和抗弯折试件、弹性模量试件、抗冻性试件和抗疲劳性试件。检测结果合格方可用于灌注施工。

六　水泥乳化沥青砂浆灌注

水泥乳化沥青砂浆灌注前用专用的喷雾装置对板下进行喷雾保湿,喷枪必须要有足够的压力,保证喷射出的是水雾。同时,要保证板下不能有明水。灌注前要对轨道板板体进行覆盖,确保轨道板板体不被砂浆污染。

用于灌注砂浆的灌注仓要有足够的容量,要保证一块轨道板下砂浆一次灌注完成,平均一块板下需要约600L水泥乳化沥青砂浆。要充分考虑灌浆层可能会超厚的情况。

灌浆套筒可用PVC管加工,砂浆灌注前安装到轨道板灌注孔和观察孔内。灌浆套筒下口应为锥形,以保证导管与板孔密贴。安装后的灌浆套筒需要保持一定的高度,特别是在超高地段。灌浆套筒口距离轨道板表面一般在45cm左右。砂浆自由倾落高度不宜大于1.5m。

灌注时应遵循"慢—快—慢"和一次灌注的原则。开始灌注时应缓慢进行,当砂浆液面高出轨道板底面后,应加快砂浆注入速度,保证灌注导管中液面迅速升高,之后再缓缓注浆直至灌注结束。其目的在于既要保证砂浆充分注入轨道板底部,又要防止灌注中途因灌注导管内水头回落导致带入空气,增加砂浆内的气泡或空洞。水泥乳化沥青砂浆通过注入漏斗从轨道板中间灌浆孔加高的灌浆套筒内注入,当轨道板下排气孔有连续均匀的砂浆流出时,并确认气泡完全排出后,及时对排气孔进行封堵。待排气孔封堵完成,灌浆孔砂浆高出板底一定高度,且砂浆不回落到轨道板底面以下时停止灌注。清除灌浆套筒内水泥乳化沥青砂浆至轨道板灌浆孔上表面以下100～150mm,且高于轨道板四周任意一点的底面50mm以上,之后拆除灌浆套筒。灌注过程中,不得无故更改事先确定的灌注方案。水泥乳化沥青砂浆必须灌满整个轨道板底部空腔。

当水泥乳化沥青砂浆接近凝固时,清除灌浆孔内多余的砂浆,直至砂浆顶面距离轨道板顶面约15cm。在板体灌注孔与观察孔中插入"S"形连接钢筋。"S"形连接钢筋不能插入过深,也不能插入过浅,要保证有足够的锚固长度,也要保证有足够的"S"形连接钢筋保护层厚度,以加强砂浆与灌注孔封堵细石混凝土的连接。

当气温高于40℃或低于5℃时,不允许进行砂浆灌注施工。当天最低气温低于－5℃时,全天不允许进行砂浆灌注。雨天不得进行水泥乳化沥青砂浆施工,并对灌注后未硬化的水泥乳化沥青砂浆进行覆盖,防止雨水进入轨道板底。

工作日施工结束或施工中断时,应及时对搅拌设备、灌注设备等进行冲洗;更换原材料时,应对相应器具、管道进行清洗。

七 水泥乳化沥青砂浆养护

水泥乳化沥青砂浆养护采用自然养护方式,当日最低气温在0℃以下或在35℃以上时,应对新灌注的砂浆采取适当的保温或覆盖降温措施。灌注后遇雨雪天气时,应对已灌注的轨道板进行覆盖。当日最低气温可能在0℃以下时,应对新灌注的砂浆采取保温措施。水泥乳化沥青砂浆灌注大约1d后(砂浆强度可达1～2MPa),拆除防止轨道板上浮装置和调整装置。水泥乳化沥青砂浆的抗压强度达到3MPa时,方可在轨道板上承重。

八 轨道板精调及扣压装置拆除

当水泥乳化沥青砂浆膨胀完成后,可拆除扣压装置。当水泥乳化沥青砂浆的最小抗压强度达到1MPa以后方可拆除轨道板精调装置;最小抗压强度达到3MPa后才允许在轨道板上承重。

九 质量检验

水泥乳化沥青砂浆充填层应饱满、密实,与轨道板、底座板或支承层黏结密贴。侧面应平整,不应有空洞、气泡,凸出或凹进轨道板边缘不应超过10mm。水泥乳化沥青砂浆灌注后,应对轨道板空间状态进行复测,并进行平顺性分析。测量应依据轨道控制网CPⅢ采用全站仪自由设站和精调标架进行。充填层砂浆灌注后轨道板位置允许偏差应符合表3-12的规定。

砂浆灌浆后轨道板位置允许偏差 　　　　　　　表3-12

序号	检验项目	允许偏差(mm)	
1	高程	±2	
2	中线	2	
3	相邻轨道板接缝处承轨台顶面平面位置相对偏差	±0.6	不允许连续3块以上轨道板出现同向偏差
4	相邻轨道板接缝处承轨台顶面相对高差	±0.6	

项目名称	项目三　CRTS Ⅱ 型板式无砟轨道施工	任务名称	任务六　水泥乳化沥青砂浆充填层施工
专业班级		姓名	学习小组

【专业知识认知】（30 分）

1. 简述水泥乳化沥青砂浆配合比确定步骤。（10 分）

2. 简述水泥乳化沥青砂浆拌制工艺流程。（10 分）

3. 说出扣压装置拆除条件。（10 分）

【能力素质训练】（60 分）

1. 能够绘制水泥乳化沥青砂浆灌注施工工艺流程。（20 分）

2. 针对现场水泥乳化沥青砂浆灌注，能够说出注意事项。（20 分）

3. 能够对水泥乳化沥青砂浆灌注质量进行检验，并判断是否符合验收标准。（20 分）

【工作总结】（10 分）

学员自评		组长评价	

指导老师评价：

任务七　轨道板纵向连接及侧向挡块施工

◇ 任务引入

轨道结构沿线路纵向连续是 CRTS Ⅱ型板式无砟轨道结构的主要特征,在轨道板灌注乳化沥青砂浆层后,采用张拉锁件对其进行张拉连接,使轨道板始终处于压应力状态,有效保证了结构整体受力稳定。在底座板两侧设置侧向挡块,约束底座板的横向和竖向变形,保证了整体稳定。轨道板纵向连接和侧向挡块是如何施工的呢?

▲ 任务描述

通过本任务学习,掌握轨道板纵向连接施工工艺流程,能够说出侧向挡块施工注意事项,能够对施工项目进行质量检验。

◈ 相关知识

一　轨道板纵向连接

(一)施工工艺流程

轨道板纵向连接施工工艺流程如图 3-63 所示。

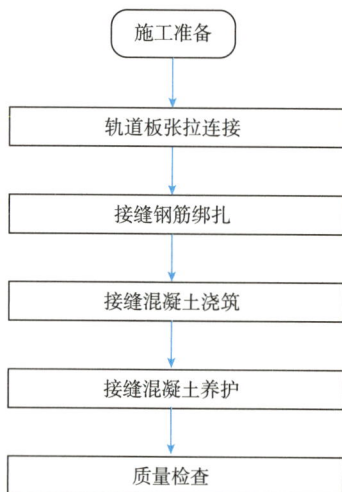

```
┌──────────┐
│  施工准备  │
└──────────┘
      │
┌──────────────┐
│  轨道板张拉连接  │
└──────────────┘
      │
┌──────────────┐
│  接缝钢筋绑扎  │
└──────────────┘
      │
┌──────────────┐
│  接缝混凝土浇筑  │
└──────────────┘
      │
┌──────────────┐
│  接缝混凝土养护  │
└──────────────┘
      │
┌──────────┐
│  质量检查  │
└──────────┘
```

图 3-63　轨道板纵向连接施工工艺流程

(二)施工准备

首先根据施工作业能力将张拉段划分好,确定起始张拉板号及两头末端位置以及与已完成张拉轨道的张拉关系,特别注意与相邻作业面的沟通联系。根据张拉段划分对每段两端轨道板提前进行剪切连接。

在施工前,检查灌浆是否饱满,灌注孔及观察孔内"S"形连接钢筋是否安装到位,灌浆孔及排气孔内砂浆面距离轨道板上沿距离是否满足设计要求。对进场张拉锁件进行验收,主要检测绝缘性能是否满足设计要求,数量是否满足施工需要,张拉锁和螺母是否同一生产厂家。张拉锁安装前,必须把锚杆、压紧装置、PVC 管、污垢等从轨道板接缝中清除,并冲洗干净,对轨道板螺杆丝扣处先涂上润滑油。

(三)轨道板张拉连接

1. 窄接缝混凝土施工

首先剔除横缝封边残留的砂浆或泡沫材料,露出新鲜的充填层砂浆,然后用高压水枪冲洗。在板缝两侧立模,采用标准的水泥乳化沥青砂浆补灌;对于曲线段横缝,为防止流滞,可采用干硬性水泥乳化沥青砂浆补灌。补灌高度与板底平齐。

清除轨道板板缝间的污垢及杂物,并将窄接缝范围全部润湿。将钢模板设置在轨道板边缘固定,并采取密封措施对模板封闭,严禁露浆。在一天内环境温度最低的时候,采用 C55 微膨胀混凝土浇筑窄接缝,且环境温度不应大于 25℃,混凝土浇筑应将窄接缝全部灌满,如图 3-64 所示。窄接缝浇筑后及时拆模并进行覆盖养护,养护时间不少于 7d。

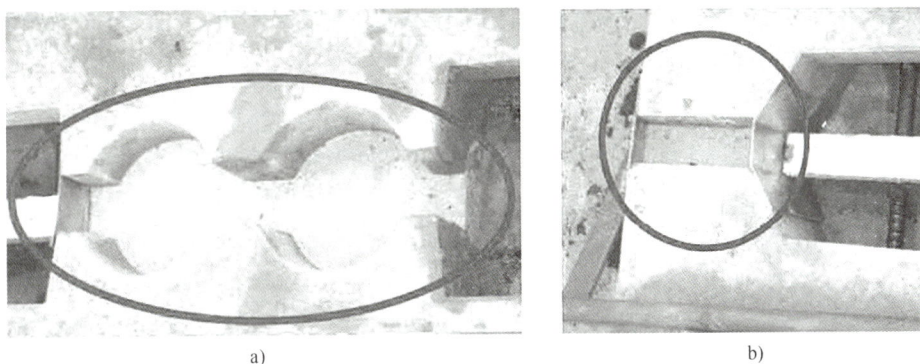

a)   b)

图 3-64　窄接缝混凝土浇筑

2. 安装张拉锁件

当充填层水泥乳化沥青砂浆强度达到 9MPa 和窄接缝混凝土达到 20MPa 后即可安装张拉锁具。为了能够安装张拉锁,先将预先装在涂有润滑脂螺杆上的带垫片的紧固螺母拧松,应注意垫片应位于紧固螺母和张拉扣锁之间,然后用手拧紧紧固螺母,如图 3-65所示。

a)   b)

图 3-65　张拉锁具安装

3.张拉锁件张拉

张拉锁安装后由一个施工单元的中间向两端对称呈箭头状同步进行张拉,每端3个组,每组2人。轨道板中共设有6根张拉筋,第一组先张拉中间两根螺纹钢筋至完成,然后第二组由内向外对称张拉左右各1根螺纹钢筋至完成,第三组张拉最外侧剩余的两根螺纹钢筋。轨道板纵向连接施工流程如图3-66所示。

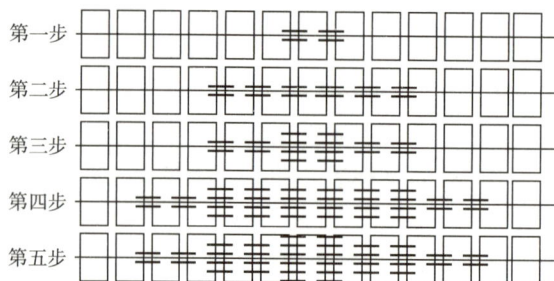

图3-66　轨道板纵向连接施工流程图

张拉锁拧紧施工通过扭矩扳手操作,拧紧标准为450N·m。每个施工班前应检查并正确调整可调扭力扳手的扭矩值。

(四)接缝钢筋绑扎

张拉完成后按设计要求绑扎轨道板缝的钢筋,钢筋应绑扎牢固,确保有足够的混凝土保护层厚度,如图3-67所示。为保证横向筋与张拉锁的绝缘,横向主筋预先在特定位置加装绝缘热缩管,热缩管的位置应与张拉锁件对应。后浇带处钢筋安装好之后,采用绝缘检测仪测试精轧螺纹钢筋、张拉锁件、骨架钢筋相互交叉点间的绝缘电阻,不小于2MΩ。

图3-67　钢筋安装

(五)接缝混凝土浇筑

接缝钢筋绑扎后安装模板,模板一般采用钢板钣金成型,与轨道板侧边缘外形吻合,以防止漏浆。轨道板板缝浇筑前对轨道板缝隙及灌浆孔表面及时清理表面污垢并做预湿处理。浇筑连接缝时应在当天环境温度最低的时候进行。

轨道板接缝浇筑采用C55微膨胀混凝土,28d的抗压强度不小于45MPa。混凝土采用3.5cm插入式振捣器振捣,混凝土表面与轨道板平齐,并压实抹光,如图3-68所示。

196

图 3-68　混凝土压光

浇筑宽接缝混凝土的同时浇筑灌浆孔(观察孔),浇筑灌浆孔所用的混凝土及操作方法同宽接缝,混凝土表面与轨道板面应抹平,如图 3-69 所示。通过使用合适的楔形垫块将轨道板预裂缝预压出。

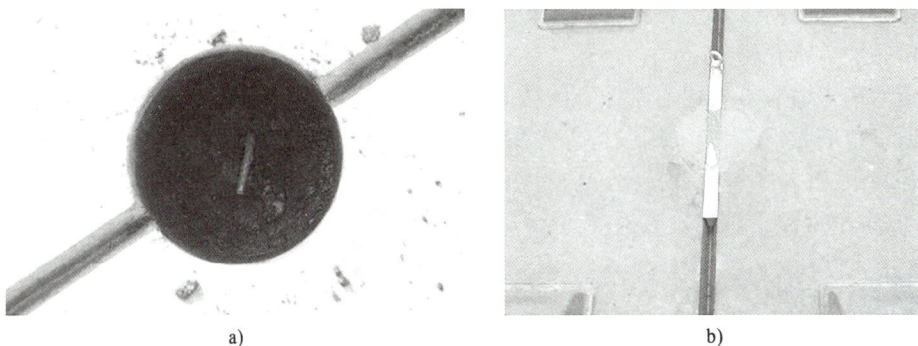

a)　　　　　　　　　　　　　　　　　　b)

图 3-69　灌注孔混凝土

(六)混凝土养护

混凝土浇筑完成后,及时采用塑料薄膜覆盖新浇筑的混凝土,其上覆盖土工布的方式进行养护,具体的养护时间和形式要根据具体的温度情况而定。保湿养护时间不得低于 7d。

二 轨道板锚固连接

(一)施工工艺流程

轨道板锚固连接施工工艺流程如图 3-70 所示。

(二)轨道板锚固连接施工

在接缝混凝土强度达到设计值后,即可进行轨道板锚固连接。轨道板锚固连接的时机、位置、数量应符合设计要求。

197

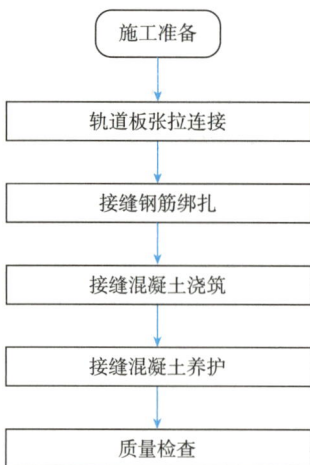

图 3-70　轨道板锚固连接施工工艺流程

应采用无振动钻孔设备及专用钻头进行钻孔施工。按设计位置进行轨道板钻孔,钻孔前应在植筋设计位置使用雷达或其他设备探测轨道板及底座内的钢筋布置情况,不得打断结构钢筋。钻孔应垂直于轨道板板面进行。钻孔时必须严格控制钻孔位置和钻孔深度,钻孔后立即将孔内杂物清除,确保孔内洁净、干燥、无杂物。如不能立即植筋施工,则应采用保护盖将孔密封。

剪力销表面应事先均匀涂抹一层植筋胶,并确保表面无遗漏之处。在已钻好的孔内注入适量植筋胶,注入应采用胶枪等专用设备,以保证植筋胶注入到孔底,剪力销植入时应轻轻旋入,并避免与孔壁接触。剪力销顶部的孔用植筋胶密封,植筋胶顶面不低于轨道板顶面,也不得溢出污染轨道板。

三　侧向挡块施工

(一) 施工工艺流程

侧向挡块施工工艺流程如图 3-71 所示。

侧向挡块

图 3-71　侧向挡块施工工艺流程

(二)施工准备

检查和验收侧向挡块的预埋套筒和齿槽位置是否准确,清理套筒内杂物,检查丝扣是否完整。对侧挡齿槽两侧各20cm长的防水层进行切割。侧挡底面范围内的防水层应清除干净,防水层切割边缘要平齐。

(三)梁面及齿槽清理

混凝土底座板与侧向挡块的接触面应平整光滑无错台,对有错台的部位应打磨处理,打磨范围应超出接触面两侧各10cm。

用于锚固侧向挡块的预埋套筒和齿槽必须进行检查和验收。预埋套筒平面位置允许偏差为5mm;齿槽的深度不得小于30mm,施工前应对齿槽进行凿毛处理。清理预埋套筒内杂物。

(四)挤塑板安装与钢筋绑扎

1.高强度挤塑板安装

侧向挡块与轨道板、底座板接触面按设计铺贴高强度挤塑板等隔离材料,防止侧向挡块混凝土与轨道板及底座板黏连。首先在轨道板侧面与底座板上表面及侧面铺一层薄膜,薄膜上粘贴高强度挤塑板,粘贴时对高强度挤塑板接缝进行胶带密封,防止混凝土浆浸入。然后在预留空位安装弹性限位板,安装时要使其与底座板面密贴,弹性限位板要支撑牢靠,避免在浇筑混凝土时发生偏移、脱落。如图3-72所示。

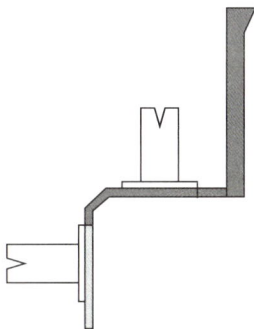

图3-72 挤塑板安装示意图

2.钢筋绑扎

侧向挡块钢筋使用HRB335型,钢筋严格按照设计图纸要求在钢筋场内加工,不得随意更换。钢筋加工时要考虑直线、曲线、左线、右线的影响。钢筋加工前要将钢筋的油污、漆污、浮皮、铁锈等清除干净,加工完成的半成品钢筋应搭设棚架,分类集中码放,防雨淋锈蚀。

侧向挡块钢筋绑扎时要按照设计图纸进行,同时要考虑直线、曲线、左线、右线与底座板实际施工情况的影响,特别是连接部件的制作,要确保钢筋笼符合实际情况,满足保护层的要求。

侧向挡块连接部件锚固螺杆螺纹与梁体内预埋的螺纹套筒内径相匹配,如图3-73所示。加工侧向挡块与梁体之间的连接部件时,务必核实梁面设计高程与实际高程的偏差,按照实际尺寸制作连接部件,避免连接部件过高或者过低。

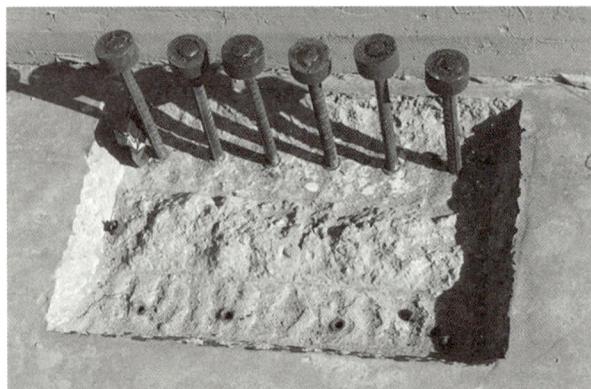

图 3-73 锚固螺杆安装

(五) 模板安装

模板使用定型钢模板,模板安装时严格按照立模线支立模板,安装模板前要先对模板打磨刨光并涂刷脱模剂。

安装模板时,弧形结构使用插板式可调的弧形钢模,弧形模具的调高螺栓可根据现场实际梁面情况进行适当的调节,以避免漏浆现象的发生,同时能够保证顶面排水坡的要求。

内侧侧向挡块端模使用插板式可调高钢模,关于外侧的侧向挡块(与防护墙紧邻),施工时可利用防护墙作为模板进行施工,防护墙与侧向挡块之间设置两层塑料薄膜进行隔离,施工时塑料薄膜要大于模板,施工后将多余的薄膜切除。

(六) 混凝土浇筑

混凝土由搅拌站集中拌制,混凝土罐车运输。混凝土浇筑前需要对侧向挡块范围的梁面混凝土进行清洁、预湿处理,做好新老混凝土的结合,混凝土浇筑时应分层连续进行,使用手提式振捣棒进行振捣,振捣时快插慢拔,插点要均匀排列、逐点移动、顺序进行,不得漏振、过振,做到均匀振实。移动间距不大于振捣作用半径的 1.5 倍。振捣上一层时应插入下一层 5～10cm,以使得两层混凝土结合牢固。

(七) 混凝土养护

混凝土养护需从混凝土浇筑完毕开始,拆模完毕后需立即对混凝土进行土工布加塑料布覆盖并滴渗养护。养护时间不得少于 14d。

(八) 质量检验

成形的侧向挡块应保证外观方正,纵横向一条线,横向靠底座侧应与底座或轨道板密贴并隔离。侧向挡块外形尺寸允许偏差应符合表 3-13 的规定。

侧向挡块外形尺寸允许偏差 表 3-13

序号	检查项目	允许偏差(mm)
1	平面位置	10
2	截面尺寸	0,+15

⚠ 任务实施

项目名称	项目三 CRTS Ⅱ型板式无砟轨道施工	任务名称	任务七 轨道板纵向连接及侧向挡块施工
专业班级		姓名		学习小组	

【专业知识认知】(30分)

1.简述轨道板张拉锁件纵向张拉顺序。(10分)

2.简述轨道板锚固连接施工工艺流程。(10分)

3.简述侧向挡块部位高强度挤塑板安装过程。(10分)

【能力素质训练】(60分)

1.能够绘制轨道板纵向连接施工工艺流程。(20分)

2.能够绘制侧向挡块施工工艺流程。(20分)

3.能够对施工的侧向挡块质量进行检验,并判断是否符合验收标准。(20分)

【工作总结】(10分)

学员自评		组长评价	

指导老师评价:

巩固与练习

一、填空题

1. 底座板施工单元划分应统一筹划,认真设计,每个单元施工段(可以独立开展精调施工的段落)长度以_____为宜。

2. 无砟轨道施工前应根据施工管段的具体情况进行施工平面设计。平面设计方案依据_____、_____、_____及_____等因素确定。

3. 底座混凝土钢筋加工分_____、_____和_____三部分。

4. CRTS Ⅱ 型板式无砟轨道水泥乳化沥青砂浆填充层由_____和_____等混合而成。

5. CRTS Ⅱ 型轨道板模具在使用过程中,每次脱模完成后必须进行日常检查,日常检查包括_____、_____、_____、_____、定位销松紧、模具各定位连接件完好情况、振动器支架完好情况,退模装置和起板装置完好情况等。

6. 在混凝土浇筑前,必须将模具清理干净,并均匀喷涂脱模剂,模具清理工具流程为:清理模具表面残留混凝土块和杂物→_____→_____→_____。

二、选择题

1. 试验工作主要有原材料的报验、现场混凝土的试验、水泥沥青砂浆的试验、配料站的试验等工作。每个作业面的试验人员至少需要配置混凝土试验员(　　)人,水泥沥青砂浆试验员 4 人,配料站 1 人。

    A. 1　　　　　　　B. 2　　　　　　　C. 3　　　　　　　D. 4

2. 简支梁上的后浇带(BL1)一般设在梁跨中间,后浇带缝与轨道板缝不能重合,连续梁上的底座板两固定连接区间必须设置 1 个后浇带,后浇带与任一固定连接处的距离不大于(　　)m。

    A. 25　　　　　　　B. 50　　　　　　　C. 75　　　　　　　D. 100

3. 每次灌注施工前均应进行砂浆试拌和,检验其指标,以微调并确定砂浆配合比,指标中不包括(　　)。

    A. 流动度　　　　　B. 扩展度　　　　　C. 含气量　　　　　D. 密度

4. 接地端子焊接前对焊接平面位置及间距做出明确标示,确保接地端子焊接位置满足要求,接地端子焊接采用单面焊焊缝长度大于(　　)。

    A. 100mm　　　　　B. 200mm　　　　　C. 300mm　　　　　D. 400mm

5. 预应力钢筋一段采用锚具固定在横梁上,拉紧后固定另一端至相对横梁上,其外露长度不小于(　　)。

    A. 30mm　　　　　B. 40mm　　　　　C. 50mm　　　　　D. 60mm

6. 支承层混凝土在摊铺完成后应喷洒养护液或水并覆盖养护。养护时间一般不宜少(　　)d。

    A. 7　　　　　　　B. 8　　　　　　　C. 9　　　　　　　D. 14

7. 垫层砂浆抗压强度至少达到_____MPa 后,方可拆除轨道板下精调校正装置。

    A. 1　　　　　　　B. 2　　　　　　　C. 3　　　　　　　D. 4

三、判断题

1. 轨道底座板施工时，需要大量的混凝土供应，可根据条件就近布设大型混凝土拌和站，也可使用商品混凝土。（　　）

2. 防水层空鼓检查可采用拖拽铁链的方法进行。检查时沿桥面纵、横向拖拽铁链，以拖拽时桥面发出的空鼓声音初步确定空鼓范围，用记号笔画出范围。（　　）

3. 在城郊居民不太密集和郊外施工便道可以全程贯通的地段，轨道板可以采用沿线分组存放、分散吊装上桥的办法施工。（　　）

4. 每班次在灌注水泥沥青砂浆之前，测定温度、流动度、可工作时间及表观密度等工作性能是否符合要求。水、铝粉的添加量应按施工条件增减。（　　）

5. 灌注前应在轨道板表面铺设塑料薄膜，防止灌注过程中轨道板等的污损。出现临时中断作业的情况时，搅拌机等应随时清洗干净。（　　）

6. 对每批进场的砂浆水泥乳化沥青原材料均应按规定抽检，并符合相应指标要求，不合格原材料不得进场使用。（　　）

7. 轨道板混凝土入模采用布料机进行布料，坍落度要求 120～160mm。（　　）

8. 在毛坯板运进打磨工位前，对毛坯板两侧预应力钢筋余头进行切割。切改完成后不需要进行打磨。（　　）

9. 模具进场后由质管部对每块模具的外观质量、外形尺寸及数量进行检测，并检查合格证等附件材料。如检验不合格或资料不齐全不得接受。（　　）

10. 混凝土的养护须紧跟底座板施工，整段混凝土完成后再正式进行覆盖土工布和塑料薄膜以实现保湿养护。（　　）

四、简答题

1. 桥面验收有哪些项目？

2. 施工面设计布置中底座板施工单元段怎样划分？

3. 桥面排水坡构造应符合什么设计要求？

4. CRTS Ⅱ型板式无砟轨道铺设前的施工测量技术准备有哪些？

5. 轨道板下水泥乳化沥青砂浆灌需要遵循什么原则？

6. 水泥乳化沥青砂浆如何进行养护？

7. 简述轨道板存放要求。

8. 简述混凝土运输过程中注意的问题。

9. 简述轨道板测量、精调的程序。

10. 轨道板端部（板间）封边具有什么作用，具体如何操作？

CRTSⅢ型板式无砟轨道施工

【项目描述】

CRTSⅢ型板式无砟轨道是我国自主研发的、具有完全自主知识产权的新型无砟轨道结构形式，已成功铺设于多条客运专线，并且作为我国高铁的核心技术及主型产品推广至海外。经过多条线路的成功铺设，我国已经总结出了一套成熟的 CRTSⅢ型板式无砟轨道施工工艺。本项目主要介绍了 CRTSⅢ型板式无砟轨道施工工艺和质量控制，包括 CRTSⅢ型轨道板的预制、混凝土底座施工、隔离层与弹性垫层的施工、轨道板的铺设及自密实混凝土的施工等内容。

【学习目标】

知识目标

(1) 掌握 CRTSⅢ型板式无砟轨道施工工艺流程。

(2) 掌握 CRTSⅢ型轨道板先张法的预制生产流程。

(3) 理解 CRTSⅢ型轨道板先张法的原理。

(4) 掌握混凝土底座及限位凹槽的施工流程。

(5) 掌握限位凹槽的作用及施工要求。

(6) 熟悉伸缩缝填缝的材料及方法。

(7) 掌握隔离层及弹性垫层的施工流程。

(8) 熟悉弹性垫层的安装目的及施工要点。

(9) 掌握轨道板铺设与精调的施工流程。

(10) 掌握自密实混凝土的施工流程。

(11) 熟悉自密实拌制、运输、灌注及养护的知识。

能力目标

(1) 能够画出 CRTSⅢ型板式无砟轨道施工工艺流程图。

（2）能够复述 CRTSⅢ型轨道板先张法的工艺流程。

（3）能够总结出 CRTSⅢ型板式无砟轨道的施工特点。

（4）能够说出混凝土底座及限位凹槽的施工流程。

（5）能够对底座的施工质量进行检查，并判断是否符合规范要求。

（5）能够说出自密实混凝土的施工流程。

（6）能够对道床板的铺设质量进行检查，并判断是否符合规范要求。

素养目标

（1）以雅万高铁为引入案例，了解我国高铁技术的先进性，培养学生的民族自豪感。

（2）通过 CRTSⅢ型板式无砟轨道施工的过程，培养学生严谨创新、吃苦耐劳的精神。

（3）通过轨道板的精调过程，培养学生的精益求精的工匠精神和团结一致的协作精神。

（4）通过 CRTSⅢ型板式无砟轨道施工中的注意事项，培养学生严谨的工作态度和安全意识。

【学习导航】

CRTSⅢ型板式无砟轨道施工

任务一 先张法 CRTSⅢ 型轨道板的预制生产

◇ 任务引入

雅万高铁项目是中国高铁全系统、全要素、全生产链走出国门的"第一单",也是"一带一路"倡议的标志性工程和印尼国家战略项目,如图 4-1 所示。雅万高铁连接印尼首都雅加达和旅游名城万隆,经过哈利姆、卡拉旺、瓦利尼和德卡鲁尔四个车站。这条线路全长 142km,采用标准轨距 1435mm,最高设计速度 350km/h。这条铁路建成通车后,雅加达到万隆的列车运行时间将由当初的 3h 缩短至 40min,对助力印尼经济社会发展、深化中印尼两国经贸合作和人文交流、促进"一带一路"建设等都具有十分重要的意义。

图 4-1 雅万高速铁路无砟轨道建设

线路中的无砟轨道结构采用的是 CRTSⅢ 型板式无砟轨道结构形式。这种无砟轨道结构简单、传力明晰、便于施工、工程质量易保证;轨道为分层结构,各层间匹配,无明显薄弱环节,保证轨道结构的耐久性;轨道为单元结构,可维修性好;而且路、桥、隧地段轨道结构形式统一,可减少施工装备的投入。那 CRTSⅢ 型板式无砟轨道是如何进行施工的呢? CRTSⅢ 型轨道板作为轨道结构的重要组成部分,它是如何制造的呢?

▲ 任务描述

CRTSⅢ 型板式无砟轨道结构是我国自主研发的无砟轨道结构,也是我国"高铁走出去"的名片。它的施工流程主要包括 CRTSⅢ 型轨道板的预制、混凝土底座的施工、隔离层与弹性垫层的施工、轨道板的铺设及自密实混凝土的施工等部分。查阅雅万高铁相关资料,通过本任务,我们要学习掌握先张法 CRTSⅢ 型轨道板预制的工艺流程,并熟悉施工中的关键工序要点。

◇ 相关知识

一 预制场基本结构要求

先张法预应力轨道板场的基本结构包括生产区、辅助功能区及办公生活区。生产区主要包括混凝土搅拌站、锅炉房、轨道板预制区、钢筋加工区、封锚区、水养池、成品轨道板室外存放场地等;辅助功能区包括试验室、变压器和自备发电机室等。

中铁九局集团有限公司
苏家屯轨道板厂案例

预制场规模与所承担的任务量和计划工期有关。以郑徐客运专

207

线一个设计生产能力 30000 块轨道板、工期 15 个月的轨道板预制场为例,根据设计要求的标准板型(5600mm、4925mm、4856mm)和非标准板型(含曲线板)数量比例,生产车间宜配备 80~104 套 CRTSⅢ型无砟轨道板生产模具,模具呈 4×2 矩阵排列,纵向、横向整体张拉。按 25 天/月考虑,轨道板预制场生产能力约为 200 块/月,相应地配置 150m³/h 的混凝土搅拌站 1 套,钢筋加工车间设置 6~10 个绑扎模具台座,设置 2 个室内水养池(可容纳 300 块轨道板同时养护)。整个轨道板预制场占地面积约 150 亩。

二 工装设备配置

CRTSⅢ型无砟轨道板预制场主要施工机具设备配置见表 4-1,轨道板检测仪器装备见表 4-2,试验、检测仪器装备见表 4-3。

主要施工机具设备配置 表 4-1

序号	名称	型号规格	单位	数量	备注
1	轨道板模具	Ⅲ型板	套	10×8	矩阵组列 2×4
2	钢筋笼加工胎具	定制	台	16	电动或手动翻转
3	钢筋套管热缩机		台	1	钢筋
4	自动张拉系统	定制	套	10	与矩阵对应
5	混凝土搅拌站	HZ150	套	1	
6	布料机	定制	台	1	
7	刷毛机	定制	台	1	板底刷毛
8	多功能作业车	定制	台	1	养护覆盖
9	温控系统	定制	套	1	养护
10	强制式搅拌机	250L	台	1	锚固料
11	空气压缩机	1.0m³/min	台	4	封锚作业
12	锚固空气锤	Ⅰ~Ⅳ型	套	8	
13	桥式起重机	10t	台	2	预制区
		10t	台	2	钢筋、封锚、水养
14	门式起重机	10t	台	3	存板区
15	转运平板车	11	辆	2	钢筋笼
		5t	辆	2	至存板区,轮式或轨行
16	混凝土运输平车	1.5t	台	1	轨行式
17	混凝土中转罐	3m³	个	2	运输平车至布料机
18	装载机	ZL50	台	2	搅拌站
19	洗石机、筛沙机		套	1	
20	蒸汽锅炉	5t	台	1	养护供热
21	发电机	150kW	台	1	
22	电焊机	ZX330	台	8	钢筋加工
23	钢筋加工机械		套	4	调直、切断、弯曲

轨道板检测仪器装备 　　　　　表 4-2

序号	名称	型号规格	单位	数量	备注
1	全站仪	TCA1201 +	台	1	
2	电子水准仪	DNA03	台	1	
3	检测工装及软件		套	1	模具和轨道板
4	绝缘测试架	定制	套	1	
5	兆欧表	500V	块	1	绝缘检测
6	轨道板静载试验系统	定制	套	1	

试验、检测仪器装备 　　　　　表 4-3

序号	名称	型号规格	单位	数量	备注
1	恒应力抗压试验机	BC-300D	台	1	
2	万能材料试验机	WE-600B	台	1	
3	压力试验机	YA-3000B	台	1	
4	电动抗折机	KZJ-500	台	1	
5	万分之一天平	FA-2004	台	1	
6	标准养护室控温控湿仪	FHBS-100	台	1	
7	水泥标准养护箱	YH-40B	套	1	
8	电动振筛机	6611B	台	1	
9	混凝土搅拌机	HJW-60	台	1	
10	水泥净浆搅拌机	NJ160B	台	1	
11	水泥胶砂搅拌机	JJ-5	台	1	
12	水泥稠度仪	—	个	1	
13	水泥负压筛析仪	FSY-150B	个	1	
14	混凝土阻力贯入仪	HJ-80	个	1	
15	净浆流动度测定仪	—	个	1	
16	比表面积仪	KBS-2	个	1	
17	压力泌水仪	SY-2	个	1	
18	弹性模量测试仪	TM-2	个	1	
19	混凝土含气量测定仪	7L	台	1	直读式精密
20	数字式绝缘电阻测试仪	DY30	台	1	

三　先张法 CRTSⅢ型轨道板工艺流程

　　先张法 CRTSⅢ型轨道板采用倒置预制、整体张拉、混凝土连续灌注、集中养护、封锚、水中养护的方式生产。先张法 CRTSⅢ型轨道板生产流程如图 4-2 所示。

先张法 CRTSⅢ型轨道板预制

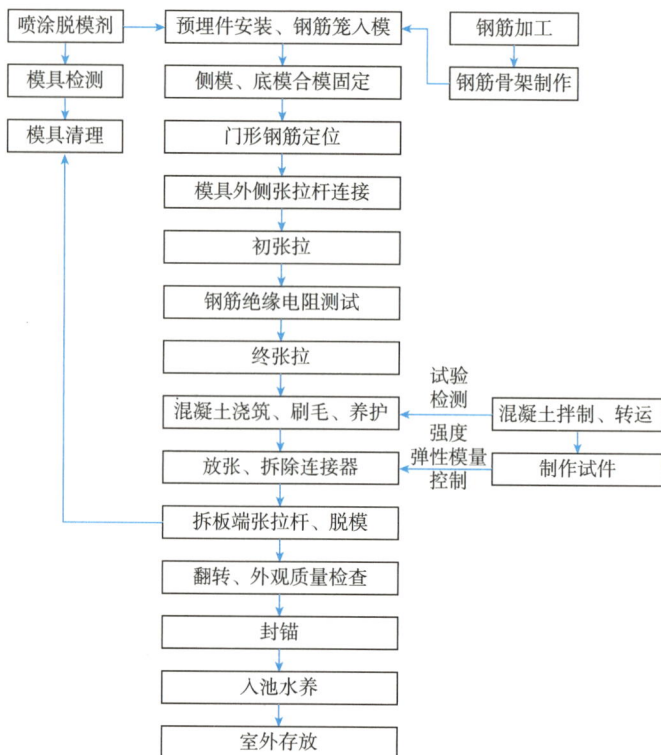

图 4-2　先张法 CRTSⅢ型轨道板生产流程

生产过程中,张拉工序应列为特殊过程监控,特殊过程必须由专业技术人员全程跟踪,做好现场监控记录。每次对控制数据进行计算、对比、检查、分析和调整。

另外,钢筋绝缘检测、混凝土灌筑和板底刷毛、轨道板脱模、轨道板存放应作为重点控制项目,重点控制项目必须设专人负责,要及时记录、反映现场施工情况,定期由项目部组织相关人员对施工内容进行检查、评价。

四　先张法 CRTSⅢ型轨道板施工的作业要点

本节按侧模随动型模具施工方法叙述,出现原位型脱模时特别说明。

(一)施工准备

清理模具上的混凝土残渣等污物(图 4-3),用铲刀清理模具时,包括对模具承轨台、套管定位轴、灌浆孔观察孔预埋件等的清理,必须注意避免划伤模具精加工表面。首次使用和投产后应采用高精度仪器、专用工具、软件定期对模具进行检测,其尺寸偏差应满足要求。

模具清理合格后喷涂脱模剂,不允许有脱模剂积聚现象。对模具承轨台、套管定位轴、灌浆孔预埋件等结构复杂的部位,用软毛刷子再涂抹一遍脱模剂,并使转角、沟槽部位脱模剂分散均匀。

图 4-3　模具清理

(二)钢筋加工、钢筋骨架制作

1.钢筋存放

钢筋的堆放场地宜硬化处理,应平整、干燥,下垫高度 25cm 以上,避免锈蚀或油污。

钢筋摆放应做到分类堆放、标识清楚,易于识别,不得产生混淆。

2.钢筋加工

钢筋加工利用调直切断机、弯曲机等进行。普通钢筋下料长度偏差应符合设计规定。根据图纸中每根钢筋与钢筋搭接位置,手工将热缩套管套入到加工好的钢筋上。根据图纸尺寸要求把热缩管调整到设计位置。利用手持式燃气加热枪加热套管,枪口与热缩管保持 10 ~ 15cm 的距离,沿要热缩的套管上下反复、快速移动,直至热缩管处看清钢筋螺纹形状。注意避免热力过于集中导致套管绝缘性能降低。需要焊接的部件,如接地端子按规定完成焊接,焊缝长度、高度满足设计要求。加工合格的钢筋转运到安装工位备用。

3.钢筋骨架制作

钢筋骨架利用可翻转台架制作,如图 4-4 所示。

图 4-4 可翻转钢筋骨架制作台架

(1)作业顺序

轨道板顶面横向钢筋→顶面纵向钢筋(含接地钢筋)→圆弧钢筋→轨道板底面纵向钢筋和端头箍筋→底面横向钢筋→架立筋(由外向里绑)→箍筋接头绑扎→保护层垫块固定。

预应力钢筋对侧模随动型模具而言,在骨架安放到侧模内时穿入;对原位型脱模模具而言,在绑扎骨架时即行穿入。

(2)绑扎要求

纵向钢筋和横向钢筋垂直,交点逐点绑扎。圆弧钢筋与主筋交点逐点绑扎。架立筋与纵向钢筋垂直,交点逐点绑扎。保护层垫块呈梅花形交错布置,设置数量为 4 块/m²,钢筋骨架易变形处可适当增加垫块数量。

（3）钢筋骨架绑扎质量要求

绑扎丝应采用绝缘型铁丝，其线尾应扭向骨架内，绑扣形式以不易松脱为准，扎点间绝缘电阻不得小于2MΩ。保护层垫块应保证钢筋净保护层厚度大于35mm。骨架不得有油污及扭曲。轨道板钢筋绑扎尺寸偏差应符合表4-4的要求。

轨道板内钢筋位置允许偏差 表4-4

序号	检查项目	允许偏差（mm）
1	预应力钢筋	±2.0
2	非预应力钢筋	±5.0
3	门形筋外漏部分	垂向0，+5；纵横向±10
4	扣件预埋套管及起吊套管螺旋筋	±5.0
5	箍筋间距	±10
6	钢筋保护层	0，+5

（三）预埋件安装、钢筋笼入模

1. 安装扣件预埋套管

侧模清理、组装完成后，进行预埋套管安装。首先将套管固定锥内的芯轴收回，然后将预埋套管套入锥体，旋转绝缘预埋套管，使其紧固。

2. 安装起吊套管及螺旋筋并固定

在锚穴成孔器上安装锚垫板和螺旋筋，在安装之前锚垫板与螺旋筋要提前焊接，与锚穴成孔器连接后，另一端用绝缘绑扎丝将螺旋筋绑扎在普通钢筋上，确保螺旋筋水平。安装锚垫板时其固定端和张拉端应交错布置。

3. 筋骨架入模

骨架放入模具内时，应注意避开预埋套管位置。若钢筋骨架影响预埋件位置和预应力钢筋位置，可适当移动普通钢筋位置，但移动后必须重新绑扎牢靠。

4. 预埋件安装质量要求

扣件预埋套管和螺旋筋安装前，安装人员进入底模对套管定位轴的位置进行检查，看有无松动、损坏现象。若有，应及时紧固或更换。安装人员用手锤将套管固定至定位轴上后，用塞尺检测套管管口与模板接触面缝隙应小于0.25mm。拧入套管外露螺纹口里，要求结合紧密。接地端子轴线应与侧模垂直且端口与模板面密贴。

（四）侧模、底模合模固定

随动型侧模与骨架吊放于底模上后，应即时将侧模与底模锁紧固定，如图4-5所示。检查骨架状态，钢筋如有偏斜、扭曲，应进行调整，钢筋间距应满足相关要求。现场采用平板靠尺，横担置于两边侧模上，用钢尺检查靠尺边缘至钢筋边缘距离，对钢筋骨架在轨道板厚度方向的位置进行调整。对环氧涂层钢筋，要求不得损坏表面涂层。

图 4-5　随动型侧模与骨架吊放

（五）门形钢筋定位

为保证板底门形钢筋位置准确、线形一致，使用 1～2 根绝缘涂层钢筋进行固定。钢筋在模板中的位置应符合设计规定。

（六）张拉装置连接

1. 预应力钢筋在模具内安装定位

随动型模具在钢筋骨架入模后安放预应力钢筋。预应力钢筋安装前必须检查包裹层是否完好，对于包裹层微小损坏的地方，可采用塑料胶带封裹。包裹层损坏严重的预应力钢筋不得入模。安装连接杆前检查预应力钢筋，应顺直无阻挡。

安装预应力钢筋时，人工抬起穿入相应锚穴成孔器，同时从侧模外侧穿入张拉连接杆并与预应力钢筋端头螺纹连接，连接拧入深度以预应力钢筋两端基本相等为准，如图 4-6 所示。安装后应保证预应力钢筋平直，以预应力钢筋张紧按压不松弛为度。

2. 张拉装置连接

从模具矩阵一侧开始，顺序连接模具与张拉梁、模具与模具间的中间张拉杆，如图 4-7 所示。连接扭力大小应基本一致。

图 4-6　预应力钢筋安装

图 4-7　预应力钢筋端头顺序连接张拉杆

（七）初张拉

每次张拉前应对锚具的锁紧螺母进行检查和清理。利用液压测力扳手在预应力钢筋固定端进行单根张拉,达到控制值的 30%(以 P5600 型轨道板为例,张拉力参考值为 24kN,伸长值 1.2mm),达到设计值后人工锁紧锚具螺母。顺序完成模具矩阵内全部张拉连接杆的初张拉。

(八)钢筋绝缘电阻测试

现场技术人员对钢筋骨架进行绝缘检测,绝缘电阻不小于 2MΩ。同时对预埋件进行检查,检测、检查合格后进行终张拉。

(九)终张拉

预应力钢筋采用张拉梁整体张拉方式,由自动张拉设备控制,张拉记录由系统自动生成。要求张拉力控制的测力传感器示值误差不大于 ±0.5%F·S,位移传感器示值误差不大于 ±0.1mm。

采用张拉横梁同时张拉纵向和横向预应力钢筋达到控制值的 100%(以 P5600 型轨道板为例,张拉力参考值为纵向 1280kN、横向 960kN,伸长值纵向 58mm、横向 48mm),严禁超张拉。操作过程中协作队伍人员听从指挥,一个张拉顶指定一人负责监控。

张拉合格后,锁紧锚固螺母,再进行下道工序施工。按要求完整、准确地填写张拉记录。

(十)混凝土浇筑、刷毛、养护

混凝土配合比应通过试验确定,混凝土胶凝材料用量不宜超过 500kg/m³,水胶比不应大于 0.35,混凝土含气量应为 2.0%~4.0%。

混凝土搅拌应采用强制搅拌机,原材料应按照施工配合比要求进行称量,材料计量误差应符合相关规定。混凝土浇筑前,应确认钢筋及预埋件的位置和间距,接地端子与纵向钢筋间的焊接质量满足设计要求,并检测钢筋骨架的绝缘性能,各绝缘层钢筋间电阻值不应小于 2MΩ。混凝土浇筑前,应对混凝土拌合物的温度、坍落度和含气量进行检查,坍落度不应大于 140mm。

混凝土浇筑时,模板温度宜在 5~35℃。当温度过低或过高时,应对模板采取升温或降温措施。混凝土拌合物入模温度应控制在 5~30℃。当昼夜平均气温低于 5℃或最低气温低于 -3℃时,应采取保温措施,并按冬期施工处理。

混凝土拌制采用由计算机控制的、带电子计量装置的强制式搅拌机站完成,强制式搅拌机站设置在轨道板预制车间一侧,通过轨行式平车和中转料斗将混凝土运输至车间内,由桥式起重机将中转料斗转移至布料机布料斗上方卸料。

混凝土由布料机布料,如图 4-8 所示。布料斗距模板高度以 0.5m 左右为宜,下料时施工人员注意控制布料斗的摆动,以确保下料均匀,并保证安全。混凝土应采用附着式振捣器进行振捣(振捣器如图 4-9 所示),混凝土浇筑前应根据试验确定振捣频率、振幅和振捣时间等工艺参数。振捣时分两次振捣,当混凝土布料达到模具容量约一半时开始第一次振捣,振捣时间为 90s,第一次振捣结束后,开始第二次布料,第二次布料至模具上顶面,启动振捣,时间为 90s。如发现混凝土不平整,可小范围振捣人工抹面,侧模部分有混凝土不足位置,采用人工进行处理,保证轨道板整体高度符合设计要求。

图 4-8 混凝土布料机与周转仓   图 4-9 安装在模具底部的振捣器

混凝土初凝前,刷毛机从台座的第 1 套模具到第 8 套模具,依次、连续、均匀地将混凝土表面刷毛(刷毛机如图 4-10 所示),刷毛时间间隔不宜太长,深度应为 2 ~ 4mm,轨道板底面不应有浮浆。

图 4-10 刷毛机

混凝土浇筑过程中,以一个矩阵组为一批,每批最后一块轨道板浇筑成型过程中取样制作 3 组混凝土抗压强度试件,用于预应力钢筋放张抗压强度和 28d 抗压强度的检测。每隔 7d 取样制作 2 组混凝土弹性模量试件,用于预应力钢筋放张混凝土弹性模量和 28d 混凝土弹性模量的检测。试件应在与轨道板相同条件下振动成型和养护,28d 试件应在脱模后进行标准养护。试件制作、养护应符合相关规定。

混凝土采用保温养护制度,待混凝土达到初凝状态后,用篷布遮盖进行混凝土的养护,如图 4-11 所示。轨道板宜采用蒸汽养护,养护过程分为静置、升温、恒温、降温四个阶段。混凝土浇筑后在 5 ~ 30℃的环境中静置 3h 以上方可升温,升温速度不应大于 15℃/h;恒温时蒸汽温度不宜超过 45℃,板内芯部混凝土温度不应超过 55℃;降温速度不应大于 10℃/h,预应力钢筋放张时,轨道板表面与环境温差不应大于 15℃。养护过程中温度监测应能覆盖同批轨道板。

轨道板混凝土浇筑后方可送气,除升温、降温速度不能大于每小时 15℃外,拆除养护篷布时环境温度与养护温度之差应不大于 15℃。

图 4-11　轨道板混凝土覆盖养护

（十一）预应力钢筋放张、拆除连接杆及轨道板脱模

预应力钢筋放张前检查自动张拉系统及配套设施等工作状态应正常，各种工具应备齐。

混凝土强度不应低于48MPa，弹性模量不应低于 3.4×10^4 MPa 方可放张。脱模通知单由试验室下达，现场技术人员签字后由现场领工员组织放张作业。

预应力钢筋采用整体放张方式，放张顺序宜为双向同步放张。禁止反向操作导致超张拉。预应力钢筋放张应均匀缓慢，单根预应力钢筋放张速率不应大于 8kN/s，放张时，确保液压油缸动作同步。预应力钢筋放张完成后，依次拆除全部连接杆。随动型模具还须拆除侧模与底模间的固定螺栓。

轨道板脱模采用专用吊具，在确认起吊工装与模具间所有固定连接全部解除后，方可缓慢起吊，保证轨道板不受冲击。利用桥式起重机将随动型侧模及轨道板吊放至运板小车上，由运板小车运至侧模拆装区和轨道板翻转区。带侧模的轨道板由作业人员在专用平台上对侧模进行拆卸，如图4-12所示。利用预埋起吊套管脱模时，应安装起吊吊耳，各起吊点受力均匀，防止损伤轨道板边角和套管周边混凝土。

图 4-12　拆除侧模

（十二）轨道板翻转、封锚

轨道板在封锚区可翻转后再封锚。先翻转的目的是可及时检查轨道板的外观质量,剔除不合格轨道板;不翻转的优点是减少对轨道板的翻转扰动,封锚后直接入池水养。

封锚作业前对锚穴进行清理,不得有油污、浮浆(尘)、杂物和积水,并均匀喷涂能够提高黏结强度的界面剂。

1. 封锚砂浆制备

(1)按厂家提供的干料与水的比例或自行设计配方,根据搅拌机允许容量进行称料,以不影响搅拌机正常工作为原则。

(2)采用42.5级水泥、筛除5mm以上颗粒的细集料以及能提高砂浆韧性的聚醋酸乙烯类聚合物乳液等配制,水泥用量不小于$800kg/m^3$,灰砂比不小于0.5,水灰比不大于0.18,聚合物用量(按折固量计)不小于胶凝材料的2%。材料计量误差应符合相关规定。

(3)采用强制式搅拌机拌料,搅拌机转速不小于180r/min,可以对砂浆二次搅拌,但严禁二次加水。

(4)封锚砂浆性能应满足相关要求。

2. 封锚作业

(1)环境温度应为5~35℃。不得在露天阳光直射、雨、雪和大风环境下进行封锚作业。

(2)采用高压气清孔,应保证锚穴内无油污、浮浆、杂物和积水等,以免影响锚块与锚穴的黏结。

(3)填料封锚前,应向锚穴内均匀喷涂可提高砂浆黏结强度的界面剂,并用棉纱或海绵等吸水材料吸取锚穴凹陷处的多余界面剂。

(4)封锚砂浆应分层填压,用空气锤振捣,频率不小于1000Hz,振捣力不少于30N,振捣次数不少于2次,每次不少于10s,如图4-13所示。

(5)封锚砂浆填压完毕后在砂浆表面喷涂养护剂,如图4-14所示。封锚砂浆表面宜凹入轨道板侧面0~4mm。

图4-13 用空气锤捣实封锚填料　　图4-14 在封锚砂浆表面喷涂养护剂

3. 封锚质量控制

(1)封锚成型密实,指压应无明显变化。

217

（2）封锚成型表面平整、光洁，无明显坑洞缺陷。

（3）封锚锚体应与锚穴四周紧密结合，无肉眼可见裂缝。

（4）封锚成型表面凹入轨道板锚穴表面深度宜小于等于4mm。

（5）封锚砂浆填压完毕后至轨道板水养的时间间隔应根据封锚材料进行工艺性试验，且不得小于2h。

（十三）轨道板入池水养与室外存放

1. 轨道板水养

轨道板脱模后，先封锚再进行水养。脱膜至水养的时间间隔不宜大于8h，并应保持轨道板湿润；轨道板水养不应小于3d，且保温、保湿总时间不少于10d。养护期间，养护水温不应低于10℃，轨道板表面温度与养护水温之差不应大于10℃。

轨道板养护水池宜设置在室内，寒冷地区还应在水池中接入蒸汽管道，以便必要时给养护水升温。养护用水应符合相关规定。轨道板在水池中侧置立放。水池底部应设置条形基础并满足最大承载力要求，轨道板入池后应采取防倾倒措施，养护水面须淹没轨道板顶面5～10cm。如图4-15所示。

2. 轨道板室外存放

在轨道板保温、保湿养护10d内，夏期应洒水养护，必要时予以覆盖防止暴晒；冬期做好覆盖保湿和保温设施。

轨道板由电动平车运输至存板区。当一次运输超过一块轨道板时，应采用方木墩支垫平稳，运板时应慢速行驶，不得超负荷运输。轨道板运输时，车上不得乘坐其他人员。

存板区的存放容量应根据轨道板的生产工期、供板周期、铺板工期等因素确定。

轨道板应侧置立放。存板区应设置条形基础并满足最大承载力要求，轨道板存放期间应在其长龙两端设置三角支撑架等以防止倾倒，如图4-16所示。

图4-15　轨道板入池水养

图4-16　轨道板存板

五　轨道板质量控制

（一）轨道板模具尺寸检验偏差要求

CRTS Ⅲ型无砟轨道板模具尺寸检验偏差要求见表4-5。

轨道板模具尺寸检验偏差要求   表 4-5

序号	检查项目		单位	模具精度
1	整套模板	长度	mm	±1.5
		宽度	mm	±1.5
		厚度	mm	±1.5
2	框架	四边翘曲	mm	±0.5
		四边旁弯	mm	±1.0
		整体扭曲	mm	±1.0
3	底板	平面度	mm	±2.0
		承轨槽平整度	mm	纵向 ±0.3 横向 ±0.15
		承轨槽与底板的高差	mm	0, −0.5
4	预埋套管	保持轨距的两套管中心距	mm	±0.3
		同一承轨槽两相邻套管中心距	mm	±0.3
5	承轨槽	预埋套管处承轨台横向位置偏差	mm	±0.3
		预埋套管处承轨台垂向位置偏差	mm	±0.3
		小钳口距离	mm	±0.3
		承轨面与钳口面夹角	°	±0.5
		承轨面坡度(轨底坡)	—	1:30 ~ 1:42
		承轨槽间外钳口距离	mm	±0.5
6	扣件间距	板端螺栓孔距板端距离	mm	±1.0
		纵向相邻套管中心距离	mm	±1.0

(二) 轨道板外形尺寸偏差和外观质量要求

CRTSⅢ型轨道板外形尺寸偏差和外观质量要求见表 4-6 和表 4-7。

轨道板外形尺寸偏差   表 4-6

序号	检查项目		单位	允许偏差	每批检查数量(出厂检验)	检验项别
1	长度		mm	±3.0	10 块	C
2	宽度		mm	±3.0	10 块	C
3	厚度		mm	±3.0	10 块	B2
4	预埋套管	同一承轨槽两相邻套管中心距	mm	±0.5	全检	B1
		歪斜(距顶面 120mm 处偏离中心线距离)	mm	2.0	全检	B2
		凸起高度	mm	−1.0,0	全检	B2
5	承轨台	预埋套管处承轨台横向位置偏差	mm	±0.5	全检	B1
		预埋套管处承轨台垂向位置偏差	mm	±0.5	全检	B1
		单个承轨台钳口距离	mm	±0.5	全检	A
		承轨台与钳口面夹角	°	±1.0	全检	B1
		承轨面坡度(轨底坡)		1:37 ~ 1:43	全检	B1

序号	检查项目		单位	允许偏差	每批检查数量（出厂检验）	检验项别
5	承轨台	承轨台间外钳口间距	mm	±1.0	全检	A
		承轨台外钳口距外侧套管中心距	mm	±1.0	全检	B1
6		其他预埋件位置及垂直歪斜	mm	±3.0	全检	C
7	扣件间距	板端螺栓孔距板端距离	mm	±2.0	10块	B1
		扣件间距	mm	±2.0	10块	B1
8	板顶面平整度	轨道板四角的承轨面水平	mm	±1.0	10块	B1
		单侧承轨面中央翘曲量	mm	≤1.0	10块	B1
9		板底面平整度	mm	5/1m	10块	B1

注:1.A 类项别单项项点数不允许超偏。

2.B1 类项别单项项点数的超偏率不大于 5%。

3.B2 类项别单项项点数的超偏率不大于 10%。

4.C 类项别各单项超偏率点数之和不大于 C 类总项点数的 10%。

轨道板外观质量要求　　　　表 4-7

序号	检查项目	单位	允许偏差	每批检查数量（出厂检验）	检验项别
1	肉眼可见裂纹		不允许	全检	A
2	承轨部位表面缺陷(气孔、粘皮、麻面、裂纹等)	mm	长度≤20 深度≤5	全检	B2
3	锚穴部位表面缺陷(裂纹、脱皮、起壳等)		不允许	全检	C
4	其他部位表面缺陷(气孔、粘皮、麻面)	mm	长度≤80 深度≤8	全检	C
5	轨道板四周棱角破损和掉角		长度≤50	全检	C
6	预埋套管内混凝土淤块		不允许	全检	A
7	轨道板漏筋		不允许	全检	A
8	承轨台外框低于轨道板面		不允许	全检	B1
9	轨道板刷毛	mm	深度 2~3	全检	C
10	轨道板底浮浆		不允许	全检	C

注:1.A 类项别单项项点数不允许超偏。

2.B1 类项别单项项点数的超偏率不大于 5%。

3.B2 类项别单项项点数的超偏率不大于 10%。

4.C 类项别各单项超偏率点数之和不大于 C 类总项点数的 10%。

(三)其他质量要求

(1)混凝土的抗压强度不低于设计强度,弹性模量不低于设计值。

(2)预埋套管抗拔力不得小于 60kN,试验后其周围没有可见裂纹,允许有少量砂浆剥离。

(3)轨道板绝缘性能应符合轨道电路技术要求。

(4)成品轨道板接地端子位置、数量应符合设计要求。

(5)各项检查完成后及时填写对应的"检查记录表"。

⚠ 任务实施

项目名称	项目四　CRTSⅢ型板式无砟轨道施工	任务名称	任务一　先张法CRTSⅢ型轨道板的预制生产
专业班级		姓名	学习小组

【专业知识认知】（30分）

1. 简述先张法CRTSⅢ型轨道板的预制对原材料的要求。（10分）

2. 先张法CRTSⅢ型轨道板预制生产的质量控制包括哪些方面？（10分）

3. 简述CRTSⅢ型轨道板养护时的注意事项。（10分）

【能力素质训练】（60分）

1. 能够绘制先张法CRTSⅢ型轨道板的预制生产的工艺流程图。（20分）

2. 能够说出先张法CRTSⅢ型轨道板的预制生产的施工要点。（20分）

3. 能够对CRTSⅢ型轨道板的外形尺寸和外观质量进行检验。（20分）

【工作总结】（10分）

学员自评		组长评价	

指导老师评价：

任务二　混凝土底座及限位凹槽施工

任务引入

郑徐高速铁路,即徐兰高速铁路郑徐段,简称郑徐高铁,是一条连接河南省郑州市与江苏省徐州市的高速铁路,与郑西高速铁路、西宝高速铁路、宝兰高速铁路共同构成徐兰高速铁路。郑徐高铁采用的 CRTS Ⅲ 型板式无砟轨道结构由钢轨、扣件、预制轨道板、配筋的自密实混凝土、限位凹槽、中间隔离层(土工布)和钢筋混凝土底座等部分组成,如图 4-17 所示。CRTS Ⅲ 型板式无砟轨道结构的一个特点是它的底座板上设有限位凹槽,那么底座板和限位凹槽在施工的时候有哪些特别之处呢?

图 4-17　郑徐高速铁路

任务描述

CRTS Ⅲ 型板式无砟轨道结构由钢轨、扣件、预制轨道板、配筋的自密实混凝土、限位凹槽、中间隔离层(土工布)和钢筋混凝土底座等部分组成。CRTS Ⅲ 型板式无砟轨道在施工的时候,首先就是要进行底座板和限位凹槽的施工。查阅郑徐高铁相关资料,通过本次任务,我们要掌握 CRTS Ⅲ 型无砟轨道底座板和限位凹槽的施工流程,熟悉施工中的关键工序。

底座及限位凹槽施工

相关知识

一　CRTS Ⅲ 型板式无砟轨道施工工艺流程

CRTS Ⅲ 型板式无砟轨道施工工艺流程如图 4-18 所示。

二　底座及限位凹槽施工工艺流程

CRTS Ⅲ 型板式无砟轨道底座及限位凹槽的施工工艺流程如图 4-19 所示。

三　底座及限位凹槽施工作业要点

完成并通过沉降观测及 CP Ⅲ 评估后,需要对桥梁顶面、路基顶面、隧道基底表面平整度、高程进行复测验收,满足要求后方可进行底座施工。

```
铺设条件评估与验收  →  施工准备  ←  CPⅢ网测设与评估
                         ↓
              混凝土底座及限位凹槽施工
                         ↓
                 伸缩缝填缝施工
                         ↓
              隔离层与弹性垫层施工
                         ↓
            自密实混凝土结构层配筋安装
                         ↓
轨道板生产、运输  →  轨道板铺设与精调
                         ↓
轨道板固定，模板安装  →  自密实混凝土结构层施工  ←  混凝土拌制、运输
                         ↓
              灌注孔与观察孔封堵
                         ↓
                 钢轨铺设与精调
```

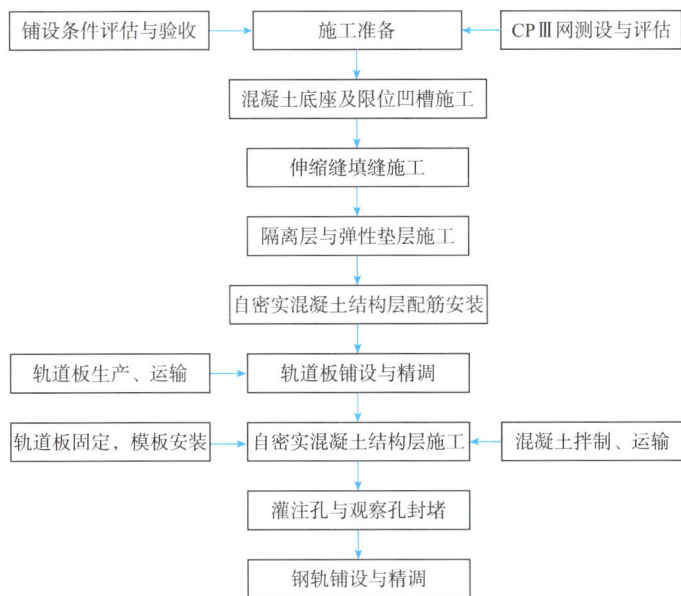

图 4-18 CRTSⅢ型板式无砟轨道施工工艺流程

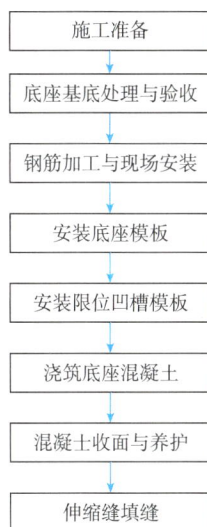

```
         施工准备
           ↓
   底座基底处理与验收
           ↓
    钢筋加工与现场安装
           ↓
      安装底座模板
           ↓
     安装限位凹槽模板
           ↓
      浇筑底座混凝土
           ↓
     混凝土收面与养护
           ↓
       伸缩缝填缝
```

图 4-19 CRTSⅢ型板式无砟轨道底座
及限位凹槽的施工工艺流程

桥梁地段底座采用 C40 钢筋混凝土结构，宽度 2900mm、厚度 200mm；底座均采用单元式结构，单元间设置宽度为 20mm 的横向伸缩缝；每一个单元底座对应 1 块轨道板。路基和隧道地段底座采用 C35 钢筋混凝土结构，宽度 3100mm、厚度 300mm；一个底座单元对应 3 块轨道板（个别地段有 4 块轨道板），每两个底座单元之间设置宽度为 20mm 的伸缩缝；路基上的底座单元在伸缩缝位置设置传力杆，传力杆采用 8 根 ϕ36mm 光面钢筋，长度为 500 ~ 700mm。伸缩缝填充采用聚苯乙烯泡沫塑料板，并在伸缩缝顶面和两侧采用嵌缝材料密封，其中伸缩缝顶面嵌缝材料尺寸为 20mm（深）× 20mm（宽）× 底座宽度（长）；两侧嵌缝材料尺寸为 40mm（深）× 20mm（宽）× 底座宽度（长）；底座两侧与桥面保护层采用聚氨酯嵌缝材料密封，嵌缝材料尺寸为 20mm（深）× 15mm（宽）。

底座配筋根据梁跨长度和路基地段各布板单元布置组合不同而各不相同，如 32m 梁型布板单元为 2 × 4925mm + 4 × 5600mm，路基上有 3 × 4856mm，4 × 4856mm 布板单元等多种形式，应按照施工图进行配筋。底座钢筋采用 CRB550 级冷轧带肋钢筋焊接网片，分上下两层，外形尺寸相同，但上层网片在凹槽设计部位预留有长方形孔。

每块轨道板对应的底座上均设置两个深度为 100mm 的凹槽（参考平面尺寸为：上口纵向 700mm × 横向 1000mm，底部纵向 680mm × 横向 980mm，不同线路存在差异）。底座顶面、凹槽底部和四周侧面铺设土工布隔离层和复合弹性橡胶垫层。

(一) 施工准备

根据线路平、纵断面资料，确定底座高程。注意消除因线路纵坡及平面曲线引起的误差，必要时对轨道板板缝宽度进行调整。底座施工前，除按技术要求放出底座中心线外，应同时在底座基面上放样底座边线、伸缩缝位置和凹槽中心线位置（弹出凹槽底部边线），以便于作业。

(二) 底座基面处理与验收

底座施工前对基面进行处理和验收。梁面及隧底预埋件状态及拉毛质量应符合设计要求,当拉毛质量不符合设计要求时,应按设计要求进行现场凿毛处理,如图 4-20 所示。凿毛后露出新鲜混凝土面积应满足设计要求,一般不低于总面积的 50% ~ 75% 。凿毛后及时清理基面的浮渣、碎片、尘土、油渍等。表面无杂物、积水。

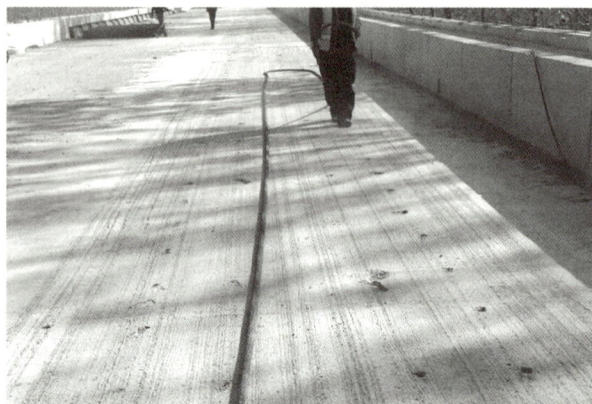

图 4-20 桥梁基面拉毛

打开梁面预埋套筒封盖,清除套筒内杂物,以连接钢筋(ϕ16mm)螺扣端试装应满足设计要求。安装连接钢筋时拧入套筒内的长度为 21mm,扭紧力矩不小于 80N·m。套筒(总长度 42mm)旋入深度不正确时应予以调整,螺纹损坏时用相应规格的丝锥对套筒套丝,套筒损坏时予以更换。当上述三种情况都不能正确处理时,则需要补植锚固钢筋,即在桥梁梁面上钻孔,经清孔、除尘后植筋,如图 4-21 所示。植筋孔径、深度与所使用锚固胶类型、生产厂家有关,但无论哪种锚固胶均应满足抗拔性能要求。

a)   b)

图 4-21 底层钢筋网片和连接钢筋

路基高程满足设计要求、表层平整无积水,密实度检测符合规定值要求。隧道进出口及特殊地段有底座与基底植筋要求时,应按设计要求在规定范围内植入连接钢筋。

(三) 钢筋加工与现场安装

底座内的钢筋网片可一次加工成型,其他钢筋(如架立筋、U 形筋、连接筋等)由钢筋加工场集中加工,再运输至施工现场备用,如图 4-22 所示。

图 4-22　集中加工好的钢筋网片

安装底座钢筋前，按保护层厚度要求安放好钢筋保护层垫块(保护层厚度 35mm)，按设计图要求确定对应于底座的钢筋网片规格、数量、安装位置(混凝土保护层厚度两端为 45mm、两侧为 75mm)并安放稳固。

桥梁上的底座钢筋通过桥面植筋与桥梁结构连接。先放置好底层网片，再将连接钢筋拧入套筒中，并达到规定深度和扭矩。底层钢筋网片应与最近的连接钢筋加以绑扎。

架立筋和 U 形筋的尺寸应满足设计要求，以保证钢筋网片位置准确，尤其是曲线超高地段，超高采用外轨抬高方式，配筋高度在缓和曲线区段按线性变化完成过渡，必须注意其内外侧高差及其沿线路纵向的渐变。

(四)安装底座模板

严格控制底座板高程施工精度，曲线范围须保证最小底座厚度不小于 100mm。为保证底座高程和平整度满足设计及相关技术规程要求，宜采用高度可调节的钢模板。

模板安装前必须对模板表面清理后涂刷脱模剂。模板安装时，根据 CPⅢ 控制网测量模板平面位置及高程，并通过模板的调整螺杆调整模板顶面高程达到底座设计高程，如图 4-23 所示。

纵向模板间用螺栓连接。模板应定位准确，横向伸缩缝按放样尺寸严格控制，并应采取固定措施，防止其位移、上浮;模板安装要平顺、牢固，接缝严密，防止胀模、漏浆。底座模板安装允许偏差应符合表 4-8 的规定。

图 4-23　底座模板安装

底座模板安装允许偏差　　　　表 4-8

序号	检查项目	允许偏差(mm)	检验方法和数量
1	施工控制高程	±3	水准仪;每单元检查 2 处
2	内侧宽度	±5	尺量;每单元检查 2 处
3	中线位置	2	全站仪;每单元检查 2 处
4	伸缩缝宽度	±2	尺量;每条伸缩缝检查 1 次
5	伸缩缝位置	5	每条伸缩缝检查 1 次

（五）路基底座伸缩缝安装传力杆

路基地段每两个底座单元之间设置宽度为 20mm 的伸缩缝。伸缩缝位置设置传力杆，采用 ϕ36mm 光圆钢筋，每处设置 8 根，间隔正反向安装。传力杆全长 500mm，其一端 400mm 长度范围做涂刷沥青防锈处理，端部套一个 304 不锈钢套筒，规格 ϕ40mm × 4mm，长度 100mm，套筒内留出 36mm 填充纱头或泡沫塑料。现场安装时应保证传力杆空间位置准确、固定牢靠，传力杆端头横向位置偏差不应大于 10mm，8 根传力杆应位于同一水平面内。

（六）安装限位凹槽模板

每块轨道板对应的底座板范围内设置两个限位凹槽，凹槽尺寸 700mm × 1000mm。将加工好的限位凹槽模板放置到底座单元固定位置处，并以插销或螺栓与侧模加以连接固定，如图 4-24 所示。限位凹槽模板安装允许偏差应符合表 4-9 的规定。

图 4-24 限位凹槽模板安装就位

限位凹槽模板安装允许偏差 表 4-9

序号	检查项目	允许偏差（mm）	检验方法和数量
1	中线位置	2	水准仪；每单元检查 2 处
2	长度和宽度	±3	全站仪；每单元检查 2 处
3	相邻凹槽中心间距	±10	尺量；每单元检查 1 处
4	平整度	2/0.5m	—
5	深度	±5	

（七）浇筑底座混凝土

侧模及凹槽模板安装完成后，经检查其几何尺寸及高程符合设计要求，各种预埋构件设置齐全、稳固后方可浇筑底座混凝土。

浇筑混凝土前对基面洒水湿润，并至少保湿 2h，当基面无积水时方可浇筑混凝土。底座混凝土在拌和站集中生产，采用混凝土输送车运输、泵车泵送、插入式振动棒振捣的施工方法。混凝土在搅拌、运输和浇筑过程中不应发生离析现象。混凝土浇筑时的自由倾落高度不宜大于 2m；当大于 2m 时，应采用滑槽、溜关等辅助下落，出料口距混凝土浇筑面的高度不宜超过1m。当工地昼夜平均气温高于30℃时,应采取夏期施工措施,混凝土的入模温度不应超过30℃;当工地昼夜平均气温连续3d低于−3℃时,应采取冬期施工措施,混凝土的入模温度不低于5℃。浇筑混凝土时应避免对模板(包括凹槽模板)的撞击,同时必须注意限位凹槽处不得漏振。

另外,灌注自密实混凝土时,每个轨道板上安装有3~5个抗上浮横梁。在浇筑底座板混凝土前宜在底座板两侧各设置3~5根直径φ20mm、长度10~15cm的PVC管,为横梁提供下拉固定点。安装PVC管时,宜上翘约17mm,使之在施工期间不易进入雨水并便于挂扣,自密实混凝土灌注完成后用普通混凝土或微膨胀混凝土封闭,如图4-25所示。

图4-25　横梁下拉预埋PVC管

(八) 混凝土收面与养护

底座板两侧有4%~6%的横向排水坡,变坡点位于自密实混凝土边缘往轨道中心线方向5cm处;对应于桥梁其宽度为25cm,路基上其宽度为35cm。桥梁及隧道浇筑混凝土时,在侧模内侧25cm处拉线确定其位置,路基在侧模内侧35cm处拉线确定其位置。振捣密实后,先用木抹找平基准面,再用铁抹精抹收平(图4-26)。

混凝土达到设计强度的75%之前,禁止在底座上行车。混凝土浇筑完成后及时进行覆盖养护,如图4-27所示,养护时间不少于7d。必要时予以补水,养护用水的温度与混凝土表面温度之差不得大于15℃。当环境温度低于5℃时禁止洒水,可在混凝土表面喷涂养护液并采取适当保温措施。

图4-26　底座混凝土施工

图4-27　底座混凝土覆盖养护

当底座混凝土施工完成后,具体检查以下内容:底座混凝土结构应密实、表面平整,无露筋、蜂窝、孔洞、疏松、裂纹、麻面和缺棱掉角等外观缺陷,外观尺寸符合设计要求。混凝土底座外形尺寸允许偏差见表4-10,限位凹槽外形尺寸允许偏差见表4-11。

底座外形尺寸允许偏差   表4-10

序号	检查项目	允许偏差
1	顶面高程	±5mm
2	宽度	+15,0mm
3	中线位置	10mm
4	平整度	7mm/4m
5	伸缩缝宽度	±2mm
6	伸缩缝位置	10mm
7	底座外侧排水坡	1%

限位凹槽外形尺寸允许偏差   表4-11

序号	检查项目	允许偏差（mm）
1	中线位置	10
2	长度、宽度	+10,0
3	深度	±5
4	长度和宽度	±5
5	相邻凹槽中心间距	±10

（九）伸缩缝填缝

伸缩缝填缝施工前,先将底座表面予以清扫,对接缝内松散混凝土用刷子清理,对个别突出点用角磨机加以修理,并用吹风机对接缝灰尘、浮渣进行清理。必要时根据所填充伸缩缝尺寸对定尺嵌缝板加以切割,或补充拼缝条。再将嵌缝板嵌入伸缩缝内,如图4-28所示,可使用竹片等辅助工具,确保嵌缝板安装到位。

灌注填缝密封材料前,在接缝两侧的底座表面粘贴薄膜,以防止污染,且保证在及时撕掉薄膜后填缝线形美观。在嵌缝板顶面及接缝两侧涂刷界面剂,待界面剂表干30min后再灌注填缝密封材料,如图4-29所示。硅酮填缝密封材料的适宜施工温度为 −10 ~ 40℃,聚氨酯填缝密封材料的适宜施工温度为5~35℃。完成后的嵌缝如图4-30所示。

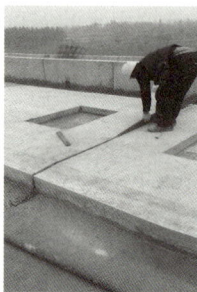

图4-28 嵌入嵌缝板   图4-29 灌注密封材料   图4-30 完成后的嵌缝

对于双组分填缝密封材料,应按照产品规定的配比将A料和B料进行混合,混合均匀后应在30min内灌注完毕。采用专用施工机具进行填缝密封材料的灌注施工。灌注时,灌注口应靠近接缝处,灌注速度应缓慢均匀、接缝饱满,尽量避免产生气泡。对于曲线超高地段接缝,应从高处分段灌注,使填缝密封材料顺序流向低处,灌注过程中应尽量避免填缝密封材料溢出。填缝密封材料灌注完毕至实干前,应采取有效防护措施防止雨水、杂质落入,并避免下一步工序对填缝密封材料的损坏。

⚠ 任务实施

项目名称	项目四　CRTSⅢ型板式无砟轨道施工	任务名称	任务二　混凝土底座及限位凹槽施工
专业班级		姓名	学习小组

【专业知识认知】（30分）

1. 简述混凝土底座及限位凹槽的施工要点。（10分）

2. 混凝土底座的外形尺寸要满足哪些方面的要求？（10分）

3. 限位凹槽的外形尺寸要满足哪些方面的要求？（10分）

【能力素质训练】（60分）

1. 能够绘制CRTSⅢ型板式无砟轨道施工的工艺流程图。（20分）

2. 能够绘制混凝土底座及限位凹槽施工的工艺流程图。（20分）

3. 能够结合现场对混凝土底座进行检验，并判断是否符合验收标准。（20分）

【工作总结】（10分）

学员自评		组长评价	

指导老师评价：

任务三　隔离层及弹性垫层施工

◆ 任务引入

郑徐高铁采用的 CRTSⅢ型板式无砟轨道结构由钢轨、扣件、预制轨道板、配筋的自密实混凝土、限位凹槽、中间隔离层(土工布)和钢筋混凝土底座等部分组成。CRTSⅢ型板式无砟轨道结构一个特点是隔离层,那么隔离层是如何铺设的呢?

▲ 任务描述

CRTSⅢ型板式无砟轨道结构由钢轨、扣件、预制轨道板、配筋的自密实混凝土、限位凹槽、中间隔离层(土工布)和钢筋混凝土底座等部分组成。CRTSⅢ型板式无砟轨道的底座板施工完成以后,就要进行隔离层和弹性垫层的施工了。通过本次任务,我们要掌握CRTSⅢ型无砟轨道隔离层及弹性垫层施工的施工流程,熟悉施工中的关键工序。

◇ 相关知识

一 隔离层及弹性垫层施工工艺流程

隔离层及弹性垫层施工工艺流程如图 4-31 所示。

隔离层及弹性垫层施工

施工准备
↓
测量放样
↓
铺设中间隔离层
↓
粘贴弹性垫层并密封
↓
质量检查

图 4-31　隔离层及弹性垫层施工工艺流程

二 隔离层及弹性垫层施工作业要点

(一)施工准备

铺设中间隔离层土工布之前清扫底座板顶面,必要时采用高压风或洁净的高压水进行清理,保证土工布铺设范围内底座板表面无油渍、结块和砂石类磨损性颗粒物。土工布、弹性垫层、胶黏剂、封口胶带通过进场验收。

(二)测量放样

利用 CPⅢ控制网对土工布铺设范围进行测量放样,弹出中间隔离层土工布铺设边线。隔离层铺设时较自密实混凝土四周边缘宽出 5cm。

(三) 铺设中间隔离层

首先将整张土工布铺在底座板顶面,所需要的土工布尺寸:宽 2.6m × 厚 4mm,两侧与放样的边线对齐,长度与底座两端伸缩缝边沿平齐。铺设平展后在限位凹槽的位置用刀切割出与凹槽上口开口大小一致的孔洞,切割下的那一块土工布用于凹槽底面铺设,如图 4-32 所示。

a)   b)

图 4-32　底座隔离层土工布铺设

每一个底座单元内的土工布尽可能连续铺设,铺设后不能出现褶皱和破损。铺设土工布后应采用厚塑料布覆盖,避免日晒、雨淋,土工布铺设完成至自密实混凝土灌注的时间间隔不宜超过 15d。在自密实混凝土模板安装、固定后,检查隔离层土工布应平整完好,出现问题立即整修。

(四) 弹性垫板施工

1. 限位凹槽清理

清理限位凹槽,要求凹槽四周线条规则顺直,表面无凸起、结块和磨损性颗粒物,必要时采用高压风或洁净的高压水进行清理。

2. 整备弹性垫板

弹性垫板若为整体进料时,应结合凹槽实际深度和尺寸进行修整切割。若以橡胶垫板、泡沫板形式分别进料,则应通过加工,按照设计尺寸切割泡沫板嵌入橡胶板并加以固定。整备好的弹性垫板应妥善保存备用。

3. 弹性垫板铺设

在底座混凝土强度达到设计强度的 75% 后,方可进行弹性垫板铺设。弹性垫板设置在限位凹槽四周,如图 4-33 所示。粘贴时,确保平整、密贴。铺设后的泡沫板顶面应与底座顶面平齐。

4. 隔离层与弹性垫板接口密封

用丁基胶带密封隔离层与弹性垫层接口以及弹性垫层接缝。密封后隔离层与弹性垫层需平整且封口严密、无翘曲、无空鼓、无褶皱现象,如图 4-34 所示。

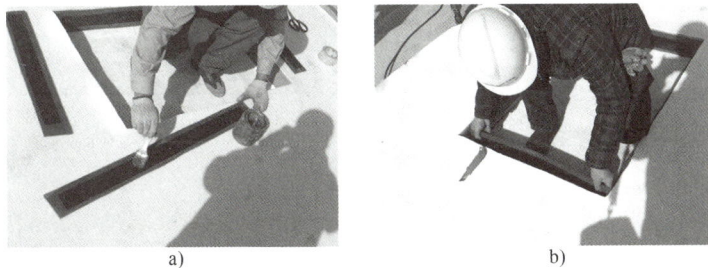

a)   b)

图 4-33　弹性垫板铺设

图 4-34　隔离层与弹性垫层铺设效果

⚠ 任务实施

项目名称	项目四　CRTSⅢ型板式无砟轨道施工	任务名称	任务三　隔离层及弹性垫层施工
专业班级		姓名	学习小组

【专业知识认知】(30 分)

1.铺设中间隔离层时,有哪些注意事项? (10 分)

2.弹性垫板施工完毕后,要满足哪些要求? (10 分)

3.简述弹性垫板施工的步骤。(10 分)

【能力素质训练】(60 分)

1.能够绘制隔离层及弹性垫层施工的工艺流程图。(20 分)

2.能够结合现场判断隔离层的铺设是否符合验收标准。(20 分)

3.能够结合现场对弹性垫板进行检验,并判断是否符合验收标准。(20 分)

【工作总结】(10 分)

学员自评		组长评价	

指导老师评价:

高速铁路轨道工程施工与维护

任务四 轨道板铺设与精调

◇ 任务引入

郑徐高铁采用的 CRTS Ⅲ 型板式无砟轨道结构由钢轨、扣件、预制轨道板、配筋的自密实混凝土、限位凹槽、中间隔离层(土工布)和钢筋混凝土底座等部分组成。在 CRTS Ⅲ 型板式无砟轨道的施工中,轨道板的粗铺与精调是其中的关键一步,那么轨道板的粗铺与精调是如何进行的呢?

▲ 任务描述

CRTS Ⅲ 型板式无砟轨道结构由钢轨、扣件、预制轨道板、配筋的自密实混凝土、限位凹槽、中间隔离层(土工布)和钢筋混凝土底座等部分组成。CRTS Ⅲ 型板式无砟轨道的隔离层和弹性垫层施工完成以后,就要进行轨道板的粗铺和精调了。通过本次任务,我们要掌握 CRTS Ⅲ 型无砟轨道轨道板的粗铺和精调的施工流程,熟悉施工中的关键工序。

◇ 相关知识

一 轨道板铺设与精调工艺流程

CRTS Ⅲ 型轨道板铺设与精调的工艺流程如图 4-35 所示。

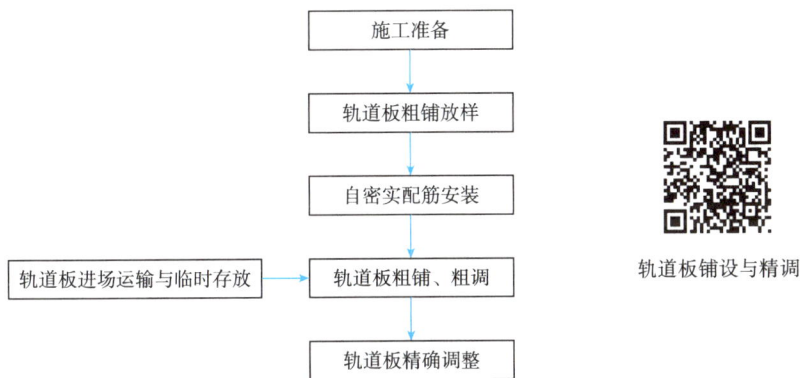

图 4-35　CRTS Ⅲ 型轨道板铺设与精调工艺流程

二 轨道板铺设与精调作业要点

(一)轨道板进场运输与临时存放

1. 轨道板运输

选择适当的运输路线,运输范围是轨道板生产场地至轨道板临时存放场地或铺设工点。必须经过的施工便道应在轨道板开始运输前完成修整,并确保道路平整、密实、畅通。

相同型号轨道板按"先进先出"的顺序发运,注意左右线轨道板接地端子朝向。

轨道板吊装采用汽车起重机(板场为门式起重机)配备专用四吊点吊具作业,以保证四角受力均匀。装车、卸车时严禁碰、撞、摔轨道板。装车时应注意不同长度轨道板的吊装顺序,留出装卸位置,保证装卸方便。

轨道板采用汽车运输,原则上要求采取三点支承侧斜式的方式,以保证运输途中轨道板不受过大的冲击。当以平放形式装车时,装载层数不能超过 4 层。装车前先在车厢底板上画出纵横向装车中心线,尤其是需要前后两垛装运,须确保对称装载。每层轨道板纵横向中心线应重合,其纵向中心线投影应与车厢底板纵向中心线重合,偏差控制在 ±20mm 以内。车箱底部加装支承垫木,轨道板间垫以 20cm×20cm×20cm 的方木墩,以三点支承形式形成稳固支垫,支点上下须对齐,支点位置与轨道板起吊套管位置相一致。同时,应在车厢立柱与轨道板间或前后俩垛轨道板间加垫木板或草帘等其他软质材料,以限制轨道板的水平位移。最后用绳索进行捆扎,在轨道板棱角处加垫软质衬垫物。要求汽车在运输过程中避免紧急制动,道路路况较差时须限速慢行。

轨道板经出厂检验合格后每块板均配有唯一的出厂合格证,应安排专人做好轨道板交接工作。

2. 轨道板施工现场临时存放

轨道板临时存放应编制存放方案,内容包括不同规格的轨道板数量、存放位置、存板台座设计、存放管理制度等。存板区内按型号(相同型号分左右线)和批次分别存放,并做好标识。预埋扣件套管和起吊套管等处用塑料盖子或胶带封好,防止异物进入。轨道板存放后,宜进行遮盖,以防止轨道板被污染以及因长期暴晒造成翘曲变形和开裂。

轨道板存放场地应平整,集中存放场地宜进行硬化处理。台座承载力要满足沉降要求。轨道板应垂直立放,并采取防倾倒措施。轨道板与台座之间可用木块或橡胶板隔离,支点位置为轨道板起吊套管位置,如图 4-36 所示。临时存放不超过 7d 可以平放,但不应超过 4 层,层间(含门型筋)净空不小于 20mm,水平三支点中的单支点应为 2 个方木墩并列,并保证承垫物上下对齐。

图 4-36　轨道板施工现场临时存放

存放区设置承载力满足要求的存板台座,存板台座进行地基承载力检算,应满足强度和沉降要求。地基处理的方式为在开挖好的基坑内先换填砂砾石垫层,并在上面铺设砂浆垫层,然后在垫层上现浇 C30 混凝土台座。台座间回填土方并夯实,在表层浇筑 10cm 混凝土,并根据现场情况设置排水沟、排水坡,防止积水浸泡台座基础。存板台座凸出地面应大于等于15cm,且表面坚固、平整。

存板台座由两个条形基础构成,以P5600型轨道板为例,并排两组存板台座布置示意如图4-36所示。台座中心间距3.280m,放置混凝土轨道板后,相邻两组轨道板端部距离大于等于50cm。定期检查轨道板存放是否安全。对存板台座进行沉降观测,存放时前3d每天观测一次,若沉降变形趋于稳定,以后每周检测一次,一个月后每两周检测一次。若沉降变形过大,影响轨道板安全存放时,应及时转移轨道板。轨道板存放场地内应考虑起吊作业安全空间。

(二)轨道板铺设施工准备

(1)中间隔离层及弹性垫板验收。

轨道板粗铺前,完成对中间隔离层和弹性垫板施工质量的检查验收,如有问题及时整改。

(2)轨道板外观质量检查。

在粗铺前按技术要求对轨道板外观质量进行检查,对可修补的缺陷进行修补,确认报废的轨道板不能用于铺设。

(3)自密实混凝土调整层中的钢筋网片已通过进场验收并已运输至施工现场备用。

(4)准备若干用于轨道板粗铺的硬质垫木块,建议长条规格为20cm×10cm×10cm,方形规格为10cm×10cm×10cm。

(5)全站仪和精调标架检校:精调系统使用前一定要进行检校或在检校有效期内使用;硬件常数(强制对中三角架高度,小型三角支座棱镜高度)、标架两端支脚的平整度要进行检核和调整,将必要的常数录入程序中;在使用过程中,如发现异常应重新检校。

(三)轨道板粗铺放样

用全站仪在土工布隔离层上对轨道板铺设位置进行放样,然后用墨线弹出轨道板四条边线,如图4-37所示。

图4-37　轨道板边线及自密实网片定位

(四)自密实混凝土结构层配筋安装

自密实混凝土结构层内的防裂钢筋网集中加工成网片,再运输至施工现场备用。同时,加工好粗铺轨道板时必须现场安装的每块轨道板承轨台正下方门形钢筋中的2根同直径、同长度的钢筋。

钢筋网片就位时应依据所放样的轨道板边线控制其纵向和横向边沿，不得出现偏斜，同时根据设计图将底座限位凹槽内的钢筋骨架与钢筋网片连接并绑扎。安装钢筋网片前绑扎好底座限位凹槽内的钢筋骨架。同时在已铺设好的隔离层上安放混凝土保护层垫块，垫块按每平方米不少于 4 个，并呈梅花形布置。

钢筋安装绑扎过程中不得损坏土工布。必要时在钢筋网片上侧面固定一定数量的垫块，以保证灌注混凝土时钢筋网片不上浮、不下沉，以满足混凝土保护层厚度要求。

（五）轨道板粗铺

1. 轨道板吊装就位

轨道板粗铺前，依据施工图中路基、桥梁等不同地段的配板设计，调配所需型号的轨道板。调配到位后应安排专人进行核对。

路基轨道板铺板时依据现场实际情况，集中存板时用运板车倒运至铺板工点；已存放于线路两侧时，可直接利用汽车起重机将轨道板吊放至铺设位置。桥梁地段在不能用运板车直接运至作业点时，可采用桥下运输的方式将轨道板送达铺设点附近，辅助以梁面悬臂门式起重机或地面汽车起重机铺板作业，如图 4-38 所示。

图 4-38　桥梁地段轨道板上桥铺设

轨道板吊装就位时放置在安全支墩上，如图 4-39 所示。检查轨道板预制时其底面预留的门形钢筋不能扭曲、倒伏，其位置应垂直于板底面，出现问题立即整改；纵向穿入门形钢筋水平筋，并用绝缘卡加以固定，如图 4-40 所示。

图 4-39　轨道板粗铺安全支墩

图 4-40　绑扎轨道板下门形筋内的纵向钢筋

2.轨道板粗铺与粗调

轨道板铺设时根据设计文件选择对应的轨道板型号。粗铺前在底座上放样的精调支座(吊装孔)内侧约10cm处各放置一根垫木(每块板4根)。使用起吊吨位适当的汽车起重机或铺板门式起重机将轨道板转移至铺设工作面,再人工配合将轨道板准确就位。接近混凝土底座时必须降低下降速度,防止损伤轨道板。

轨道板就位时以底座上放出的轨道板位置轮廓线为控制线,保证粗铺时轨道板中心线与线路中心线偏差在±5mm之内,纵向偏差不大于5mm。纵向位置采用与设计板缝相同尺寸的方木条控制,轨道板就位时人工控制紧贴木条下落,如图4-41所示。曲线地段要调整好每块轨道板的偏角。铺设原则为将轨道板端部第二对承轨台中线与轨道板中心线的交点布设在轨道中心线上;施工控制方法为铺设时以轨道板四角均在放样边线以内;轨道板高低的调整应满足设计超高要求;缓和曲线地段轨道板必须严格按照设计布板进行布置。

轨道板粗铺粗调完成后,立即沿横向插入设计的U形钢筋,使之在自密实混凝土钢筋网片与板下门形钢筋内穿入的纵向钢筋间形成连接,如图4-42所示。

图4-41 轨道板粗铺纵向控制

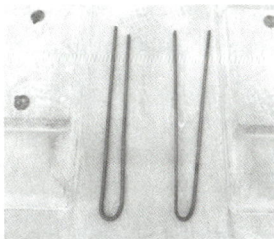

图4-42 粗铺轨道板后横向插入的U形钢筋

按配板图填写放板编号,编号标写于轨道板内侧中部,字体规格比照轨道板出厂标记,采用黑色油漆喷涂。编号供精调数据采集、轨道几何调整使用。一个段落或一个工作日完工后及时填写粗铺、粗调记录,尤其应详细记录高程异常的轨道板编号、左右线和位置里程。在轨道板精调之前完成对粗铺出现的异常情况的处理。

(六)轨道板粗调

精调作业前对轨道板进行粗调。首先在轨道板左、右两侧的预埋套管上安装精调支座(精调爪),每块板4个支座。安放支座前,目视轨道板两侧与放样边线的偏差情况,若两侧偏差不大,则将支座横向(水平)调节螺杆的初始位置设置在中间点位,以留出调整余地。安装支座时,同一支座的两根固定螺杆应使用相同的扭紧力矩,扭紧力矩在200~300N·m范围,保证支座侧面与轨道板侧面平行密贴,受力均匀。

支座安装妥当之后,4个支座同步转动竖向调节螺杆,使轨道板慢慢升起,取出粗铺轨道板时安放的垫木,并确认轨道板下无其他废弃物。

先调整轨道板水平位置,再调整轨道板高程。要求横向位置偏差不超过±5mm,纵向偏差不超过5mm。当纵向偏差超过10mm时,应调用起重设备纵移轨道板至正确位置。高程以直线无纵坡地段相邻两块轨道板顶面相对高差不超过2mm进行控制,按设计自密实混凝土垫层厚度±10mm作校核,操作时以1m水平尺搭接上一块已精调或粗调到位的轨道板为依据,按压已调整端,待调整端按"高降低升"原则调整至高差2mm内,如图4-43所示。

图 4-43　利用水平尺进行高程粗调控制

粗调到位后应及时实施精调,以提高精调支座利用率、提高轨道板精调作业效率。

(七)测量系统的布置和安放

首先在测段线路前后两侧各 2 对共 8 个 CPⅢ点套管上插入配套的观测棱镜(图 4-44),再将全站仪架设在测量前进方向的轨道板上,其中心尽量靠近轨道板中心线,使全站仪分别照准至少 6 个 CPⅢ棱镜进行设站,建站精度为 0.7mm。精调前利用标准标架对另外三个标架(精调标架数量与所采用产品及软件有关)进行检校,满足 1mm 精度要求。

精调标架采用扣件的预埋套管定位结构形式(图 4-45)并采用与之配套的精调处理软件。

图 4-44　观测棱镜和全站仪设站

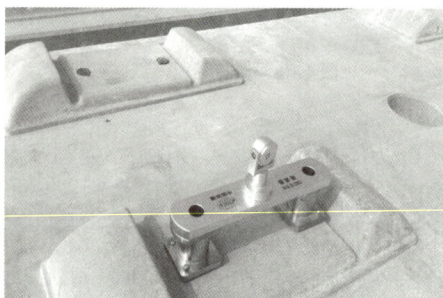

图 4-45　精调标架预埋套管定位

(八)测量与精确调整

设站完成后先调整高程,后调整横向位置。4 个精调支座各配置 1 名操作人员,作业时按照手簿显示数据或精调技术员发出的指令等方式进行轨道板调整,调整高程时注意

图 4-46　轨道板精调作业

避免单个支座受力,调整水平时须左右两侧同向调整。正常情况下调整 2~3 次即可到位,如图 4-46 所示。若延续已精调的轨道板连续作业,须对上一块轨道进行搭接符合测量,相邻轨道板接缝处承轨台顶面相对高差不大于 0.5mm,再精调下一块轨道板。

精调过程中,应采用水平靠尺对已完成精调的轨道板进行复核,测量板端高差间隙,高差小于 1.0mm 为合格,可进行下一块轨道板精调。两个测量段落相向合拢时,最后约 100m范围内应兼顾搭接控制,确保线形平顺。轨道板调整完毕、误差满足要求后,及时存储测量数据。

精调后,在轨道板上放置"禁止踩踏"等警示标志,在轨道板上安装跨线栈桥,以避免踩踏、碰撞对精调结果产生影响。

(九) 自密实封边与轨道板固定

为保持精调成果,提高轨道板的精调质量和作业效率,宜在轨道板精调后 24h 内完成板下自密实混凝土灌注。为此,可在精调一个段落(如:40 块轨道板或单线 200m)后及时进行轨道板下自密实混凝土立模封边和轨道板固定作业,宜在精调班组未离开前进行轨道板复测。

(十) 轨道板位置精度复测

轨道板精调后,因为没有及时灌注自密实混凝土(如:时间超过 24h 或温差超过 15℃),以及受到外力扰动(如:封边压板、灌注自密实混凝土等),可能对精调成果产生影响,在上述三种情况下应检查轨道板的位置精度。CRTSⅢ型轨道板铺设精度复测可利用 CPⅢ 自由测站方法进行。轨道板精调后的位置偏差应符合表 4-12 的规定。

轨道板铺设精调定位允许偏差　　　　表 4-12

序号	检查项目		允许偏差(mm)
1	高程		±0.5
2	中线		0.5
3	相邻轨道板接缝处承轨台顶面相对高差		0.5
4	相邻轨道板接缝处承轨台顶面平面位置		0.5
5	轨道板纵向位置	曲线地段	2
		直线地段	5

全站仪在 CPⅢ 网内进行自由设站,观测点不少于 4 个,测站精度一般控制在 0.7mm(特殊情况不得大于 1mm)以内,定向精度控制在 1.4″以内(特殊情况控制在 2″之内)。使用 1 个标准标架对轨道板上的 4 个支撑点进行数据采集,具体采集方法为一站测量 6 ~ 7 块板(40m 左右为宜),每一测站的板看作一个整体,用标准标架由远及近或者由近及远的顺序进行测量,路线为 U 字形。

在换站测量时要搭接上一测站的 1 ~ 2 块板,以减少测站间的误差(在换站时最好测量搭接区轨道板坐标和上一站所测坐标进行比较,如相差较大则检查测站精度,进行重新设站)。导出数据予以分析,必要时解除压板装置重新调整。

(十一) 数据采集处理

CRTSⅢ型轨道板铺设精度测量数据的采集处理采用专用软件进行。一个工作日或一个测量段落完工后,现场测量人员须向内业数据处理技术人员提交现场测量数据,内业组人员应及时检查测量数据。现场测量数据由内业数据处理技术人员集中归档保存。

项目名称	项目四　CRTSⅢ型板式无砟轨道施工	任务名称	任务四　轨道板铺设与精调
专业班级		姓名	学习小组

【专业知识认知】（30 分）

1. 轨道板铺设之前要做哪些准备工作？（10 分）

2. 轨道板粗调要满足哪些要求？（10 分）

3. 轨道板精调时，用到了哪些设备和工具？（10 分）

【能力素质训练】（60 分）

1. 能够绘制轨道板铺设与精调的工艺流程图。（20 分）

2. 能够结合现场对轨道板粗调进行检验，并判断是否符合验收标准。（20 分）

3. 能够结合现场对轨道板精调进行检验，并判断是否符合验收标准。（20 分）

【工作总结】（10 分）

学员自评		组长评价	

指导老师评价：

高速铁路轨道工程施工与维护

任务五　自密实混凝土施工

◆ 任务引入

郑徐高铁采用的CRTSⅢ型板式无砟轨道结构由钢轨、扣件、预制轨道板、配筋的自密实混凝土、限位凹槽、中间隔离层(土工布)和钢筋混凝土底座等部分组成。其中,自密实混凝土是CRTSⅢ型板式无砟轨道结构的一项核心技术,那么自密实混凝土与普通的混凝土有何区别呢? 是如何进行施工的呢?

▲ 任务描述

CRTSⅢ型板式无砟轨道结构由钢轨、扣件、预制轨道板、配筋的自密实混凝土、限位凹槽、中间隔离层(土工布)和钢筋混凝土底座等部分组成。CRTSⅢ型板式无砟轨道的轨道板铺设与精调完成以后,就要进行自密实混凝土的灌注了。通过本次任务,我们要掌握CRTSⅢ型无砟轨道自密实混凝土的施工流程,熟悉施工中的关键工序。

◈ 相关知识

一　自密实混凝土结构层施工工艺流程

CRTSⅢ型轨道板自密实混凝土结构层施工工艺流程如图4-47所示。

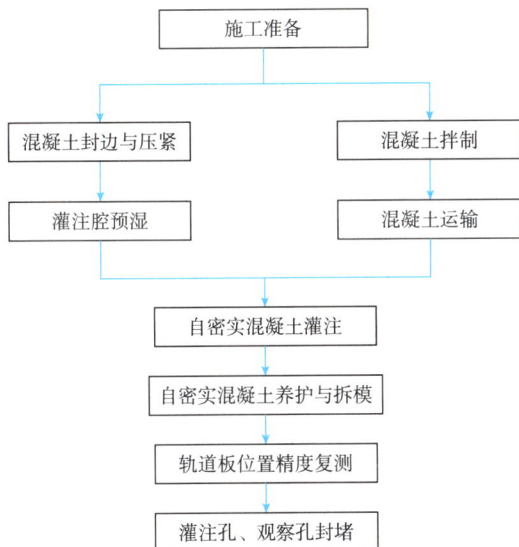

自密实混凝土施工

图4-47　CRTSⅢ型轨道板自密实混凝土结构层施工工艺流程

二　自密实混凝土施工作业要点

(一)施工准备

试验仪器、试验设备准备到位,混凝土搅拌站、运输设备、灌注漏斗等满足混凝土生产要求。

自密实混凝土所需原材料完成进场验收,压板、封边材料准备到位。生产作业人员和试验、技术、管理人员已就位且已经过岗前培训。

轨道板精调已完成并通过复测,混凝土配合比已确定并得到审批,所要求的自密实混凝土揭板试验已完成并通过验收。

(二)确定混凝土配合比

1. 初始配合比设计

自密实混凝土配合比设计宜采用绝对体积法,选定自密实混凝土的配合比参数应符合以下规定:

(1)胶凝材料用量不宜大于 $580kg/m^3$;

(2)用水量不宜大于 $180kg/m^3$;

(3)自密实混凝土单位体积浆体总含量不宜大于 $0.40m^3$;

(4)单位体积粗骨料绝对体积宜为 $0.26 \sim 0.32m^3$。

自密实混凝土氯离子总含量应不大于胶凝材料总量的 0.10% ,自密实混凝土的总碱含量应不大于 $3.0kg/m^3$。否则应重新选择原材料或调整计算配合比,直至满足要求为止。混凝土中宜适量掺加优质的粉煤灰、磨细矿渣粉等矿物掺合料。不同矿物掺合料的掺量应根据混凝土的性能通过试验确定。

有抗冻要求时,应根据抗冻等级和设计要求来确定自密实混凝土的含气量。当施工环境温度等发生较大变化时,及时调整混凝土施工配合比。

2. 自密实混凝土试配

混凝土试配应采用工程实际使用的原材料,每盘混凝土的最小搅拌量不小于 25L。试配时,首先应进行试拌,先检查拌合物自密实性能必控指标,再检查拌合物自密实性能可选指标。当试拌得出的拌合物自密实性能不能满足要求时,应在"水胶比不变,胶凝材料和外加剂用量合理"的原则下调整胶凝材料用量、外加剂用量或砂的体积分数等,直至符合要求为止,并据此提出一个供强度试验用的基准配合比。

混凝土强度试验时至少应采用 3 个不同的配合比。当采用不同的配合比时,其中一个应为上述基准配合比,另外 2 个配合比的水胶比宜较基准配合比分别增加和减少 0.02;用水量与基准配合比相同,砂的体积分数可分别增加或减少 1% 。

混凝土强度试验时,每种配合比至少应制作一组试件,标准养护到 28d 或设计要求的龄期时试压,也可同时多制作几组试件,按现行《早期推定混凝土强度试验方法》(JGJ/T 15)早期推定混凝土强度,用于配合比调整,但最终应满足标准养护 28d 或设计规定龄期的强度要求。如有耐久性要求时,还应检测相应的耐久性指标。

3. 调整、确定配合比

根据试配结果对基准配合比进行调整,调整与确定应按现行《普通混凝土配合比设计规程》(JGJ 55)的规定执行,所确定的配合比即为设计配合比。

4. 现场灌注、揭板试验

CRTSⅢ型轨道板正式上线铺设前,宜采用设计配合比进行模拟试验,以检验所设计的配合比是否满足工程应用条件。

模拟试验时,一是按照设计施工图实尺施作底座板 4 块,其中曲线底座不少于 2 块

（超高量以管段内实际最大超高值为限高）；二是按隔离层施工要求铺设隔离层，并按设计要求放置防裂钢筋网片等；三是轨道板吊装就位、安装精调支座、轨道板模拟精调等；四是轨道板底灌注腔预湿、封边、压紧固定；五是进行自密实混凝土调整层灌注，注意做好灌注记录，包括灌注过程速度变化情况、灌注时间、流动性、封边材料及效果等。

灌注后约24h拆除压紧封边装置，当自密实混凝土强度达到设计强度的30%后，可进行揭板试验检查。查看自密实混凝土灌注质量，要求其外观饱满、密实，无离析现象。如达不到设计要求，则应通过调整自密实混凝土配合比、改进灌注工艺等重复试验，最终满足质量要求。揭板试验通过验收后方可正式上线施工。

（三）混凝土拌制与运输

1. 原材料检验与储存

自密实混凝土原材料进场时，供方应按批次向需方提供质量证明文件。

原材料进场后，应进行质量检验，并应符合下列规定：

（1）胶凝材料、外加剂的检验项目与批次应符合现行《预拌混凝土》（GB/T 14902）的规定。

（2）粗、细集料的检验项目与批次应符合现行《普通混凝土用砂、石质量及检验方法标准》（JGJ 52）的规定，其中人工砂检验项目还应包括亚甲蓝（MB）值。

（3）其他原材料的检验项目和批次应按国家现行有关标准执行。

原材料储存应符合下列规定：

（1）水泥应按品种、强度等级及生产厂家分别储存，并应防止受潮和污染。

（2）掺合料应按品种、质量等级和产地分别储存，并应防雨和防潮。

（3）集料宜采用仓储或带棚堆场储存，不同品种、规格的集料应分别储存，堆料仓应设有分隔区域。

（4）外加剂应按品种和生产厂家分别储存，采取遮阳、防水等措施。粉状外加剂应防止受潮结块；液态外加剂应储存在密闭容器内，并应防晒和防冻，使用前应搅拌均匀。

2. 计量与搅拌

自密实混凝土应在配有自动计量系统和强制式搅拌机的搅拌站内搅拌，混凝土原材料称量最大允许偏差应符合下列规定（按重量计）：胶凝材料（水泥、矿物掺合料等）±1%，外加剂±1%，集料±2%，拌和用水±1%。

搅拌混凝土前，应严格测定粗、细集料的含水率，准确测定因天气变化而引起的粗、细集料含水率变化，以便及时调整施工配合比。一般情况下，含水率每班抽测2次，雨天应随时抽测，并按测定结果及时调整混凝土施工配合比。

搅拌时，宜先向搅拌机投入细集料、水泥和矿物掺合料，搅拌均匀后，再加入所需用水量和外加剂，待砂浆充分搅拌后再投入粗集料，并继续搅拌至均匀为止。上述每一阶段的搅拌时间不宜少于30s。

冬期施工时，应先经过热工计算，并经试拌确定拌和的水和集料需要预热的最高温度，以保证自密实混凝土入模温度不低于5℃。夏（热）期施工时，水泥进入搅拌机的温度不宜大于50℃。

正式生产前必须对自密实混凝土拌合物进行开盘鉴定，检测其工作性能。

3. 自密实混凝土运输

可选用混凝土输送车运输自密实混凝土,其数量和规格应能确保浇筑工作连续进行,运输能力与混凝土搅拌机的搅拌能力相匹配。运输自密实混凝土过程中,应保持运输混凝土的道路平坦畅通,确保混凝土在运输过程中能够保持均匀性,运到浇筑地点不发生分层、离析和泌浆等现象。

自密实混凝土输送车到达灌注现场时,应使罐车高速旋转 20~30s 方可卸料。运输自密实混凝土过程中,应对运输设备采取保温隔热措施,防止局部混凝土温度升高(夏季)或受冻(冬季)。应采取适当措施防止水分进入运输容器或蒸发,严禁在运输过程中向混凝土内加水。应尽量减少自密实混凝土的转载次数和运输时间。从搅拌机卸出混凝土到混凝土灌注完毕的延续时间以不影响混凝土的各项性能为限,一般控制在 2h 内。

(四)轨道板下自密实立模封边与固定

1. 自密实混凝土立模封边

封边模板采用定制钢模板,高度与自密实混凝土结构层设计厚度有关,模板高度一般为 12~14cm,端模采用与轨道板端部结构尺寸相同的薄壁结构(含弧形角)。模板设计必须考虑精调支座的安装和保护,模板安装后应与轨道板密贴并具有排气功能,排气口可设置在侧模两端靠近板角处,也可以直接设置在板角位置。为改善封边模板的透气性,模板内侧可以粘贴一层透气模板布,否则应涂刷隔离剂。自密实混凝土封边模板如图4-48 所示。

固定封边模板的门形支架(3~5 道)横跨于轨道板之上,安装时应与模板垂直,如图4-49 所示。端模采用 X 形加固件及木楔固定。安装时应保证各支架受力均匀。封边模板支架可以与轨道板固定支架联合设计,也可以独立设计,其经济性和可靠性方面各有利弊。

图4-48　自密实混凝土封边模板　　　图4-49　轨道板封边与固定

2. 轨道板限位固定

为保证在灌注自密实混凝土时轨道板不上浮、不侧移,尤其是曲线超高段灌注时轨道板不产生横向、纵向位移,需对轨道板进行限位固定。为此,每块轨道板宜采用不少于 3 道钢制横梁与下拉装置对其进行扣压和限位。轨道板限位固定与自密实模板固定装置可独立设计,也可联合设计。

安装扣压横梁时,先在底座板侧面预埋的 PVC 管内插入 T 形钢筋,拉线器下端环套挂在 T 形钢筋上,拉线器上端挂钩挂在横梁端部固定销上,如图4-50 所示。

曲线段加设防侧移装置,桥梁上利用防护墙在其外侧设置 2~3 个可调节防侧移装置,如图4-51 所示。

图 4-50　扣压横梁装置　　　　　图 4-51　轨道板防侧滑固定

压紧装置安装到位后,封边模板必须稳固牢靠、接缝严密,保证灌注混凝土时不漏浆,拆模后无烂根现象,接缝处平整,错台不大于 1mm。

(五)灌注腔预湿

轨道板预湿采用具有良好雾化效果喷头的喷雾器,如图 4-52 所示。在灌板前 1h 分别从 3 个板孔伸入轨道板内进行雾状喷射,足够湿润的标志是表面潮湿而不积水。每个孔中的喷雾时间控制在 10s 内。要求板腔内及隔离层表面无明水、积水。

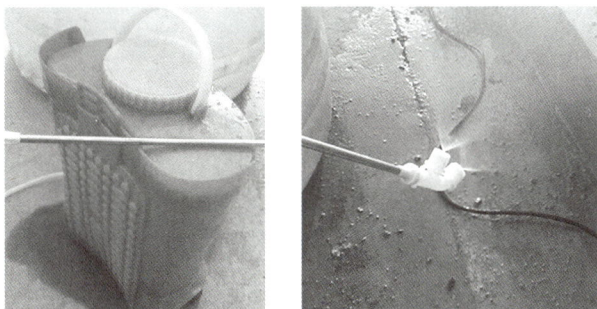

图 4-52　采用喷雾器进行灌注腔预湿

灌注混凝土前 10min 再检查一次轨道板下方的混凝土底座表面状况,查看其表面是否有积水和雾化不彻底等现象,预湿干燥后要求补充预湿。

(六)自密实混凝土灌注

自密实混凝土灌注前,完成并检查以下工作:

(1)确定灌注口位置为轨道板中心孔,其余 2 个作为观察孔、排气孔。灌注料仓和灌注漏斗在灌注孔上方就位,观察孔垂直插入长度约 40cm 的防溢 PVC 管(曲线超高端应适当加长),并做好 PVC 管与观察孔间的密封。

(2)钢筋网片的位置正确,轨道板下门形钢筋内的纵向钢筋位置正确、固定可靠。

(3)轨道板密封情况良好,预留排气口位置正确且未被堵塞。

(4)轨道板高程及轴向平顺,精调支座的受力状态及其紧固程度合格。

(5)底座混凝土表面和轨道板底面预湿情况良好,并确定没有明显积水。

自密实混凝土入模前,应检测混凝土拌合物的温度、坍落扩展度、扩展时间 t_{500}、含气量及泌水率等性能,如图 4-53 所示,并填写试验记录。

采用中转料仓(图 4-54)和灌注料斗进行灌注。当混凝土输送车到达灌注现场时,应使罐车高速旋转 20~30s 再卸料至中转料仓中。中转料仓由汽车起重机提升至溜槽一端

245

上方卸料。为减少灌注作业对轨道板精调成果的影响,宜采用灌注作业台架,中间溜槽固定在台架上,一侧还单独设计有横跨道床小桥。

图 4-53　自密实混凝土试验

图 4-54　中转料仓

自密实混凝土从轨道板中心孔灌注。灌注前雾化预湿溜槽,灌注时直线段轨道板上设置的下料管露出轨道板上表面的高度(下料高度)不宜小于 0.7m,曲线地段轨道板上设置的下料管露出轨道板上表面的高度不宜小于 1.0m。自密实混凝土灌注速度不宜过快,灌注过程按"先快后慢"的节奏控制。应保证下料的连续性和混凝土拌合物在轨道板下的连续流动,避免带入空气,待四角排气口内自密实混凝土浆面全部超出轨道板且有粗集料溢出时,关闭灌料斗阀门,停止灌注。灌注完毕,及时移除灌注漏斗并清除灌注口上方多余混凝土。要求一块板的灌注过程一次完成,不得二次灌注,灌注时间控制在 10 ~ 20min。自密实混凝土由中转料仓经溜槽流入灌注料斗,如图 4-55 所示。

图 4-55　自密实混凝土经溜槽流入灌注料斗

施工中要安排专人监测轨道板状态,不得出现拱起、上浮现象,严禁踩踏轨道板。当混凝土灌注至 2/3 左右时,应降低灌注速度,以便空气排出,直至完全充满轨道板下空隙,轨道板底面气泡基本排除后,停止灌注。操控人员应注意控制灌注料仓出料速度,灌注料仓设置专人管理,灌注期间对灌注料仓内的混凝土进行适度搅拌,发现混凝土存量不足时通知中转供料人员及时添加。

自密实混凝土的入模温度宜控制在 5～30℃,在炎热季节灌注自密实混凝土时,应避免模板和混凝土直接受阳光照射,保证混凝土入模前模板和钢筋的温度以及附近的局部气温均不超过40℃。自密实混凝土自搅拌开始到灌注结束的持续时间不宜超过120min。在低温条件下(昼夜平均气温低于5℃或最低气温低于 -3℃时)灌注自密实混凝土时,入模温度不得低于5℃,并应采取适当的保温防冻措施。在相对湿度较小、风速较大的环境下灌注自密实混凝土时,应采取适当的挡风措施,防止混凝土失水过快。

在自密实混凝土灌注过程中,应按要求取样制作混凝土强度和耐久性试件,试件制作数量应符合相关规定。灌注完成后,应及时清理施工机具和被污染的轨道板板面等。

(七)自密实混凝土养护与拆模

1. 混凝土养护

自密实混凝土灌注完成后应及时养护,养护时间不得少于14d,必要时予以覆盖,如图4-56所示。

精调支座在自密实混凝土初凝(灌注后 3～4h)后予以松动,扣压装置在混凝土灌注24h后完全松开。自密实混凝土带模养护时间不得少于3d,强度到达10MPa以上,其表面及棱角不因拆模而受损时,方可拆除轨道板精调压紧装置及四周模板。

拆模后,采用"土工布 + 塑料薄膜"的方式将自密实混凝土表面四周予以包裹,必要时补水或喷涂养护剂进行养护,如图4-57所示。养护用水温度与混凝土表面温度之差不得大于15℃。冬期施工时,应对混凝土做好保温养护措施,保证抗压强度达到设计强度的70%之前不得受冻。

图4-56 带模保温保水养护   图4-57 拆模后涂刷养护液

2. 拆除封边模板

封边模板的拆除应在自密实混凝土强度达到10MPa以上,且其表面及棱角不因拆模而受损时进行。拆模宜按立模顺序逆向进行,不得损伤轨道板四周混凝土,并减少对模板的破坏。当模板与自密实混凝土脱离后,方可拆卸、吊运模板。自密实混凝土达到100%设计强度后,轨道板方可承受全部设计荷载。拆模后,若天气产生骤然变化时,应采取适当的保温隔热措施,防止自密实混凝土开裂。

(八)轨道板位置精度复测

轨道板精调后经过封边压板、灌注自密实混凝土等工序后,其位置精度可能受到扰动。另外,当精调后至灌注时的时间超过 24h 或温差超过 15℃时,也会对精调成果产生影响,在上述情况下应抽查复测轨道板的位置精度。自密实混凝土垫层尺寸允许偏差应符合表 4-13 的规定。

自密实混凝土垫层尺寸允许偏差 表 4-13

序号	检查项目	允许误差	检查方法
1	厚度	±10mm	尺量
2	与轨道板边缘对齐	±2mm	

自密实混凝土灌注完成后轨道板位置允许偏差应符合表 4-14 的规定。

轨道板位置允许偏差 表 4-14

序号	检查项目		允许偏差(mm)	备注
1	高程		±2	
2	中线		2	
3	相邻轨道板接缝处承轨台顶面相对高差		1	
4	相邻轨道板接缝处承轨台顶面相对平面位置		1	不允许连续 3 块以上轨道板出现同向偏差
5	轨道板纵向位置	曲线地段	5	
		直线地段	10	

(九)灌注孔、观察孔封堵

准备好具有补偿收缩性能的、与自密实混凝土结构层强度等级相一致的封闭用混凝土以及施工机具。

清理灌注孔和观察孔中的废弃物及尘屑,检查孔中灌注自密实混凝土是否已插入 S 形钢筋,缺少时应凿毛孔壁下部。清理碎屑后于灌注混凝土前润湿孔洞。当封堵作业与灌注自密实混凝土同步进行时,应注意加强保护,避免挤压、踩踏孔口。灌注封堵混凝土应在环境温度 5～30℃条件下完成。灌注孔及观察孔混凝土表面应与轨道板表面平齐,收面后及时覆盖薄膜予以保水养护,冬期施工须采取保温措施。自密实混凝土施工后的效果如图 4-58 所示。

a)   b)

图 4-58　自密实混凝土施工后的效果

⚠ **任务实施**

项目名称	项目四　CRTSⅢ型板式无砟轨道施工	任务名称	任务五　自密实混凝土施工
专业班级		姓名	学习小组

【专业知识认知】（30分）

1.自密实混凝土在运输时有哪些注意事项？（10分）

2.自密实混凝土在浇筑时有哪些要求？（10分）

3.自密实混凝土施工的要点工序有哪些？（10分）

【能力素质训练】（60分）

1.能够绘制自密实混凝土施工的工艺流程图。（20分）

2.能够说出自密实混凝土在养护时的注意事项。（20分）

3.能够结合现场对自密实混凝土进行检验,并判断是否符合验收标准。（20分）

【工作总结】（10分）

学员自评		组长评价	

指导老师评价：

项目四

CRTSⅢ型板式无砟轨道施工

巩固与练习

一、填空题

1. CRTSⅢ型先张法轨道板采用倒置预制、_____、_____、集中养护、封锚、水中养护的方式生产。

2. CRTSⅢ型轨道板生产过程中,_____、_____、板底刷毛、轨道板脱模、轨道板存放应作为重点控制项目,重点控制项目必须设专人负责,要及时记录、反映现场施工情况。

3. CRTSⅢ型轨道板生产过程中,混凝土应采用附着式振捣器进行振捣混凝土浇筑前应根据试验确定_____、振幅和_____等工艺参数。

4. CRTSⅢ型轨道板宜采用蒸汽养护,养护过程分为静置、_____、_____、降温四个阶段。

5. CRTSⅢ型板式无砟轨道的底座模板安装时,要根据 CPⅢ 控制网测量模板的_____和_____,并通过模板的调整螺杆调整模板顶面高程达到底座设计高程。

6. CRTSⅢ型板式无砟轨道施工过程中,在浇筑底座板混凝土前宜在底座板两侧各设置 3~5 根_____,为横梁提供下拉固定点。

7. CRTSⅢ型板式无砟轨道的隔离层施工前,_____、_____、胶黏剂、封口胶带须通过进场验收。

8. CRTSⅢ型轨道板吊装就位时放置在_____上。

9. 当自密实混凝土输送车到达灌注现场时,应使罐车高速旋转 20~30s 再卸料至_____中。

10. CRTSⅢ型轨道板粗铺粗调完成后,立即沿横向插入设计的_____,使之在自密实混凝土钢筋网片与板下门形钢筋内穿入的纵向钢筋间形成连接。

二、选择题

1. 对 CRTSⅢ型轨道板中预应力钢筋的初张拉要达到控制值的(   ),达到设计值后人工锁紧锚具螺母。

    A. 30%   B. 50%   C. 75%   D. 90%

2. CRTSⅢ型轨道板预制采用的混凝土配合比应通过试验确定,水胶比不应大于(   )。

    A. 0.21   B. 0.35   C. 0.47   D. 0.51

3. CRTSⅢ型板式无砟轨道施工过程中,每块轨道板对应的底座上均设置(   )限位凹槽。

    A. 1   B. 2   C. 3   D. 4

4. 路基地段 CRTSⅢ型板式无砟轨道每两个底座单元之间设置宽度为(   )的伸缩缝。

    A. 40mm   B. 30mm   C. 20mm   D. 10mm

5. 灌注自密实混凝土时,每个轨道板上安装有(   )个抗上浮横梁。

    A. 3~5   B. 4~6   C. 5~7   D. 6~8

6. 自密实混凝土带模养护时间不得少于3d,强度到达(   )以上,且其表面及棱角不因拆模而受损时,方可拆除轨道板精调压紧装置及四周模板。

    A. 2MPa   B. 5MPa   C. 8MPa   D. 10MPa

    7. CRTSⅢ型板式无砟轨道施工时,土工布铺设完成至自密实混凝土灌注的时间间隔不宜超过(   )d。

    A. 5   B. 10   C. 15   D. 30

    8. CRTSⅢ型板式无砟轨道施工时,隔离层上安放的混凝土保护层垫块按每平方米不少于(   )个呈梅花形布置。

    A. 4   B. 5   C. 6   D. 7

    9. 为保持CRTSⅢ型轨道板的精调成果,提高轨道板的精调质量和作业效率,宜在轨道板精调后(   )d内完成板下自密实混凝土灌注。

    A. 6   B. 12   C. 18   D. 24

    10. 自密实混凝灌注时直线段轨道板上设置的下料管露出轨道板上表面的高度(下料高度)不宜小于(   )。

    A. 0.1m   B. 0.3m   C. 0.5m   D. 0.7m

三、判断题

    1. CRTSⅢ型轨道板生产过程中,张拉工序应列为特殊过程监控,特殊过程必须由专业技术人员全程跟踪,做好现场监控记录。(   )

    2. CRTSⅢ型轨道板的模具清理合格后须喷涂脱模剂,且不允许有脱模剂积聚现象。(   )

    3. CRTSⅢ型轨道板预制过程中,随动型侧模与骨架吊放于底模上后,应及时将侧模与底模锁紧固定。(   )

    4. CRTSⅢ型轨道板入池水养时,轨道板要在水池中叠置平放。(   )

    5. 自密实混凝土的拆模宜按立模顺序顺向进行,不得损伤轨道板四周混凝土,并减少对模板的破坏。(   )

    6. 当CRTSⅢ型板式无砟轨道的底座混凝土施工完成后,底座混凝土结构应密实、表面平整,无露筋、蜂窝、孔洞、疏松、裂纹、麻面和缺棱掉角等外观缺陷,且外观尺寸符合设计要求。(   )

    7. CRTSⅢ型板式无砟轨道施工过程中,密封后隔离层与弹性垫层需平整且封口严密、无翘曲,可以存在空鼓、褶皱等现象。(   )

    8. CRTSⅢ型轨道板粗调时,先调整轨道板的高程,再调整轨道板的水平位置。(   )

    9. CRTSⅢ型轨道板精调后,要在轨道板上放置"禁止踩踏"等警示标志,在轨道板上安装跨线栈桥,以避免踩踏、碰撞对精调结果产生影响。(   )

    10. 自密实混凝土灌注速度不宜过快,灌注过程按"先慢后快"的节奏控制。(   )

四、简答题

    1. 简述先张法CRTSⅢ型轨道板的预制生产流程。

    2. CRTSⅢ型轨道板养护时的注意事项有哪些?

    3. 简述CRTSⅢ型板式无砟轨道的施工流程。

    4. 简述CRTSⅢ型板式无砟轨道底座施工工艺流程。

5. 简述 CRTSⅢ型板式无砟轨道隔离层及弹性垫层施工工艺流程。

6. 简述 CRTSⅢ型板式无砟轨道施工中,限位凹槽内弹性垫板施工的步骤。

7. 简述 CRTSⅢ型轨道板铺设与精调的工艺流程。

8. 简述 CRTSⅢ型轨道板自密实混凝土结构层施工工艺流程。

9. CRTSⅢ型板式无砟轨道施工时,轨道板铺设前需要做哪些准备工作?

10. 自密实混凝土入模前,应对其做哪些方面的检测?

求真务实，追求卓越

项目五

双块式无砟轨道施工

【项目描述】

2000年，国内首次在秦沈客运专线综合试验段的沙河桥上铺设双块式无砟轨道，此后又在渝怀、遂渝、合武、温福、福厦、武广、郑西、太中银等线路进行了试验。根据各试验段和客运专线的试验研究数据，确定了高铁双块式无砟轨道施工技术以CRTS I 型双块式无砟轨道为主要发展方向。本项目主要介绍CRTS I 型双块式无砟轨道施工准备、轨枕预制、混凝土支承层(底座)施工、轨排组装与定位、道床板混凝土施工作业。

【学习目标】

知识目标

(1)了解双块式无砟轨道施工相关技术文件。

(2)掌握双块式无砟轨道施工调查的重点内容。

(3)熟悉双块式无砟轨道施工物流组织方案。

(4)掌握双块式无砟道床施工方法和施工注意事项。

(5)熟悉双块式轨枕预制施工过程。

(6)掌握混凝土支承层施工方法，熟悉相关规范要求。

(7)掌握混凝土底座的施工过程，熟悉相关规范要求。

(8)掌握钢轨排组装与定位施工过程和施工控制要点。

(9)掌握道床板施工作业方法和施工注意事项。

能力目标

(1)能够绘制双块式和弹性支承块式无砟道床施工工艺流程图。

(2)能够绘制双块式轨枕预制施工工艺流程图。

(3)能够根据双块式轨枕和弹性支承块预制实际情况指出施工控制要点。

（4）能够对双块枕外形尺寸和外观质量进行检查，并能判断是否符合要求。

（5）能够绘制混凝土支承层和底座施工工艺流程图。

（6）能够对混凝土支承层和底座的施工质量进行检查，并判断是否符合规范要求。

（7）能够进行轨排粗调和精调作业，并指导调整施工。

（8）能够对道床板混凝土施工质量进行检查，并判断是否符合规范要求。

素养目标

（1）以双块式无砟轨道在我国的发展为引入案例，了解我国双块式无砟轨道先进施工技术，让学生在感受民族自豪的同时思考铁路人的职业使命。

（2）通过引入广湛高速铁路的学习，了解高速铁路对区域经济的重要性，激发学生的责任担当意识。

（3）通过郑万高速铁路、川藏铁路的介绍，了解高速铁路修建的技术复杂性，培养学生勇攀高峰、敢为人先的创新精神。

（4）通过轨排精调的学习，熟悉精调作业作业程序和高精度要求，培养学生精益求精的大国工匠精神。

【学习导航】

双块式无砟轨道施工

任务一　施 工 准 备

◇ 任务引入

　　武广高速铁路即京广高速铁路武广段,简称武广高铁,线路全长 1068.6km,如图 5-1 所示。武广高铁是中国《中长期铁路网规划》中"八纵八横"高速铁路的"一纵",是我国第一条高标准、设计时速为 350km 的铁路干线。武广高铁区间主要采用双块式无砟轨道。双块式无砟轨道施工前应做好哪些准备工作呢?

图 5-1　武广高速铁路

▲ 任务描述

　　查阅武广高铁双块式无砟轨道相关资料,通过本任务学习,熟悉双块式无砟轨道施工方法,能够说出施工文件核对和施工调查的主要内容,并确定物流组织方案。

◇ 相关知识

━ 施工文件核对

　　施工前应根据施工内容获取核对相关施工技术文件。施工文件包括标准设计图纸,施工质量验收标准,CPⅠ、CPⅡ平面及高程控制网成果资料,线下工程沉降变形分析评估报告,线路中桩表,水准点表,线路高程及中线竣工测量资料,相关施工记录等;设计文件包括线路平面图、线路纵断面图、车站平面布置图、线路诸表、无砟轨道设计图、无缝线路设计图表、设计说明、变更设计和其他相关专业设计图等。

　　核对中发现的问题应及时以书面形式递交建设单位和勘察设计单位进行解决,由勘察设计单位以书面形式回复。

二 施工调查

在常规工程施工调查的基础上着重调查以下内容：

(1)道路的分布情况包括可利用道路长度、宽度、坡度、转弯半径、会车点位置、便桥涵的承载能力、新增便道条件等以及上下道口的具体位置。

(2)混凝土拌和站的具体位置及供应能力。

(3)双块式轨枕厂的位置、运距、运输方式、装卸储存及现场存放条件。

(4)线下工程结构物分布情况、进度情况包括接触网支柱基础、防撞墙、遮板等。

(5)长轨铺设施工计划铺设方向、顺序、进度。

三 物流组织方案

由于双块式无砟轨道施工物流任务繁重按现场条件物流可分为Ⅰ线施工无轨运输、Ⅱ线施工有轨运输和利用线下施工的等高并行便道运输。一般情况下有短区段循环、长区段循环、等高并行便道三种物流组织方案。

(一)短区段循环

Ⅰ线施工时，利用未铺设道床板的Ⅱ线作为物流通道，车辆在各工序间往返行驶完成内循环；利用未铺设道床板的Ⅱ线、上下道口及外围便道作为物流通道，在线路上单向行驶完成外循环。Ⅱ线施工时，在Ⅰ线道床上铺设临时运输轨道作为Ⅱ线内循环物流运输通道，临时运输轨道长度根据现场施工道口情况确定。安装公铁两用行走装置，实现起重运输车、混凝土运输车等设备的铁路行走。

(二)长区段循环

Ⅰ线施工时，利用未铺设道床板的Ⅱ线作为物流通道，车辆在各工序间往返行驶完成内循环；利用未铺设道床板的Ⅱ线、上下道口及外围便道作为物流通道，在线路上单向行驶完成外循环。Ⅱ线施工时，在Ⅰ线道床上铺设正式长钢轨作为Ⅱ线内循环物流运输通道，根据现场施工情况设置施工道口。安装公铁两用行走装置实现起重运输车、混凝土运输车等设备的铁路行走。

(三)等高并行便道

Ⅰ线施工时，利用未铺设道床板的Ⅱ线作为物流通道，车辆在各工序间往返行驶完成内循环；利用未铺设道床板的Ⅱ线、上下道口及外围便道作为物流通道，在线路上单向行驶完成外循环。Ⅱ线施工时，利用线路旁等高并行便道作为通道，完成物流循环。等高便道宽不小于6m，便道中线与Ⅱ线中线距离不大于5m；便道顶面高程与线路顶面高程不大于0.3m。

四 双块式无砟道床施工方法

双块式无砟道床的施工的基本原理是：利用工具轨与双块式轨枕组成轨排，利用精密测量手段配合调整装置确定工具轨的位置，从而间接控制轨枕的空间位置，利用现浇道床混凝土将双块式轨枕永久固结在钢筋混凝土道床内。

双块式无砟道床施工分为工具轨轨排支撑架法和轨排框架法,施工工艺流程如图5-2、图5-3所示。轨排支撑架法双块式无砟道床施工应配备混凝土搅拌站、混凝土运输车、混凝土泵车、混凝土输送泵、滑模摊铺机、钢筋加工设备、线路材料运输车、散枕装置、螺杆调整器、工具轨、汽车起重机、门式起重机或其他吊装设备、检测测量仪器等主要机械设备。轨排框架法双块式无砟道床施工应配备混凝土搅拌站、混凝土运输车、混凝土泵车或混凝土输送泵、滑模摊铺机、钢筋加工设备、轨道材料运输车、轨排框架、专用吊装设备及吊具、汽车起重机、门式起重机或其他吊装设备、检测测量仪器等主要机械设备。

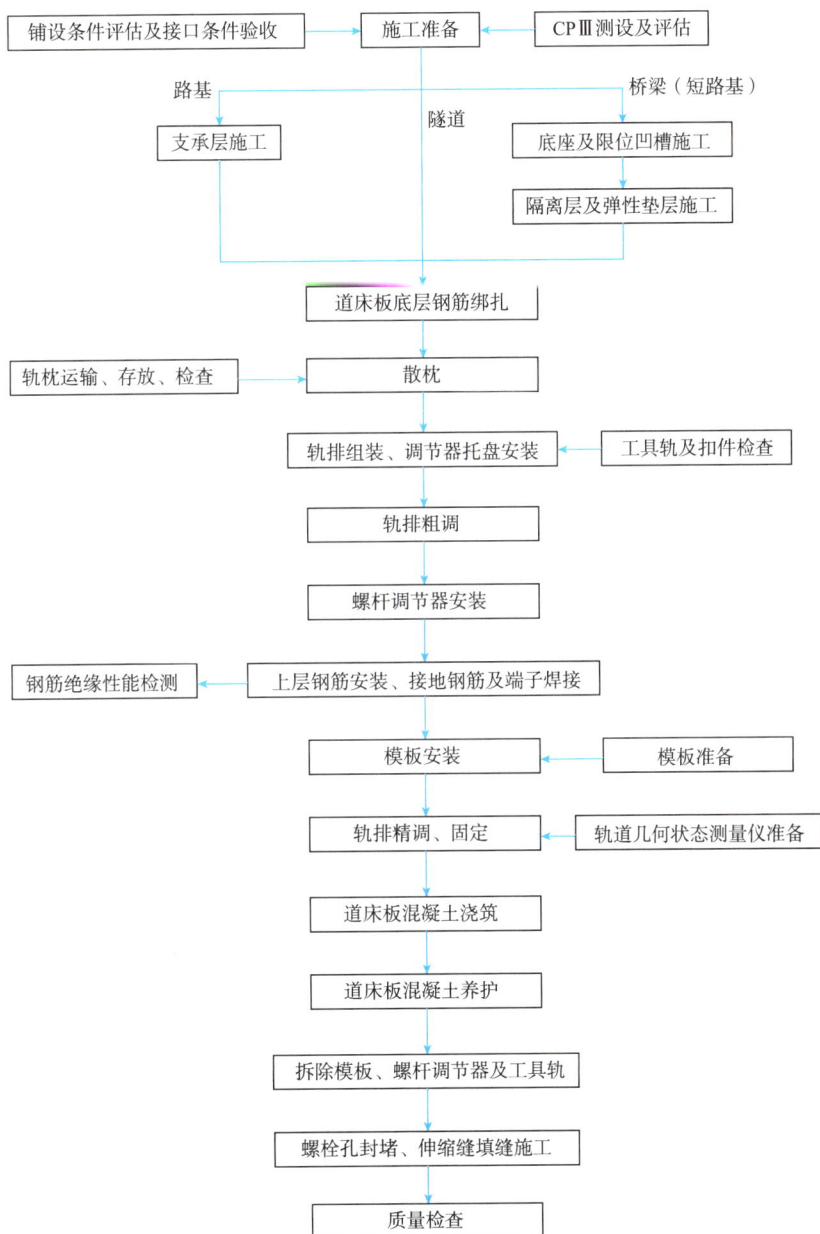

图5-2 双块式无砟轨道轨排支撑架法施工工艺流程图

```
铺设条件评估及接口条件验收 → 施工准备 ← CPⅢ测设及评估
                              │
        路基 ←───────────────┼───────────────→ 桥梁（短路基）
         │              隧道  │                      │
    支承层施工                 │              底座及限位凹槽施工
         │                    │                      │
         │                    │              隔离层及弹性垫层施工
         │                    │                      │
         └────────────────────┼──────────────────────┘
                              ↓
                      道床板底层钢筋绑扎
                              ↓
    轨枕运输、存放、检查 ─→   散枕
                              ↓
                  轨排框架组装轨排 ← 轨排框架准备
                              ↓
                      轨排吊装就位
                              ↓
                      螺杆调节器安装
                              ↓
  钢筋绝缘性能检测 ← 上层钢筋安装、接地钢筋及端子焊接
                              ↓
                      模板安装 ← 模板准备
                              ↓
                  轨排精调、固定 ← 轨道几何状态测量仪准备
                              ↓
                    道床板混凝土浇筑
                              ↓
                    道床板混凝土养护
                              ↓
              拆除模板、螺杆调节器及工具轨
                              ↓
              螺栓孔封堵、伸缩缝填缝施工
                              ↓
                      质量检查
```

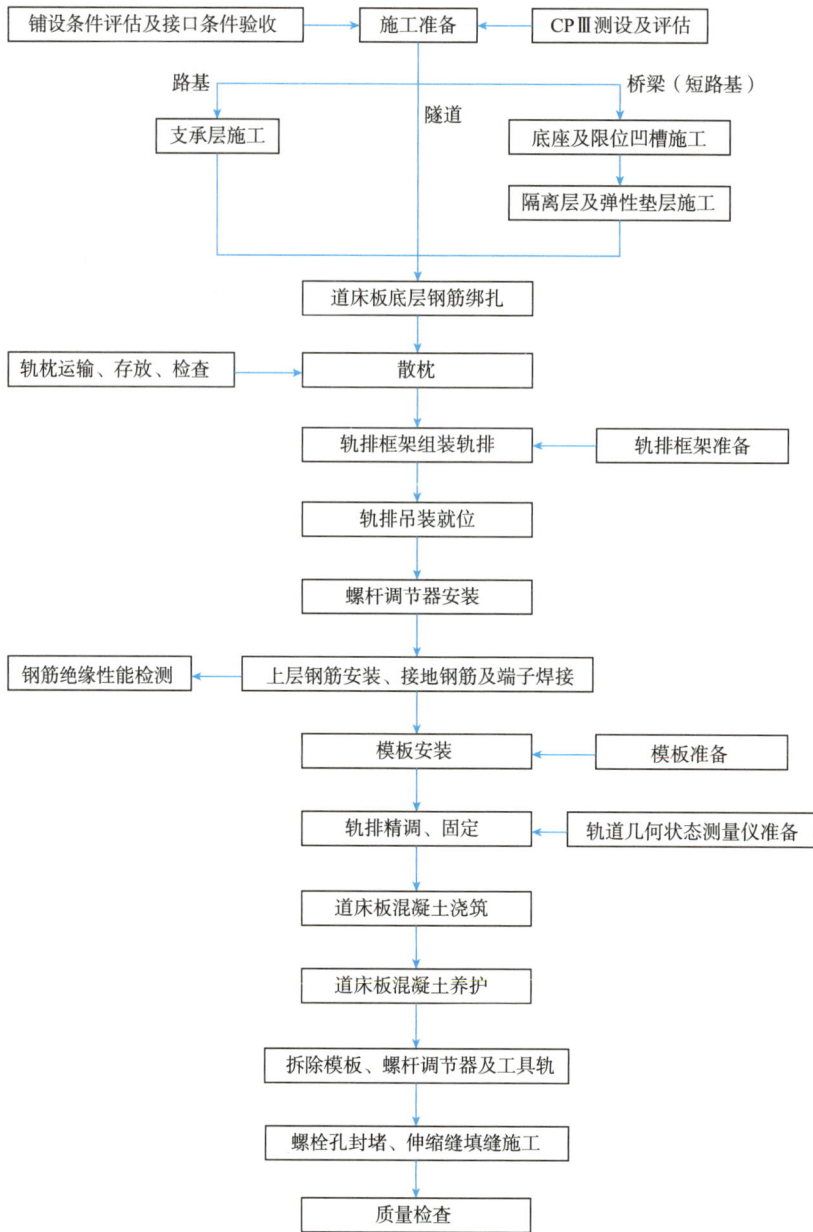

图 5-3　双块式无砟轨道轨排框架法施工工艺流程图

　　工具轨轨排支撑架法施工作业对轨排精度存在一定干扰。轨排框架法可以有效地抑制人员干扰，较好地保持施工精度，在兰新线全线采用轨排框架法施工。但此法也不同程度地存在工效低、精调困难、混凝土收面困难、平整度差、道床裂缝偏多等实际问题。由于框架刚度大，混凝土浇筑后大部分应力由框架承受，拆除框架时混凝土强度尚不高，将框架承受的所有应力突然转嫁给道床混凝土时，往往混凝土无法承受，是导致道床混凝土开裂的关键原因之一。为减少道床裂缝、延长使用寿命，现行《高速铁路轨道工程施工技术规程》（QC/R 9607）推荐首选工具轨轨排支撑架法组织施工。

258

⚠ **任务实施**

项目名称	项目五 双块式无砟轨道施工	任务名称	任务一 施工准备
专业班级		姓名	学习小组

【专业知识认知】(30分)

1. 双块式无砟轨道施工相关技术文件包括哪些?(10分)

2. 双块式无砟轨道施工调查的重点内容包括哪些?(10分)

3. 简述双块式无砟轨道施工物流组织方案。(10分)

【能力素质训练】(60分)

1. 能够绘制双块式无砟轨道轨排支撑架法施工工艺流程图。(20分)

2. 能够绘制双块式无砟轨道轨排框架法施工工艺流程图。(20分)

3. 能够说出轨排支撑架法和轨排框架法特点。(20分)

【工作总结】(10分)

学员自评		组长评价	

指导老师评价:

任务二　双块式轨枕预制

◆ 任务引入

广湛高速铁路简称广湛高铁,设计行车时速350km。广湛高铁是国家"八纵八横"高速铁路网的重要组成部分,正线全长401.3km,由广东广湛铁路有限责任公司投资建设,中国铁路设计集团有限公司广湛铁路EPC总承包。正线以铺设无砟轨道为主,采用双块式无砟轨道,双块式轨枕采用工厂预制。双块式轨枕是如何预制的呢?

中铁上海工程局
智能化双块式
轨枕场

▲ 任务描述

根据广湛高铁双块式轨枕设计图纸。通过本任务学习,熟悉双块式轨枕预制施工工艺流程,掌握双块式轨枕原材料控制指标,能够对双块式轨枕进行质量检测。

◇ 相关知识

一　相关材料技术要求

所有原材料(不含集料)及扣件预埋件应有生产厂家出厂合格证明书及复检报告单,集料应有入厂检验报告单。

(1)水泥应选用硅酸盐水泥或普通硅酸盐水泥。水泥的强度等级不应低于42.5级,不应使用早强型水泥,碱含量不应大于0.60%,三氧化硫含量不应大于3.0%,比表面积应为$300 \sim 350 m^2/kg$。

(2)细集料应采用级配合理、质地坚固、吸水率低、空隙率小的洁净天然中粗河砂,含泥量按质量计不应大于1.5%。粗集料应采用5~20mm连续级配碎石,不应采用碎卵石。

不应使用具有碱—碳酸盐反应活性或砂浆棒膨胀率(快速法)不小于0.20%的碱—硅酸反应活性的集料。当集料的砂浆棒膨胀率为大于或等于0.10%且小于0.20%时,混凝土碱含量不应超过$3.0 kg/m^3$,且应采取抑制碱—集料反应技术措施,并按现行《铁路混凝土》(TB/T 3275)规定的方法对抑制措施的有效性进行评价。双块枕投产前、集料来源改变时以及集料使用期达一年时,应由具有相应资质的检验单位按现行《铁路混凝土》(TB/T 3275)规定的方法对集料的碱活性进行试验和评价。

(3)粉煤灰、矿渣粉、硅灰和石灰石粉等矿物掺合料应选用能改善混凝土性能且品质稳定的产品。

(4)减水剂宜选用高效减水剂或高性能减水剂,与水泥及矿物掺合料之间应具有良好的相容性,其品种和掺量应经试验确定。

(5)拌和用水可采用饮用水,也可采用满足现行《铁路混凝土》(TB/T 3275)规定要求的其他水源的水。

(6)桁架钢筋、箍筋应采用CRB550级钢筋,其性能符合现行《冷轧带肋钢筋》(GB 13788)规定;箍筋固定件、螺旋筋采用低碳钢冷拔钢丝,其性能符合现行《一般用途低碳钢丝》(YB/T 5294)的规定。

（7）预埋套管内螺纹精度应满足与螺栓配合的要求,内螺纹的抗拔力应满足设计要求,且不应小于预埋件抗拔力的 1.5 倍。

二 施工工艺流程

施工工艺流程如图 5-4 所示。

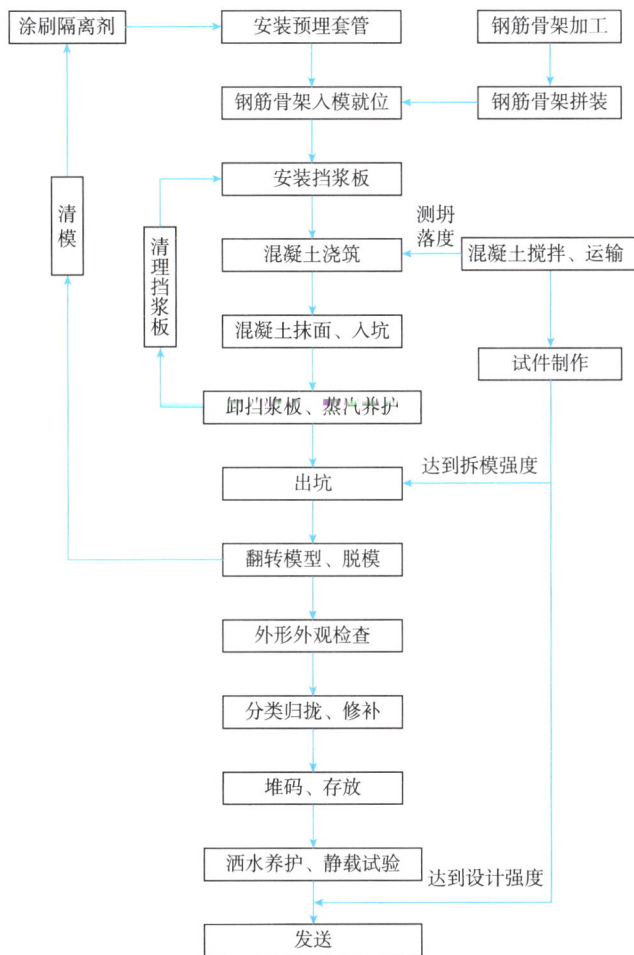

图 5-4　双块式轨枕预制工艺流程图

三 钢筋加工

钢筋原材进场检验合格后,首先将热轧圆盘条用冷轧设备加工成冷轧带肋钢筋和冷轧光圆钢筋,轧制完成的钢筋存放至冷轧钢筋存放区,进行应力释放。

（一）桁架加工

桁架钢筋加工由 5 根冷轧钢筋采用桁架生产线设备同时相互焊接而成,上弦钢筋为 1 根 CRB550 直径为 12mm 的冷轧带肋钢筋,下弦钢筋为 2 根 CRB550 直径为 10mm 的冷轧带肋钢筋,中间斜杆钢筋为 2 根 CRB550 直径为 7mm 的冷轧光圆钢筋。加工成型的桁架钢筋存放至桁架钢筋存放区,堆码整齐,进行标识。

(二)组装

半成品钢筋加工包括环形箍筋、桁架钢筋、挡肩固定筋三种钢筋。环形箍筋为CRB550直径为10mm冷轧带肋钢筋,采用自动弯箍机进行弯制,存放至箍筋存放区,加工人员将弯制的半成品进行点焊固定,焊接采用人工点焊。双面焊接焊缝长度不小于40mm、单面焊接焊缝长度不小于80mm。

先将环形箍筋定位固定在模具里的卡槽里,再将桁架钢筋放入模具内精确定位,两种钢筋之间定位尺寸无误后,采用人工用箍筋固定件将环形箍筋与桁架钢筋固定牢固。

桁架钢筋由上弦钢筋 N1(ϕ12mm)、下弦钢筋 N2($2 \times \phi$10mm)和波浪钢筋 N3($2 \times \phi$6mm)焊接而成,通常采用机械化电阻点焊法。桁架钢筋尺寸:每个桁架长2400mm,上下弦钢筋高度为89mm,两根下弦钢筋宽度为70mm。斜杆钢筋两个波峰之间间距为200mm,斜杆钢筋与上下弦钢筋焊接部位为:两根斜杆钢筋在上弦钢筋的外侧点焊,在两根下弦钢筋的内侧点焊,如图5-5所示。

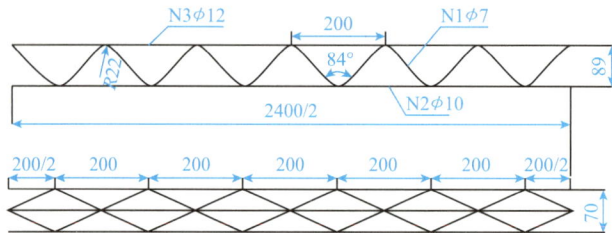

图5-5 桁架钢筋尺寸图(尺寸单位:mm)

(三)检测

(1)为了保证钢筋桁架检测的数据正确性,避免因外部场地的影响带来的误差,钢筋检测需配置检测台,长度 >2.5m、宽度 >0.3m、整体平整度不小于 1/100mm、检测台高度以适合检测为准。考虑其耐久性和耐磨性,宜采用钢质结构。检测台应放在临时钢筋存放场地附近,便于钢筋的检测。

(2)应对箍筋或轨枕钢筋桁架日生产量的 0.5% 进行检验,但每批次检测不少于6个箍筋。样品抽取尽量分散,不要一次抽取,抽取样品要客观,不可先凭主观对抽检样品进行挑选。检测时数据读取要客观,并将测量结果及时记录到检验记录表中。冷轧钢筋直径每更换一卷钢筋测量一次,在线盘更换约 10min 后开始测量。

(3)钢筋桁架的尺寸极限偏差见表5-1。

钢筋桁架的尺寸极限偏差 表5-1

序号	检查项目	检查项别	允许偏差值(mm)	日常检查数量
1	钢筋桁架上下弦间距	B2	±2	每班3次,每次2遍
2	钢筋桁架长度	B2	±5	
3	钢筋桁架宽度	B2	±2	
4	波形筋位置及扭曲	B2	±2	
5	波形筋翘曲	B2	<2	
6	开焊或松脱	A	无	全检

（4）轨枕钢筋桁架安装使用时其钢筋表面不得有鱼鳞状锈蚀剥落，如有斑点状锈蚀不影响轨枕钢筋使用性能；如对轨枕钢筋性能有所怀疑，应在轨枕钢筋上截取一部分样品进行试验，截取的样品应为该批次中锈蚀最严重的部分，如果合格即可使用。截取的样品和数量应满足现行《冷轧带肋钢筋》（GB/T 13788）规范要求。

四 模具施工

模具采用统一型号，各部位的制造允许公差为轨枕成品允许公差的 1/2。模具根据工期、工程量、施工工艺不同选用 1×4 联、2×2 联、2×3 联、2×4 联等。模具要求具有足够强度、刚度和稳定性，能保证轨枕各部位形状、尺寸及预埋件的准确位置。

模具应实行日常检查和定期检查，日常检查按照每个月所有模具全部检查原则进行抽检；定期检查为每月进行一次，对模具可能变化的关键指标进行检查，检查结果记录在模具检查表中。对模具的检验主要通过对轨枕的尺寸检验的信息反馈实现，在发现轨枕尺寸超标时对该套模具进行维修，维修后需再进行试制一根轨枕，若轨枕检测合格，则这套模具才能重新投入使用。若维修后轨枕尺寸仍不合格，则本套模具报废并进行单独存放。

模具在生产线循环中的主要工序包括：模具清理打磨清灰、喷涂脱模剂、安装套管和螺旋筋、钢筋骨架入模拼装、安装挡浆板、拆卸挡浆板、蒸养拆模工序。

（一）模具清理打磨

轨枕脱模后，空模具被输送到打磨工位，施工人员采用抛光机、砂布、刮刀等清理模具腔内的混凝土残渣、粘皮等其他附着物，尤其要针对模具承轨台、预埋套管定位部位，特别要检查模具底部放置钢筋桁架的预留槽内的混凝土是否彻底清除。然后用棉纱布将模具内残渣清除干净，确保模具内表面清洁，模具打磨及清理如图 5-6 所示。质检人员目测打磨效果，检查模具光洁度。

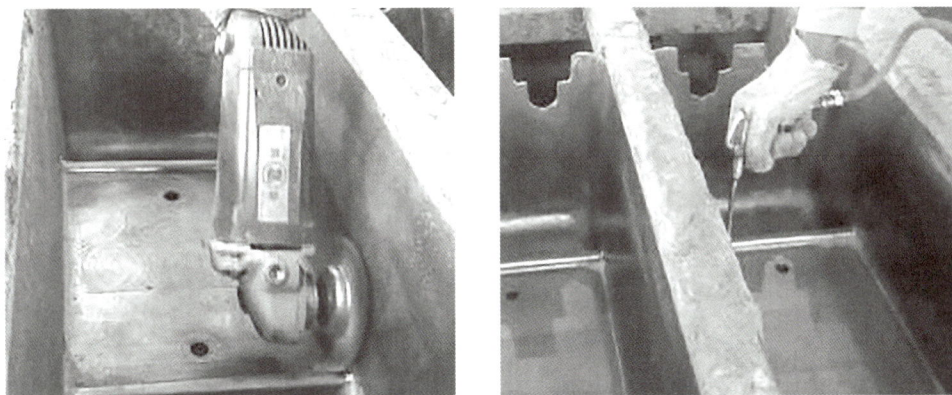

图 5-6 模具打磨及清埋

清理模具的同时检查模具是否损坏，内部表面是否光滑，有无凹凸现象、有无较深或影响轨枕表面光滑度的刮痕以及标志牌是否破损、变形等。若有以上现象，应立即从轨道上吊出，进行维修和更换。

（二）喷涂脱模剂

喷涂脱模剂主要分为人工喷涂和自动喷涂两种施工方法。自动喷涂需安装自动脱模剂喷淋系统，安装在打磨工位和套管安装工位之间，当模具由打磨工位向套管安装工位滑动时，红外线探头自动感应模具并喷淋脱模剂，使脱模剂均匀地喷淋在模具的各个部位，且不会出现脱模剂积聚、漏涂和不均匀现象。当模具全部进入套管安装工位时，红外线探头已无法感应到模具，自动停止脱模剂的喷淋，如图5-7所示。

图5-7　喷淋脱模剂

喷涂脱模剂时先喷涂脱模剂后安装预埋套管，严禁脱模剂与套管接触。喷涂脱模剂要适量，不得在模具内有残留。模具内脱模剂要喷涂完整，尤其是模具腔内边角处，否则脱模时会造成轨枕边角破损，影响脱模效果和轨枕表面的光滑度。

（三）安装预埋套管和螺旋筋

先将预埋套管的定位轴固定从预留孔中拉出，保证套管定位轴旋出距离和与模具底部垂直，然后用紧固工具将套管紧紧地固定到定位轴上，确保套管与模具底部垂直。套管及螺旋筋安装如图5-8所示。

图5-8　套管及螺旋筋安装

套管安装的质量要逐个检查，主要检查每个预埋套管与模具底部是否密贴，旋转预埋套管是否有松动现象，预埋套管与模具底部有无间隙，采用塞尺检测工具检测，不能有间隙，所有检验项目合格后将螺旋筋安装定位于预埋套管上。定期检查套管定位轴的丝扣是否有磨损,若有磨损应及时更换。预埋套管螺旋筋采用直径为 4mm 的低碳冷拔钢丝,为变径螺旋筋,其技术要求符合现行《一般用途低碳钢丝》(YB/T 5294)的规定。

模具预埋套管定位孔清理时,应清理彻底,并使用适量的黄油进行涂抹,保证预埋套管定位芯棒安装、拆卸方便为宜。黄油不得涂抹过多,否则会对轨枕表面造成污染。卡扣若有损坏,应及时对其进行更换。

预埋套管安装时,必须与模具表面紧密相贴。安装完毕后用手摇动,确认其已安装牢固、没有任何晃动为准。预埋套管安装时必须与模具上预留孔垂直。

(四)钢筋桁架入模

预埋套管安装完毕后模具被送到钢筋桁架安装工位,施工人员将钢筋骨架抬到模具内,骨架放入模板时,应注意避开绝缘预埋套管位置。将骨架放于盆体内,骨架如有偏斜、扭曲,应进行调整。现场采用平板靠尺,担置在两边侧模上,用钢尺检查靠尺边缘至钢筋边缘距离,调整钢筋骨架在轨枕厚度方向上的位置。在桁架安放好后,检查钢架桁架、箍筋与箍筋定位件是否连接紧固,如图 5-9 所示。

图 5-9　桁架钢筋及箍筋安装

(五)安装、拆卸挡浆板

为了有效防止混凝土在振捣过程中漏浆,钢筋桁架移位或上浮,待钢筋桁架安装完毕后,在模具进入混凝土灌注辊道上时,安装挡浆板。挡浆板安装要牢固可靠,位置准确,无松动、漏缝等现象,能有效保证桁架钢筋在模具中不倾斜和上浮。挡浆板安装完毕后在混凝土辊道上等待进行混凝土的灌注、振捣工序。

在混凝土灌注、振捣完毕后,模具运行至待入蒸养坑工位时拆除挡浆板。拆除时要用力均匀,防止破坏混凝土外形及改变桁架钢筋的位置,挡浆板拆除后,对桁架钢筋预留槽处混凝土进行修整,使其表面平整、美观。拆除的挡浆板统一清洗存放,循环用于后续施工,同时将模具表面、边侧残留的混凝土在吊入蒸养坑前清理干净。轨枕外露钢筋桁架表面用水泥浆进行涂刷,确保外露桁架钢筋不锈蚀。

(六)脱模

轨枕蒸养时间达到要求后,取出一组试件到实验室检验脱模强度,其强度大于或等于产品要求的脱模强度 40MPa,混凝土芯部与表层、表层与环境温差不超过 15℃,经实验室签发脱模通知单后,方可进行脱模作业。

施工人员将模具从蒸养坑用天车吊运至脱模辊道上,将模具输送到翻转工位,进行模具翻转,如图5-10所示。带枕模具被翻转到脱模工位后,施工人员将预埋套管紧固装置拆除,采用冲击气锤进行脱模。在脱模过程中,轨枕应均匀下落,并经检查确认轨枕完全脱落后,由翻转机将空模具再次翻转到翻转工位,成品轨枕由成品辊道运输到成品归拢区归拢。在成品轨枕输送过程中安装预埋套管防尘盖,并检查成品轨枕的外观质量,及时进行修补。空模具则进入打磨工位进行再一次的循环作业。

图5-10　模具翻转

脱模时,应禁止生拉硬撬,严禁使用大锤对模具进行锤击,以免造成模具局部变形或损坏轨枕混凝土。脱模后应及时检查预埋套管定位装置,如有损坏应及时检修。拆模前应先拆除其各部紧固螺栓,拆卸后必须逐个核实各部位螺栓已经全部处于打开状态,避免带枕模具在脱模时造成个别轨枕受损,不得污染轨枕表面。

五　混凝土施工

(一)混凝土搅拌

搅拌混凝土采用强制式搅拌机,混凝土的搅拌时间为全部材料装入搅拌机开始至搅拌结束所用时间,混凝土延续搅拌时间应根据配合比和搅拌设备情况通过试验确定,但最短搅拌时间不宜少于2min。

混凝土配料允许误差应符合现行《铁路混凝土工程施工技术规程》(Q/CR 9207)的规定,各配料允许偏差(按重量计):水泥、矿物掺合料、外加剂、水为±1%;粗、细集料为±2%。

混凝土原材料配料采用自动计量装置,计量设备砂石每月系统校验1次,水泥、掺合料、外加剂、水的计量设备每周系统检验1次,每班混凝土灌注前要校核电子秤及其他计量器具,根据施工配合比调整用料,并由试验人员复核,如施工中发现异常时应及时校核。根据施工配合比用料考虑下料重量,由试验人员复核。

(二)混凝土灌注

每班搅拌前,先对搅拌系统、运料斗和布料机用水进行湿润再进行施工。出机混凝土通过皮带机运输至车间内,投放至布料机内,布料机为螺旋给料器,在振动工位纵向平移。可以几个布料器同时布料,同时对轨枕进行灌注,也可以单独给料器进行单独布料,如图5-11所示。

当模具到达振动台(图5-12)前,灌注人员必须进行灌注前的准备工作,当模具进入振动台,混凝土进入模具后,辊道降落至振动台水平面以下,模具落在振动台上进行固定后,方可进行振捣。灌注人员控制放料斗进行放料,布料分两次进行。第一次灌注80%处,进行第一次振捣,振捣时间为80~100s,振捣不超过120s;第二次直接布满,进行第二次振捣,振捣混凝土表面不出现起泡、适度泛浆为宜,保证混凝土内实外美。如果个别处第二次未满,应进行点动控制布料,防止混凝土的浪费。

图5-11　布料器灌注混凝土

图5-12　振动台

振捣完成后,升起辊道将模型运输至模型清理工位,对模型进行清理。拆除挡浆板,涂刷钢筋保护水泥浆等待进入吊装工位。模具清理应彻底,不能将多余的混凝土残留带入蒸养坑内,拆除挡浆板时要用力均匀,防止破坏混凝土外形,挡浆板拆除后,对桁架钢筋预留槽处和轨底混凝土进行修整,使其表面平整、美观。拆除的挡浆板统一归集清理循环使用。

(三)混凝土养护

双块式轨枕混凝土养护分为蒸汽养护和自然养护。蒸汽养护按照结构的不同分为通道式蒸养和坑式养护两种,通道式蒸养适用于工期比较短、场地需要复垦的临时性工程,如图5-13所示;坑式蒸养适用于长期性工程、工期长、场地可作为固定区域使用的工程。根据项目部情况,采用坑式养护比较合理。

图5-13　通道式蒸养

轨枕从模型清理工位输送至吊装工位后,利用天车将模具放入蒸汽养护设施进行养护。轨枕养护采用全自动温控记录,设专人进行参数设置,设置好温度曲线,保证养护质量,并能自动记录各阶段的温度控制情况。混凝土蒸汽养护分为静停、升温、恒温、降温四个阶段,根据施工的实际情况设置蒸汽养护时间和蒸养温度,在保证产品质量的前提下,减少带模养护时间。

自然养护是轨枕出蒸养坑后的养护。为确保轨枕到存储区存储时轨枕表面与环境温度差无温差,出蒸坑后在生产车间放置一天。冬季车间内采用全封闭进行生产,利用蒸养坑产生的温度进行保温,当气温低于5℃时严禁洒水养护;夏季可直接移至室外进行洒水养护,自然养护期为不少于10d。

蒸汽养护时,混凝土静停环境温度不应低于5℃,浇筑结束4~6h且混凝土终凝后方可升温;混凝土周围蒸汽的升、降温速度不宜大于10℃/h。恒温养护时间应根据构件脱模强度要求、混凝土配合比情况以及环境条件等通过试验确定。混凝土养护期间,混凝土芯部温度不宜超过60℃,不得超过65℃;混凝土芯部温度与表面温度、表面温度与环境温度之差均不应大于15℃;养护水温与混凝土表面温度之差不得大于15℃。

同条件试件随轨枕同步养护,做拆模依据,每坑双块式轨枕生产制作一组试件,用于检查混凝土脱模强度。

六 轨枕存储、装运

质检人员在轨枕检查区对双块式轨枕外形外观检查表进行量测。对于不合格轨枕,在固定位置盖上具体生产日期和"废品"印章,并用黑色油漆标出两道横线(线宽不小于20mm)以示区别,用油墨章戳在轨枕侧面进行标识,包括产品质量检验章和生产日期章,并对预埋套管加盖防尘盖。

如冬季施工期间,室外温度低下,如直接将脱模的轨枕运输至存枕区,则混凝土表面因温差过大会出现收缩裂缝,导致报废,因此轨枕需在生产车间内二次降温。

经归拢机归拢的5根轨枕为一层,每层之间用10cm×10cm×1.5m的合成垫木进行间隔,垫木位置为承轨台中心,在车间存放层数不宜超过6层,用叉车往轨枕存放区倒运,倒运过程中轨枕层数不超过2层,确保倒运时安全。

天车将轨枕从归拢处吊装至车间轨枕存放区后,等待混凝土芯部与表面、表面与环境温度差不大于15℃后,方可用叉车运输至存枕区码垛。运输时,按照"先存先运"的原则。叉车倒运至存枕区后,进行成品轨枕的码垛,每跺不应超过8层,每层为5根,一跺为50根。每天生产的轨枕为一批,跺与跺之间纵横方向间隔0.25m,层与层之间用10cm×10cm×1.5m的合成垫木进行间隔。

双块式轨枕在存放过程中轨底朝上放置,合成垫木上下对齐,轨枕上下层与层之间码垛时应整齐。严禁错位、歪斜。不合格品单独存放、标识。

轨枕多采用汽车进行运输,装车前,施工人员应复核该批轨枕生产日期和批次,发运工作应按照"先生产先发运的原则",当第一批装运完成后,再装运第二批。施工人员使用叉车进行装运,每次叉车装车时不得超过2层,汽车上轨枕存放不得超过5层,装运过程中,轨枕底部和叉车周围严禁站人,如图5-14所示。装车后,轨枕整体应牢固捆绑,严禁碰、撞、摔、掷。外露钢筋锈蚀严重的轨枕不得出厂。

图 5-14　轨枕运输

七　质量验收标准

双块式轨枕检验分为型式检验和出厂检验。

(一)型式检验

有下列情况之一时应进行型式检验:
(1)双块枕批量投产前。
(2)连续生产 2.5 年时。
(3)材料、生产工艺有重大变更时。
(4)停产 1 年及以上又恢复生产时。
(5)用户提出异议时。

型式检验项目包括原材料(混凝土原材料及冷轧带肋钢筋)及预埋套管检验、轨枕外形尺寸和外观质量检验、混凝土碱含量、混凝土氯离子含量、三氧化硫含量、混凝土抗压强度、混凝土弹性模量、混凝土抗冻等级、混凝土电通量、混凝土 56d 氯离子扩散系数(氯盐环境)和预埋套管抗拔力(图 5-15)等检验。型式检验所有检验项均满足要求,型式检验判为合格。

图 5-15　预埋套管抗拔力试验

(二)出厂检验

出厂检验由质检工程师组织检测人员、试验人员检查,检验项目包括外观质量和各部尺寸、混凝土抗压强度（标准养护和同条件养护）、混凝土弹性模量、预埋件抗拔力，按现行《CRTS双块式无砟轨道混凝土轨枕》（TB/T 3397）进行验收，并做好检测记录、检查签证和制造技术合格证。出厂检验所有检验项均满足要求，该批双块枕判为合格。

双块式轨枕外形尺寸和外观质量应按生产班次检验，同条件生产的不大于1000根轨枕为一批，外形尺寸每批抽检5根。外观质量每批全检。双块式轨枕的外形尺寸偏差和外观质量要求应符合表5-2的要求。

双块枕外形尺寸极限偏差和外观质量要求   表5-2

序号	检查项目		检查项别	极限偏差及其他要求	每批检查数量	
					出厂检验	型式检验
外观质量						
1	承轨部位表面缺陷（气孔、粘皮、麻面等）		B2	长度≤10mm 深度≤2mm	全检	20根
2	其他部位表面缺陷（气孔、粘皮、麻面等）		C	长度≤50mm 深度≤5mm	全检	20根
3	承轨面与挡肩裂纹、双块枕侧面与横截面平行的裂纹		A	无	全检	20根
4	预埋套管内堵孔		A	无	全检	20根
5	双块枕棱角破损和掉角		C	长度≤50mm	全检	20根
6	外露钢筋锈蚀掉块		A	不允许	全检	20根
外形尺寸						
7	钢筋桁架上弦距双块枕顶面距离		B2	±3mm	10根	20根
8	双块枕长度		C	−2mm +4mm	10根	20根
9	各断面高度		C	±3mm	10根	20根
10	双块枕宽度		C	±3mm	10根	20根
11	无挡肩轨枕	两外侧预埋管中心距	B1	±1.5mm	10根	20根
12		保持同一铁垫板位置的两相邻套管中心距	B1	±1.0mm	10根	20根
13	有挡肩轨枕	两承轨槽外侧底脚间距离	B1	±1.0mm	10根	20根
		同一承轨槽底脚间距离	B2	±0.5mm		
		承轨槽底脚距套管中心距	B2	±0.5mm		
		轨底坡（100mm范围内）	B2	±0.5mm		
		保持同一铁垫板位置的两相邻套管中心距	B1	±0.5mm		
		承轨槽轨距挡块凹槽深度	B1	0，+1mm		
14	预埋套管的凸起高度		B1	−1.0mm，0	10根	20根
15	预埋套管距轨槽面120mm深处偏离中心线距离		B1	2.0mm	10根	20根
16	承轨面表面平整度		B1	1/200	10根	20根
17	两承轨面间相对扭曲		B1	<0.7mm	10根	20根

注：A类项别单项项点合格率100%；B1类项别单项项点合格率不小于95%；B2类项别单项项点合格率不小于90%；C类项别总项点合格率不小于90%。

⚠ 任务实施

项目名称	项目五　双块式无砟轨道施工	任务名称	任务二　双块式轨枕预制
专业班级		姓名	学习小组

【专业知识认知】（30分）

1. 双块式轨枕预制对原材料有哪些要求？（10分）

2. 简述双块式轨枕模具施工注意事项。（10分）

3. 双块式轨枕混凝土浇筑施工有哪些要求？（10分）

【能力素质训练】（60分）

1. 绘制双块式轨枕预制施工工艺流程图。（20分）

2. 结合现场对双块式轨枕钢筋桁架进行检验，并判断是否符合规范要求。（20分）

3. 结合现场对双块枕外形尺寸和外观质量进行检验，并判断是符合验收标准。（20分）

【工作总结】（10分）

学员自评		组长评价	

指导老师评价：

任务三 混凝土支承层(底座)施工

◇ 任务引入

支承层双块式无砟轨道系统中,用于支承混凝土道床板的水硬性混合料承载层,由细集料、粗集料、少量胶凝材料和少量水等配制而成,采用滑模摊铺或摊铺赈压工艺成型,其主要功能是承受竖向荷载,并将荷载传递、分散至路基面。支承层是如何施工的呢?

▲ 任务描述

参阅广湛高铁双块式轨枕设计图纸和实训工区。通过本任务学习,熟悉混凝土支承层(底座)施工工艺流程,掌握混凝土支承层(底座)施工控制指标,能够对混凝土支承层(底座)施工进行质量检验。

◇ 相关知识

一 支承层施工

支承层施工宜采用滑模摊铺机进行,施工工艺流程如图5-16所示,对于长度较短、外形不规则、有大量预埋件或在支承层上设置超高的地段,也可采用摊铺碾压法或模筑法施工。

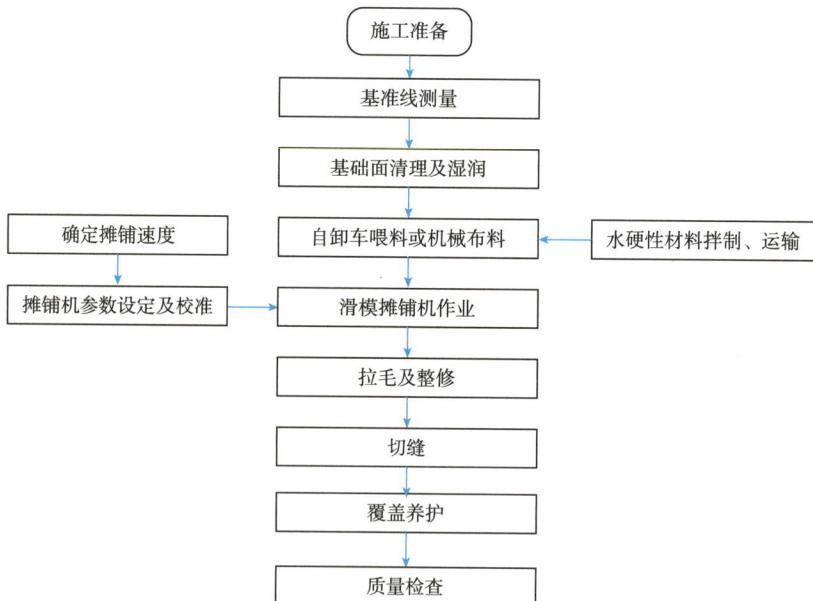

图5-16 滑模摊铺法施工工艺流程图

在开始支承层的施工之前,应该先检查级配碎石层的高度、形状、土层的密度及承载能力是否都已经符合相关规定。承载面上出现的任何沉降、变低、凹槽,都应当在开始支承层施工之前予以修正。为防止混凝土凝固过程所需要的水分被下部基础吸收,施工前对下面的结构进行预先湿润处理。

(一) 测量放样

通过 CPⅢ 控制网测设支承层摊铺机两侧引导线的位置。引导线到线路中线的距离为 2.9m,高度距设计路基面 50cm。引导线拉杆纵向间距 10m,曲线地段 5m。引导线两端用紧线器张紧固定,每侧施加不小于 1000N 的拉力。引导线先张紧,再扣进夹线臂槽口。引导线的最大长度不宜大于 500m,以利质量控制及方便卸料。

在曲线地段线路中线与支承层中线存在一个偏移值 e(图 5-17),先计算出支承层中线位置的偏移值,确定支承层的中线位置,再计算出在距离路基设计高程 50cm 位置处引导线拉杆距离支承层中线的距离和引导线的高程。

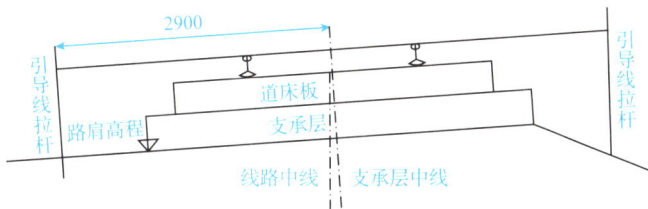

图 5-17　曲线段引导示意图(尺寸单位:mm)

(二) 摊铺机校正就位

首次摊铺前,采用钉桩或引导线法校准滑模摊铺机挤压底板 4 角点高程和侧模前进方向。4 个水平传感器控制挤压底板 4 角高程;2 个方向传感器进行导向控制。将 6 个传感器全挂上两侧引导线,开动摊铺机进入设好的线位,调整水平传感器立柱高度,使摊铺机挤压板恰好落在精确测量设置好的基准线上。同时调整好摊铺机机架前后左右的水平度。令摊铺机自动行走,再返回校核 1~2 遍,正确无误后,方可进行摊铺作业。

(三) 混合料拌制、运输

在现场料堆取样,进行集料筛分试验,检查集料级配情况。在拌和站对砂、石料含水率进行测定。根据含水率修订理论配合比,确定施工配合比。拌合料拌制完成后,取样测定含水率。原材料按重量计的允许偏差,水泥、矿物掺合料、外加剂、水为 1%;粗、细集料为 ±2%。

支承层混合料应由拌和站集中生产,搅拌时间由工艺试验确定,全部材料投入搅拌机后最短搅拌时间不少于 2min,各种材料混合均匀、颜色一致。

支承层混合料一般采用自卸式汽车进行运输。运输前需将自卸车箱清洗干净。混合料运输过程中用帆布覆盖,防止水分蒸发。

混合料运输到施工现场前,对路基面进行洒水湿润。自卸车沿设置引导线的中部倒退至摊铺机进料端前,开始慢速行车卸料,避免集中卸料造成堆积离析;卸料长度不宜超过 10m,以免混合料水分损失,影响摊铺。

(四) 摊铺作业

1. 布料

挖掘机在自卸车卸料前,先停放在摊铺机进料端位置处,待卸料完毕,自卸车退出后,启动挖掘机开始布料作业。

在摊铺宽度范围内要布料均匀,最高料位不得高于摊铺机前松方控制板顶面的正常高度,应在螺旋布料器叶片最高点以下;亦不得缺料。机前缺料或料位过高时,采用挖掘机适当送料或布料,布料应与摊铺速度相协调。

2.摊铺

纵向布料长度超过5m后,启动摊铺机开始摊铺。起初摊铺,要求摊铺走行速度控制在1m/min内,捣固棒震动频率启用最大11000Hz,在5~10m的摊铺距离内完成最佳振捣频率、最佳摊铺走行速度及捣固棒最佳插入深度等参数的确定。如图5-18所示。摊铺3~5m后,应在摊铺进行中对摊铺出的混凝土高程、边缘厚度、中线、横坡度等参数进行复核测量。

图5-18 摊铺作业

摊铺中滑模摊铺机停机待料最长时间超过当时气温下混凝土初凝时间的4/5时,应将滑模摊铺机及时开出摊铺工作面,并做施工缝。施工中禁止停机剧烈调整高程、中线及横坡等,因此为了防止摊铺机履带出现高程变化使支承层的顶面高程发生误差,要及时清理漏掉的混合料。

(五)人工修边

路基支承层为干硬性混凝土,摊铺过后需要表面有一定的粗糙度,以便能和道床板很好地连接。但两侧边缘35cm部分将暴露在外界,如果孔洞过多,雨天会吸收水分,冬季时可能会受霜冻破坏。在摊铺施工后初凝前,完成对支承层顶面两侧35cm范围进行人工抹面,同时对表面及边角缺陷进行及时补修处理。

(六)切缝、养护

支承层摊铺前根据区间路基长度统一排列道床板伸缩缝和假缝位置,再根据道床板伸缩缝和假缝位置标示出对应的支承层切缝位置,切缝位置在两轨枕的中间设置,误差不超过30mm。支承层施工完成后在12h内进行横向切缝施工,释放表面应力。横向切缝间距宜为5m,切缝宽度宜为3~5m,缝深不小于支承层混凝土厚度的1/3。切缝作业如图5-19所示。

图 5-19 切缝作业

支承层铺设后,及时覆盖洒水养护。采用双层覆盖养护,支承层表面土工布覆盖,上层加盖塑料布,土工布四周压紧,洒水量保证支承层表面始终处于湿润状态,在养护期间按期进行洒水,养护时间不少于7d,湿度较小或气温较低时延长养护时间。

(七)质量检验

支承层压实系数不应小于0.98;28d单个芯样抗压强度不应小于6MPa,28d单组芯样抗压强度不应小于8MPa;28d抗折(弯拉)强度、弹性模量应符合设计要求。支承层外形尺寸极限偏差和外观质量应符合表5-3~表5-5的规定。

支承层外形尺寸极限偏差   表5-3

序号	检查项目	极限偏差
1	厚度	±20mm
2	中线位置	10mm
3	宽度	+15mm,0
4	顶面高程	+5mm,-15mm
5	平整度	7mm/4m
6	排水坡宽度	+15mm,0

支承层外观质量   表5-4

序号	检查项目	技术要求
1	切缝	切缝方向、间距及深度应符合设计要求
2	排水坡	坡面应平顺,坡度不应小于设计要求
3	表面质量	不应有疏松及缺棱掉角等缺陷,道床板或轨道板范围表面应粗糙、清洁

支承层的检查要求   表5-5

序号	检查项目	检查要求
1	压实系数	每500m或施工段检验一次(3个点)
2	芯样抗压强度	每500m或施工段检验一次(3个试件)
3	中线位置	每50m检验一次
4	厚度	每50m检验一次
5	宽度	每50m检验一次
6	顶面高程	每50m检验一次

序号	检查项目	检查要求
7	表面平整度	每50m检验一次
8	排水坡宽度	每50m检验一次
9	切缝	全检
10	排水坡外观质量	每50m检验一次
11	表面质量	全检

现场检验的水硬性混合料的压实系数、抗折(弯拉)强度、弹性模量、实体检验的支承层28d抗压强度应全部合格;支承层外观质量及外形尺寸经抽样检验应全部合格。当采用计数检验时,有允许偏差的检查点,80%及以上的抽查点应控制在规定的极界偏差内,最大偏差不应大于规定极限偏差的1.5倍。

二 混凝土底座及限位凹槽施工

混凝土底座施工前要对桥面进行验收,桥面要满足无砟轨道相关规范要求。混凝土底座施工前,对梁面进行清洁后,按设计图纸确定的位置尺寸安放底座钢筋网,混凝土底座采用分块浇筑,且混凝土底座上的凹槽严格按设计图纸施工。

混凝土底座及凹槽施工工艺流程如图5-20所示。

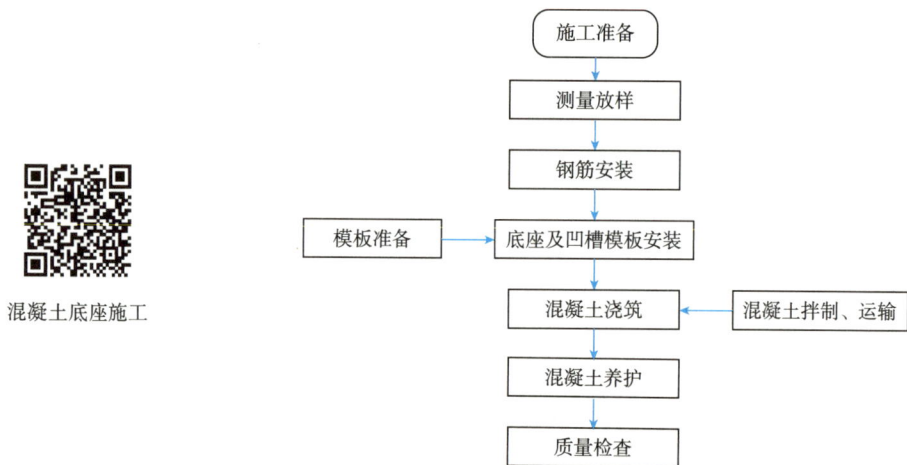

混凝土底座施工

图 5-20 混凝土底座施工工艺流程图

(一) 施工准备

底座施工前应清理基础面及预埋套筒内的杂物,复测梁面中线、高程、平整度,确认其符合相关标准规定后,方可进行底座施工。

检查梁面预埋件状态,梁体预埋套筒或预埋钢筋的位置、数量、状态以及锚固筋规格、长度应符合设计要求。当预埋套筒损坏、缺失或预埋套筒位置与钢筋网片位置冲突时,需在预埋套筒周围植入连接钢筋,植筋的材料、位置、数量和深度应满足设计要求。

轨道中心线2.6m范围内,梁面拉毛质量应符合相关标准要求,拉毛不符合要求时,应按设计要求进行现场凿毛处理。浮渣、碎片、油渍应清除干净,表面无积水。

(二)测量放样

通过 CPⅢ控制点进行底座及凹槽边线放样,每隔 10m 测设一个断面,做好标记,并对每个标记点进行高程测量,作为底座立模依据,如图 5-21 所示。测量位置包含线路中线和中线两侧 1.4m 线。

图 5-21　放样弹线

(三)钢筋安装

钢筋网加工一般采用工厂化加工,轨道底座板钢筋采用冷轧带肋钢筋焊接网。钢筋焊接网应按验收标准规定进行进场检验,包括外形尺寸、外观质量、重量及抗拉强度和抗剪强度,符合要求后方可用于施工。钢筋安装如图 5-22 所示。

图 5-22　钢筋安装

钢筋焊接网在运输和储存过程中应先垫上盖,防止锈蚀、污染和变形、开焊。运输时,应捆扎整齐、牢固,每捆重量不宜超过 2t,必要时应加刚性支撑或支架。钢筋焊接网应按施工要求堆放,并应有明显的标志。钢筋到场后应及时使用。

安装底座钢筋焊接网前,在梁体预埋套筒内拧入连接钢筋,连接钢筋拧入预埋套筒的深度、拧紧扭矩应符合设计要求。当预埋套筒被堵塞或预埋套筒位置与钢筋网片位置冲突时,需在预埋套筒周围植入连接钢筋,植筋的材料、位置、数量和深度应满足设计要求。

钢筋焊接网应按设计位置安装,安装时应兼顾凹槽位置,将底座上下层钢筋网片、架立筋及预埋连接钢筋绑扎成整体,在钢筋焊接网及连接钢筋的每个交叉节点处,均应采用钢丝进行绑扎;上下两层钢筋网应绑扎定位,每 2m² 不少于一个绑扎点。若网片与连接钢筋相碰可适当调整钢筋网片位置。

钢筋焊接网之间应采用平搭法,搭接长度符合设计要求。曲线地段底座 U 形筋应按照编号分类分批存放,钢筋绑扎按不同超高编号,采用对应 U 形筋绑扎。钢筋焊接网安装时,下层网片保护层垫块应不少于 4 个/m² 设置,并均匀分布、设置牢固。保护层厚度应符合设计要求。底座凹槽四角应按设计要求设置抗裂钢筋,并绑扎牢固。安装完成的钢筋骨架严禁踩踏。

(四)底座及凹槽模板安装

依据测量定位线,安装底座模板和限位凹槽模板(图 5-23),预留伸缩缝位置,伸缩缝端头模板统一制作安装,并进行加固,保证混凝土浇筑过程中模板不偏位。模板可用槽钢为主体制作成可调高式模板,加工时按照梁上底座板单元板长度不同分别进行加工。安装时,根据弹出的模板边线及该单元板长度进行配对安放,连接每个单元板模板 4 角螺栓。根据实际测量梁面高程,调整模板顶高程与设计底座板结构顶面高程平齐。

图 5-23　底座及凹槽模板

底座模板加固时,纵向模板底采用锚固钢筋进行固定,模板顶采用横向拉杆进行固定;横向模板板缝为 10cm,加固时在板缝相邻两模板间塞入楔形木板进行加固。

凹槽处模板采用钢制定型模板。每个凹槽模板可用 2 根 3m 长槽钢焊接固定,并在槽钢两头用螺栓固定在模板顶指定位置的螺栓孔内,可确保凹槽位置的准确性。

模板加固时要注意:模板顶高程要调整到设计底座板顶面高程位置,可根据实测梁面高程进行调整。由于底座板单元板长度较长,而底座板高度较小,导致模板在纵向刚性较小,施工时容易胀模,因此,底座板纵向模板底锚固钢筋间距不得大于 1.5m,模板顶拉筋间距按照模板顶螺栓孔位置布置。

模板使用前应除锈处理,并涂刷脱模剂。底座及凹槽模板安装允许误差见表 5-6。

底座模板安装允许偏差　　　　　　　　　　表 5-6

序号	检查项目		允许偏差
1	底座	长度	±5mm
		宽度	±5mm
		顶面高程	±5mm
		中线位置	2mm
2	凹槽	中线位置	2mm
		相邻凹槽中心间距	±2mm
		横向宽度	±3mm
		纵向宽度	±3mm
		高程	±5mm

(五)混凝土浇筑及养护

底座混凝土入模前应彻底清理模板范围内的杂物,并对基础面喷水湿润,但不得积水。混凝土浇筑前应再次检查确认模板、钢筋、限位凹槽和伸缩缝的位置状态,满足设计要求后方可进行混凝土施工。

浇筑时尽量降低出料口的高度,防止对钢筋的冲击。混凝土布料时宜先浇筑凹槽四角部位,防止凹槽四角混凝土开裂。混凝土浇筑不得中断,每单块板必须一次浇筑完成,严禁二次浇筑,中间不应留施工缝。混凝土浇筑过程中,应检查模板支撑的稳定性和接缝的密合情况。

混凝土入模后采用插入式捣固棒振捣。振捣时要快插慢拔,由于结构较薄,每一棒的捣固时间控制在15～20s,防止过振。捣固密实的标准为混凝土面停止下沉,无较大气泡冒出,表面平坦泛浆。插棒间距为振捣棒直径的10倍,切忌振捣棒触碰模板和振捣钢筋。凹槽四周要振捣密实。振捣后,用振动梁提浆整平或人工用长刮尺收浆搓平。

底座混凝土浇筑后应及时抹面,并严格控制顶面高程、平整度和横向排水坡。在混凝土初凝后、终凝前应进行二次抹面,二次抹面时间根据混凝土配制的终凝时间确定。混凝土浇筑完成后,应及时清除限位凹槽内杂物积水,并在限位凹槽顶面进行覆盖。

混凝土收面完成后,采用土工膜覆盖的方式洒水养护。根据外界环境温度,每天洒水次数以确保混凝土表面湿润为宜,养护时间不少于7d。

(六)质量检验

底座及凹槽外形尺寸允许偏差见表5-7。

表5-7

底座及凹槽外形尺寸允许偏差

序号		检查项目	允许偏差	检验数量
1	底座	长度	±10mm	每个底座检查1处
		宽度	±10mm	每个底座检查3处
		顶面高程	±10mm	每个底座检查1处
		厚度	±10%设计厚度	每个底座检查3处
		中线位置	3mm	每个底座检查3处
		平整度	10/3m	每个底座检查1处
2	凹槽	中线位置	5mm	每个底座检查1个凹槽
		相邻凹槽中心间距	±10mm	每个底座检查1个凹槽
		横向宽度	±5mm	每个底座检查1个凹槽
		纵向宽度	±5mm	每个底座检查1个凹槽
		深度	±10mm	每个底座检查1个凹槽

⚠ 任务实施

高速铁路轨道工程施工与维护

项目名称	项目五　双块式无砟轨道施工		任务名称	任务三　混凝土支承层(底座)施工
专业班级		姓名		学习小组

【专业知识认知】(30分)

1. 简述滑模摊铺机摊铺混凝土支承层施工过程。(10分)

2. 混凝土支承层切缝技术要求有哪些?(10分)

3. 混凝土底座及限位凹槽施工应对哪些施工项目进行复查?(10分)

【能力素质训练】(60分)

1. 绘制混凝土支承层和底座施工工艺流程图。(15分)

2. 结合现场对混凝土支承层进行检验,并判断是否符合验收标准。(15分)

3. 结合现场对混凝土底座及凹槽模板进行检验,并判断是否符合要求。(15分)

4. 结合现场对混凝土底座进行检验,并判断是符合验收标准。(15分)

【工作总结】(10分)

学员自评		组长评价	

指导老师评价:

280

任务四　轨排组装与定位

任务引入

轨排组装与定位是双块式无砟轨道施工的重点,是后续道床混凝土施工的前提,也是确保轨道几何状态的关键。双块式无砟轨道是如何将预制的轨枕进行精确定位进行现场施工的呢?

任务描述

参阅郑万高铁双块式无砟轨道施工资料,通过本任务学习,熟悉双块式无砟轨道轨排组装工具设备,能够在高铁演练场进行轨排粗调和精调作业。

相关知识

一　施工准备

(一)轨枕运输、存放

计算双线轨枕用量,结合物流通道、物流规划现场标记轨枕堆放位置及间距。轨枕运送一般使用平板货车、汽车起重机等配合专业吊爪卸载轨枕。轨枕在轨枕厂内按照3×5的形式捆扎好,运输车运输到安装地点,随起重机卸车。轨枕垛按相应计算位置卸车堆放,每垛3层;沿纵向隔10m堆放,采用方木支垫;基底应平整、密实,避免轨枕扭曲变形。路基段放置在两侧路肩上(采用方木垫在轨枕下,使其平稳),桥上堆放在防撞墙外侧,隧道内轨枕放置的两侧电缆槽盖板上。

卸车前质检人员对轨枕进行检验,对不合格、损坏的轨枕拒绝卸车使用。运输吊卸过程中严禁碰、撞、摔、扭,避免轨枕桁架钢筋扭曲变形,保持轨枕面无缺棱掉角,尼龙套管内无杂物。

(二)钢筋加工存放

按照设计图纸在钢筋加工场里对钢筋进行分段切割,桥上门形筋及限位凸台钢筋按设计要求进行弯折加工。轨枕存放完毕,在道床施工前,将道床板所需钢筋运输到线间,钢筋一般在线路外进行弯曲和切断加工,并按照存放地点和数量进行打包处理,以节约钢筋线间存放时的卸车时间和避免钢筋安装时的长距离倒运工作。按双线10根轨枕需要的钢筋数量,将已经弯制好的道床板钢筋存放在轨枕垛间,纵、横向分开,同一截面纵向钢筋为1组。钢筋下方用短方木支垫,防止被污染。

(三)工作面清理

轨枕和钢筋存放完毕后,进行道床工作面清理工作,采用高压风或高压水清除道床板范围内的下部结构表面浮渣、灰尘及杂物,清理出来的浮渣、灰尘及杂物由小型斗车进行运输,集中存放。

二 测量放样

轨道中线控制点应依据 CPⅢ控制点进行测放,直线地段每隔 10m、曲线地段每隔 5m 测设并标记一个轨道中线控制点。轨枕控制边线和道床板的纵、横向模板边线位置应以轨道中线控制点为基准进行放样。桥梁上测设出每片梁单元缝中线点,以此标出中间层土工布、轨枕边缘线。

三 隔离层及弹性垫层施工

在混凝土底座表面及凹槽底部铺设隔离层(一般采用土工布材料),在铺设隔离层之前,应先将下部结构和底座凹槽处的表面清理干净。隔离层采用对接方式并用胶带粘贴,不能出现折叠和重叠,铺设在下部结构表面并适当固定。首先将整张薄膜铺在下部结构板表面,然后在抗剪凸台的位置用刀割出孔。在凹槽边缘薄膜应向外伸出 5~10cm。抗剪凹槽周边弹性垫板和泡沫板,安装时使其与凹槽周边的混凝土密贴,不得有鼓泡、脱离现象,缝隙应采用薄膜封闭。

隔离层
及弹性垫层施工

隔离层应铺贴平整、无破损,搭接处及边沿无翘起、空鼓、皱褶、脱层或封口不严等缺陷,搭接量符合设计要求。

四 底层钢筋绑扎

首先将每根轨枕在底座混凝土上的位置放出来,在轨枕之间每间隔 2 根轨枕位置放置一组(2 个)混凝土垫块,然后按顺序铺设和绑扎下层的(轨枕块之下)纵向钢筋,再布设双块式轨枕间距内的横向钢筋。道床板底层钢筋位置、数量及间距应符合设计要求,钢筋交叉点应按设计要求进行绝缘绑扎。底层钢筋绑扎如图 5-24 所示。

底(下)层钢筋安装

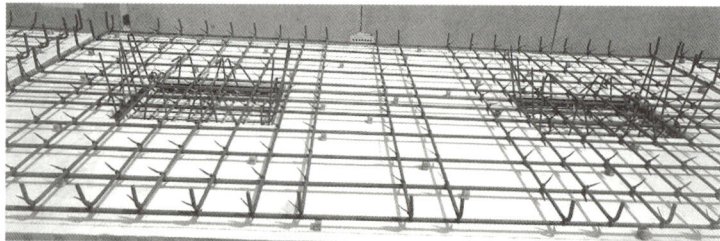

图 5-24　底层钢筋绑扎

钢筋绑扎完成后,应在底层钢筋下设置混凝土保护层垫块,垫块数量不应少于 4 个/m²,并应均匀分布,设置牢固。钢筋搭接长度不应小于 70cm,钢筋搭接接头位置相错量不应小于 1m,同一截面钢筋搭接率不应大于 50%,搭接处采用绝缘卡进行固定。

五 轨排组装

(一)散布轨枕

底层钢筋摆放完毕后,在每个凹槽左、右两侧,各预置 1 块纵向方垫木,方便螺杆调节器的安装,在螺杆调节器支撑起来后,即可将方木撤出,然后按放出的轨枕边线布置轨枕。两组轨枕的间距应控制在 5mm 的误差范围内,轨枕的边线控制在 10mm 的范围内,且要保证两组轨枕的左右偏差,保证轨枕的线性平顺,以方便工具轨安装。每散布 4 组轨枕,与现场标示的里程控制点核对一次,以控制散布轨枕的累计纵向误差,作出相应的调整。

散枕宜根据现场情况采用门式起重机或轮胎式挖掘机与散枕器配合施工,如图 5-25 所示。作业前应进行设备组装调试、整备。检查设备状况;检查轨枕,轨枕桁架应无扭曲变形,承轨槽内干净无杂物;并调整好布枕间距。门式起重机(挖掘机)与散枕器组合后,走行到轨枕垛处作业工位。散枕装置从轨枕垛一次抓取一组轨枕,移动至线路中心线上,调整到设计轨枕间距,如图 5-26 所示。将轨枕均匀散布到设计位置。轨枕应按照布枕边线、垂直于线路散布。每工具轨长度单元复核一次轨枕纵向位置,控制散布轨枕的累计纵向误差,作出相应的调整。

图 5-25　散布轨枕

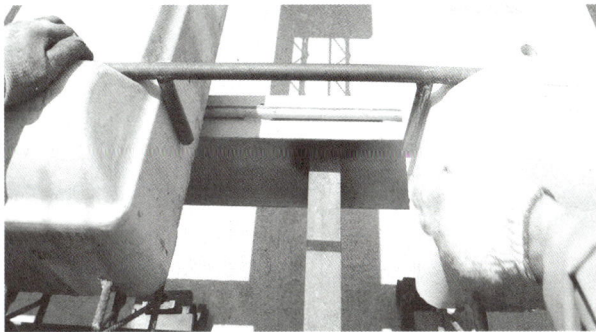

图 5-26　调整轨枕间距

(二) 工具轨运输、铺设

1. 工具轨运输

检查工具轨。工具轨在进场后用蓝色油漆进行编号,对每根钢轨质量描述并归档。如检测合格,则在钢轨两端贴上合格标识待用;否则不得使用,记录钢轨编号并将钢轨送工作台校正,直到达到合格标准。

运输、装卸工具轨。工具轨对控制施工精度具有重要影响,应精心保护。工具轨采用平板拖车运至现场,分层码放整齐。工具轨施工倒运采用起重运输车或门式起重机。吊装应采用专用吊具作业。运输中工具轨堆码不得超过 3 层,层与层之间用方木垫平。

2. 工具轨铺设

双块式无砟轨道道床施工采用的工具轨应与正线轨型相同。工具轨应无变形、损伤、毛刺,轨头无硬弯等,钢轨外观质量应经常检查,就位前检查轨底及轨面干净。

利用起重运输车或门式起重机,通过专用吊架将工具轨吊放到轨枕上。在钢轨放到轨枕上之前,轨枕支撑表面要干净;对面钢轨的安装与第一根钢轨的程序一样。两根钢轨的端部接缝必须在同一位置;两工具轨之间的轨缝应控制在 15 ~ 300mm。

(三) 轨排组装

工具轨应编号配对使用,相邻工具轨配轨时应考虑钢轨不对称度、断面尺寸偏差等对轨道平顺性的影响,合理配对。工具轨长度宜与设计轨枕间距呈整数倍关系,在轨腰上应明确标注出轨枕标准的位置。检查工具轨底,发现混凝土残渣等污染时,彻底清除干净。

轨排组装前应细调轨枕间距,严格方正轨枕;检查轨枕与工具轨的垂直度以及扣件是否发生塑性变形,如不满足要求则进行调整;轨排组装时铁垫板应居中。按工具轨轨腰上标注的轨枕位置标记落轨、方枕,安装扣件,组装成轨排。轨排组装如图 5-27 所示。

图 5-27　轨排组装

松开扣件,定位工具轨。使用双头内燃机扭矩扳手同步拧紧一套扣件系统的两个螺栓,确保两侧扣件压力均匀,减少安装误差。工具轨安装时应检查确保轨枕胶垫居中,扣件紧固时应保证扣压力达到设计要求,扣件各部位密贴。

轨排组装后应对轨距、轨枕间距、锚固螺栓扭矩、扣件弹条与轨底之间的间隙进行检查。轨距允许偏差 ±1mm;轨枕间距允许偏差 ±5mm。

六　安装螺杆调节器

通过螺杆调节器对工具轨的高低、轨距和轨向的调整,使之满足轨道线形验标要求,并固定工具轨的空间几何状态。托盘则是螺杆调节器相对钢轨的支承平台。螺杆调节器托盘用完后要及时涂油,螺杆有损伤应及时套丝修复。螺杆调节器安装如图 5-28 所示。

安装螺杆调节器前应进行检查。螺杆调节器应干净、无混凝土附着,平移板已涂油并活动自如,托轨盘已涂油防护;部件配置数量齐全;部件使用工作状态完好。对扭曲变形的应进行剔除,整配合格后方能使用。螺杆垂直度检测如图 5-29 所示。

一般直线地段,每隔 3 根轨枕两侧对称各设一个螺杆调节器;曲线地段每隔 2 根轨枕设一对螺杆调节器。在每个轨排端的第一根轨枕后安装一对螺杆调节器。将钢轨托盘平装到轨底,螺杆放置边缘待用。按照支承层顶面复测高程及轨面高程计算螺杆安装高度,并在每托盘处支承层明显标记。按照计算高度每根工具轨自一端到另一端两侧对称安装螺杆,安装调节器螺杆。根据超高的不同选择螺杆调节器托盘的倾斜插孔(用于调节与底座面的角度,确保垂直受力);采用电动扳手拧紧调节螺杆或徒手拧至螺杆接触地面,再使用扭矩扳手旋转 180° 消除孔隙,使螺杆底部略有受力;超高段需要使用扭矩扳手旋转 90° 消除空隙,使螺杆底部受力,直线段用手拧紧即可。在路基地段,无论超高与否,均使用 550mm 长螺杆。

图 5-28 螺杆调节器安装

图 5-29 检验螺杆垂直度

七 轨排粗调

(一)工前检查

检查所有轨道扣件安装是否紧固;检查待调轨排的轨距是否满足施工要求,标准轨距为 1435mm ± 2mm,使用轨检尺按轨枕位置逐个检测,不符合标准值的应立即调整;检查工具轨表面是否清洁,若有附着物应立即清除;及时清理待调轨排内的杂物。

(二)轨排粗调

轨排粗调宜采用粗调机组进行。轨排组装完成后,粗调机沿轨排自行驶入,均匀分布在轨排上。粗调机走行到位后,放下两侧辅助支撑边轮,支撑在底部结构物顶面上。放下夹轨器,夹紧钢轨,如图 5-30 所示。

图 5-30 轨排粗调

全站仪采用自由设站法,测量测站附近 3 对 CPⅢ控制点棱镜,通过配套软件,自动平差计算,计算确定测站坐标。改变全站仪测站时,需要重新确定新测站坐标时,必须至少观测后方 2 对交叉 CPⅢ控制点。全站仪自动搜索,测量每个粗调机顶部的棱镜,测量数

285

据与理论值对比生成轨排的方向、高低、水平和中心线位置偏差,通过无线传输装置发出调整指令。粗调机组接收调整指令,自动实现轨排提升、横移、偏转、侧倾四个自由度的调整,直到轨排方向、高低、水平满足标准要求。

轨排粗调应先对偏差较大处进行调整。当轨排横向偏差较大时,粗调应分多次调整到位,避免在钢轨横向出现硬弯。

轨排粗调到位后,及时安装螺杆调节器竖向支撑螺杆,确保各螺杆受力均匀无松动。严禁在支撑螺杆底面垫铁片或钢板。调节器竖向支撑螺杆,应事先安装保护套,便于混凝土浇筑后拆卸。粗调后轨顶高程允许偏差为 −5mm、0mm,中线位置允许偏差为 5mm。轨排粗调完成后,相邻轨排应用钢轨连接夹具进行连接,轨缝宜控制在 10 ~ 30mm。钢轨接头处应平顺,不得有错牙及错台。

八 钢筋施工

(一)钢筋绑扎

螺杆安装完毕后,即可按照设计要求进行道床板钢筋的绑扎作业,如图 5-31 所示。对纵向钢筋与横向钢筋、轨枕桁架上层钢筋交叉处、上层纵向钢筋搭接范围的搭接点按设计要求设置绝缘卡,用尼龙自锁带绑扎。

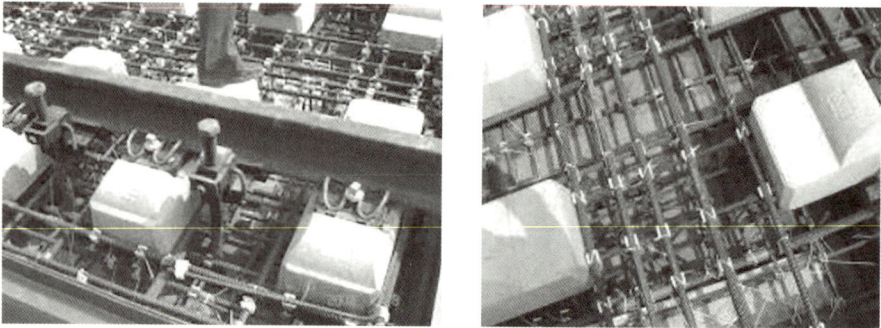

图 5-31　钢筋绑扎

下层钢筋一般先按照设计要求位置将钢筋大致摆放到位,然后先在纵向钢筋交叉点处位置安装上绝缘卡,等整根钢筋绝缘卡安装完毕后,将钢筋抬起并通过绝缘卡卡在轨枕桁架钢筋上,然后在桁架钢筋交叉点处安装绝缘卡,单根绝缘卡安装完毕后,按照设计要求位置将横向钢筋与纵向钢筋连接。

下层钢筋安装完毕后,用尼龙自锁带将钢筋交叉点处进行绑扎。道床板上层纵向钢筋和横向钢筋安装和绑扎工序同下层钢筋。绑扎过程中不得扰动粗调过的轨排,采用绝缘卡和尼龙自锁带绑扎固定。道床板内钢筋混凝土保护层最小厚度 40mm,允许偏差 ±5mm。

(二)综合接地

道床板结构内位于最上层两边最外侧 2 根及中间 1 根共 3 根纵向钢筋,作为接地钢筋相连。纵向上每隔大约 100m 的长度设置为一个绝缘绑扎节点,纵向钢筋之间相互绝缘,搭接长度不小于600mm。同一节点内的纵向接地钢筋通过焊接相连,相互搭接不少于200mm,纵向焊缝长不小于160mm,且均匀分布在搭接的两头。焊接中,热熔焊条必须嵌入缝中,然后焊接;焊接方向为分别从搭接处两头往中间靠拢。钢筋在隧道的沉降缝或伸缩缝处断开,在缝前后各设置一根横向钢条与3根纵向接地钢筋焊接相连(与其他钢筋绝缘),另在缝前后各设置一接地端头与钢条焊接相连,两接地端头可通过接地线互相连接来实现接地钢筋的导电性。

接地端子的焊接应在轨道精调作业完成后进行,如图5-32所示。接地端子由厂家直接焊接成300mm的成品,安装时端子位置要正确。在路基较短、没设置接触网基础的情况下,路基段接地端子设置在靠近桥台处,通过接地钢缆与桥台处的接地端子连接,并入桥梁接地系统,但并入后形成的接地单元同样要求满足不大于100m的要求。

图5-32　综合接地

在节点内中间位置(约50m处,接地间距为约100m)布设横向钢条(50mm×5mm)与3根纵向接地钢筋相连,连接之处采用焊接处理,横向接地钢条与其他的钢筋的接触采用完全绝缘处理。而后横向钢条与接地端子相连,钢条的长度恰好使接地端子抵在钢模板内侧,并垂直于钢模板轨道。接地端子的螺栓孔内塞满海绵,防止后续施工时有混凝土渗入孔内。

(三) 曲线段钢筋绑扎

曲线超高段钢筋的绑扎与直线段钢筋的绑扎大致一样。在调整支脚的同时,绑扎道床板钢筋。每个轨枕框架内共安装3组钢筋撑件,钢筋撑件顶面高程按从支脚顶圆台面向下660mm控制。在钢筋撑件上摆放轨枕下的纵向钢筋(在横向钢筋的下方),再在纵向钢筋上安装轨枕间隔内的横向钢筋,最后安装轨枕块中间及两侧的纵向钢筋(在横向钢筋上方)。所有纵向钢筋与横向钢筋之间、纵向钢筋接头之间用绝缘卡间隔,做好绝缘处理,纵向钢筋接头搭接长度为600mm。钢筋绑扎完成后,对钢筋网位置利用自制的样架进行检测,检测标准为从支脚顶圆台面位置至钢筋网之间的距离为600mm,误差要求±10mm。绑扎钢筋同时安装扁钢及接地端子。不同之处在于在超高86～150mm地段在曲线超高一侧加两根纵向钢筋来增强道床板的承载力。

(四) 钢筋绝缘检测

道床板钢筋绑扎并焊接完成后,应进行绝缘性能测试,检测采用欧姆表,如图5-33所示。非接地钢筋中,任意两根钢筋的电阻值不小于2MΩ。钢筋绝缘检测时必须有专人按照实测数据填写绝缘测试记录表。

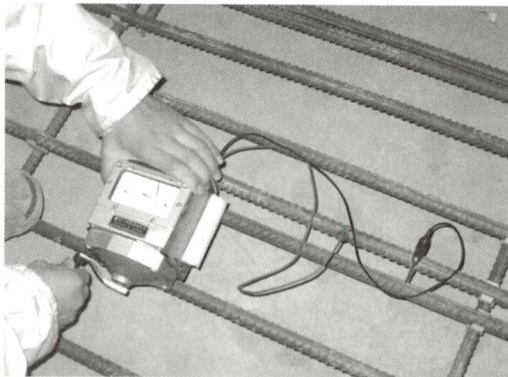

图5-33 钢筋绝缘检测

九 模板安装

(一)模板检查

模板安装前应先进行以下检查工作:模板平整度,模板清洗情况;脱模剂涂刷情况;更换损坏或变形的模板,不满足技术要求的模板不能进行安装使用。模板安装过程中尽量避免人为因素造成模板与粗调完毕的轨排之间的碰撞,而影响粗调完毕的轨排精度。模板进场进行检验标准见表5-8。

模板质量检验标准　　　　　　　　　　　表5-8

序号	检查项目	允许偏差	检查方法
1	纵向模板垂直度	2mm	尺量
2	纵向模板位置	2mm	尺量
3	表面平整度	1mm/2m 2mm/5m 3mm/12m	用直尺、塞规 用悬线、塞规 用悬线、塞规
4	横向模板拼缝错台量	0.5mm	游标卡尺
5	横向模板拼缝间隙	1m	拉线和尺量
6	模板长度	±10mm	卷尺
7	模板高度	±3mm	直尺

(二)模板安装

在桥梁土工布铺设完毕后,由技术人员进行轨枕边线、道床板边线和横向模板边线放线,模板位置必须准确放样、划线标注。纵向模板有高模板和矮模板两种不同的高度。无超高段使用矮模板,超高段外侧使用高模板。模板提前存放在线路道床板边线的两侧,用门式起重机将模板吊起,人工辅助配合将模板吊到已经放好的位置上,纵向模板安装到位后,对模板位置进行相应调整,保证模板安装精度。然后用撑杆对模板加固,确保在道床板浇筑时不发生模板变形。模板安装完毕后,将模板底面与道床板下部结构有缝隙的位

288

置进行砂浆的填封,防止混凝土浇筑时漏浆。模板内侧用墨线标示道床板顶面线。

模板安装应顺直且与下部结构物垂直,无错台、错牙现象,并加固牢靠。钢筋的保护层厚度应符合设计要求,允许偏差 0、+10mm。模板与混凝土接触面必须清理干净并涂刷脱模剂。路基与桥梁及路基与隧道相接处,无砟道床应按设计要求设置横向伸缩缝,横向伸缩缝应设置通缝,并按设计要求做好防水处理。

十 轨排精调

精调应采用轨道几何状态测量仪配合螺杆调整器进行。采用轨道几何状态测量仪、专用便携计算机、全站仪和无线通信,检测高低、轨向、水平、轨距等轨道不平顺参数,精确确定线路轨道的实际位置与理论位置的偏移量,使无砟轨道施工铺设、线路整理精度达到高铁线路的要求。

(一)工前检查

检查轨道几何状态测量仪的工作状态,松开轨距测量轮,校准测量传感器;检查螺杆调节器固定情况;检查扭矩扳手性能。所用轨道几何状态测量仪、全站仪、棱镜等均应满足精度要求,并定期校核准确。测量前应复核所用线形设计资料、CPⅢ成果资料无误,并输入准确。

(二)轨枕编号

为便于每根轨枕对应各项数据的收集和归档,精调工作进行前首先对轨枕进行编号。号码三位,由阿拉伯数字构成,每隔 5 根轨枕以 5 的倍数从 0 编到 500,即 000,005,010…500,以此作为一个精调数据单元。

(三)测定全站仪坐标

全站仪测量时采用自由设站法,如图 5-34 所示。使用至少 4 对 CPⅢ控制点自由设站,自由设站点应尽量靠近轨道中线,并宜设于相邻两对 CPⅢ控制点中部位置。设站间距不得大于 70m,设站精度应符合相关规定。通过配套软件,自动平差计算,确定全站仪的坐标。改变全站仪测站,需要重新确定新测站坐标时,必须至少重叠观测 2 对 CPⅢ点。

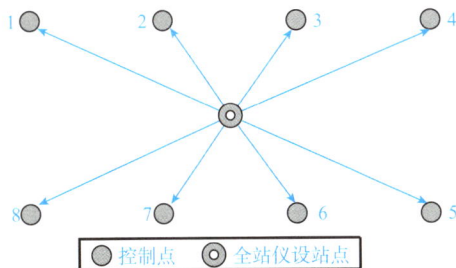

图 5-34 全站仪设站示意图

(四)测量轨道数据

轨道几何状态测量仪现场组装并安装棱镜,置于轨道上推行,由远及近靠近全站仪,自动测量每根轨枕的轨距、超高、水平等几何形位。使用全站仪测量棱镜,将数据通过通信接口传递给轨道几何状态测量仪。轨道几何状态测量仪接收观测数据,通过配套软件,计算轨道平面位置、水平、超高、轨距等误差值,在屏幕上显示,指导轨道精确调整。

(五)轨排精调

采用双头调节扳手,调整轨道中线。双头调节扳手需要联组工作,一般为 2~5 根。

旋转竖向螺杆,调整轨道水平、超高。高度一般只能往上调整,不能下调,所以要求粗调时顶面高程要略低于设计顶面。调整螺杆时要缓慢进行,每旋转 90°,其高程变化 1mm,调整后用手检查螺杆是否受力,如未受力,则拧紧调整附近的螺杆。

每次精调时需与上次或前一站重叠至少 8 根轨枕,同一点位的横向和高程的相对偏差均不应超过 2mm。精调过程中,应先调整偏差较大处,相邻几对螺杆调整器同时调整,调整时步调应协调一致。曲线地段竖直和水平方向同时调整。

精调时严禁使用轨距撑杆强行扩大轨距。精调合格后,对线路进行保护,禁止轨排上进行任何作业或有行人。轨排精调好后,应及时浇筑混凝土。如间隔时间过长,或环境温度变化超过 15℃,或受到外部条件影响,必须重新检查或调整轨排。

(六)加固、固定

轨排精调到位后,应对轨排采取相应的措施进行加固,防止混凝土浇筑时轨排横向移位及上浮,并采集数据作为最终的精调数据。路基地段在支承层上每隔 4 根轨枕设置销钉,与轨枕钢筋焊接。桥梁地段在防护墙上设置斜拉杆固定轨排,同时用接头夹板将工具轨连接起来,保证接头的平顺性。轨排精调完成和浇筑混凝土之间的时间应控制在 6h 以内,如果轨道放置时间过长,或环境温度变化超过 15℃,必须重新检查或调整。禁止使用外力扰动轨排。

精调完成后轨道几何形位允许偏差应符合表 5-9 的规定。

轨排精调后几何形位允许偏差　　　　　　　　　　　　　表 5-9

序号	检查项目		允许偏差	备注
1	轨距		±1mm	相对于标准轨距 1435mm
			1/1500	变化率
2	顶面宽度		2mm	弦长 10m
			2mm/测点间距 8am	基线长 48am
3	高低		2mm	弦长 10m
			2mm/测点间距 8am	基线长 48am
4	水平		2mm	不包含曲线、缓和曲线上的超高值
5	扭曲		2mm	基长 3m 包含缓和曲线上由于超高顺坡所造成的扭曲量
6	轨面高程	一般情况	±2mm	
		紧靠站台	+2mm,0	
7	轨道中线		2mm	
8	线间距		+5mm,0	

注:表中 a 为扣件节点间距,m。

⚠ 任务实施

项目名称	项目五 双块式无砟轨道施工	任务名称	任务四 轨排组装与定位
专业班级		姓名	学习小组

【专业知识认知】(30分)

1. 轨排组装与定位的施工准备包括哪些内容? (10分)

2. 隔离层与弹性层的施工注意事项有哪些? (10分)

3. 双块式无砟轨道轨排组装工具设备有哪些? (10分)

【能力素质训练】(60分)

1. 能够在高铁演练场对组装的轨排进行检查,并判断是否符合要求。(15分)

2. 结合现场对钢筋和模板进行检验,并判断是否符合验收标准。(15分)

3. 结合现场对轨排进行粗调作业,且符合规范要求。(15分)

4. 结合现场对轨排进行精调作业,且几何形位符合验收标准。(15分)

【工作总结】(10分)

学员自评		组长评价	

指导老师评价:

任务五　道床板混凝土施工

◇ 任务引入

郑万高铁是郑渝高速铁路的重要组成部分,线路设计行车速度为 350km/h,全线长818km。于 2016 年 12 月 11 日全线开工,2022 年 6 月 18 日全线贯通。轨道形式采用双块式无砟轨道结构,道床板混凝土采用现场浇筑施工,具体是如何作业的呢?

▲ 任务描述

参阅郑万高铁双块式无砟轨道施工资料,结合高铁演练场,通过本任务学习,掌握双块式无砟轨道道床板混凝土施工工艺流程,熟悉施工注意事项,能够在高铁演练场进行道床板质量检验。

◇ 相关知识

轨排精确调整和固定完毕,验收合格后,方可逐段浇筑道床混凝土。道床板混凝土施工工艺流程见图 5-35。

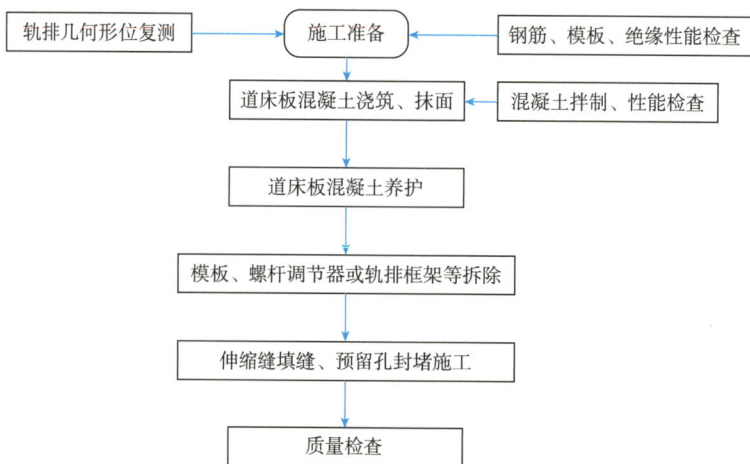

图 5-35　道床板混凝土施工工艺流程图

● 一 施工准备

清理支承层和底座表面的杂物,采用塑料包裹工具轨,如图 5-36 所示;采用轨枕防护罩保护轨枕及扣件,如图 5-37 所示;洒水湿润道床板范围的支承层或底座及轨枕,润湿后的支承层和底座上不得有积水;检查螺杆调节器螺杆是否出现悬空,是否装好隔离套。复测轨排几何形位、钢筋、模板状态,复测接地及绝缘性能,满足要求后方可进行混凝土的浇筑。

浇筑混凝土前,如果轨道放置时间超过 6h,或环境温度变化超过 15℃,或受到外部条件影响,必须重新检查或调整。

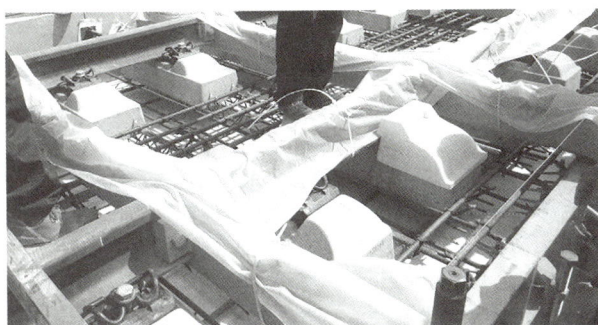

图 5-36　包裹工具轨

图 5-37　轨枕保护罩

二 混凝土配合比、运输

(一) 混凝土配合比

道床板混凝土宜按低坍落度、低水灰比、低胶凝材料、高含气量进行配合比设计。选用良好级配的集料,严格控制砂石质量,采取措施预防碱-集料反应,并符合现行《铁路混凝土》(TB/T 3275)中的相关规定和要求,确保混凝土施工质量。

掺入粉煤灰,选择减水剂,保证泵送流动度。细集料宜选用细度模数在 2.7~3.1 之间的含泥量低的中粗砂,砂率最佳值宜为 0.33;碎石采用连续级配、良好粒级的集料。其次是砂石的吸水率应尽可能小一些,以利于降低收缩。

(二) 混凝土运输

混凝土的运输分为水平运输和垂直运输。水平运输多采用混凝土搅拌运输车、混凝土输送泵;垂直运输采用汽车起重机和混凝土输送泵。

采用混凝土搅拌车运输混凝土时,要求保持道路平坦畅通,保证混凝土在运输过程中的均匀性,运到灌注地点时不分层、不离析、不漏浆,并具有要求的坍落度和含气量等工作性能。混凝土的入模时间控制在搅拌后 60min 内泵送完毕。运输混凝土过程中,应采取适当措施防止水分进入运输容器或蒸发,严禁在运输混凝土过程中向混凝土内加水。运输过程中慢速旋转。

采用混凝土输送泵输送混凝土时,在满足泵送工艺要求的前提下,泵送混凝土的坍落度应尽量小,以免混凝土在振捣过程中产生离析和泌水。一般情况下,泵送下料口应能移动;当泵送下料口固定时,固定的间距不宜过大,一般不大于 1m。泵送混凝土时,输送管路起始水平管段长度不应小于 15m。除出口处可采用软管外,输送管路的其他部位均不得采用软管。输送管路应用支架、吊具等加以固定,不应与模板和钢筋接触。高温或低温环境下,输送管路应分别用湿帘和保温材料覆盖。

混凝土一般宜在搅拌后 60min 内泵送完毕,且在 1/2 初凝时间前入泵,并在初凝前灌注完毕。在交通拥堵和气候炎热等情况下,采取掺加缓凝剂等特殊措施防止混凝土坍落度损失过大。

因各种原因导致停泵时间超过 15min,应每隔 4~5min 开泵一次,使泵机进行正转和反转两个方向的运动,同时开动料斗搅拌器,防止斗中混凝土离析。如停泵时间超过 45min,应将管中混凝土清除,并用压力水或其他方法冲洗管内残留的混凝土。

三　混凝土浇筑

混凝土浇筑宜按"之"字形浇筑顺序进行均匀布料,混凝土浇筑顺序见图5-38。混凝土从一侧向另一侧连续进行。当混凝土从轨枕底部自动漫流至下一侧,以便排出轨枕底部的空气,混凝土量达到设计高程后,方可前移至下一根轨枕继续往前浇筑。混凝土在进入道床内时,要采取措施避免对轨排造成冲击。

混凝土浇筑

● 浇筑点　　---→ 浇筑顺序

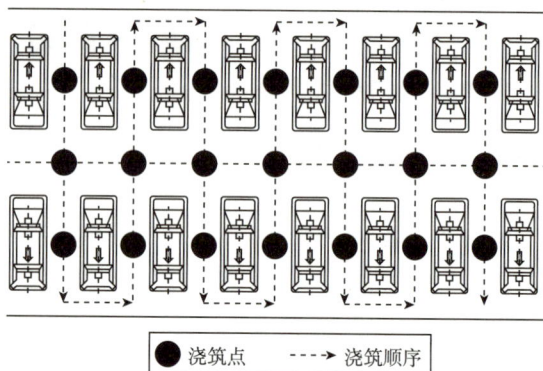

图5-38　混凝土浇筑示意图

为减少八字角位置裂纹及轨枕块周边离缝,宜采用二次振捣工艺,第一次采用φ50mm振捣棒在轨枕之间振捣,第二次采用φ30mm振捣棒在轨枕四周进行振捣,二次振捣工艺见图5-39。在捣固过程中避免振捣器碰撞轨排和螺杆调节器。采用振动棒进行振捣,插点布置应均匀、不漏振,应加强轨枕四周及底部位置混凝土振捣,确保混凝土密实,避免漏振和欠振。

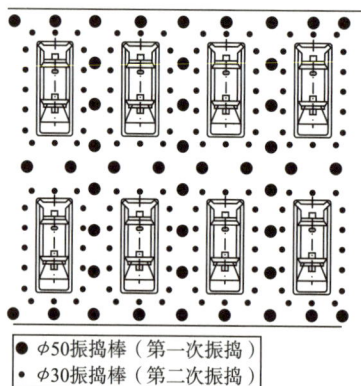

● φ50振捣棒（第一次振捣）
● φ30振捣棒（第二次振捣）

图5-39　混凝土振捣示意图

混凝土浇筑过程中,应随时监测轨排几何形位的变化和绝缘卡是否脱落,发现问题及时进行调整。表层混凝土振捣完成后,及时修整、抹平混凝土裸露面。抹面分三次进行,在混凝土入模振捣后及时用木抹完成粗平,随后再用钢抹抹平,最后在混凝土初凝前进行第三次抹面压光。抹面时应采用原浆抹面压光,严禁洒水润面或采用干水泥吸水。抹面过程中要注意加强对托盘下方、轨枕四周等部位的施工,避免产生质量问题。道床板表面采用双向排水坡,横向排水坡度为2%,要按设计要求设置排水坡,并严格控制道床板顶面的高程和平整度。

浇筑混凝土期间,设专人检查轨排、模板、钢筋和预埋件等的稳固情况,当发现有松动、变形、移位时,应及时处理。混凝土浇筑过程中按要求及时测试混凝土的坍落度、含气量、泌水率、入模温度等拌合物性能,在浇筑地点取样制作试件,留置足够数量的混凝土试件按规定进行同条件养护或标准养护,及时填写施工记录。

混凝土浇筑振捣后,应及时清理钢轨、扣件、螺杆调节器、轨枕上残留的混凝土,保证轨道的清洁。

混凝土初凝后,应及时松开螺杆调节器、扣件和鱼尾板,释放钢轨温度应力。具体松螺杆调节器和扣件的时机需要根据施工环境温度提前试验决定。剩余的混凝土应集中处理。现场洒落的混凝土应及时清理干净。

在混凝土浇筑过程中,如因机械故障等原因造成浇筑过程中断,应根据设计要求,在最后两根轨枕中间设置施工缝。施工缝的接缝面应与道床垂直,施工缝的设置采用金属网,以使施工缝表面粗糙,确保新老混凝土之间有足够的黏结力。接缝处的横向钢筋位置挪向浇筑混凝土侧。如终断时间超过 24h(或时间不到 24h,但温度变化较大),应另外增设 4 排共 16 根销钉和 U 形钢筋加强。

四 混凝土养护

养护时间越早,养护有效性越高,在内部结构中的水挥发之前就开始养护。一般情况下,当混凝土表面从全湿到半湿转化时就立即进行养护。

混凝土养护采用专用养护帐篷及土工布。振捣完成后,帐篷前移,尽量减少暴露时间,防止表面水分蒸发。养护帐篷养护 3d 后,改为普通覆盖洒水养护。混凝土浇筑后,应避免与流动水相接触,并在 12h 内覆盖和洒水养护,洒水次数应能保持混凝土处于润湿状态;当环境温度低于 5℃时,禁止洒水养护,可在混凝土表面喷涂养护液养护,并采取适当保温措施。掺用缓凝剂等的混凝土养护期按规定适当延长。

混凝土达到设计强度的 75% 前,禁止在道床板上行车及碰撞轨枕。

五 释放应力

在双块式无砟轨道的轨排支撑上,轨枕钢筋桁架或多或少是存在一定弯曲变形的,直接浇筑入混凝土内,不但弯曲应力得不到释放,也会由于桁架的弯曲造成轨距变小;再者,混凝土初凝前的竖向收缩会使轨枕底部与混凝土存在微小的间隙。浇筑 0.5~1h 后,逆时针旋转调节器螺杆,拧松 1/2 圈,约 2mm,消除桁架弯矩和混凝土竖向沉陷产生的间隙。

由于温差效应,钢轨会产生内部应力,因此,在混凝土浇筑 2~4h 后,松开横向模板和施工缝模板,拧松全部扣件,释放轨道在施工过程中由温度引起的变形。如环境温度变化较大,可适当提前。

六 拆除模板

在浇筑混凝土 24h 并达到拆模强度后(抗压强度 5MP,由实验室出具试验报告),拆除纵、横向模板。先将纵横向模板连接和横向模板连接以及与地面的连接松开,然后人工使用撬棍配合门式起重机进行纵向模板的拆除,依次逐块拆除、清洗、涂油,将各种型号模板、分别归类、集中,分批储存在模板存放筐中。拆除时尽量避免人为因素造成道床板混凝土的损坏。模板在拆除、吊装、清理和存放过程中避免野蛮施工,造成模板的变形或损坏等不可使用的现象。清理完毕的横向模板、纵向模板等应分类放入材料存放筐内,以便运输和防止丢失。

纵、横向模板拆除、整理完毕后,用门式起重机吊装,人工配合将纵、横向模板以及配件等装运到平板运输车上(I线道床板施工时,平板运输车走II线,II线道床板施工时,平板运输车走两线中间),利用道床板混凝土浇筑间隔将其运输到前方使用,进行下一循环。

七 拆除螺杆调节器、工具轨

模板拆除完毕后,即可进行螺杆调节器的拆除。先用螺栓扳手拆卸螺杆调节器螺杆,清除表面混凝土残留物,随后进行清理和涂油,然后将其整理到存放筐内,螺杆应按长度分类,竖直插入标示有长度的专用周转箱内,以便随时按需要调用。在螺杆清理、传送和存放过程中避免碰撞到螺杆的丝扣。拆除完螺杆后,即可拆除螺杆调节器底板,螺杆调节器内侧两个固定钢轨的螺栓松开,将其旋转,即可将螺杆调节器底板拆下,拆除后立即进行清理和涂油,然后整齐地放入存放筐内。将螺杆调节器装到平板车上,利用道床板混凝土浇筑间隔将其运输到螺杆安装位置。

拆除螺杆后留下的孔洞采用同强度无收缩混凝土及时封堵。对道床板的缺棱角及局部混凝土缺陷进行修补和整修。

在螺杆调节器拆除完毕后,即可拆除工具轨。先松开单元轨的全部扣件,并取下进行清理,根据现场条件决定扣件是否进行重新安装,一般可将扣件拆除并清理后,分类型存放到存放筐内,并运至前方进行重新使用。扣件取下后,用门式起重机吊装专门工具轨吊装扁担进行工具轨的拆卸,拆卸完毕后及时清理轨底和轨面上的混凝土残渣或其他杂物,然后检验钢轨平直度,最后将工具轨按照钢轨上的标记的吊点位置吊装到工具轨运输车上,工具轨在运输和存放时,应严格在标记位置下垫好方木,避免钢轨变形。

八 质量检验

混凝土道床板外形尺寸允许偏见表5-10。

道床板外形尺寸允许偏差   表5-10

序号	检查项目	允许偏差
1	承轨台高程	20mm,−8mm
2	顶面宽度	±10mm
3	道床板顶面与承轨台面相对高差	±5mm
4	中线位置	2mm
5	平整度	5mm/1m
6	伸缩缝位置	10mm
7	伸缩缝宽度	±5mm
8	道床板表面排水坡	−1% ~ +3%

⚠ 任务实施

项目名称	项目五　双块式无砟轨道施工	任务名称	任务五　道床板混凝土施工
专业班级		姓名		学习小组	

【专业知识认知】(30分)

1.道床板混凝土施工包括哪些内容？(10分)

2.混凝土运输的注意事项有哪些？(10分)

3.混凝土养护的相关要求有哪些？(10分)

【能力素质训练】(60分)

1.能够绘制道床板混凝土施工工艺流程图。(15分)

2.结合现场能够指导混凝土浇筑和振捣施工作业。(15分)

3.结合现场能够指导模板、螺杆、工具轨拆除施工。(15分)

4.结合现场对道床板进行质量检查，并判断是否符合验收标准。(15分)

【工作总结】(10分)

学员自评		组长评价	

指导老师评价：

双块式无砟轨道施工

任务六　弹性支承块式无砟轨道施工

◇ 任务引入

川藏铁路东起四川省成都市、西至西藏自治区拉萨市,全长 1838km,对维护国家统一、促进民族团结、巩固边疆稳定,对推动西部地区特别是川藏两省区经济社会发展,具有十分重要的意义。川藏铁路米林隧道、卓木隧道等采用了弹性支撑块式无砟轨道结构,现场是如何施工作业的呢?

▲ 任务描述

查阅川藏铁路弹性支撑块式无砟轨道施工资料,通过本任务学习,掌握弹性支承块式无砟轨道支撑块预制和道床施工工艺流程,熟悉施工注意事项,能够对道床施工进行质量检验。

◈ 相关知识

一　弹性支承块预制

(一)施工工艺流程

弹性支承块预制施工工艺流程如图 5-40 所示。

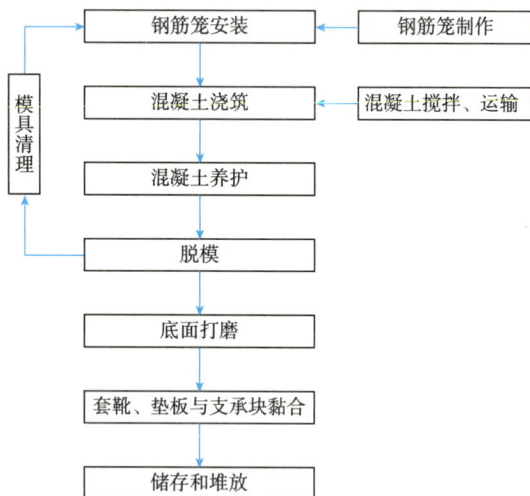

图 5-40　弹性支承块预制施工工艺流程图

(二)钢筋笼制作安装

钢筋表面的油渍、漆污、水泥浆和浮锈等应清理干净。钢筋加工在常温下进行,并以不损害其材质的方法加工,钢筋弯折应利用钢筋弯曲机一次成形。

钢筋骨架绑扎必须严格按照图纸规定尺寸进行。在钢筋笼与模板各接触面绑扎垫块,以保证混凝土保护层厚度。钢筋位置极限偏差控制在 ±5mm 以内。钢筋保护层极限偏差控制在 0 ~ +5mm。

(三)模具清理

无论是新模具还是刚拆开的模具,使用前都要先用扁铲将上口及边上的浮灰清掉,用钢丝磨头把内表面抛光,用空气压力喷枪对模具进行吹洗清理。清理时还要注意清除残留在铁座定位棒上的凝固水泥浆,以保证模具内没有任何混凝土残留物。

模具内脱模剂喷涂是关系到支承块能否顺利脱模和支承块外观质量的重要工序。先用压力喷涂枪对准模具空格内进行均匀喷涂,方便清理浇筑时从钢筋笼于模具插口位溢流出的水泥浆残渣;然后对承轨槽内喷涂脱模剂,呈雾化状态的脱模剂喷涂在钢模具表面形成一层隔离油剂,如有喷涂不均匀或有积液再用洁净的抹布擦拭。

(四)预埋铁座安装

铁座在安装前要逐个检查外观质量和型式尺寸。将铁座用专用长螺栓固定在模型的预留槽口里。预埋铁座要与模型底面垂直。

预埋铁座安装前首先应将铁座整齐码放在设置的工具台上,做好安装准备工作,将预量座使用定位螺杆安装在模具固定位置上,然后使用气动扳手上紧螺母,并保持位置准确、垂直,安装稳固,如果定位螺杆磨损严重、影响质量时,及时更换。

该工序操作虽然简单,但是对于将来的支承块铁座安装却会带来很大的影响,因此预埋铁座安装时,应先检查好铁座定位螺杆的正确状态,保证没有断、歪、松的情况存在。铁座定位螺杆应满足一定的周转使用次数,同时在每一次的周转过程中应注意铁座能否正常拧紧到其根部底,避免铁座安装歪斜或者沉陷而影响支承块质量以及使用。

(五)混凝土浇筑

弹性支承块高性能混凝土配合比是保证弹性支承块高性能混凝土质量的关键,试验室依据原材料性质试配出多个配合比,对每个试配配合比的增实因数、含气量、泌水率、强度、弹性模量等进行试验。从中选出能满足设计要求的最正确配合比,进展抗氯离子渗透性能、抗冻性、电通量,确定最终的混凝土配合比。配制混凝土的各种材料应符合相关要求,混凝土胶凝材料用量不应大于 480kg/m³。采用强制式搅拌机,总搅拌时间不少于 1.5min。

混凝土浇筑前先检查模型是否清理干净,应确认钢筋及预埋铁座的位置、间距和保护层厚度,并采取必要措施,保证钢筋位置正确。向模型中加混凝土时要用钢筋棍别住钢筋笼,以防止钢筋笼移位。

接料斗车回放到拌和站下料口,待混凝土接完开至布料机接料口,将混凝土放至布料机。布料机接料后运输至弹性支承块生产线浇筑区。浇筑前两边作业人员应该将该台位的相应限位卡放于模具两端,以防止浇筑振动过程中模具前后移动产生故障而损坏设备机器,影响正常生产。浇筑要使模型各部位下料均匀,人工补料,弹性支承块模型的混凝土应分两次布料,但应一次浇筑成型。严格控制混凝土浇筑温度,混凝土拌和物的入模温度控制在 5 ~ 35℃。

混凝土加满模型后开始振动,边振动边加混凝土边初步抹平,总振动时间不少于4min。在振动过程中注意观察钢筋笼是否歪斜、跳起,厚度是否适宜,多余的混凝土应铲出,少了混凝土应及时补充,保证弹性支承块厚度满足要求。混凝土振动成型后要抹平底面,严禁混凝土面高出模型顶面。

混凝土浇筑过程中,应随机取样制作混凝土强度、弹性模量试件,试件应与支承块相同条件下振动成型和养护 28d 标准试件应在脱模后进行标准养护,混凝土养护试件应随支承块同条件养护。

(六) 混凝土养护

采用自然养护时,应在混凝土浇筑完成后进行,覆盖混凝土保湿膜,支承块芯部混凝土温度与表面混凝土温度差值小于 15℃,养护环境温度应为 5~35℃。

采用蒸汽养护时,养护分为静置、升温、恒温、降温四个阶段。混凝土浇筑后在 5℃~35℃的环境中静置 2h 后方可升温,升温速度不应大于 15℃/h;恒温时支承块芯部温度不应大于 55℃;降温速度不应大于 15℃/h。蒸养结束时,支承块表面与环境温差不应大于 15℃。

养护过程中,应对温度进行检测。当制造厂能控制养护周期全过程中支承块芯部温度和周围环境温度之间的关系时,可用养护环境温度进行控制,但在连续生产过程中,每月应做一次能够代表该批次支承块芯部温度的测量。

(七) 脱模

当同条件养护混凝土试件抗压强度 ≥35MPa 后,开始脱模作业。弹性支承块脱模时,先用桁车将模型吊运至脱模缓存辊道上,再水平运送到上模拆除工位,拆除固定螺栓,随后用小型门架结合特制工装将上模全部吊起,再将带底模的模型继续运输到脱模台进行侧翻脱模(图 5-41),侧翻完成后,在弹性支承块脱模前需将模具上固定预埋铁座螺帽全部松开,再利用脱模台位上的四个气囊顶起模型,同步落下,反复几次直至支承块全部脱出,完成脱模作业。

图 5-41 侧翻脱模

脱模后的弹性支承块应首先用压力风枪吹扫支承块外表面,然后再吹扫铁座孔内,并观察支承块产品上是否有细小裂缝,最后对支承块进行外观质量检查,初步判断出合格产品、废品以及次品,做好相应问题支承块的标识、登记和分类存放。每块支承块需要在其一端盖上该支承块的生产日期,以便于生产追溯、识别。

将脱完模弹性支承块运至湿养区域摆放好,然后对弹性支承块表面进行浇水湿养,养护时间 7d 以上。当环境温度低于 5℃时,应在室内保温保湿 7d 以上,并确保弹性支承块表面温度不低于5℃。

(八) 底面打磨

弹性支承块在存放 28d 后,运输到套靴安装车间,在打磨区进行底面打磨作业,打磨过程为人工打磨,首先在打磨区铺设好工字钢,并按1:40 的坡度调整固定,再采用自制运输工具将运输到车间内的弹性支承块在垫木上散开翻转,底面朝上,垫木高度不应小于50mm,并佩戴专门的防尘口罩和眼镜,做好保护措施,经过打磨后,弹性支承块总高度(轨底中心线处)与设计偏差不得大于1mm,支承块底面应平整光滑,平整度≤1mm。

(九) 套靴、垫板与弹性支承块黏合

将弹性支承块底面朝上倒置,清理底面并刷 3 道 4cm 宽黏结剂,同时在已黏结在橡胶套靴(图 5-42)里的微孔橡胶垫板(图 5-43)表面也刷 3 道 4cm 宽黏结剂,位置与弹性支承块底面的黏结剂对应;在弹性支承块的侧面上口处(帽檐下)刷一圈 4cm 黏结剂,同时在对应橡胶套靴上口处也刷一圈 4cm 宽的黏结剂。

图 5-42　橡胶套靴

图 5-43　微孔橡胶垫板

涂刷黏结剂后,需晾置 5～15min,具体时间视胶的品质而定,在黏结剂既有黏性又不拉丝的状态下,将弹性支承块与橡胶套靴和微孔橡胶垫板粘在一起,并用橡皮锤敲打排出气孔,确保弹性支承块底面与橡胶套靴里的微孔垫板紧密黏结,不留空隙。

黏结组装完成后,在橡胶套靴与弹性支承块帽檐交界处采用透明胶带绕圈封口,封口后可以清晰辨认橡胶套靴帽檐位置,同时采用塑料打包带在承轨台两外侧绕弹性支承块各绑扎一道,如图 5-44 所示。绑扎完成后,静置一定时间,使得黏结剂达到最大黏结力。完成后,检查组装是否密贴,否则应重新组装。

图 5-44　打包的弹性支承块

(十) 弹性支承块的储存和堆放

弹性支承块应按批次分别存放,不合格的弹性支承块应单独存放。弹性支承块的存放场地应坚固平整、排水畅通,存放时应采取防雨措施。

用专用吊具将弹性支承块分层码放好,层间应设置厚度不小于 50mm 的木条或其他垫层,存放不宜超过 10 层。弹性支承块存放时按水平层次(枕底向下)放置,硬质方木应支承在两预埋铁座外侧,如图 5-45 所示。

图 5-45   弹性支承块码放

在接近上表面区域的混凝土,到最终硬化前要保证不能受到损害,弹性支承块在生产结束和第一次质量检验入库以后,要用防雨、防油、防尘及防晒。

(十一) 质量验收标准

支承块检验分为型式检验和出厂检验,检验规则按表 5-11 进行。

支承块检验规则

表 5-11

序号	检查项目	判定规则	型式检验	出厂检验
1	外形尺寸	抽样数量和检验类别见表 5-12	√	√
2	外观质量		√	√
3	混凝土脱模强度	满足要求则为合格(出厂检验时,每养护窑检验一组混凝土脱模强度)	√	√
4	28d 混凝土抗压强度	满足要求则为合格(出厂检验时,每批检验一组 28d 混凝土抗压强度)	√	√
5	28d 混凝土弹性模量	满足要求则为合格(每 10 批检验一组 28d 混凝土弹性模量)	√	—
6	混凝土抗冻性	满足要求则为合格	√	—
7	混凝土电通量		√	—
8	混凝土总碱含量		√	—
9	混凝土氯离子含量		√	—

序号	检查项目	判定规则	型式检验	出厂检验
10	预埋铁座抗拔力	每批支承块中随机抽取 3 块,每块支承块上选取一个铁座进行试验	√	√
11	静载抗裂强度	每批支承块中随机抽取 3 块进行检验,每个支承块检验 1 个截面,所有受检截面不出现裂纹则判为合格;若有两个及以上受检截面出现裂纹,则判定为不合格;若有一个受检截面出现裂纹,则需重新抽样复检,复检支承块的全部受检截面不出现裂纹则判为合格,否则则判为不合格	√	√

1. 型式检验

有下列情况之一时应进行型式检验:

(1)初次投产获转场生产时;

(2)生产过程中,材料、工艺有重大变更影响产品性能时;

(3)连续生产 2.5 年;

(4)停产一年及以上恢复生产时。

型式检验所有检验项均满足要求,型式检验判为合格。

2. 出厂检验

出厂检验所有检验项均满足要求,该批支承块出厂检验判为合格。在出厂检验中全部项目合格,但仅由表 5-11 中第 1 项和第 2 项判为不合格批的支承块,允许工厂对该批支承块逐块检验、判定。

3. 外形尺寸和外观质量

支承块的外形尺寸和外观质量应符合表 5-12 的规定。

支承块外形尺寸偏差和外观质量要求表　　　　表 5-12

序号	检查项目	检验项别	要求	出厂检验(每批)	型式检验
			外形尺寸		
1	支承块上长度	B1	±1.0mm	10 块	20 块
2	支承块下长度	B1	±1.0mm	10 块	20 块
3	支承块上宽度	B1	±1.0mm	10 块	20 块
4	支承块下宽度	B1	±1.0mm	10 块	20 块
5	支承块帽下高度	B1	±1.0mm	10 块	20 块
6	支承块总高度	B1	±1.0mm	10 块	20 块
7	承轨台宽度	B1	±1.0mm	10 块	20 块

序号	检查项目	检验项别	要求	检查数量	
				出厂检验（每批）	型式检验
8	承轨面轨底坡	B1	1:35~1:45	10 块	20 块
9	承轨面,底面表面平整度	B1	1.0mm	10 块	20 块
10	预埋铁座与支承块长轴垂直度	B1	±1.0°	10 块	20 块
11	预埋铁座与支承块承轨面垂直度	B1	±1.0°	10 块	20 块
12	预埋铁座内测间距	B1	-0.5~1.0mm	10 块	20 块
13	预埋铁座外露高度	B1	±1.0mm	10 块	20 块
外观质量					
14	承轨部位表面缺陷(气孔、粘面、麻面等)	B2	长度:≤10mm 深度:≤2mm	全检	20 块
15	其他部位表面缺陷(气孔、粘皮、麻面等)	C	长度:≤30mm 深度:≤5mm	全检	20 块
16	承轨面和其他表面裂纹	A	不允许	全检	20 块
17	标志	A	见相关规范	全检	20 块
18	支承块棱角破损和掉角	C	长度≤25mm	全检	20 块

注:A 类项别单项项点数的合格率为100%,B1 类别单项项点数的合格率不小于95%,B2 类别单项项点数的合格率不小于90%,C 类项别单项项点数之和的合格率不小于90%时,判为合格。

二 弹性支承块式无砟道床施工

(一)施工工艺流程

弹性支承块式无砟道床施工基本工艺流程如图 5-46 所示。

弹性支承块式无砟轨道施工前应调查当地气温资料,掌握气温变化规律,合理安排施工组织、轨排精调和混凝土浇筑时间。冬季施工时,洞口段应采取保温措施,满足混凝土施工要求。弹性支承块式无砟道床施工应配备混凝土搅拌站、混凝土运输车、混凝土输送泵或吊斗、钢筋加工设备、轨排框架、门式起重机、移动组装平台、轨枕吊具、轨排吊具、手摇式起道机及检测测量仪器等主要机械设备。

(二)测量放样

采用贯通测量成果资料,施工前根据每一循环工作长度要求增设控制桩和标桩。中线控制桩设置为100m 左右,桩体埋设牢固,施工中不易破坏,复测查找方便。施工标桩设在线路中线上,桩间距根据轨排长度确定为 12.54m 或 6.27m,标桩定位用经纬仪和水准仪进行。

在两侧沟槽壁上每隔 10m 左右放出轨面高程点(曲线地段可加密沟槽上轨面高程点),并连线全隧贯通,作为轨排粗调措施之一。

```
铺设条件评估及接口条件验收  →  施工准备  ←  CPⅢ测设及评估
                               ↓
                    隧道仰拱回填层凿（拉）毛
                               ↓
测量放样  →  道床底层钢筋绑扎
                ↓
轨枕、扣配件准备  →  轨排组装              轨排框架质量检验
                        ↓                       ↓
            轨排整体吊装、运输、就位  ←  轨排框架吊装运输
                        ↓
                    轨排粗调
                        ↓
            道床顶层钢筋绑扎、接地钢筋焊接
                        ↓
                纵横向模板安装固定
                        ↓
                轨排精调、固定
                        ↓
                道床板混凝土浇筑
                        ↓
                道床板混凝土养护
                        ↓
                拆除模板、轨排框架
                        ↓
                    质量检验
```

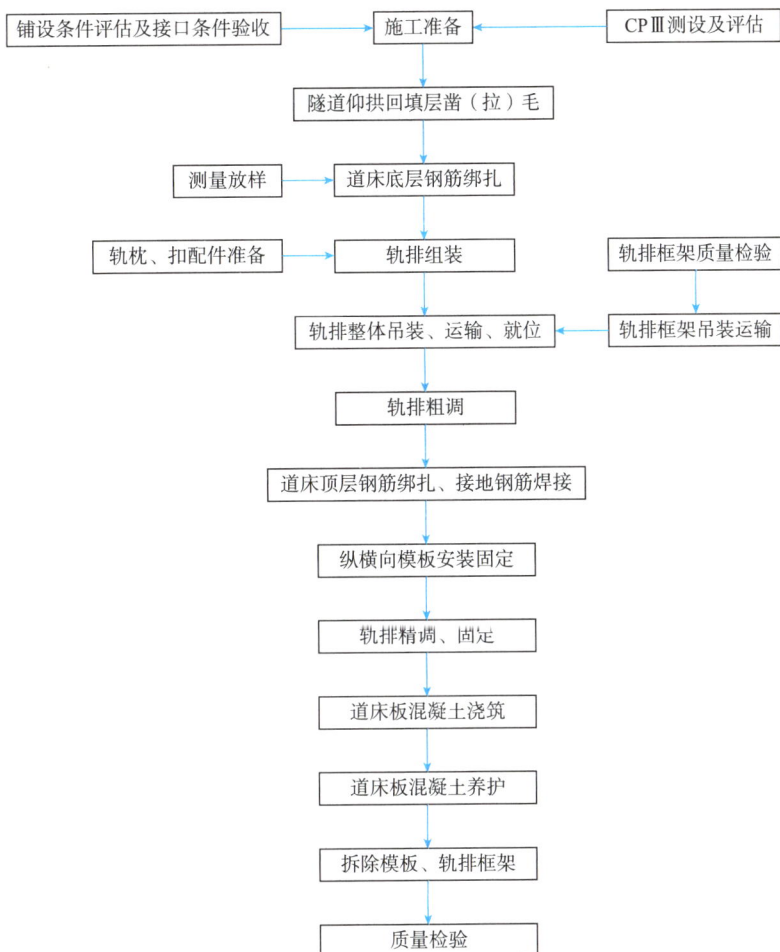

图5-46　弹性支承块式无砟道床施工基本工艺流程

在混凝土浇筑过程中实施监控量测,时刻注意排架轨面系的变化,发现有超标情况立即校正。

(三)基底凿(拉)毛

根据控制基标检查底板顶面的高程,保证基础面与内轨顶的高差大于或等于设计高差,以确保道床的厚度及钢筋制安的精准度。消除因基础面过高对钢筋的安装、轨排就位等后续工序的影响。

采用风镐凿除基础面上的水泥砂浆薄膜、松动石子或松弱混凝土层,并用水冲洗干净,湿润,保证无积水。

距隧道洞口小于200m范围内,在仰拱回填层,每隔一个扣件间距植入4根热轧带肋HRB400ϕ20钢筋,对称布置;首先检查混凝土表面是否完好,钻孔前必须用钢筋探测仪对结构体内钢筋进行探测,避免伤及主要受力钢筋。并保证调整后的植筋位置不影响后续轨枕施工;按照图纸要求,根据提供孔深及孔径进行钻孔。施工中应严格按照图纸中标识的位置进行钻孔;采用压缩空气清孔,用金属毛刷刷三遍,吹三遍,确保孔壁清洁无浮尘、明水或泥浆;注入植筋胶:注胶时从孔底部开始注胶,直至注满孔体积的2/3即可;将备好的钢筋缓缓插入孔底,在规定的初凝时间内进行安装,使得植筋

胶均匀地附着在钢筋的表面及混凝土孔洞缝隙中;在规定固化时间内禁止扰动安装好的钢筋。

(四)道床底层钢筋绑扎

横向钢筋洞外加工,洞内安装。可先在洞内加工成网片,采用门式起重机吊装,也可现场绑扎。纵下横上,纵、横向钢筋搭接处采用绝缘卡绝缘,并用塑料带绑扎,如图5-47所示。道床钢筋按设计尺寸绑扎牢固,铺设底面距轨面614mm,用预制垫块垫平,无歪斜扭曲现象。

图5-47 底层钢筋绑扎

伸缩缝间隔聚乙烯泡沫塑料板按设计里程安装在两支承块中间,与线路中线垂直,板两侧钻孔插入固定钢筋。整块间隔板分为固定和活动两部分,固定板高度低于道床顶面高程60mm,活动板和固定板浮放对齐,高度超出道床顶面。当浇筑道床混凝土达到一定强度时,及时取下活动板,使道床顶面在固定板上形成一条60mm深的横缝,缝宽20mm,供后工序填充聚乙烯泡沫塑料板和硅酮填缝材料。

(五)轨排组装

根据道床板设计要求和隧道施工的具体情况,选择组装轨排的具体长度。轨排组装场地布置在隧道内洞口段,设置2个移动轨排组装平台,在轨排组装平台上完成组装。双块弹性支承块在组装前,对其几何状态再进行一次检查,主要检查桁架钢筋是否弯曲、扭曲变形,在确保弹性支承块的几何状态正确后,顺序摆放到设有等距隔板的组装平台上,如图5-48所示。

图5-48 弹性支承块安放

门式起重机吊起空排架移动至组装平台上方,准确对位后落下,用标准扣件将轨排架与弹性支承块连接成轨排,在此之间应检查弹性支承块间距。吊装,将堆放在隧道内的待用弹性支承块使用专用门式起重机吊放在轨排组装平台上的弹性支承块槽上,吊装时需控制好门式起重机的速度,采用低速起吊、运行。匀枕,人工按照组装平台上弹性支承块的定位线匀块,并对弹性支承块表面进行清理。上轨排架,人工配合门式起重机,将轨排架上螺栓孔位置与弹性支承块上螺栓孔位置对齐,平稳、缓慢地将轨排架放置于弹性支承块上。复查弹性支承块位置并上扣件,采用钢卷尺检查轨枕间距,轨枕间距满足设计要求。

安装扣件前检查螺栓孔内是否有杂物、螺栓螺纹上是否有砂粒等,若有则需将之清理干净,并涂抹专用油;采用人工将螺栓放入螺栓孔内,用手试拧螺栓,看是否能顺利旋进,若出现卡住现象,则将螺栓取出,重新对准、放入。

(六)轨排粗调

用起重机吊起轨排运至铺设地点,如图5-49所示。相邻轨排间使用夹板连接。多榀轨排联结成轨道后,其轨面系的粗调锁定由排架支腿和轨向锁定器完成。其中轨距1435mm和1:40的轨底坡为定值不调,高低、水平由左右支腿螺柱调整,轨向由轨向锁定器调整。调整时应严格按“内轨高程→中线→轨面高低及轨向→水平及三角坑→复核高程及中线”的程序进行。误差控制在中线10mm、高程-10~0mm。轨排起升时,应用手摇跨顶,严禁用竖向调整螺杆起道。排架精度达到要求时,拧紧支腿螺栓,锁定左右轨向锁定器。

图5-49 吊装定位

(七)顶层钢筋绑扎

横向钢筋洞外加工,汽车运输至洞内。上层钢筋先安装纵向钢筋,位于弹性支承块桁架上层横筋之上,与弹性支承块上层横筋交叉处设置绝缘卡,避免形成闭合回路,影响轨道电路,并用塑料带绑扎牢固,再在纵向钢筋下安装横向钢筋,纵横钢筋交叉处设置绝缘卡,用塑料带绑扎牢固,并剪去多余绑扎带。

采用高阻测定仪进行绝缘性能测试。绝缘卡的绝缘电阻大于设计值,方可判定绝缘性能合格,才可进行下道工序施工。

(八) 模板安装固定

按边线位置平行于隧道中线安设,采用定性钢模板或槽钢,板两侧钻孔插入钢筋固定,外侧顶部增加横撑,如图 5-50 所示。

图 5-50 模板安装

(九) 轨排精调固定

采用轨道几何状态测量仪配合全站仪和螺杆调整器进行轨排方向、高低、水平精调。所用轨道几何状态测量仪、全站仪、棱镜等均应满足精度要求,并定期校核准确。

使用至少 4 对 CPⅢ 控制点自由设站,设站间距不得大于 70m,两次设站至少重叠观测 2 对 CPⅢ 点,设站精度应符合相关规定。自由设站点应尽量靠近轨道中线,并宜设于相邻两对 CPⅢ 控制点中部位置。

轨道几何状态测量仪现场组装,并安装棱镜,置于轨道上推行,由远及近靠近全站仪,自动测量每根轨枕的轨距、超高、水平等几何形位。使用全站仪测量棱镜,将数据通过通信接口传递给轨道几何状态测量仪。

轨道几何状态测量仪接收数据,通过配套软件,计算轨道平面位置、水平、超高、轨距等误差值,在屏幕上显示指导轨道精确调整,如图 5-51 所示。调整螺杆调整器,进行轨排轨向、高低和水平的调整。每次精调时需与上次或前一站重叠至少 8 根轨枕,同一点位的横向和高程的相对偏差均不应超过2mm。精调过程中,应先调整偏差较大处,相邻几对螺杆调整器同时调整,调整时步调应协调一致。曲线地段调整时竖直和水平方向同时调整。

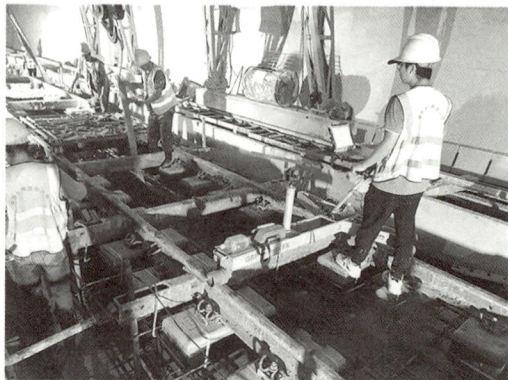

图 5-51 轨排精调

轨排精调到位后,应对轨排采取相应的措施进行加固,防止混凝土浇筑时轨排横向移位及上浮,并采集数据作为最终的精调数据。精调合格后,对线路进行保护,禁止轨排上进行任何作业或行人。轨排精调好后,应及时浇筑混凝土。如间隔时间过长,或环境温度变化超过15℃,或受到外部条件影响,必须重新检查或调整轨排。

(十) 道床混凝土浇筑

底板、弹性支承块清洁保湿:浇筑道床板混凝土前,应对仰拱回填层或钢筋混凝土底板表面以及弹性支承块进行清洁和洒水预湿,保湿2h以上且无多余的水。

混凝土输送泵整备与管道布置:输送泵置于组装平台后部,本身整备完好,并有处理各类故障的应急措施。输送管道布置在排架侧面,采用支架与排架隔开。浇筑混凝土时做到布料充实均匀,不污染排架和弹性支承块,随浇筑数量逐根拆短管道长度。混凝土浇筑结束后及时检修保养输送泵和清洗管道。

混凝土输送:混凝土由搅拌式输送车从洞外运至工点,运输过程中要保证混凝土质量,卸车时做到卸料准确、均匀,避免遗撒,防止对模板及钢筋绝缘卡的撞击。

混凝土浇筑:混凝土浇筑应从一侧向另一侧连续进行,当混凝土从轨枕卜自动漫流全下一根轨枕后,方可前移至下一根轨枕继续往前浇筑。混凝土在进行道床内时,应采取措施避免对轨排造成冲击。混凝土必须进行温度控制,夏季施工时,混凝土入模时的温度不得超过30℃,冬季施工时,混凝土入模时的温度不应低于5℃。

混凝土捣固:道床混凝土捣固使用插入式振捣棒,作业时分前后两区间隔2m捣固,前区要捣固下部钢筋网和弹性支承块底部,后区主要捣固弹性支承块四周与底部加强,如图5-52所示。捣固时应避免捣固棒接触排架和弹性支承块,混凝土多余或不足时及时处理。混凝土施工过程中加强轨道排架轨面系的控制。道床使用专用量具控制断面形状,做到一步到位。道床混凝土灌注完毕后及时抹面收光,初凝后洒水养护,强度达到设计要求后方可拆除支承架。

混凝土抹面:在道床混凝土灌完毕后,需及时抹面,如图5-53所示。抹面分三次进行,在混凝土入模振捣后及时用木抹完成粗平,随后再用钢抹抹平,在混凝土初凝前进行第三次抹面、压光。抹面时严禁洒水湿润,应按设计要求设置排水坡,并严格控制道床板顶面的高程和平整度。

图 5-52　混凝土振捣

图 5-53　混凝土抹面

(十一)混凝土养护

道床混凝土浇筑后及时进行喷雾养护,轨排拆除后采用全面覆盖保湿养护,养护时间根据采用的水泥品种及相对湿度来确定,但最低不低于14d。养护强度达到要求后全面清理道床表面,铲除多余灰渣,各部清扫干净。支承块表面不得有任何残留物。

(十二)拆除模板、轨排框架

混凝土强度达到5.0MPa后方可拆除支撑及模板,注意边角保护。模板拆除如图5-54所示。按照拆除顺序拆除轨排框架、模板,门式起重机吊至轨排组装区清理待用,进入下一循环施工。拆除顺序:松开轨排接头夹板→松开扣件→松开轨向锁定器→支腿螺栓松开→门式起重机吊起轨排框架。

图5-54 模板拆除

应安排专人负责对拆卸的模板、排架及配件等用毛刷进行清洁处理,配件集中储存在指定区域,备下次使用。每循环端部预留1~2榀排架,便于与下一循环精调搭接。

(十三)质量检验

混凝土道床板拆模后,混凝土结构表面应密实、平整、颜色均匀,不得有露筋、蜂窝、孔洞、疏松、麻面和缺棱掉角等缺陷,表面裂缝宽度应符合设计要求,并按设计做好排水坡,表面排水应顺畅,不得积水,混凝土道床板外形尺寸允许偏见表5-13。

混凝土道床板外形尺寸允许偏差　　表5-13

序号	检查项目	允许偏差
1	顶面宽度	±10mm
2	道床板顶面与承轨台面相对高差	±5mm
3	中线位置	2mm
4	平整度	3mm/1m
5	伸缩缝位置	10mm
6	伸缩缝宽度	±5mm

⚠ 任务实施

项目名称	项目五 双块式无砟轨道施工	任务名称	任务六 弹性支承块式无砟轨道施工
专业班级		姓名	学习小组

<table>
<tr><td colspan="4">【专业知识认知】(30分)</td></tr>
<tr><td colspan="4">1. 弹性支承块式无砟道床施工设备有哪些?(10分)</td></tr>
<tr><td colspan="4">2. 简述弹性支承块预制施工工艺流程。(10分)</td></tr>
<tr><td colspan="4">3. 道床混凝土浇筑施工注意事项有哪些?(10分)</td></tr>
<tr><td colspan="4">【能力素质训练】(60分)</td></tr>
<tr><td colspan="4">1. 能够绘制弹性支承块式无砟道床施工基本工艺流程。(20分)</td></tr>
<tr><td colspan="4">2. 结合现场能够对弹性支承块施工进行质量检验,并判断是否符合验收标准。(20分)</td></tr>
<tr><td colspan="4">3. 结合现场能够对道床施工进行质量检查,并判断是否符合验收标准。(20分)</td></tr>
<tr><td colspan="4">【工作总结】(10分)</td></tr>
<tr><td></td><td></td><td></td><td></td></tr>
<tr><td>学员自评</td><td></td><td>组长评价</td><td></td></tr>
<tr><td colspan="4">指导老师评价:</td></tr>
</table>

巩固与练习

一、填空题

1. 施工文件核对中发现的问题应及时以书面形式递交_____和_____进行解决,由_____以书面形式回复。

2. 双块式无砟轨道施工物流组织方案一般有_____、_____、_____三种。

3. 双块式无砟道床施工分为_____和_____。

4. 双块式轨枕半成品钢筋加工包括_____、_____、_____三种钢筋。

5. 轨枕模具应实行_____检查和_____检查。

6. 双块式轨枕模具喷涂脱模剂分为_____和_____两种施工方法。

7. 双块式轨枕混凝土养护分_____养护和_____养护。

8. 支承层外形尺寸检查项目包括_____、_____、_____、顶面高程、平整度和排水坡宽度。

9. 散枕宜根据现场情况采用龙门式起重机或轮胎式挖掘机与_____配合施工。

10. 道床板内钢筋混凝土保护层最小厚度_____。

二、选择题

1. 下列(　　)不是轨排支撑架法双块式无砟轨道施工用到的设备。
   A. 混凝土搅拌站　　B. 滑模摊铺机　　C. 螺杆调整器　　D. 轨排框架

2. 水泥的强度等级不应低于(　　)级。
   A. 42.5　　　　　　B. 42.5R　　　　　C. 52.5　　　　　D. 52.5R

3. 双块式轨枕投产前应由具有相应资质的检验单位对集料的(　　)进行试验和评价。
   A. 碱活性　　　　　B. 密度　　　　　　C. 强度　　　　　D. 含水率

4. 双块式轨枕堆放不应超过(　　)层。
   A. 4　　　　　　　 B. 6　　　　　　　 C. 8　　　　　　　D. 10

5. 下列(　　)不是双块式轨枕型式检验项目。
   A. 原材料检验　　　　　　　　　B. 预埋套管检验
   C. 混凝土抗拉强度　　　　　　　D. 轨枕外形尺寸

6. 支承层缝深不小于其混凝土厚度的(　　)。
   A. 1/2　　　　　　B. 1/3　　　　　　C. 1/4　　　　　D. 1/5

7. 支承层压实系数不应小于(　　)。
   A. 0.90　　　　　 B. 0.92　　　　　　C. 0.95　　　　　D. 0.98

8. 支承层的表面平整度应每(　　)m 检验一次。
   A. 30　　　　　　 B. 50　　　　　　　C. 80　　　　　　D. 100

9. 道床板底层钢筋混凝土保护层垫块数量不应少于(　　)个/m²。

A. 1   B. 2   C. 4   D. 5

10. 道床板混凝土浇筑宜按(　　　)浇筑顺序进行均匀布料。

    A. "之"字形   B. "回"字形   C. "井"字形   D. "一"字形

三、判断题

1. 为减少道床裂缝、延长使用寿命,《高速铁路轨道工程施工技术规程》(Q/CR 9607—2017)推荐首选工具轨轨排支撑架法组织施工。(　　　)

2. 轨排框架法施工作业对轨排精度存在一定干扰。(　　　)

3. 双块式轨枕扣件预埋件应有生产厂家出厂合格证明书及复检报告单。(　　　)

4. 双块式轨枕粗集料可采用碎卵石。(　　　)

5. 双块式轨枕预埋套管内螺纹精度应满足与螺栓配合的要求,内螺纹的抗拔力应满足设计要求。(　　　)

6. 轨枕钢筋桁架安装使用时其钢筋表面不得有鱼鳞状锈蚀剥落。(　　　)

7. 双块式轨枕型式检验只有一项不满足要求,型式检验可判为合格。(　　　)

8. 混凝土底座施工前应清理基础面及预埋套筒内的杂物,复测梁面中线、高程、平整度,确认其符合相关标准规定后,方可进行底座施工。(　　　)

9. 轨枕卸车前质检人员对轨枕进行检验,对不合格、损坏的轨枕拒绝卸车使用。(　　　)

10. 轨排粗调应对存在偏差处依次进行调整。(　　　)

四、简答题

1. 双块式无砟轨道施工调查的重点内容包括哪些?

2. 简述双块式无砟轨道轨排支撑架法施工工艺流程。

3. 简述双块式无砟轨道轨排框架法施工工艺流程。

4. 简述双块式轨枕预制施工工艺流程。

5. 双块式轨枕在什么情况下应进行型式检验?

6. 简述滑模摊铺法施工工艺流程。

7. 支承层施工前的准备工作主要包括什么?

8. 轨排精调的工前检查包括哪些内容?

9. 简述道床板混凝土施工工艺流程。

10. 混凝土道床板外形尺寸检查项目包括哪些?

11. 简述弹性支承块式无砟道床施工工艺流程。

守正创新，勇毅前行

无砟轨道道岔施工

【项目描述】

铁路道岔是铁路轨道的重要组成部分和关键设备，其发展水平集中体现了一个国家铁路轨道的发展水平。在高速铁路建设初期，我国无成熟的高速道岔设计、制造和运用实践，因此采用技术引进和自主研发并存的解决方案。至 2014 年年底，我国高速铁路使用了自主研发的客专线道岔、技术引进的 CN 道岔及 CZ 道岔共三种道岔，其中自主研发的客专线道岔占 70% 以上。在道岔设计、制造、铺设和运营维护方面取得显著进步，完全实现了与铁路轨道的同步发展，达到国际先进水平。本项目主要介绍轨枕埋入式道岔和板式道岔施工技术。

【学习目标】

知识目标

(1) 了解长枕埋入式无砟道岔施工物流组织。

(2) 熟悉道岔部件厂内验收的内容。

(3) 熟悉道岔原位组装铺设作业流程。

(4) 掌握道岔组装注意事项。

(5) 掌握道岔移位铺设作业流程。

(6) 掌握道岔轨道精调整理作业流程。

(7) 掌握道岔板铺设施工工艺流程。

(8) 掌握轨道板粗铺作业内容和注意事项。

能力目标

(1) 能够绘制道岔区轨枕埋入式无砟轨道施工工艺流程图。

(2) 能够绘制道岔轨排组装、调整及固定工艺流程图。

(3) 能够绘制板式道岔施工工艺流程图。

（4）能够现场指导道岔原位组装铺设作业。

（5）能够指队道岔铺设的主要结构尺寸进行检验，并能够判断是否符合验收标准。

（6）能够绘制岔钢轨铝热焊接施工工艺流程图。

（7）能够对道岔板进行精调作业，并满足规范精度要求。

素养目标

（1）通过引入国产道岔的学习，了解我国高铁道岔自主创新，培养学生的制度自信。

（2）通过钢轨焊接及锁定的介绍，引导学生注意施工现场安全，培养学生的安全意识。

（3）通过道岔现场施工的介绍，了解山桥奋战一线保生产的事迹，培养学生的风险精神。

（4）通过道岔组装、拆卸、运输的学习，引导学生对工程理论的理解，培养学生解决实际工程问题。

【学习导航】

无砟轨道道岔施工

任务一　轨枕埋入式道岔施工

◇ 任务引入

2007 年 11 月 13 日,国内首组 350km/h 高速道岔在中铁山桥研制成功,使中国铁路道岔研究、设计、制造技术跻身世界先进行列,标志着我国高速铁路自主创新和设计制造能力的最高水平,为我国高速铁路提供了设备保障。我国京沪高速铁路蚌埠南站采用了轨枕埋入式无砟道岔结构。道岔是轨道工程施工的重点,现场是如何施工的呢?

▲ 任务描述

通过本任务学习,掌握轨枕埋入式道岔施工工艺流程;能够说出轨枕施工作业内容及注意事项;能够对轨枕埋入式道岔施工质量进行检验,并能判断是否符合验收标准。

◇ 相关知识

一　轨枕埋入式无砟轨道施工工艺流程

道岔区轨枕埋入式无砟轨道施工工艺流程图如图 6-1 所示。

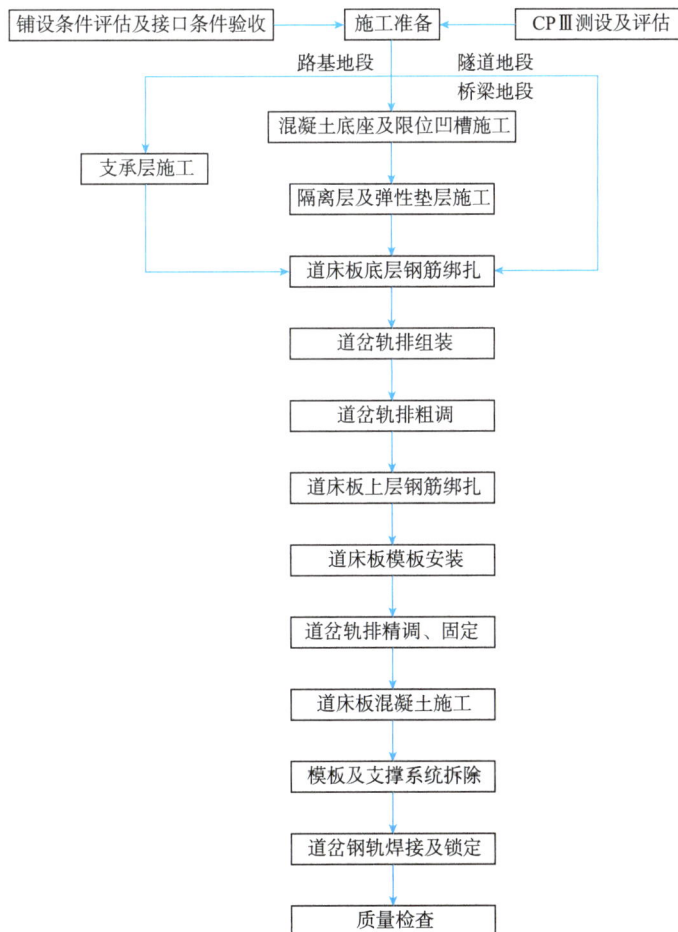

图 6-1　道岔区轨枕埋入式无砟轨道施工工艺流程图

提前结合设计及工期要求确定道岔组件进场方案,打通运输通道,必要时对既有道路尤其半径较小的地段进行加宽加固;完成高性能混凝土配合比设计及工艺试验;完成道岔钢轨焊接型式试验并获取试验报告,完成道岔部件、调整件的订货。

(一) 施工物流组织

长枕埋入式无砟道岔一般按一个铺轨标段或一条线作为一个施工单元。施工组织结合作业面划分及相邻段的无砟轨道施工确定物流方案。

长枕埋入式无砟道岔利用已有的公路或便道作为物流通道,必要时根据道岔钢轨长组件运输的要求进行局部加宽加固。道岔工厂距工地较近的,可采用汽车运输道岔钢轨进场,距工地较远的,可采用火车运输后再经公路转运到现场。为保证无砟道岔施工不受道岔件供货影响,一般需要在现场设道岔存放场进行道岔、岔枕及其他钢轨件的临时存放和道岔试组装。

长枕埋入式无砟道岔施工需要在现场设临时基地,进行钢筋加工及模板机具的存放,混凝土就近借用拌和站生产。

施工时,主要物料机具通过汽车运输到现场,汽车起重机配合装卸,长大桥梁或隧道地段,也可采用门式起重机或双向运板车配合中转。

(二) 主要临时工程

考虑到无砟道岔施工的专业特点,同一铁路项目一般结合铺轨工程标段划分无砟道岔施工单元,每个施工单元负责的无砟道岔施工范围都很大,多则几百公里。为此,除无砟道岔施工专有的设施外,无砟道岔施工单元生活办公基地一般就近租借民房解决,其他如运输道路、施工用电、混凝土拌和站等则就近借用其他无砟轨道施工的设施或临时工程。

需要自行设置的临时工程主要包括:道岔件存放场、临时道路加宽、钢筋加工房等。道岔存放的数量应结合施工工期、道岔件供应计划综合考虑。

道岔件应架空支垫存放,支垫间距不超过 4m,支垫面应大面平整,相邻支点高差不大于 10mm、全部支点的最大高差不大于 20mm。道岔件全部按正立存放,最高不超过 4 层。铺岔基地内还应设道岔预组装场,投入道岔预组装工装 1 套。

(三) 铺设条件评估及接口条件验收

道岔区及前后 200m 的范围宜作为一个整体对沉降变形观测资料进行分析评估,按照《铁路工程沉降变形观测与评估技术规程》(Q/CR 9230—2016)对路基、桥涵、隧道变形进行系统评估,确认工后沉降和变形、梁体长期变形、各种过渡段的差异沉降等符合设计要求,满足无砟轨道铺设条件。

施工前应由建设单位组织相关单位,根据线下工程、排水、信号、供电等设计图,逐一核对道岔区范围内各种管线沟槽的数量、位置、结构尺寸及与道岔区无砟轨道接口是否正确,并确认基础表面尺寸验收合格。

（四）CPⅢ测设及评估

测设 CPⅢ 控制桩在施工之前进行,由测量技术人员对全线 CPⅢ 控制桩位进行贯通测量,复核平面和高程。当 CPⅢ 点复核测量结果与从线下接收的 CPⅢ 测量成果满足技术条件的限差要求时,直接采用线下交接的测量成果;如不满足限差要求,则对 CPⅢ 点进行复测。

道岔铺设前,应以 CPⅢ 控制点为依据,在混凝土底座或支承层及板式道岔的找平层上于岔心、岔前、岔后、岔前 100m 和岔后 100m 分别测设道岔控制基标,如图 6-2 所示。道岔控制基标横向允许偏差不应大于 1mm。相邻道岔控制基标允许偏差:间距 2mm,高差 1mm。道岔加密基标宜设置在线路中线两侧,间距宜为 5～10m,转辙器、导曲线和辙叉起始点应增设加密基标。加密基标的横向允许偏差不应大于 2mm。相邻加密基标相对允许偏差:平面位置 2mm、高程 1mm。

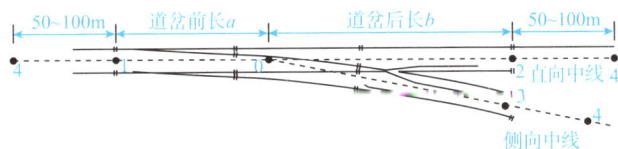

图 6-2　道岔区测量控制桩

0-岔心桩;1-岔首桩;2-岔尾桩(直向);3-岔尾桩(侧向);4-前后线路桩

三 支承层施工

支承层施工前,应将路基表面清扫干净,不得有积水、杂物等。钢筋网片及连接筋安装、钢筋现场绑扎应符合现行《高速铁路轨道工程施工技术规程》(Q/CR 9605)的相关规定。道岔转辙器及辙叉部分应按设计要求设置支承层与道床板的连接钢筋。支承层模板及支架的材料质量及结构应符合施工工艺设计要求。支承层预留孔位置、尺寸应符合设计要求,伸缩缝按设计宽度预留,混凝土拆模后灌注填缝材料。支承层混凝土施工应按照有关专业设计图要求预留道岔区配置的电缆沟槽、过轨孔;混凝土浇筑抹面整平后至混凝土初凝前,应按设计要求对混凝土表面进行拉毛处理。

四 混凝土底座及限位凹槽施工

混凝土底座施工测量应以 CPⅢ 控制点为依据进行底座边线放样。放样方法、精度要求应符合高速铁路施工测量相关标准的规定。

桥梁上钢筋混凝土底座及限位凹槽施工与双块式无砟轨道混凝土底座及限位凹槽施工相同,道岔转辙器及辙叉部分应按设计要求设置底座与道床板的连接筋。

五 隔离层及弹性垫层施工

隔离层及弹性垫层施工与 CRTSⅢ 型板式无砟轨道隔离层及弹性垫层施工相同。

六 道岔轨排组装、调整及固定

（一）施工工艺流程

道岔轨排组装、调整及固定工艺流程如图 6-3 所示。

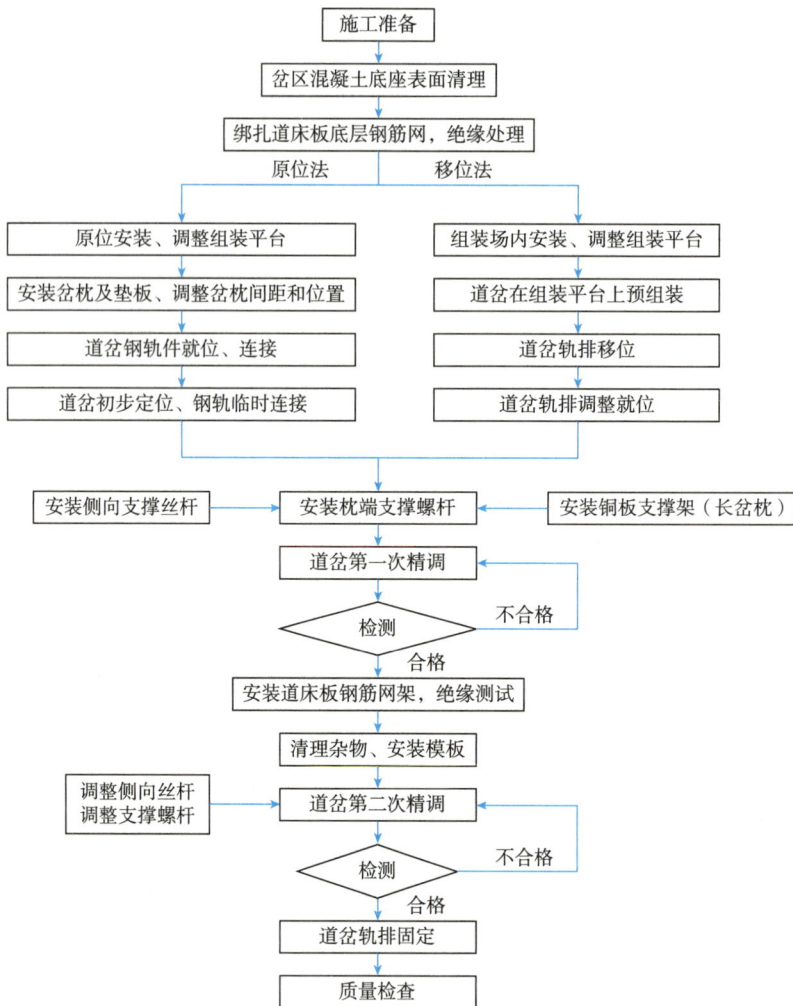

图 6-3　道岔轨排组装、调整及固定工艺流程

（二）道床板钢筋绑扎及绝缘处理

道床板钢筋在基地内预加工成型。钢筋应平直、无损伤，表面无裂纹、油污、颗粒状或片状老锈。各项性能指标满足现行国家标准的规定和设计要求。在断料过程中，如发现钢筋有裂纹、缩颈或严重的弯头等情况时，必须将该段切除。钢筋的断口不得有马蹄形或弯起等现象。切断好的钢筋必须按工号、编号、规格、长度、数量分别堆放整齐并拴好料牌。各种规格的钢筋必须分开存放，不得堆压。对钢筋的型号、规格、力学性能等按规定进行出厂检查和常规检查，确认合格后正确使用。

1. 绑孔道床板底层钢筋网,绝缘处理

钢筋混凝土底座成型后,在底座表面测放线路中线,按照钢筋布置图纸和岔前桩、岔后桩及中桩位置对钢筋位置做好标记。起复基础层预埋门形钢筋,铺设接缝滑动膜,安放钢筋保护层垫块,布放道床板底层纵横向钢筋,同预埋门形钢筋绑扎固定,如图6-4所示。对影响道岔组装平台等后续施工的部分,可调整钢筋间距或暂缓施工。对纵横向钢筋搭接点应按设计安装绝缘套管,钢筋采用绝缘绑扎带绑扎。

图6-4 道床板底级钢筋绑扎

2. 安装道床板钢筋网架,绝缘测试

上下层钢筋安装、定位。道床板上层纵向钢筋和架立钢筋安装在道岔一次精调结束后进行。先按照设计间距、数量从岔枕桁架钢筋内穿入上层纵向钢筋,控制纵向钢筋高度符合设计;再依次摆放横向钢筋和架立钢筋;最后安装防止钢筋网架"上浮"的固定销钉。

道床板纵横向钢筋搭接范围安装绝缘套管,交叉点用专用绝缘绑扎带绑扎钢筋。道床板钢筋网架设完毕,应进行绝缘性能测试,符合要求后方可进入下道工序施工。对绝缘性能测试数据应详细记录。

(三)道岔装卸运输及存放

道岔装卸、运输及存放应保证道岔质量和安全。装卸作业应由有作业资格的人员操作,并采用专用吊具,运输路线和存放场地应提前调查、规划,必要时应对已有道路加宽加固、修建新便道或拆除既有设施,以保证道岔组件运输顺畅和按计划有序进场。

1. 总体要求

道岔出厂前应逐组进行试拼装,组装合格的道岔方可拆解运输,转辙器、辙叉及心轨等应整体装运,同时对主要部件进行编号,标注吊装点,以保证运输到现场后能顺利装卸和组装。

道岔运输应根据道岔组件的长度选择不同的运输车辆,长大组件可选用拖挂汽车或轴线运输车。现场装卸与运输作业应采用专用吊具,并在专业技术人员指导下作业。

道岔的运输与存放作业不得变形、损坏、污染所有部件及零部件。装载、加固、运输方案应成熟可靠,新方案需经有关部门审批。产品包装在道岔铺设前不得拆除。

2.道岔部件厂内验收

每组道岔在运往施工工地前都应在厂内将道岔的转辙器区域、连接部分、辙叉区域安装在轨枕上进行组装、调试、检验,安装内容包括钢轨件、锁闭装置、转辙机、密检器等,并按设计规定对整组道岔的各部分尺寸、零部件的安装及偏差进行检测记录,对各部位尺寸严格按照设计及标准进行检查,直到各部位尺寸符合要求为止。

道岔预组装完成后,对道岔进行出厂前检验,道岔出厂后必须带有明显标识,其内容包括:产品名称、规格型号、出厂编号或出厂日期、制造厂名或厂标等。

可动心辙叉上应带有标识,标识内容应包括辙叉型号、左右开向、出厂编号或出厂日期、制造厂名或厂标等。基本轨、尖轨、配轨、护轨等在轨腰上标识出长度数值、厂标或厂名、出厂日期,基本轨、尖轨还应标出开向、直曲;铁垫板应按图纸规定标出清晰、不易损的标识,道岔各单元均应厂内组装全后,进行包装。

3.道岔部件装卸

(1)钢轨组件及单根轨的装卸。大号道岔可动心轨辙叉与轨下垫板组装发运,整体装卸,起吊时按图6-5所示布置吊点。

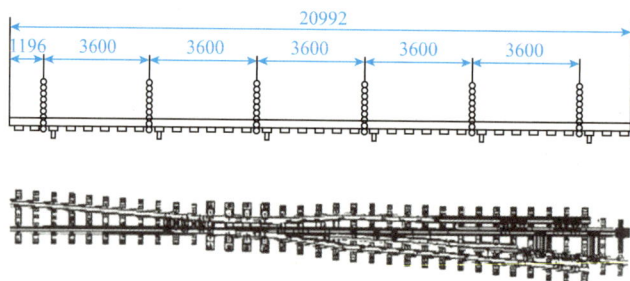

图6-5 大号道岔可动心轨辙叉装卸吊点布置(尺寸单位:mm)

导轨(胶接绝缘轨)组件装卸时,钢轨端头距离最近吊点不得大于4m。基本轨及尖轨组件的起点位置如图6-6所示。

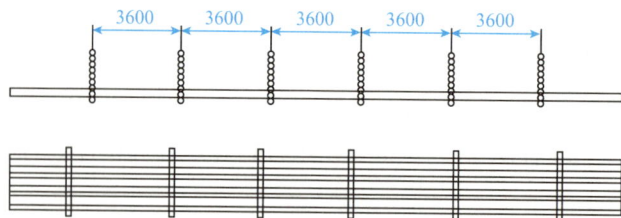

图6-6 大号道岔导轨及基本轨装卸吊点布置(尺寸单位:mm)

长度为15~25m的钢轨件,吊点间距允许最大值为4m。单根标准断面轨吊装时,吊点位置按如图6-7所示布置,且钢轨端头距离最近吊点间距不得大于3m。当吊装尖轨时,按图6-7所示的有吊点位置向尖轨跟端方向移动1m即可。严禁采用活卡吊具吊卸,应采用吊带锁吊卸。当起吊超过25m钢轨时,吊点间距允许最大值为4m,起吊点距端头距离不得大于3m。

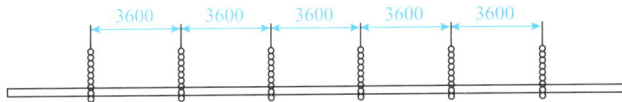

图6-7 单根标准断面轨装卸吊点布置(尺寸单位:mm)

(2)弹性铁垫板等扣配件装卸。弹性铁垫板等扣配件采用装箱装运,在装卸过程中应轻拿轻放,应保证产品及产品包装完好,避免产品在装卸过程中的磕碰、摔打及撞击。禁止将产品及产品包装一边放在地面上进行拖动。

弹性铁垫板等扣配件、零部件在装卸过程中严禁与油类、有机溶剂等有害于橡胶的化学药品接触,并应防止曝晒。开箱后取出的产品应水平放置在转运托盘上,每个托盘上只允许堆码一层产品。

(3)长岔枕装卸。长岔枕一般采用柔性吊带装卸。每次吊装不超过3根。单根岔枕装卸时,吊带应对称布置且固定,吊点最小间距为岔枕总长的1/2,吊带与水平线夹角须不小于60°。

长岔枕应按组存放,不合格品应单独存放。长岔枕在存放和运输中应水平放置码垛,长岔枕在下,短岔枕在上,每两层间使用两根木条支垫,最下层至最上层的垫木应在一条竖线上,码垛的水平层数最高不超过12层。

长岔枕在存放和运输中,应保持预埋套管内的清洁,应将螺栓旋入套管内,也可以用木塞或胶带(布)等封住管口。螺栓或封口物的外露高度不应大于垫木高度。

(4)道岔部件吊装技术要求。当采用汽车起重机吊装钢轨部件及轨排时,横梁宜采用25m长工字钢焊接制作,吊索采用尼龙软索,吊点布置不超过4m。

按照不同的轨件吊装图布置吊点,吊具与钢轨连接完成后,要对锁具锁紧的可靠性和平衡性进行检查。

先进行不大于100mm起升高度的试吊,验证起吊起具、吊具及锁具的可靠性,纵横向最大变形量不超过100mm。试吊无误可直接起吊,起吊时应慢速启动,注意保持平稳。钢轨组件起吊时特别注意防止翻转,起升与转向应分开进行,严禁边起升边转向。

4. 道岔部件运输

(1)长距离运输。钢轨部件运输:钢轨部件分类装车,通过铁路或公路进行运输。运输时,钢轨部件应通过绑带或铁丝固定于运输车辆上,以免受到撞击,钢轨部件两端超出拖车或者铁路货车的长度不得超过3m。用于钢轨部件运输的拖车和铁路货车等运输设备的承载能力应该能满足道岔部件的重量和长度的要求。钢轨部件不得超过规定的装货极限尺寸界线。在采用液压轴线车运输道岔部件时,必须限制运输车辆的弯曲半径。对于铁路货车上的货物堆放,钢轨组装件或钢轨件最大堆载高度不得超过4层。道岔区段最大堆载高度不得超过2层。应采取固定措施以防止在运输过程中的移动。铁路运输应遵循铁道运输部门的有关规定。长岔枕的运输应遵循轨枕制造商提供的运输程序,以防止损伤岔枕。未安装螺栓的岔枕套管螺栓孔须封闭,以防止落入泥土等杂物。

箱体的运输:需要吊装的木箱应该在良好的条件下,没有腐烂、撞痕、损坏。铁路运输应遵循铁道运输部门的有关规定。

(2)短距离运输。短距离运输主要是道岔钢轨组件、岔枕及弹性垫板等部件由工地存放地点运输至组装平台之间的运输。

钢轨组件通过汽车起重机吊装运输,人工配合落点定位。吊点布置及吊运要求与钢轨组件的装卸相同。

岔枕采用单根运输方式,由人工利用麻绳、抬杠等工具进行搬运。弹性垫板及其他零部件均采用人工搬运方式。

5. 道岔部件存放

道岔及部件存放场地应平整坚实,支垫顶面高差不大于10mm,并应采取防雨措施,排水通畅,严禁积水。

道岔零部件应按组分类放置、安全稳固,且易于检查和搬运,留够运输设备走行空间,防止雨淋、锈蚀等情况发生。

道岔基本轨尖轨、可动心轨辙叉组件最多码放2层。钢轨的码垛层数不得多于4层。钢轨件与地面间铺垫木质垫块,每层用木块垫实、垫平,木块应按高度方向垂直设置。

包装箱应单层存放。道岔扣件存放采取相应措施进行防雨、防晒、防锈、防腐、防盗、防变形损坏。

弹性铁垫板不安装使用时,应存放在包装箱内,装有产品的包装箱不允许堆码摆放。弹性铁垫板应放在清洁、通风、不被日光直射、远离热源及化学试剂污染处储存,储存期为1年。

6. 道岔缺损件的处理

发送道岔列车、汽车到站时,应根据"道岔零部件发送明细表"和"装箱单"对道岔零部件的品种、规格及数量等进行清点,并检查外观。若发现道岔零部件在运输过程中被盗或破损时,应及时向道岔厂家报告并要求补充。若发现道岔质量问题时,应尽快填写用户反馈信息表并报告道岔厂家,以便厂家及时处理。

(四)道岔原位组装铺设

1. 道岔组装平台安装

组装平台应安装有道岔限位调整机构,具备组装和调试道岔的能力,如图6-8所示。组装平台调整机构能够对整组道岔的总体方向水平调整;检查轨距、支距、钢轨端头方正等主要几何尺寸指标;调整密贴、直线度,消除超限偏差。

道岔组装

图6-8 道岔组装平台

道岔组装平台安装前,先根据道岔线路中心线在底座混凝土表面弹墨线,放样定出组装平台纵梁位置,然后安装纵梁。应先根据道岔控制基桩放样组装平台的纵梁位置,纵梁顶面高程按设计线路轨面高程返算确定,以保证道岔组装完成后轨面高程低于设计高程。组装平台纵梁顶面高程调整到位后进行固定,之后在纵梁上按岔枕间隔标出岔枕位置,根据道岔的岔尖、岔心、岔尾等控制基桩,定出主要岔枕的位置,并依此布置道岔的组装调试平台。

道岔组装平台直股一侧的边线应与道岔直股的中心线平行,并预留岔枕的调整量。组装平台安装高度与道岔的设计坡度一致,并使岔枕就位后比设计高程低 10～15mm。道岔组装平台安装时应使各部位的调整丝杆居中,以保证组装平台的设计调整量到最大值,调整螺纹调节杆高程,保证组装平台安装高度,高低水平公差为 5mm/5m。道岔组装平台安装就位后,应使支撑点支撑牢固,防止倾斜。

2. 岔枕摆放

道岔各部件由专业运输公司运抵现场后,严格按照确定的方案分步分段将道岔件吊装到组装平台,人工配合就位。按照道岔铺设图,采用汽车起重机+吊带吊装逐根完成长岔枕的摆放。首先根据道岔开向,确定道岔第一根岔枕的位置和方向(里程与中线偏差均不超过 2mm),调整组装平台限位机构,使岔枕安放到位。

每段以第一根和最后一根岔枕为基线摆放岔枕,岔枕摆放时必须注意其正确方向,用大钢尺控制调整岔枕间距和位置,不得以岔枕间距累积测量,特别注意牵引点处岔枕位置和间距不得小于设计尺寸,可动心轨第一牵引点岔枕间距可按 +5mm 控制,且不允许后一根岔枕后移。

以第一根岔枕为基准方正岔枕,同时调整岔枕间距。岔枕定位以直股外侧第一岔枕螺栓孔为基准拉弦线确认,岔枕方正应采用两把长尺平行放置,使岔枕间距找正。精调岔枕高低,对高低差明显的岔枕进行粗调。岔枕摆放及调整时,严禁使用撬棍插入岔枕扣件螺栓孔内撬拨岔枕。岔枕方正完毕后,再次核实岔枕摆放间隔、方正及全长,同时检查岔枕外观质量。

3. 道岔垫板安装

对照铺设图摆放和安装道岔弹性铁垫板,并使轨底坡朝向轨道内侧,螺栓孔中心与预埋绝缘套管孔对正。选择适当型号的缓冲调距块(调整量为0)安放在弹性铁垫板的复合定位套内,缓冲调距块有四个沟槽面的朝下,并保证其下表面与复合定位套下表面平齐。将盖板安装在弹性铁垫板上,装有橡胶垫圈的一面朝下。选择适当型号的垫板螺栓,套上弹簧垫圈,并将螺纹部分涂满铁路专用油脂,穿过盖板旋入预埋绝缘套管中。在铁垫板承轨面上放置轨下橡胶垫板。

组装道岔扣件垫板时严格区分不同使用部位的静刚度、左右开向及安装方向,确认钉孔对中,并按标记位置确定内外股摆放方向正确后,才可用螺栓连接垫板和岔枕。垫板组装时,注意保持岔枕位置和方向不变。

道岔垫板安装完成后,再次对照铺设图进行逐项检查,确认道岔垫板及零部件的规格类型、安装位置、左右开向及安装方向、安装质量等符合要求。

4. 道岔基本轨及尖轨组件安装

检查并确认基本轨跟端支距垫板状态良好,拆除垫板防护罩。通过汽车起重机和吊具将曲基本轨及直尖轨组件吊装就位,基本轨落入垫板承轨槽,注意后端滑床垫板入槽困难时,可拆下前移,依次安装。若跟端固定垫板支距已在厂内完成调整,不应采用拆卸跟端垫板的方式安装。

钢轨件摆放后,应首先调整直基本轨的位置、高低、方向,再进行道岔其他几何参数的调整。确认基本轨前端位置及基本轨方向,并通过撬棍调整使基本轨前端位置准确到位。按设计号码安装滑床板垫板上的轨距块,禁止锤击砸入。外拨基本轨,使基本轨与轨距块处于密贴切状态。之后,安装弹性夹到扣压装置,使弹性扣压上基本轨,但不施加扣压力。安装外侧Ⅱ型弹条,施维格弹性扣压到位。调整基本轨的方向,尽量不采用缓冲调距块调整。锁定岔枕螺栓及Ⅱ型弹条扣件系统。

重新检查直基本曲轨前端位置及方向。用相同方法摆放和安装曲基本轨及直线尖轨组件,注意前端与直基本轨端头的方正与位置。摆放和安装道岔直股外侧和曲股外侧钢轨,与可动心轨辙叉共同用轨枕的部分暂不安装扣件系统。

5. 道岔可动心轨辙叉组件安装

确认可动心轨辙叉区垫板组件安装良好。拆除可动心轨辙叉包装用件(固定心轨位置的包装暂不拆除),通过汽车起重机+吊带吊运可动心轨辙叉就位。人工搬运时,注意不得突然下落。调整并确认可动心轨辙叉位置正确,并与岔枕连接。辙叉组件的垫板及方向在道岔厂内已经调好,一般不得随意调整、更改。

安装直股普通垫板的轨距块及弹条Ⅱ型扣件系统,达到连接及扣压的作用,但不要锁紧。在此期间要做好直股方向和道岔全长的确认工作。

调正辙叉跟端的尺寸及方向,测量长心轨股道的道岔全长,确认可动心轨辙叉的纵向位置正确。依据直股方向确定可动心轨辙叉翼轨外侧轨距块的规格型号,当所有规格型号均满足要求时方可定位。

6. 道岔连接导轨及工具轨安装

道岔转辙器组件及可动心轨辙叉安装就位后,摆放并连接其余垫板件,安装导轨并安装和锁定扣件系统。道岔前后长岔枕及双块式无砟道床地段也一并铺设长岔枕、双块枕及工具轨,使道岔及前后线路一并组装和施工,以此保证道岔及前后线路轨道线形的连续性。相邻的两组道岔原则上应同时组装和铺设。道岔前后的工具轨应采用与正线轨型相同的钢轨,且无变形、损伤、毛刺、磨耗等。

7. 道岔组装注意事项

(1)钢轨件组装前对钢轨质量进行检查,严格控制钢轨弯曲(包括高低和水平),若有较大质量差异,应用顶调设备预先进行调整。

(2)拉钢弦线控制道岔岔枕直股端螺栓孔在一条直线上,带编号的一侧铺设在道岔直股外侧,侧股辙叉后短岔枕带编号一侧铺设在道岔侧股外侧。

(3)以第一根岔枕为基准方正岔枕,并与间隔调整配合进行。岔枕方正应采用按岔枕间距找正。调整岔枕时用2把长钢尺置于岔枕两端精调,避免公差累积。

(4)调整岔枕水平,要求相邻岔枕顶面高差不大于2mm,所有岔枕顶面高差不超过5mm;枕间距偏差控制在±5mm。

(5)辙叉跟端(直向)距基本轨前端定位,偏差不超过2mm。以辙叉垫板孔为准适当调整岔枕位置。当辙叉垫板孔位与轨枕钉孔位置相距较大时,应及时向厂家反映,不得擅自拆移辙叉垫板或强行拨枕。

(6)组装道岔扣件垫板时严格区分不同使用部位的静刚度、左右开向及安装方向。确认钉孔对中,并按标记位置确定内外股摆放方向正确后,才可用螺栓连接垫板和岔枕;垫板组装时,保持岔枕位置及方向不变。

(7)汽车起重机＋专用吊具或吊带吊装道岔钢轨件及岔枕。吊装从前至后或根据现场条件确定的吊装顺序依次吊装就位。每段吊装顺序按先直向后侧向、先外股后内股进行。每段组装宜按照先转辙器基本轨和尖轨部分,再中间导曲线连接部分,最后心轨辙叉部分的顺序进行组装。钢轨连接严格按照厂内标记的接头顺序和设计预留轨缝值进行。轨缝允许偏差±2mm,钢轨长度累积偏差不得超过整体要求,道岔全长允许偏差为±10mm,必要时进行磨头或锯轨处理。安装弹性夹,应使用专用工具,并按安装说明和铺设图的要求进行。

(五)道岔移位铺设

道岔平移台车采用标准型钢杆件组合的模块式结构设计,包括走行轨道、轨道走行部、组合纵梁及组合横梁,主要用于道岔基地或工厂内组装、直接运输轨排进场铺设、汽车起重机不能直接将道岔粗铺就位的地方,需要通过道岔平移台车进行道岔轨排的纵横向移动。

1.道岔平移台车安装

当施工现场不具备道岔直接吊装就位条件时,可在适当位置安装道岔平移台车,通过道岔平移台车将道岔推送就位。与道岔组装平台安装相同,应先根据道岔控制基桩放样道岔平移台车的走行轨道位置。走行轨道采用24kg/m钢轨或型钢安装,轨道下按1.0m间距铺设10cm厚方垫木,检查轨道高度及平顺性,之后按自下而上的顺序依次安装台车纵梁及走行部、横抬梁,最后安装就位工装和横移工装。

道岔平移台车安装完成后,应复核整体高度,以保证道岔组装后的轨面高程低于设计高程,检查每个单元的平移台车是否与计划的道岔轨排长度相符。同时将就位工装和横移工装的调整丝杆居中,以保证各调整丝杆的调整量达到最大值。

2.道岔组装

道岔应在道岔组装场按道岔铺设图进行预组装,组装场的平面尺寸应满足道岔组装要求,明确划分岔料堆码区和道岔组装区,地面硬化找平并搭设防雨棚。组装场应配备起重和道岔专用吊具等设备,起吊能力应满足分段吊装道岔轨排的要求。道岔组装与道岔原位组装相同。道岔预组装完毕,质量检测合格后,按道岔铺设图分解为道岔轨排运至铺设现场。

3.道岔轨排吊装

当现场采用预组装道岔整体运输进场铺设时,需要通过运输车将道岔轨排分段运输进场,并用汽车起重机＋专用吊具吊装以及平移台车平移就位。如图6-9所示。为保证道岔节段在运输和吊装过程不变形,根据道岔节段的长度及重量选择不同的运输车辆,30m以下用拖挂汽车,30m以上用轴线汽车。运输时,在车体上安装足够刚度的专用托架,道岔节段层与层之间按不小于6m间距用木枕横向支垫。

图6-9 道岔轨排吊装

根据轨排节段的长度选用1台或多台大吨位汽车起重机吊装道岔,配专用吊具梁,吊具梁上设有多根等距布置的吊索,吊索按对称布置,并保证道岔节段竖向变形不超过1%,横向变形不超过2%。如54.5m转辙器轨排吊装时,则需要2台200t级汽车起重机配2个吊具梁同时吊装。

道岔轨排吊装卸车直接落在提前安装就位的道岔平移台车上,再经人工推送到铺设位置,用无孔夹具和轨距拉杆将道岔轨排连接成整体。

(六)道岔粗调及精调支架的安装

道岔及前后过渡段轨排组装完成后,按照道岔铺设图进行岔枕位置的检查复核,转辙器、辙叉区域及辙叉后长岔枕位置的岔枕位置不符合要求时会直接影响轨距及道岔方向的调整。之后进行道岔粗调、螺杆调节器及精调支架的安装。

1.调整道岔轨距及支距

检查并确认道岔直股尖轨及曲股尖轨的质量状态,若发现问题应预先顶调。对滑床垫板位置进行顶调,一般情况下将垫板外调至极限位置。检查和确认道岔框架尺寸(尖轨尖端轨距和直线尖轨轨头切削起点轨距或基本轨间距离);检查和确认直线尖轨固定端及跟端轨距;调整直线尖轨与曲基本轨密贴。

从基本轨前端及道岔跟端,通过拨道的方式调整直线尖轨的直线度。使用30m或更长的弦线对尖轨开始测量直尖轨工作边直线度,要求最大偏差不超过2mm。使用相同方法,调整曲线尖轨密贴段至尖轨跟端的支距。结合轨距调整、尖轨直线度调整,调整直线尖轨与基本轨密贴。此时轨距的调整以调整轨距块为主,偏心调距块为辅,调整过程中应严格检查道岔零部件安装的准确性。

调整密贴段以后的直侧股轨距。调查尖轨轨底与滑床台板间的密贴。调整可动心轨辙叉范围内轨距时,采用更换不同的缓冲调距块改变垫板位置实现叉心位置的调整,但仍要适当地拨道来确保辙叉心直股的直线度。辙叉直股直线度调整好后,将心轨拨通至曲股,通过复核检查心轨曲股的支距来验证辙叉心摆放的位置、方向的正确性,如不合适,则重复上述步骤进行调整。

曲股辙后支距垫板区域或通过轨距块调整支距,曲股其他区域还可以通过更换不同的缓冲调距块配合支距调整。

安装拉杆式侧向支撑,对轨排进行横向调整。侧向支撑主要用于道岔轨排的横向调整,侧向支撑分为拉杆式和地锚式两种。拉杆式侧向支撑由托盘、调节丝杆(拉杆)、固定支架组成,路基地段固定支架一般通过两侧底座预埋膨胀螺栓固定,如图6-10所示,桥梁或隧道地段固定支架可卡在防撞墙或水沟侧墙上固定,如图6-11所示。地锚式侧向支撑由地锚、横向螺杆组成,地锚式侧向支撑主要用于道岔轨排的固定,防止混凝土浇筑时道岔轨排上浮。

图6-10　路基地段拉杆式侧向支撑　　　　图6-11　桥梁或隧道地段拉杆式侧向支撑

2.设置侧向支撑

侧向支撑沿纵向间隔2根岔枕设置1对,辙叉部位可加密设置。在底座混凝土上根据测设的道岔控制基桩,用油漆标识侧向支撑预埋件的设置位置,按侧向支撑底座螺栓孔间距设置。

采用冲击钻成孔、植筋胶植筋方式埋入膨胀螺栓,按照预先标记的位置安装侧向支撑。安装前,侧向支撑的调节丝杆应居中并涂油。安装时,应保证侧向支撑各零部件安装准确,与钢轨间的间隙应尽量小。

依据道岔外移基桩,通过L尺检查和确认所处点位道岔中线的偏差值,调整侧向支撑的丝杆,使道岔轨排横移对中并固定道岔。道岔轨排的横移调整应左右两侧侧向支撑同时对称进行,并沿线路方向逐根调整。

3.安装地锚式侧向支撑

道岔初调完成后进行地锚钻孔,钻孔深度200mm,地锚采用直径12mm的螺纹钢筋,加工成L形,每隔3根岔枕设置1对(直曲股对应),并与岔枕钢筋桁架下层钢筋中靠内侧的一根钢筋头对齐。地锚钢筋在道岔一次精调完毕后采用锚固胶进行植入固定,在浇筑道床混凝土前将地锚钢筋与道岔桁架钢筋焊联,以防止浇筑混凝土时道岔轨排上浮。

4.安装竖向螺杆调节器

按每2根岔枕在钢轨上对岔枕中间的位置对称安装竖向螺杆调节器,辙叉部位适当加密。螺栓杆调节器一般与侧向支撑统一安装,一个螺杆调节器和一个侧向支撑可共同一个托盘。

一般情况下,螺杆调节器在轨排横向调整完成后再安装,且每根螺杆下需要安装PVC套管,以方便道床混凝土浇筑完成后螺杆调节器的顺利拆除。

对轨排高程进行调整。依据道岔外移基桩,通过L尺逐点检查和确认道岔轨面高程以及高程调整量。调整完成后要进行二次检查和确认,不合格之处应重新调整。

5. 道岔钢轨连接

道岔高程逐点调整到位后,进行钢轨的连接。先以方尺检查和方正左右股钢轨,再按照铺设图加装轨缝片,以控制道岔全长符合铺设图要求。之后,使用 U 形无孔夹具对钢轨连接固定,并保证钢轨连接平顺,无错牙、错台。

6. 竖向螺杆安装及粗调质量检查确认

道岔轨排经过 3 遍以上的粗调后,将定位螺栓旋入岔枕端部的预留孔内,并使螺栓端头铁垫板顶紧、承力。定位螺栓旋入前应涂油,埋入道床板的部分加装 PVC 套管。定位螺栓端头与底座表面应加装支垫垫板,以使支撑螺栓受力均匀。

通过 L 尺检查,确认道岔调整到设计位置(横向及竖向偏差均在 2mm 以内)。检查道岔点里程偏差不大于 5mm,预留轨缝偏差不大于 2mm,道岔全长偏差不大于 10mm。

7. 道岔铺设偏差

道岔初定位后,高程允许偏差 −5 ~0mm,中线允许偏差 5mm。道岔主要结构尺寸允许偏差应符合表 6-1 的规定。

道岔铺设主要结构尺寸允许偏差   表 6-1

序号	检测项目	允许偏差(mm)
1	轨距	±1(逐枕测量)
2	支距	±1
3	尖轨第一牵引点前与基本轨间隙	<0.5
4	尖轨其余部分与基本轨间隙	<1.0
5	尖轨轨腰与顶铁的间隙	<1.0
6	尖轨轨底与滑床台间隙	<1.0 且 1.0mm 缝隙不得连续出现
7	转辙器部分最小轮缘槽	≥65
8	心轨第一牵引点前与翼轨的间隙	<0.5
9	心轨其余部分与翼轨的间隙	<1.0
10	尖轨(心轨)各控制断面(轨头宽大于 15mm)相对基本轨(翼轨)顶面的降低值	±1
11	心轨轨底与台板的间隙	<1.0
12	心轨轨腰与顶铁的间隙密贴	<1.0
13	状态下,尖轨轨底和辊轮的间隙 Δ_1	$1 \leqslant \Delta_1 < 2$
14	斥离状态下,尖轨轨底和滑床台板的缝隙 Δ_2	$1 \leqslant \Delta_2 < 3$
15	尖轨限位器两侧间隙值	±0.5(焊联前测量)
16	尖轨各牵引点处开口值	±3
17	可动心轨辙叉第一牵引点处开口值	±1
18	心轨实际尖端至直股翼轨趾端的距离	(0, +4)
19	护轨轮缘槽宽度	(−0.5, +1)

序号	检测项目	允许偏差(mm)
20	岔枕间隔	≥1391
21	牵引点位置岔枕间距极限偏差	(0,+5)
22	岔枕位置	±5,累计±10
23	道岔全长	18号道岔,±10;大于18号道岔,±20

(七)道岔第一次精调

道岔粗调完成,道岔组装平台或平移台车拆除及所有安装工作完成之后,即可开始道岔精调工作。道岔精调采用轨道几何状态测量仪配合测量。利用3~4对CPⅢ测量控制点和轨道几何状态测量仪进行全面检查,全站仪设站坐标分量中误差不应大于0.7mm,定向中误差不大应于1.4″。道岔精调的调整顺序依次为:道岔轨向及高低调整、道岔轨距及水平调整、道岔各部密贴及间隔调整、弹性夹的安装与调整、辊轮的安装与调整。

道岔精调

1.道岔轨向及高低调整

根据轨道几何状态测量仪检测数据确定精调数值,调整竖向螺杆调节器或竖向螺杆,精调起平道岔。轨道几何状态测量仪测量时,前后两次测站间的重复测量应不少于10根岔枕,重复测量偏差值应小于2mm,平顺度搭接长度应不大于1mm/10m的变化率,并在下一站测量区间顺接。

道岔钢轨平面位置和高程偏差不应大于0.7mm,超高偏差不应大于0.5mm,侧股曲线段不得有反超高;相邻两根轨枕的钢轨高差不应大于0.5mm,水平差不应大于0.5mm。

以直股为基准调整道岔轨向,直线尖轨工作边的直线度、密贴段直线度不大于0.2mm/m,全长不大于2mm。直线尖轨圆顺且无硬弯。可动心轨辙叉直股工作边直线度不大于0.2mm/m,全长(可动心轨尖端前500mm至弹性可弯中心后500mm)直线度为2mm,心轨尖端前后各1m范围内不允许抗线。可动心轨辙叉曲股工作边曲线段应圆顺,不允许出现硬弯。

道岔的高低通过竖向螺杆调节器或竖向螺杆调整,道岔的方向通过侧向支撑调整,使道岔轨向及高低满足要求。对于直基本轨一侧轨向的调整,应使用30m及以上的钢弦线进行辅助检查。检查时,先用轨道几何状态测量仪对钢弦线的安装起始点进行中线检查及确认,之后再使用钢弦线检查和调整中间部分。两次钢弦线安装搭接长度应不小于5m。

2.道岔轨距及水平调整

道岔轨距及水平调整时,以直基本轨一侧为基准,按照先调支距再调轨距的步骤进行,使尖轨跟端起始固定位置支距、尖轨跟端支距和导曲线支距允许偏差符合设计要求并尽可能的小。

通过轨道几何状态测量仪对道岔轨面逐根岔枕进行测量,确定道岔高程调整数值,精调起平道岔。轨面高程精调确定后,道岔的高低、水平应不超过设计限值。滑床台板应坐实坐平,垫板与台板的间隙不超标。

3. 道岔各部密贴及间隙调整

通过增减顶铁调整片,调整尖轨、心轨顶铁间隙,并同时调整轨距、支距,确保尖轨与基本轨密贴,可动心轨在轨头切削范围内应分别与两翼轨密贴,开通侧股时,叉跟尖轨应与短心轨密贴。

结合道岔高低、水平的调整,使尖轨或可动心轨轨底与台板间隙不超标。调整限位器位置使两侧的间隙值对称均匀并满足技术要求。轨撑的顶面应与翼轨轨头下颚密贴。通过调整扣件使尖轨跟端支距、趾跟端开口、护轮轨轮缘槽宽度等满足要求。

4. 弹性夹的安装与调整

弹性夹安装时,应使轨底与轨下橡胶垫板接触。弹性夹的安装方法为:用手将弹性掰成一定角度,从滑床台板开口上方放入;按下弹性夹跟端并向钢轨方向推入,确保弹性跟端位于台板止退凸台前面;将安装工具的一边插入一侧的安装口;用安装工具的水平面拉起弹性夹的一个跟端,并向台板的外侧扳动安装工具,将弹性夹的跟端置于安装台上;将安装工具放在相对的另一边开口处,抬起处于预备位置状态的弹性夹跟端,将安装工具下压,就会使弹性夹外移至凸台根部;用安装工具的头部放在弹性夹中间,将弹性夹向里推,确保弹性夹处于正确的位置。弹性夹的拆卸方法为:将弹性夹的拆卸边插入滑床台板的安装口,沿两弹性夹跟端内侧方向扳动安装工具,即可将弹性夹撬开,另一侧重复同样的动作,可使弹性夹处于放松状态,即可取出弹性夹。

5. 辊轮的安装与调整

为了更好地对辊轮进行防护,辊轮的安装宜在道床板混凝土浇筑后进行。辊轮的调试应在尖轨密贴状态下进行,此时要求尖轨轨底与滑床台板密贴。松动辊轮支架上的定位螺钉,可使辊轮系统沿滑床台板方向移动,调整辊轮位置。

通过扳手转动辊轮轴,可调节辊轮最高点与滑床台板上面的高度差。一般情况下,靠近尖轨轨底的辊轮(里侧辊轮)应高出滑床台板表面 2~3mm,外侧辊轮高出 3~4mm。里侧辊轮与尖轨轨底应留出 1mm 的间隙,并用 1mm 厚的塞尺定位。

预紧支架螺栓后,应重新测定辊轮高度和内侧辊轮与轨底间隙,确认合格后以 70N·m 的扭矩紧固支架螺栓。

单辊轮系统的调整方式与双辊轮系统类似,与尖轨轨底的间隔相同,单辊轮高度应高出滑床台板 3~4mm。

在进行转辙器部位的轨距、密贴、高低、方向等指标调整时,均应对辊轮系统的各项指标进行核实或调整。

辊轮系统调整后综合状态应为:尖轨拆离状态下,两辊轮间尖轨与滑床台板滑动表面的间隙为 1.5~2.5mm,特殊情况下应保证尖轨轨底与台板不接触。

6. 道岔精调质量检查

整组道岔精调完毕,应对弹条螺栓、岔枕螺栓、限位器螺栓、翼轨间隔铁螺栓、长短心轨与间隔铁螺栓等进行复拧,其复拧扭矩值应符合设计要求。道岔(直向)静态铺设精度应符合表 6-2 的规定。

序号	项目	允许偏差（mm）
		道岔（直向）静态铺设精度　　　　　　表6-2
1	高低	≤2,10m弦测量 ≤2,30m弦5m校核（轨道几何状态测量仪）
2	轨向	≤2,10m弦测量 ≤2,30m弦5m校核（轨道几何状态测量仪）
3	水平	≤2,逐枕测量
4	扭曲	≤2,测量基线长3m
5	轨距	±1,变化率1/1500,逐枕测量

（八）转换设备的安装与调试

道岔首次精调完成后,在道床板混凝土浇筑前,应对转换设备进行预安装及调试(此处工电调试主要以转辙机手摇柄进行操作),满足设备设计性能指标后,方可拆除转换设备,进行道床板混凝土浇筑。道床板混凝土浇筑完成后,再次安装转换设备。

1.转辙器外锁闭装置安装

锁闭杆连接后,两锁闭杆应保持平直,与绝缘垫板、夹板配合良好,各螺栓、螺母、垫圈等紧固连接。尖轨连接铁与尖轨间隙应预留3mm调整片,当尖轨开口出现偏差时可进行增减以调整尖轨开口。锁钩销轴螺纹应远离尖端铁位置。锁闭框安装后,同一牵引点处左右侧两锁闭方孔中心应同轴,允许偏差±3mm。

安装时锁闭铁与锁闭框之间预留5mm调整片,并根据尖轨与基本轨的密贴情况进行增减。锁闭铁与锁闭框紧固后,应保证锁闭铁内侧上面顶面与锁闭框方孔面接触。

外锁闭安装后,转换过程中,锁闭杆、锁钩应动作平衡、准确到位。转换到位后,尖轨与基本轨应密贴良好。

2.辙叉外锁闭装置安装

锁闭框与翼轨连接后,锁闭框应与翼轨的轨头和轨底侧面贴靠,同时保证锁闭框与锁闭杆的接触面水平。安装时锁闭铁与锁闭框之间预留5mm调整片,调整片可根据心轨与翼轨的密贴情况进行增减。锁闭铁与锁闭框紧固后,应保证锁闭铁内侧上面顶面与锁闭框方孔面接触。

外锁闭安装后,转换过程中,锁闭杆、锁钩应动作平衡、准确到位。转换到位后,尖轨与基本轨应密贴良好。

3.转辙机安装

转辙机安装于底座的转辙机平台上,安装时应根据实际电缆走线安装。转辙机基础弯板与岔枕固定后,基础弯板组件方正,保证弯板与道岔基本轨垂直。转辙机垫板应与弯板垂直并安装牢固。

转辙机及其垫板安装后应保持水平。当基本轨与岔枕进行高低调整时,基础弯板应作同样调整,以满足转辙机与外锁闭装置高低变化的需要。连接应平顺、无别卡,连接销应易于置入或退出,不应强行敲击。调整动作连接杆使尖轨开口,外锁闭量符合指标要求。调整表示连接杆长度,在道岔定、反位时,转辙机的检测柱落入表示(锁闭)杆缺口,并使缺口内两侧间隙相等。转辙机安装后,转辙机动作杆应与道岔直基本轨垂直。

4. 密贴检查器安装

密贴检查器安装后,应保证两侧调整连接杆件在同一轴线。调整连接杆件,检查尖轨与基本轨密贴状态,满足 5mm 无表示、4mm 有表示的要求。

5. 转换设备安装注意事项

(1)电务转换设备安装及调试,应由工务和电务技术人员配合进行道岔工电联调及定位。

(2)道岔几何配合电务转换设备调试的工作主要是对轨距、支距及轨向的局部细调,重点对尖轨和可动心轨密贴段进行调整,使允许偏差符合设计要求。

(3)密贴调整与电务转换设备调整应同步进行,确保尖轨与基本轨密贴,可动心轨在轨头切削范围内应分别与两翼轨密贴以及开通侧股时叉跟尖轨尖端与短心轨密贴。

(4)经过工电联调之后,可使道岔可动机构在转动过程中动作平稳、灵活,无卡阻现象,锁闭装置正确锁闭、表示正确。道岔轨距、方向、密贴和间隔等检测项达到设计要求。道岔系统工电联调检测过程中,应对转换装置、锁闭装置的工作性能检测和道岔轨距、方向、密贴和间隔等几何尺寸检测值进行详细记录。

(5)道岔电务转换设备在道岔系统工电联调结束后,应按操作规程进行拆除,在拆除前,应做好定位标记。道岔电务转换设备拆除后,应再次检测道岔几何形位,复测轨道高程、方向,对因拆除作业产生的偏移及时调整复位,精细调整道岔。

(6)道床板混凝土浇筑后的道岔电务转换设备安装施工,转辙机通电后,应检测各牵引点动程及牵引力,检查转换机的工作状态,检查锁闭装置锁闭到位和表示状态,并分别调试到位。电务转换设备调试合格后的允许偏差应符合相关标准的规定。

6. 电务转换设备拆卸后保管防护措施

工电联调检验测试合格后,应对转辙机、锁闭装置、转辙装置及密贴检查器等电务转换设备进行拆卸并采取措施保护。专人负责组织拆卸工作,对拆卸设备应现场清点并检查外观质量,避免在拆卸过程中损坏零部件。经检查符合要求,及时装箱并做好标识,汽车运回库房内保管并办入库登记手续。

电务转换设备装卸时应轻装轻放,重不压轻,大不压小,堆放平稳,捆扎牢固。人工搬运、装卸物件应视物件大小及轻重配合人员。堆放物件不可歪斜,高度要适宜。对易滑物件,应用木块或木楔垫塞。

七 道岔道床板混凝土浇筑

(一)道床板钢筋绑扎

道岔首次精调完成后,在岔枕下按设计数量、间距铺设道床板底层横向钢筋和上层纵向钢筋。绑扎钢筋时在架立钢筋、纵横向钢筋的交叉处、纵向钢筋与轨枕桁架下层钢筋交叉处以及纵向钢筋搭接处设置绝缘卡,并用塑料带绑扎牢固,如图 6-12 所示。绑扎钢筋时,必须确保钢筋保护层厚度和钢筋间距符合规定,当钢筋与螺杆精调器相碰时,适当调整钢筋间距或位置。道床板底层钢筋应保证每平方米有不少于 4~6 块高强度砂浆垫块垫实。原则上,钢筋间距允许偏差为20mm,保护层厚度允许偏差为 – 2 ~ 5mm。

道床板钢筋绑扎完成后,应进行绝缘性能测试,钢筋间绝缘电阻值不得小于2MΩ。按照施工图,进行接地钢筋和接地端子的焊接,如图6-13所示。接地钢筋焊接时,单面焊接长度不小于200mm,双面焊不小于100mm。焊接接地端子时,接地端子端头应紧贴纵向模板。路基段接地端子靠近接触网基础或桥台处设置,通过接地钢缆与桥台处的接地端子连接,并入桥梁接地系统,但并入后形成的接地单元应满足不大于100m的要求。

图6-12　钢筋绑扎及绝缘处理

图6-13　接地端子

(二)道床板及转辙机基坑模板安装

道床板混凝土边模采用定型组合钢模板,转辙机基坑模板则采用竹胶板制作。道床板模板安装时,应同步安装道床伸缩缝材料,为保证伸缩缝安装顺直,可采用型钢固定的方式。模板安装通过道岔铺设控制基桩定出的模板边线进行控制,模板安装定位偏差为高程 ±5mm、中线3mm。

模板安装前,应清理道床板范围内的遗留杂物,并对底座表面采用高压水清洗。模板安装时,模板必须清洗且涂刷脱模剂,相邻模板间拼缝应密贴,纵向模板与下部底座表面应相互垂直。模板固定装置应与底座层预埋件牢固连接,防止跑模,必要时增加横向拉杆。

根据转辙机基坑结构尺寸加工和设置转辙机基坑模板,并在两侧岔枕之间加设临时支撑,固定岔枕间距。

道床板模板安装完毕并符合要求后,应将接地端子与接地钢筋焊接,焊接要求见"道床板钢筋绑扎",同时必须保证接地端子与模板密贴,并采用塑料薄膜对接地端子进行包裹保护,以防止污染。道床板及转辙机基坑模板安装允许偏差应符合表6-3的规定。

道岔道床板及转辙机基坑模板安装允许偏差　表6-3

序号	项目	允许偏差(mm)	序号	项目	允许偏差(mm)
一	道床板模板	—	二	转辙机基坑模板	—
1	顶面高程	±5	1	高度	±5
2	顶面宽度	±5	2	宽度	±5
3	中线位置	2	3	输线位置	2
4	伸缩缝位置	5	4	轴线偏斜	5

（三）道岔二次精调

道床板混凝土浇筑前,应对道岔系统进行二次精调。道岔二次精调,采用轨道几何状态测量仪检测道岔方向、高低、水平、轨距等几何状态指标,根据检测反馈数据逐点对道岔轨排高低、水平、方向进行微调定位。主要内容有以下几点:

（1）调整竖向螺杆及螺杆调节器的高度,精调起平道岔。道岔高低、水平不超过设计限值,滑床台板坐实坐平,垫板与台板间的间隙不超标。

（2）调整侧向支撑,对道岔方向超限点作局部精调。直股钢轨通过钢弦线检查直线度符合规定指标,曲股工作边曲线段圆顺无硬弯或鹅头。

（3）调整轨距、支距。使尖轨检测点支距和导曲线支距允许偏差符合设计要求。

（4）调整尖轨、可动心轨密贴和顶铁间隙。

保证密贴段密贴良好、间隙值不超标。整组道岔调试完毕后应再次对弹条螺栓、岔枕螺栓、限位器螺栓、翼轨间隔铁螺栓、长短心轨间隔铁螺栓等进行复拧,复拧扭矩符合设计要求。

（四）道床板混凝土浇筑

1.道床板混凝土浇筑前检查

道岔二次精调到位后,检查道岔竖向螺杆、螺杆调节器、侧向支撑的 PVC 套管是否完好,如有破损应及时用胶带封好,并在道岔及岔枕部件上加防护罩或用塑料薄膜封闭,防止混凝土浇筑时被污染,如图 6-14 所示。确认接触混凝土的底座表面不得有积水和异物,伸缩缝要放置弹性材料。清理岔区杂物后洒水湿润混凝土底座及岔枕,以利新旧混凝土的界面结合。

图 6-14　道岔部件保护

道床板混凝土浇筑前,检查混凝土搅拌、运输及泵送设备,提前进行混凝土试拌和工艺试验,确认混凝土自搅拌到浇筑完毕的时间不超过混凝土初凝时间,并且混凝土的性能满足泵送施工的要求,以确保混凝土浇筑能顺利进行。确认合理的施工天气及施工时机,原则上雨天或烈日天气不进行道床混凝土浇筑施工,而且应保证道床混凝土浇筑过程及混凝土终凝前气温变化不超过15℃。同时,应做好中途下雨及夜间施工的应急预案,做好防雨、夜间照明等施工措施。冬期施工时,制定相应的冬期施工措施。

2. 道床板混凝土浇筑

道床板混凝土浇筑前,应完成所有的准备工作,并经监理检查确认合格后方可进行混凝土浇筑施工。

在浇筑道床板混凝土前应对到场的混凝土进行含气量、坍落度及温度检查,不合格的混凝土不得使用。浇筑过程中每50m³混凝土做一次含气量、坍落度及温度测试,并制作混凝土试件取样留置。夏季施工时,混凝土入模温度不宜高于气温,且不宜超过30℃,浇筑施工应避开高温时段。

道床板混凝土按一次浇筑完成组织施工,浇筑由道岔的辙叉区向两端浇筑,渡线道岔应同时分别浇筑。施工要点如下:

(1)混凝土浇筑过程中,在保证振捣密实的同时,应有专人负责守漏和模板、钢筋及道岔固定状况的检查和修复,防止漏浆及道岔、模板、钢筋等移位。

(2)混凝土浇筑时应逐个轨枕盒浇筑,使每空轨枕盒的混凝土浇筑饱满,混凝土经岔枕底部流入下一空轨枕盒且混凝土面高于轨枕底部后方可移入下一空轨枕盒浇筑。浇筑时应来回摆动浇筑导管,使每空轨枕盒内混凝土尽量均布到位,减少混凝土的自然流动距离,同时也应避免混凝土冲击轨枕、模板及精调支架等。

(3)混凝土入模后,插入振动棒振捣。振动棒移动距离不超过振动棒作用半径的1.5倍,每点振动时间为20~30s,以确保混凝土密实。对岔枕底部位置和转辙机基坑位置的混凝土应加强振捣,确保混凝土密实。同时,振捣时应避免接触模板、定位螺栓、侧向支撑及钢轨件等。

(4)道床板抹面分两次进行。一是混凝土浇筑后,及时进行抹面,多余的混凝土及时清出,不足部分及时补充,排水坡由专用工装设置,同时将附着在模板、岔枕、钢轨件等上的混凝土清除;二是混凝土初凝后,及时进行两次压光抹面,分为抹大面设排水坡和收光抹面,以确保道床板及转辙机的顶面高程、平整度和排水坡度符合设计要求。

(5)混凝土浇筑过程中,如出现任何明显影响轨道线形的轨道临时支撑移动,必须立即中止混凝土浇筑,待检查确认无影响后方可恢复施工。若事态严重时,应停止施工并设置施工缝,必要时清除已浇筑的混凝土。

3. 道床板混凝土养护、清理及拆除模板

道床板混凝土浇筑初凝且压光抹面完成后,在混凝土表面喷洒养护剂并覆盖毛毡或土工布,如图6-15所示。洒水保湿养护不少于14d。在道床板混凝土养护期间,施工区域应严格封闭,严禁行车车辆通过。道床板混凝土强度达到设计强度的75%之前,严禁碰撞道岔部件。

混凝土初凝后,必须进行两次压光抹面,分为抹大面设排水坡和收光抹面。新鲜混凝土表面鱼鳞纹必须抹平,对混凝土表面的轻微缺陷应及时处理。

混凝土初凝后应立即松开钢轨连接夹板螺栓,松动钢轨件和其他固定装置,以释放钢轨温度应力,以防止钢轨与混凝土的温差变形不一致而造成混凝土开裂。

道床板混凝土强度达到5MPa后,可松开垂直定位螺栓或侧向支撑螺栓,并清除附着

在钢轨、岔枕、扣件及精调支架上的混凝土或杂物。次日可拆除其他临时支撑及模板,修复混凝土表面缺陷,并用同级砂浆封堵螺栓孔。将定位螺杆移动,清理螺杆调节器、侧向支撑和竖向螺杆并上油保存,将模板清理后涂刷脱模剂。

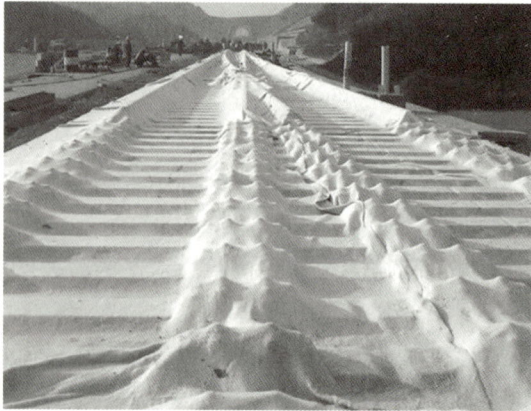

图 6-15　混凝土养护

4.道岔前后过渡段施工

道岔前后至少30m过渡段的双块式无砟轨道或高速道岔应一并铺设和精调,渡线道岔也一并铺设和精调,并同步浇筑道床板混凝土。

过渡段道床板施工前,应加强与无砟道岔和区间(或站线)无砟轨道的复测、联测工作,消除偏差,在过渡段调整好轨道的平顺,使轨道几何尺寸和平面位置偏差满足设计及相关要求。对道岔钢轨、岔枕及扣件等加装临时防护罩或防护膜,防止过渡段混凝土浇筑时造成污染。

5.道岔轨道线形及道床板质量检测

道岔混凝土养护结束,重新恢复道岔扣件系统,用轨道几何状态测量仪再次检查道岔几何尺寸,为道岔轨道线形精调做好准备。

混凝土道床板表面应密实、平整、颜色均匀,不得有露筋、蜂窝、孔洞和缺棱掉角等缺陷。应认真检查和复核道床板及转辙机基坑外形尺寸,尤其转辙机基坑深度和宽度,确保电务转换设备的正常安装。道床板外形尺寸允许偏差见表6-4,转辙机基坑外形尺寸允许偏差见表6-5。

道床板外形尺寸允许偏差　　　　表 6-4

序号	检查项目	允许偏差(mm)
1	顶面宽度	±10
2	道床板顶面与承轨台面相对高差	±5
3	中线位置	2
4	平整度	3mm/1m
5	伸缩缝位置	10
6	伸缩缝宽度	±5

序号	项目	允许偏差（mm）
1	深度	±10
2	宽度	±5
3	轴线位置	2
4	轴线偏斜	5
5	平整度	2mm/1m

转辙机基坑外形尺寸允许偏差 表 6-5

八 道岔轨道精调整理

（一）道岔轨道精调的原则及流程

道床板混凝土浇筑完成且养护期满后，尽量选择轨温在设计锁定轨温范围内的合适时机，重新安装和拧紧道岔扣件，消除道岔内部缺陷。并对道岔内外几何尺寸等轨道线形进行检查和精调，确保道岔内外几何尺寸满足设计及相关标准要求。道岔轨道线形精调贯穿于道床板混凝土浇筑完成至道岔钢轨焊接及无缝线路锁定、道岔转换设备安装及工电联调、联调联试及开通运营的各个时期，每个时期的施工对道岔内外几何尺寸都有严格的要求。

道岔轨道精调遵循"将轨道线形调整至合格状态，满足施工及运营要求"的质量原则和"先保证短波，再保证长波；先保证直股，再兼顾曲股；转辙器及辙叉区少动，两端线路顺接"的施工原则，即根据大号无砟道岔的线形和结构特点，不是将直曲股轨道的各项指标调整到设计绝对位置，而是将轨道线形的方向、高低、水平、轨距及轨距递减率调整至规定允许范围内，保证前后轨道平顺。

（二）调整前准备工作

1. 队伍组建及技术培训

按照专业原则组建专门的道岔精调作业队，包括测量组和作业组。测量组包括 1 名测量工程师和若干名测量工，负责道岔轨道线形测量的计算、实施、数据分析和调整量计算。作业组包括作业工长、工程技术员和若干线路工，负责道岔轨道线形的精调工作。必要时，还要增加安全防护人员及器具。

道岔精调作业队根据需要配置轨道几何状态测量仪、全站仪、电子水准仪、数字式万能道尺、支距尺、钢弦线（带紧线器）、螺栓紧固机、起道机、小平车及钢轨焊缝打磨机等设备。

正式施工前，道岔精调作业队应针对施工设计及技术标准等开展技术培训和考核，保证每个施工人员应知应会，充分掌握道岔结构特点及关键技术，掌握相关标准及规范要求，掌握施工方法。必要时，道岔精调作业队还要增加安全防护人员及防护器具。

2. 现场准备

施工现场道岔按规定铺设完成，道岔区及前后 200m 范围内的轨道已经铺设并放散锁定完成,道岔区 CPⅢ 测量控制网按规定复测完成。

道岔钢轨件(过渡段工具轨)及偏心锥、调高垫片、间隙片及滑床板调整件等调整用零配件等已经到位。严禁随意性加工和更换道岔零部件及调整件。测量设备及施工机具等全部到位,并经检校合格。

3.检查清理施工现场

对黏附道岔钢轨、扣件、轨枕上的尘土、污垢、油污等予以清除,清除的方法是用扫帚、毛刷及高压风管或水枪,严禁使用钢丝刷,以防破坏钢轨件表面的防护层。

检查钢轨扣件的完好性。对照图纸,逐一检查钢轨部件特别是零部件的完整性,对缺损件进行更换,用测力扭矩扳手检查并拧紧扣件螺栓,检查和调整心轨、尖轨的密贴,调整道岔钢轨到扣件外侧,有间隙的加入间隙片。

用方尺和钢板尺检查道岔工装点及尖轨平齐。对超限的偏差进行必要处理,钢轨未焊接的直接调整尖轨位置使之对正,钢轨已经焊接的,重新确定道岔锁定和焊接的计划。对于没有焊接的钢轨接头,利用紧固器予以连接,已经焊接的钢轨接头,接头平顺度要达到要求。

(三)道岔轨道线形测量

采用轨道几何状态测量仪测量道岔轨道线形,在道岔线形短波调整阶段,轨道线形的测量范围包括道岔及前后各 30m 范围,直股和侧股同时测量。

每次测量时全站仪依据 CPⅢ 基准测量网按"自由设站,后方交会"的方法在轨道中线位置进行全站仪的设站,轨道几何状态测量仪置于两轨道上,对每对扣件螺栓对应的轨道位置进行逐点测量,为保证测量数据的准确性,全站仪距轨道几何状态测量仪 5~80m,两次设站时测量的搭接区不小于 8 个点,且搭接区应避开转辙器及辙叉区,同时轨道几何状态测量仪的主轴应始终保持在一个方向,通常是直向的直尖轨侧和曲向的曲尖轨侧。

道岔侧向轨道线形测量。将道岔尖轨、心轨转至侧向位置并锁闭。轨道几何状态测量仪使用道岔侧向轨道线形设计完成道岔侧向线形测量。

为方便道岔直向、侧向线形测量数据与现场的对照检查,测量时应对每一对承轨台位置按岔枕编号的方式进行标记。

测量完成后,通过轨道几何状态测量仪系统可直接得到单独的道岔直向、侧向线形数据,每个数据可直接显示轨道的绝对高程、方向、轨距、水平以及 30m、150m 的方向短长波和高低短长波,并以表格直接显示轨道线形超差处所及项目。

(四)数据评估及调整量计算

1.数据评估

轨道几何状态测量仪测量数据可直接通过轨道几何状态测量仪软件系统的测量数据报表进行评估,评估的标准应提前输入轨道几何状态测量仪软件系统。对于德国 BWG 道岔(中国 CNTT 道岔)转辙器的 FAKOP 结构区轨距采用了加宽设计,而输入轨道几何状态测量仪软件系统的轨道设计线形没有反映该轨距加宽值,因此,轨道几何状态测量仪测量显示全部为超差,故该段线路轨距需要对比设计值与实测值之差进行单独评估。

道岔辙叉区由于涉及道岔直向和侧向两条线路的交叉,属结构特殊位置,其轨道轨距、方向应以优先直向兼顾侧向的原则单独评估。道岔直向、侧向线形数据应对照评估,当直向线形良好、对应的侧向线形有超差时,应对照分析。若不在同一弹性基板位置,应按不合格评估;若在同一弹性基板位置,则需要综合直向、侧向的方向偏差,以优先直向兼顾侧向的原则酌情判定是否合格。轨道线形评估还应结合调整量计算综合判定。

2. 调整量计算

道岔轨道线形良好,超差点少,可凭经验直接判定道岔线形的调整量。除此之外,应使用专门的软件对轨道线形进行调整量计算。道岔轨道线形超差调整量计算,应将轨道的中线、轨距、轨向和高程、水平、高低等分开计算。

使用专业的道岔轨道线形超差调整量计算软件,将道岔直向、侧向的设计轨道线形数据分别输入计算软件列表,再在计算软件窗口列表所示的调整区间输入计划调整量,此时,列表可实时反映道岔调整后的轨道线形数据,通过不断地输入和调整计划调整量,即可得出最优化的轨道线形,即超差点最少、超差值最小。最后,再通过计算软件输送一份可对照原有调整件基础上的调整量清单,施工现场对照调整量清单即可开展道岔轨道线形的调整工作。

道岔轨道线形中线、轨距、方向的调整量计算应遵循"先保证直股,再兼顾曲股;转辙器及辙叉区少动,两端线路顺接"的原则,轨道线形高程、水平、高低调整量计算与轨道线形中线、轨距、方向调整量计算的方法相似。

(五)道岔轨道线形现场调整

道岔轨道线形现场调整遵循"按水平,后方向;先直股,后侧股;先整体,后局部"的原则,调整道岔方向的同时,应消除钢轨外侧与弹性基板挡肩之间的间隙。

1. 道岔高程及水平、高低调整

道岔高程及水平、高低调整,主要对照调整量清单,现场找出调整位置并通过更换不同厚度的调高垫片的方式完成道岔高程及水平、高低的调整,道岔高程及水平、高低应按"先直向,后曲向"的顺序分别调整。高程调整时,以尖轨一侧为基本轨,对照调整量清单直接更换调高垫片,以左右钢轨的水平变化值控制调整量,之后再用电子水准仪或轨道几何状态测量仪复测调整效果。

调整侧向高程时,道岔直向与侧向高程在转辙区和辙叉区是一致的,转辙区调整应以直向高程控制侧向高程,导轨段可自由调整。此外,道岔转辙器尖轨地段,应注意检查是否因为尖轨与滑床台板的滑动面间隙过大引起了道岔高程、水平或高低的不合格,并采取相应的调整措施。

道岔高程及水平、高低调整完成后,再进行道岔中线、轨距及方向调整,调整完成后,再使用轨道几何状态测量仪复测道岔轨道线形数据,并再次评估和计算新的轨道线形调整量。

2. 道岔中线、轨距及方向调整

除调直基本轨外,不需要计算量调整清单。对照调整量清单,将道岔尖轨、心轨转至

直向位置,优先调整道岔基本轨的岔前缝及与导轨相连的位置,为道岔转辙器调整确定基本方向。

沿道岔直基本轨外侧沿转辙器全长范围安装并张拉30m以上的钢弦线,使用钢板尺检查每个扣件螺栓处钢轨与弦线的间距,以确认直基本轨的直线度,对超过1mm的点通过更换缓冲调距块或轨距块的方式予以调整。缓冲调距块与轨距块应优先采用轨距块,当轨距块不能满足要求时,再使用缓冲调距块。

对照设计图,使用支距尺检查曲基本轨与直基本轨间距,对偏差超过1mm的点通过更换缓冲调距块或轨距块的方式调整曲基本轨方向。利用塞尺检查曲尖轨与直基本轨、直尖轨与曲基本轨间隔铁间隙,对于间隙超标的点进行调整。调整的方法:首先调整两尖轨尖端平齐,其次调整辙叉跟端以使远尖轨外侧与弹性基板挡肩密贴,调整时可在尖轨内侧与弹性基板挡肩间加入间隙片,但间隙不得加在尖轨外侧与弹性基板挡肩之间。使用轨距尺检查转辙器区段直向轨距,对偏差超过1mm的点,通过更换缓冲调距块或轨距块的方式调整曲基本轨与直尖轨方向。

根据调整量清单完成直基本轨后导轨的方向调整,其控制方法是先检查并记录调整位置的轨距值,再按新轨距值调整直基本轨方向,新轨距值=实测轨距值+计划调整量。

30m以上钢弦线依次向岔后平移,两线布线至少有5m的搭接区,使用钢板尺检查每个扣件螺栓处弦线距钢轨外侧的距离,以此确认钢轨直线度,对偏差超过1mm的点通过更换缓冲调距块或轨距块的方式予以调整。以直向轨距控制完成对尖轨后导轨方向的调整,以支距控制完成侧向尖轨后导轨方向的调整,以侧向轨距控制完成对曲向基本轨后导轨方向的调整。辙叉区原则上不作调整,这在调整量计算时应作考虑。

直向调整时,同时完成道岔前10m及道岔后30m线路方向的调整,方法同前。相邻道岔或渡线道岔,应同时进行调整量计算,并对线路中线顺接作统筹考虑。直向调整完成后,将道岔尖轨、心轨转到侧向位置。通过轨距检查核对转辙器区段轨道线形质量,通常情况下,直向调整到位后,轨距值偏差不会超出设计范围。若有超出,应仔细分析原因,重点要核查是否因为道床板混凝土浇筑前就已经存在问题或岔枕间距、岔枕垂直度或道岔部件、扣件系统安装出现了问题,并根据原因采取相应的调整措施。通过轨距控制完成对辙叉区段侧向基本轨导轨方向的调整。

按照上述方法完成道岔后30m线路方向的调整。调整完成后,使用轨道几何状态测量仪复测道岔轨道线形数据,并再次评估和计算新的轨道线形调整量。

3.道岔轨道线形长波平顺性调整

道岔轨道线形长波平顺性调整是在短波平顺性调整合格的基础上,结合道岔前后轨道线形调整,其调整的工作主要在区间线路,原则上道岔区不调整大的方向和高低。为保证道岔轨道线形长波平顺性调整,施工时应将道岔前后各200m的无砟轨道推迟到道岔道床板混凝土浇筑后施工,同时该段无砟轨道施工应对道岔实际轨道线形与设计轨道线形在中线和高程的差值进行轨道线形的调整,以保证道岔区轨道与前后无砟轨道的顺接。通过这种方式,可最大限度地保证道岔轨道线形长波平顺性的调整。

对照调整量清单,按直接更换缓冲调距块或轨距块的方式完成拟定的轨距、方向超差点的调整,通过30m以上钢弦线、支距尺和轨距尺等检查调整效果。每调整完一次,即使用轨道几何状态测量仪复测道岔轨道线形数据一次,并重新评估和计算新的轨道线形调整量,再重新调整,再复测,直到评估结果显示道岔轨道线形满足合格要求。通过上述方式,在静态状态下一般经过 3~4 次,道岔轨道线形即可满足合格要求。

4.道岔轨道内部几何形位检查和调整

道岔轨道内部几何形位的检查和调整部位主要包括:尖轨与基本轨密贴,尖轨与滑床台板间隙合格或密贴,尖轨跟端限位器以及道岔各部螺栓扭矩合格等。

尖轨与基本轨密贴及尖轨跟端限位器的调整,前面已述。尖轨与滑床台板间存在较大间隙的调整,优先使用调高垫板,最后再使用辊轮调整片调整。道岔轨道内部几何的检查和调整,可以安排在道岔线形调整的后期(即调整量较少、较小时),与道岔轨道线形调整同步进行,每次轨道线形调整时,同步检查和调整道岔轨道内部几何形位。

每次轨道线形和轨道内部几何形位调整完成后,都应对动过的连接螺栓进行检查和复紧,以确保螺栓扭矩满足设计要求。道岔轨道线形最终评估合格,包括道岔轨道线形测量数据和道岔轨道内部几何形位全部合格。

九 电务转换设备安装及工电联调

电务转换设备安装及工电联调见"转换设备的安装与调试"的相关内容。

电务转换设备安装及工电联调应在道岔轨道线形精调合格并钢轨焊接锁定完成后进行。

电务转换设备安装也会扰动道岔轨道线形,因此,在道岔电务转换设备安装及调试过程中,应加强对道岔轨道线形的检查和调整。工务与电务密切配合,做好工电联调工作。

十 道岔钢轨焊接及锁定

(一)道岔钢轨焊接及锁定的原则

大号无砟道岔采用无缝结构,道岔钢轨采用铝热焊接,道岔内侧股绝缘接头为厂制绝缘钢轨,道岔前绝缘接头一般采用现场胶结施工。

道岔钢轨焊接

道岔内钢轨焊接在道岔轨道线形调整完成后进行,采用铝热焊焊接,超声波探伤仪检测焊头质量,焊接技术要求应符合现行《钢轨焊接 第 1 部分:通用技术条件》(TB/T 1632.1)和《钢轨焊接 第 3 部分:铝热焊接》(TB/T 1632.3)的规定。道岔外钢轨焊接及道岔锁定在道岔内钢轨焊接完成及道岔两端无缝线路铺设完成且轨道精调完成后进行。

为保证道岔及前后线路内应力稳定和轨道线形的持续稳定,道岔内非锁定焊接原则上应在设计锁定轨温 ±5℃ 范围内进行,且同一道岔及相邻道钢轨焊接应集中在同一时段进行,道岔前后的胶接绝缘接头施工也应遵循这一原则。

道岔钢轨焊接以"先焊接岔内接头,再焊接岔外接头"的原则,按道岔铺设图及设计说明进行。焊接及锁定过程中,应采取措施使道岔两尖轨尖端平齐并始终保持限位器子母块位置居中,两侧间隙差不应大于 0.5mm。

道岔区(含相邻道岔)及前后各不少于 200m 的线路应作为 1 个无缝线路单元统一锁定和管理。

(二)道岔钢轨铝热焊工艺

道岔钢轨铝热焊接施工工艺流程如图6-16所示。

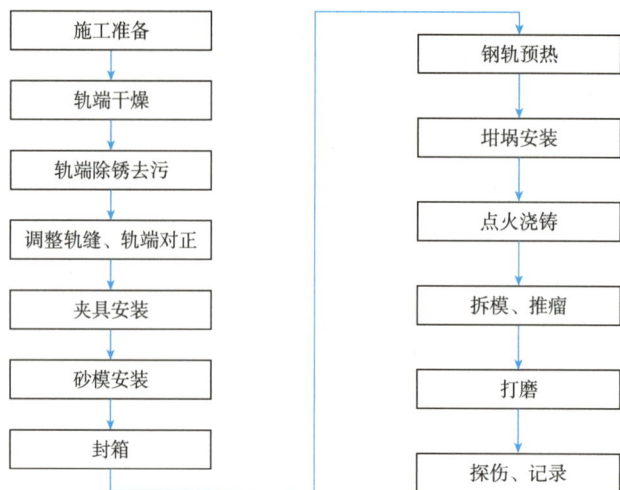

图6-16　道岔钢轨铝热焊接施工工艺流程

1.施工准备

检查施工现场,焊接前专人根据焊接物品清单进行清点,以防遗漏影响施工。检查施工机具且试用,保证焊接前设备的完好率为100%。用肥皂水检测氧气瓶、燃气瓶及其他系统,如有漏气情况不能使用。

检查相邻钢轨的平直度和表面情况,确认钢轨端头有无裂缝、倾斜或其他缺陷,当轨端有低接头时必须锯掉低接头。有大于2mm深的掉角等必须锯除。检查轨缝大小与位置以及接头相错量情况,焊缝宽度与铝热焊技术手册规定值的差值不得大于2mm。焊缝应距两侧岔枕边绝缘100mm以上。待焊钢轨两侧50m范围内必须严格按规定上紧扣件,确保焊接时轨缝间隙不得发生移动,影响焊接质量甚至发生钢水泄露。测量轨温。在钢轨背光一侧测量轨温,当轨温低于5℃时不进行焊接。

2.轨端干燥

对轨端除锈去污前可用预热枪对钢轨焊缝两侧1m范围内烘烤,充分排除钢轨表面水分及油污。

3.轨端除锈去污

用带有钢丝刷的角磨机对焊接钢轨端部、两侧、轨头和轨底的锈污进行打磨清洁,范围为50mm,特别要重视轨底的清洁,轨端不垂直度不大于1mm。打磨完成后,轨头端部边缘需倒角1mm×45°。

4.调整轨缝、轨端对正

轨缝调整:在轨头和轨底的两侧进行测量,同等条件下,轨缝须满足(28mm+2mm)~(28mm-1mm),宁大勿小。焊接过程中保持间隙不变,从对轨开始禁止在焊缝两端各50m范围内松扣件、起拨线路、拉轨撞轨和通行车辆,直至焊接完毕,轨温降至300℃以下为止或推瘤20min以后。

尖点对正:将1m直尺的中点与焊缝隙中点重合,用钢楔子或者对轨架进行高度调节,使焊缝两侧0.5m处钢轨轨顶面与直尺的间隙为1.5~2mm。

水平对直:用1m直尺分别紧贴钢轨的轨头、轨腰,并用钢板尺紧贴轨脚,一般情况下必须做到三处均密贴方为水平对正。必须保证接头的作用面一侧水平对正,钢轨内侧纵向要求平直,以1m直尺同时测量两轨平顺度,错动不大于0.2mm。

对轨先调高低,后调水平。对钢轨两端需加重重量,以提高对轨精度。

5. 夹具安装

夹具装置安装要与轨面平行;在调整预热枪高度时,首先要调整预热枪与轨面平行;用多用塞尺测定夹具安装位置,并调整定位预热枪的高度,预热枪头到轨面的高度为40mm。

6. 砂模安装

检查砂模应无受潮、无裂纹、无变形,各组件完整,状态良好。有裂痕或受潮的砂型不能使用;砂模浇筑孔略做休整,防止高温时砂粒脱落;将砂模与钢轨接触面进行摩擦,使砂模与钢轨结合部位密贴;如果砂模与钢轨接触面吻合不好,则会出现漏钢水的严重后果;底模一定要刘中,并且与钢轨紧贴;砂模浇筑孔要与左右轨角对称,以确保两侧轨底受热均衡;砂模中央与轨缝中央一致,砂模与钢轨垂直,两片砂模要对齐、不要错开,不要忘记放入白卡纸。在扭紧夹具时,应由一人完成,均匀夹紧。要试放分流塞,使分流塞在砂模中高低松紧合适,安装侧模时倾斜45°。

7. 封箱

封箱过程是比较关键的步骤之一,在操作的时候应该特别留意,封箱不严密会发生漏钢水的现象。封箱完成后,焊接负责人应该检查封箱是否达到要求,以确保焊接质量。

在封箱时要盖上砂型盖,防止砂粒落入砂型中形成夹渣。封箱分两步进行,首先对各缝隙关键部位压紧封砂,打好基础,然后整体封箱并用捣实棒捣实;在封箱过程中,两侧模板之间的砂要高于砂型模板,防止钢水从两侧流出。封箱先从轨底开始,从下往上按顺序进行,封箱速度快。

8. 钢轨预热

工作压力控制:氧气和丙烷的工作压力分别是3.5bar和1.0bar,如果使用的是氧气和乙炔气,其工作压力也分别是3.5bar和1.0bar。在调压过程中,首先将氧气打开,而后开启并调节丙烷压力与流量,调节预热枪火焰。

预热火焰的调节:先稍开氧气阀门,再打开燃气阀门,然后点火逐渐交替打开两个阀门,直至氧气阀门完全打开为止,再通过调节丙烷阀门来调节火焰大小,使火焰的长度保持在15~20mm,火焰为中性焰,预热枪头应距轨头40mm。密切关注整个预热过程:在预热过程中,应该密切关注轨头受热颜色变化过程,轨腰预热完成的温度为950~1000℃,预热时间为5.5~6.5min,其颜色为鲜红色;预热枪头须调至轨缝中央,以保证预热效果。预热完后,先关丙烷,枪头朝上,注意安全。

9. 坩埚安装

坩埚安装前须检查坩埚,受损、受潮的坩埚不能使用。清除坩埚内的杂物,易熔塞表面须干净。从焊剂包装中取出焊剂,混合均匀后(反复倾倒 3 次),将焊剂旋转倒入坩埚中,并使其顶部形成锥形,插入高温火柴,盖上坩埚盖,预热完成后,立即放入分流塞并将坩埚安置在砂模侧模板顶部定位槽内。

10. 点火浇铸

焊剂反应时间:8 ~ 15s;镇静时间:8 ~ 18s(若大于 30s,燃烧不均匀)。焊剂反应及浇铸过程中,操作者应该距离坩埚 3m 以上的距离,确保人身安全。反应完成后,如果钢水不能漏下来,应该让钢水在坩埚中冷却 20min 后再移动坩埚。

11. 拆模、推瘤

浇铸完成后 1min,移去坩埚,并将其放在安全的地方,然后移去灰渣盘,并将灰渣倒入坩埚中,保持环境干净。浇铸完成 4.5min 后,先拆除侧模板和夹紧装置,再拆除底模板。在拆模过程中要小心,不要将砂型一起脱下,造成钢水流出;拆模后,及时将轨面清理干净,防止推瘤时残渣拉伤轨面。

浇铸完成 8min 以后开始推瘤。浇铸棒在推瘤完成 20min 后去除。推瘤过早会因为焊头硬度不够而拉伤轨面,推瘤过迟会给推瘤带来困难。去除浇铸棒时,要注意敲击方向,不能由内向外敲击。

12. 打磨

热打磨。推瘤完成后,就可以进行粗打磨。焊后接头温度降低到 300℃ 以下才能放车通行。打磨焊头使其轮廓与两侧钢轨相同。打磨后,焊头处的凸出量不小于 0.5mm。

冷却打磨。当轨温降至常温时进行冷打磨,打磨位置包括轨顶及内侧工作面、轨底上表面、轨底,使钢轨表面整体平齐。

13. 检查收尾

(1)外观检查。焊接接头经外形精整后,以焊缝为中心的 1m 范围内,轨顶面的表面不平度应满足:在任意 100mm 区段内不宜大于 0.1mm(母材表面未打磨区域的凹坑不做表面不平度要求)。焊接接头及其附近钢轨表面不应有裂纹、明显压痕、划伤、碰伤、电极灼伤、打磨灼伤等伤损。对母材的打磨深度宜小于 0.5mm。

(2)焊接接头平直度应符合表 6-6 的规定。

铝热焊接接头平直度允许偏差　　　　　　　　表 6-6

序号	部位	允许偏差(mm/1m)
1	轨顶面 a_1	$0.1 \leqslant a_1 \leqslant 0.3$
2	轨头内侧工作面 b_1	$0 \leqslant b_1 \leqslant 0.3$

(3)经打磨后的焊接接头轨头部位不应出现裂纹;可出现 1 个最大尺寸为 1mm 的气孔;在轨头下颚与焊筋边缘交界处半径为 2mm 的区域内,可出现 1 个最大尺寸为 1mm 的气孔、夹渣或夹砂。

(4)焊接接头焊筋表面最多可出现 3 个最大尺寸不超过 2mm 的气孔;焊筋表面夹渣或夹砂等缺陷的尺寸应符合规定,这些缺陷不应侵入钢轨的横断面内;焊筋表面夹渣或夹砂等缺陷的最大允许尺寸应符合表 6-7 的规定。

焊筋表面夹渣或夹砂等缺陷的最大允许尺寸   表 6-7

缺陷面积（mm²）	缺陷深度（mm）
≤10	≤3
≤15	≤2
≤20	≤1

（5）焊缝探伤。

①探伤人员资质要求。

探伤人员应持有铁道部门无损检测人员技术资格鉴定考核委员会颁发的Ⅱ级或以上级别的技术资格证书，并经过钢轨焊缝探伤技术培训方能独立上岗作业。

②焊接接头探伤要求。

钢轨焊接后均应对焊接接头进行超声波探伤，并填写探伤记录。记录应包括探伤人员、探伤日期、仪器、探头、焊接接头编号、测试数据、探伤结果及处理意见。

探伤时焊接接头的温度不应高于 40℃ 时，当焊接接头的温度高于 40℃ 时，可浇水冷却，浇水冷却时的轨头表面温度应低于 350℃。探伤前应对探测系统校准。扫查前检查探测面表面粗糙度，应无锈蚀和焊渣，打磨面应平顺、光滑，打磨范围应能满足探伤扫查的需要。焊接头焊筋部位的飞边和冒口根部的残留毛刺应清理干净。

使用双探头或单探头对轨头、轨腰、轨底分别进行探测。如发现内、外缺陷要及时采取补救措施。0°探头探伤铝热焊焊接接头时底波比正常焊接接头底波低 16dB 及以上或焊接接头存在如下缺陷时，焊接接头判废：

a. 双探头探伤时：轨底角部位（距轨底角 20mm 范围）大于等于 φ3 ~ 6dB（比 φ3 平底孔反射波低 6dB）平底孔当量；其他部位大于等于 φ3 平底孔当量。

b. 横波单探头探伤时：轨头和轨腰大于等于 φ3 长横孔当量；轨底大于等于 φ4 竖孔当量；轨底角（距轨底角 20mm 范围）大于等于 φ4 ~ 6dB（比 φ4 竖孔反射波低 6dB）竖孔当量。

c. 铝热焊 0°探头探伤时：大于等于 φ5 长横孔当量。

d. 焊接接头中存在平面状缺陷。

e. 缺陷当量比上述 a ~ c 项规定的缺陷低 3dB 或以内，但延伸长度大于 6mm。

经探伤检查不合格者应锯切重焊。

（6）收尾工作。检查焊好的接头，做好原始记录并编写焊接序号。将轨道恢复正常，并进一步清理焊接现场。把灰渣、废钢料、砂模等清理干净，装入坩埚中，在离开的时候带到指定的场所处理。禁止将其乱丢在铁路沿线，造成对铁路沿线的污染。

（三）道岔锁定工艺

大号无缝道岔原则上不进行扣件松开的应力放散和锁定工作，从道岔组装开始到最后焊接、精调，都应在无缝线路设计锁定轨温范围内进行道岔钢轨扣件的松开和锁紧施工。

为保证道岔及前后线路内应力稳定和轨道线形的持续稳定，无缝道岔需要与相邻无缝线路进行焊联锁定。

无缝道岔与相邻无缝线路的焊联锁定原则上应在设计锁定轨温范围内进行。施工时,道岔区钢轨件及扣件保持不动,道岔之间及前后至少200m的线路松开钢轨扣件,并使钢轨的一端处于自由状态,按10m间距支垫滚轮,并通过橡胶锤敲打或撞轨器撞击钢轨使之处于零应力状态,之后拆除支垫滚轮,安装和锁紧全部钢轨扣件,即完成道岔及前后无缝线路的锁定,按规定设置位移观测桩和位移观测标记。

当实际轨温略低于设计锁定轨温但不低于15℃时,无缝道岔及相邻无缝线路锁定施工可采取温度补偿的方式进行,即道岔区及道岔间钢轨件及扣件依然保持不动,按上述同样方式使道岔两端至少200m线路的钢轨处于零应力和自由状态,通过加热或拉伸的方式使钢轨伸长量等于道岔区及线路钢轨计划伸长量的总和,之后锁定线路。应注意的是,道岔前后钢轨承受的拉应力不应传入道岔内部,与道岔相邻100m范围内的钢轨锁定轨温应不大于道岔区实际轨温5℃,并按相同梯度进行锁定轨温的传递。待实际轨温达到设计锁定轨温范围内,再次对道岔区及前后线路进行重新放散和锁定,施工方法为道岔区钢轨件及扣件依然保持不动,松开道岔间及前后线路钢轨(无缝线路单元范围内的钢轨)并支垫滚轮,通过撞轨器或橡胶锤作用使之达到应力均匀后,恢复线路并锁紧钢轨,重新设置位移观测桩和位移观测标记。

当实际轨温略高于设计锁定轨温或低于设计锁定轨温15℃以上时,不得进行道岔及前后无缝线路的焊联锁定工作。

(四)胶接绝缘接头施工工艺

胶接绝缘接头由绝缘夹板、高强度螺栓、绝缘塞片、绝缘套管、增强胶泥等组成,施工时将夹板和绝缘胶板经垫压形成一体。施工时对天气、施工工具、施工工艺等要求严格。

1.技术标准

除道岔区按设计布置以外,正线地段绝缘接头与焊接接头距离最小不得小于25m;安装完成后的接头轨端垂直错牙和水平错牙均不得超过0.3mm;为减小绝缘塞片与钢轨之间的缝隙,安装绝缘塞片时必须与拉伸器配合;安装前检查绝缘夹电阻值,电阻值大于10MΩ的方可使用;合成胶泥凝固后钢轨间电阻应大于1000Ω;高强度螺栓的紧固力不小于1100N·m。

2.工艺流程

胶接绝缘接头现场施工主要工艺流程包括:钢轨准备、钻孔、打磨除锈、干燥处理、对轨、预安装、合成胶泥、安装、紧固。

3.钢轨准备

现场施工时,应将待胶接接头两侧的钢轨松开钢轨扣件并支垫平整,检查接头两端各1m范围内的钢轨是否有硬弯,轨头及钢轨轨底的受力表面不得有伤损。

绝缘缝切割。切割绝缘缝时尽量使用一张锯轨片,断面平直度要求在0.5mm范围内。轨底毛刺用角磨机打磨平顺,防止夹破塞片。绝缘缝宽度除满足塞片尺寸要求,还应满足结构两端线路拉伸锁定时所需的计划拉伸量,保证胶接绝缘施工时绝缘缝宽度满足要求。

4. 钢轨钻孔

钢板尺测量孔位并划线,使用φ31mm空心钻头对两端接头进行外钻孔,钻孔后使用直尺复测孔距。

5. 打磨除锈

用直砂机、角磨机对绝缘缝两端各60cm范围内的钢轨轨腰、轨底进行打磨,要求打磨后的钢轨具有金属光泽。打磨后必须将铁屑清理干净,以便上胶。钢轨端头应做成1~2mm的45°倒角。安装绝缘塞片时,塞片应与钢轨顶面平齐。钢轨有油迹的部位应用四氯化碳清洗干净。

6. 干燥处理

如遇阴雨天或阴天,须用汽油喷洒或丙烷气体烘烤钢轨和绝缘夹板,去除附着水分。雨天需准备遮雨棚。

7. 对轨

用1m钢轨板检查接头两端平直度,用钢楔子调整钢轨。调整后的钢轨平度直应满足:轨顶0~0.2mm,严禁低凹,侧面工作边0~0.2mm。

8. 预安装

预安装的主要作用是复查螺栓孔,确保绝缘接头和胶结成功;保证安装方向的正确性。安装前,需要对钢轨进行拉伸的,应提前用液压拉伸机对钢轨进行拉伸并保压,以保证轨缝能夹住绝缘塞片。塞片应稍高出钢轨顶面。绝缘塞片与钢轨间不得有缝隙,否则会因雨水进入造成绝缘失效。上胶前用毛刷仔细清理绝缘塞片处铁屑、灰尘,防止短接。塞片高出轨顶的,待胶泥干燥后用锉刀挫平。

9. 合成胶泥

合成胶泥时不能接触到水分,合成胶泥开盖搅拌时间在绝缘夹板试安装成功之后,搅拌完成后必须立即使用。在强烈阳光下施工时,搅拌或涂抹合成胶泥需搭遮阳棚进行。

10. 安装

在绝缘夹板的干燥内表面上涂抹已准备好的合成胶泥,用一把油漆铲刀将合成胶泥涂抹成楔形,与钢轨侧面形状一致,沿着绝缘夹板方向慢慢地移动铲刀,压上合成胶泥并使之不掉落下来。如有掉落胶泥不能使用。合上夹板时检查绝缘胶套是否安装、有无掉落。

11. 螺栓紧固

绝缘夹板安装后穿好螺栓,用电动扳手初次紧固直到接触到垫片,用扳手夹持螺栓方头确保螺栓不能转动,然后再用专用扭力扳手按由内向外的顺序将高强螺栓紧固到1100N·m或规定扭矩值。与此同时,用榔头敲击相对应的螺栓。合成胶泥达到最终硬化之后,需再次拧一遍,并将多余胶泥用抹布擦干净。拆除液压拉伸机,清理道床并恢复轨道。

12. 电阻检查

电阻测量应在胶泥干燥后进行。要求钢轨与钢轨、钢轨与夹板之间的电阻大于1000Ω。测量时应仔细检查绝缘塞片处轨底、轨底脚有无铁屑。

项目名称	项目六　无砟轨道道岔施工		任务名称	任务一　轨枕埋入式道岔施工	
专业班级		姓名		学习小组	

【专业知识认知】(30分)

1. 简述轨枕埋入式道岔施工准备工作。(10分)

2. 简述道岔二次精调注意事项。(10分)

3. 简述道岔轨道线形现场调整的主要内容。(10分)

【能力素质训练】(60分)

1. 能够绘制道岔区轨枕埋入式无砟轨道施工工艺流程图。(15分)

2. 能够绘制道岔轨排组装、调整及固定工艺流程图。(15分)

3. 能够绘制道岔钢轨铝热焊工艺流程图。

4. 轨枕埋入式道岔施工中,能够对主要施工工序质量进行检验,并能够判断是否符合验收标准。(15分)

【工作总结】(10分)

学员自评		组长评价	

指导老师评价:

任务二　板式道岔施工

◆ 任务引入

道岔是整个轨道系统最薄弱的环节之一,其构造复杂,施工难度大,行车安全性低,只有对高速道岔高精度的施工,才能高速有效地提供列车轨道转换,保证乘客的安全和舒适度。路基上板式道岔结构由下向上依次为路基的基床、混凝土垫层、自流平混凝土底座、道岔板以及轨道。在现场,板式道岔是如何施工的呢?

▲ 任务描述

通过本任务学习,了解板式道岔施工准备工作;熟悉板式道岔施工工艺流程;掌握轨道板铺设要点,能够对板式道岔施工进行质量检验,并能够判断是否符合验收标准要求。

◇ 相关知识

道岔区无砟轨道施工应与区间正线、站线轨道工程施工相协调。道岔区无砟轨道与区间正线及站线轨道之间应按设计规定设置过渡段。正线无砟道岔宜在站内正线无砟道床施工前完成预铺;无条件预铺时可采用预留岔位,铺设临时轨道过渡后再进行换铺。

━ 板式道岔施工工艺流程

板式道岔施工工艺流程如图 6-17 所示。

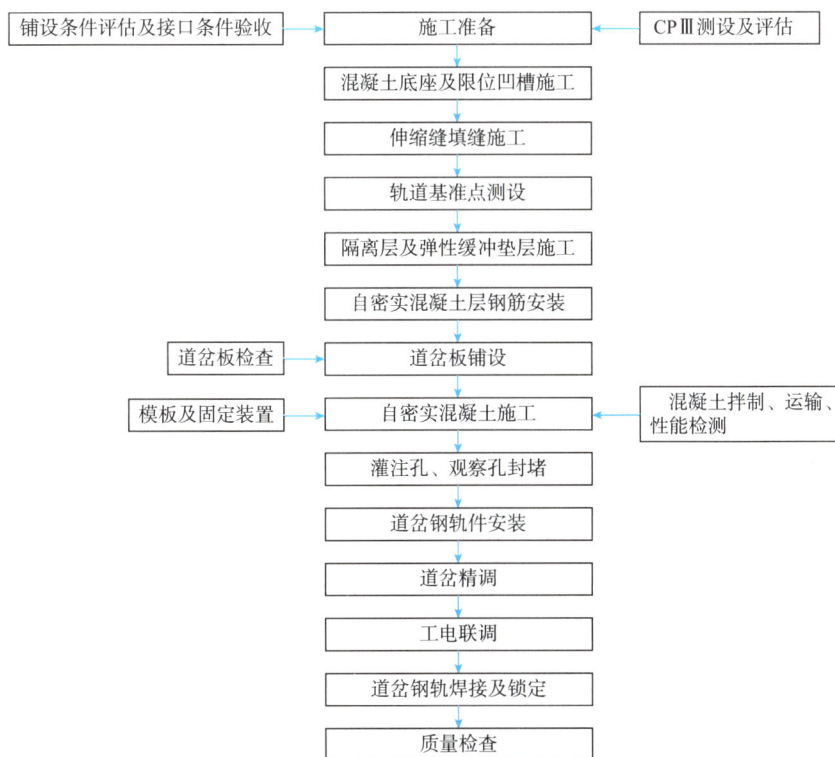

图 6-17　板式无砟道岔施工工艺流程

二 施工准备

正式施工之前,应结合设计及工期要求确定道岔板及道岔组件进场方案,必要时对既有道路尤其半径较小地段进行加宽加固。完成自密实混凝土、水泥乳化沥青砂浆材料的配制及工艺试验。完成道岔钢轨焊接形式试验并获取试验报告,完成道岔件、调整件的订货。与道岔板预制场协调道岔板供货计划,对已生产完成的道岔板按照设计文件要求进行检查验收,并重点做好道岔板预埋螺栓孔的检查和封堵。协调相关线下及无砟轨道施工单位,共同确认道岔前后各200m的无砟轨道待无砟道岔施工完成后再施工。

道岔施工应配备专业化的道岔施工队伍,采用配套设备、机械化施工。道岔正式铺设施工前应进行首组道岔铺设施工,道岔首组铺设质量评估合格后,方可进行全线道岔的铺设施工。板式无砟道岔铺设主要施工装备包括:混凝土搅拌站、混凝土运输车、混凝土输送泵、混凝土浇筑设备、钢筋加工设备、道岔板运输车、道岔板铺设吊装设备、道岔板精调系统、道岔板固定扣压装置、自密实混凝土灌注设备、检测测量仪器等。

板式无砟道岔铺设应统筹考虑道岔板和道岔的生产、供应、运输、存放和铺设等环节,制定实施方案,做好施工协调工作。

道岔的型号、质量应符合设计要求及相关技术条件的规定。道岔组件及转换设备应在工厂内组装、调试,并由建设单位组织验收。出厂时,制造厂应依据现行《高速铁路道岔技术条件》(TB/T 3301)进行检验,并提供产品质量证明文件、铺设图、铺设说明和发货明细表等。道岔的吊装、运输、储存和铺设应符合现行《高速铁路无砟轨道道岔铺设技术条件》(TB/T 3302)的相关规定。道岔在运输、装卸、存放和铺设过程中,应确保道岔部件不受损、不发生塑性变形。

(一)铺设条件评估及接口条件验收

道岔区及前后200m区段宜作为一个整体对沉降变形观测资料进行分析评估,工后沉降变形符合设计要求后方可进行无砟道岔铺设。

施工前应由建设单位组织相关单位,根据路基、排水、信号、供电等设计图,逐一核对道岔区路基范围内各种管线沟槽的数量、位置、结构尺寸及与道岔区无砟轨道接口是否正确,并确认路基(桥梁或隧道)表面尺寸验收合格。

(二)CPⅢ测设及评估

CPⅢ测设及评估与轨枕埋入式道岔施工相同。

三 混凝土底座及限位凹槽施工

混凝土底座及限位凹槽施工与CRTSⅢ型板式无砟轨道混凝土底座及限位凹槽施工相同。

板式道岔底座及限位凹槽施工

四 伸缩缝填缝材料施工

伸缩缝及嵌缝原材料材质、品种、规格、性能、运输及储存应符合现行《铁路无砟轨道嵌缝材料》(Q/CR 601)的规定。雨雪天不得进行嵌缝材料的施工。嵌缝材料施工包括接缝清理、嵌缝板安装、填缝密封胶灌注以及填缝密封胶防护等。

接缝清理。接缝内应干燥、清洁,无灰尘、杂物或残余脱模剂等。接缝内松散混凝土或混凝土表面脱模剂可采用角磨机打磨去除,大颗粒杂物可采用刷子清理,并用吹风机对灰尘、浮渣等进行清理。

嵌缝板安装。接缝清理完成后,安装嵌缝板。根据接缝的尺寸大小对嵌缝板进行加工,保证嵌缝板嵌填至设计规定的深度。嵌缝板安装时,应保证嵌缝板达到接缝的底部,相邻两块嵌缝板要密贴、无缝隙,安装位置应满足设计要求。嵌缝板安装后,检查嵌缝板的安装质量,检查内容包括嵌入深度、与接缝两侧混凝土的密贴性以及嵌缝板接头密封性等。

填缝密封胶灌注。施工前,应对接缝两侧轨道结构的表面进行防污染处理;应对接缝两端进行封闭处理,以防止填缝密封胶流失。封闭材料应采用具有较好透气性的材料。推注填缝密封胶前,应用刷子在接缝两侧均匀涂刷界面剂,待界面剂表干 30min 以后再灌注填缝密封胶。对于双组分填缝密封胶,应按厂家推荐的配合比对密封填缝材料进行机械混合。混合均匀后,应在 30min 内灌注完毕。应采用专门施工机具进行填缝密封胶的灌注施工,保证填缝密封胶填满整个接缝。灌注时,灌注口应靠近接缝处,灌注速度应缓慢均匀,尽量避免产生气泡。对于超高皮或曲线段接缝,应从高处分段灌注,使填缝密封胶顺序流向低处,灌注过程中应尽量避免填缝密封胶溢出。灌注完成后,应采用专用清洗液对施工器具进行清洗。

填缝密封胶灌注完毕至实干前,应采取有效防护措施防止雨水、杂质落入,并避免下一步工序对填缝密封胶的损坏。填缝密封胶实干后,才能进行接缝封端模具的拆除。

五 轨道基准点测设

为保证道岔板铺设精度,需要在道岔板铺设前于相邻道岔板板缝间安装垫块并测设道岔板精调用基准点。轨道基准点应设于混凝土底座上,位于道岔板接缝的中央,相应里程中心点的法线上,偏离轨道中心线 0.10m。在基准点位置应钻孔并埋设具有对中功能的标志钉,标志钉应铅垂埋设牢固。标志钉的对中凹槽应与精调用三角架对中杆配套。

基准点平面测量应采用全站仪自由设站并联测轨道控制网 CPIII 的方式进行,高程测量应采用精密水准测量方法进行。

1. 基准点平面测量外业观测应满足的要求

(1)测量仪器精度和全站仪自由设站应符合现行《高速铁路工程测量规范》(TB 10601)的相关规定。

(2)自由设站点应尽量靠近基准点连线。左右线基准点应分别设站观测。

(3)同一测站观测的 CPIII 控制点不应少于 3 对,观测的基准点宜为 6~12 个。

(4)同一测站的 CPIII 控制点和基准点应采用全站仪正镜位多个半测回观测。观测顺序为:先依次观测所有 CPIII 控制点,再依次观测所有基准点。基准点观测不应少于 3 次。CPIII 控制点观测不应少于 4 次。

(5)每测站重复观测上一测站的CPⅢ控制点不应少于2对。重复观测上一测站观测的基准点不应少于3个。

2. 基准点高程测量外业观测应满足的要求

(1)基准点高程测量应采用水准测量中视法往返观测。

(2)左右线基准点高程测量应分别进行。

(3)每300m左右应与线路同侧的CPⅢ控制点闭合一次。

(4)每一测段间重复观测的基准点不应少于3个。

3. 基准点内业平差计算应满足的要求

(1)基准点平面坐标平差计算前,应检查CPⅢ控制点的坐标不符值。当CPⅢ点坐标不符值 x、y 大于2mm时不应参与平差计算。每一测站参与平差计算的CPⅢ控制点不应少于4个。

(2)基准点各半测回测量的坐标值与其平均值间的较差均不应大于0.4mm。

(3)重迭区内基准点的平面位置允许偏差:横向不应大于0.3mm,纵向不应大于0.4mm。

(4)单程水准测量起闭于CPⅢ控制点的闭合差应按下式计算:

$$f_h = 0.5 + 2\sqrt{S}$$

式中:S——单程水准测量线路长度(km)。

(5)各基准点往返测高程值与其平均值间的较差不应大于0.3mm;重叠区内基准点高程较差不应大于0.3mm。

4. 轨道基准点测量精度应满足的要求

(1)基准点各半测回测量的坐标值与其平均值间的较差不大于0.4mm。

(2)重叠区内基准点的平面位置允许偏差:横向不大于0.3mm,纵向不大于0.4mm。

(3)基准点往返测高程值与其平均值间的较差不大于0.3mm;重叠区内基准点高程较差不大于0.3mm。

六 隔离层及弹性垫层施工

隔离层及弹性垫层施工与CRTSⅢ型板式无砟轨道隔离层及弹性垫层施工相同。

七 道岔板铺设

道岔板铺设施工工艺流程如图6-18所示。

(一)施工准备

施工便道应尽量沿线路贯通设置,满足道岔板运输及吊装作业的要求。桥梁地段采用50t汽车起重机或悬臂式门式起重机直接将道岔板吊装上桥。必要时,需要采用轮胎式双向运板车进行中转运输。道岔板运输一般由厂家负责,采用平板汽车运送至各车站道岔铺设或临时存放位置。每台平板汽车可装道岔板2层,每层道岔板间加垫4块20cm方垫木支垫,方木支垫与道岔板和车厢接触处采用防滑塑料垫,并在平板汽车四周加装角钢围挡,道岔板与围挡之间的间隙采用硬杂木填充,以防止道岔板在运输过程中晃动碰损。

设备、仪器准备 → 施工准备 ← 底座表面清理

自密实混凝土层钢筋安装

道岔板现场检查 → 道岔板粗铺 ← 道岔板运输

安装精调装置 → 道岔板精调 ← 测量道岔板形位

道岔板固定

质量检查

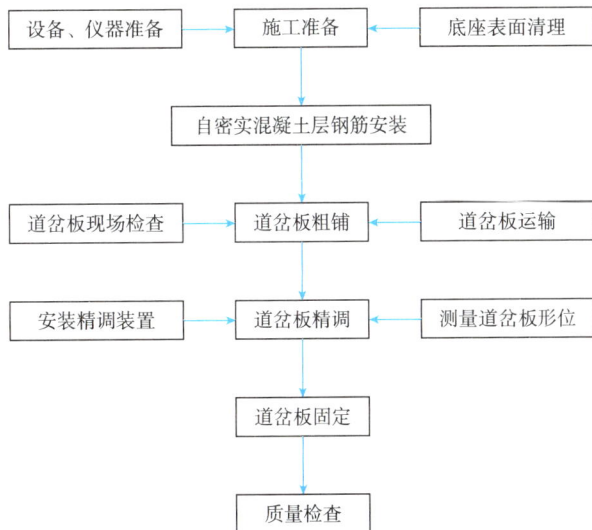

图 6-18　道岔板铺设施工工艺流程

道岔板原则上不在工地长时间临时存放，最长存放时间不宜超过 3 个月。临时存放时，应保证存放台位坚固、牢靠，道岔板下支垫应符合设计要求，各支点间相对高差不大于 2mm，层与层之间加垫 6 块 20cm 方垫木。每垛道岔板不超过 3 层。

(二) 自密实混凝土层钢筋安装

材料进场后分类进行摆放并进行标识，对钢筋的型号、规格、力学性能按规定进行出厂检查和常规检查，经报检合格监理确认后正式使用。根据钢筋进料长度，按设计和规范要求在加工场内下料制作钢筋，按设计编号进行摆放，并分类标识。

钢筋绑扎前必须对基座进行清理，并标出从预制道岔板深入底座板的连接钢筋位置。将制作好的钢筋运至道岔施工段落，按设计和规范要求采用绝缘卡和绑扎带进行绑扎。所有纵横向钢筋在铺设时，应与基座上标出的箍筋位置保持 5cm 的最小间距。

检查钢筋网架成型情况，做好绝缘测设，确保电阻测试合格。对于铺板辅助装置，螺杆垫块和测量点必须预留空位，钢筋位置不得妨碍道岔板的铺设和精调。

(三) 道岔板粗铺

道岔板铺设前，应复测底座及凹槽平面位置及高程，并将底座隔离层表面清理干净，无残渣、积水等。底座混凝土达到设计强度 75% 以上，且底座及凹槽各项指标经检验符合要求后，方可进行道岔板铺设。粗铺前，应再次检查应复核道岔板规格型号及质量。道岔板外观应无裂纹、破损及缺棱掉角。将纵向钢筋按设计要求绝缘绑扎在道岔板门型筋内侧。

粗铺前，在道岔两侧各摆放 2 块 20cm 方垫木，以备道岔板临时支垫时使用。道岔板由大型平板车从制板场 (或存板场) 运送到施工现场的便道上。道岔板粗铺可采用大吨位汽车起重机或铺板门式起重机进行，按放线位置将道岔板放置于事先安装好的混凝土支撑垫块上。道岔板粗铺应按布板图给定编号依次进行铺设，并采用专用设备吊装就位。道岔板接地端子应位于线路外侧。粗铺过程中，不得损伤道岔板下部门型钢筋及其绝缘

涂层。

粗铺时,人工使用小撬棍配合将道岔板铺设就位,通过对照道岔板轨道中线标志和找平层上轨道中线可使道岔板的粗铺精度控制在5mm以内。道岔板就位前,将20cm方垫木摆放于在距精调器安装位置最近的预裂缝位置,之后将道岔板缓缓下落就位。

粗铺到位后,及时在道岔板两侧安装支撑牛腿及多向精调器,将道岔板支起。之后,可拆除临时支垫的方垫木。精调器安装前,应将精调器各向调整螺杆调至中间位置。由于道岔板质量较大,采用汽车起重机粗铺时,通常每铺一块板就需要更换一次位置。

道岔板粗铺时的平面定位允许偏差:纵向不应大于5mm,横向不应大于精调装置横向调程的1/2。

(四)道岔板精调、固定

对轨道板的精调其精调原理及方法与正线轨道板精调有很多相同之处。轨道板上预留有安装棱镜的孔。在靠近正线的道岔板的4个角点放置4个棱镜,进入道岔中部,由于曲股和直股的间距加大,道岔板逐渐变宽,在道岔板的中部增设两个棱镜。全站仪架设在道岔板之间的基准点上,以上一块已经精调到位的轨道板的最后两个支点作为定向点。道岔板上安置棱镜的点的理论坐标已经输入全站仪。全站仪架设在轨道基准点上,通过自身的放样程序,测量正在调整的道岔板上的4个(或6个)棱镜的实际三维坐标。通过道岔板四周的调节架,对轨道板进行横向、纵向及竖向的调整,直到轨道板达到要求。

道岔板精调、固定

道岔板精调应采用专用的道岔板精调测量系统,精调测量系统的全站仪、精调标架和专用软件等应配套,并定期对精调系统进行检校。精调前,应对测量标架进行检校。标准标架每15d检校一次,在轨道板场校验,误差应小于0.1mm。每天工作前应用检测合格的标准标架对其他测量标架进行校验,校验标架时必须在同一对承轨台上进行。

全站仪设站及定向。道岔板精调施工应以CPⅢ控制点为依据,采用全站仪自由设站进行测量。全站仪架设在特制对中三脚架上,在基准点上进行设站,设站位置应距离待精调道岔板6.5~25m范围内,定向棱镜设在待精调道岔板的另一端基准点上。通过精调系统,测量正在调整的道岔板四周或中间定位孔上的球形棱镜的实际三维坐标,工控计算机将事先输入置放棱镜点的理论坐标与实测坐标进行对比并实时显示其偏差值。

道岔板调整。道岔板精调应采用全站仪三维放样模式,分别精确测量每块道岔板上的4个(或6个)棱镜位的三维坐标,并根据放样与计算差值调整道岔板调节架,对道岔板进行横向、纵向和竖向的调整。依据工控计算机显示的偏差值(即调整量),按照"先调整4个角点高程,再调整平面位置;短板精调时,先使用对角两点调整,在角点的高度及平面调整好后,再调整板中部高程"的原则,通过道岔板四周的精调爪,实现对道岔板各点位横向、纵向及竖向的调整,消除偏差量,直到道岔板满足表6-8所规定的偏差要求。

道岔板精调精度要求(mm)   表6-8

项目	纵向	横向	高程	相邻道岔板承轨面相对横向偏差及高差
允许偏差(mm)	±0.3	±0.3	±0.3	0.3

道岔板精调完成后,要对道岔板进行系统的平面和高程复测,根据精度具体情况适时对道岔板进行微调。平面测量:用全站仪测量 4 对 CPⅢ点自由设站后,对精调棱镜孔位进行整体复测,最大视距不应超过 25m。高程测量:使用精密数字水准仪进行水准测量。复测时,司镜方向应保持一致,站与站之间应重叠 1~2 块板,以便判定搭接误差和测量精度。将复测结果进行分析处理后,做出复测分析评估报告,对超出允许偏差范围的道岔板进行再次微调并复测,直至符合标准要求。

按施工图在道岔板两侧及两道岔板之间预定位置安装扣压装置,如图 6-19 所示。

图 6-19　道岔板两侧扣压装置

八 自密实混凝土施工

板式无砟道岔自密实混凝土浇筑施工与 CRTSⅢ型板式无砟轨道相似,主要作业内容包括:施工准备、混凝土搅拌、混凝土运输、混凝土浇筑、混凝土养护、混凝土拆模及附属施工等。

1. 准备工作

首先清除道岔板下的杂物,采用可旋转的高压喷水枪对道岔板及垫层间提前进行充分湿润,但不得有积水。

自密实
混凝土施工

依据计划浇筑的道岔板号,并结合道岔板底部的空间高度,计算每块道岔板浇筑所需的混凝土数量,根据计算数量及损耗确定混凝土每次的运输量,再次对道岔板的平面、高程进行复测,确认道岔板状态满足浇筑要求,必要时对道岔板补充调整。用胶带及 PVC 薄膜对接地螺栓孔、吊装螺栓孔、扣压装置、精调器进行防护。提前完成自密实混凝土的配合比设计及工艺性试验。

2. 混凝土搅拌

自密实混凝土应在配有自动计量系统和强制式搅拌机的拌和站内搅拌,混凝土原材料称量最大允许偏差(按重量计)应符合以下规定:胶凝材料(水泥、矿物掺合料等),外加剂,搅拌用水为 ±1%,集料 ±2%。

混凝土搅拌前,应测定集料含水率,并实时调整施工配合比,一般情况下,含水率应每天抽查 2 次,雨天随时抽查,并按测定结果及时调整施工配合比。

混凝土搅拌时,宜先投细集料、水泥和矿物掺合料,搅拌均匀后,再加入所需用水量和外加剂,待砂浆充分搅拌后再投入粗集料,并继续搅拌至均匀为止。每个阶段的搅拌应不少于 30s,总搅拌时间不宜少于 2min,也不宜大于 3min。

冬期施工时,直接与水泥接触水的加热温度不宜高于 80℃,自密实混凝土搅拌时间

可较常温施工延长50%。夏(热)季施工时,水泥进入搅拌机的温度不宜高于50℃。

3. 混凝土运输

选用能确保自密实混凝土浇筑工作连续进行,运输能力与混凝土搅拌站的搅拌能力相匹配的混凝土专用运输设备运输自密实混凝土。

自密实混凝土的运输速率应保证施工的连续性,当罐车到达浇筑现场时,应使罐车高速搅拌20~30s方可卸料。

运输自密实混凝土过程中,应保持运输混凝土的道路平坦畅通,确保混凝土在运输过程中能够保持均匀性,运到浇筑地点不出现分层、离析和泌浆等现象。

运输自密实混凝土过程中,应对运输设备采取保温隔热措施,防止局部混凝土温度升高或受冻。应采取适当措施防止水分进入运输容器或蒸发,严禁在运输过程中向混凝土内加水。

应尽量减少自密实混凝土的转载次数和运输时间。从搅拌机卸出混凝土到混凝土浇筑完毕的延续时间以不影响混凝土的各项性能为限。

4. 混凝土浇筑

自密实混凝土浇筑前,应检查:浇筑口的位置及数量、工装模型等;钢筋网片的位置,门形筋数量及其坚固程度;道岔板四周模板的密封情况,道岔板之间横向封边缝的密封及排气孔预留情况;道岔板高程及轴向平顺,精调器的受力状态及其紧固程度;底座混凝土表面和道岔板底面用水湿润情况,并确定不得有明显积水。

自密实混凝土浇筑前,应对混凝土的坍落扩展度、扩展时间、障碍高差、入模温度等进行检测,确认混凝土满足扩展度不大于70cm,扩展时间T50为2~6s,障碍高差小于18mm,L形仪$H_2/H_1 \geqslant 0.9$,T700L为10~18s,泌水率为0,含气量不大于5%等要求。

在炎热季节浇筑自密实混凝土时,应避免模板和混凝土直接受阳光照射,保证混凝土入模前模板和钢筋的温度以及附近的局部气温均不超过40℃。低温条件下(当昼夜平均气温低于5℃或最低气温低于-3℃时)浇筑自密实混凝土时,混凝土入模温度不得低于5℃。在相对湿度较小、风速较大的环境下浇筑自密实混凝土时,应取适当的挡风措施,以防止混凝土失水过快。

施工时混凝土入模温度应控制在5~30℃,混凝土自由倾落高度不大于1.0m。浇筑时,浇筑速度不宜过快,应保证下料的连续性和混凝土在道岔板下的连续流动。浇筑完毕后,应将模板内多余的混凝土及时清除。

对于窄板(宽度小于4.0m的道岔板),可采用运输罐车,通过溜槽直接从一侧进行不间断浇筑或采用起重机+料斗方式浇筑,如图6-20所示。浇筑必须一次性完成,严禁二次浇筑。在宽板浇筑时,必须在板的两侧以均匀速度同时进行浇筑,利用道岔板上及板缝预留的排气孔排气。待混凝土浇筑超过道岔板下沿大于15mm时,在排气孔中插入S形铁钩,确保浇筑层和后浇混凝土更好地连接。

在自密实混凝土浇筑过程中,应按要求取样制作混凝土强度和耐久性试件,试件制作数量应符合相关规定。

图 6-20　自密实混凝土浇筑

5. 混凝土养护

自密实混凝土浇筑完成后,应及时用土工布覆盖保湿养护,养护时间不小于 14d。混凝土暴露面初凝后,应卷起土工布,将暴露面积压光抹平后覆盖养护。去除土工布或拆模后,可用养护膜、喷养护剂等进行养护。

混凝土养护用水温度与混凝土表面间温度之差不得大于 15℃。拆模后,若天气骤变,应采用适当的保温隔热措施,以防混凝土表面开裂。

冬期施工,应对混凝土做好保温养护措施,保证抗压强度达到设计强度 30% 之前不得受冻。

6. 混凝土拆模

道岔板两侧模板及精调器的拆除应在自密实混凝土强度达到 10MPa 以上,且表面及棱角不因拆模而受损时方可进行。

拆模宜按立模顺序逆向进行,不得损伤道岔板四周混凝土,并减少模板破损。当模板与自密实混凝土脱离后,方可拆卸、吊运模板。

拆模后,若天气发生骤然变化时,应采取适当的保温隔热措施,防止混凝土表面开裂。在自密实混凝土未达到 100% 设计强度前,道岔板不可承受全部设计荷载。

7. 转辙机平台浇筑

转辙机平台采用 C40 高性能混凝土模筑法施工,模板及钢筋与底座模板及钢筋同步施工,混凝土浇筑在自密实混凝土终凝且脱模后进行。施工时,应严格控制其顶面高程。

8. 其他附属施工

混凝土达到足够强度后在道岔板两侧做 3% 的横向排水坡。

道岔板板缝间以微膨胀混凝土填充,强度等级符合设计要求。施工前对道岔板界面进行凿毛,涂刷界面剂以加强新老混凝土的粘连效果。

板缝间设一根通长钢筋,钢筋两端的保护层厚度为 5cm,同时在板缝间等间距植入 3 根钢筋,单根钢筋长度为 380mm,钢筋的规格、钻孔直径及深度等符合设计要求。浇筑的板缝混凝土与承台间的混凝土平齐,混凝土达到一定强度后用切缝机对板缝混凝土与道岔板接触处切缝,缝深 20mm、宽 8mm,缝内采用热熔改性沥青填塞。

九　道岔板复测及成品保护

道岔板自密实混凝土浇筑完成后,应采用道岔板精调系统复测道岔板线形,根据复测的线形偏差,确保道岔调整件的订货量并提前订货。必要时,应修正道岔线形,为前后待铺无砟轨道的线形调整提供依据,以保证前后无砟轨道的顺接符合高速铁路运行的要求。

道岔板施工期间及之后,应加强道岔板成品保护,除避免施工人员及设备碰撞导致道岔板缺角掉边,还应重点做好以下两个方面的工作:

(1)避免周边施工时,混凝土或砂浆污染道岔板。

(2)加强对道岔板定位孔及扣件螺栓孔的保护,使用塑料盖或胶布封闭,避免杂物进入孔内,影响测量或扣件安装。

十　道岔钢轨件安装

道岔钢轨间组装施工工艺流程如图6-21所示。

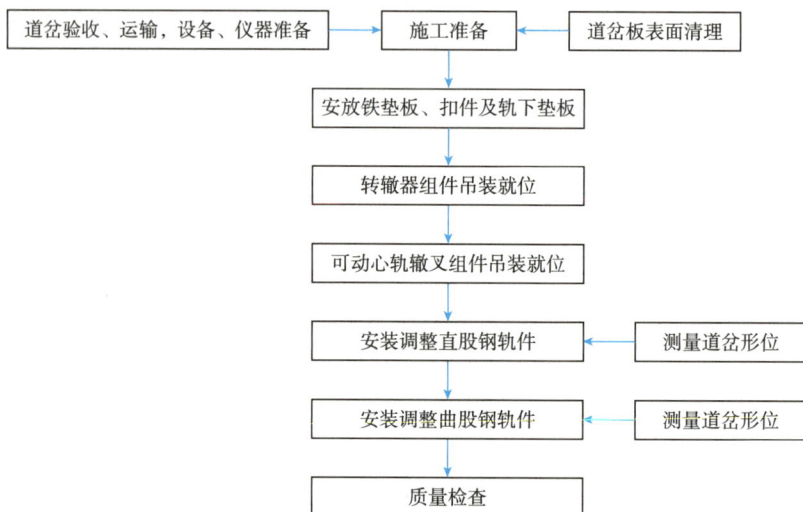

图6-21　道岔钢轨间组装施工工艺流程

道岔钢轨件应按铺设图进行安装。道岔钢轨件安装前,应清除黏附在道岔板上的尘土、污垢、油污,确保承轨槽处清洁无杂物,螺栓孔内无异物、残渣。对照铺设图检查钢轨部件的完整性,更换缺损零件;检查并调整尖轨及心轨工装点应平齐,检查螺栓扭矩。

道岔组装时,与道岔板的连接螺栓应手工入扣,拧紧扭力矩应符合设计要求,不得过大或过小,不得采用电动入扣或锤击入扣。垫板螺栓拧入前宜涂抹铁路专用防护油脂。道岔钢轨件摆放后,应首先调整直基本轨的位置、高低、方向,再进行道岔其他几何参数的调整。密贴调整应在高低、方向、轨距、水平调整到位后进行。轨距调整时,应根据轨距调整要求放置适当型号的轨距块,禁止强行砸入轨距块。

道岔铺设主要结构尺寸允许偏差应符合规范规定。

十一　道岔钢轨焊接及锁定

板式道岔钢轨焊接及锁定与轨枕埋入式道岔钢轨焊接及锁定相同。

⚠ 任务实施

项目名称	项目六 无砟轨道道岔施工	任务名称	任务二 板式道岔施工
专业班级		姓名	学习小组

【专业知识认知】(30分)

1. 伸缩缝填缝材料施工的注意事项有哪些？(10分)

2. 简述自密实混凝土施工的主要内容。(10分)

3. 简述道岔板铺设施工工艺流程。(10分)

【能力素质训练】(60分)

1. 能够绘制板式道岔施工工艺流程图。(20分)

2. 结合现场,能够对道岔板进行精测,并能够指导现场作业人员进行调整。(20分)

3. 结合现场,能够对板式道岔施工过程进行质量检查,并能够判断是否符合规范要求。(20分)

【工作总结】(10分)

学员自评		组长评价	

指导老师评价:

巩固与练习

一、填空题

1. 道岔正式施工之前,应结合设计及工期要求确定_____及道岔组件进场方案。

2. 道岔正式施工之前应完成道岔钢轨焊接型式试验并获取_____。

3. 道岔正式施工之前应对已生产完成的道岔板按照设计文件要求进行_____,并重点做好道岔板预埋螺栓孔的检查和_____。

4. 道岔板粗铺时,使道岔板的粗铺精度控制在_____mm 以内。

5. 道岔板精调通过专用的道岔板精调系统配合_____实现。

6. 路基及隧道内道岔板逐块浇筑自密实混凝土,需要对道岔板横向板缝进行_____。

7. 模筑法施工钢筋混凝土底座,待底座强度达到_____%以上后,汽车运输道岔件及轨枕进场。

8. 在道岔轨排组装完成至道床混凝土浇筑和道岔钢轨焊接之前,需要将转辙机安装在道岔上,确认道岔转换正常且各指标_____,否则不能进入下一阶段施工。

9. 组装道岔垫板时,注意保持_____位置和方向不变。

10. 道岔施工过程中加强与电务专业的沟通,共同做好道岔转换设备安装及_____工作,确保道岔质量一次满足工务及电务专业的要求。

二、选择题

1. 道岔件应架空支垫存放,支垫间距不超过( )m。
   A. 4　　　　B. 5　　　　C. 6　　　　D. 8

2. 道岔件应架空支垫存放,支垫面应大面平整,相邻支点高差不大于( )mm。
   A. 8　　　　B. 10　　　　C. 12　　　　D. 14

3. 道岔件应架空支垫存放,支垫面应大面平整,全部支点的最大高差不大于( )mm。
   A. 10　　　　B. 15　　　　C. 20　　　　D. 30

4. 道岔安装定位时,道岔直(曲)尖轨第一牵引点前与直(曲)基本轨密贴,缝隙不大于( )mm。
   A. 0.2　　　　B. 0.5　　　　C. 1　　　　D. 2

5. 道岔安装定位时,转辙器部分最小轮缘槽不得小于( )mm。
   A. 55　　　　B. 60　　　　C. 65　　　　D. 70

6. 道岔安装定位时,查照间隔(辙叉心作用面与护轨头部外侧的距离)不得小于( )mm。
   A. 1390　　　　B. 1391　　　　C. 1394　　　　D. 1395

7. 精调后道岔直(曲)尖轨第一牵引点前与直(曲)基本轨密贴,缝隙不大于( )mm。
   A. 0.2　　　　B. 0.5　　　　C. 1　　　　D. 2

8. 精调后道岔心轨尖端第一牵引点与直(曲)基本轨密贴,缝隙不大于(   )mm。

    A.0.2   B.0.5   C.1   D.2

9. 道岔组装,调整岔枕水平,要求相邻岔枕顶面高差不大于(   )mm,所有岔枕顶面高差不超过5mm。

    A.0.2   B.0.5   C.1   D.2

10. 道岔正式施工之前应协调相关线下及无砟轨道施工单位,共同确认道岔前后各(   )m的无砟轨道待无砟道岔施工完成后再施工。

    A.100   B.200   C.300   D.400

三、判断题

1. 底座混凝土浇筑施工应密切关注天气变化,高温烈日、大风、雨雪天气应尽量避免施工。(   )

2. 施工便道应尽量沿线路贯通设置,满足道岔板运输及吊装作业的要求。(   )

3. 道岔板粗铺可采用大吨位汽车起重机或铺板门式起重机进行。粗铺前,在道岔两侧各摆放2块50cm方垫木,以备道岔板临时支垫时使用。(   )

4. 铺设无砟道岔前,按照《铁路工程沉降变形观测与评估技术规程》对路基、桥涵、隧道变形进行系统评估。(   )

5. 混凝土垫层为素混凝土结构,在路基级配碎石或隧道内仰拱清理完成且经复核高程、平整度及宽度满足条件后进行模筑法施工。(   )

6. 道岔应按铺设图铺设,各零部件应安装正确、齐全,精调后的道岔各部允许偏差应符合相关技术条件的要求。(   )

7. 工电联调是工务与电务一起配合调试,属接口管理的范畴,是高速道岔施工的重要环节。(   )

8. 道岔安装过程中,盖板安装在弹性铁垫板上,应将装有橡胶垫圈的一面朝上。(   )

9. 道岔安装过程中,选择适当型号的垫板螺栓,套上弹簧垫圈,并将螺纹部分涂满铁路专用油脂,穿过盖板旋入预埋绝缘套管中。(   )

10. 道岔基本轨及尖轨组件安装,调整基本轨的方向,尽量不采用缓冲调距块调整。(   )

四、简答题

1. 根据CPⅢ测量控制网,利用全站仪,按什么方式放样底座施工的中线?
2. 简述道岔板粗铺方法。
3. 简述轨道板精调实现方式。
4. 简述道岔板精调的注意事项。
5. 简述道岔组装及调整质量控制要求。

项目七

无缝线路铺设施工

【项目描述】

无缝线路消灭了大量的钢轨接头，减少列车的振动，平顺性好，线路阻力小，使行车平稳，减少了噪声，提高了旅客舒适度，并节省了接头材料零件和维修工作量，减少接头病害以及轮对与钢轨接头的碰撞，降低了维修费用，是轨道技术进步的重要标志。本项目主要介绍无缝线路分类、铺设、焊接方法、应力放散、轨道精调作业以及钢轨伸缩调节器的铺设的基本知识。

【学习目标】

知识目标

(1) 掌握无缝线路的概念及分类。

(2) 掌握跨区间无缝线路施工工艺。

(3) 熟悉无缝线路钢轨焊接的基本方法。

(4) 掌握长钢轨铺设的工序。

(5) 熟悉轨道精调的基本思路。

(6) 掌握轨道精调的内容及流程。

(7) 掌握钢轨伸缩调节器的铺设。

能力目标

(1) 能够进行无缝线路铺设施工现场施工的指挥。

(2) 能够指导长钢轨现场焊接作业。

(3) 能够根据跨区间无缝锁定轨温，计算温度力。

(4) 能够使用常用的监测工器具。

(5) 能够进行轨道精调的作业。

(6) 能够进行钢轨伸缩调节器铺设作业。

素养目标

(1)通过无缝线路的发展史,引导学生利用所学服务社会的成就感,培养学生爱岗敬业、服务奉献精神。

(2)以京津城际为引入案例,了解我国无缝线路的发展,培养学生的民族自豪感。

(3)通过榜样示范的力量,引导学生树立坚定不移探索真理、忠诚祖国、拼搏奉献的中国高铁精神,激励学生励志创新。

(4)通过观看视频和纪录片,分析无缝线路事故原因,培养学生安全意识和责任意识,提升法制观念。

【学习导航】

无缝线路铺设施工

任务一 无缝线路施工

❖ 任务引入

我国于 1957 年开始在京门支线(北京)和真西支线(上海)两地各铺设 1km 无缝线路,次年才进行大规模的试铺。1961 年底,我国共铺设无缝线路约 150km,60～70 年代对在线路特殊地段铺设无缝线路进行了理论和试验研究,并取得了成功,为在线路上连续铺设无缝线路创造了条件。随着轨道结构的加强、实践经验的丰富以及轨道结构理论研究的深入,无缝线路铺设的范围逐步扩大并积极地发展跨区间无缝线路。我国于 80 年代开始对无缝道岔和区间无缝线路进行试验研究,2001 年在京沪线南京—上海区间成功铺设了一条轨条长为 249km 的跨区间无缝线路。秦沈客运专线全线采用了新线一次性铺设跨区间无缝线路,各站正线道岔均采用 38 号或 18 号无缝道岔。2007 年,京津城际铁路全线跨区间无缝线路全面贯通,如图 7-1 所示。近几年来,我国铁路的无缝线路一直处于快速增长阶段,为何要铺设无缝线路?无缝线路如何避免轨道部件破损?其是否改善钢轨接头的工作状态?

a) 无缝线路   b) 通行列车

图 7-1 京津城际铁路

▲ 任务描述

普通线路钢轨接头是薄弱环节,列车运行通过接头时会发生冲击和振动,降低了使用寿命,增加了其养护维修的费用。无缝线路减少了钢轨接头,减少了接头病害,是新型的轨道结构形式。通过本任务学习无缝线路施工,能够掌握无缝线路施工工艺流程,能够进行无缝线路施工。

◇ 相关知识

一 无缝线路的特点

在普通线路上,钢轨接头是轨道的薄弱环节之一。由于接缝的存在,列车通过时发生冲击和振动,并伴随有打击噪声,冲击力最大可达到非接头区三倍以上。接头冲击力影响行车的平稳和旅客的舒适,并导致道床破坏、线路状态恶化、钢轨及联结零件的使用寿命缩短、维修劳动费用的增加。养护线路接头区的费用占养护总经费的 35% 以上;钢轨因轨端损坏而抽换的数量较其他部位大 2~3 倍;重伤钢轨 60% 发生在接头区。随着列车轴重、行车速度和密度的不断增长,上述缺点更加突出,更不能适应现代高速重载运输的需要。

断轨故障分析 无缝线路是把标准长度的钢轨焊连而成的长钢轨线路,又称焊接长钢轨线路,在世界各国得到广泛的运用。无缝线路由于消灭了大量的接头,因而具有行车平稳、旅客舒适,同时机车车辆和轨道的维修费用减少、使用寿命延长等一系列优点。有资料表明,从节约劳动力和延长设备寿命方面计算,无缝线路比有缝线路可节约 30% ~70% 的维修费用。

无缝线路在使用过程中同样也存在一些问题:在寒冷冬季和炎热的夏季,钢轨内部会产生比较大的温度应力,使轨道不易保持其必要的强度和稳定性,进而增大断轨和胀轨跑道的风险,危及行车安全;无缝线路中的焊接接头可能存在焊接质量问题;另外,无缝线路设计、长轨运输、铺设施工、养护维修等方面也会存在一些理论和技术问题。

二 无缝线路的分类

无缝线路根据处理钢轨内部温度应力方式的不同,可分为温度应力式和放散温度应力式两种。

温度应力式普通无缝线路是由一根焊接长钢轨及其两端 2~4 根标准轨组成,并采用普通接头的形式。无缝线路铺设锁定后,焊接长钢轨因受线路纵向阻力的抵抗,两端自由伸缩受到一定的限制,中间部分完全不能伸缩,因而在钢轨内部产生很大的温度力,其值随轨温变化而异。温度应力式无缝线路结构简单,铺设维修方便,因而得到广泛应用。对于直线轨道 50kg/m 和 60kg/m 钢轨,每公里配置 1840 根混凝土枕,铺设温度应力式无缝线路允许轨温差分别为 100℃ 和 104℃。现今世界各国主要是采用温度应力式无缝线路。

放散温度应力式无缝线路,又分为自动放散式和定期放散式两种,适用于年轨温差较大的地区。自动放散式是为了消除和减少钢轨内部的温度力,允许长轨条自由伸缩,在长轨两端设置钢轨伸缩接头。在大桥上、道岔两端为释放温度力,铺设的自动放散式无缝线路,是在长轨两端设置伸缩调节器。定期放散温度应力式无缝线路的结构形式与温度应力式相同。根据当地轨温条件,钢轨内部的温度应力每年调整放散 1~2 次。放散时,松开焊接长钢轨的全部扣件,使它自由伸缩,放散内部温度应力,应用更换缓冲区不同长度调节轨的办法,保持必要的轨缝。在苏联和我国年温差较大的地区试用过,目前已很少使用。

根据无缝线路轨条长度、是否跨越车站,可分为普通无缝线路、区间无缝线路及跨区间无缝线路。

从理论上讲,无缝线路的长轨条长度可以无限长,这是发展跨区间无缝线路的理论基础。普通无缝线路轨条长度受信号机位置、道岔、特大桥等因素的限制,一般只有 1~2km,随着钢轨胶接绝缘接头和无缝道岔两项关键技术的发展,跨越闭塞分区的区间无缝线路以及跨越车站的跨区间无缝线路得以实现。随着新建铁路路基填筑质量的提高及工后沉降大幅度降低、道床密实度及稳定性达到设计开通速度要求,新建线上可以实现一次铺设跨区间无缝线路,消除了普通线路接头造成的"记忆病害",大幅度提高了轨道的平顺性。

跨区间无缝线路是在完善了长大桥上无缝线路、高强度胶接绝缘接头、无缝道岔等多项技术以后,把闭塞区间的绝缘接头乃至整区间甚至几个区间(包括道岔、桥梁隧道等)都焊接(或胶接、冻结)在一起,取消缓冲区的无缝线路。高速铁路正线应采用跨区间无缝线路,到发线应采用无缝线路。

跨区间无缝线路的优点是十分明显的:无缝线路的长轨条贯通区间,并与车站道岔焊联,取消了缓冲区,彻底实现了线路的无缝化,全面提高了线路的平顺性与整体强度;取消缓冲区后,轨道部件的损耗和养护维修工作量进一步减少;钢轨接头的消灭,进一步改善了列车运行条件;伸缩区与固定区交界处因温度循环而产生的温度力峰以及伸缩区过量伸缩不能复位而产生的温度力峰,都由于伸缩区的消失而消失,跨区间无缝线路的防爬能力较强,纵向力分布比较均匀,锁定轨温容易保持,线路的安全性和可靠性提高;跨区间无缝线路长轨条温度力升降平起平落,不会形成温度力峰,可适度提高锁定轨温,从而提高轨道的稳定性。

三 无缝线路基本原理

(一)温度力与温度应力

无缝线路的特点是轨条很长,当轨温变化时,钢轨要发生伸缩,但由于有约束作用,不能自由伸缩,在钢轨内部要产生很大的温度力。为保证无缝线路的强度和稳定,需要了解长轨内温度力及其变化规律。为此首先要分析温度力、伸缩位移与轨温变化及阻力之间的关系。

一根长度为 l 可自由伸缩的钢轨,当轨温变化 Δt 时,其伸缩量为:

$$\Delta l = \alpha \cdot l \cdot \Delta t \tag{7-1}$$

式中:α——钢轨的线膨胀系数,取 $11.8 \times 10^{-6}/℃$;

    l——钢轨长度(mm);

    Δt——轨温变化幅度(℃)。

如果钢轨完全被固定,不能随轨温变化而自由伸缩,则将在钢轨内部产生温度应力。根据虎克定律,温度应力 σ_t 为:

$$\sigma_t = E \cdot \varepsilon_t = E \frac{\Delta l}{l} = \frac{Ea \cdot l \Delta t}{l} = E \cdot a \cdot \Delta t \tag{7-2}$$

式中:E——钢的弹性模量,$E = 2.1 \times 10^5 \, \text{MPa}$;

    ε_t——钢的温度应变。

将 E、a 之值代入式(7-2),则温度应力为:

$$\sigma_t = 2.1 \times 10^5 \times 11.8 \times 10^6 \Delta t = 2.48 \Delta t \, (\text{MPa}) \tag{7-3}$$

一根钢轨所受的温度力 P_t 为:

$$P_t = \sigma_t \cdot F = 2.48 \Delta t \cdot E \, (\text{N}) \tag{7-4}$$

式中:F——钢轨断面积(mm^2)。

由此无缝线路基本公式可得知:

(1)在两端固定的钢轨中所产生的温度力,仅与轨温变化幅度有关,而与钢轨本身长度无关。因此,从理论上讲,钢轨可焊成任意长,且对轨内温度力没有影响。控制温度力大小的关键是如何控制轨温化幅度 Δt。

(2)对于不同类型的钢轨,同一轨温变化幅度产生的温度力大小不同。如轨温变化 1℃ 所产生的温度力,对于 75kg/m、60kg/m、50kg/m 钢轨分别为 23.6kN、19.2kN、16.3kN。

(3)无缝线路钢轨伸长量与轨温变化幅度 Δt、轨长 l 有关,与钢轨断面积无关。

（二）锁定轨温设计

1. 轨温

钢轨温度不同于气温。影响轨温的因素比较复杂，它与气候变化、风力大小、日照强度、线路走向和所取部位等均有密切关系。在夏季，由于太阳辐射热的作用，一般轨温比气温高 10 ~ 20℃；在冬季，气温较低，气温与轨温大致相同。一般规定，最高轨温等于当地最高气温加 20℃，最低轨温等于最低气温。

2. 锁定轨温

为降低长轨条内的温度力，需选择一个适宜的锁定轨温，又称零应力状态的轨温。在铺设无缝线路中，将长轨条始终端落槽就位时的平均轨温称为施工锁定轨温。施工锁定轨温不一定等于设计锁定轨温，但应在设计锁定轨温允许变化范围之内。锁定轨温是决定钢轨温度力水平的基准，因此根据强度和稳定条件确定锁定轨温是无缝线路设计的主要内容。

3. 设计锁定轨温

设计锁定轨温即长钢轨中和轨温，其根据线路的具体条件，通过轨道稳定性和强度计算确定。

有砟轨道：

$$T_c = \frac{T_{max} + T_{min}}{2} + \frac{\Delta T_d - \Delta T_u}{2} + \Delta T_k \qquad (7-5)$$

式中：T_c——设计锁定轨温；

ΔT_d、ΔT_u——允许温降和允许温升；

T_{max}、T_{min}——当地历史最高、最低轨温；

ΔT_k——设计锁定轨温修正值，一般取 0 ~ 5℃。

无砟轨道：

$$T_c = \frac{T_{max} + T_{min}}{2} \pm \Delta T_k \qquad (7-6)$$

路基有砟无缝线路锁定轨温可适当提高；桥上无缝线路锁定轨温可适当降低；南方地区的无砟轨道锁定轨温范围不应过低，否则会造成夏季轨温升幅度过大，钢轨出现碎弯的概率增加。

4. 设计锁定轨温范围

无缝线路的铺设很难在设计锁定轨温下把整段长轨条锁定，因此，需要给定一个同时满足稳定性和强度条件的范围，即设计锁定轨温 ±（3 ~ 5℃）。

5. 实际锁定轨温

在运营中，长轨条因轮轨相互作用而被碾长，或因维修作业不当造成了长轨条不均匀爬行，都会导致长轨条施工锁定轨温的变化（一般下降 5 ~ 8℃），因此，无缝线路在运营中存在一个实际的锁定轨温。

（三）无缝线路上各种阻力

1. 线路纵向阻力

轨温变化时，影响钢轨两端自由伸缩的原因是来自线路纵向阻力的抵抗，它包括接头阻力、扣件阻力及道床纵向阻力。

（1）接头阻力

钢轨两端接头处由钢轨夹板通过螺栓拧紧，产生阻止钢轨纵向位移的阻力，称接头阻力。接头阻力由钢轨夹板间的摩阻力和螺栓的抗剪力提供。为了安全，我国接头阻力 PH 仅考虑钢轨与夹板间的摩阻力。

$$PH = n \cdot s \tag{7-7}$$

式中：n——接头一端的螺栓个数；

　　　s——钢轨与板间对应一枚螺栓的摩阻力。

摩阻力的大小主要取决于螺栓拧紧后的张拉力 P 和钢轨与夹板之间的摩擦系数 f。夹板受力情况如图7-2所示。接头螺栓拧紧后产生的拉力 P 在夹板的上、下接触面上将产生分力。图中，T 为水平分力；N 为法向分力，它垂直于夹板的接触面；R 为 N 与 T 的合力，它与 N 的夹角等于摩擦角。

一根螺栓的拉力接近它所产生的接头阻力。接头阻力与螺栓材质、直径、拧紧程度和夹板孔数有关。在其他条件均相同的情况下，螺栓的拧紧程度就是保持接头阻力的关键。

列车通过钢轨接头时产生的振动，会使扭力矩下降，接头阻力值降低。据国内外资料，可降低到静力测定值的 40%～50%。所以，定

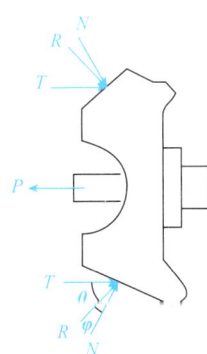
图7-2　夹板受力图

期检查扭力矩，重新拧紧螺帽，保证接头阻力值在长期运营过程中保持不变，是一项十分重要的措施。维修规则规定无缝线路钢轨接头必须采用10.9级螺栓，扭矩应保持在 700～900N·m。表7-1所示为计算时采用的接头阻力值。

接头阻力 PH（kN）　　　　　　　　　　　　　　　表7-1

接头条件	接头扭矩 T（N·m）								备注
	300	400	500	600	700	800	900	1000	
50kg 钢轨 10.9级（24 螺栓）	150	200	250	300	370	430	490		
60kg 钢轨 10.9级（24 螺栓）	130	180	230	280	340				普通线路
						490	510	570	无缝线路

（2）扣件阻力

中间扣件和防爬设备抵抗钢轨沿轨枕面纵向位移的阻力，称为扣件阻力。为了防止钢轨爬行，要求扣件阻力必须大于道床纵向阻力；在一些特殊地段，如桥上、钢轨伸缩调节器基本轨的伸缩范围内，为了降低桥梁所受纵向力和保证长轨的正常伸缩，要求扣件阻力小于道床阻力。

扣件阻力是由钢轨沿轨枕垫板面之间的摩阻力和扣件与轨底扣着面之间的摩阻力所组成。摩阻力的大小，取决于扣件扣压力和摩擦系数的大小。实测资料指出，扣件阻力随钢轨位移的增加而增大。当钢轨位移达到某一定值之后，钢轨产生滑移，阻力不再增加。

（3）道床纵向阻力

道床纵向阻力系指道床抵抗轨道框架纵向拉移的阻力。一般以每根轨枕的阻力或每延厘米分布阻力表示。它是抵抗钢轨伸缩、防止线路爬行的重要参数。

道床纵向阻力受道砟材质、颗粒大小、道床断面、捣固质量、脏污程度、轨道框架重量等因素的影响。只要钢轨与轨枕间的扣件阻力大于道床抵抗轨枕纵向移动的阻力，则无缝线路长钢轨的温度应力和温度应变的纵向分布规律将完全由接头阻力和道床纵向阻力确定。

道床抵抗轨道框架纵向位移的阻力，是由轨枕与道床之间的摩阻力和枕木盒内道砟抗推力组成。图7-3为实测得到的单根轨枕在正常轨道状态下，道床纵向阻力与位移关系曲线。由图可以看出：道床纵向阻力值随位移的增大而增加，当位移达到一定值之后，轨枕盒内的道砟颗粒之间的结合被破坏，在此情况下，即使位移再增加，阻力也不再增大；在正常轨道条件下，混凝土轨枕位移小于2mm、木枕位移小于1mm，道床纵向阻力呈斜线增长，表明道床处于弹性工作范围，混凝土枕轨道道床纵向阻力大于木枕轨道。在无缝线路设计中，采用轨枕位移为2mm时相应的道床纵向阻力值，见表7-2。

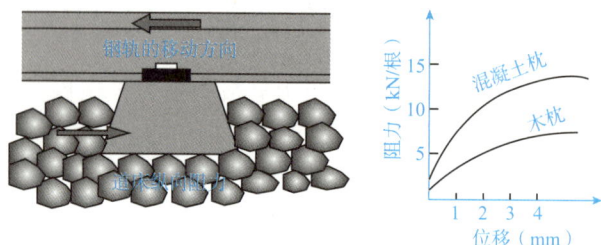

图7-3 道床纵向阻力

道床纵向阻力表 表7-2

线路特征		单枕的道床纵向阻力(kN)	一股钢轨下单位道床纵向阻力(N/cm)		
			1667 根/km	1760 根/km	1840 根/km
木枕线路		7.0	—	61	64
混凝土枕线路	Ⅰ型	10.0	—	87	91
	Ⅱ型	12.5	—	109	115
	Ⅲ型	18.3	152	160	—

2. 线路横向阻力

道床抵抗轨道框架横向位移阻力称道床横向阻力，它是防止无缝线路胀轨跑道、保证线路稳定的主要因素，如图7-4所示。

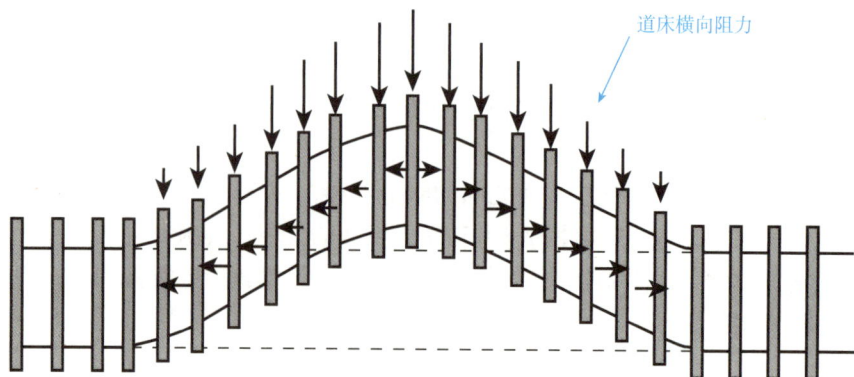

图7-4 道床横向阻力

道床横向阻力是由轨枕两侧及底部与道砟接触面之间的摩阻力和枕端的砟肩阻止横移抗力组成。其中,道肩部占30%,轨枕两侧占20%～30%,轨枕底部占50%。道床横向阻力可用单根轨枕的横向阻力 Q 和道床单位横向阻力 p 表示,即

$$p = Q/a(\text{N/cm}) \tag{7-8}$$

四 无缝线路铺设

高速铁路无缝线路施工工艺流程如图7-5所示。

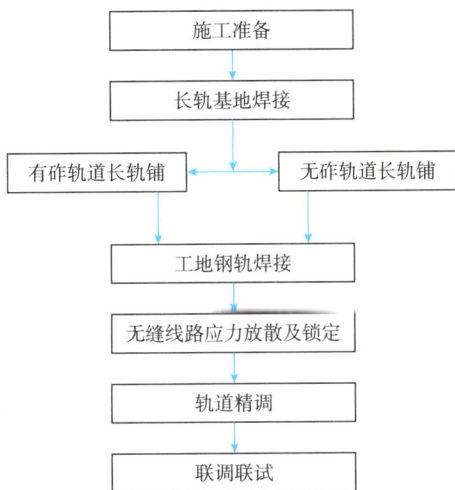

图7-5 无缝线路施工工艺流程

注:1. 钢轨伸缩调节器与道岔施工相同,在长轨铺设到达前完成;

2. 有砟轨道长轨焊接及无缝线路锁定在轨道几何形位基本达标、道床达到初期稳定状态后施工。

无缝线路铺设主要施工设备包括机车、长钢轨运输车、长钢轨铺设机组、移动式闪光焊接作业车、拉轨器、锯轨机、钢轨打磨机、正火机、调直机、探伤仪等设备。

(一)施工准备

根据有关技术文件,提前组织技术、测量人员对站场路基、正线无砟轨道板、正线有砟桥梁、路基地段进行查看。

1. 无砟轨道交接

无砟轨道地段:铺轨前,由双方监理单位组织无砟轨道施工单位和铺轨单位对工作界面办理交接,交与铺轨单位预安装扣件,至少于铺轨到达前30d交接完毕。交接前,无砟道床施工完毕并验收合格。交接时,检查无砟道床外观有无破损,承轨槽表面清洁、无杂物,螺栓孔无堵塞。

2. 有砟轨道交接

有砟轨道按重型轨道,一次铺设跨区间无缝线路设计,铺轨前,由双方监理单位组织线下施工单位和铺轨单位办理交接,交与铺轨单位铺轨施工,至少于铺轨前45d前完成交接工作。交接前,桥面施工质量、高程及中线均满足设计要求,线路无杂物,满足铺轨

条件。

项目进场后,首先进行临时用地手续和铺轨基地筹建工作,在铺轨基地筹建的同时,选择场地建设轨道板厂进行全线轨道板预制及供应。铺轨基地筹建完成后,进行长轨、扣件等材料的储备工作。

(二)长轨基地焊接

焊轨基地生产能力及规模应符合周边地区高速铁路新建或改建无缝线路施工的需要。焊轨基地,以焊轨生产线为中心,主要设置与既有铁路或新建铁路相连的铁路便线(含道岔)、短轨存放区、焊轨生产线和长轨存放区、生产办公区、材料库房及机加工区、水电及便道设施等。

(三)有砟轨道长轨铺设

有砟地段铺轨施工采用单枕连续铺设法施工。

首先将运来的轨枕吊卸到路基上,由机械(人工)将轨枕按设计中线散布,按规定枕间距粗方就位、拨顺。散轨底垫板,配轨、上轨,连接接头配件,画轨枕间距,细方轨枕,散扣件,拧紧扣件,按线路中线拨正轨节,并检查铺设质量。铺轨工艺流程如图7-6所示。

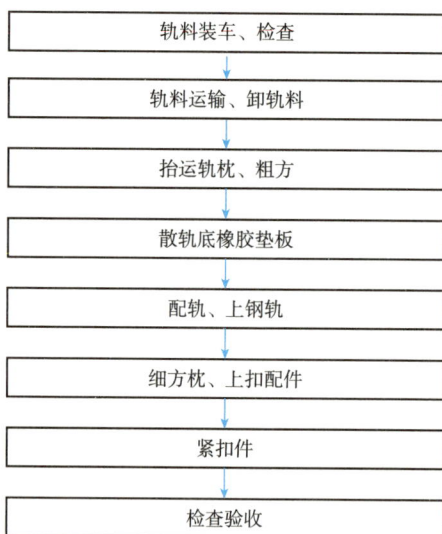

```
┌─────────────────────────┐
│      轨料装车、检查        │
└─────────────────────────┘
            ↓
┌─────────────────────────┐
│     轨料运输、卸轨料       │
└─────────────────────────┘
            ↓
┌─────────────────────────┐
│      抬运轨枕、粗方        │
└─────────────────────────┘
            ↓
┌─────────────────────────┐
│      散轨底橡胶垫板        │
└─────────────────────────┘
            ↓
┌─────────────────────────┐
│       配轨、上钢轨         │
└─────────────────────────┘
            ↓
┌─────────────────────────┐
│      细方枕、上扣配件      │
└─────────────────────────┘
            ↓
┌─────────────────────────┐
│         紧扣件            │
└─────────────────────────┘
            ↓
┌─────────────────────────┐
│         检查验收          │
└─────────────────────────┘
```

图7-6 铺轨工艺流程图

(四)无砟轨道长轨铺设

无砟轨道长钢轨铺设主要有拖拉法和推送法两种方法。拖拉法主要铺轨设备组成有机车、长轨运输车、分轨推送车、顺坡小车、引导车及其他辅助部件等。纵向推送法主要铺轨设备组成有机车、长钢轨运输车、长钢轨推送车(含过渡车)、顺坡架等。拖拉法施工速度快,适合于铺轨工程量较大的情况。与拖拉法相比,推送法施工速度慢,但无须引导车,适合于铺轨工程量较小的情况。

无砟轨道铺轨应在无砟道床施工完毕,经验收合格并达到规定强度后方可施工。铺轨前,应按"配轨表"配轨,并依次编写铺轨编号。配轨时应考虑工地焊接头与桥墩台、过渡段等位置关系。道床及承轨槽表面清洁、无杂物。扣配件预组装到位,螺栓应涂长效防腐油脂。铺轨应严格按"配轨表"铺轨编号依次铺设长钢轨。

1. 拖拉法

（1）工艺原理

引导车将长轨牵引入槽,并在牵引过程中利用两侧导向轮来控制车辆走行方向,分轨推送车利用卷扬机从长轨运输车将长钢轨送入推送装置,推送过程中控制长轨轨距（1435mm）,顺坡小车主要缓解长轨铺设过程中的高差,减少长钢轨对无砟道床冲击力。

施工工艺流程如图7-7所示。

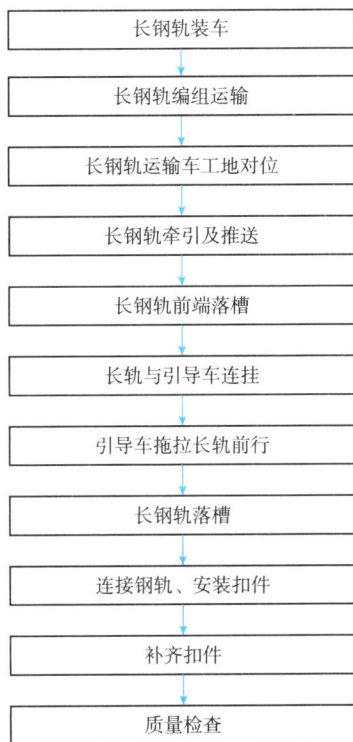

图7-7　长钢轨拖拉法施工工艺流程

（2）施工准备

①在进行长轨推送前,扣件应提前散布到位,并安装部分扣件。

②检查长钢轨卸车设备、附属机具状态是否良好;线路上是否有工机具侵限。

③长轨运输车抵达施工现场后,根据配轨表检查长轨的装车情况。

（3）装运长钢轨

①将长钢轨运输车的钢轨横担旋转至平板车侧边,装第一层长钢轨。

②长钢轨运输车中部的锁轨装置将相应的钢轨锁定。

③将上层钢轨横担回转并插销锁定,竖起上层间隔铁。

④按上述方法装其他各层长钢轨。

⑤长钢轨运输车运行至铺设现场。

（4）长轨车对位

长钢轨运输车运行至距已铺长钢轨轨头 50m 处一度停车,与顺坡车、推送车和顺坡小车联挂。以 3km/h 的速度推送对位,至顺坡小车前轮中心线距已铺钢轨端部约 350mm 停车,并打上固定式铁鞋,做好防溜措施。

（5）铺轨作业

①松开要拖拉的长钢轨锁紧装置,并在钢轨端头安装好滑靴。

②打开挡轨车上安全门,将分轨装置横向调整到与要拖拉钢轨相对应的位置、侧向滚轮拉开至相应位置。

③调节顺坡车上的升降滚轮到合适高度,使钢轨能平顺进入分轨装置,如图 7-8、图 7-9 所示。

图 7-8　引导车　　　　　　　　　　图 7-9　分轨推送车

④在待铺的一对长钢轨前端安装钢轨夹钳,打紧斜楔挡。将卷扬装置上的钢丝绳穿过推送装置和分轨导框后,与钢轨夹钳连接,如图 7-10 所示。

图 7-10　安装拖拉钢轨夹钳

⑤铺轨顺序:先上后下、由外至内依次拖拉。

⑥启动卷扬机,将长钢轨从长钢轨运输车上拖出,并通过分轨装置向车体两侧分出,待钢轨通过导框后,调整分轨导框的位置,使钢轨内宽为 1435mm,如图 7-11 所示。

图 7-11　长钢轨进入导框

⑦长钢轨通过推送机构至卷扬装置下方,取掉斜楔,松开夹钳。

⑧推送装置的上下滚轮夹紧钢轨,推送长钢轨通过顺坡小车至引导车的钢轨夹钳处,如图7-12所示。

图7-12　长钢轨推送

⑨长钢轨引导车上的夹钳安装在钢轨端部,推送装置的上下滚轮松开钢轨。

⑩初次作业时,使自动导向装置中心线、车轮纵向中心线及轨道中心线重合。钢轨拖拉过程中,在长钢轨底下的整体道床上每10m放置一对滚筒,如图7-13所示。

图7-13　钢轨拖拉

⑪当长钢轨尾端拖拉至顺坡小车,引导车应放慢运行速度(10m/min),当长钢轨尾部距已铺设长钢轨头约3m时,车组应再次放慢运行速度,直到长钢轨尾部超出已铺设长钢轨轨头约50mm停车。

⑫连接已铺钢轨和待铺钢轨。

⑬打出引导车夹钳的斜楔,抬起钢轨头,取出圆销,放下钢轨头。

⑭将承轨槽间的滚轮取出,使长钢轨入槽就位(图7-14),上好10%的扣件,机组前行,重复上述过程,进行下一对长钢轨的铺设。

⑮工程列车通过后,补齐扣件。如图7-15所示。

图7-14　入槽就位　　　　　　　　图7-15　铺轨后线路

⑯记录每对500m钢轨铺轨到达的里程,测量钢轨端头距桥台胸墙、梁缝、路桥隧之间过渡段的长度,反馈回施工技术部门。

2. 推送法

铺轨设备由WZ500型无砟道床长轨条铺轨机组和L-500型长钢轨运输车组成,无砟轨道整体道床施工完成后,经验收合格并达到承载强度、具备轨道运输通道后,严格按配轨表依次采用长钢轨运输列车运送500m长钢轨至现场与长钢轨推送车对位连挂,利用长钢轨推送车直接推送长钢轨入槽,长钢轨接头采用无孔锁具连接,先按"隔五上一"的要求安装扣件,依次循环作业完成无砟轨道地段长钢轨放送作业,待应力放散及锁定时,补齐其余扣件,长钢轨推送工艺流程如图7-16所示。

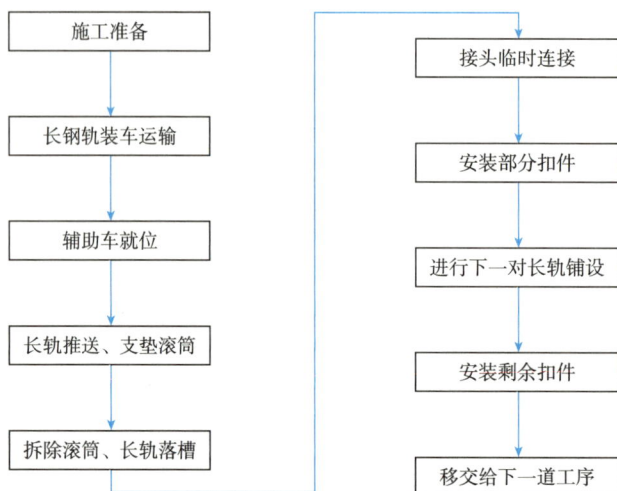

图7-16 长钢轨推送工艺流程

（1）长钢轨推送施工方法

①铺轨基地内500m长钢轨装运采用30台2T-16m群吊将长钢轨吊至长轨运输车上,加固锁紧后由DF4型内燃机车运输至铺设现场。

②铺轨机组在无砟道床处停车,支起作业车前端液压支腿,松开固定的作业车一端转向架,收起作业车前端的履带式牵引装置,使作业车前端支撑于转向架上,机组自行对位。

③每隔4m设置导向装置一组,共设四组,在无砟道床的承轨槽上每隔6m预置一个滚筒。

④长钢轨由辅助动力车上的卷扬机从长钢轨运输车上拖出,并通过分轨装置向车体两侧分出,进入钢轨推送装置。

⑤钢轨推送装置驱动钢轨,通过导向滚轮组将钢轨推送到作业车的前端;此时钢轨间距约为2500mm。

⑥钢轨推送装置继续驱动钢轨向前推送,通过位于道床上的导向装置将钢轨收拢,使钢轨沿滚道前行。

⑦当长钢轨伸出平车车端50m时,在距离平车车端40m处安装钢轨防翻器,当长钢轨剩下约30m时,用作业车上的卷扬机将钢轨拖出,对齐已铺长轨端头。

⑧铺轨机组后退,拆除短轨及导向装置,将承轨槽上的滚筒取出,使长钢轨入槽,安放橡胶垫板,并按规定上好扣件,接头采用无孔锁具连接,保证行车运输安全;机组前行,进行下一对长轨的铺设,并随后补齐前一对长钢轨剩余扣件。

（2）施工技术措施

①无砟轨道铺轨应在无砟道床施工完毕，经验收合格并达到规定强度后方可施工。

②长钢轨推送作业必须严格按照配轨表的配轨编号依次铺设。

③推送长钢轨时专人引导，轨头送入推送装置时位置准确，拖拉平稳。长钢轨入槽时应缓慢下落，避免钢轨摔落引起钢轨变形。

④长钢轨入槽后记录长钢轨始端、终端轨温、长钢轨接头相错量、锯轨情况、到达里程并反馈给基地，并及时补齐剩余扣件。

⑤铺设后的长钢轨接头相错量不大于100mm，以保证单元轨节的接头相错量要求。

⑥铺设后长钢轨接头采用无孔锁具临时联结，保证行车运输安全。

（五）工地钢轨焊接

工地钢轨焊接包括一般焊接、长轨单元焊接、锁定焊接、道岔区单元焊接等，其中长轨单元焊接和锁定焊接应采用闪光焊接工艺，闪光焊接工艺由闪光接触式移动焊轨机完成，道岔区单元焊接和锁定焊接宜采用铝热焊接。无缝线路地段信号绝缘接头采用现场胶接工艺。

1. 工地钢轨闪光焊接

在长钢轨铺设完毕后，实施单元轨节焊接，即将已铺设的500m长轨焊接成1~2km单元轨节。待此单元轨节应力放散锁定后与下一单元的长轨进行锁定焊接。

移动式闪光焊机在进场后需先进行焊接的形式试验，试验合格后方可上线进行焊接作业。闪光接触焊焊接工艺流程如图7-17所示。

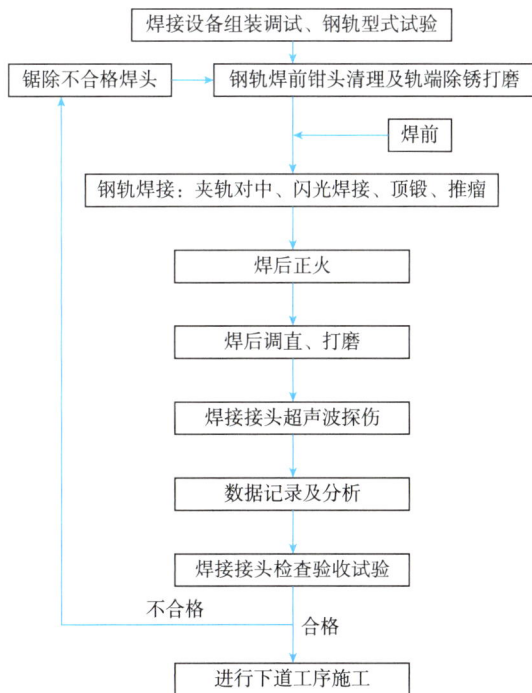

```
                    焊接设备组装调试、钢轨型式试验
                              │
  锯除不合格焊头 ──────→ 钢轨焊前钳头清理及轨端除锈打磨
                              │              焊前
                              ↓
          钢轨焊接：夹轨对中、闪光焊接、顶锻、推瘤
                              │
                              ↓
                        焊后正火
                              │
                              ↓
                      焊后调直、打磨
                              │
                              ↓
                    焊接接头超声波探伤
                              │
                              ↓
                      数据记录及分析
                              │
                              ↓
                    焊接接头检查验收试验
              不合格 │        │ 合格
                              ↓
                      进行下道工序施工
```

图7-17　闪光接触焊焊接工艺流程图

（1）钢轨焊接前准备工作

①矫直钢轨

采用矫直的方法纠正钢轨端部弯曲。对于无法矫直的钢轨端部弯曲,应将弯曲的钢轨端部锯切掉,锯切后钢轨的端面斜度应符合相应的钢轨标准要求。

②焊前除锈

钢轨与闪光焊电极接触部位应除锈打磨,接触面不得有任何污垢;若厂家钢印在该处,打磨成与母材平齐。若打磨后的待焊时间超出24h或打磨后有油水、沾污,则必须重新打磨处理。

（2）钢轨焊接前设备检查

焊接前应按照焊机使用说明检查主机、冷却系统、液压系统、电气控制系统是否正常;检查动力电压、水温、水位、油温、油位钳口上的焊渣及其他碎屑、推瘤刀上的焊接飞溅物是否清除,焊接参数是否符合试验结果。一切正常之后,在操作司机、工长签字确认后方可进行焊接工作。

（3）钢轨焊接

①准备工作完成后,用机车或轨道车推送移动式焊轨车运行到焊接接头处,特制集装箱将二位端前墙向上旋转到与顶棚平齐并锁定。起吊机构连同焊机沿轨道向外移动至端墙外平台;吊臂驱动油缸伸长降下旋转臂,将焊机降下接近钢轨,利用转盘转动,使焊机进入焊接工作位置;将焊机落下置于钢轨上,确保两钢轨间隙位于导轴上标记的正下方,降低焊机,直到压在钢轨上。

②焊机机头上的两对钳口将两钢轨轨头夹紧,自动对准系统接头两侧各500mm范围内在水平和纵向两个方向上自动非常精确地对准(两端钢轨在纵向同时被相对抬高0.6~0.8mm/m)。两钳口在通以400V的直流的电压后形成两个高压电极,提高焊接电流。启动焊接,激活自动焊接工序;分别进入预闪阶段,稳定的高压闪光阶段(该阶段应锁定钢轨夹紧选择开关,防止在焊接周期结束时焊机再次夹紧钢轨),低压闪光、加速闪光以及顶锻阶段。顶锻完成以后,整个焊接过程结束。随后,钢轨夹紧装置快速松开两钳口,在焊机头内的推瘤刀立即进行推瘤,从而完成一侧钢轨的焊接作业。

③焊机机架张开到最大位置,起升焊机直至完全离开钢轨焊接接头,去除焊瘤焊渣,清洁焊机内部,然后将焊机调整到另一侧完成钢轨焊接。在完成一组焊接接头后,每间隔三根轨枕上紧扣件,焊机前行到下一个焊接接头处。

（4）焊接和推凸技术要求

①焊接前轨温不宜低于10℃。

②推凸不得损伤母材,推凸时不应将焊渣挤入母材,焊渣不应划伤母材。

③推凸后,未经打磨处理的情况下,应使用长度为1m检测尺和塞尺检查接头错边,在焊缝中心线两侧各15~25mm的位置测量并计算接头错边量,对于接头错边量超过最大允许值的焊接接头,应在焊缝中心线不应小于500mm的位置切掉钢轨焊接接头,重新焊接。

④焊后正火及粗打磨,正火作业前焊接接头表面温度应低于500℃,然后用氧气-乙炔加热器将焊缝温度加热到850(轨底角)~950℃(轨头)之间,轨头冷却宜采用自然冷却,温度降低到300℃以下后进行精打磨。

焊后粗磨利用手提式砂轮机对焊缝及附近轨头顶面、侧面、轨底上面和轨底进行打磨;焊缝踏面部位在常温下不能打亏,打磨时不得横向打磨,打磨面不得发黑、发蓝,而应平整有光泽。

（5）钢轨精整及平直度检验要求

①外形精整要求：利用仿型打磨机对焊接接头焊缝中心线两侧各 400mm 范围进行的轨顶面及轨头侧面工作边进行精磨，外形精整不应使焊接接头或钢轨产生任何机械损伤或热损伤，禁止使用外形精整的方法纠正超标的平直度偏差和超标的接头错边。

②测量平直度要求：精细打磨时，用钢轨打磨小车、扁平锉或细砂皮纸纵向打磨，打磨后，平直度在焊缝两侧各 500mm 范围内轨顶面按 0 ~ +0.2mm，轨头内侧工作面 0 ~ +0.3mm/1m，轨底 0 ~ +0.5mm，如表 7-3 所示。

焊接接头平直度允许偏差表　　　　　　　　　　表 7-3

部位	轨顶面	轨头内侧工作面	轨底
平直度	0 ~ +0.2mm	0 ~ +0.3mm	0 ~ +0.5mm

注：1. 轨顶面中，符号"+"表示高出钢轨母材规定基准面。
　　2. 轨头内侧工作面中，符号"+"表示凹进。
　　3. 轨底中，符号"+"表示凸出。

（6）探伤

每个钢轨焊头均应进行超声波探伤，并填写探伤记录。探伤前应将焊缝外温度降低到 40℃ 以下，并清理焊缝两侧各 500mm 范围内的锈斑、焊渣、水渍，确保探头和钢轨配合良好并减少探头磨损。在经打磨过的焊接钢轨轨底、轨腰、轨头、轨底三角区上均匀涂抹探伤专用油，然后用探头分别进行探伤。探伤结果不得有未焊透、过烧、裂纹、气孔、夹渣等有害缺陷。探伤进行完毕必须做好记录完整、及时、准确。发现缺陷，应将情况附图说明，并填写处理意见。

（7）数据的记录及分析

每完成一个接头的焊接、除瘤、打磨、探伤后，应将相关数据、信息等资料收集、整理，打上焊接标记，填写焊接记录报告及探伤报告。

（8）焊接接头的标识

现场焊接的接头标识按照国铁集团下发的《关于印发〈钢轨焊接接头标识规则〉的通知》中有关标准和要求进行。

焊接接头的标识代码统一由三个字段、12 位代码组成，三个字段分别为属性段、日期段、流水段。其标识代码格式如图 7-18 所示。

图 7-18　标识代码格式

第 1、2 位代码为铁路局代号；第 3 位代码为焊接方法代号；第 4 位代码为局内焊接作业组代号；第 5、6 位代码为焊接的年份代号，由 00 ~ 99 表示；第 7、8 位代码为焊接的月份代码为焊接的日期代号，由 01 ~ 12 表示；第 9、10 位代码为焊接的日期代号，由 01 ~ 31 表示；第 11、12 位代码为作业组当日焊接的流水号，由 01 ~ 99 表示。

标识示例："0734 191231 12"，上海铁路局代号为 07，移动式闪光焊代号为 3，局内焊接作业组代号为 4，表示：上海铁路局移动式闪光焊、第 4 作业组、2019 年 12 月 31 日焊接

381

的第 12 号接头。

标识代码字体中心应在钢轨中性轴上,宜标记在钢轨非工作面一侧,标识距焊缝宜为 1~5m,但标识不得位于钢轨厂标或炉罐号部位,也不得位于焊接钢轨时的夹持部位。

标识的字体应清晰、规范,深度应均匀,标识代码长 140mm,字体高 50mm、宽 35mm,字体间距 15mm,字体深度不得大于 0.5mm。

标识要求:

标识作业前应对标识区域进行表面除锈处理,确保钢轨表面无浮锈和黏连物。

如果对标识后的接头重新焊接,重新焊接的接头标识与原标识距离不小于 200mm,在原标识的外侧(远离焊缝的方向)。

标识时,应先在标识区刷层防锈底漆,待防锈底漆干后再进行标识。

(9)劳动力组织

劳力组织(每个焊接队)见表 7-4。

劳力组织表 表 7-4

序号	工作内容	人数	序号	工作内容	人数
1	现场指挥	1	6	除锈	4
2	领工员	1	7	钢轨对中	3
3	技术人员	2	8	正火	4
4	焊机操作	4	9	打磨	2
5	拆除、安装扣件	20	10	探伤	2

(10)设配机具配置

设备机具配备(每个焊接队)见表 7-5。

机具配备表 表 7-5

序号	名称	数量	序号	名称	数量
1	移动焊机	1 台	8	发电机	2 台
2	液压起道机	2 台	9	撬棍	15 把
3	正火设备	1 套	10	扣件拆装工具	15 把
4	仿型打磨机	2 台	11	1m 平直尺	4 把
5	手提砂轮机	4 台	12	轨温计	3 个
6	探伤仪	1 台	13	100m 长卷尺	1 把
7	锯轨机	1 台			

(11)质量要求及验收标准

①质量标准

钢轨焊接接头错边量允许误差见表 7-6。

钢轨焊接接头错边量允许误差表 表 7-6

接头错边量位置	接头错边量最大允许值(mm)
钢轨顶面纵向中心线的垂直方向	0.2
工作侧面轨顶面下 16m 处的水平方向	0.2
轨脚边缘的水平方向	1.5

钢轨表面质量要求：

焊接接头的轨头工作面经外形精整后的表面不平度应满足：在焊缝中心线两侧各100mm范围内，表面不平度不大于0.1mm。轨顶面及轨头侧面工作边母材打磨深度不应超过0.5mm。焊接接头及其附近钢轨表面不应出现裂纹、划伤、明显压痕、碰伤、电极灼伤、打磨灼伤等损伤。

焊接接头平直度允许偏差见表7-3。

②焊接质量要求

焊轨前必须按现行《钢轨焊接接头技术条件》(TB/T 1632)中有关规定进行形式检验，确定焊机工艺参数，检验合格后方可施焊。

焊接前，应对焊机的主、辅机，水冷系统，液压系统，制冷系统，供电室等进行检查，运转正常方能开焊。

现场钢轨火焰正火时，钢轨接头温度必须降至500℃以下，方能开始正火。正火时，一名工人操作，另一名观测火焰温度和钢轨温度，正火达到预定温度后，立即关闭气源。

焊接结束后，一名焊工松开焊机，另一名焊工立即清理掉钢轨上的焊瘤块，焊缝处不得有未焊透、过烧、裂纹、气孔夹渣等有害缺陷。

焊接完成后，对焊缝两侧500mm范围内需打磨，先粗打后精打，用1m直尺检查焊缝顶面、侧面的平直度、光洁度须符合规范要求，但不得横向打磨。

对每一个焊缝，均需做超声波探伤检查，但须待焊缝处温度冷却到40℃以下，并做好记录。

外形精整不应使焊接接头或钢轨产生任何机械损伤或热损伤。

焊接接头非工作面的垂直，水平方向错边应进行纵向打磨过渡，过渡段长度不应大于错边偏差的10倍。轨底上、下角应纵面打磨圆顺。

焊接接头及其附近钢轨表面不应有裂纹、明显压痕、划伤、碰伤、打磨灼伤等伤损。

(12)型式、生产检验

①型式检验

出现下列情况之一时应进行型式检验：

焊轨组织初次焊接铁路钢轨；

正常生产后，改变焊接工艺；

更换钢轨焊机，或焊机停用1年后恢复生产前；

生产检验结果不合格；

取得型式检验报告的时间已满5年；

钢轨钢种、钢轨生产厂、钢轨交货状态、钢轨轨型之一改变，首次焊接时。

型式检验的项目及受检试件数量如表7-7所示。

型式检验的项目及受检试件数量　　　　　表7-7

外观	超声波探伤	落锤	静弯		疲劳	拉伸	冲击	硬度	宏观、显微组织和晶粒度	断口
			轨头受压	轨头受拉						
全部试件	全部试件	15	12	3	3	1	1	2	1(利用硬度试件)	15(利用落锤试件)

注：硬度试件2个，包括测试轨顶面硬度1个和测试纵断面硬度1个。

型式检验受检试件所用钢轨的生产厂、轨型、钢牌号、交货状态应与焊接生产用钢轨相同,受检试件应是相同工艺焊接的接头。

型式检验中落锤受检 15 个试件应连续试验合格。

②生产检验

出现下列情况之一时应进行生产检验:

固定式闪光焊每焊接 500 个接头;移动式闪光焊每焊接 200 个接头;

焊机工况变化,对某个焊接参数进行修正之后;

焊机出现故障、记录曲线异常,故障排除之后;

焊机停焊钢轨 1 个月以上,开始焊接生产前;

每隔 3 个月或固定式闪光焊接生产 8000 个接头、移动式闪光焊接生产 600 个接头;

调整热处理工艺参数之后;

更换热处理设备之后;

加热器(感应、火焰)的供方或加热器的结构、尺寸改变之后;

生产检验的项目及试件数量如表7-8所示。

生产检验的项目及试件数量　　　　　　　　　　　　　表 7-8

检验项目	外观	探伤	落锤	断口	硬度	宏观	硬度	宏观、显微组织和晶粒度
试件数量	5				2	1	2	1

注:1. 硬度试件 2 个,包括 1 个测试轨顶面硬度和 1 个测试纵断面硬度。

2. 外观和超声波探伤检验合格后的试件作为落锤试件。

3. 宏观检验、显微组织和晶粒度检验利用硬度试件。

生产检验使用随机加焊的试件,生产检验结果应符合相关规定,检验合格方可继续生产。

生产检验有 1 个及以上试件不合格时应予复验。

第一次复验:对不合格试件加倍取样复验,经检验合格表示生产检验结果合格;若试件中有 1 个及以上不合格,应再复验。

第二次复验:对不合格试件加倍取样复验,经检验合格表示生产检验结果合格;若试件中有 1 个及以上不合格,应判生产检验结果不合格。

2.铝热焊接

(1)内业准备

在开工前组织技术人员认真学习施工组织设计和相关施工方案,阅读、审核施工图纸,澄清有关技术问题,熟悉规范和技术标准。对施工人员进行技术交底,对参加施工的人员进行上岗前技术培训,考核合格后才能上岗。

(2)外业技术准备

提前备齐作业指导书上的施工工机具和检查仪器设备,并熟悉其性能和使用方法,满足施工要求。搜集与有砟道岔相关的线下工程资料,做好现场施工调查。

(3)技术要求

认真做好施工准备,做到设备及时到位。组织人员、材料、机具提前进场,尽快形成施工能力。

加强施工阶段的工期控制,确定施工阶段进度目标及施工阶段进度控制的主要工作内容和深度。

加强施工工序验收和工序间的紧密衔接,及时组织验收工作,交下道工序施工。

(4)铝热焊接工艺

铝热焊接工艺流程图如图 7-19 所示。

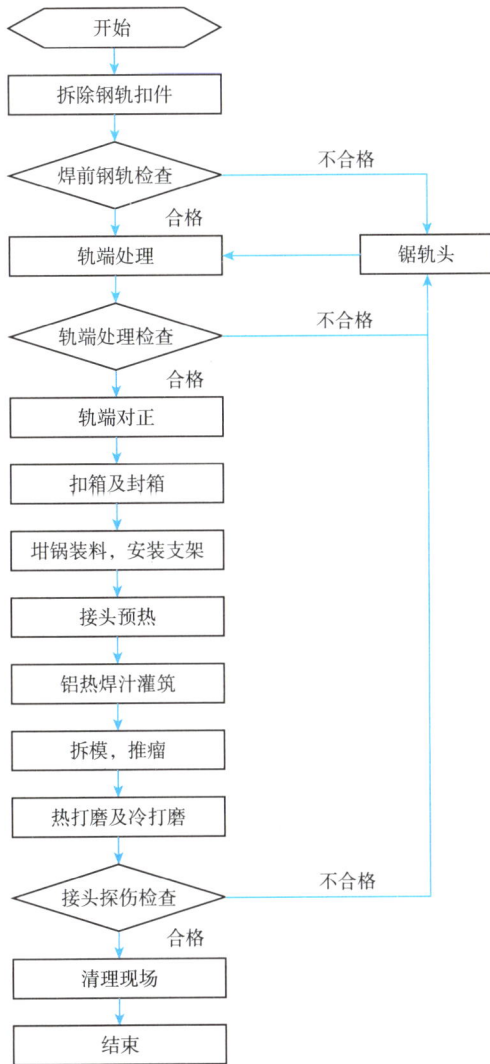

图 7-19　铝热焊接工艺流程图

因铝热焊缝造成
断轨故障分析

准备工作:

①焊接前,技术人员应检查道岔各部位的几何尺寸,误差在规范允许范围内时方可焊接。

②焊接前,必须有专人根据焊接物品清单进行清点以防漏带。

③对各类施工设备和气瓶检查,确保安全有效地使用。

④如果钢轨上有水分,用预热枪对钢轨焊缝两侧 1m 范围内烘烤,以排除钢轨水分。

轨端处理:

仔细检查钢轨端头,并做好焊接前的清理工作,使其达到铝热焊接所应具备的条件。

①焊缝要距轨枕 100mm 以上。

②用钢丝刷清洁轨端100～150mm。

③焊接区域为轨缝两侧各0.5m的范围。

④轨面如果锈蚀,应在1m范围内清刷,端面手砂轮除锈,避免产生氧化层。

对轨:

①以轨角为基准,控制轨缝宽度为28mm±2mm。

②尖点调整:将1m直尺的中间点与焊缝中点重合,用钢楔子或对轨架进行高度调节,使直尺两端钢轨行车面与直尺的间隙为1.5～2mm。

③水平对正:用1m直尺分别检查焊缝两端钢轨轨头、轨腰、轨角是否平直。如有偏差,用钢楔子或者对轨架进行调节。

扣箱及封箱:

①检查砂模无受潮、无裂纹、无变形,各组件不缺件,状态良好。

②将侧砂模在轨缝处进行摩擦,使其与钢轨密贴,清除浮砂。

③将底砂模置于金属板中,将底砂模与金属底板架于轨底,并以轨缝居中,拧紧金属底板的固定螺丝(同时在底板下侧轻轻敲打,以使底板与钢轨密贴)。

④最后一次确认轨端的对正。

⑤将两侧的砂模装入侧模夹板中,再将侧模置于底板上,并以轨缝居中。

⑥套上侧模夹具,注意不要用力过度而夹裂侧砂模。

⑦用封箱泥封堵缝隙,封箱过程是比较关键的步骤之一,在操作时应该特别留意,如果封箱不严密,会发生漏钢水的问题。封箱完成后,焊接负责人应该检查封箱是否达到要求,以确保焊接质量。

⑧放上灰渣盘,在砂模灰渣流出口及夹具螺纹上抹一层封箱泥,在灰渣盘底部垫一层干砂。

⑨在轨枕盒内放一块铁板,并撒一层干砂。

预热:

①预热前记录钢轨的温度。

②安放预热器支架,并调整其位置,使预热器处于砂模的中央,高低适中。

③火焰稳定之时,按下秒表计时,60kg/m轨预热时间为5min。

④不间断地注视整个加热过程,到规定的预热时间,将焊炬从砂模中取出,此时轨头、轨腰应颜色发红。注意不要预热过度。

焊药的准备(与预热同时进行):

①检查坩埚不得受潮,无损伤,坩埚内无杂物。

②检查焊药包是否有破损或受潮。揭下焊药编码标签,并将其贴在焊接报表中。

③将自熔塞安在其位。

④打开焊药包,将焊药倒入坩埚内,将焊药搅匀,并将其顶部做成锥形。

⑤插入点火引信,将坩埚盖上。

浇铸:

①将坩埚放在砂模上,并使其在砂模上居中。

②打开坩埚盖,点燃点火引信,将点火引信插入焊药中(最深为25mm)重新盖上增塌盖(在预热结束后,焊药必须在30s之内点燃)。

③灌筑完毕,当废渣停止流入灰渣盘(砂模中流出最后一滴多余钢水)时,按下秒表

开始计时。

拆模及推瘤：

灌筑以后 5min 开始拆模作业，拆模顺序为：

①撤走坩埚及灰渣盘。

②拆走侧模夹具，夹板和金属底板。

③用热切凿切除焊头的顶部，推入铁铲中并清理轨顶面、侧面的封箱泥。

④将外侧钢柱敲掉。

⑤安装好推瘤机。

灌筑以后 7.5～8min 开始推瘤（时间未到之前不要推瘤）。

热打磨：

①灌筑后 10min，可以对焊缝进行热打磨，打磨时穿戴好防护用品（防护眼镜、护腿等）。

②热打磨后，焊缝顶面及内侧面必须高出轨面 0.8mm 以上。

③灌筑后 15min，撤掉调尖峰用的模型垫板，以便让焊缝冷却至水平（对正架亦在 15min 后拆除）。

冷打磨：

①灌筑后山，焊头温度降至 50℃ 以下，可进行冷打磨作业。此时尖峰应完全消失。

②打磨焊头使其平直度和轨头轮廓达到质量标准要求。

③不得在某一处过度打磨，避免损伤钢轨。冷打磨作业过程中不得出现使钢轨发蓝的现象。

④现场打磨钢轨（含粗打磨与精打磨）采用仿形打磨机，打磨钢轨时必须严格按操作规程进行操作。

⑤打磨轨底使用棒砂轮，利用打磨架对轨底进行反向打磨，用镜面反照监督打磨的全过程并检查打磨的质量，操作人员必须经岗前培训，持证上岗。

收尾工作：

①恢复轨道、道床的原有状态。

②废弃物不得乱扔，收入蛇皮袋中统一处理。

③做好焊接接头的标识，注意区分单元焊与锁定焊，位置不得标错。

④清理所有设备、机具。

⑤认真及时填写铝热焊接头焊接记录表。其中续头编号一栏填写时应注意编号的完整性（以保证接头编号的可追溯性），即在现场接头编号的基础上增加单元轨节的流水号与股别号。

（5）施工要求

①材料及机具到达现场后，将所有机具及工具放置到位。对任何可能导致火灾或安全事故的隐患务必进行清除。

②检查安全及火灾隐患。将可能引起火灾的干草及灌木丛以及所有易燃的物品打湿。

③铝热焊接区域内及废渣弃置坑附近要保持干燥。检查道砟是否潮湿，钢水一旦泄漏遇水可能会引起爆炸。

④道岔锁定焊接应在设计锁定轨温范围内锁定，相邻单元轨节间的锁定轨温差不大于 5℃，同一单元轨节左右股钢轨锁定轨温差不大于 5℃。

（6）劳动组织

铝热焊接每组施工劳动力需求数量见表7-9。

铝热焊接施工劳力组织表   表7-9

序号	工种	人数	备注
1	铝热焊轨班	12	
2	探伤	1	必须持有二级以上无损探伤证书
3	技术人员	1	
4	安全员	1	
5	现场指挥	1	

（7）设备机具配置

铝热焊设备机具配置情况见表7-10。

铝热焊主要施工机具表   表7-10

序号	名称	规格型号	单位	数量	附注
1	锯轨机	HC335	台	2	
2	液压钢轨拉伸器	TR75	台	1	
3	对正架		台	4	
4	液压钢轨推瘤机	EPM2	台	4	
5	钢轨焊缝打磨机	MR150	台	4	
6	钢轨探伤仪		台	2	
7	棒砂轮机		台	4	
8	角砂轮机		台	4	
9	轨温计		个	2	
10	点温计		台	2	
11	轨端打磨机		台	2	
12	1m钢直尺		台	2	
13	正火设备		个	2	
14	预热设备		个	2	

（8）质量控制及检验

①工程材料检验标准

a.铝热焊剂应适应于待焊钢轨,密封包装,包装上的标识便于识别。检验方法:查验产品质量证明文件,观察检查。

b.砂模应适用于待焊钢轨,包装上的标识应便于识别。检验方法:查验产品质量证明文件,观察检查。

c.坩埚应能够实现铝热钢水自动浇铸。检验方法:查验产品质量证明文件,观察检查。

②过程控制标准

a. 钢轨铝热焊焊缝距离轨枕边缘不应小于100mm。检验方法:尺量。

b. 在焊缝温度未降至350℃以下时,不得解除钢轨拉伸器和对正设备。检验方法:轨温计量测,观察检查。

c. 冷打磨应在焊头温度降至50℃以下进行。检验方法:轨温计量测,观察检查。

③钢轨焊接接头质量验收标准

铝热焊接头经打磨后的轨头部位应满足以下要求:

a. 不应出现裂纹;

b. 可出现1个最大尺寸为1mm的气孔;

c. 在轨头下颚与焊筋边缘交界处半径为2mm的区域内,可出现1个最大尺寸为1mm的气孔、夹渣或夹砂。

铝热焊接头焊筋表面应满足以下要求:

a. 最多可出现3个最大尺寸不超过2mm的气孔;

b. 焊筋表面夹渣或夹砂等缺陷的尺寸应符合表7-11的规定,这些缺陷不应侵入钢轨的横断面内。

焊筋表面夹渣或夹砂等缺陷的最大尺寸表　　　　　表7-11

缺陷面积(mm^2)	缺陷深度(mm)
≤10	≤3
≤15	≤2
≤20	≤1

钢轨焊接接头外观质量验收标准:焊接接头应打磨平顺,不得有低接头,用1m平尺测量,应符合表7-12的规定。

工地钢轨焊接接头平直度允许偏差表　　　　　表7-12

序号	项目	允许偏差	
		$V > 160km/h$	$V ≤ 160km/h$
1	轨顶面	+0.3 +0.1	+0.4 +0.1
2	轨头内侧工作面	+0.3 0	+0.3 0

注:1. 轨顶面中符号"+"表示高出钢轨母材轨顶基准面。

　　2. 轨头内侧工作面中的符号"+"表示凹进。

(六)应力放散与锁定

1. 施工程序

无缝线路应力放散是长钢轨单元焊后,形成单元轨节,当施工时钢轨的温度在设计锁定轨温范围时,采用滚筒放散法进行应力放散;当施工时钢轨的温度低于设计锁定轨温时,采用拉伸器滚筒放散法进行应力放散。线路应力放散要求均匀、准确、彻底。

2. 滚筒放散法工艺流程和拉伸器滚筒放散法工艺流程

滚筒放散法和拉伸器滚筒放散法工艺流程如图 7-20、图 7-21 所示。

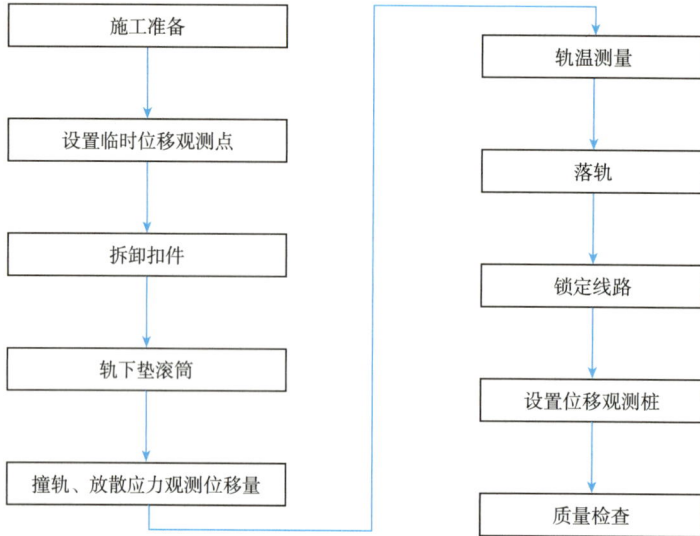

图 7-20 滚筒放散法施工基本工艺流程

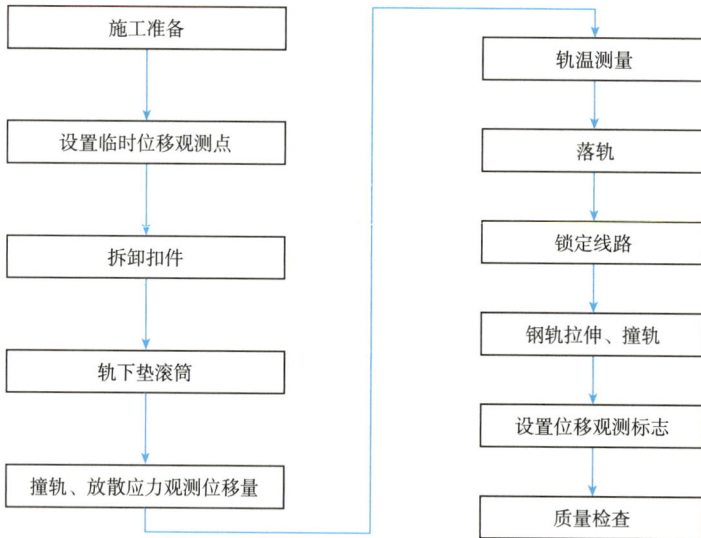

图 7-21 拉伸器滚筒放散法施工基本工艺流程

3. 施工要求

（1）滚筒放散法施工

①测量轨温，当施工时钢轨的温度在设计锁定轨温范围内时，采用滚筒放散法进行施工。

②解除本次待放散单元轨节和上次已放散线路末端 25～75m 长度范围内的所有扣件。抬起钢轨，每隔 10m 在轨底垫一个滚筒，使钢轨达到自由伸缩状态。

390

③在待放散钢轨长度范围内每隔100m左右设1处临时位移观测点。

④在线路放散全长范围内每300~500m设一处撞轨点,用撞轨器沿放散方向撞击钢轨,同时用手锤敲击钢轨轨腰,使钢轨能够自由伸缩,严禁敲击轨头及轨顶面,观测各点的位移量变化情况。当钢轨位移发生反弹且各点位移变化均匀时,则视为钢轨达到自由伸缩状态,此时停止撞轨;否则,应检查滚筒有无倾斜、脱落,钢轨有无落槽及撞击力不够等现象。

⑤钢轨应力放散均匀后撤掉滚筒,使长轨平稳地落入承轨槽内,同时检查胶垫,有错位者纠正。

⑥迅速上好距单元轨节末端25~75m范围内的全部扣件,并上紧无孔钢轨接头,此时视为长轨已锁定。测量并记录此25~75m范围内上扣件开始和结束时的轨温,取其平均值作为实际锁定轨温并填入记录表。同时将作业人员均布在放散长轨范围内,由两端向中间"隔二上一"上紧扣件。

⑦扣件"隔二上一"上完后,进行另一股钢轨的放散作业,待本单元轨节两根钢轨全部放散完后,补齐所有扣件。

⑧做好位移观测标记,读取并记录初读数。

(2)拉伸器滚筒放散法施工

①测量轨温,当施工时钢轨的温度低于设计锁定轨温范围时,采用拉伸器滚筒放散法进行施工。

②解除本次待放散单元轨节和上次已放散线路末端25~75m长度范围内的所有扣件。抬起钢轨,每隔10m在轨底垫一个滚筒,使钢轨达到自由伸缩状态。

③在线路放散全长范围内每300~500m设一处撞轨点(考虑温度及单元轨节长度),用撞轨器沿放散方向撞击钢轨数次,同时用手锤敲击钢轨轨腰,使钢轨能够自由伸缩,当钢轨位移发生反弹时,则视为钢轨达到自由伸缩状态,此时停止撞轨;否则,应检查滚筒有无倾斜、脱落,钢轨有无落槽及撞击力不够等现象。

④确定待放散线路钢轨的长度,并每隔100m左右设一处临时位移观测点,在各观测点上做出拉伸位移的零点标记。

⑤测量此时轨温,根据此时轨温与计划锁定轨温之差计算拉伸量。

⑥安装拉轨器,利用拉轨器、撞轨器和手锤共同作用。按计算量△L拉伸钢轨,拉伸量达到预定长度后,此时撞轨器继续作业,当各观测点处位移量达到计算值时,停止撞轨,并收集各临时观测点位移量。位移量如呈线性关系,则表明已放散均匀,可进行下道工序;如呈非线性关系,应检查钢轨、滚筒有无异常,对异常处进行处理,并进行敲轨和撞轨后使各观测点位移量呈线性关系。

⑦在拉轨器保压下撤除撞轨器及滚筒,使长轨平稳地落入承轨槽内,同时检查胶垫,有错位者及时进行纠正。

⑧迅速上好距单元轨节末端25~75m范围内的全部扣件,并上紧无孔钢轨接头,此时视长轨已锁定。同时将作业人员均布在放散长轨范围内,由两端向中间"隔二上一"上紧扣件。

⑨撤除拉伸器,根据拉伸的实际长度和拉伸时的轨温,换算出本根钢轨的实际锁定轨温值,填入记录表。

⑩当扣件"隔二上一"上完后,进行另一股钢轨的放散作业,待本单元轨节两根钢轨

全部放散完后,补齐所有扣件。

⑪做好位移观测标记,读取并记录初读数。各地区无缝线路轨温表见表7-13。

各地区无缝线路轨温表

表7-13

地区	最高轨温(℃)	最低轨温(℃)	中间轨温(℃)	锁定轨温(℃)

4.劳动组织

作业工地配备班组长、技术、安全、作业人员等。以1500m单元轨节长度为一工作面,一个工作面的劳动组织见表7-14。

每作业面主要劳动力组织配备表

表7-14

序号	工种	人数(人)
1	班组长	1
2	技术人员	3
3	安全员	2
4	拆、安扣件人员	60
5	摆放滚筒人员	10
6	撞轨人员	5
7	抬钢轨人员	20
8	看守人员	2

5.机具设备配置

以1500m单元轨节长度为一工作面,一个工作面的机械配置见表7-15。

应力放散主要机具设备配备表

表7-15

序号	名称	单位	数量
1	起道机	台	15
2	滚筒	个	280
3	轨温表	个	5
4	撞轨器	台	5
5	轨道车	台	1
6	对讲机	部	4

序号	名称	单位	数量
7	撬棍	根	30
8	套筒扳手	把	40
9	活动扳手	把	2

6. 质量控制

工班在作业时,按照下列标准进行质量控制;每道工序完成后,质检员按照下列要求进行检验:

(1)单元轨节应在道床达到初期稳定阶段,方可进行线路应力放散工作。应力放散,必须做到匀、准、够。

(2)应力放散时滚筒间隔宜在 12～15m。

(3)线路应力放散前应掌握当地轨温变化情况,根据轨温变化规律,合理选定施工时间及计划锁定轨温,单元轨节锁定前应按设计要求设置好位移观测桩。

(4)应力放散时,每隔 150m 或 100m 设一个位移观测点,观测放散时的钢轨位移量,应力放散应均匀。

(5)重新设定锁定轨温后,任何一点的实际零应力轨温值,都应落在设计允许锁定轨温范围内。

(6)放散必须进行均匀的检验,确认均匀后才算完成放散任务。

(7)作业轨温不得高于设计锁定轨温。曲线上内股钢轨的锁定轨温不高于外股的锁定轨温。

(8)左右两单元轨节锁定轨温差不大于 3℃;相邻两单元轨节锁定轨温差不大于 5℃;同一区间内单元轨节的最高、最低锁定轨温之差不大于 10℃。

(9)放散后胶垫应放正、无缺损,扣件安装齐全,扣件压力符合设计要求。安装弹条时,应注意扳手不得压坏轨距挡块。

(10)敲击时应尽量保持一致,使震动达到最大。

(11)放散时各观测点必须达到要求的放散量,且放散均匀后方能上扣件。

(12)临时观测点要标记在稳固的地方。

(13)应力放散焊轨前要保证钢轨接头相错量不应大于 100mm。

7. 安全要求

(1)防护员要坚守岗位,随时注意工程列车动向,及时树立好防护牌。

(2)拆扣件时注意防止弹条砸飞伤人。

(3)垫滚筒时为防止钢轨倾斜或滑落,应在钢轨两侧用两台起道机同时抬起钢轨,撤除滚筒时严禁起道机突然卸载。

(4)上扣件时每两人之间要间隔 3 根轨枕的距离,且人要站在扳手的一侧,防止相互碰伤。

(5)撞轨时要注意用力均匀,避免撞块飞出伤人。

(6)锯轨人员必须穿戴好防护用品,锯轨机正前方严禁站人。

(7)平板车在线路上停放必须打好止轮器,防止溜车。

项目七

无缝线路铺设施工

项目名称	项目七 无缝线路铺设施工		任务名称	任务一 无缝线路施工
专业班级		姓名		学习小组

【专业知识认知】(30分)

1.简述无缝线路的概念及分类。(10分)

2.温度力和线路阻力的关系是什么？(10分)

3.无缝线路如何进行应力放散？(10分)

【能力素质训练】(60分)

1.锁定轨温定得过高或过低对无缝线路有什么危害？(20分)

2.收集无缝线路钢轨焊接的相关资料,分析几种焊接方式的优缺点。(20分)

3.通过无缝线路铺轨的施工流程视频的学习,谈谈有何收获和体会。(20分)

【工作总结】(10分)

学员自评		组长评价	

指导老师评价:

任务二　轨　道　精　调

◇ **任务引入**

京沈客运专线是京哈高速铁路的重要组成部分,是铁路"十二五"规划的重大项目。线路自北京铁路枢纽星火站引出,途经河北省承德市,辽宁省朝阳市、阜新市后接入沈阳铁路枢纽沈阳站,线路全长709km,新建线路全长697.626km,设计速度350km/h,如图7-22所示。为保证列车高速行驶,对轨道的平顺性提出了高要求,如何调整轨道几何尺寸满足高精度的要求呢?

a) 线路　　　　　　　　　　b) CRTS Ⅲ型轨道板精调

图7-22　京沈客运专线

▲ **任务描述**

无砟轨道具有高平顺性、刚度均匀、轨道几何形位能够持久保持、维修工作量显著减少等特点,在无砟轨道成形长轨铺设后,利用轨检小车采集轨道数据,结合动检车动力学数据,根据平顺性标准对超限区域进行分析,使用轨道调整件对不满足要求的部分轨道进行调整,使轨道满足高速行车的要求。通过本任务学习轨道精测精调作业的具体施工工艺,能够说出高速铁路轨道精调的具体施工流程,能够使用轨检小车等仪器设备操作。

◎ **相关知识**

高平顺性的轨道工程施工技术是高速铁路的核心技术之一,高平顺性轨道也是列车高速安全行驶、提高旅客乘坐舒适度的必要条件。轨道精测精调是根据轨道小车测量数据对轨道进行全面、系统的调整,将轨道几何尺寸调整到允许范围内,对轨道线形(轨向和轨面高程)进行优化调整,合理控制轨距变化率和水平变化率,使轨道静态精度满足高速行车条件。轨道精调因轨道状态测量和检测的方法不同,分为静态调整和动态调整两个阶段。

精调质量盯控
把控不严引起
问题分析

轨道静态调整是在联调联试之前根据轨道小车静态测量数据对轨道进行全面系统的调整,将轨道几何尺寸调整到允许范围内,对轨道线形(轨向和轨面高程)进行优化调整,合理控制轨道轨距变化率和水平变化率,使轨道静态精度满足350km/h及以上高速行车条件。

轨道动态调整是在联调联试期间根据轨道动态检测情况对轨道局部缺陷进行修复,

395

对局部分段几何尺寸进行微调,对轨道线形进一步优化,使轨轮关系匹配良好,进一步提高高速行车的安全性、平稳性及乘坐舒适度,是对轨道状态和精度进一步完善、提高的过程,使轨道动静态精度全面达到 350km/h 及以上行车条件。目前主要的动态检测工具有:低速(≤160km/h)轨道检测车、高速(250~350km/h)轨道检测车、高速轨道动力学检测车、动态车载式添乘检测仪。

通过两个阶段的调整,最终使得无砟轨道状态满足高高速运行的舒适性和安全性要求。本部分主要以 CRTS Ⅲ 型板式无砟轨道精测精调施工方案为例进行讲述。

一 轨道控制网(CPⅢ)的建立

我国现行高速无砟轨道铁路工程测量的平面控制网为三级布设,其中最后一级就是轨道控制网即"CPⅢ"。轨道控制网(CPⅢ)是沿线路布设的三维控制网,起于基础平面控制网(CPⅠ)或线路控制网(CPⅡ),同时也闭于上两级控制网,轨道控制网(CPⅢ)的施测一般是在线下工程的施工完成后,测量轨道控制网(CPⅢ)主要目的是为了铺设无砟轨道和为线路后期运营与维护提供控制基准。

(一)CPⅢ点的布设

CPⅢ控制点埋设于接触网杆旁加设 CPⅢ 桩柱顶、桥梁防撞墙顶、电缆槽靠线路侧顶等位置。同一点对里程差不大于3m,CPⅢ点布设高度应大致等高,并应与设计轨道高程面 0.3m 以上。

CPⅢ点的埋设一般宜采用预埋方式进行布设,针对桥梁、路基和隧道处 CPⅢ点的具体布设如下。

1. 桥梁段 CPⅢ 点布设

桥梁上一般布设在桥梁固定支座端防护墙顶面上,也可布设在防撞墙侧面,如图7-23所示。对于24m或32m简支梁每两孔布设一对CPⅢ点,相邻两对CPⅢ点相距约为64m、56m或48m;对于连续24m简支梁,根据实际情况,也可每三孔布设一对CPⅢ点;对于连续梁,CPⅢ应优先布设于固定端上方;对于跨度超过80m的,应在跨中部分布设一对CPⅢ点,该对CPⅢ点应尽可能在同等条件下使用,使用前应复核;大跨桥梁和特殊结构的CPⅢ点布设方案根据工程结构特点和轨道形式单独制定。

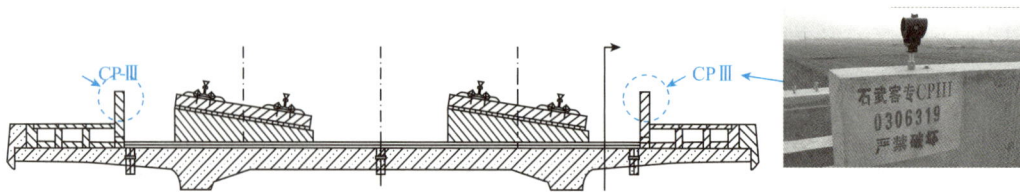

图 7-23　桥梁上布设的 CPⅢ 点

2. 路基段 CPⅢ 点标志埋设

一般路基地段可布置在接触网杆上(图7-24),也可设置在专门的混凝土辅助立柱上(图7-25),布设高度一般高于外轨轨面30cm。

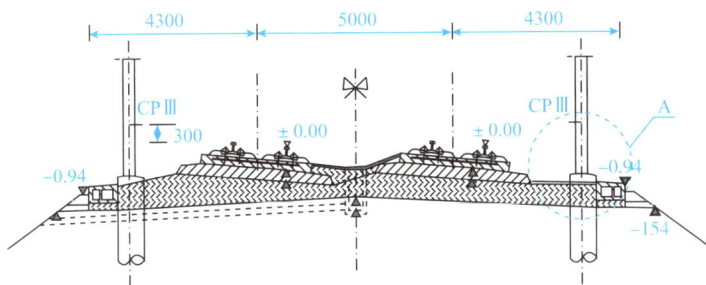

图 7-24　路基段 CPⅢ点布设在接触网杆上（尺寸单位：mm）

图 7-25　CPⅢ点布设在接触网支柱基础上

3. 隧道内 CPⅢ点布设

隧道内 CPⅢ点一般布置在电缆槽顶面以上 30～50cm 的边墙内衬上，条件允许时还可以布设在电缆槽侧壁上，如图 7-26 所示。

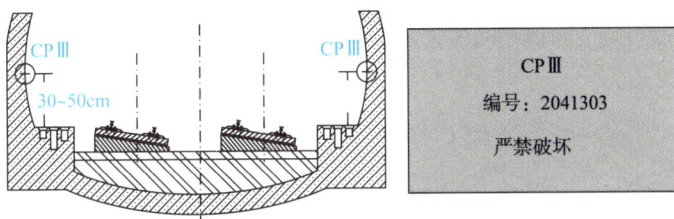

图 7-26　隧道内 CPⅢ点位置示意图

（二）CPⅢ点的编号

CPⅢ点位布设后应统一进行编号标识，采用 7 位编号形式例（0000301），具体要求如下：为避免长短链地段编号重复的问题，前 4 位采用连续里程（贯通里程）的公里数，第 5 位正线部分为"3"，第 6、7 位为流水号，01～99 号数循环。

由小里程向大里程方向顺次编号。里程增大方向轨道左侧的标记点，末位编号为奇数，里程增大方向轨道右侧的标记点，末位编号为偶数。如图 7-27 所示。

CPⅢ布点时要对点位进行详细描述，主要描述内容包括位于线路里程（里程要准确，精确至米）、具体设置位置和其他需要说明的情况等。

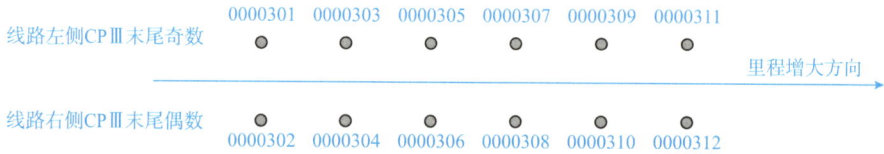

线路左侧CPⅢ末尾奇数

0000301 0000303 0000305 0000307 0000309 0000311

里程增大方向

线路右侧CPⅢ末尾偶数

0000302 0000304 0000306 0000308 0000310 0000312

图 7-27　CPⅢ编号原则

(三) 布置 CPⅢ控制点系统要求

基础不仅要稳定、安全,并且还要不易被破坏。在便于维护的同时要方便架设棱镜。控制点应该要便于均匀分布。线路两侧的 CPⅢ点布设应该要相对应。

CPⅢ控制网的测量方法是自由测站边角交会法,应保证每个控制点能观测三个以上自由测站上的方向和距离,具体的测量方法如图 7-28 所示。

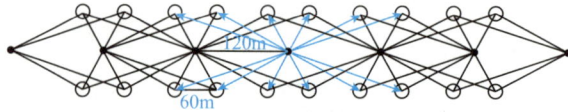

图 7-28　CPⅢ控制网观测站布设

按照建筑物的结构情况每距 55m 左右要布置成对的点。在两对点之间,相距 110m 左右要安排一个自由测站点,每个自由测站都需要对前后的三对点(共六组 CPⅢ平面控制点)进行观测,如图 7-29 所示。

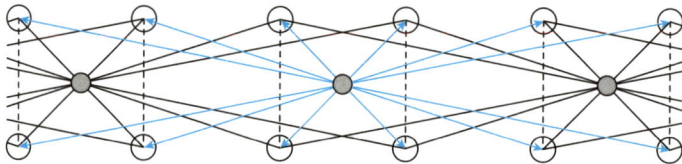

图 7-29　CPⅢ控制网网形

在碰到测量条件不够好的情况时,可每隔 60m 左右要设置一个平面观测测站,保证每个 CPⅢ控制点都能与四个平面观测测站交会。即如下图所示的网形进行布置,如图 7-30 所示。

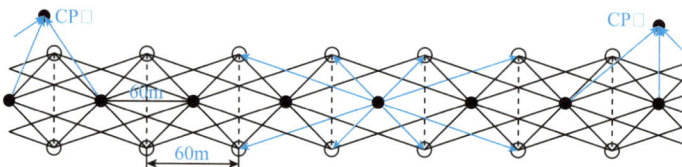

图 7-30　测站间距为 60m 的 CPⅢ平面构网形式

联测 CPⅠ和 CPⅡ点,应每隔 500~700m(600m 左右)使 CPⅢ控制点与一个 CPⅠ或 CPⅡ控制点进行联测。在和上一级控制点联测时,应至少通过不少于三个自由测站进行联测以达到精度要求,在联测 CPⅢ控制网时,观测的视距应小于 300m,如图 7-31 所示。

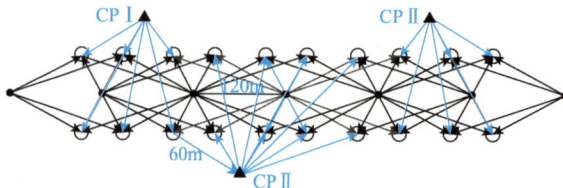

图 7-31　控制点联测示意图

每个CPⅢ测量组中需使用相同种类的棱镜,并提前做好参数的设置工作。有四种不同网形可供联测时采用,在实际使用时通常采用图7-31所示网形。

(四)CPⅢ网平面测量

1.测量仪器设备

全站仪是外业数据采集最主要的工具。角度测量精度不大于±1″;距离测量精度不大于±1mm+2ppm;带马达驱动、自动照准和数据自动记录功能的现代化全站仪。

2.全站仪检验和校正

在进行观测之前,要对仪器进行检验和校正。

检验与校正的内容包括:检验调焦镜运行的正确性;检验望远镜的光学性能;检验照准部旋转是否正确,读数较差不应超过一格;检验照准部旋转时仪器底座的稳定性;检验垂直微动螺旋使用的正确性;检验水平轴倾斜误差;检查视准轴误差;检验竖盘指标差;检验和校正对中器;检验测距加常数及棱镜常数。

3.CPⅢ平面网测量作业

使用自由设站边角交会法进行对CPⅢ控制网进行测量时,不能选择在阳光暴晒的晴天和天气情况不佳的时候进行观测,并且还需要记录观测时的温度和气压。每个自由测站应相隔115~125m,CPⅢ观测点要小于180m的最大距离。每个控制点应保证能观测三个以上自由测站上的方向和距离。

CPⅢ平面网的主要技术要求应符合表7-16的规定。

CPⅢ平面网的主要技术指标 表7-16

控制网名称	测量方法	方向观测中误差	距离观测中误差	相邻点的相对点位中误差	同精度复测坐标较差
CPⅢ平面网	自由测站边角交会	±1.8″	±1.0mm	±1mm	±3mm

CPⅢ控制网水平方向应采用全圆方向观测法进行观测。当观测方向较多时,也可以采用分组全圆方向观测法。全圆方向观测应满足表7-17的规定。

CPⅢ平面网水平方向观测技术要求 表7-17

控制网名称	仪器等级	测回数	半测回归零差	不同测回同一方向2C互差	同一方向归零后方向值较差
CPⅢ平面网	0.5″	3	6″	9″	6″
	1″	4	6″	9″	6″

CPⅢ平面网距离测量应满足表7-18的规定。

CPⅢ平面网距离观测技术要求 表7-18

控制网名称	测回	半测回间距离较差	测回间距离较差
CPⅢ平面网	≥3	±1mm	±1mm

注:距离测量一测回是全站仪盘左、盘右各测量一次的过程。

4.CPⅢ分段

CPⅢ自由设站边角交会控制网根据分段观测进行计算,分段长度通常约为4km。在连接处部分应保障有三条边8个CPⅢ控制点作为公共点进行观测,如图7-32所示。

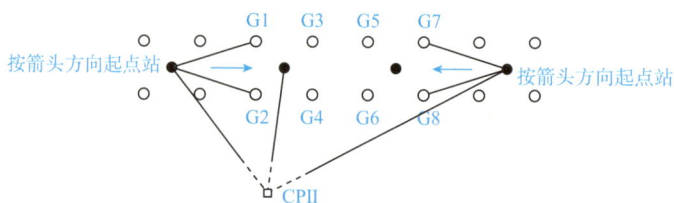

图 7-32　分段观测连接处

5. 数据采集与处理

外业记录是 CPⅢ测量的重要原始数据,外业记录应当记录现场测量时各测站的实际情况,所以外业记录不允许出现错误和数据造假,一般由在现场的记录员记录填写,并且在测量结束后进行装订存档。外业测量时,需要在备注栏中记录测量时的棱镜高,如出现特殊情况也要在备注栏中加以说明。

CPⅢ点的平面数据采用专门的软件进行处理,外业观测得到的数据导出得到最原始的角度和距离,还需要再进行内业处理,经过专门的软件进行平差处理后得到外业需要放样的坐标数据。

6. 注意事项

(1)隔两对 CPⅢ棱镜要建立自由观测测站。

(2)两个方向分别观测 3 组 CPⅢ控制点(共 12 个 CPⅢ控制点)。

(3)每个控制点要保证被观测 3 次以上。

(4)每个观测测站要进行 2~4 个完整测回。

(5)当 CPⅢ控制点与 CPⅠ、CPⅡ 可以保持通视时,应使其对 CPⅠ、CPⅡ 控制点进行联测。

(6)应对 CPⅢ控制点进行统一的编号。

(7)测量人员在实际操作过程中不允许出现违规操作,应严格按照相关要求进行操作,避免出现人为误差。

(8)棱镜常数的设置要正确,减小内业数据处理时的工作量。

(9)外业观测时,须设定观测时外界的气压和温度。

(10)当全站仪进行自由设站时,不需要测量仪器高。

(五)CPⅢ高程控制网

CPⅢ控制点水准测量应附合于线路水准基点,按精密水准测量技术要求施测,水准路线附合长度不得大于 3 km。CPⅢ控制点水准测量按图 7-33 所示的矩形环单程水准网构网观测。CPⅢ水准网与线路水准基点联测时,按精密水准测量要求进行往返观测。

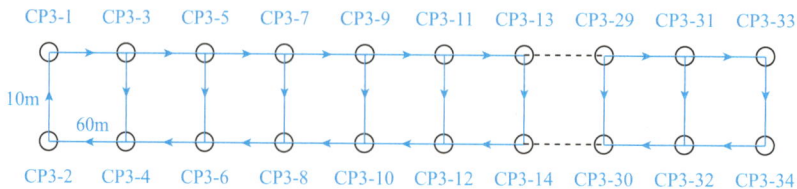

图 7-33　矩形环单程水准网

每个闭合环的四个高差均由两个测站独立完成,同一里程点对间高差应为相反方向,精密水准测量测站按照后-前-前-后或前-后-后-前的顺序测量。

CPⅢ网高程测量所使用的水准仪应不低于 DS1 级,进行高程测量时应使用具有易操作和高精度的水准仪及配套条码尺,以便观测人员使用,同时能保障测量数据时所需的精度,如图 7-34 所示。

图 7-34　高程观测仪器

现行《精密工程测量规范》(GB/T 15314)要求,CPⅢ高程网精密水准测量应满足表 7-19 ~ 表 7-22 的要求。

精密水准测量的主要技术要求　　　表 7-19

附合路线长度(km)	水准仪最低型号	水准尺	观测次数	
			与已知点联测	环线
≤3	DSI	因瓦	往返	单程

精密水准测量精度要求(mm)　　　表 7-20

水准测量等级	每千米水准测量偶然中误差 $M_\triangle$	每千米水准测量全中误差 M_W	限差			
			线路方向 CPⅢ 点对高差之差	往返测不符值	附合路线或环线闭合差	左右路线高差不符值
精密水准	≤2.0	≤4.0	$8\sqrt{L}$	$8\sqrt{L}$	$8\sqrt{L}$	$6\sqrt{L}$

注:L 为往返测段、附合或环线的水准路线长度(单位:km)。

精密水准测量的主要技术标准　　　表 7-21

等级	每千米高差全中误差(mm)	路线长度(km)	水准仪等级	水准尺	观测次数		往返较差或闭合差(mm)
					与已知点联测	附合或环线	
精密水准	4	2	DS1	因瓦	往返	往返	$8\sqrt{L}$

注:1.结点之间或结点与高级点之间,其路线的长度不应大于表中规定的 0.7 倍。

　　2.L 为往返测段、附合或环线的水准路线长度(单位:km)。

精密水准观测主要技术要求　　　表 7-22

等级	水准尺类型	水准仪等级	视距(m)	前后视距差(m)	测段的前后视距累积差(m)	视线高度(m)
精密水准	因瓦	DS1	≤60	≤2.0	≤4.0	下丝读数 ≥0.3
		DS05	≤65			

注:1.L 为往返测段、附合或环线的水准路线长度(单位:km)。

　　2.DS05 表示每千米水准测量高差中误差为 ±0.5mm。

(六)观测数据内业处理

CPⅢ高程网外业观测成果的质量评定与检核的内容,应该包括:测站数据检核、水准路线数据检核,当CPⅢ水准网的环个数超过 20 个时,还要进行每千米水准测量的高差全中误差的计算。CPⅢ高程网内业平差计算和基础控制资料的选用,应满足下列原则:

(1)CPⅢ高程网水准测量的外业观测数据全部合格后,方可进行内业平差计算。

(2)CPⅢ高程网采用联测的稳定线路水准基点的高程作为起算数据进行固定数据平差计算。

(3)CPⅢ控制点高程测量应严密平差,平差计算按精密水准测量的规定执行。

二 无砟轨道精调施工计划安排

1. 工期安排

无砟轨道先导段轨道精调计划××年××月××日开始施工,××年××月××日完成。

2. 功效分析

参照施工单位及指挥部的计划要求,并根据实际施工进度及天气影响的客观因素得出,并考虑到对每个工班组进行精调施工过程中至少要有一个星期的熟练化过程,并且考虑到轨检小车精调测量只能在夜间与阴天的情况下才能保证精调小车的测量精度,难以发挥出最大的效益,施工进度相对较为滞后,按照每台轨检小车作为一个工作面,每台轨检小车按照单线 8.5~9.5km 范围进行 4 遍静态精调施工作业,进行精调测量及轨道精调的作业资源配置。

每个工班组配备测量员 3 名,结合轨检小车电池使用时间、环境因素,测量人员对测量系统的使用熟练过程,测量人员配合轨检小车平均每天可进行 1.3~1.4km 的轨道精调的测量工作。每个工班组配模拟试算技术员 1 名,负责每天精调测量完成后进行模拟试算的工作,并将模拟试算的结果以制表的形式进行打印处理,配备现场位置确定标识技术员 1 名,配合模拟试算技术员,用白石笔将精调测量结果标注在承轨台及轨道顶部,同时检查扣件的是否有安装错误的现象,如有应及时进行返工处理。每天可进行单线 1.5km 的数据标注与扣件检查工作。每个工班组配备现场指挥员兼工班长 1 名,负责每个工作面轨道精调的技术指导,负责每个工作面的调整垫板材料的供应协调及现场协调指挥工作,并采用塞尺进行扣件弹条与绝缘块的紧固检查工作。每个工班组配备轨距测量及安全质量员 1 名,采用电子轨道尺负责每个工作面的轨道间的轨距及对轨道高差进行反复的测量工作,并将测量结果标注在承轨台上,及安全防护的监管工作。每天可进行 1.5km 的测量工作。

每个工班组配备 2 名起道工人,负责采用起道器将钢轨抬起,并进行起道器的管理工作,同时配备 2 名拨道工人,采用撬棍调整轨道轨向位置。配备 4 名工人进行轨道垫板的塞放工作,同时拨道工人配合进行调整垫板的调整工作。这 8 名工人同时负责将弹条及 T 形螺栓安放到正确位置,每天可进行单线 1.5km 的调整工作。配备 4 名工人用手持可控扭矩电动扳手(配小型发电机)对精调完成后的轨道扣件锚固螺栓进行以 300~350N·m

进行紧固工作,每个锚固螺栓的紧固用时为0.5min,每个工班组每天可进行4800个锚固螺栓的紧固工作(750单延米)。

3. 施工机具、人员配备

施工机具、人员配备见表7-23、表7-24。

每个工班组资源配备情况 　　　　　　　　　　　　　　　　表7-23

序号	器械名称	数量	工种	数量	备注
1	GRP1000轨检小车	1	测量员	3	
2	电子道尺	1	轨距测量员	1	
3	塞尺	4	试算员	1	
4	测力扭矩扳手	1	标识员	1	
5	起道器	2	起道工	2	
6	可控力矩电动扳手	4	拨道工	2	
7	小型发电机	2	工班长	1	
8	撬棍	2	锚固螺栓工人	4	
9	轨道行走车	1	垫片调整工人	4	
10	手动扳手	4			
11	轨距块,轨下调高垫片				
12	尼龙丝线	1副			

4个工班组资源配备情况 　　　　　　　　　　　　　　　　表7-24

序号	器械名称	数量	工种	数量	备注
1	GRP1000轨检小车	4	测量员	3	
2	电子道尺	4	轨距测量员	1	
3	塞尺	16	试算员	1	
4	测力扭矩扳手	4	标识员	1	
5	起道器	8	起道工	2	
6	可控力矩电动扳手	16	拨道工	2	
7	小型发电机	8	工班长	1	
8	撬棍	8	锚固螺栓工人	4	
9	轨道行走车	4	垫片调整工人	4	
10	手动扳手	16	材料运输	4	
11	轨距块,轨下调高垫片	现场实测	弹条紧固工人	2	
12	弹条紧固内燃扳手	2	测量主管工程师	1	
13	钢板尺	4			
14	卡尺	4			
15	尼龙线	4			
16	运输小车	2			

1. 施工现场准备

为了在有效的时间内完成轨道精调施工工作,并保证精调的精准度,使工程达到快速、优质、高效的目标,施工现场的准备工作是首要的条件,为此,施工现场要做好以下几个方面的准备工作:

(1)长轨应力放散锁定后对轨道的重新测量,对测量资料汇总整理和模拟调整并形成书面文件,同时统计扣件更换/调整的种类和数量,并提报物资需求计划。

作业前设置

(2)对现场进行垃圾与障碍物的清除工作。

(3)对测量器具的重新校核与相应工具的准备工作。

(4)协调好同期施工的各项工作关系,避免互相干扰,发生不必要的冲突。

(5)在线路上设置专门的看护联络人员,对进行铺设轨道行走的车辆与进行精调的测量人员及时沟通,对铺轨车辆进行避让。

(6)对运进现场的原材料的存放要有专人进行看护工作,并分类存放,远离火源地。

2. 轨道检查

在长轨锁定后轨道精调静态数据采集之前必须进行全面区段范围内的轨道检查:

(1)清扫钢轨踏面和内侧的杂物,并将粘在钢轨上的混凝土和黏稠状的油渍清理干净,避免对测量产生影响。钢轨应无污染、无底塌、无掉块、无硬弯等缺陷。

(2)扣件应安装正确,无缺少、无损坏、无污染。扣件弹条与轨距挡板应密贴。

(3)轨下垫板应安装正确,无缺少、无损坏、无偏斜、无污染、无空吊。

(4)钢轨焊接接头平直度应符合标准要求,轨道测量及精度影响因素如图7-35所示。

a) 钢轨或扣件没有保持清洁

b) 扣件没有保持清洁

c) 扣件内积有杂物

d) 长轨布设前,扣件没有清理好

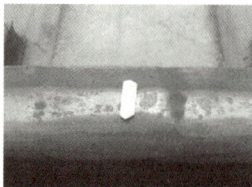

e) 钢轨焊接口没有处理好,不平顺

f) 钢轨和轨下垫板不密贴

图7-35 轨道测量及精度影响因素

3. 技术准备

施工准备阶段要求工程管理人员和技术人员全面熟悉施工图纸、有关轨道精调的各项指标和工艺流程。参加工程主管部门或业主组织的设计交底和图纸会审并做好记录。认真学习精调小车厂家组织的培训工作。根据设计图纸及相关设计规范、施工规范、业主文件和相关实施性施工方案,针对工班组做好培训及技术交底工作,包括施工工艺、质量标准、技术措施、安全措施等。技术交底工作由项目部技术负责人、工区技术负责人、各工班组长逐级组织交底工作。

按基本要求配备齐全轨道精调所需物品,并对相关仪器或设备按规定项目做好检验和校准工作。重点做好全站仪、精调小车和道尺的校核,确保不同测量手段的结果尽量一致或相近。

按不同工种配足相应的作业人员,作业前认真学习作业指导书,并认真学习既有线施工安全相关知识,培训结束考核合格后方可上线作业。

4. 施工组织方案

所有的精调施工作业面同时进行施工作业。

(1)人工进行绝缘挡块的调整与安放工作,更换尺寸不合适的绝缘挡块。

(2)人工采用小型运输车辆将轨检小车及测量器具运输至施工作业面,轨检小车及测量器具在运输过程中要对车底铺垫缓冲物品,防止对轨检小车造成不必要的损伤。

现场作业

(3)人工将轨检小车的箱子抬放到精调施工作业面,测量人员对轨检小车进行拼装工作,非测量人员不得随意对轨检小车拼装拆除。

(4)在轨道相对高差较小、相对平顺的地方进行轨检小车的效验工作,轨检小车效验合格后方可采用全站仪配合轨检小车进行轨道的测量工作,并对测量数据进行模拟试算,将模拟式算的制表打印并交给标注人员。

(6)标注人员配合模拟试算人员,按照制表上在轨道上进行轨向、超高值的标注工作。当标注工作完成后,指导轨道调整工人进行轨向、轨距、高程的调整工作。

(7)轨道调整工作完成后,采用可控扭矩电动扳手对锚固螺栓进行紧固,并采用内燃扭矩扳手对弹条 T 形螺栓进行锚固。用扭矩扳手对紧固完成的螺栓进行扭矩的检测工作,采用塞尺检测弹条是否紧固到位。

四 施工方案

(一)CPⅢ的复检工作

对 CPⅢ点做重新检查和测量,确认点位可用,坐标值误差在允许范围之内。对于被破坏而无法使用的 CPⅢ点,必须重新埋设和测量,并纳入确认后的 CPⅢ网进行平差。

对于已经分区段建网测设完成的 CPⅢ控制网,应编写 CPⅢ建网技术总结报告,汇总CPⅢ控制点成果。CPⅢ控制网复测前,应先检查原建网的 CPⅢ控制点是否存在毁坏,对已毁坏的 CPⅢ控制点进行恢复。CPⅢ平面网复测应联测与原测相同的 CPⅠ、CPⅡ控制点(包括加密 CPⅡ控制点),当 CPⅠ、CPⅡ控制点破坏或不满足联测精度要求时,应采用稳定的 CPⅢ点原测成果进行约束平差。

CPⅢ平面网复测采用的网形和精度指标应与原测相同。CPⅢ点复测与原测成果的 X、Y 坐标较差不大于 ±3mm，且与邻点的复测与原测坐标增量 ΔX、ΔY 较差应不大于 ±2mm。较差超限时应分析判断超限原因，确认复测成果无误后，应对超限的 CPⅢ点采用同精度内插方式更新成果。

CPⅢ高程采用的网形和精度指标应与原测相同。CPⅢ点复测与原测成果的高程较差不大于 ±3mm，且相邻点的复测高差与原测高差较差不大于 ±2mm 时，采用原测成果。较差超限时应分析判断超限原因，确认复测成果无误后，应对超限的 CPⅢ点采用同级扩展方式更新成果。

(二)精调基本思路

首先明确基准轨：平面位置以高轨(外轨)为基准，高程以低轨(内轨)为基准，直线区间上的基准轨参考大里程方向的曲线；"先轨向后轨距"，轨向的优化通过调整高轨的平面位置来实现，低轨的平面位置利用轨距及轨距变化率来控制；"先高低后水平"，高低的优化通过调整低轨的高程来实现，高轨的高程利用超高和超高变化率(三角坑)来控制；在 DTS 轨道精调软件中，平顺性指标可通过对主要参数(平面位置、轨距、高程、超高)指标曲线图的"削峰填谷"来实现，曲线平直意味着轨道的平顺。

(三)基准轨的确定

在轨道精调前首先要确定基准轨，通过基准轨进行轨距、轨向、高程的调整工作，曲线地段以外轨为基准轨，直线地段同前方曲线的基准轨。

(四)内业准备工作

认真核对设计资料，确保设计线性等资料输入正确。测量前安排专人对需要测量地段进行全面检查，主要消除扣件扣压力不足(表现为扣件与轨距挡块中间不密贴)、轨距挡块与钢轨、钢轨和轨下垫板不密贴、钢轨工作边有残留混凝土等情况。要求所有不密贴控制在 0.3mm 以内，最大不超过 0.5mm，采用塞尺逐个检查的方法。CPⅢ控制点测量成果，经批准的设计文件及变更的设计文件(包含五大桩坐标、曲线要素表、断链表、坡度标对照表、曲线超高表)分左线、右线分别收集。

(五)输入线形要素

1.平曲线

首先输入起点里程，然后输入每一要素的起点坐标、缓和曲线长度、圆曲线半径(右转曲线半径为正值)。

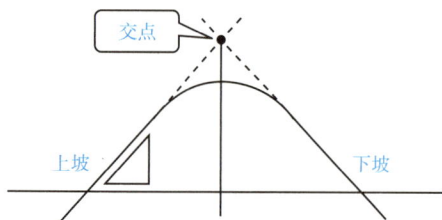

图 7-36 设计竖曲线

2.竖曲线

竖曲线通过切线交点定义，输入交点里程、高程和竖曲线半径。下凹曲线半径为负；上凸曲线半径为正。如果变坡点处设置了竖曲线，则圆类型选择"圆"；如果没设置竖曲线(坡度代数差不大)，则选择"顶点"，但线形起点和终点必须选择"顶点"，如图 7-36 所示。

输入主要点(ZH、HY、YH、HZ)的超高值,与平曲线相一致。左转曲线超高为负,右转曲线超高为正,单位为米。

(六)仪器准备与效验

将运输至精调作业面的轨检小车进行现场组装,小车组装必须由测量人员按照厂方进行培训的顺序进行,在小车组装过程中将小车双轮部位靠近低轨。在稳固的轨道上校准超高传感器一般每天开始测量前校准一次,如气温变化迅速,可再次校准;校准后可在同一点进行正反两次测量,测量值之和应在0.3mm以内。

正倒镜检查全站仪水平角和竖角偏差,如果超过3s,在气象条件较好的情况下进行组合校准及水平轴倾斜误差(α)校准;检查全站仪ATR照准是否准确,有无ATR的偏差也应少于3s。使用至少8个控制点自由设站,其中前后至少各使用一个60m以上的控制点。根据天气条件确定最大目标距离。状况好时控制在60m以内,不好时将距离缩短。将全站仪对准轨检小车棱镜,检查通信,关闭全站仪强力搜索,并锁定棱镜放样60m以上的一个控制点对设站进行检核,进入施工模式,看偏差数据是否稳定,如不稳定(变化范围超过0.7mm),将小车向前推,找到数据相对稳定的距离,根据此距离重新设站。

为保证外业数据的真实可靠性,轨检小车外业数据应在阴大或夜间进行,在温度 –10 ~ 40℃、风速≤3级的环境内作业。采集方法对应承轨台位置,采用"隔一测一"的方法,对钢轨进行测量。

(七)目标距离控制

无砟轨道测量时目标距离控制在70m内,条件较差时,可根据具体环境缩短目标距离(建议30~50m),距离全站仪7m内不进行数据采集,如图7-37所示。

图7-37 目标距离

全站仪设站的位置应靠近线路中心,而不是在两侧控制点的外侧;设站位置首先要考虑目标距离,其次是与近处控制点之间的距离(一般应超过15m),如图7-38所示。

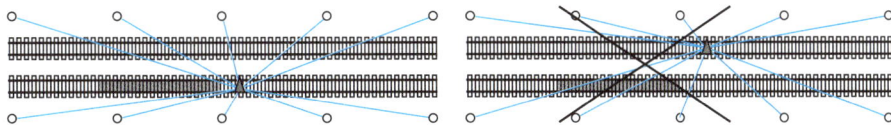

图7-38 全站仪设站

(八)设站精度指标

全站仪采用后方交会的方法进行设站,为了确保全站仪得设站精度,建议使用8个后视点,如果现场条件不满足,至少应使用6个控制点。

设站中误差:东坐标/北坐标/高程:0.7mm;方向:1.0″。下一区间设站时至少要包括4个上一区间精调中用到的控制点,以保证轨道线形的平顺性。与轨检小车同向的控制点自由设站计算时,弃用要谨慎。将一个CPⅢ点当作水准点用水准仪复核轨面高程时,应使用自由设站时高程残差最小的CPⅢ点。

全站仪设站

(九)精调测量

(1)前往现场检测之前,在计算机中对设计数据(平曲线、竖曲线、超高)复核无误后输入测量控制软件中,并对轨道板承轨台进行编号,方便轨道调整。

(2)把CPⅢ成果输入全站仪中。到达现场后对控制点进行检查,确保控制点数据(平面坐标及高程)正确无误,检查控制点是否受到破坏。

(3)为了确保全站仪与轨检小车之间的通视以及测量的精度,测量区域应尽量避免其他施工作业。并及时对铺轨车辆掌握发车时间,及时进行避让。

(4)使用8个控制点(CPⅢ)进行自由设站,全站仪自由设站时,平差后东坐标、北坐标和高程的中误差应在0.7mm以内,方向的中误差应在1s以内,否则应重新设站。

(5)进行正确的测量设置,比如高程以内轨为基准、超高以1.5m为基长等。

(6)轨检小车每次测量作业之前都要对超高传感器进行校准。

一般每次组装小车后,开始测量前校准一次,如气温变化迅速,可再次校准;校准后可在同一点进行正反两次测量,测量值之和应在0.3mm以内,指定间距,在设站区间内逐点采集数据,全站仪设站后,放样一个CPⅢ点并记录偏差值;测量搬站前,通过放样相同CPⅢ点做校核全站仪搬站并重新设站,检核设站后,重复测量上一次设站已经测量过的5~10个点,如果偏差大于2mm,需重新设站。

(7)线路中心处自由设站,后视8个CPⅢ控制点,由机载软件解算出测站三维坐标后,开始配合轨检小车进行轨道检测。轨检小车由人推着在轨道上缓慢移动,由远及近地靠向全站仪。检测点一般位于轨枕(承轨台)之上。

(8)启动测量系统即可对测段进行测量。测量系统可记录并显示各测点里程、高程差、方向差、左右股钢轨高差及轨距误差。测点间距可根据需要设定。测量小车每到一个测点即停车对位,启动系统进行一尺观测。

(9)为保证测量的准确性,应对一个测量进行往、返两次观测,即将测量小车调转方向,从测段终点向始点再观测一遍。

(10)全站仪搬站后,输出轨道几何参数,制作报表并进行评价。可根据需要定义报表的输出内容,选择性地输出轨道平面位置、轨面高程、轨距、水平/超高、轨向(长波和短波)、高低(长波和短波)等参数的偏差。

(11)按测量和精调小车操作程序对轨道进行仔细测量。重点控制好测量环境、设站精度、棱镜的安装等细节。对现场测量过程中出现异常的点位,及时备注并通知技术负责人现场核对和解决。每次测量结束后,及时整理导出数据以便分析和调整。下次测量时,与上次测量至少搭接5根枕木(承轨台),以免出现错台现象。

(十)检测内容

1. 中线坐标及轨面高程

在进行轨道中线坐标和轨面高程时检测时,使用高精度全站仪实测出轨检小车上棱镜中心的三维坐标,然后结合事先严格标定的轨检小车的几何参数、小车的定向参数、水平传感器所测横向倾角及实测轨距,即可换算出对应里程处的中线位置和内轨轨面高程。进而与该里程处的设计中线坐标和设计轨面高程进行比较,得到实测的线路绝对位置与理论设计之间的差值,根据技术指标对轨道的绝对位置精度进行评价。

采集数据

坐标换算中所用到的轨检小车独立坐标系示意如图 7-39 所示。

2. 轨距检测

轨检小车的横梁长度必须事先严格标定,则轨距可由横梁的固定长度加上轨距传感器测量的可变长度而得到,进而进行实测轨距与设计轨距的比较。轨距示意图如图 7-40 所示。

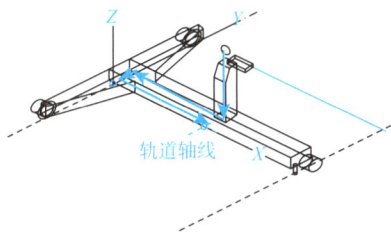

图 7-39　轨检小车独立坐标系

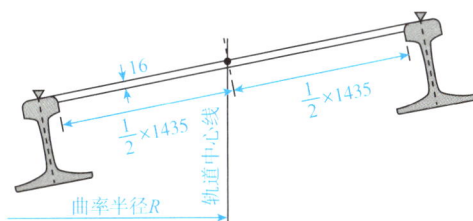

图 7-40　轨距示意图(尺寸单位:mm)

3. 水平(超高)检测

检测时,由轨检小车上搭载的水平传感器测出小车的横向倾角,再结合两股钢轨轨顶面中心的距离,即可求出线路超高,进而进行实测超高与设计超高的比较。在每次作业前,必须效准水平超高水平传感器。超高示意图如图 7-41 所示。

4. 轨向实测

得到中线平面坐标以后,在给定弦长的情况下,可计算出任一点的正矢值:该实测点向设计平面曲线投影,则可计算出投影的设计正矢值,实测正矢和设计正矢的偏差即轨向/高低(10m 弦长为例)检测示意如图 7-42 所示。

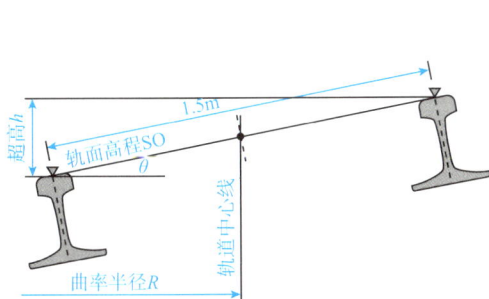

图 7-41　超高示意图

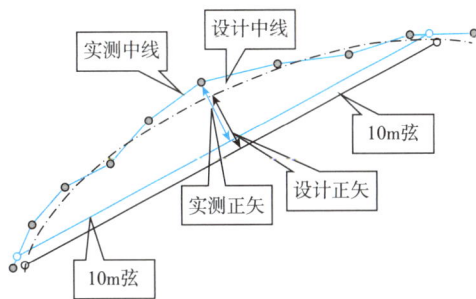

图 7-42　10m 弦示意图

5. 长短波不平顺性

长短波不平顺性如图 7-43 所示。

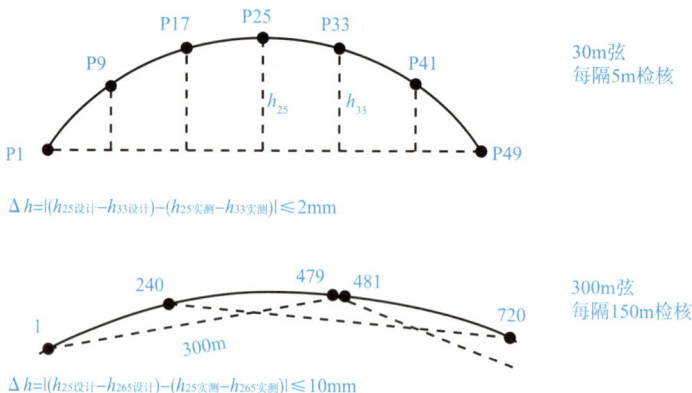

$$\Delta h = |(h_{25设计} - h_{33设计}) - (h_{25实测} - h_{33实测})| \leqslant 2\text{mm}$$

$$\Delta h = |(h_{25设计} - h_{265设计}) - (h_{25实测} - h_{265实测})| \leqslant 10\text{mm}$$

图 7-43　长短波不平顺性

（十一）符号法则

（1）以面向大里程方向定义左右。

（2）偏差与调整量符号相反。

（3）DTS 中曲线图显示偏差，表格中为从 CSV 文件中导入的调整量。

（4）平面位置：实际位置位于设计位置右侧时，偏差为正，调整量为负。

（5）轨面高程：实际位置位于设计位置上方时，偏差为正，调整量为负。

（6）超高（水平）：外轨（名义外轨）过超高时，偏差为正，欠超高时偏差为负，调整量相反。

（7）轨距：以大为正，实测轨距大于设计轨距时，偏差为正，调整量为负。

（十二）轨道模拟调整

（1）生成的报表中，导向轨为"−1"表示右转曲线，平面位置以左轨（高轨）为基准，高程以右轨（低轨）为基准；导向轨为"1"表示左转曲线，平面位置以右轨（高轨）为基准，高程以左轨（低轨）为基准。

（2）"先整体后局部"：可首先基于整体曲线图，大致标出期望的线路走线或起伏状态，先整体分析区间调整量，再局部精调。

（3）"先轨向后轨距"，轨向的优化通过调整高轨（基准轨）的平面位置来实现，低轨的平面位置利用轨距及轨距变化率来控制。

（4）"先高低后水平"，高低的优化通过调整低轨（基准轨）的高程来实现，高轨的高程利用超高和超高变化率来控制。

（5）在 DTS 轨道精调软件中，平顺性指标可通过对主要参数（平面位置、轨距、高程、水平）指标曲线图的"削峰填谷"原则来实现。目的：直线顺直，曲线圆顺。

（十三）平面调整

平面调整图如图 7-44 所示。

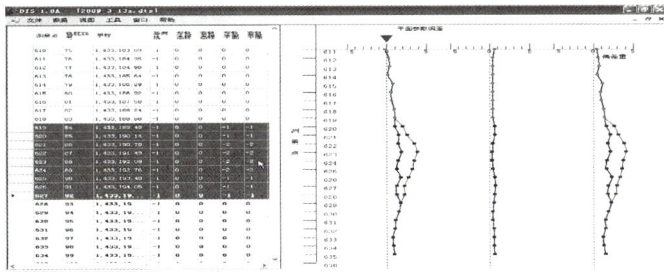

图 7-44　平面调整图

（十四）高程调整

高程调整如图 7-45 所示。

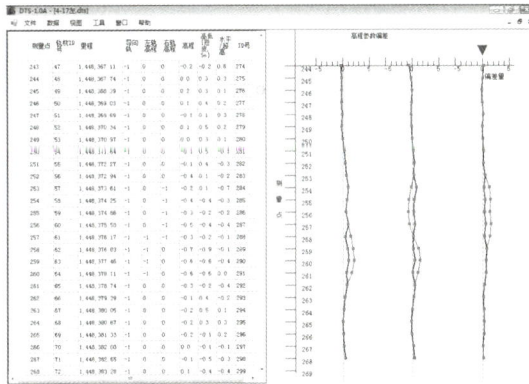

图 7-45　高程调整图

（十五）精调作业

（1）调整完成技术负责人审核后，输出表报（图 7-46），交现场技术负责人。同时统计调整扣件种类和数量，物资部门落实组织进货。材料进场以后，技术人员先核对规格和数量，并熟悉不同规格调整件的辨别方法，然后组织作业人员进行交底，确保所有参与调整作业的人员能迅速辨别不同规格的调整件。

图 7-46　表报

（2）根据当天计划，带齐所有种类的调整件、工机具等，组织齐各工种人员到现场进行调试。调试前领工员再次强调作业程序，各自分工。

（3）技术员根据提供的调整报表，准确找出需要更换扣件的枕木（承轨台）位置（按枕木编号找出位置，并用道尺和弦绳复核），用石笔标出起点和终点（左右股分别标注），并在枕木头（承轨台）位置标识出平面的调整量和方向，在钢轨顶面标识出高程或水平的调整量。

（十六）轨道标注

标注原则：用横线加箭头标注出更换地段起始点，每根钢轨的枕木（承轨台）一侧用数字标注出调整量（平面注意内外侧，也就是平面调整的方向），另一侧取相反值对应即可。高程只需标注数字，正负即可分辨出降低或抬高，如图7-47所示。

a) 高程数据标记在钢轨的顶部　　　　　　b) 平面数据标记的轨枕上，以便区别

图7-47　轨道标注

（十七）轨向调整

标注导向轨，对应需要调整扣件调整量并测量的轨距，松开扣件之前应先用电子道尺检查轨距、水平相对关系并记录读数，确定调整后的数据，用以检查调整是否到位。然后松开锚固螺栓，用撬棍横向移动铁垫板予以调整，使轨向达到要求。当铁垫板横向受到平垫块卡阻时应将平垫块掉头使用。基准轨调完之后，根据电子道尺或轨检小车数据用相同的方法调整另外一根钢轨的水平及轨距。重复以上的精调作业步骤，直至满足轨道几何状态静态检测精度及允许偏差的要求，如图7-48所示。

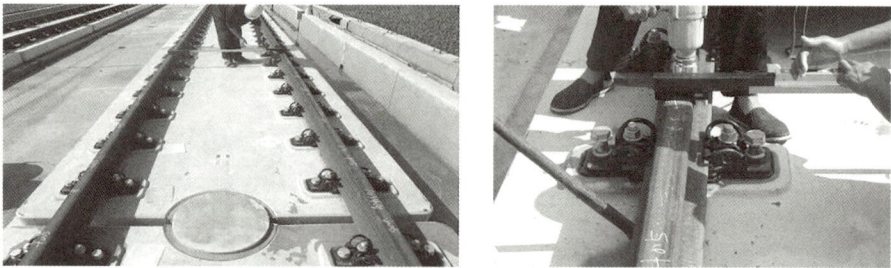

a) 数据记录　　　　　　　　　　b) 轨道导向轨调整

图7-48　轨向调整

（十八）钢轨高低位置调整

钢轨高低位置调整位置调整量为 −4～26mm，可按表7-25选用所需厚度的绝缘缓冲垫板和调高垫板进行调整。

轨高低位置调整量 （mm）	绝缘缓冲垫板厚度 （mm）	轨下调高垫板厚度 （mm）	铁垫板下调高垫板厚度 （mm）
-4	2	0	0
-3	2	1	0
-2	2	2	0
-1	2	3	0
0	6	0	0
+1 ~ +7	6	+1 ~ +7	0
8	6	0	8
+9 ~ +15	6	+1 ~ +7	8
16	6	0	2×8
+17 ~ +26	6	+1 ~ +10	2×8

（1）钢轨位置负高程调整。对钢轨位置负高程进行调整时,应先卸下锚固螺栓,提升钢轨,将铁垫板下 6mm 厚的绝缘缓冲垫板更换为 2mm 厚的绝缘缓冲垫板,钢轨复位后检查轨向和规矩,必要时进行调整,确认合适后用可控扭矩的扳手或机具以 300 ~ 350N·m 的扭矩拧紧锚固螺栓,然后根据调整量,在轨下垫板和铁垫板之间垫入所需厚度的轨下调高垫板。

（2）采用轨下调高垫板进行调整时,先松开弹条,取出绝缘块,提升钢轨,在轨下垫板和铁垫板之间垫入所需厚度的轨下调高垫板(轨下调高垫板的型号分为 0.5mm、1mm、2mm、5mm、8mm),钢轨下落后再用可控扭矩扳手或机具拧紧螺母使弹条安装到位。轨下垫板总厚度不得超过 10mm,数量不得超过 2 块,并把最薄的垫板放在下面,以防轨下调高垫板窜出(当调高量需 0.5mm 级别时,可紧贴铁垫板承轨面加垫 0.5mm 厚的轨下垫板,数量为 3 块)。

（3）采用铁垫板下调高垫板进行调整时,先卸下锚固螺栓,提升钢轨,在铁垫板和绝缘缓冲垫板之间垫入需要厚度的铁垫板下调高垫板,钢轨复位后检查轨向和轨距,必要时进行调整,确认合适后用可控扭矩扳手机具以 300 ~ 350N·m 的扭矩拧紧锚固螺栓,铁垫板下调高垫板总厚度不得超过 16mm,数量不得超过 2 块。

（4）钢轨需要降低操作流程如图 7-49 所示。

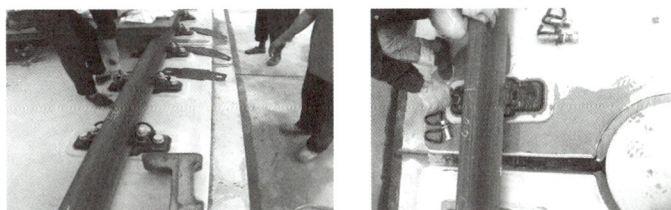

a) 松开锚固螺栓   b) 取出T形螺栓和锚固螺栓

图 7-49

c) 用起道器抬起钢轨

d) 更换缓冲垫板

e) 安装锚固螺栓

f) 在轨下塞进2mm调高垫板

g) 安装T形螺母

h) 松掉起道器

i) 上紧T形螺母和锚固螺栓

图7-49　钢轨需要降低流程图

（5）轨道需要升高的流程如图 7-50 所示。

a) 轨道标注调整量

b) 松开扣件T形螺栓及弹条

图　7-50

c) 起道器抬起钢轨

d) 在轨下塞进轨下调高垫板

e) 松掉起道器

f) 内燃机扳手紧上T形螺母

图 7-50　轨道需要升高流程图

(十九) 轨道调整注意事项

一切检查无误后,现场领工员组织线路工拆换扣件。高程调整件的更换,需使用起道器将钢轨稍微抬起,平面个别轨距挡块需要使用小撬棍辅助更换。更换完毕紧固扣件前,再核对一遍是否换错,如果没有错误,按规定扭力上紧扣件。同一股钢轨上扣件时,直线地段一般先紧固调整量为正的一侧,再紧固调整量为负的一侧,曲线地段先紧固曲线内侧扣件,再紧固另外一侧。

所有扣件更换完毕后,现场技术员再次检查确认更换效果并复核,然后做好详细记录,以便编制竣工资料和日后备查。清理回收更换下来的扣件,分类存放,清理干净现场,继续到下一个更换点施工。

五　典型超限处理方法

(1) 长波不平顺:在大区间范围内整体"削峰填谷",如图 7-51 所示。

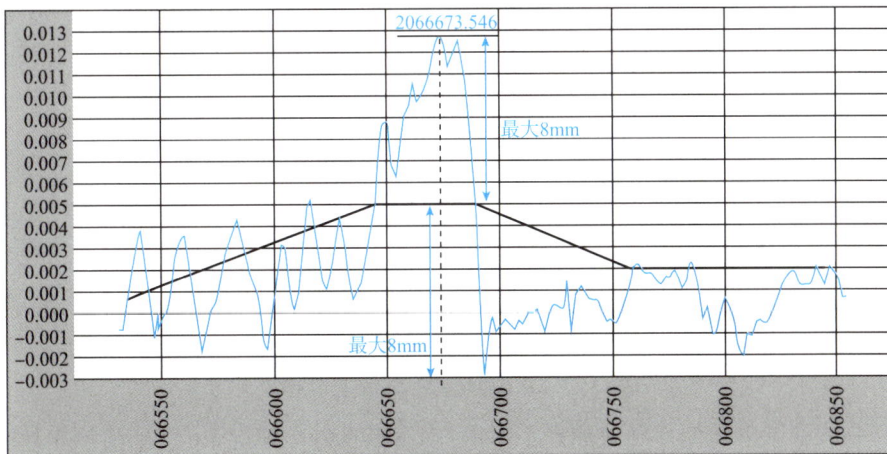

图 7-51　削峰填谷

（2）平面基准轨偏差导致轨向不平顺：首先通过调整基准轨使轨向满足要求，然后通过调整非基准轨使轨距和轨距变化率满足要求，如图 7-52 所示。

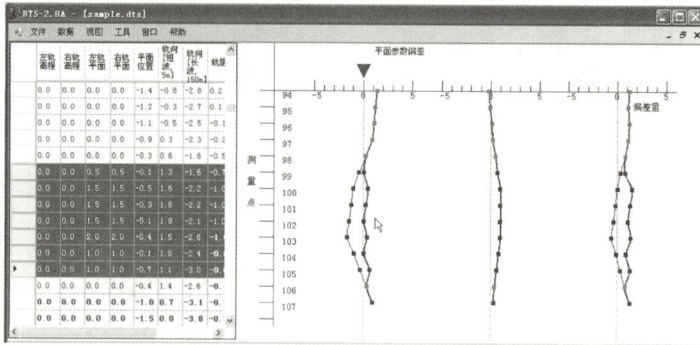

图 7-52　平面基准轨偏差导致轨向不平顺

（3）平面非基准轨偏差导致轨距不平顺：在轨向良好的情况下直接调整。非基准轨使轨距和轨距变化率满足要求，如图 7-53 所示。

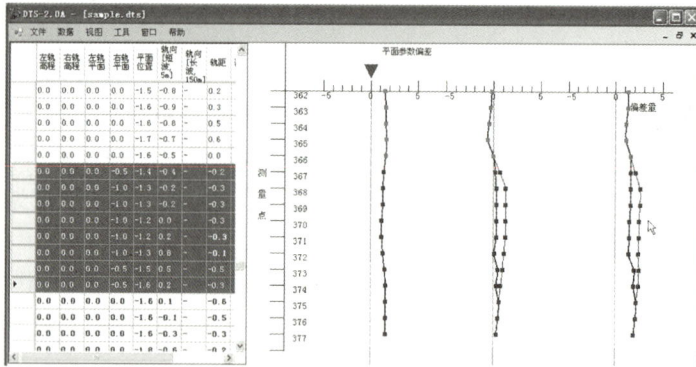

图 7-53　平面非基准轨偏差导致轨距不平顺

（4）高程基准轨偏差导致高低不平顺：首先通过调整基准轨使高低满足要求，然后通过调整非基准轨使超高和超高变化率满足要求，如图 7-54 所示。

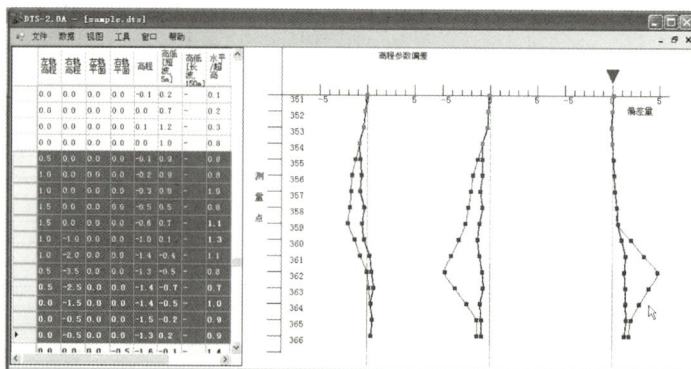

图 7-54　高程基准轨偏差导致高低不平顺

（5）高程非基准轨偏差导致超高不平顺：在高低良好的情况下，直接调整非基准轨使超高和超高变化率满足要求，如图 7-55 所示。

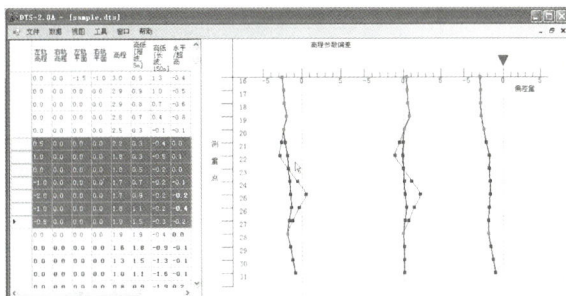

图 7-55　高程非基准轨偏差导致超高不平顺

六　测量控制措施

（1）选用高精度全站仪，并定期检定。全站仪工作之前要适应环境温度，每天开始测量之前检查全站仪测量精度，测量过程中如对测量结果有疑问，也须及时检查，必要时进行校准。测量时棱镜要对准全，采集数据时小车要停稳。全站仪应采用精确模式，恶劣天气条件下禁止作业。

（2）每天测量之前都要在稳固的轨道上对超高传感器进行校准，校准后可在同一点进行正反两次测量，测量值偏差应在 0.3mm 以内；如发生颠簸、碰撞或气温变化迅速，可再次校准。

（3）测量时应尽量保证工作的连续性，轨检小车应由远及近靠近全站仪的方向进行测量；因为随着时间的增加，全站仪的设站的精度在降低，而测距的精度随着距离的缩短在增加。

（4）测量时要实时关注偏差值，如果存在明显异常，需重复采集数据，覆盖之前采集的结果如依然存在突变，要及时分析原因。

（5）设站后要使用控制点检核全站仪设站，搬站前也要再次检核，以证实此次设站测量结果的可靠性；如测量条件不佳，测量期间可增加检核次数。

（6）全站仪采用后方交会的方法进行设站，为了确保全站仪得设站精度，建议使用 8 个后视点，如果现场条件不满足，至少应使用 6 个控制点。

设站中误差：东坐标、北坐标、高程：0.7mm；方向：≤2″，下一区间设站时至少要包括 4 个上一区间精调中用到的控制点，以保证轨道线形的平顺性。与轨检小车同向的控制点自由设站计算时弃用要谨慎，将一个 CPⅢ点当作水准点用水准仪复核轨面高程时，应使用自由设站时高程残差最小的 CPⅢ点。

（7）无砟轨道静态铺设精度应满足表 7-26 的要求。

无砟轨道静态铺设精度　　　　　　　　　　　　　　　表 7-26

序号	项目	允许偏差	备注
1	轨距	±1mm	相对于标准轨距 1435mm
		1/1500	变化率
2	轨向	2mm	弦长 10m
		2mm/(8a)m	基线长(48a) m
		10mm/(240a)m	基线长(480a)m
3	高低	2mm	弦长 10m
		2mm/(8a)m	基线长(48a)m
		10mm/(240a)m	基线长(480a)m

序号	项目	允许偏差	备注
4	水平	2mm	不包含曲线、缓和曲线上的超高值
5	扭曲	2mm	基长3m不含缓和曲线上由于超高顺坡所造成的扭曲量
6	与设计高程偏差	10mm	站台处的轨面高程不应低于设计值
7	与设计中线偏差	10mm	

注：1. 表中 a 为扣件节点间距(m)；$8a$、$240a$ 为矢距法检测测点间距。

2. 轨向偏差不含曲线。

七 施工注意事项

（1）无砟轨道精调是一项非常精细的工作，既是铁路前期建设工程质量的集中反映，又是铁路后期高速、安全运营的基础和保证。因此，必须要求客专建设各方面高度重视，在施工组织、技术培训、资源配置、安全质量卡等方面制定切实可行的措施，尤其是要配置高精度、工况良好的测量设备和相关工具，更要配置素质高、业务精的管理、测量和施工人员，同时要合理安排作业面，确保在有限的时间内完成全部精调工作。

（2）施工前，必须做好充分的施工准备，人员、机具、材料必须准备到位，合理安排交通工具及施工作业量。铺轨前的扣件安装工程，要严格按照技术标准，使用工装设备，保证扣件安装精度，减少因为扣件安装误差造成的后期调整量的增大。

（3）轨道在无缝线路焊接锁定后进行，施工时应尽量少动钢轨扣件，调整方向时连续松动不超过5个承轨台，调整高低时连续松动不超过9个承轨台。

（4）在钢轨精调过程中，无论是平面调整还是工程调整，均先确定好一股钢轨作为基本轨（靠前方曲线外侧的钢轨），平面按照"先轨向、后轨距"的原则，高程按照"先高低、后水平"的原则进行调整。

（5）在钢轨第一遍精调完成后，将锚固螺栓用可控扭矩电动扳手以300~350N·m扭矩的力将锚固螺栓进行紧固工作，采用内燃扳手以120N·m（小阻力扣件采用80N·m）的力矩对弹条T形螺栓进行拧紧工作，并采用扭矩扳手对紧固完成的螺栓进行扭矩检测工作。在现场大规模安装前，建议先取10个扣件节点进行安装，以测出使弹条能按照"安装到位标准"达到正确的实际安装扭矩，然后以实际扭矩的均值进行大规模安装。安装时防止扭矩过大造成弹条变形和绝缘块损坏或扭矩过小造成安装不到位。

（6）判断弹条是否安装到位的标准。

①以弹条中部前端下颚与绝缘块刚好接触为准，两者间隙不大于0.5mm。采用塞尺进行检验，对于不满足要求的及时复紧。

②弹条中部前端下颚与绝缘块外边缘竖直方向对齐，也可判断弹条安装到位，如图7-56所示。

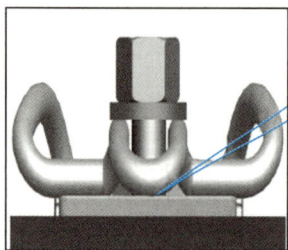

弹条中部前端下颚

图7-56 弹条中部前端下颚位置

八 安全和质量保证措施

（1）轨道精调的过程中，要注意因轨道板灌注过程中上浮造成的轨道高低不合格的现象，在现场可以使用 1m 靠尺或方铝合金检查板上浮情况。此种情况在调整量计算表中一般表现为高低不合格量在板缝附近的点超标最大，向两侧延伸，在现场调整时一定要注意尽量将上浮板的垫板调低，相邻的板上垫板不动，如果将相邻板的垫板也做调整，将可能再次引起不合格；同时，扣件在上紧过程中会造成轨道板脱空，导致轨检数据中垂直加速度超限，并对以后轨道质量造成隐患，所以需要向下调整高度的轨道，必须检查相邻轨道板的板底是否脱空。断链和 S 曲线地段一定要检查基本轨是否设置正确。

（2）模拟调整试算时，面对大量的数据一定要保持清醒的头脑，严格把握调整原则，该调整的一定要调，不该调整的坚决不调，可调可不调的要针对具体情况决定是否需要调整。一般该种情况主要是体现在变化率或是最大限值超限问题上，需结合前后的平顺性综合考虑是否需要调整。

（3）各环节必须有专人负责复核，避免出错，避免返工和不必要的损失；更换结束后，最后的复核是必要的，一方面可以检查调整效果是否合理，是否达到预期目的，另一方面，也可为内业模拟试算提供决策的依据。轨道静态测量数据是轨道静态调整的主要依据，必须准确、真实、可靠，否则将导致多次反复调整。

（4）全力以赴做好轨道静态调整工作。一是要充分利用动车上线试验之前的时间，组织足够的人员、设备进行轨道调整；二是务必要高标准、高精度进行轨道调整，力争将下一步动态调整量降到最低；三是不留缺陷、不存侥幸，切不可将缺陷带到联调期间。

（5）切实加强轨向、三角坑调整。轨向和三角坑是导致动车横向晃动的主要原因，是影响高速行车舒适度的主要因素。高度重视轨向连续多波轨向不平顺（动态检测形波长 10～20m，波峰 2～3mm，连续 3 波及以上）的调整。从目前检测情况来看，连续多波轨向不平顺是导致动力学检测横向平稳性不良和晃车的主要原因，务必加大整治力度。

（6）充分利用好轨检资料，指导现场轨道调整。轨距、轨向的调整应以低速轨检资料为主，参考高速轨检的横向加速度、动力学指标的横向力和横向平稳性指标；高低、水平、三角坑的调整应以高速轨检资料为主。高速轨检 TQI（高低、水平、三角坑三项指标）比低速要高 0.4～0.6。

（7）加强对扣件和焊缝的检查。扣件、焊缝的局部缺陷对静态精度和低速行车的影响甚微，但对于高速行车（250km/h 以上）影响非常大，甚至危及行车安全。动力学检测中出现的减载率、脱轨系数偏大的主要原因是焊缝平顺性不好，扣件扣压力不足和垫板不密贴等。无论在轨道静态调整前后，还是在轨道动态调整过程中，都应对扣件完好性和焊缝平顺性进行认真检查，发现问题及时处理。

（8）道岔精调时应以岔心直股为准，可以减少钢轨精调工作量，加快精调进度。道岔段精调时必须向两端延伸搭接不少于 300m，必须满足钢轨精调时 30m 短波、300m 长波平顺性标准。

（9）认真做好轨道检测波形分析工作。轨道检测波形直接反映了轨道动态平顺性，应安排专业技术人员全面做好对波形图的分析研究，制定有针对性的调整方案。树立

419

"零缺陷"理念,扣件、曲线(含竖曲线)、道岔、接头应达到零缺陷。

九 设备维护及保养

每次测量作业开始之前和完成之后都要清洁系统。注意清洗所有的轮子(靠近轮和测量轮),污物积累会降低测量精度。应轻拿、轻放,严禁碰撞和摔落。每天测量之前应对超高测量倾角传感器进行一次零位检校。每次使用完后应立即进行清洁保养并及时妥善地放置到包装箱内,如被雨水打湿,应及时擦拭干净后装入箱内。严禁裸运和较长距离的转站。定期(≤1月)使用PDA上的精调软件中的系统检校功能重新对系统的位移传感器和中心棱镜的位置进行检校。

十 施工安全重点部位、环节的安全要求及措施

1.安全保证措施

(1)进入施工现场,必须戴好安全帽,扣好帽带,佩带并正确使用个人劳动保护用具。

(2)作业时必须着装整齐,严禁赤脚、穿拖鞋以及高跟鞋进入施工现场。

(3)制定安全保证措施,健全安全组织机构,制定安全保证措施和应急预案,并付诸实施,施工现场设专职安全员一人,专门负责施工现场的安全管理工作,对作业人员的安全行为进行监控、指导。

(4)对机械操作人员、运输车驾驶员、普通作业人员进行岗前安全教育培训,提高安全意识,掌握安全基本知识和技能,做到持证上岗,对操作人员配备必要的安全防护用品,如安全带、安全帽及防护手套等。

(5)施工现场禁止吸烟、追逐打闹。严禁酒后作业。

(6)在六级以上大风时,严禁吊装作业,正常作业时需派专人指挥。

2.环保措施

(1)防止水污染措施。

加强生产、生活废水的管理,生产、生活废水要达标排放。施工营地生活废水就近排入不外流的地表水体,严禁将生活污水直接排放至江河中,对于含沙量大且浑浊的施工生产废水,采用沉砂池处理后再排放,含油废水经隔油池处理后排放,防止油污染地表和水体。

(2)防止大气污染措施。

施工便道适量洒水,减少扬尘。临时道路其面层采取细石等铺设,防止道路扬尘。

(3)生产生活垃圾处理及油料管理。

施工营地设置集中垃圾收集地,设专人管理,经无害化处理后排放,定期填埋,严禁就地焚烧。对营地生活垃圾(包括施工废弃物)集中装运至指定垃圾处理场处理,对不能处理的垃圾拉到设有处理设施的厂处理。

油和废油的管理:施工机械维修、油料存放地面应硬化,减少油品的跑、冒、滴、漏,所有油罐要有明显的标志,在不使用时要密封;严禁随意倾倒含油废水,应集中处理。

(4)废弃土工布、弹性垫层及施工垃圾必须按照规定集中统一处理,严禁随意丢弃污染环境。

项目名称	项目七　无缝线路铺设施工		任务名称		任务二　轨道精调
专业班级		姓名		学习小组	

【专业知识认知】（30 分）

1. 简述轨道精调的概念。（10 分）

2. 基准轨是如何确定的？（10 分）

3. 无砟轨道精调作业前的准备有哪些？（10 分）

【能力素质训练】（60 分）

1. 试分析轨道精调的静态调整和动态调整两个阶段分别用哪些设备进行检测。（20 分）

2. 收集无砟轨道精调作业的相关资料，说出轨道高低位置如何进行调整。（20 分）

3. 通过轨道精调作业的施工流程视频的学习，谈谈收获和体会。（20 分）

【工作总结】（10 分）

学员自评		组长评价	

指导老师评价：

项目七　无缝线路铺设施工

421

任务三　钢轨伸缩调节器铺设

◆ 任务引入

沪昆高铁是一条连接上海市与云南省昆明市的高速铁路,是《中长期铁路网规划》中"八纵八横"高速铁路主通道之一,是中国东西向线路里程最长、速度等级最高、经过省份最多的高速铁路。湘江特大桥主跨采用 $(75 + 3 \times 135 + 75)$ m 的连续刚构。在主跨段无砟轨道采用了大伸缩量的钢轨伸缩调节器,突破了当时《高速铁路设计规范(试行)》中"平面和竖曲线地段应避免设置钢轨伸缩调节器"的规定,且运营状态良好。钢轨伸缩调节器如何进行铺设的? 调节器铺设又有哪些要求?

▲ 任务描述

钢轨伸缩调节器是高速铁路重要的轨道部件之一,功能是协调桥梁梁端伸缩位移和钢轨伸缩位移之间的位移差,保证轨道的强度与稳定。通过本任务学习,掌握钢轨伸缩调节器铺设施工工艺,能够说出铺设及粗调的具体施工流程,能够使用轨检小车进行钢轨伸缩调节器的精调作业。

◇ 相关知识

一　铺设施工工艺流程

钢轨伸缩调节器铺设施工工艺流程如图 7-57 所示。

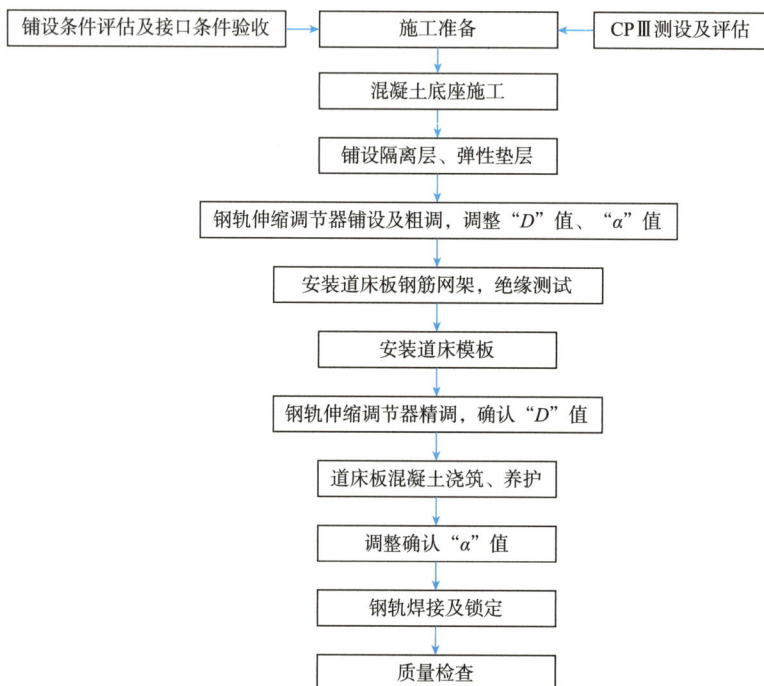

图 7-57　钢轨伸缩调节器铺设施工工艺流程

注:1. 钢轨伸缩调节器调整参数"D"为桥缝两侧混凝土轨枕中心的间距。

2. 钢轨伸缩调节器调整参数"α"为尖轨尖端至设计中心位置的距离。

无砟轨道钢轨伸缩调节器铺设主要施工装备包括支撑调整系统、吊装设备及配套吊具、混凝土运输车、混凝土泵（车）、洒水车、螺栓紧固机、检测测量仪器等。无砟道床施工、隔离层及弹性垫层施工、道床板施工与轨枕埋入式道岔施工相同。

二 施工准备

钢轨伸缩调节器应在工厂内组装并由建设单位组织验收。出厂时，制造厂应依据钢轨伸缩调节器相关技术条件进行检验，并提供出厂合格证、铺设图和发货明细表。钢轨伸缩调节器组装验收合格后应整组发运。发运前应将伸缩调节器组装件固定为一整体。产品标识和包装应符合高速铁路钢轨伸缩调节器的相关技术要求。

调节器区及前后200m的线下构筑物宜作为一个整体按相关标准对沉降变形观测资料进行分析评估，工后沉降符合要求后，方可进行调节器区段无砟轨道的施工。

钢轨伸缩调节器可采用汽车运输至铺轨基地，由轨道车牵引伸缩调节器运输车进入施工现场。现场施工人员做好施工准备，轨道车在指定位置待命，确保机械性能满足施工要求；检查相关工机具完好，保证伸缩调节器铺设顺利进行。

钢轨伸缩调节器伸缩量预留值需在设计伸缩量基础上结合实测梁缝、年平均梁缝宽度、实测轨温、设计锁定轨温等综合计算，由伸缩调节器供货厂家派人现场指导确定。铺设钢轨伸缩调节器时，如果轨温在设计锁定轨温范围内，则基本轨处于零伸缩量位置；否则，应根据实测轨温预留伸缩量。调节器铺设时的轨温如果超出设计锁定轨温范围，则可按式(7-9)计算调节器基本轨预伸缩量，并使基本轨处于预伸缩量位置。

$$\Delta_{kj} = \frac{EA(\alpha \cdot \Delta_t)}{2r} + 15 \times 10^{-5} L_B \tag{7-9}$$

式中：Δ_{kj}——铺设钢轨伸缩调节器时基本轨预留伸缩量（mm）；

E——钢轨材料弹性模量，$E = 2.1 \times 10^8 \text{kN/m}^2$；

A——钢轨截面积，对于60kg/m钢轨，$A = 77.45 \times 10^{-4} \text{m}^2$；

α——钢轨线膨胀系数，$\Delta_t = 1.18 \times 10^{-5}/\text{℃}$；

Δ_t——铺设调节器时的轨温差（℃），$\Delta_t = t - t_0$，t为铺设时的轨温，t_0为锁定轨温；

r——无缝线路伸缩区阻力$[\text{kN}/(\text{m} \cdot \text{轨})]$；

L_B——调节器铺设位置距桥梁固定支座的距离（mm）。

三 铺设及粗调

轨道车牵引伸缩调节器运输列车进入施工现场，当伸缩调节器运输车距离铺设地点大于20m位置时停车对位，伸缩调节器运输车对位停车打好铁鞋后，进行伸缩调节器吊卸及相关的铺设作业。

1. 吊装

伸缩调节器平放于平板车的中间应采取捆绑措施。作业人员利用抬钳及相关工具松开捆绑装置。作业时人员要站稳，使用抬钳时防止剪短的钢丝划伤身体。检查每一捆绑处均解开，确保吊卸安全。吊卸时应符合起重作业的有关安全规定，轻起慢放，减小起落冲击，防止损伤变形。使用吊装扁担梁或柔性吊带，绳索的吊点布置根据工件重心和长度计算确定,不得单点起吊。

2. 铺设

具体安装就位方法,应调查地形地貌、运输道路、现场设计情况确定。单线桥上可先吊放至线路上后,再搭设滑道纵移到位安装。双线桥上,可利用一侧已铺线路,采用平板将钢轨伸缩调节器运输至对应位置,按设计铺设位置,在不影响行车的条件下,尽量靠近横桥向桥梁中心位置搭设枕木垛,在平板与枕木垛间搭设滑轨,利用滑轨将伸缩调节器横移就位。

(1)分别在伸缩器安装起点、中间和终点部位,应用2.5m长的木枕搭设"井"字形枕木垛;最底层的木枕满铺,每层按照3根木枕布设,搭设高度为2.1m,即比平板车高出一根枕木。对应搭好的枕木垛,放置工具轨作滑轨使用,在轨底用木板找平,工具轨一头深入至调节器两轨枕间。利用压机起升钢轨伸缩调节器,将双滑轮组安放在钢轨伸缩调节器钢轨轨底与滑轨间。在横向滑移前对每组双滑轮进行固定。

(2)所有作业人员分布在钢轨调节器的纵向一侧,一字排开,确保每根枕木位置都有人。同时应用2组手动倒链一端固定在钢轨伸缩调节器,另外一端固定在桥梁防撞墙上,使手动倒链拉住钢轨绳索调节器轨排,控制钢轨伸缩调节器轨排缓慢滑移至搭好的枕木垛上方。

(3)轨道车牵引平板车重新对位,应用平板车上已装好的三组爬杆吊,在钢轨伸缩调节器吊点位置,应用6t的软吊带在钢轨伸缩调节器钢轨缠绕后挂在爬杆上的手动倒链吊钩上;为保证平板车不发生侧翻现象,用倒链将平板车与一侧防撞墙进行连接固定,另外一侧用千斤顶进行顶升加固。三组手动倒链同时起升,使钢轨伸缩调节器钢轨距离滑道50mm时,将滑轮组和工具轨抽出,每下降一次高度,距枕木0.1m时抽枕木。直至钢轨伸缩调节器平稳地落在底座面枕木上,抽取软吊带。

(4)再次搭设滑轨,再次横向滑移钢轨伸缩调节器至已浇筑完成的底座面上就位,应用已放样好的点位进行定位,铺设位置的控制里程与设计图位置控制在±20mm范围内。

伸缩调节器横向滑移前,施工负责人需对作业人员交代作业过程中的注意事项、作业方法及作业程序,作业中必须注意集中,听从指挥、动作统一。伸缩调节器在横向移动前必须检查滑轨和滑轮完好;检查配备足够的滑轮数量和人员。确认安全后方可进行横移。在此人工横向推动过程中,作业人员要用力统一,防止脚底打滑。

3. 粗调

根据测量数据,采用支撑螺杆和定位螺栓,粗调两端过渡段及钢轨伸缩调节器中线、高程等线位。

4. 计算并调整"D""α"值

(1)"D"值和"α"值。钢轨伸缩调节器调整参数"D":桥缝两侧混凝土轨枕中心的间距。钢轨伸缩调节器调整参数"α":尖轨尖端至设计中心位置的距离。"D"值计算误差会导致梁缝处尺寸超出设计范围,"α"值计算误差会直接导致尖轨尖端超出刨切曲线范围。

每根基本轨上均有三个参照点。中间的参照点标明设计中间位置($\alpha = 0$)。其他两点标明伸缩量范围(尖轨尖端位置范围)。

(2)计算值"D"和"α"。梁体最高、最低温度的数值会直接影响"D""α"值调整量的计算结果。应根据安装时的桥梁温度计算相应的"D""α"值。

为保证调整量计算的精确度，技术人员提前 3d 对伸缩器地段的环境温度、梁体温度、轨温、梁缝宽度进行测量。测量时选定当日最高气温与最低气温。调整量计算复杂，一般由钢轨伸缩调节器提供，并派专人到现场进行调整。

四 精调

精调采用轨检小车进行，采用 8 个 CPⅢ点进行自由设站，设站精度误差小于 0.7″，为保证前后顺接精度，钢轨伸缩调节器与前后无砟轨道过渡段线路一起进行精调。

钢轨伸缩调节器的精调和固定采用侧向/竖向支撑调整架实现，包括侧向支撑调整装置、竖向支撑调整装置。每隔 2 根轨枕在钢轨装 1 根横向调节器并每隔 2 根轨枕设置一个轨距撑杆。桥上可利用防撞墙固定横向调整装置。

钢轨伸缩调节器的弹条螺栓采用开口销螺栓，出厂时扭矩已达到设计值，并配有横向插销。使用轨检小车及其他检测工具检测伸缩器的方向、高低、水平、轨距等几何形位指标，确定精调数值。精调测量数据的精度控制：方向和高程绝对精度不大于 10mm。轨距控制在 ±1mm 以内，水平、方向高低与扭曲均不大于 2mm（10m 基线）。

五 确认"D"值

精调完成后，根据现场的气温、轨枕，检查"D"值有无变化，最好控制在初次调整"D"值的温度进行，保证误差为 ±2mm。如误差较大，再根据现场实测梁体温度计算"D"值，计算完成后测量实际"D"值，进行调整，调整完成后，再次应用轨检小车采集数据，对于超限的数据作局部调整；同时应用曲线上拉弦线测量正矢的方法测量外矢量；轨检小车数据采集完成后，即可进行混凝土浇筑。

六 确认"α"值

道床混凝土强度达到 100% 后，开始进行钢轨伸缩调节器"α"值检查。误差为 ±2mm。如果"α"值超限，采用松开基本轨一侧扣件，进行"α"值调整。

七 钢轨焊接锁定

"α"值重新调整完成后应立即进行铝热焊接，连入已两端放散锁定好的线路，形成跨区间无缝线路。注意钢轨伸缩调节器钢轨焊接应在中间锁定轨温进行，或在区间钢轨应力放散之后进行。对焊缝应打磨平整，不影响基本轨伸缩。钢轨焊接接头质量应符合现行《钢轨焊接第 1 部分：通用技术条件》（TB/T1632.1）的规定。焊接接头应打磨平整，基本轨始端焊接接头的轨颚、轨腰、轨底和轨底角凸出量不应大于 0.3mm；尖轨跟端焊接接头的轨颚、轨腰、轨底和轨底角凸出量不应大于 0.5mm。

八 质量检查

无砟轨道伸缩调节器现场铺设位置的控制里程与设计图位置的允许偏差控制在 ±20mm 以内。整组调节器组装后应满足表 7-27 的规定。

组装尺寸极限偏差及要求 表 7-27

序号	检测项目		极限偏差及要求（mm）		检验项别
			设计速度 v（km/h） 200≤v≤250	设计速度 v（km/h） 250＜v≤350	
1	轨距		±2	±1	B
2	水平		≤2	≤1	B
3	高低		≤2	≤1	B
4	轨向（构造轨距断面除外）		≤2	≤1	B
5	尖轨尖端轨距		±2	±1	A
6	轨距变化率		2mm/2m	1mm/2m	B
7	基本轨伸缩零点位置或 预留伸缩量位置		±10	±5	B
8	尖轨尖端至第一块双轨垫板中心距		±10	±5	B
9	尖轨轨头切削范围内与 基本轨轨头密贴	尖轨尖端至5mm断面	间隙小于或等于0.5	间隙小于或等于0.2	A
10		其余范围	间隙小于或等于1	间隙小于或等于0.5	B
11	尖轨轨头切削范围内 轨顶降低值	15mm断面至零降低 值断面	±1	±0.5	B
12		其余范围	+2，−1	±1	B
13	尖轨轨撑密贴	在尖轨轨腰	无间隙	无间隙	A
14		在尖轨轨底上表面	单块密贴间隙应 小于或等于0.5， 不应连续出现	单块密贴间隙应 小于或等于0.3， 不应连续出现	B
15	基本轨轨撑密贴	在基本轨轨腰	间隙小于或等于0.3	间隙小于或等于0.2	B
16		在基本轨轨底上表面	间隙0.1～1	间隙0.1～1	C
17		在轨腰、 轨底同时有间隙时	不应连续出现	不应连续出现	B
18	尖轨轨底与台板密贴		单块铁垫板上密贴 间隙应小于或等于0.3， 不应连续出现	单块铁垫板上密贴 间隙应小于或等于0.2， 不应连续出现	A
19	基本轨轨底与铁垫板密贴		单块铁垫板上密贴间隙 小于或等于0.5， 不应连续出现	单块铁垫板上密贴 间隙小于或等于0.5， 不应连续出现	C
20	左右股轨端面相错量		±5	±5	C
21	相邻铁垫板间距		±8	±5	C
22	两最远铁垫板间距		±20	±10	C
23	轨枕方正		≤8	≤5	C

表中 A 类项别单项项点数的合格率为 100%、B 类项别单项项点数的合格率不小于 90%、C 类项别单项项点数的合格率不小于 80%，判为合格。计算合格率时，检查项点中某一项点若有多处时，按多个项点计。

项目名称	项目七　无缝线路铺设施工	任务名称	任务三　钢轨伸缩调节器铺设
专业班级		姓名	学习小组

【专业知识认知】(30分)

1. 试分析钢轨伸缩调节器粗调和精调目的的不同。(20分)

2. 收集钢轨伸缩调节器铺设的相关资料,说出铺设流程。(20分)

3. 通过钢轨伸缩调节器铺设案例的学习,谈谈收获和体会。(20分)

【能力素质训练】(60分)

1. 能够绘制钢轨伸缩调节器铺设施工工艺流程图。(20分)

2. 能够结合现场对钢轨伸缩调节器进行精调作业。(20分)

3. 能够对无砟轨道伸缩调节器组装尺寸进行检查,并判断是否符合相应规范要求。(20分)

【工作总结】(10分)

学员自评		组长评价	

指导老师评价:

一、填空题

1. 无砟轨道长钢轨铺设主要有_____和推送法两种方法。

2. 铺轨作业时,铺轨顺序为先_____后_____,由_____至_____依次拖拉。

3. 无缝线路应力放散是长钢轨单元焊后,形成单元轨节,当施工时钢轨的温度在设计锁定轨温范围时,采用_____进行应力放散。

4. 铝热焊接施工时,轨端处理检查合格后,下一步就进行_____。

5. 铺设后的长钢轨接头相错量不大于_____mm,以保证单元轨节的接头相错量要求。

6. 有砟地段铺轨施工采用_____施工。

7. 轨道精调因轨道状态测量和检测的方法不同,分静态调整和_____两个阶段。

8. "先轨向后轨距",轨向的优化通过调整高轨的平面位置来实现,低轨的平面位置利用_____及_____来控制。

9. 在轨道精调前首先要确定基准轨,曲线地段以_____为基准轨,直线地段同前方曲线的基准轨。

10. 轨道精调时,全站仪采用_____的方法进行设站。

二、选择题

1. 把标准长度的钢轨焊连而成的长钢轨线路称为( )。

    A. 准无缝线路   B. 无缝线路   C. 无缝道岔   D. 闭塞分区

2. 在铺设无缝线路中,将长轨条始终端落槽就位时的平均轨温称为( )。

    A. 最高轨温   B. 最低轨温   C. 锁定轨温   D. 设计轨温

3. 道床抵抗轨道框架横向位移阻力称为( )。

    A. 接头阻力   B. 扣件阻力   C. 道床纵向阻力   D. 道床横向阻力

4. 无缝线路根据处理钢轨内部温度应力方式的不同,分为( )和放散温度应力式。

    A. 温度应力式   B. 普通无缝线路

    C. 区间无缝线路   D. 跨区间无缝线路

5. 工地钢轨焊接时,长轨单元焊接和锁定焊采用( )。

    A. 铝热焊接   B. 闪光焊接   C. 气压焊   D. 现场胶接

6. 无砟轨道测量时目标距离控制在70m内,条件较差时,可根据具体环境缩短目标距离,距离全站仪( )m内不进行数据采集。

    A. 5   B. 6   C. 7   D. 8

7. 为了确保全站仪得设站精度,建议使用8个后视点,如果现场条件不满足,至少应使用( )个控制点。

    A. 5   B. 6   C. 7   D. 8

8. 轨道模拟调整时,在生成的报表中,导向轨为"-1"表示( )转曲线,平面位置以( )轨(高轨)为基准,高程以( )轨(低轨)为基准。

A. 右、左、右　　　B. 右、右、左　　　C. 左、左、右　　　D. 左、左、右

9. "先高低后水平",高低的优化通过调整(　　)的高程来实现,高轨的高程利用(　　)来控制。

　　A. 高轨、超高和超高变化率　　　　B. 高轨、轨距及轨距变化率

　　C. 低轨、轨距及轨距变化率　　　　D. 低轨、超高和超高变化率

10. 测量前安排专人对需要测量地段进行全面检查,主要消除(　　)情况。

　　A. 扣件扣压力不足　　　　　　　B. 轨距挡块与钢轨

　　C. 钢轨和轨下垫板不密贴　　　　D. 以上均有

三、判断题

1. 轨道框架刚度表示轨道抵抗弯曲变形的能力。(　　)

2. 无缝线路长轨系内的温度力不仅与轨温变化幅度有关,还与钢轨长度有关。(　　)

3. 施工锁定轨温不一定等于设计锁定轨温,但应在设计锁定轨温允许变化范围之内。(　　)

4. 跨区间无缝线路是指轨节长度跨越车站,并完全消除了钢轨接头的长钢轨线路。(　　)

5. 在铺设无缝线路时,对钢轨焊接接头要进行探伤,探伤结果不得有未焊透、过烧、裂纹、气孔、夹渣等有害缺陷。(　　)

6. 精调作业时,不允许在轨道附近进行其他施工作业。(　　)

7. 工地长钢轨焊接分为单元轨节焊接和锁定焊接两个阶段。(　　)

8. 全站仪设站的位置应在两侧控制点的外侧,而不是靠近线路中心。(　　)

9. 轨检小车每次测量作业之前都要对超高传感器进行校准。(　　)

10. 一般每次组装小车后,开始测量前校准一次,如气温变化迅速,可再次校准。(　　)

四、简答题

1. 无缝线路上的阻力有哪些?

2. 简述有砟轨道长轨铺设施工工艺流程。

3. 简述无砟轨道拖拉法施工工艺流程。

4. 简述闪光接触焊接施工工艺流程。

5. 工地钢轨闪光焊接对探伤有哪些要求?

6. 简述滚筒放散法施工工艺流程。

7. 简述轨道精调基本思路。

8. 无砟轨道精调前包括哪些内容?

9. 精调作业时,基准轨是如何确定的?

10. 无砟轨道精调精测时,检测项目包括哪些?

11. 钢轨伸缩调节器铺设施工工艺流程图。

项目七 无缝线路铺设施工

安全优质，人民至上

项目八

高速铁路轨道维护

【项目描述】

我国已建成世界最发达的高铁网，高速铁路技术已达到世界领先水平。随着高铁网规模快速扩大，列车开行速度和密度不断提高，高铁设备质量控制、现场作业管理、应急处置响应以及检测监测体系建设等方面工作亟须进一步加强，以确保线路高速、安全、舒适运行。本项目主要介绍高速铁路设备维护管理的基本概念，线路设备检查、线路维修标准，大型养路机械维修作业的基本知识。

【学习目标】

知识目标

(1)了解高速铁路线路维护管理的要求和理念。

(2)熟悉高速铁路线路维护组织机构及主要职责。

(3)熟悉高速铁路线路维护安全管理、生产管理、技术管理和信息管理。

(4)熟悉我国高速铁路线路设备检查的原则和分类。

(5)掌握轨道动、静态不平顺管理值。

(6)理解轨道质量指数(TQI)。

(7)掌握钢轨伤损分类和评判标准。

(8)掌握无砟道床伤损形式及伤损等级判定标准。

(9)了解常用大型养路机械及其相关作业。

能力目标

(1)能够说出高速铁路线路维护组织机构及其主要职责。

(2)能够说出动、静态检查常用设备及其检测项目。

(3)能够结合现场，确定动、静态检查周期。

(4)能够结合现场检查数据,判断动、静态几何尺寸是否符合标准要求。

(5)能够结合现场检查数据,判断钢轨伤损程度。

(6)能够结合现场检查数据,判断混凝土轨枕伤损等级。

(7)能够结合现场检查数据,判断无砟道床伤损等级。

素养目标

(1)通过高速铁路线路维护安全管理的学习,培养学生科学严谨的工作态度和安全意识。

(2)通过高速铁路线路设备检查的学习,培养学生严谨细致的工作品质。

(3)通过高速铁路线路未维修标准的学习,培养学生的标准意识和规范意识。

(4)通过大型养路机械的介绍,培养学生的使命担当和创新精神。

【学习导航】

高速铁路轨道维护

任务一　高速铁路线路设备维护管理

◇ 任务引入

为适应高铁生产力发展要求、推进铁路运输生产力布局优化、不断提升高铁基础设施运维质量和效率,中国国家铁路集团有限公司专门下发《关于进一步深化高速铁路综合维修生产一体化站段改革的指导意见》(铁总工电〔2019〕45 号),部署设置高铁基础设施段。为什么要设置高铁基础设施段? 目前高速铁路线路设备是如何进行维修管理的呢? 这些问题是本任务的主要内容。

▲ 任务描述

通过本任务学习,了解我国高速铁路线路维护管理要求和维护理念,熟悉我国高速铁路线路维护组织机构及主要原则,熟悉高速铁路线路维护安全管理、生产管理、技术管理和信息管理的相关内容。

◇ 相关知识

一　高速铁路线路维护管理要求

高速铁路线路设备维护管理要求高可靠性、高稳定性和高平顺性。

高可靠性是指工务设备适应高速度、高密度的行车需要,能够保证高速列车行车安全和秩序,具有更高的抵御自然灾害和突发事件的能力。

高稳定性是指强化线路设备结构,降低设备故障率,延长维修周期,减少维修工作量。

高平顺性是指轨道几何尺寸精度高,轨道结构经常处于良好状态,以保证高速列车运行的安全、平稳、舒适。

二　高速铁路线路维护理念

高速铁路线路维护应树立"严检慎修"的理念,主要体现在以下几个方面:

(1)突出设备检查,做到精确检测。严格设备检查,线路设备检查应以动态检查为主,动、静态检查相结合,结构检查与几何尺寸检查并重。

(2)强调科学评定,做到全面分析。在做好线路检查的基础上,由专业技术人员对检测资料进行全面分析,建立和完善高铁线路动静态评价系统,科学合理评定线路状态,确保基础质量均衡。

(3)严格审批制度,做到精细修理。合理制订维修作业方案和计划,经过逐级审批后实施,并对作业效果进行追踪考核,杜绝盲目动道、随意作业,提高作业的针对性和效率。

三　高速铁路线路维护组织机构及主要职责

我国高速铁路工务设备维护实行检、修分开的管理制度,实行专业化和属地化管理,本着"资源综合、专业强化、集中管理"和"精干、高效"的原则,建立高速铁路线路维修管理机构。

(1)铁路公司作为铁路工务资产的所有者,负责工务设备资产的管理,负责工务设备安全、管理、检查、修理等费用的及时投入,以保证高速铁路工务设备状态良好,满足运输安全的需要。

(2)中国铁路总公司基础设施检测中心、铁路局工务检测所和大型养路机械运用检修段(工务机械段)受委托承担利用综合检测列车、钢轨探伤车对线路进行周期性检测和钢轨周期性探伤。

(3)铁路局应依据委托运输管理协议和相关规定做好高速铁路工务设备的安全生产管理,保持工务设备状态良好,使之符合相关安全规定和技术标准。

工务段主要负责全段线路技术、设备维护管理,组织制订和落实年度分月设备周期检修计划,定期分析评价设备质量,跟踪评价、考核养护维修质量,组织应急处置。

车间作为组织维修生产的基本单位,主要负责维护所辖线路设备,组织落实设备检查巡视、验收制度,定期分析评价设备质量,组织制订月生产计划和周、日维修计划及组织计划的实施,跟踪考核养护维修质量,做好应急处置工作。

(4)新成立的高铁基础设施维护管理机构为工电供一体化管理的高铁基础设施段。基础设施段负责高铁基础设备设施日常巡视检查、检测监测、养护维修、故障应急、营业线施工管理、路外环境检查等工作,包括高铁线路、桥隧、信号、牵引供电、电力设备管理。基础设施段设6个综合科室。

基础设施段按"技术+生产"重组机构,设立生产技术中心,分为专业维修技术中心和生产调度监控中心,维修技术中心根据维修工作量、专业技术人员力量合理设置相关专修队,由段部直接组织规模化、专业化修理。沿线设置综合维修车间,主要职责为组织属地生产、检查及应急,在车间设置上主要分为综合维修车间、电力车间、车载设备车间和机修车间。

(5)大型养路机械运用检修段或工务机械段等受委托承担利用大型养路机械对线路的修理。

四 高速铁路线路维护安全管理

高速铁路安全管理贯彻"安全第一、预防为主、综合治理"的方针,构建铁路安全风险管控和安全隐患排查治理双重预防机制,坚持从管理源头上入手,突出抓好基础建设、过程控制、应急处置等环节,建立和完善工务各项技术标准、管理标准、作业标准,加强职工队伍建设,夯实安全基础。针对各类工务安全风险,制订相应的预防措施并认真组织落实,根据可能发生安全问题的苗头和征兆,及时采取防范措施,降低安全风险,防止和减少损失;健全和规范安全隐患排查治理机制,定期排查安全隐患,健全安全隐患库,闭环治理安全隐患,保障铁路运输安全。

(一)安全风险研判

安全风险研判工作包括对安全风险的识别和评估。风险的识别应围绕管理、人员、设备和环境等主要方面,重点辨识"钢轨伤损、基础变形、防洪安全、作业安全、周边环境、设备质量"等风险。以日常安全管理信息、安全问题库、事故案例、相关安全规则及办法等为基础信息,对安全问题和隐患进行全面排查,全面查找安全风险源,重点是管理层面评估并准确确定安全风险点。

(二)安全管理基础建设

建立完善安全管理规章制度,主要包括安全风险管理责任制度、重大安全风险预警制度、安全风险应急预案、安全风险管理考核评价制度以及设备质量检查、评估管理办法等。明晰岗位安全管理职责和工作标准及流程,分层次制订管理标准和工作标准,使每名干部职工清楚自己的工作职责。建立安全风险信息管理机制,建立涵盖风险管理基本流程和内部控制各环节的信息系统,包括信息的采集、存储、分析、传递、报告等,通过对日常设备检查数据、问题库管理数据、设备故障数据和事故数据等安全信息进行系统分析,准确把握安全生产中存在的倾向性、关键性和苗头性问题,为安全风险识别奠定基础,提高安全风险管理的针对性和有效性。

(三)安全生产过程控制

把安全风险控制贯穿于日常工作过程,按照"关口前移、控制关键、措施得当"的原则,针对各种安全风险,根据风险评估情况,制订风险控制计划和措施,努力消除安全风险的成因对关键项目、关键部位、关键岗位、关键时段等实施重点控制,有效降低安全风险等级,转移或规避安全风险,将工务安全风险控制在可接受程度。

(四)应急处置

根据风险评估情况,对各项安全风险有针对性地制订专项预案,特别对非正常情况,要明确处理方案、流程及安全保障措施等,保证突发安全问题时处置及时得当。建立安全问题快速反应机制,明确相关部门的响应人员、时限流程及应对方案,完善安全问题报告和快速响应制度,严格规范报告程序,严肃报告纪律,坚决消除瞒报、迟报现象。提高应急处置能力,配足、备好各种应急处置设备、材料机具,并保证其状态良好,根据季节特点开展实战演练,并纳入常态管理,提高干部职工应急处置意识和处置能力。

五 高速铁路线路维护生产管理

生产管理的重点是"检查、计划、作业、验收"四个环节。工务段应全面贯彻"预防为主、防治结合、严检慎修"的原则,认真抓好四个环节,合理安排检、修的劳力比例,提高有效劳动,以保证设备质量均衡完好。

(一)设备检查与分析

(1)设备检查是调查了解设备状态,发现设备病害,掌握设备变化规律的有效方法,是保证行车安全的重要手段,也是制订工作规划和作业计划的一个重要依据。按照《铁路技术管理规程(高速铁路部分)》《高速铁路无砟轨道线路维修规则》《高速铁路有砟轨道线路维修规则》规定的各项检查制度要求,明确工务段、车间(班组)检查职责,规范线路动静态检查日常管理制度,完善线路病害分级分类管理制度,抓住薄弱环节,有效控制设备病害发展,确保线路设备均衡。

（2）设备分析是了解线路设备实时状态及趋势，掌握设备病害变化规律，控制设备质量的有效手段。设备分析的前提是实时有效地检查检测数据，具体分为日分析、周分析、月分析。日分析是段安全生产调度指挥中心根据当日动静态检查检测的情况，及时掌握线路异常信息和重点病害，有针对性地督促现场确认。周分析是段安全生产调度指挥中心每周对全段线路动态检测情况对比分析，提出线路设备变化情况、存在突出问题、静态复查情况及下周工作重点，线路车间对车间一周动态检查基本情况进行分析及周设备整治计划的分析。月分析是段安全生产调度指挥中心每月对全段线路设备质量进行综合分析，分析本月设备质量存在的问题和原因、上月问题整改及复查情况，制订次月设备重点计划建议；线路车间每月对管内动静态检测情况进行分析，结合月度生产任务完成情况，设备检查情况、对次月生产计划进行安排。设备分析的最终目的是为了指导生产，应注重效果及指导意义，强化分析职责，控制和提升设备质量。

（二）计划制订与审批

（1）计划是合理组织生产活动的有效方法，也是完成指标任务的重要手段。生产计划分为年度计划、月度计划、周（旬）计划和日计划。年度计划主要包括周期检修计划。月度计划主要为月度生产任务安排。周（旬）计划主要包括周（旬）维修计划、保养计划、临修计划及其他重点工作。日计划主要是根据实际情况进行周计划细化及临时重点工作安排。在生产计划中首要抓好年度设备病害整治目标计划，从抓病害整治着手，抓好月计划、周计划、日计划的编制，使生产活动做到年有目标、月有计划、周（旬）有安排、日有落实，并以日计划保证月、周（旬）计划的实现，以月计划保证年度目标计划的实现。

（2）计划审批是铁路局主管副局长、工务处段主管副段长、线路技术科安全生产调度指挥中心根据动态检测分析、静态质量评定、现场检查情况复核确认生产计划的针对性和合理性，分级进行审批下达。生产计划如遇特殊情况确需调整的，应以书面形式报主管副段长、铁路局审批。

（三）作业实施与验收

（1）现场作业要做到作业流程清晰、作业标准明确、作业过程可控、质量回检有效等。健全完善各项作业指导书，建立流程图，使带班人熟悉掌握作业程序、作业的关键控制重点，使每位作业人员熟知作业标准、作业流程，掌握作业要领、作业方法，减少无效劳动，消灭违章作业。

（2）验收是评定线路维修质量的一种方法，也是检查作业好坏的有效措施。维修完工后，应进行自验，确认各项质量达到标准后逐级上报，静态病害整修质量由车间组织检查工区结合线路设备周期检查进行验收评定，动态病害整修质量由工务段进行评定。工务段要定期对线路维修进行综合验收，评定质量，在验收的同时，要检查月、周计划安排，检查工作量调查表、线路、道岔检查记录簿、作业回检记录、派工单，严格落实质量回检、确认车检查确认及设备质量追踪评价、验收制度，并提出改进意见。

在抓好四个环节的基础上，还应本着精简内业、讲究实效的原则，建立和健全各项技术图表(包括设备备料示意图、设备病害揭示,作业计划揭示、安全揭示牌)各种技术台账(包括钢轨台账、道床台账、道岔台账、曲线台账、无缝线路台账等)各种记录簿、表(包括线路和道岔检查记录簿、质量验收记录表等),以及各种制度(包括岗位责任制、安全生产制度等)。

六 高速铁路线路维护技术管理

高速铁路线路维护技术管理包括线路技术标准、技术规章、技术资料、标准化管理等。高速铁路线路技术管理的主要任务,就是要全面掌握线路设备的技术状态及其发展和变化规律。并通过一系列技术管理手段,监督控制生产全过程,提高作业质量,使线路设备经常处于完整良好状态。

(一)技术标准

高速铁路线路技术标准主要包括设计、施工、联调联试、验收、维修以及线路设备、产品的设计、制造、准入等有关技术标准。

(二)技术规章

高速铁路线路技术规章主要包括线路设备交付运营后,涉及行车组织(包括行车安全机施、非正常行车及故障处置办法等)线路的运用、管理、维修等方面的规章制度。技术规章分为中国铁路总公司(以下简称总公司)、铁路局、站段 3 个管理层面。总公司路局技术规章分为基本技术规章和专业技术规章,专业技术规章分为专业系统技术规章,专业单项技术规章和专业临时技术规章。站段技术规章不分类。

(三)技术资料

高速铁路线路技术资料必须正确地记述和反映各阶段线路设备的真实状态,作为生产技术管理、更新改造、专项修理的重要依据。技术资料主要包括线路设备履历和线路专项检查检测资料两类。

1.线路设备履历技术资料

线路设备履历技术资料主要包括工务线路设备台账、工务设备图表及技术档案。

(1)线路设备台账:包括钢轨、道岔、轨枕、扣件、无砟道床、机械设备台账等。线路设备台账是工务段生产、管理的主要基础资料,应根据现场实际情况及时更新。

(2)线路设备图表:包括综合图表、站场图表、坡度表、曲线表等。

(3)线路技术档案:包括竣工图纸和文件、线路复测资料、设计和鉴定的图纸和文件、线路作业档案以及各类标准图表等。线路技术档案应分类登记,进行长期保管,并建立使用、借阅和管理制度。

2.线路设备检查资料

线路设备检查资料主要包括线路周期性检查资料和线路重点设备检查资料。线路设备检查资料反映了线路设备各部件的变化情况,应及时、准确、清晰地记录保存,并进行系统独立分析,为生产技术管理和线路维修提供技术依据。

(1)线路周期性检查资料包括对钢轨、道岔扣件、无砟及有砟道床,无缝线路及轨道几何形位等进行周期全面检查资料。

(2)线路重点设备检查资料包括对曲线(含竖曲线)、道岔(含调节器)、焊缝、无砟轨道结构及过渡段沉降等重点地段的专项检查资料。

(四)标准化

工务系统标准化的内容主要包括组织标准化、流程标准化、作业标准化、质量标准化、制度标准化,通过标准化的实施,改进组织机构,明确部门职能和岗位职责,提高工作效率和质量。

七 高速铁路线路维护信息管理

京沪高铁智能
综合运维管理
系统

积极推进管理信息化,建立基于大数据手段的高速铁路工务信息管理体系,实现对线路设备技术状态、动静态检查数据、线路设备质量、安全生产计划和作业过程控制的动态管理,并及时掌握设备变化规律,预测设备发展趋势,为线路设备维修决策提供支撑,不断提高线路设备维修的科学性。

高速铁路工务信息管理体系主要由安全生产信息管理系统、安全生产可视化调度系统及作业生产视频监控系统组成。

(一)安全生产管理信息系统

安全生产管理信息系统主要用于采集、分析工务设备检测数据、管理数据,对轨道状态进行评定,对生产进行闭环管理和问题库管理,以确保安全生产有序可控。系统具体架构如图 8-1 所示,工务部门可结合实际情况进行调整。

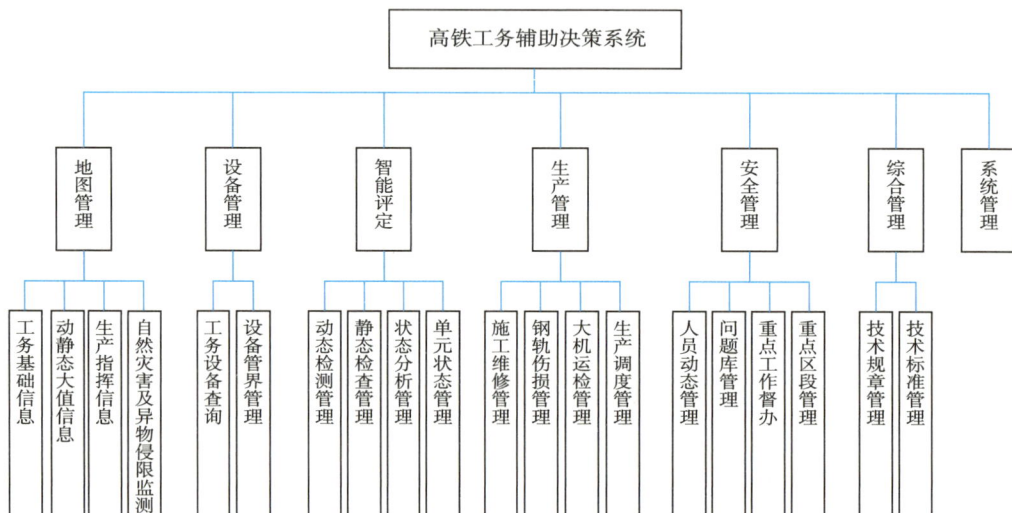

图 8-1　高铁工务辅动决策系统

(二)安全生产可视化调度系统

安全生产可视化调度系统主要实现人员位置电子地图可视化、工作任务可视化、作业场景可视化。结合铁路工务实际,可以将集群对讲、定位技术与管理信息系统(Management Information System,MIS)工作等技术相融合,形成基于地理信息的工务生产可视化调度系统。系统具体架构如图 8-2 所示。工务部门可结合实际情况进行调整。

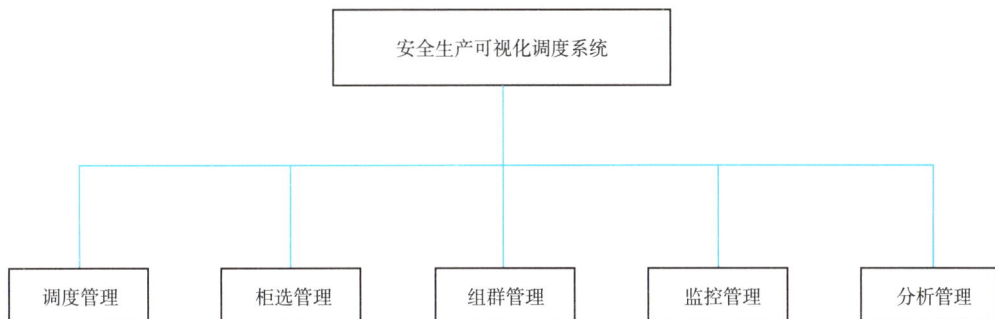

图 8-2　安全生产可视化调度系统结构

(三)安全生产视频监控系统

安全生产视频监控系统主要实现对讲呼叫、人员定位、实时数据传输、作业人员轨迹回放等功能及施工现场监控、轨道车运行监控、重点设施监控、雨量信息监控、车载信息监控、高速铁路自然灾害及异物侵限监测等功能。系统具体架构如图 8-3 所示,工务部门可结合实际情况进行调整。

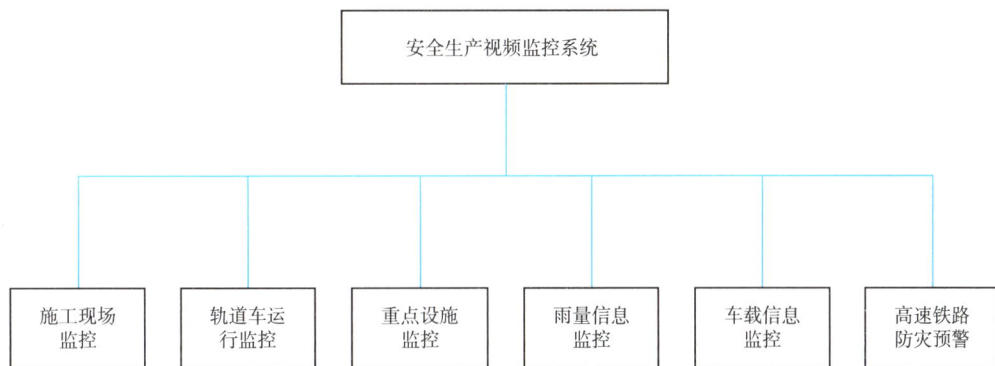

图 8-3　安全生产视频监控系统结构

项目名称	项目八　高速铁路轨道维护	任务名称	任务一　高速铁路线路设备维护管理
专业班级		姓名	学习小组

【专业知识认知】(30分)

1.高速铁路线路维护管理要求有哪些？（10分）

2.高速铁路线路维护理念是什么？（10分）

3.高速铁路线路维护组织机构是如何设置的？（10分）

【能力素质训练】(60分)

1.结合哈大高铁说说高速铁路线路维护安全管理包括的内容。（20分）

2.收集铁路局集团公司相关资料，谈谈高速铁路线路维护组织机构的设置。（20分）

3.查阅京沪高铁相关资料，谈谈如何进行线路的维护生产管理。（20分）

【工作总结】(10分)

学员自评		组长评价	

指导老师评价：

高速铁路轨道工程施工与维护

任务二　高速铁路线路设备检查

◆ 任务引入

　　高速铁路轨道结构常年经受自然环境和列车荷载作用,轨道几何尺寸会发生变化,钢轨、连接零件及轨枕不断磨损,轨道服役状态恶化会降低行车舒适性,甚至导致列车脱轨等安全事故。及时检查轨道状态、加强检查管理是掌握线路设备的变化规律、确保轨道质量、保证运输安全的基础性工作。高速铁路线路设备是如何进行检查的呢? 这是本任务的主要内容。

▲ 任务描述

　　通过本任务学习,熟悉我国高速铁路线路设备检查的原则和分类;了解线路检查设备;掌握检查周期;能够根据线路状况确定检查周期。

◇ 相关知识

　　高速铁路检查坚持"动态检查为主,动静态检查相结合,结构检查与几何尺寸检查并重"的原则。从检查方式上划分,高速铁路线路设备检查可以分为动态检查和静态检查两类。

　　动态检查是在列车车轮荷载作用下通过综合检测列车和添乘仪、车载式线路检查仪等设备对线路进行的检测。动态检测以综合检测列车和探伤车检测结果为主要依据,巡检设备、级式线路检查仪和添乘检查作为动态检测的辅助手段。动态检查是对线路进行检查的主要方式之一,也是我国线路检测技术发展的主要方向。

　　静态检查是指在没有车轮荷载作用时,用人工或轻型测量小车对线路进行的检查,主要包括轨距、水平、前后高低、方向、空吊板、钢轨接头、防爬设备、连接零件、轨枕及道口设备等检查。静态检查是各工务段、车间、工区对线路进行检查的主要方式之一,工务人员定期检测线路、道岔和其他线路设备,并对薄弱处所进行重点检测。

一　动态检查

(一) 高速综合检测列车

　　高速综合检测列车以高速动车组为载体,装备轨道、弓网、动力学参数、通信、信号等检测系统及综合系统,集成了现代测量、时空定位同步、大容量数据交换、实时图像识别及数据综合处理等先进技术。可以对线路轨道、牵引供电、通信信号等基础设施,轮轨和弓网接触状态及列车舒适性等指标进行高速动态时空同步检测,并且有检测列车精准定位、实时数据传输、数据集成、综合处理和分析评判等功能,是保障高速铁路运营安全、提高基础设施检测效率、指导养护维修的重要技术装备。如图8-4、图8-5所示。

图 8-4　CRH2J-0205 高铁综合检测车

图 8-5　CRH2A-2010 高铁综合检测车

动态检测项目包括轨距、轨距变化率、高低、轨向、水平(超高)、扭曲(三角坑)、复合不平顺、曲率、车体加速度、构架加速度、轴箱加速度等。

高速综合检测列车按照一定的运行图对高速铁路线路进行检测,具有对各系统参数进行同步实时检测及综合处理的能力。可以在模拟旅客列车运行条件下,对基础设施状态进行检测、质量综合评估,检测结果主要用于指导基础设施的养护维修和新线验收,为列车安全、秩序、舒适和经济运营提供依据。高速综合检测列车检测系统一般包括轨道几何检测系统、弓网检测系统、轮轨力检测系统、车辆动态响应检测系统、通信检测系统、信号检测系统和综合系统等。

(1)轨道几何检测系统:采用惯性基准、激光摄像测量等技术,将检测的位移、速度、加速度等物理量经转换、存储、滤波、修正以及补偿处理,合成得到所需轨道几何参数,并按照一定的检测标准,摘取超限数据,输出统计报表,实时显示及存储轨道几何波形图。

(2)弓网检测系统:采用接触式、非接触式测量技术,实现接触网几何参数、弓网动态作用参数、供电参数的动态实时检测。

(3)轮轨力检测系统:通过检测轮轴垂向力、横向力、脱轨系数等参数,实现对高速检测列车运行安全性和舒适度指标的在线检测和评估。

(4)车辆动态响应检测:系统检测两个或三个断面的轴箱、构架、车体加速度,采用分布式采集技术和动态响应评价、分析模型,辅助评价轨道状态。

(5)通信检测系统:由数据采集系统和数据处理子系统组成,可对线路轨道的通信信号进行实时的数据采集控制、存储、处理和分析。

(6)信号检测系统:由应答器检测设备、轨道电路检测设备、补偿电容检测设备、列车超速防护系统(Automatic Train Protection,ATP)信息记录设备、数据处理系统和自诊断系统等组成,具有检测和记录轨道电路信息、补偿电容、电流不平衡率及谐波、应答器信息、中国列车运行控制系统(Chinese Train Control System,CTCS)2 级 ATP 工作状态等功能。

(7)综合系统:采用全球卫星导航系统(Global Navigation Satellite System,GNSS)、射频标签、高精度编码器等多种方式为全车各检测系统发布统一的速度、时钟、里程和视频等信息,实现各检测系统的所有参数同步检测、精确定位。

(二)钢轨探伤车

钢轨探伤车是对铁路线路上在役钢轨伤损进行快速检测的特种车辆,简称探伤车。钢轨探伤车主要采用超声技术检测在役钢轨内部伤损(如钢轨轨头横向裂纹、螺栓孔裂纹等),能够自动检测并识别出钢轨伤损,检测速度可以达到80km/h。

中国在用的探伤车主要型号有 GTC-40、GTC-60 和 GTC-80 型(GTC 为钢探车拼音的首字母,40、60、80 表示40km/h、60km/h、80km/h),GTC-80Ⅱ型、GTC-80x 型,如图8-6、图8-7 所示。

图 8-6　GTC-80X 型探伤车　　　　　　图 8-7　GTC-80Ⅱ型钢轨探伤车

（1）GTC-40 型探伤车,采用自走行动力集中式铁路专用车辆和 SYS-1000 型超声波探伤系统(24 超声通道),使用小车机构承载装置,通过道岔时需要人工锁定,检测速度40km/h,最高运行速度 100km/h。

（2）GTC-60 型探伤车,采用自走行动力分散式铁路专用车辆和 frontier 型超声波探伤系统(24 超声通道),使用改进型小车探轮承载装置,能够自动通过道岔,检测速度 60km/h,最高运行速度 100km/h。

（3）GTC-80 型探伤车,采用自走行动力集中式铁路专用车辆和 SYS-1900 型超声波探伤系统(30 超声通道),使用 H 型转向架探轮承载装置和电磁对中方式,能够自动通过道岔,检测速度 80km/h,最高运行速度 120km/h。

（4）GTC-80Ⅱ型探伤车,采用自走行动力下沉集中式铁路专用车辆和中国国产化SYS-1900 型超声波探伤系统(30 超声通道),使用 H 型转向架机械机构承载装置和激光对中方式,能够自动通过道岔,检测速度 80km/h,最高运行速度 120km/h。

（5）GTC-80X 型探伤车,采用自走行动力下沉分散式铁路专用车辆和自主化 TKGT-I型超声波探伤系统(30 超声通道),使用"井"字形大空间转向架机械机构承载装置和激光对中方式,能够自动通过道岔,检测速度 80km/h,最高运行速度 120km/h。

钢轨探伤车应装备钢轨断面测量系统。断面测量系统应能独立工作,其里程信息应与伤损检测系统一致。钢轨断面测量系统应采用无接触测量方法,实时检测钢轨断面,并输出相应里程位置轨头的形状、钢轨侧磨、垂直磨耗、总磨耗及轨距。侧磨、垂直磨耗、总磨耗检测精度为 +0.2mm;轨距测量范围为 1415～1480mm,精度为 ±0.3mm。检测装置应安放在探测架或小车上,与超声波探头互不干扰,可独立使用。

（三）轨道巡检系统

轨道巡检系统是一套采用智能化的检测设备代替巡道工对轨道部件结构外观状态进行逐视检查的系统。系统基于机器视觉原理,通过在专业车辆车体底部安装高清摄像机和光源,在车辆运行过程中拍摄获取轨道光图像,然后应用图像分析和模式识别技术自动检测轨道结构外观可见异常,如图8-8 所示。

目前,我国轨道状态巡检系统安装在钢轨探伤车上,能够对轨道表面状态和轨旁设备进行图像采集、自动图像识别处理、视觉图像伤损归类和视觉伤损报表输出,检测速度可达到 160km/h。视觉检查监视系统分为车载数据采集系统和地面数据分析系统两大部分。车载数据采集系统采用高清线阵 CCD 动态扫描轨道并通过连续拼接形成连续数字图像,可满足 1.6mm 采样间隔下 160km/h 的检测速度。地面数据分析系统能够对图像进行浏览、智能识别、设置特征信息管理及进行数据报表统计等,对输入的采集图像文件能够自动识别后输出钢轨、扣件、轨道板等基础设施缺陷的统计表和图片。地面数据分析系统可实现钢轨表面擦伤、钢轨光带、扣件缺失、扣件错位、扣件折断、异物等缺陷的自动识别功能。钢轨表面擦伤的面积测量精度为横向 2mm、纵向 3mm。

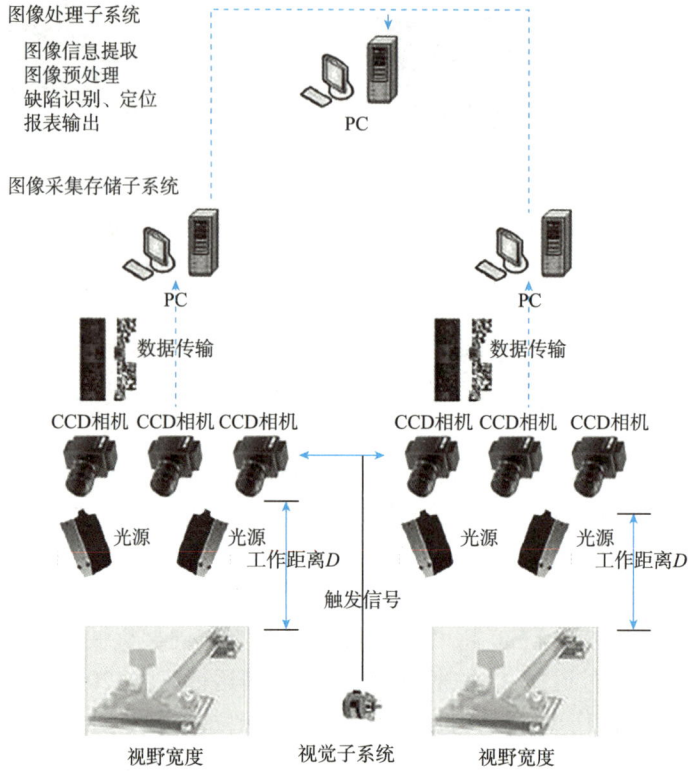

图 8-8　轨道巡检系统

二　静态检查

(一)轨道检查仪

轨道检查仪是利用电子、激光、传感等技术并能自动记录铁路轨道静态几何参数的仪器。按测量方式分为客运专线轨道几何状态测量仪和铁路轨道检查仪,如图 8-9、图 8-10 所示。

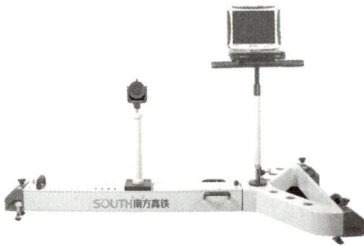

图 8-9　轨道几何状态测量仪

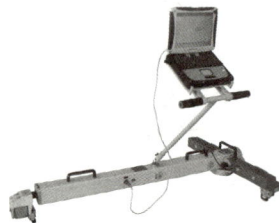

图 8-10　轨道检查仪

客运专线轨道几何状态测量仪是具备绝对测量功能的轨道检查仪,通过全站仪及电子、传感技术测量并自动记录高速铁路轨道内部及外部静态几何状态,可用于轨道的绝对测量和相对测量。轨测仪基于线路两旁建立的CPⅢ控制网进行绝对定位测量,能够获取轨道的轨距、水平、超高、轨向、高低、扭曲、轨距变化率、平面坐标及高程(左轨、中线、右轨)等轨道内、外部几何参数,进而指导高速铁路轨道精调。轨测仪的测量原理为:利用轨道两旁的CPⅢ控制网和全站仪的自动跟踪测量功能,对轨测仪上的棱镜进行观测,结合轨道设计参数以及轨距、倾角等传感器测量数据,利用线路中线点坐标、轨道点对应的线路中线点里程、平顺性参数与轨测仪坐标转换等计算模型,实时计算轨测仪所处位置的实测三维坐标及其各项轨道几何平顺性参数。

铁路轨道检查仪是具备相对测量功能的轨道检查仪,通过移动测量或静态激光欢测法测量,能自动记录轨道静态几何参数、静态测量特定点外部几何参数,用于普速铁路、高速铁路轨道精调前后的静态测量。轨检仪分为两个等级:0级用于测量允许速度不大于350km/h,1级用于测量允许速度不大于200km/h的有砟轨道线路。轨检仪能够评定轨道的轨距、水平、超高、轨向、高低、扭曲、轨距变化率等轨道内部几何参数,通过仪器与轨道密切接触并利用高精度陀螺仪的测角原理,解算上述轨道内部几何参数,达到检满轨量几何状态的目的。

(二)钢轨探伤仪

钢轨探伤仪是指探查钢轨内部暗伤或表面上细小裂纹,特别是被夹板掩盖部分钢轨伤损的仪器。GCT-11型钢轨超声波探伤仪是数字化手推车式钢轨超声波探伤设备,适于探测43~75kg/m钢轨母材中存在的各种缺陷,如图8-11所示。双轨式钢轨超声波探伤仪一般采用自行方式,可同时检测双侧钢轨的无损检测,适用于43~75kg/m多种轨型,全方位检测钢轨内部缺陷,如图8-12所示。

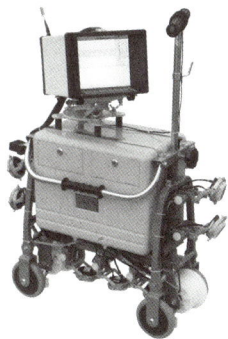

图8-11　GCT-11型钢轨探伤仪　　　　图8-12　双轨式钢轨超声波探伤仪

GCT-11型钢轨探伤仪共有9+1个探测通道。其中6个70°通道、2个37°通道、1个0°通道,对轨头核伤具有较高的扫查密度和缺陷检出率;1个通道用于对缺陷精确校对或进行焊缝探伤作业。仪器发射的超声波经过电子仪器的接收和显示,能发现钢轨内部存在的伤痕;还可以根据发射波与反射波的时间间隔及其在钢轨中的传播速度,判断出伤痕的深度。GCT-11型钢轨探伤仪具有探伤数据无线传输功能和数据库管理软件,配有探伤作业记录装置(GPS定位系统),采用GPS卫星定位技术、高精度位移编码器,对探伤作业的轨迹、上/下道时间、推行速度、推行里程等进行记录。

双轨式钢轨超声波探伤仪单股钢轨具备不少于 9 个探头(晶片)同时工作的能力,包括:1 个轨腰及其延伸部位直探头;2 个轨腰及其延伸部位斜探头(35°~45°间的某个角度);6 个轨头斜探头(70°或其他有利于探测轨头核伤的角度)。满足检测钢轨轨头、轨腰、轨底中部(轨腰延伸部位)等部位伤损的需要,具有一次波和二次波检测轨头横向裂纹的能力,具有 A、B 型探伤数据实时处理、显示(可切换或同显)、标记、存储、回放功能。具有距离波幅补偿功能。在最高持续检测速度下,每个探头(晶片)超声脉冲发射距离间隔不大于 3mm。具备速度显示、超速报警(或限速设置)、卫星定位等功能。

(三)轨距尺和弦线

轨距尺(道尺)是检测铁路轨道轨距、水平和超高的主要静态测量工具,如图 8-13 所示。弦线用于检测轨道的高低和方向,有 10m、20m 和 40m 长标准弦线,如图 8-14 所示。

图 8-13　轨距尺

图 8-14　弦线

三　检查周期

(一)动态检查周期

综合检测列车每 10~15d 检查 1 遍。探伤车对正线钢轨每年检查不少于 7 遍,冬季适当缩短检查周期。车载式线路检查仪每天对线路检查不少于 1 遍。利用便携式线路检查仪添乘检查线路每月不少于 2 遍。巡检设备检查线路每半年不少于 1 遍。

高温季节,工务段安排专业技术人员进行线路添乘检查,重点添乘检查大跨度连续梁有砟无砟结合部、钢轨伸缩调节器、轨道结构严重伤损等地段;低温季节,应安排专业技术人员进行添乘检查,重点添乘检查钢轨伤损、钢轨伸缩调节器、轨道结构严重伤损等地段。

(二)静态检查周期

轨道几何尺寸检查每年不少于 1 遍,重点地段应加强检查。对重点病害或轨道不平顺地段,应使用轨道测量仪、轨道检查仪进行检查。

扣件系统检查周期见表 8-1。

扣件检查周期　　　　　　　　　　　　　　　　表 8-1

序号	检查内容	检查周期
1	扣件安装状态、部件缺损、预埋套管等	每半年检查 1 遍
2	弹条紧固状态(弹条 V、WJ-7、WJ-8、W300-1 型扣件)	每半年检查 1 遍,每公里连续抽查 50 个
3	弹条扣压状态(SFC 型扣件)	每半年检查 1 遍,每公里连续抽查 50 个

序号	检查内容	检查周期
4	无螺栓弹条扣压力(弹条Ⅳ型、FC 型扣件)	每半年检查 1 遍,每公里连续抽查 50 个
5	钢轨与绝缘块(绝缘轨距块)、轨距挡板间隙	每半年检查 1 遍,每公里连续抽查 50 个
6	锚固螺栓扭矩(WJ-7、SFC 型扣件)	每半年检查 1 遍
7	弹性垫板刚度	每年抽检 1 次,抽检数量 3 块/50km

道岔每月检查 1 遍,每周至少对道岔结构及联结零件巡视检查 1 遍,正线尖轨各控制断面相对于基本轨、心轨各控制断面相对于翼轨高差每季度检查 1 遍。道岔检查周期见表 8-2。

道岔检查周期 表 8-2

序号	检查内容	检查方式	检查周期
1	轨距、水平、支距、高低、轨向	全面检测	每月检查 1 遍
2	斥离尖轨非工作边与基本轨工作边最小间距	全面查看重点检测	每月检查 1 遍
3	查照间隔	全面查看重点检测	每月检查 1 遍
4	护轨轮缘槽宽度	全面查看重点检测	每月检查 1 遍
5	尖轨与基本轨、心轨与翼轨、短心轨和叉跟尖轨间隙、尖轨与滑床台、心轨与滑床台间隙,尖轨与顶铁、心轨与顶铁间隙	全面查看重点检测	每月检查 1 遍
6	辊轮状态	全面查看重点检测	每月检查 1 遍
7	滑床台与基板脱焊及台面磨耗情况	全面查看重点检测	每月检查 1 遍
8	扣件状态	全面查看重点检测	每月检查 1 遍
9	弹性夹、拉簧状态	全面查看重点检测	每月检查 1 遍
10	弹性铁垫板、弹性基板等各种垫板状态	全面查看重点检测	每月检查 1 遍
11	限位器、间隔铁、顶铁、轨撑、接头铁、连杆等联结螺栓松动、变形或损坏情况	全面查看重点检测	每月检查 1 遍
12	尖轨防跳限位装置与斥离尖轨(标准开口)间隙,尖轨防跳顶铁与密贴尖轨间隙,心轨防跳顶铁、卡铁、间隔铁与心轨间隙	全面查看重点检测	每月检查 1 遍
13	尖轨相对于基本轨、心轨相对于翼轨的伸缩位移;两尖轨相对伸缩位移	全面查看重点检测	每月检查 1 遍
14	轮轨接触面(光带)检查,重点检查尖轨与基本轨共同受力部位接触面(位置、塑性变形、磨耗等)	全面查看重点检测	每月检查 1 遍
15	其他零件损坏、变形或缺失情况	全面查看重点检测	每月检查 1 遍
16	标志标识松动、不清晰、缺损	全面查看重点检测	每月检查 1 遍
17	尖轨各控制断面相对于基本轨高差	全面检测	每季度检查 1 遍
18	心轨各控制断面相对于翼轨高差	全面检测	每季度检查 1 遍

调节器静态检查周期见表 8-3。

调节器检查周期 表 8-3

序号	检查内容	检查方式	检查周期
1	轨距、水平、高低、轨向	全面检测	每月检查 1 遍
2	尖轨与基本轨、尖轨与扣件间隙、轨撑间隙	全面查看重点检测	每月检查 1 遍
3	扣件、垫板、轨撑状态	全面查看重点检测	每月检查 1 遍
4	其他零件损坏、变形或缺失情况	全面查看重点检测	每月检查 1 遍
5	尖轨控制断面相对于基本轨高差	全面检测	每季度检查 1 遍

项目八
高速铁路轨道维护

447

⚠ 任务实施

项目名称	项目八　高速铁路轨道维护		任务名称	任务二　高速铁路线路设备检查	
专业班级		姓名		学习小组	

【专业知识认知】(30 分)

1. 高速铁路线路设备检查的原则是什么？（10 分）

2. 什么是动态检查？（10 分）

3. 什么是静态检查？（10 分）

【能力素质训练】(60 分)

1. 能够说出动态检查的设备有哪些。（20 分）

2. 能够说出静态检查的设备有哪些。（20 分）

3. 查阅京沪高铁相关资料,确定线路设备动静态检查周期。（20 分）

【工作总结】(10 分)

学员自评		组长评价	

指导老师评价:

高速铁路轨道工程施工与维护

任务三　高速铁路线路维修标准

任务引入

为改善铁路线路设备状况,为京沪线线路设备"强筋健骨",2022 年 10 月 9 日,中国铁路上海局集团有限公司南京桥工段对所辖区段开展集中大修。维修后应该达到什么标准?如何判断是否符合要求?这是本任务的主要内容。

任务描述

通过本任务学习,能够根据现场检查数据,判断轨道不平顺、钢轨伤损、轨枕伤损和道床是否符合相应技术规范要求。

相关知识

轨道不平顺是指轨道几何形状、尺寸和空间位置相对其正常状态的偏差,主要包括轨距、轨向、高低、水平、三角坑等几何不平顺。轨道不平顺是引起列车振动、轮轨动作用力增大的主要原因,对行车平稳舒适和行车安全都有重要影响,是限制行车速度的主要因素。为保证列车以规定速度安全、平稳、舒适和不间断地运行,我国先后制定了《高速铁路无砟轨道线路维修规则(试行)》(TG/G W115—2012)和《高速铁路有砟轨道线路维修规则(试行)》(TG/G W116—2013),对高速铁路轨道线路设备维修标准进行了规定。

一　轨道不平顺标准

轨道状态评价管理标准主要包括局部幅值评价和轨道质量指数两类。轨道不平顺局部幅值评价按速度等级分级管理;轨道质量指数多由区段轨道不平顺单项标准差计算得到,是区段内轨道不平顺的统计特性。

(一) 局部幅值评价方法

轨道不平顺局部幅值评价是轨道不平顺随里程变化的极值分析方法,一般包括极值位置、幅值及超限长度等信息。我国在超限的基础上还引入了公里扣分的概念,同时基于扣分优良率以及三类超限个数这些指标来评价轨道平顺状态。现行《高速铁路无砟轨道线路维修规则(试行)》(TG/G W115)和《高速铁路有砟轨道线路维修规则(试行)》(TG/G W116)规定了不同线路速度等级的轨道静、动态不平顺管理值。

1. 轨道静态不平顺管理值

高速铁路轨道静态几何尺寸容许偏差管理值中,作业验收管理值为周期检修、经常保养和临时补修作业后的质量检查标准;经常保养管理值为轨道应经常保持的质量管理标准;临时补修管理值为应及时进行轨道整修的质量控制标准;限速管理值为保证列车运行平稳性和舒适性,需进行限速的控制标准。轨道静态几何尺寸容许偏差管理值见表 8-4 和表 8-5。

200~250km/h 线路轨道静态几何尺寸容许偏差管理值　　表8-4

项目	有砟轨道				无砟轨道			
	作业验收	经常保养	临时补修	限速160km/h	作业验收	经常保养	临时补修	限速160km/h
轨距(mm)	+2 −2	+4 −2	+6 −4	+8 −6	+1 −1	+4 −2	+6 −4	+8 −6
水平(mm)	3	5	8	10	2	5	8	10
高低(mm)	3	5	8	11	2	5	8	11
轨向(直线)(mm)	3	4	7	9	2	4	7	9
扭曲(mm/3m)	3	4	6	8	2	4	6	8
轨距变化率	1/1500	1/1000	—	—	1/1500	1/1000	—	—

大于 250km/h(不含)线路轨道静态几何尺寸容许偏差管理值　　表8-5

项目	有砟轨道(250~300km/h)				无砟轨道(250~350km/h)			
	作业验收	经常保养	临时补修	限速200km/h	作业验收	经常保养	临时补修	限速160km/h
轨距(mm)	+1 −1	+4 −2	+5 −3	+6 −4	+1 −1	+4 −2	+5 −3	+6 −4
水平(mm)	2	4	6	7	2	4	6	7
高低(mm)	2	4	7	8	2	4	7	8
轨向(直线)(mm)	2	4	5	6	2	4	5	6
扭曲(mm/3m)	2	3	5	6	2	3	5	6
轨距变化率	1/1500	1/1000	—	—	1/1500	1/1000	—	—

表中,高低和轨向偏差为 10m 及以下弦测量的最大矢度值;扭曲偏差不含曲线超高顺坡造成的扭曲量。

2.轨道动态不平顺管理值

轨道动态不平顺的检查项目为轨距、水平、高低、轨向、扭曲(三角坑)、复合不平顺、轨距变化率、车体垂向振动加速度及车体横向振动加速度。线路(含道岔及调节器范围)各项偏差等级划分为四级:Ⅰ级为经常保养标准,Ⅱ级为舒适度标准,Ⅲ级为临时补修标准,Ⅳ级为限速标准。轨道动态质量容许偏差管理值见表8-6 和表8-7。

200~250km/h 线路轨道静态几何尺寸容许偏差管理值　　表8-6

项目		有砟轨道				无砟轨道			
偏差等级		Ⅰ级	Ⅱ级	Ⅲ级	Ⅳ级	Ⅰ级	Ⅱ级	Ⅲ级	Ⅳ级
轨距(mm)		+4 −3	+6 −4	+8 −6	+12 −8	+4 −3	+6 −4	+8 −6	+12 −8
水平(mm)		5	8	10	13	5	8	10	13
扭曲(基长3m)(mm)		4	6	8	10	4	6	8	10
高低(mm)	波长1.5~42m	5	8	11	14	5	8	11	14
轨向(mm)		5	7	8	10	5	7	8	10
高低(mm)	波长1.5~42m	6	10	15	—	6	10	15	—
轨向(mm)		6	8	12	—	6	8	12	—
车体垂向加速度(m/s²)		1.0	1.5	2.0	2.5	1.0	1.5	2.0	2.5
车体横向加速度(m/s²)		0.6	0.9	1.5	2.0	0.6	0.9	1.5	2.0
轨距变化率(基长3m)(‰)		1.0	1.2	—	—	1.0	1.2	—	—

项目	有砟轨道（250~300km/h）				无砟轨道（250~350km/h）			
偏差等级	Ⅰ级	Ⅱ级	Ⅲ级	Ⅳ级	Ⅰ级	Ⅱ级	Ⅲ级	Ⅳ级
轨距(mm)	+4 −3	+6 −4	+7 −5	+8 −6	+4 −3	+6 −4	+7 −5	+8 −6
水平(mm)	5	6	7	8	5	6	7	8
扭曲（基长 3m）(mm)	4	6	7	8	4	6	7	8
高低(mm) 波长 1.5~42m	5	6	8	10	5	6	8	10
轨向(mm) 波长 1.5~42m	4	5	6	7	4	5	6	7
高低(mm) 波长 1.5~42m	7	9	12	15	7	9	12	15
轨向(mm) 波长 1.5~42m	6	8	10	12	6	8	10	12
复合不平顺(mm)	6	8	—	—	6	8	—	—
车体垂向加速度(m/s²)	1.0	1.5	2.0	2.5	1.0	1.5	2.0	2.5
车体横向加速度(m/s²)	0.6	0.9	1.5	2.0	0.6	0.9	1.5	2.0
轨距变化率（基长 3m）(‰)	1.0	1.2	—	—	1.0	1.2	—	—

上表中管理值为轨道不平顺实际幅值的半峰值；水平限值不包含曲线按规定设置的超高值及超高顺坡量；扭曲限值包含缓和曲线超高顺坡造成的扭曲量；车体垂向加速度采用 20Hz 低通滤波，车体横向加速度Ⅰ、Ⅱ级标准采用 0.5~10Hz 带通滤波处理的值进行评判，Ⅲ、Ⅳ级标准采用 10Hz 低通滤波处理的值进行评判；复合不平顺指水平和轨向逆相位复合不平顺，按水平和 1.5~42m 轨向代数差计算。避免出现连续多波不平顺。200~250km/h 线路避免出现连续多波不平顺和轨向、水平逆向复合不平顺。

我国在轨道动态不平顺的峰值管理中引入了偏差扣分的评价方法。各项目偏差扣分标准：Ⅰ级每处扣 1 分，Ⅱ级每处扣 5 分，Ⅲ级每处扣 100 分，Ⅴ级每处扣 301 分。线路动态评定以 km 为单位，每 km 扣分总数为各级、各项偏差扣分总和。每 km 线路动态评定标准：优良——总扣分在 50 分及以内；合格——总扣分在 51~300 分；失格——总扣分在 300 分以上。

（二）轨道质量指数

轨道质量指数是采用数理统计方法描述铁路线路上区段轨道整体质量状态的指标，又称轨道不平顺质量指数。一般采用区段内高低、轨向、轨距、水平和扭曲等轨道不平顺的单项统计量或几项统计量的加权组合表示。轨道质量指数值的大小与轨道的平顺性密切相关，数值越大，表明区段内轨道不平顺波动性越大、平顺性程度越差、轨道质量越坏。运用轨道质量指数评价和管理轨道状态，是对轨道不平顺局部幅值评价轨道质量方法的补充，提升了轨道检测数据综合应用水平，为科学制定线路维修计划、保证轨道状态的均衡发展提供了科学依据。轨道质量指数（TQI）采用 200m 区段高低、轨向、水平、轨距和扭曲七项单项标准差及其代数和，高速铁路的 TQI 和单项标准差管理值见表 8-8。

轨道质量指数（TQI）管理值　　　　　　　　表8-8

项目	高低	轨向	轨距	水平	扭曲	TQI
速度等级 200~250km/h	1.4×2	1.0×2	0.9	1.1	1.2	8.0
速度等级 250（不含）~350km/h	0.8×2	0.7×2	0.6	0.7	0.7	5.0

注：波长范围为 1.5~42m 的单项标准差计算长度 200m。

（三）车辆动力学指标

车辆动力学指标作为评价轨道质量状态的补充，包括脱轨系数、轮重减载率、轮轴横向力，横向力和垂向力通过综合检测列车的测力轮对来测量。车辆动力学指标管理值见表8-9。

车辆动力学指标管理值　　　　　　　　表8-9

项目	脱轨系数 Q/P	轮重减载率 $\Delta P/\overline{P}$	轮轴横向力 $H(kN)$
管理值	≤0.8	≤0.8	$\leq 10 + P_0/3$

注：Q 为轮轨横向力；P 为轮轨垂向力；$\overline{P}$ 为平均静轮重；ΔP 为轮轨垂向力相对平均静轮重的减载量；P_0 为静轴重；间断式测力轮对的轮重减载率按双峰值评定。

二 钢轨伤损标准

钢轨伤损形式主要有轨头磨耗、轨头剥离裂纹及掉块、轨顶面擦伤、波形磨耗、表面裂纹、内部裂纹和锈蚀等。钢轨伤损按程度分为轻伤、重伤和折断三类。钢轨轻伤和重伤评判标准见表8-10、表8-11 和表8-12。

钢轨轻伤和重伤评判标准　　　　　　　　表8-10

伤损项目		伤损程度		备注
		轻伤	重伤	
钢轨头部磨耗		磨耗量超过表8-11 所列限度之一者	磨耗量超过表8-12 所列限度之一者	
轨顶面擦伤		200~250km/h：深度大于 0.5mm	200~250km/h：深度大于1mm	
		250（不含）~350km/h：深度大于0.35mm	250（不含）~350km/h：深度大于 0.5mm	
剥离掉块		—	有	
波形磨耗		—	谷深≥0.2mm	
焊接接头低塌		0.2mm＜低塌＜0.4mm	低塌≥0.4mm	1m 直尺测量
钢轨表面裂纹		—	出现轨头下颚水平裂纹（透锈）、轨腰水平裂纹、轨头纵向裂纹、轨底裂纹等	不含轮轨接触疲劳引起轨顶面表面或近表面的鱼鳞裂纹
超声波探伤缺陷	焊接及材质缺陷	焊接缺陷或钢轨内部材质缺陷未达到判废标准，但与判废标准差值小于6dB	焊接缺陷或钢轨内部材质缺陷达到判废标准	
	内部裂纹	—	横向、纵向、斜向及其他裂纹和内部裂纹造成的踏面凹陷（隐伤）	
钢轨锈蚀		—	经除锈后，轨底厚度不足 8mm 或轨腰厚度不足 12mm	

名称	总磨耗(mm)	垂直磨耗(mm)	侧面磨耗(mm)
区间钢轨、导轨	9	8	10
基本轨、翼轨	7	6	8
尖轨、心轨、叉跟尖轨	6	4	6

注:1. 总磨耗 = 垂直磨耗 + 1/2 侧面磨耗。

2. 对于导轨、翼轨及尖轨、心轨、叉跟尖轨全断面区段,垂直磨耗在钢轨顶面宽 1/3 处(距标准工作边)测量;对于尖轨、心轨、叉跟尖轨机加工区段,垂直磨耗自轨头最高点测量。

3. 侧面磨耗在钢轨踏面(按标准断面)下 16mm 处测量。

4. 磨耗影响转换设备安装时,按重伤处理。

5. 谷深为相邻波峰与波谷间的垂直距离。

钢轨头部磨耗重伤标准 表 8-12

名称	垂直磨耗(mm)	侧面磨耗(mm)
区间钢轨、导轨	10	12
基本轨、翼轨	8	10
尖轨、心轨、叉跟尖轨	6	8

注:1. 对于导轨、翼轨及尖轨、心轨、叉跟尖轨全断面区段,垂直磨耗在钢轨顶面宽 1/3 处(距标准工作边)测量;对于尖轨、心轨、叉跟尖轨机加工区段,垂直磨耗自轨头最高点测量。

2. 侧面磨耗在钢轨踏面(按标准断面)下 16mm 处测量。

3. 基本轨、翼轨、尖轨、心轨磨耗会影响密贴及轨件高差,磨耗的轻重伤标准应较区间钢轨严格。

4. 磨耗影响转换设备安装时,按重伤处理。

钢轨折断是指发生下列情况之一者:

(1)钢轨全截面断裂。

(2)裂纹贯通整个轨头截面。

(3)裂纹贯通整个轨底截面。

(4)钢轨顶面上有长度大于 30mm 且深度大于 5mm 的掉块。

三 轨枕伤损标准

高速铁路有砟轨道采用Ⅲ型混凝土枕,混凝土枕失效及严重伤损判定标准见表 8-13。

混凝土枕失效及严重伤损判定标准 表 8-13

伤损等级	伤损判定
失效	(1)明显折断; (2)轨枕纵向通裂:挡肩顶角处裂缝宽大于 1.5mm;纵向水平裂缝基本贯通(缝宽大于 0.5mm); (3)轨枕横裂或斜裂接近环状裂缝(残余裂缝宽度超过 0.5mm 或长度超过 2/3 枕高); (4)挡肩缺损,接近失去支承能力(缺损长度超过挡肩长度的 1/2); (5)严重掉块; (6)预埋铁座损坏; (7)预埋件周围的混凝土裂纹宽度大于 1.5mm

项目八

高速铁路轨道维护

453

伤损等级	伤损判定
严重伤损	（1）轨枕横裂或斜裂的裂缝长度为枕高1/2～2/3； （2）轨枕纵裂：两螺栓孔间纵裂；挡肩顶角处裂缝宽不大于1.5mm；纵向水平裂缝基本贯通（裂缝宽不大于0.5mm）； （3）挡肩缺损长度为总长度的1/3～1/2； （4）严重网状龟裂和掉块； （5）承轨槽压溃，深度超过2mm； （6）钢筋（或钢丝）外露（长度超过100mm）

四 道床标准

（一）有砟道床

高速铁路有砟道床应采用特级碎石道砟，其材质应符合相关标准要求，并应经水洗。正线有砟道床尺寸应符合表8-14的要求。碎石道砟粒径级配应符合表8-15的要求。道床主要状态应符合表8-16的要求。

道床断面尺寸　　　　　　　　　　　　　　表8-14

速度等级（km/h）	砟肩宽度（m）	厚度（mm）	边坡	砟肩堆高（mm）	道床顶面位置（mm）		
					轨枕中部	轨底处	道岔区
200～250（不含）	不小于0.5	350	1∶1.75	150	与轨枕顶面平齐	轨枕承轨面以下30～40	岔枕顶面以下30～40
250～300						轨枕承轨面以下40～50	岔枕顶面以下40～50

道砟粒径级配要求　　　　　　　　　　　　表8-15

粒径	筛分机底筛孔边长（mm）					
级配	方孔筛孔边长（mm）	22.4	31.5	40	50	63
	过筛质量百分率（%）	0～3	1～25	30～65	70～99	100
颗粒分布	方孔筛*孔边长（mm）	31.5～50				
	颗粒质量百分率（%）	≥50				

注：*指金属丝编织的标准方孔筛。

道床主要状态参数指标　　　　　　　　　　表8-16

速度（km/h）	纵向阻力（kN/枕）	横向阻力（kN/枕）	支承刚度（kN/mm）	道床密实度（g/cm³）
200～250	≥12	≥10	≥110	≥1.75
250（不含）～300	≥14	≥12	≥120	≥1.75

(二)无砟道床

无砟道床分为 CRTS Ⅰ型板式、CRTS Ⅱ型板式、双块式以及道岔区轨枕埋入式和板式无砟道床等。无砟道床伤损等级分为 Ⅰ、Ⅱ、Ⅲ 级。对 Ⅰ 级伤损应做好记录,对 Ⅱ 级伤损应列入维修计划并适时进行修补,对 Ⅲ 级伤损应及时修补。各类无砟道床伤损形式及伤损等级判定标准见表 8-17 ~ 表 8-21。

CRTS Ⅰ型板式无砟道床伤损形式及伤损等级判定标准   表 8-17

伤损部位	伤损形式	判定项目	评定等级			备注
			Ⅰ	Ⅱ	Ⅲ	
预应力轨道板	裂缝	宽度(mm)	0.1	0.2	0.3	掉块、缺损或封端脱落应适时修补
	锚穴封端离缝	宽度(mm)	0.2	0.5	1.0	
普通轨道板	裂缝	宽度(mm)	0.2	0.3	0.5	
凸形挡台	裂缝	宽度(mm)	0.2	0.3	0.5	
底座	裂缝	宽度(mm)	0.2	0.3	0.5	
底座伸缩缝	离缝	宽度(mm)	1.0	2.0	3.0	路基、隧道地段
水泥乳化沥青砂浆	离缝	宽度(mm)	1.0	1.5	2.0	掉块、缺损或剥落应适时修补
		横向深度(mm)	20 ~ 50	50 ~ 100	≥100	
		对角长度(mm)	20 ~ 30	30 ~ 50	≥50	
	裂缝	宽度(mm)	0.2	0.5	1.0	
凸形挡台周围填充树脂	离缝	宽度(mm)	1.0	2.0	3.0	缺损应适时修补
	裂缝	宽度(mm)	0.2	0.5	1.0	

CRTS Ⅱ型板式无砟道床伤损形式及伤损等级判定标准   表 8-18

伤损部位	伤损形式	判定项目	评定等级			备注
			Ⅰ	Ⅱ	Ⅲ	
轨道板	裂缝	宽度(mm)	0.1	0.2	0.3	预裂缝处的裂缝除外,掉块或缺损应适时修补
板间接缝	裂缝	宽度(mm)	0.2	0.3	0.5	掉块或缺损应适时修补
	离缝	宽度(mm)	0.2	0.3	0.5	
支承层	裂缝	宽度(mm)	0.2	0.5	1.0	
底座板	裂缝	宽度(mm)	0.2	0.3	0.5	
侧向挡块	裂缝	宽度(mm)	0.2	0.3	0.5	
挤塑板	离缝	宽度(mm)	0.2	0.5	1.0	
水泥乳化沥青砂浆充填层	离缝	宽度(mm)	0.5	1.0	1.5	掉块、缺损或剥落应适时修补
		深度(mm)	20 ~ 50	50 ~ 100	≥100	
		对角长度(mm)	20 ~ 30	30 ~ 50	≥50	
	裂缝	宽度(mm)	0.2	0.5	1.0	

双块式无砟轨道道床伤损形式及伤损等级判定标准　　表 8-19

伤损部位	伤损形式	判定项目	评定等级			备注
			I	II	III	
双块式轨枕	裂缝	宽度（mm）	0.1	0.2	0.3	掉块、缺损应适时修补，挡肩失效应及时修补
道床板	裂缝	宽度（mm）	0.2	0.3	0.5	
	轨枕界面裂缝	宽度（mm）	0.2	0.3	0.5	
支承层	裂缝	宽度（mm）	0.2	0.5	1.0	
底座	裂缝	宽度（mm）	0.2	0.3	0.5	

道岔区轨枕埋入式无砟道床伤损形式及伤损等级判定标准　　表 8-20

伤损部位	伤损形式	判定项目	评定等级			备注
			I	II	III	
岔枕	裂缝	宽度（mm）	0.1	0.2	0.3	掉块或缺损应适时修补
道床板	裂缝	宽度（mm）	0.2	0.3	0.5	
	岔枕界面裂缝	宽度（mm）	0.2	0.3	0.5	
底座	裂缝	宽度（mm）	0.2	0.3	0.5	
支承层	裂缝	宽度（mm）	0.2	0.5	1.0	
底座伸缩缝	离缝	宽度（mm）	1.0	2.0	3.0	

道岔区板式无砟道床伤损形式及伤损等级判定标准　　表 8-21

伤损部位	伤损形式	判定项目	评定等级			备注
			I	II	III	
道岔板	裂缝	宽度（mm）	0.2	0.3	0.5	掉块或缺损应适时修补
底座	裂缝	宽度（mm）	0.2	0.3	0.5	路基地段。掉块或缺损应适时修补
	离缝	宽度（mm）	0.2	0.3	0.5	
找平层	裂缝	宽度（mm）	0.2	0.3	0.5	
底座板	裂缝	宽度（mm）	0.2	0.3	0.5	桥梁地段。掉块、缺损或剥落应适时修补
侧向挡块	裂缝	宽度（mm）	0.2	0.3	0.5	
水泥乳化沥青砂浆	离缝	宽度（mm）	0.5	1.0	1.5	
		深度（mm）	20~50	50~100	≥100	
		对角长度（mm）	20~30	30~50	≥50	
	裂缝	宽度（mm）	0.2	0.5	1.0	
挤塑板	离缝	宽度（mm）	0.2	0.5	1.0	

项目名称	项目八　高速铁路轨道维护	任务名称	任务三　高速铁路线路维修标准
专业班级		姓名	学习小组

【专业知识认知】(30分)

1. 什么是轨道不平顺？轨道不平顺有哪些危害？(10分)

2. 轨道动态不平顺的检查项目有哪些？(10分)

3. 钢轨伤损形式有哪些？(10分)

【能力素质训练】(60分)

1. 根据高铁演练场实测静态几何尺寸,判断是否满足现行《高速铁路无砟轨道线路维修规则(试行)》(TG/G W115)和《高速铁路有砟轨道线路维修规则(试行)》(TG/G W116)要求。(20分)

2. 根据现场钢轨检查数据,判断钢轨伤损按程度。(20分)

3. 根据高铁演场检查数据,划分无砟道床伤损等级。(20分)

【工作总结】(10分)

学员自评		组长评价	

指导老师评价:

任务四　大型养路机械维修作业

◆ 任务引入

随着我国高速铁路的快速发展,高速铁路的养修装备与技术同步发展。大型养路机械的运用为高速铁路安全运行提供了保障。在高速铁路维修作业中常用到哪些大型养路机械呢? 这是本任务的主要内容。

▲ 任务描述

通过本任务的学习,了解常用大型养路机械及其相关作业。

◈ 相关知识

随着我国铁路运输密度的加大,手工、小型养路机械和非标准自制设备已无法胜任繁忙干线的养护维修工作。尤其是高速铁路轨道结构的发展对养路机械的作业质量提出了更高的要求。采用高效的大型养路机械进行养路作业是适应现代轨道交通高速度、高运量及高密度的必然要求。大型养路机械主要是指养护、维修、整修铁路线路的机械设备,既具有类似机车的自行和连挂运行性能,又具有独特的能满足线路修理规范标准的功能,是集机械、电气、液压、气动、激光、计算机和自动控制等专业技术于一体的高新技术产品,其系统集成性强、技术难度大,属于铁路和轨道的重大技术装备。大型养护机械可实现钢轨打磨、道砟捣固密实与清筛、道床整形与振动稳定等功能。

一 钢轨打磨列车

钢轨在使用过程中会出现各种表面伤损,如钢轨波浪形磨耗、轨面擦伤、轨面剥离等,影响铁路运输能力和经济效益。通过钢轨打磨可以去除钢轨表面的病害并保持钢轨合理的外形轮廓,提高钢轨的使用寿命。

我国于 1989 年从瑞士 Speno 公司引进了 URR-48/4 型钢轨打磨车,首先应用于丰沙和石太线上的钢轨打磨。此后又陆续引进了 PGM-48 型钢轨打磨车和 RGH-20C 型道岔打磨车。2007 年,我国与瑞士 Speno 公司合作,通过技术引进、联合设计的方式实现了 GMC96 型钢轨打磨列车的国产化。GMC96 型打磨车可在运行中对线路上的钢轨进行磨削,以消除因重载、高速运输对钢轨造成的损伤,延长钢轨使用寿命,保证高速列车平稳安全运行。

(一) GMC-96 型钢轨打磨列车

GMC-96 型钢轨打磨列车目前应用的机型为 GMC-96B 和 GMC-96X 两种。其中,"G"表示钢轨,"MC"表示打磨列车,"96"表示打磨砂轮数量。"B"和"X"表示生产厂家,其中"B"为中车北京二七机车有限公司,"X"为襄樊金鹰重型工程机械有限公司。

GMC-96B 型钢轨打磨列车共由 7 节车厢组成,如图 8-15 所示,排列次序为:B1-C1-A-C2-C3-C4-B2。其中,A 车为生活车,由车体、两个动力转向架、主传动系统、辅助传动系统、电气系统、冷却系统、制动系统及辅助发电机组等组成;B 车包括 B1 车和 B2 车,是作业车,由两个从动转向架、操作室、制动装置、打磨装置、一对集尘/滤清装备和电气、气动以及液压控制系统等组成,同时布置有一个工作间;C 车包括 C1 车、C2 车、C3 车和 C4 车,也是作业车,带动力,它由两个从动转向架、制动装置、打磨装置、一对集尘/滤清装备和电气、气动及液压控制系统等组成。C1、C2 及 C4 车上都装有柴油发电机组,所以能为打磨装置提供动力。GMC-96B 型钢轨打磨列车 96 个打磨头能够同时作业,依次编号 1 ~ 96,其中单双号打磨头分别打磨左右两条钢轨,左右两轨打磨头打磨角度及压力均相同。GMC-96B 型钢轨打磨列车适用于 50kg/m、60kg/m、75kg/m 钢轨,可对钢轨波浪形磨耗、肥边、马鞍形磨耗、鱼鳞裂纹及焊缝凹陷等病害进行打磨。

图 8-15　GMC-96B 型钢轨打磨列车

GMC96X 型钢轨打磨列车采用 5 节编组,如图 8-16 所示,其中 1、2、4、5 号车为工作车,采用惰性转向架,不具备自走行能力,3 车为动力车,采用动力转向架,提供验车的举号引动力。GMC-96X 型钢轨打磨列车共有 96 个角度可调整的打磨电机沿钢轨纵向排列,因而在每股钢轨上方有 48 个可调整角度的打磨电机,每个电机带动一个磨头砂轮旋转,打磨列车行驶过程中,单个磨头砂轮对钢轨相应截面弧段进行磨削。

图 8-16　GMC96X 型钢轨打磨列车

(二) CMC-20 型道岔打磨车

CMC-20 型道岔打磨车主要组成部分有车体、司机室、发动机、动力传动系统、走行系统、打磨系统、控制系统、液压系统、空气制动系统、气动系统、水喷射系统及集尘系统等,该车为全液压传动,由两节车组成,每节车有 10 个液压马达驱动的打磨头,左右各 5 个。如图 8-17 所示。

图 8-17　CMC-20 型道岔打磨车

走行装置为两轴转向架,每个转向架有1个动力轴和1个从动轴。整体式焊接构架,采用金属橡胶减振器和油压减振器悬挂方式。液压系统采用高质量的液压元件和控制元件,高速走行和作业走行均采用静液压闭式循环系统。

工作装置的运动,如打磨头的升降、旋转、摆动、横移等均采用液压传动。该道岔打磨车采用全液压传动是为了更好地适应道岔区,如岔尖、岔心和护轨等处特殊打磨作业需要和精度要求,使打磨头布置更加紧凑,更有利于解决打磨集尘和系统散热问题。每个打磨装置均有一个独立的液压控制回路,通过计算机控制完成整个道岔区的打磨作业;由液压马达驱动的高速小直径砂轮能有效地提高打磨作业的效率和精度,满足道岔区特殊作业的要求。

二 捣固车

捣固车是广泛用于新建铁路和铁路大修中线路捣固、起拔道、整平等作业的养路机械。通过捣固可以提高道砟的密实度,增加轨道的稳定性,消除轨道的方向、水平和高低偏差,使轨道线路达到线路设计标准和线路维修规则的要求。

捣固车种类繁多:按作业对象可分为线路捣固车和道岔捣固车;按作业功能可分为多功能捣固车和单功能捣固车;按作业方式可分为步进式捣固车和连续走行式捣固车;按同时捣鼓轨枕数可分为单枕、双枕、三枕以及四枕捣固车。

目前,国外大型线路捣固车的生产制造商主要有奥地利的 Plasser & Theurer 公司,瑞士的 Matisa 公司和美国的 Harsco 公司。Plaser & Theurer 公司生产的捣固车主要有 09-4X 型四枕连续捣固车、09-3X 型三枕连续捣固车、09-2X/SD 型捣固车、09-32CSM 型换固车、09-32/4S 型道岔捣固车、09-475/4S-N 型道岔捣固车等。目前 Matisa 公司生产的捣固车主要有 B-45 型、B-50 型线路捣固车,B-41 型、B-45UE 型、B-66U 型和 B-66UC 型多功能换固车。Harsco 公司主要捣固车产品有 MARK Ⅵ 型、6700 型、STM 道岔捣固车和 900 型多功能捣固车。

1983 年 7 月,我国在奥地利向普拉塞公司引进了 08-32 型捣固车,并通过消化吸收国外先进技术逐步实现了国产化。目前,国内生产的捣固车主要有 DC-32 型线路捣固车、DCL-32 型线路捣固车、DWL-48 型线路捣固车、CDC-16 型道岔捣固车、XCDW-32 型线路道岔捣固稳定车、DC-32Ⅲ 液压道砟捣固车、DC-32Ⅳ 自动抄平起拔道捣固车、DCL2-32 型连续式捣固车、CDC2-16 型道岔捣固车等类型。

(一)DWL-48 型线路捣固车

DWL-48 连续走行捣固稳定车能够实现连续式三枕捣固作业,并同时对线路进行动力稳定,如图 8-18 所示。其作业效率比连续式双枕捣固车提高将近 30% ~ 40%,是当今世界上作业精度和作业效率较高、性能较先进的铁路线路捣固机械。其增加了复合控制的动力稳定小车,作业后的线路即可获得很高的精度,又能获得足够的稳定性能,线路开通后,就能够高速满负荷运行。

DWL-48 连续走行捣固稳定车采用三轨枕捣固装置,在作业过程中能同时捣固三根轨枕。此外,该捣固装置采用可分式结构,以便轨枕距离不均匀或在某些复杂区域也能进行捣固作业,并且可根据要求选择是否加宽。必要时它还可以成为一台高性能的单枕捣固车。捣固装置的灵活选择配置,提高了整机作业的机动性和灵活性。

图 8-18　DWL-48 连续走行捣固稳定车

(二) CDC-16 型道岔捣固车

CDC-16 道岔捣固车是一种主要用于铁路道岔又能兼顾线路维修的多功能步进式捣固车,如图 8-19 所示。该车具有起道、拨道、抄平、道碴捣固、肩夯拍、自动修正轨道偏差等多种综合作业能力。在道岔养护维修中,该车采用三轨起道、四轨捣固的作业原理,作业效率高、质量好,能够有效地消除轨道在使用中产生的左右水平及前后高低偏差,有助于提高道床石碴的密实度,增加轨道的稳定性,延长线路和道岔的维修周期,保证列车安全运行。

图 8-19　CDC-16 型道岔捣固车

CDC-16 型道岔捣固车主要由主车架、测量系统、转向架、制动系统、动力传动系统、辅助起道装置、起拨道装置、捣固装置、夯拍装置、气动系统、材料小车、钩缓冲装置、空调、测量系统、电气系统、液压系统、顶棚、司机室等部分组成。该机利用车上测量系统,可以对作业前、后线路的轨道几何参数进行测量优化记录,并可通过控制系统,实现按设定的轨道几何参数进行作业。

三 动力稳定车

铁路线路经过清筛、起道、拨道、捣固、整平作业后,道砟颗粒就会改变原来的排列位置,重新组合。道床的密实度降低,线路的横向位移阻力及稳定性下降,在单项拨道作业后线路稳定性有时下降至 50% 。为确保行车安全,必须对列车限速运行,从而影响线路的通过能力及运行秩序和运输效率。动力稳定车可以模拟列车运行时对轨道产生的压力和振动等综合作用。使道砟重新排列达到密实,并使轨道有控制地均匀下沉,从而迅速提高线路的横向阻力和道床的整体稳定性,降低线路维修作业后列车限速运行的限定条件。

动力稳定车通过模拟列车运行时对轨道产生的压力和振动等综合作用,能迅速提高线路的横向阻力和道床的整体稳定性,可有效降低线路清筛或捣固作业后列车限速运行的限定条件。对日益繁忙的高速、重载和大运量的铁路干线运输意义重大。我国 1984 年首次引进奥地利普拉塞公司生产的 DGS-62 型动力稳定车,对线路进行大修、维修的机械化配套作业,并于 1993 年实现了 WD-320 型轨道稳定车的国产化。

WD-320 型动力稳定车主要由动力与走行传动系统、稳定装置、主动与从动转向架、车架与顶棚、前后司机室、空调与采暖设备、单弦与双弦测量系统、液压系统、电气系统、制动系统、气动系统及车钩缓冲装置十二部分组成,如图 8-20 所示。WD-320 轨道动力稳定车通过两个激振装置,强迫轨排及道床产生横向水平振动并向道床传递垂直静压力。使道砟流动重新排列,互相填充达到密实,实现轨道在振动状态下有控制地均匀下沉而不改变线路原有的几何形状和精度,以提高作业线路的横向阻力和道床的整体稳定性,可有效降低线路维修作业后列车限速运行的限定条件。

图 8-20　WD-320 型动力稳定车

四 配砟整形车

配砟整形车是线路修理、提速改造和新线建设作业机组中重要的配套设备,可适用于既有线路及高速线路施工。配砟整形车可将散落在路肩上的道砟收入道床,使道砟沿线路的纵向和横向移动,将多余的道砟补充到缺砟位置;能够按捣固作业的要求将道砟分配到钢轨两侧及枕盒中,可按标准断面要求将道床整平成形;可与铺轨机、清筛机、捣固车、动力稳定车等其他大型机械组成各种机械化机组,一般放在捣固车前,主要进行配砟和初步整形,也可放在捣固车后,进行整形作业。

我国 1984 年引进了 SSP-103 型配砟整形车,在此基础上生产了 SPZ160 型和 SPZ-200 型配砟整形车。为适应我国高速铁路线路修理的需要,2007 年 11 月又联合研制了具有自主知识产权的 DPZ-440 型配砟整形车,如图 8-21 所示。DPZ-440 型配砟整形车是四轴配砟整形车,彻底改进了 SPZ-200 型双向道床配砟整形车的两轴结构,运行速度得到提高。目前,DPZ-440 型配砟整形车主要用于新建线路的整修和繁忙干线的大修、维修。

图 8-21　DPZ-440 型配砟整形车

DPZ-440 型配砟整形车主要由发动机、传动装置、走行装置、作业装置、液压系统、电气系统、自动控制系统、气动及制动系统等组成。其主要作业功能有:配砟整形;清扫枕面、轨侧、扣件;收集枕面上的道砟至储砟斗;分配储砟斗内的道砟至道床;进行道床测量;自动避障等。

五 大型养路机械作业

大型养路机械维修施工作业的主要内容包括线路和道岔的起道、拨道、捣固,道床砟肩夯拍,边坡清筛,道床稳定、配砟、整形和钢轨、道岔打磨等。大型养路机械维修施工作业的封锁时间每次应不少于 180min,封锁前的准备作业和线路开通后的整理作业不得影响线路设备使用和行车安全;若有碍行车安全时,应办理施工慢行手续,慢行时间和开通速度按《铁路工务安全规则》的有关规定执行。

(一) 钢轨打磨作业

钢轨(包括正线、道岔和调节器)打磨分预打磨、预防性打磨及修理性打磨。钢轨预打磨应在轨道精调完成后进行。钢轨预防性打磨周期按通过总重和钢轨运用状态确定,原则上每 30~50Mt 通过总重打磨一次,最长不宜超过 2 年。道岔钢轨打磨周期应与正线钢轨打磨周期相同。当钢轨出现波磨、鱼鳞裂纹等伤损时,应及时进行修理性打磨。钢轨打磨可采用钢轨打磨列车、道岔打磨车或钢轨铣磨车打磨或铣磨钢轨。钢轨焊接接头可采用小型钢轨打磨机进行打磨,严禁使用手砂轮打磨。

钢轨打磨前应调查待打磨地段钢轨状况,每100m采用钢轨轮廓(磨耗)测量仪测试钢轨廓形,根据钢轨表面状态、钢轨伤损及轮轨接触情况,由线路维修和打磨技术人员共同研究确定打磨方案。对影响正常打磨操作地段尤其是影响轨距角打磨的因素进行调查,并预先采取措施,以保证钢轨打磨正常进行。焊接接头轨面平直度超过标准时,应采用小型钢轨打磨机对焊接接头进行局部打磨。最后一遍打磨应降低打磨功率或提高打磨速度,以保证钢轨打磨后表面粗糙度达标。及时清理轨道板、钢轨表面上的打磨碎屑。

打磨廓形应符合设计要求,并采用模板或钢轨轮廓(磨耗)测量仪进行打磨廓形检查和验收。钢轨打磨作业后应满足表8-22和表8-23的要求。

钢轨打磨作业验收标准

表8-22

项目	验收标准(mm)	测量方法	说明
钢轨母材轨头内侧工作面	+0.2,0		"+"表示凹进
钢轨母材轨顶面或马鞍形磨耗	+0.2,0	1m直尺测量矢度	"+"表示凸出
焊缝顶面	+0.2,0		"+"表示凸出
焊缝内侧工作面	+0.2,0		"+"表示凹进

钢轨波磨打磨作业验收标准

表8-23

项目	验收标准				测量方法	说明
波长(mm)	10~30	30~100	100~300	300~1000		
采样窗长度(mm)	600	600	1000	5000		
谷深平均值(mm)	0.02	0.02	0.03	0.15	测试精度0.01mm及以上,且测试长度不小于采样窗长度	打磨作业完成后8d内或在打磨后通过总重30万t之前测量
允许超限百分率(%)	5%	5%	5%	5%	连续测量打磨波磨钢轨长度100m(车载检测)或30m(手工检测)	

使用便携式粗糙度检测仪检测粗糙度,在10mm范围内同一个钢轨打磨面上,沿与钢轨打磨痕迹垂直方向进行表面粗糙度测量,至少连续测量6个点,打磨面粗糙度不大于10μm。打磨面最大宽度(图8-22):R13区域5mm;R80区域7mm;R300区域10mm。钢轨100mm长度范围内,打磨面宽度最大变化量不应大于打磨面最大宽度的25%。打磨后接触光带应居中,且宽度为20~30mm。钢轨打磨面应无连续发蓝带。

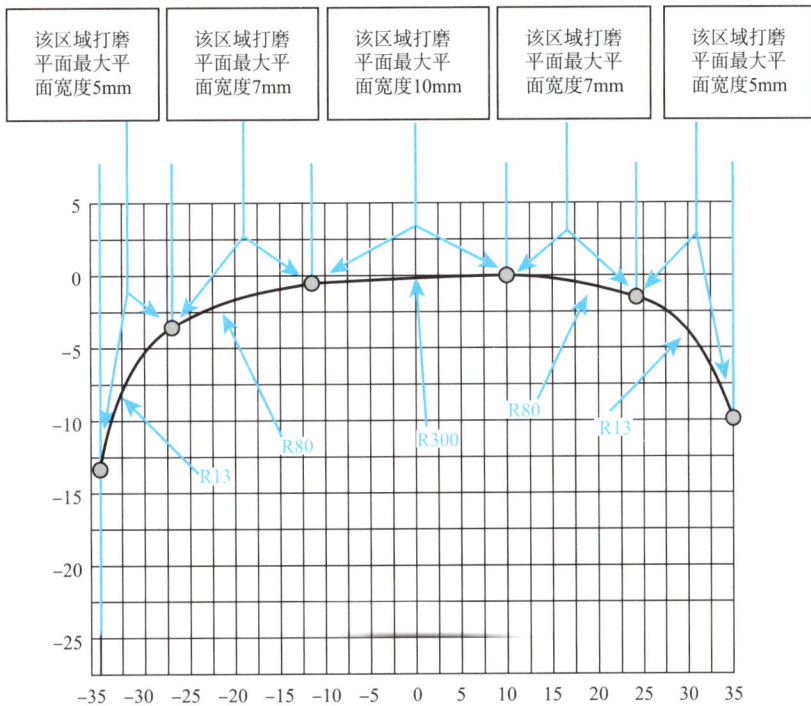

| 该区域打磨
平面最大平
面宽度5mm | 该区域打磨
平面最大平
面宽度7mm | 该区域打磨
平面最大平
面宽度10mm | 该区域打磨
平面最大平
面宽度7mm | 该区域打磨
平面最大平
面宽度5mm |

图 8-22　打磨面最大宽度示意图

(二)起拨道、捣固、稳定作业

高速铁路有砟道床的起拨道、捣固、稳定作业是采用大型养路机械进行周期检修、成段保养的重要内容。使用大型养路机械进行线路维修前,应利用精测网对作业地段的线路平面、纵断面进行全面测设和优化,计算确定作业量,制定合理的作业方案,并向施工单位提供有关线路技术资料;应做好补充道砟、撤除调高垫板、更换伤损胶垫和配件等工作。

作业时,应根据测量结果和有关线路技术资料,组织捣固车、动力稳定车、配砟整形车联合施工,应使用激光准直系统进行起拨道。

捣固车一次起道量不宜超过 50mm,起道量超过 50mm 时应分两次起道捣固;一次拨道量不宜超过 80mm;在薄弱处应增加捣固次数或采用两次插铺捣固;每次作业应进行道床动力稳定,桥梁上的稳定作业应严格控制,必须在桥梁上进行稳定作业时,应制定安全措施。步进式捣固车的捣固频率不超过 18 次/min,连续式捣固车的捣固频率不超过 22 次/min,其他机型捣固车捣固频率按产品性能及作业要求掌握;动力稳定车的作业速度应控制在 0.8 ~ 1.8km/h,配砟整形车的作业速度应控制在 2 ~ 5km/h。

在技术状态不良的桥梁上及在线路水平严重不良地段,禁止进行稳定作业。桥梁上的稳定作业应严格控制,必须在桥梁上进行稳定作业时,应制定安全措施。稳定装置应在桥台外起振、停振;作业中设备管理单位应随时观测桥梁状态,遇异常时,应通知稳定车停止作业。

无缝线路地段应根据季节合理安排维修,一次起道量小于 30mm,一次拨道量小于 10mm 时,作业轨温不得超过实际锁定轨温 ±20℃;一次起道量在 31 ~ 50mm,一次拨道量在 11 ~ 20mm 时,作业轨温不得超过实际锁定轨温 -20 ~ 15℃;高温季节作业,作业中机组人员应监视作业前后线路状况,发现胀轨迹象应立即停止作业。

项目名称	项目八 高速铁路轨道维护		任务名称	任务三 大型养路机械维修作业
专业班级		姓名		学习小组

【专业知识认知】(30 分)

1.解释一下 GMC-96X 各符号所代表的意思。(10 分)

2.捣固车可以完成哪些作业? (10 分)

3.配砟整形车可以完成哪些作业? (10 分)

【能力素质训练】(60 分)

1.查阅资料,说出目前我国常用钢轨打磨列车的型号及特点。(20 分)

2.根据现场钢轨检查数据,判断钢轨打磨作业是否符合验收标准。(20 分)

3.无缝线路地段维修作业有哪些要求? (20 分)

【工作总结】(10 分)

学员自评		组长评价	

指导老师评价:

巩固与练习

一、填空题

1. 高速铁路线路设备维护管理要求_____、_____和_____。
2. 高速铁路线路维护应树立_____的理念。
3. 高速铁路安全管理贯彻"_____、_____、_____"的方针。
4. 现场作业要做到_____清晰、_____明确、_____可控、_____有效。
5. 技术规章分为_____、_____、_____三个管理层面。
6. 高速铁路工务信息管理体系主要由_____、_____和_____组成。
7. 从检查方式上高速铁路线路设备检查可以分为_____和_____两类。
8. 轨道状态评价管理标准主要包括_____和_____两类。
9. 钢轨伤损按程度分为_____、_____和_____三类。
10. 钢轨打磨分_____、_____和_____。

一、选择题

1. (   )为铁路工务资产的所有者。
   A. 工务段　　　　　　　　　　B. 铁路公司
   C. 基础设施段　　　　　　　　D. 基础设施检测中心
2. 生产管理的重点环节不包括(   )。
   A. 检查　　　　　B. 计划　　　　　C. 审批　　　　　D. 作业
3. (   )是调查了解设备状态,发现设备病害,掌握设备变化规律的有效方法。
   A. 设备检查　　　B. 设备分析　　　C. 静态检查　　　D. 动态检查
4. 下列(   )不是动态检查的设备是在列车车轮荷载作用下通过综合检测列车和添乘仪、车载式线路检查仪等。
   A. 综合检车列车　　　　　　　B. 添乘仪
   C. 测量小车　　　　　　　　　D. 车载式线路检查仪
5. (   )是检测铁路轨道轨距、水平和超高的主要静态测量工具。
   A. 轨距尺　　B. 综合轨检列车　　C. 弦线　　　D. 全站仪
6. 综合检测列车每(   )检查1遍。
   A. 5～10d　　B. 10～15d　　C. 15～20d　　D. 20～25d
7. 扣件安装状态每(   )检查1遍。
   A. 周　　　　　B. 月　　　　　C 半年　　　　　D. 年
8. (   )为保证列车运行平稳性和舒适性,需进行限速的控制标准。
   A. 限速管理值　　　　　　　　B. 临时补修管理值
   C. 经常保养管理值　　　　　　D. 作业验收管理值
9. 轨道动态不平顺管理值各项偏差等级划分为(   )。
   A. 二级　　　　B. 三级　　　　C. 四级　　　　D. 五级
10. 某无砟轨道线路,设计速度为300km/h,实测轨距偏差为+7mm,则偏差等级为(   )。

A. Ⅰ级　　　　　B. Ⅱ级　　　　　C. Ⅲ级　　　　　D. Ⅳ级

11. 无砟道床伤损等级分为(　　)级。

A. 一级　　　　　B. 二级　　　　　C. 三级　　　　　D. 四级

三、判断题

1. 我国高速铁路工务设备维护实行检、修分开的管理制度。(　　)

2. 安全风险研判工作包括对安全风险的识别和评价。(　　)

3. 设备分析的前提是实时有效地检查检测数据。(　　)

4. 计划是合理组织生产活动的有效方法,也是完成指标任务的重要手段。(　　)

5. 验收是评定线路维修质量的一种方法,也是检查作业好坏的有效措施。(　　)

6. 钢轨探伤车是对钢轨伤损进行快速检测的特种车辆。(　　)

7. 铁路轨道检查仪是具备绝对测量功能的轨道检查仪。(　　)

8. 轨道不平顺是指轨道几何形状、尺寸和空间位置相对其正常状态的偏差。(　　)

9. 低温季节,应安排专业技术人员进行添乘检查,重点添乘检查大跨度连续梁有砟无砟结合部、钢轨伸缩调节器。(　　)

10. 无砟道床伤损等级为Ⅰ级,应列入维修计划并适时进行修补。(　　)

四、简答题

1. 高速铁路线路的维护理念是什么?

2. 基础设施段的主要职责是什么?

3. 安全管理规章制度主要包括哪些内容?

4. 工务系统标准化的内容有哪些?

5. 动态检测项目有哪些?

6. 如何判断钢轨折断?

7. 如何判断混凝土枕失效?

8. 什么是大型养路机械?

9. 大型养路机械在无缝线路地段作业有哪些注意事项?

参 考 文 献

[1] 国家铁路局.铁路线路设计规范:TB 10098—2017[S].北京:中国铁道出版社,2017.
[2] 国家铁路局.铁路轨道设计规范:TB 10082—2017[S].北京:中国铁道出版社,2017.
[3] 中国铁路总公司.铁路技术管理规程(高速铁路部分)[S].北京:中国铁道出版社,2014.
[4] 中国铁路总公司运输局工务部.铁路工务技术手册:轨道[M].北京:中国铁道出版社,2016.
[5] 中国铁路总公司运输局工务部.铁路工务技术手册:道岔[M].北京:中国铁道出版社,2017.
[6] 中国铁路总公司运输局工务部.铁路工务技术手册:线路养护·高速铁路维修[M].北京:中国铁道出版社,2017.
[7] 郭喜春,王国博.铁道概论[M].北京:中国铁道出版社,2023.
[8] 傅志寰.我国高铁发展历程与相关思考[J].中国铁路,2017(8):1-4.
[9] 中国铁路总公司.高速铁路轨道工程施工技术规程:Q/CR 9605—2017[S].北京:中国铁道出版社,2017.
[10] 国家铁路局.铁路轨道工程施工质量验收标准:TB 10413—2018[S].北京:中国铁道出版社,2018.
[11] 国家铁路局.CRTS Ⅰ型板式无砟轨道混凝土轨道板:TB/T 3398—2015[S].北京:中国铁道出版社,2015.
[12] 国家铁路局.CRTS Ⅱ型板式无砟轨道混凝土轨道板:TB/T 3399—2015[S].北京:中国铁道出版社,2015.
[13] 国家铁路局.无砟轨道轨道板CRTⅢ型板式无砟轨道:TB/T 3579—2022[S].北京:中国铁道出版社,2022.
[14] 国家铁路局.双块式无砟轨道混凝土轨枕:TB/T 3397—2015[S].北京:中国铁道出版社,2015.
[15] 中国铁路总公司.铁路混凝土工程施工技术规程:Q/CR 9207—2017[S].北京:中国铁道出版社,2017.
[16] 国家铁路局.混凝土工程施工质量验收标准:TB 10424—2018[S].北京:中国铁道出版社,2018.
[17] 国家铁路局.铁路混凝土强度检验评定标准:TB 10425—2019[S].北京:中国铁道出版社,2019.
[18] 中国铁路总公司.高速铁路CRTS Ⅰ型板式无砟轨道用水泥乳化沥青砂浆[S].北京:中国铁道出版社,2015.
[19] 国家铁路局.铁路混凝土工程施工质量验收标准:TB 10424—2018[S].北京:中国铁道出版社,2018.
[20] 国家铁路局.铁路混凝土:TB/T 3275—2018[S].北京:中国铁道出版社,2018.

［21］中华人民共和国铁道部.高速铁路工程测量规范:TB 10601—2009［S］.北京:中国铁道出版社,2009.

［22］中国铁路总公司.高速铁路无砟轨道嵌缝材料暂行技术条件:TJ-GW-119—2013［S］.北京:中国铁道出版社,2013.

［23］中华人民共和国铁道部.高速铁路无砟轨道线路维修规则［S］.北京:中国铁道出版社,2012.

［24］国家铁路局.铁路工程测量规范:TB 10101—2018［S］.北京:中国铁道出版社,2018.

［25］高亮,江成等.高速铁路轨道［M］.北京:中国铁道出版社,2021.

［26］邢雪辉.CRTSⅢ型板式无砟轨道施工技术［M］.北京:人民交通出版社,2015.

［27］中铁二局股份有限公司,卿三惠,等.高速铁路施工技术(轨道工程分册)［M］.北京:中国铁道出版社,2013.

［28］中国铁路总公司.高速铁路轨道工程施工技术规程:Q/CR 9605—2017［S］.北京:中国铁道出版社,2017.

［29］李昌宁.CRTSⅠ型双块式无砟轨道轨枕预制与铺设技术［M］.北京:中国铁道出版社,2013.

［30］李昌宁.CRTSⅡ型板式无砟轨道轨道板预制与铺设技术［M］.北京:中国铁道出版社,2012.

［31］李昌宁.CRTSⅢ型板式无砟轨道轨道板预制与铺设技术［M］.北京:中国铁道出版社,2015.

［32］李昌宁.铁路弹性支撑块式无砟轨道施工指南［M］.北京:中国铁道出版社,2019.

［33］李昌宁.岔区板式与枕式无砟轨道施工技术［M］.北京:中国铁道出版社,2013.

［34］秦飞.铁路轨道工程施工技术［M］.北京:中国铁道出版社,2014.

［35］王宇嘉,贾永刚,杨桉,等.高速铁路基础设施综合维修技术规章体系构建研究［J］.铁道运输与经济.2021,43(12).